역락 국어교육학 총서 6
작문 교육론

역락 국어교육학 총서 6

개정 국어과 교육과정에 따라 새롭게 집필한

작문 교육론

박영민 · 이재기 · 이수진 · 박종임 · 박찬홍

역락

머리말

우리나라에서 작문 교육이 분과 학문으로 성장해 온 지는 대략 20년 정도의 세월
이 흐른 듯하다. 문학이나 문법이 일구어 온 오랜 학문사에 비추어오면 20년이라는
세월은 너무나도 짧아 비교를 하는 것 자체가 무안하다. 그래도 이 20년 동안 대학원
교육을 마친 작문 교육 전공자들이 경향 각지에서 배출되면서 작문 교육이 양적으로
나 질적으로 많은 성장을 이루었다. 이제는 다 읽어내기에도 벅찰 정도로 많은 연구
논문이 발표되고 있다. 전공자의 절대 부족에 시달리던 작문 교육의 초기 역사에 비
추어 보면 격세지감을 느낄 정도이다.

지난 20년 간 작문 교육 연구자들은 작문 교육의 체계를 수립하기 위해 노력을 기
울였지만 아직도 그것이 충분하다고는 말하기 어렵다. 학생들에게 작문 교육을 실천
하기 위해 목표를 수립하고 교육 내용을 마련해야 하는 지점에 서면, 무엇을 교육 내
용으로 삼아야 하는지가 분명지 않아 곤혹스러울 때가 많다. 작문이 중요하다고
하고, 그래서 교육의 필요성이 크다고 주장하지만, 다른 분야의 전공자들은 이러한
주장에 크게 공감하지 못하는 듯하다. 이는 작문이 중요한 것은 맞지만 가르쳐야 할
내용이 무엇인지를 분명하게 말할 수 없다는 데에서 비롯된 문제가 아닐까 싶다.

그런데 작문 교육이 안고 있는 난점은 교육 내용에만 한정되지 않는다. 교육 내용
의 문제가 난항에 빠져 있으니 어떻게 지도할 것인가의 문제라도 희망적이면 좋겠는
데, 소망과 달리 실상은 그렇지가 못하다. 사회적으로나 교육적으로 작문 교육에 대
한 요구가 있지만, 프로그램 개발 연구나 이를 통계적으로 입증하는 경험 연구의 전
통이 약했던 학문적 풍토로 인해 이러한 요구를 충족할 만한 답을 내놓기 쉽지 않다.
글쓰기를 어떻게 지도할 것인가를 다룬 연구가 부족하니 답할 내용도 빈약하고 답의
근거도 허약하다.

이 책을 준비하면서 작문 교육이 놓여 있는 현실적인 지점과 상태를 다시 한번 깨닫게 되었다. 각자의 연구실에서 연구 논문을 작성하고 강의실에서 학생들을 가르칠 때에는 실감할 수 없었던 작문 교육의 현실적인 문제가 이 책을 집필하는 내내 압도해 왔다. 많고 많은 연구 결과를 추리고 추리면서 교과서적인 내용만을 담는 것이 개론서의 미덕일 텐데, <작문 교육론>은 그러한 미덕을 발휘하기가 만만치 않았다. 이를 생각하면 아직 우리가 가야할 길은 멀다.

작문 교육을 분과 학문으로 세우기 위해 노력했던 스승과 선배들은 훨씬 더 어려운 길을 걸었을 것이다. 어떤 경우에는 기능주의자라는 오명에 가까운 비난을 들었을지도 모르겠다. 그나마 강의할 수 있는 무엇인가가 있고 지도할 수 있는 무엇인가가 있다는 것은 모두 작문 교육의 길을 앞서 걸었던 분들이 있었기에 가능한 일이다. <작문 교육론>이라는 이 책은 스승과 선배들이 남긴 학문적 성과가 없었다면 애초에 기획하는 것 자체가 불가능했을 것이다.

<작문 교육론>이라는 이름을 붙인 이 책은 모두 3부로 구성되어 있다. Ⅰ부에는 작문 교육의 이론적 근거에 해당하는 장 5개를 묶었다. 여기에서는 이론, 모형, 구성 요인을 주로 논의하였다. Ⅱ부는 작문 교육의 실천적 방법을 다루는 장을 모았는데, 장이 모두 7개이다. 작문 지도의 핵심적인 방법은 여기에서 확인하는 것이 좋다. Ⅲ부는 2개의 장을 담아 작문 교육의 미래와 전망이라는 이름을 붙였다. 대부분 작문 교육 연구와 관련되어 있다.

이 책은 매우 오래 전에 기획했던 것인데 이제야 '책'이라는 형태로 묶여 세상의 빛을 보게 되었다. 혹시 그냥 이대로 묻히는 것은 아닌가 하고 걱정을 하기도 했다. 그러한 우려를 딛고 책의 꼴을 갖추게 되었으니 집필자의 한 사람으로서 매우 기쁘다. 많은 독자들이 다른 책 표지에 <작문 교육론>이 '근간'이라고 되어 있는데 언제 나오느냐고 물었던 책이 바로 이 책이다. 언제 나오느냐고 물었던 독자들 중에는 학부에서 전공 강의로 작문 교육론을 공부하거나 임용 시험을 준비하던 학생들도 제법 있었다. '근간'이 언제인지를 묻던 학생들이 이제는 중견 교사의 반열에 오를 정도가 되었으니 책이 되어 나오는 데 너무나도 오랜 시간이 걸렸다.

출판사의 사정은 아랑곳없이 집필자들의 사정만을 내세우며 원고를 차일피일 미룬 것이 책이 늦게 나오게 된 일차적인 이유이다. 원고 마감의 약속을 여러 번 어겼으니 끼친 손해가 크다. 그럼에도 불구하고 집필자들에 대한 신뢰를 지키며 인내해 주신 이대현 사장님과 이태곤 본부장님께 감사의 말씀을 드린다. 특히 이태곤 본부장님께서는 이모저모 마음까지 살피면서 원고를 독려해 주셔서 마음에 진 빚이 크다. 난삽한 원고를 깔끔한 책으로 태어날 수 있도록 애써주신 오정대 편집자께도 감사의 말씀을 드린다.

대학원 박사과정에서 공부하고 있는 이지원 선생님, 이현준 선생님, 김민정 선생님, 국어교사로서 석사과정에서 공부하고 있는 정분의 선생님, 장미 선생님, 이제 막 새내기로 대학원에 진학한 박현 선생님에게도 고마운 마음을 전한다. 원고 정리를 정리하고 오탈자 교정을 살피는 데 이 선생님들의 수고가 컸다. 특히 이현준 선생님의 수고가 컸다. 자질구레한 일까지도 묵묵히 맡아주어 이 일을 무사히 마칠 수 있었다. 연구실에서 같이 공부하는 사람들이 없었다면 꼼꼼한 노력이 필요한 이 일을 어떻게 마무리할 수 있었을까 싶다.

<작문 교육론>이라는 이름을 달고 나온 이 책은 집필자들의 노력에도 불구하고 결점과 한계가 많다. 다섯 명의 집필자들도 이 사실을 잘 알고 있다. 눈에 보이는 가장 큰 결점은 장별로 문체가 차이가 있다는 점이다. 문체가 다르다 보니 각 장의 주제를 풀어가는 서술 방식도 차이가 있다. 이 책을 통독하는 독자라면 이 사실을 제일 먼저 느낄 것이다. 그리고 다른 한 가지는 이 책에서 작문 교육과 쓰기 교육, 작문 능력과 쓰기 능력을 혼용하였다는 점이다. 작문은 쓰기와 혼용하였으며, 글의 맥락에 따라 글쓰기라는 용어도 같이 사용하였다. 각 장에 따라서는 작문 활동이나 쓰기 활동을, 글과 텍스트를 혼용하기도 했다.

이렇게 문체가 다른 점, 용어를 혼용한 점은 집필자들이 각각 장을 맡아 따로 따로 작업을 한 데에서 빚어진 일인데, 가능하면 개인적인 색깔을 지우기 위해 노력했지만 역부족이었던 것 같다. 개정판을 낼 때에는 한 사람이 작성한 것처럼 문체와 용어를 일관성 있게 사용하기 위해서 좀 더 노력을 기울이고자 한다. 집필자들도 강의를

위해 혹은 연구를 위해 이 책을 다시 읽으면서 검토하겠지만, 독자들께서 상치하는 내용이나 모호한 내용, 오류가 있는 내용을 지적해 준다면 감사한 마음으로 수용하고 반영하고자 한다.

　이 책을 세상에 내어보내야 하는 때가 되니 사실 마음이 초조하기가 이를 데 없다. 앞서 책을 내었던 많은 스승과 선배들도 이러한 마음을 머리말에 표현하곤 했는데, 그러한 문장을 읽을 때마다 겸손이 지나치다 싶은 생각을 했었지만 막상 그 장면에 서고 보니 그것이 공연한 말씀이 아니었음을 깨닫고 있다. 사람은 경험하는 만큼 성장한다는 말이 꼭 맞는 듯하다. 바랄 수 없는 것을 바라는지는 모르겠으나, 아무쪼록 이 책이 우리나라의 작문 교육의 발전에 조금이나마 보탬이 되었으면 좋겠다. 이 책을 읽는 모든 분들에게 학운과 행복이 함께하기를 기원한다.

집필자를 대표하여
박영민 씀.
2016. 3.

제 2 부 작문 교육의 실천적 방법

제1부 작문 교육의 이론적 근거

제1장

작문 교육의 필요성과 작문의 기능

학교에서 학생들은 흔히 이런 질문을 던진다. 글을 쓰는 일은 어렵고 힘든데 왜 해야만 하는 걸까? 말을 잘하면 되지 굳이 글을 잘 써야 할 이유가 있을까? 학교에서는 왜 글을 쓰는 것을 배우고 연습하는 걸까? 글을 쓰려면 의미를 새롭게 만들어내야 할뿐만 아니라 그것을 문자 언어의 특성에 맞게 표현해 내야 한다. 그렇다 보니 학생들에게는 글을 쓰는 일이 인지적으로 부담이 매우 클 수밖에 없다. 그래서 학생들은 글을 쓰는 일을 가능하면 회피하려고 한다.

그러나 작문이 가지고 있는 기능이나 성격을 고려한다면 이를 회피하는 것이 해결책이 될 수는 없다. 작문은 인지적인 측면에서나 정의적인 측면에서 여러 가지 기능을 수행하는 언어활동이므로 성공적인 학교생활과 사회생활을 위해서는 숙달할 필요가 있다. 이는 음성언어를 숙달하지 않은 채 성공적인 삶을 기대할 수 없는 것과 유사하다. 정보화 사회로 재편될 미래 사회에서는 작문 능력이 더욱 더 중요해질 것으로 예상되므로 학생들은 오히려 작문 활동에 열심히 참여할 필요가 있다.

작문 능력을 갖추는 것은 매우 중요하지만, 이 능력이 저절로 형성되거나 완성되는 것은 아니다. 어떤 유전 형질을 물려받듯 작문 능력을 부모로부터 물려받을 수도 없다. 오로지 작문을 배우고 연습하는 과정을 거치지 않으면 작문 능력을 기를 수 없다. 안타까운 일이지만 작문 능력을 갖추는 일은 매우 중요한데 노력 없이 저절로 얻는 묘방은 없으므로 열심히 작문 활동에 참여하지 않으면 안 된다.

이 장에서 살피게 될 작문의 기능과 특성은 작문의 본질을 이해하는 데에도 도움을 준다. 작문의 기능은 작문이 어떠한 역할을 맡고 있는지, 미래 사회를 살아갈 학생들에게 작문이 왜 중요한지를 설명하는 기초를 제공할 뿐만 아니라, 작문의 본질은 무엇이며 이에서 파생하는 특징은 무엇인지를 설명하는 근거를 제공한다. 그러므로 작문의 기능에 대한 이해는 작문의 본질을 이해하는 첫걸음이 된다.

1. 작문 교육이 필요한 이유

학교에서는 작문을 가르치는 데 진정 작문 교육은 꼭 필요한 것일까? 듣고 말하는 것은 따로 배우지 않아도 저절로 할 수 있는데 작문은 배워야만 쓸 수 있는 것일까? 이런 질문은 학교에서 작문을 지도하는 교사이든 작문을 배우는 학생이든 항상 던지는 질문 중의 하나이다. 지도하는 교사는 교사대로, 학습하는 학생은 학생대로 어려움이 크니 자연스럽게 이러한 질문을 던지곤 한다. 여기에서는 이러한 질문에 대한 답을 찾아보기로 하자.

1) 학습 결과로서의 작문 능력

■ 학습과 훈련으로 익혀야 하는 작문 능력

많은 학생들이 아마도 부모한테서 작문 능력을 물려받았으면 좋겠다고 생각할지도 모르겠다. 특별한 노력을 하지 않았는데도 부모에게 유산을 물려받아 이른 시기부터 여유로운 삶을 시작하는 사람도 있으니 무형의 재산인 작문 능력도 물려받을 수 있다면 더 없이 좋을 수도 있을 것이다. 우리 인간은 부모로부터 유전 정보는 자연스럽게 물려받지만 무엇인가에 대한 지식이나 무엇인가를 할 줄 아는 능력을 물려받지는 못한다. 교육이라는 인위적인 노력을 기울이지 않으면 이러한 것은 획득할 수 없다. 그래서 사람들은 후천적인 노력을 통해 얻는 이러한 지식이나 능력이 공평이나 공정의 원천이 된다고 생각한다.

후천적인 노력을 통해 얻어야 하는 능력 중에는 작문 능력도 포함된다. 부모가 책을 잘 읽는다고 해서 자녀가 저절로 책을 잘 읽게 되는 것은 아니다. 부모가 자전거를 잘 탄다고 해서, 부모가 수영을 잘 한다고 해서 자녀가 학습과 훈련 없이 잘할 수 있는 것은 아니다. 이와 동일하게 부모가 글을 쓸 줄 안다고 해서 현재의 자녀가 어떠한 학습이나 연습 없이 글을 쓸 수 있게 되는 것은 아니다.

작문의 이러한 특성은 듣기나 말하기와 같은 음성언어와 가장 큰 차이를 보이는 지점이기도 하다. 이러한 특성은 독서에서도 동일하다. 듣고 말하는 것은 가정에서 학습이나 연습의 고통 없이 자연스럽게 통달할 수 있지만, 읽고 쓰는 것은 배워야만 할 줄 알게 되고 연습을 해야만 잘 할 수 있게 된다. 책이 많은 집에서 산다고 해서, 종이와 연필이 여기저기 굴러다니는 곳에 머문다고 해서 자연스럽게 읽고 쓸 줄 아는 능력을 익힐 수 있는 것은 아니다. 만약 그럴 수만 있다면, 읽고 쓰는 것을 배우기 위해 힘들어 하는 사람은 아마도 없지 않았을까. 글을 읽을 줄도 쓸 줄도 모른 채로 평생을 답답하게 살아가는 성인 비문해자가 있다는 사실은 읽는 능력이나 쓰는 능력을 그렇게 얻을 수는 없다는 점을 잘 보여준다.

■ 교육 징표로서의 작문 능력

학습 과정과 연습 활동을 거쳐야만 읽는 능력과 쓰는 능력[1]을 통달할 수 있으므로 예로부터 읽고 쓸 줄 아는 것은 곧 교육의 징표로 간주되어 왔다. 읽을 줄 알고 쓸 줄 안다는 말은 곧 교육을 받았다는 의미이며 문화적인 삶, 문명적인 생활을 누릴 수 있다는 뜻이다. 지금도 문명의 기본 척도를 읽고 쓸 줄 아는 능력에서 찾는 것은 바로 이 때문이다. 이집트 문명에 아로새겨진 상형문자를 떠올려 보라. 조선시대에도 교육을 받은 사람(대개는 양반이나 남자)만 글을 읽고 쓸 줄 알았고, 글을 읽을 줄 알고 쓸 줄 안다는 것은 문명과 야만, 고귀와 비천, 질서와 혼란을 가르는 척도였다. 작문 능력을 저절로 얻는 방법은 원천적으로 차단되어 있으니 교육이라는 방법을 통해서만 얻을 수 있다. 글을 쓰는 데 필요한 원리와 방법을 학습하고 직접 쓰면서 훈련해야 작문 능력을 기를 수 있다. 이는 작문 교육이 필요한 가장 중요한 이유라고 할 수 있다.

작문은 글을 쓰는 활동에 참여하지 않으면 그 능력을 얻을 수 없다. 직접 글을 쓰는 활동을 거쳐야만 숙달이 가능한 작문의 특성을 '수행성이 강한 영역'이라는 말로 설명하곤 하는데, 수행성이 강한 영역에는 작문만 있는 것이 아니다. 독서나 화법도 수행성이 강한 영역이다. 독서 능력을 글을 읽는 활동 없이 얻을 수 없고, 말해 보지 않은 채 말을 조리 있게 할 수 있는 능력을 기를 수 없다. 앞에서 예들 들었던 자전거 타기도 넘어지는 위험이 있더라도 직접 자전거를 타지 않으면 배울 수 없고, 물이 차갑지만 그것을 이겨내고 직접 물에 들어가서 수영을 해야만 수영

[1] 읽는 능력과 쓰는 능력은 영어로는 'literacy'인데 우리말로는 '문식성(文識性)'으로 번역한다. 문자에 관한 지식을 갖추고 있는 상태라는 의미로 새롭게 제안된 용어이며 현재 국어교육에서는 읽는 능력과 쓰는 능력을 동시에 일컬을 때 사용하고 있다. 최근에는 의역하지 않고 음역하여 '리터러시'라고 부르기도 한다. 읽고 쓸 줄 아는 능력은 문화적 삶을 누릴 수 있는 매우 기본적인 능력이므로 이 점을 고려하여 '소양' 또는 '기본 소양'의 의미로 번역하여 쓰기도 한다. 가령 'science literacy, computer literacy'는 '과학(기본) 소양, 컴퓨터 (기본) 소양'으로 번역하기도 한다.

을 배울 수 있다. 작문 능력은 학습과 훈련의 작문 활동을 통해서만 기를 수 있다.

그런데 아무 계획 없이 무작위로 이루어지는 활동은 작문 능력 발달에 그다지 도움이 되지 않는다. 친구들과 축구 게임을 하면서 축구 실력을 기를 수는 있지만 축구 능력 발달의 효과가 낮고 자칫 잘못 밴 습관으로 인해 더 발전할 수 있는 기회를 잃을 수도 있다. 부상을 입는 위험도 따른다. 평생에 걸쳐 작문을 천천히 배워도 좋다면 문제가 덜하겠지만 일정한 학습 기간 동안 작문 능력을 갖추어야 할 필요가 있으므로 학습과 훈련이 체계적으로 이루어져야 한다. 학습과 훈련의 체계적인 활동이란 바로 작문 교육을 일컫는다.

2) 성공적 생활 요건으로서의 작문 능력

▌ 성공적인 학업을 위한 기초 능력

학교에서 작문을 배우는 것은 자족적인 목적을 충족하는 데 있지 않다. 다시 말하면 작문을 배운다는 것 자체가 어떤 가치가 있다거나, 어떤 의의가 있어서 작문 교육을 하는 것이 아니라는 말이다. 작문 능력을 기초 학습 능력이라고 하는 데에서 알 수 있는 것처럼, 작문은 다른 무엇인가를 하는 데 기초적으로 필요한 능력이라는 점에서 중요성을 인정하고 교육의 대상으로 삼는다.

그렇다면 작문 능력은 무엇을 하는 데 필요한 것일까? 작문은 학교에서 다른 교과나 전공을 학습하는 데 매우 중요한 역할을 한다. 그래서 작문 능력이 부족하면 학업을 성공적으로 마치기가 매우 어렵다. 우리나라 중학교와 고등학교에서는 상대적으로 글을 써서 학습하는 일이 적었지만 점점 그 중요성이 커지고 있다. 수행평가가 강조되면서 학생들은 자신의 학습 결과를 글로 표현해서 학업 성취 수준이 어떠한지를 입증해야 한다. 글을 잘 쓰지 못하면 좋은 성적을 얻을 수 없다. 고등학교에서는 교과 활동이나 비교과 활동에서도 보고서와 같은 글을 써서 제출할 것을 요구한다. 대학에 진학하려면 자기소개서를 직접 써야 할 뿐만 아니라, 논술 시험을 치르면서 글을 답안으로 써서 제출해야 한다. 글을 쓰는 능력은 성적, 진급, 진학에 큰 영향을 미친다.

대학이나 대학원에 진학하면 이러한 상황은 더욱 강화된다. 대학 이상의 공부는 글을 쓰는 것과 별반 다르지 않다. 강의 시간에 발표를 하려면 발표문을 작성해야 하고, 중간고사 기말고사는 모두 서술형이니 글을 써서 답안으로 제출해야 하며, 과제로 보고서(이른바 리포트)를 써서 제출해야 한다. 대학원에서는 논문을 쓰는 것이 곧 공부이니 글을 쓰는 것과 공부를 분리할 수 없다.

그러므로 성공적인 학교생활을 포기하지 않는 한 작문 교육을 회피할 수 없다. 성공적인 학교생활을 바란다면, 충실한 학교 학습을 원한다면 작문 교육을 게을리할 수 없다. 작문 교육을 충실히 받아야 하는 데에는 이러한 이유가 있다.

■ 성공적인 사회생활을 위한 기초 능력

글을 쓸 줄 아는 능력은 학교 학습을 하는 데에서만 그치는 것이 아니다. 직장과 같은 사회생활을 할 때에도 필요하다. 사무직에 종사하는 사람이라면 문서를 생산하는 일이 업무의 대부분을 차지한다. 여기에서 문서를 생산하는 일이란 글을 쓰는 일을 말한다. 부서에 따라 다소 차이가 있겠지만, 어떤 업무를 추진하기 위한 기획서나 계획서를 쓰는 일, 원청 업체로부터 용역을 따내기 위해 제안서를 쓰는 일, 직장 상사에게 주요 내용을 보고하기 위해 보고서를 쓰는 일, 다른 부서, 다른 업체의 협조를 얻기 위해 협력 요청서를 쓰는 일 모두가 작문 활동이라고 할 수 있다. 직장에서는 중요한 의사결정도 글로 하는 경우도 많다. 법원에서는 재판 결과를 판결문이라는 글로 써서 알리며 공공기관에서는 결정사항을 공문서라는 글로 써서 전달한다.

사무직을 중심으로 예를 들었지만 꼭 사무직만 글을 쓰는 능력이 필요한 것은 아니다. 생산직 종사자는 몸을 움직여 전문적인 일을 하는 것이 대부분이기는 하지만 작문 활동을 수행하지 않으면 안 된다. 생산직에 근무하더라도 자신이 수행한 과업을 일지로 기록해서 보관하거나 보고해야 한다. 교대 작업자는 후속 근무자에게 알릴 내용이 있다면 그것을 글로 써서 전달해야 한다. 업무 중간 단계 곳곳에는 작문이라는 장치가 숨어 있다. 생산직 종사자라도 각 단계를 관리하고 조정할 때마다 글을 쓰지 않으면 안 된다.

성공적인 사회생활을 위해서는 작문 능력을 갖추는 것이 매우 중요하다. 산업화 사회에서 정보화 사회로 변화하면서 어떤 직장, 어떤 직종이든 글을 쓸 수 있는 능력을 요구하게 되었다. 성공적인 사회생활을 위해서는 작문 능력을 갖추어야 하므로 학생들은 작문 교육을 충실히 받아야 한다.

3) 발달 과업으로서의 작문 능력

▌청소년기 발달 과업인 작문 능력

청소년기 학생들은 청소년 시기에 맞는 발달 과업을 성취해야 한다. 가령 개인의 정체성 형성이나 성역할 정체성 형성과 같은, 이 시기에 맞는 발달 과업을 적절하게 성취해야 건강한 시민으로 성장할 수 있다. 청소년기에 달성해야 할 발달 과업을 성취하지 못하면 심리적, 정서적 왜곡이 발생하여 성인이 된 이후에 여러 가지 문제를 겪을 수 있다.

청소년기 학생들이 성취해야 할 발달 과업에는 독서 능력과 작문 능력도 포함된다. 다른 과업처럼 청소년기에 독서 능력과 작문 능력을 적절하게 갖추지 못하면 이후에 여러 가지 문제 상황을 겪게 된다. 일차적으로는 학교의 교과나 전공 공부에서 성공적인 성취를 기대하기 어려우며 성인이 된 이후에는 직장에서 성공적인 성취를 기대하기 어렵다. 그러므로 청소년기 학생들은 독서 능력과 작문 능력을 갖추기 위해서 노력을 기울여야 한다.

우열을 따지는 것이 어려운 일이기는 하지만, 독서 능력을 갖추는 것과 작문 능력을 갖추는 것 중에서 발달 과업 면에서는 작문 능력이 더 중요하다. 독서 학습과 작문 학습을 대비해 볼 때 독서 학습이 작문 학습보다 상대적으로 더 쉽기 때문이다. 독서는 어렸을 때 문자 해득을 완성하고 나면 시작할 수 있다. 어린 아이들 중에는 문자 해득을 완성하지 못한 채 글을 읽다가 오히려 문자 해득을 완성하기도 한다. 그러나 작문은 문자 해득만으로는 넘어서기 어려운 과업이다. 글자를 읽을 줄 안다고 해서 작문 활동을 수행할 수 있는 것이 아니거나와, 글자를 쓸 줄 안다고 해도 작문 활동을 수행할 수 있는 것이 아니다. 그러므로 작문 교육을 통해 발달 과업인 작문 능력을 충실하게 갖출 수 있도록 해야 한다.

■ 발달 과정이 복합적인 작문 능력

발달 과업이 단순하고 명료한 성격을 지니고 있다면 학습에 따르는 어려움이 크지 않을 수 있다. 그러나 발달 과업에 속하는 능력이나 특성은 이러한 상황을 기대하기 어렵다. 단순하고 명료해서 쉽게 성취할 수 있다면 발달 과업이라는 막중한 위치에 오르지도 않았을 것이다. 작문 능력이 청소년기의 발달 과업에 포함되었다는 것은 작문 능력 발달을 성취하는 것이 그만큼 어렵다는 뜻이기도 한다.

작문 능력을 갖추는 것이 어려운 이유는 작문 능력이 발달해 가는 과정이 매우 복합적이기 때문이다. 글을 쓰는 활동이나 행위는 글자를 아는 것만으로는 충분하지 않다. 표현하려고 하는 의미를 배경지식을 활용하여 표상해 내고, 다른 자료를 참조하여 새로운 의미(담화 종합)을 구성해 낸 다음, 그것을 일정한 순서에 따라 문자로 표현해야 한다. 여기에서 글을 쓰는 과정을 단선적으로 묘사했지만, 실제적으로 머릿속에서 이루어질 때에는 이와는 전혀 다르게 전개된다. 글을 써가는 순서가 역전되기도 하고, 의미를 생성하고 조직하는 인지 활동 중간 중간에 작문 행동을 멈추는 일도 일어나며, 지금까지 작성했던 글을 다시 보면서 수정하거나 새롭게 내용을 떠올리기도 한다. 그래서 작문 능력은 단선적으로 발달하지 않는다. 급격한 발달이 일어나는 결정적 시기가 있는가 하면, 작문 능력 발달이 상당한 시간 동안 정체되거나 오히려 감소하는 시기도 있다. 이를 고려하는 가운데 학생들의 작문 능력 발달을 도우려면 체계적인 지도 활동인 작문 교육이 꼭 필요하다.

작문 발달만 복합적인 것이 아니다. 작문 과정에 영향을 미치는 요인도 복합적이다. 글을 쓰는 필자 자신이 가지고 있는 배경지식, 전략, 상위인지, 동기, 효능감 등의 변인이 작문 과정에 영향을 미치기도 하고, 작문 활동을 두러싼 환경의 변인, 예를 들면 글을 쓰는 목적이나 이유, 의도, 글을 읽을 것으로 예상되는 독자, 필자가 속해 있는 공동체의 공시적 및 통시적 가치나 이념, 관점 등의 변인이 작문 과정에 개입하기도 한다. 학생들은 이러한 변인의 영향을 인식하고 반영하면서 작문을 익혀야하므로 일반적으로 작문 능력의 발달은 매우 늦게 이루어진다. 사람의 언어발달은 음성언어에서 문자언어로 진행하는데 세부적으로는 듣기, 말하기, 읽기, 쓰기의 순서로 이루어진다. 이렇게 작문 발달이 가장 늦게 이루어지는 이유는 변인이 복합적으로 개입하기 때문이다.

그러므로 작문의 학습과 연습을 우연에 맡겨 둘 수 없는 것이다. 우연을 통해 학생들의 작문 능력을 충실히 갖추기를 기대하는 것은 복권에 당첨되는 것만큼이나 가능성이 너무 낮은 일이다. 의도를 가지고 체계적으로 계획을 수립한 후 이를 교과 전문가를 통해 학생들에게 지도할 필요가 있다. 이러한 지도 활동이 바로 작문 교육이다.

4) 관심 요구 대상으로서의 작문 능력

관심을 가지고 키우는 화분의 화초를 떠올려 보자. 관심을 기울이는 화초는 때에 맞추어 물도 주고 햇빛을 받도록 위치도 바꾸어준다. 관심을 가지고 돌보는 화초는 생육의 조건이 좋아 잎이 윤택이 있고 새로운 생명의 싹을 틔워 내기도 한다. 관심을 기울이지 않는 화초라면 이와는 정반대의 모습을 보일 것이다.

이러한 비유는 작문에도 동일하게 적용할 수 있다. 앞에서 설명을 한 것처럼, 작문은 교육을 하지 않으면 능력을 기를 수 없고, 발달의 순서가 늦어 교육적으로 더 많은 보완을 필요로 한다. 그러나 학교와 가정의 관심은 이러한 중요성을 충분히 따라가지 못하는 것처럼 보인다.

학생들에게 책 읽는 습관을 갖게 만든다며 아침마다 책을 읽도록 하는 학교는 있어도 글을 쓰는 활동을 그렇게 강조하지는 않는다. 독서가 창의적 사고 능력의 원천이 된다고 하면서 독서 프로그램을 강화하고 도서관에 책을 확충하기는 하지만 학생들이 글을 쓰는 정도가 어떠한지 학생들이 글을 잘 쓰도록 하게 하려면 어떻게 해야 하는지에 대해서는 관심이 적다. 여기에서 독서를 언급한 것은 독서 교육을 줄이고 작문 교육을 늘려야 한다는 뜻이 아니다. 독서에 비해 중요성이 덜 하지 않고, 발달 과업측면에서는 독서 능력보다 작문 능력이 더 중요하고 더 늦은 데에도 불구하고 작문 교육에 대해서 기울이는 관심의 정도가 낮다는 것을 지적하기 위한 것이다.

 작문은 학업 성취에도 큰 영향을 미치지만 가정이나 학교에서 학생들에게 작문을 수행하도록 하거나 작문을 지도하는 일은 많지 않다. 대학 입시를 치를 때가 되어야 자기소개서를 쓰는 방법을 익히고 논술을 쓰는 방법을 익히는 정도에 머물고 있을 뿐이다. 작문에 대해서는 상대적으로 관심이 적은 만큼 이를 교육적으로 보완해야 할 필요성이 더 크다. 가정과 학교에서 항시 관심을 기울인다면 그것을 체계화할 수 있는 정도에서 도움을 주면 되지만 작문은 그와는 반대이므로 교육을 강화하여 이러한 상황을 보완해야 한다.

2. 글을 잘 쓰기 위한 원리

 앞에서도 설명을 했던 것처럼 글을 잘 쓰는 데에는 왕도(王道)가 없다. 간편한 길을 찾는 태도는 오히려 작문 학습을 방해해서 작문 능력의 발달을 더디게 만들 수도 있다. 그러나 여러 가지 작문 이론이나 경험 연구를 살펴보면 글을 잘 쓰기 위한 원리를 가지 꼽아볼 수 있다(Gallagher, 2006). 여기에서 제시한 원리는 학생이 글을 잘 쓰기 위한 것이므로 작문 교육을 계획하고 시행하는 교사는 이러한 원리들이 작문 수업에서 잘 유지될 수 있도록 노력할 필요가 있다.

1) 글을 써 보는 연습

 일견 당연하지만 글을 잘 쓰기 위해서는 학생들은 글을 쓰는 연습을 하는 데 더 많은 시간과 더 많은 노력을 쏟아야 한다. 피아노를 잘 연주하고 싶다면 피아노 연습에 많은 시간과 많은 노력을 들여야 하는 것처럼, 글을 잘 쓰기 위해서는 글 쓰는 연습을 게을리 하지 않아야 한다. 일기를 쓰면 작문 실력이 좋아진다고 했던 어른들의 말씀은 사실이다. 일기 쓰기가 쓰기 연습이 되므로 일기를 쓰면 쓸수록 글을 잘 쓸 수 있는 능력이 신장된다.

그런데 의외로 이 간단한 원리를 학생들은 곧잘 잊는다. 무대 위 오케스트라의 훌륭한 연주가 저절로 완성되는 것처럼 생각하는 오류를 보이곤 한다. 작문에서 연습 없는 완성은 존재하지 않는다. 연습을 하면 할수록 잘 쓸 수 있는 능력은 비례해서 증가한다. 그러므로 작문 수업을 계획하는 교사는 학생들이 연습을 충실히 할 수 있도록 인식을 일깨워주고 적절한 과제를 부여할 필요가 있다. 이와 함께 글쓰기 연습에 시간과 노력을 기울일 수 있도록 적절한 행동 자극도 주어야 한다.

2) 쓰기 모델로서의 국어교사

학생들이 글을 잘 쓰려면 좋은 글쓰기를 시범 보일 수 있는 사람이 있어야 한다. 학생들에게는 어떻게 하면 글을 잘 쓸 수 있는지, 어떻게 하면 글 쓰는 도중에 겪는 문제를 해소할 수 있는지를 시범을 통해 알려주고 안내해 주는 전문가가 필요하다. 이러한 전문가가 바로 국어교사이다. 교사가 작문 활동을 능숙하게 시범을 보일 수 있으면 학생들에게 큰 도움이 된다. 머릿속에서 비시가적으로 진행되는 인지 과정을 구체화할 수 있으며, 교사의 시범을 따라 연습을 해 볼 수 있기 때문이다. 우리가 어떤 것을 배울 때 시범을 잘 보이는 교사를 만나면 그것을 배우기가 쉬운 것처럼, 글쓰기를 시범 보일 수 있는 교사는 학생들이 글을 잘 쓰기 위한 주요 원리라고 할 수 있다.

학생들이 글을 잘 쓰도록 하기 위해서는 시범을 보이는 국어교사가 필요하다는 것이므로 쓰기 수업에 임하는 국어교사는 글을 쓰는 시범을 잘 보일 수 있도록 노력을 기울여야 한다. 시범을 보인다는 것은 국어교사가 쓰기를 잘 할 수 있다는 뜻이므로(능숙하게 잘 할 수 없는 것은 시범을 보이기가 어렵다.) 국어교사 스스로 작문 능력을 갖추기 위해서 노력해야 한다. 가장 바람직한 것은 국어교사 양성과정에서 작문 능력을 갖추는 것이지만 현직에 있으면서도 작문 능력을 유지하거나 기르기 위해 노력할 필요가 있다.

쓰기 수업을 하는 국어교사가 시범을 잘 보이려면 사고구술 능력을 같이 갖출 필요가 있다. 사고구술은 머릿속에 떠오르는 생각을 구술하는 방법인데 국어교사가 글을 쓰면서 행동 시범과 함께 머릿속에서 경험하는 사고의 내용을 구술한다면 학생들에게 시범의 효과는 더욱 더 클 것이다. 글을 쓰는 활동은 머릿속으로 표상한 의미를 문자로 표현해 내는 것이므로 교사가 머릿속으로 의미를 표상하는 자신의 사고 과정을 구술할 수 있다면 시범의 효과는 극대화된다.

3) 글을 읽는 경험

작문 학습의 관점에서 볼 때 글을 읽는 것은 유용하다. 글을 쓰는 데에는 화제에 대한 배경지식이 매우 큰 영향을 미치는데, 글을 읽는 경험은 학생들이 가장 효과적으로 배경지식을 쌓을 수 있는 방법이기 때문이다. 글을 쓸 때 필자는 누구나 자신이 잘 알고 있는 내용에 대해서는 잘 쓰고 잘 알지 못하는 내용에 대해는 잘 쓰지 못한다. 인지 심리학자들의 관찰에 따르면 필자는 글로 쓸 내용이 바닥나면 글 쓰는 행동을 멈춘다. 글을 쓰는 행동을 멈추게 되는 가장 중요한 원인은 바로 화제에 대한 배경지식의 고갈이라는 것이다. 유능한 필자는 더 이상 쓸 내용이 없을 때 내용을 새롭게 마련할 수 있는 여러 가지 전략을 두루 갖추고 있으며 필요에 따라 능숙하게 활용할 줄 안다. 그러므로 작문 교육에서는 학생들이 글로 쓸 내용이 바닥나는 상황에 잘 대처할 수 있도록 내용 생성에 관한 여러 가지 전략을 숙달하도록 하고 있다.

내용 생성 전략을 학습하는 것이 배경지식이 떨어질 때를 대비하는 작문 학습이라면, 글을 읽도록 하는 것은 학생들에게 배경지식을 직접적으로 공급하는 방법이라고 할 수 있다. 배경지식을 확충하는 데 글을 읽는 것만큼 효과적이고 바람직한 방법은 없다. 다양한 분야의 글을 읽는다면 어떤 종류의 쓰기 과제가 나오든 학생들은 자신감을 가지고 글을 쓸 수 있을 것이다.

그러나 글을 읽는 경험은 배경지식을 확충하는 데에만 영향을 미치는 것이 아니다. 글을 잘 쓰려면 학생은 내용에 따라 적절한 구조와 표현을 사용해야 하는데 이에 대한 모범적인 전형을 글에서 발견할 수 있다. 글에는 글의 내용에 적합한 구조와 표현이 담겨 있는데, 학생들은 그 글을 읽으면서 내용을 효과적으로 구조화하는 방법, 문장이나 문단으로 표현하는 방법을 익힐 수 있다. 이러한 학습은 글을 많이 읽을수록 자연스럽게 이루어진다. 그러므로 학생들에게 작문을 지도하는 교사는 학생들이 글을 읽는 경험을 병행할 수 있도록 도와주어야 한다. 그리고 글을 읽는 경험이 왜 작문에 도움이 되는지에 대해서도 잘 안내해 줄 필요가 있다.

4) 다른 필자의 관찰

수영장에서 수영을 배우고 있는데 수영을 더 잘하고 싶을 때 어떻게 해야 할까? 가장 효과적인 방법은 수영장에서 수영을 잘 하는 사람이 어떻게 하는가를 유심히 관찰하여 그 사람의 행동 특성을 분석한 다음 그것을 연습해서 숙달하는 것이다. 이러한 관찰, 행동 특성 분석, 학습 및 연습은 어떤 것을 배울 때이든 가장 손쉽게, 가장 효과적으로 활용할 수 있는 원리이다.

이 원리를 글을 쓰는 데 적용하면 글을 잘 쓰는 다른 동료 학생을 세밀하게 관찰하는 것이 된다. 수영을 잘 하는 사람을 관찰하고 행동 특성을 분석했던 것처럼, 글을 잘 쓰는 다른 동료를 관찰하고 그의 행동 특성을 분석한 다음, 그것을 학습하고 연습하는 과정을 거치면 글을 잘 쓸 수 있는 능력을 효과적으로 기를 수 있다.

학생들이 이러한 원리를 적용할 때 교사의 지원이 있으면 훨씬 더 용이하다. 교사가 글을 잘 쓰는 학생을 선정한 후 여러 다른 동료 학생들이 관찰할 수 있도록 수업을 설계할 수도 있기 때문이다. 이러한 방법은 작문을 배우는 다른 학생들에게 대리 경험을 하도록 해 줌으로써 효능감을 높이는 데에도 기여한다.

5) 화제의 선택

학생들은 외적으로 제시되는 쓰기 과제보다 자기 자신이 스스로 선택하는 쓰기 과제를 좀 더 쉽게 해결한다. 자기 자신이 선택하는 쓰기 과제에는 자신이 선호하는 화제가 포함될 수 있기 때문이다. 앞에서도 지적한 것처럼, 배경지식이 많은 화제는 글을 쓰기가 쉽다. 그러나 배경지식이 다소 적더라도 학생이 관심 있거나 홍미로워하는 화제도 글을 잘 쓰는 데 도움을 준다. 관심이 있거나 흥미를 느끼는 화제로 글을 쓸 때에는 자료를 탐색하고 내용을 생성해서 글로 완성해 가는 과정 전체에 주도적이면서도 적극적으로 참여하기도 한다. 그러므로 글을 잘 쓰고자 한다면 자기 자신이 관심이 있거나 흥미를 느끼는 화제를 중심으로 글을 쓰는 훈련을 하는 것이 좋다.

이러한 특성을 고려한다면 국어교사는 학생들에게 쓰기를 지도할 때 학생들이 화제를 선택할 수 있도록 장치를 마련할 필요가 있다. 화제를 하나만 주고 글을 쓰게 하는 것보다는 여러 가지를 제시하고 선택하도록 하거나, 마음에 드는 것이 없을 때에는 스스로 선택할 수 있는 여지를 두는 것도 좋은 방법이다.

화제에 대한 선호는 학생의 쓰기 능력 수준에 따라, 학생의 성별에 따라 다소 차이가 있다. 글을 잘 쓰는 학생들은 추상성이 높은 화제, 논리적 입증을 필요로 하는 화제를 선호하는 경향이 있지만, 글을 잘 쓰지 못하는 학생들은 그렇지 않다. 자기 자신의 개인 경험에 바탕을 둔, 추상성이 낮고 구체성을 요구하는 과제를 좀 더 선호하는 경향이 있다. 남학생들은 운동이나 게임처럼 행동 중심의 과제(행동화 과제)를 선호하는 경향이 있다. 이에 비해 여학생들은 행복이나 추억처럼 공감 중심의 과제(공감화 과제)를 선호하는 경향이 있다. 남학생들에게 가장 행복했던 경험을 쓰게 하거나 가장 기억에 남는 추억을 쓰게 하면 글을 쓰는 것을 매우 곤혹스러워하거나 매우 어려워한다. 선호하는 주제가 아닐 뿐더러 행복이나 추억에 대해서는 별로 생각해 본 적이 없어서 이러한 화제에 대해서 매우 난감해 하는 것이다. 그러므로 국어교사는 이러한 점을 고려하여 학생들이 화제를 선택할 수 있도록 계획하는 것이 좋다.

6) 진정한 쓰기 목적과 진정한 독자

'진정한 쓰기 목적'과 '진정한 독자'는 작문 교육에서 매우 흔히 나오는 방법적 개념이다. 이 표현은 영어의 'authentic purpose, authentic audience'를 우리말로 옮긴 것인데, 이때 말하는 '진정한'은 진실하다는 의미가 아니다. 실제적인 쓰기 목적이나 실제적인 독자라는 의미에 가깝다.

　이해를 돕기 위해 예를 들어보자. 중학교에서 쓰기를 지도하는 김 교사가 학생들에게 부모님께 용돈을 올려 달라는 편지를 쓰도록 과제를 부여했다고 가정해 보자. 학생들은 김 교사 지시에 따라 글을 열심히 쓰겠지만, 실제로 용돈이 더 필요해서 글을 쓴 것이 아니라면, 그리고 실제로 부모님에게 편지를 보내는 것이 아니라면, 이는 진정한 목적을 위해서 쓰는 글도 아니고 진정한 독자를 염두에 두고 쓰는 글도 아니다. 진정한 목적, 진정한 독자를 의도하는 쓰기 과제가 되려면 학생의 실제 문제를 다룰 수 있도록 해야 하고 실제 의도한 독자가 그 글을 읽을 수 있도록 해야 한다.

　학생들이 가장 효과적으로 진정한 쓰기 목적과 진정한 독자를 경험할 수 있는 쓰기 과제는 학생들이 개선해야 할 필요가 있다고 생각하는 문제를 찾아서 개선 방안을 담아 글을 쓴 다음, 그 문제를 해결해 줄 권한을 지닌 사람이 읽을 수 있도록 하는 것이다. 이러한 글 유형이 바로 건의문이다. 학교생활 중에 개선할 필요가 있다고 생각하는 문제를 찾아 건의문을 쓴 다음, 격식을 갖추어 교장실로 편지를 보내거나 학교 인터넷 사이트에 올리도록 하면, 진정한 쓰기 목적과 진정한 독자 요건을 모두 충족할 수 있다. 지역 사회의 교통 시설이나 생활 시설의 문제를 개선하기를 요청하는 건의문을 쓰는 경우에는 시장이나 시청의 담당 공무원이 읽을 수 있도록 인터넷에 올리도록 하는 것도 진정한 쓰기 목적과 진정한 독자를 고려하였기 때문이다. 인터넷 사이트는 학생들이 '진정한 독자'를 가장 효과적으로 만날 수 있도록 돕는 장치라고 할 수 있다.

　이처럼 진정한 쓰기 목적과 진정한 독자를 강조하는 이유는 학생들이 실질적인 쓰기의 힘을 경험할 수 있도록 하기 위해서이다. 실제로 존재하지 않는 목적으로, 가설적인 독자를 향해서 쓰는 글로는 글이 지닌 힘을 체험할 수 없다. 뿐만 아니라, 글에 대한 독자의 반응도 기대할 수 없고 어떤 변화도 체감할 수 없으므로 글쓰기의 필요와 흥미를 느끼기도 어렵다. 그러므로 반대로 진정한 목적으로, 진정한 독자를 향해서 글을 쓰면, 현실을 변화시키는 글이 지닌 힘, 독자의 실제적인 반응을 체감할 수 있다는 장점이 있다. 이러한 장점은 학생들로 하여금 열정적으로 쓰기에 임할 수 있도록 만드는 힘이 있다. 실제적인 목적으로 글을 쓰면 진실한 태도, 진실한 마음으로 글을 쓰게 되니 작문 활동 참여를 동기화하고 작문 능력을 기르는 데 유리하다. 진정한 목적과 진정한 독자로 글을 쓰는 것은 비유하자면 모든 경기가 연습 경기가 아니라 타이틀이 걸린 실제 경기가 되는 것과 같다. 타이틀이 걸려 있다면, 선수들이 최선을 다해서 임하는 것은 너무나도 당연하지 않겠는가.

그러므로 쓰기를 지도하는 교사는 학생들에게 진정한 목적과 진정한 독자를 바탕으로 글을 쓸 수 있도록 과제를 구성해야 한다. 이러한 과제가 항상 널려 있는 것은 아니다. 1학년 때 썼던 과제를 2학년 때 다시 제시할 수도 없으니 적절한 쓰기 과제를 찾기 위해 교사는 노력을 기울여야 한다. 진정한 쓰기 목적과 진정한 독자를 담은 '진정한 쓰기 과제'는 학생들의 실전적인 작문 능력을 길러주는 효과적인 장치이다.

7) 교사 및 동료의 의미 있는 피드백

글쓰기에서 누구나 경험하는 일이 하나 있다. 글을 쓴 후에 '내'가 수정하려고 할 때에는 없는 것처럼 보였던 오탈자가 다른 사람에게 검토를 부탁하면 엄청나게 쏟아져 나오는 경험. 글을 완성한 후에는 읽고 또 읽어도 오탈자가 눈에 들어오지 않는다. 필자인 '나'와 글은 동일자를 이루고 있기 때문이다. 오자가 있어도 탈자가 있어도 너무나도 매끄럽게 읽힌다. 이러한 문제를 해소하려면 다른 사람의 눈과 손을 빌려야 한다.

학생들이 글을 쓸 때에도 다른 사람의 눈과 손은 글을 발전시키는 데 큰 도움을 준다. 그 다른 사람이 교사이든 동료이든 의미 있는 피드백을 제공한다면 학생들은 이를 토대로 글을 효과적으로 쓸 수 있다. 교사 및 동료의 의미 있는 피드백을 통해서 독자가 기대하는 것은 무엇이고 어떤 요구를 가지고 있는지를 파악할 수 있으며, 글에서 수정하거나 보완해야 할 점, 발전시켜야 할 점을 구체적으로 파악할 수 있다.

교사나 동료의 피드백은 글을 발전시키는 데 도움이 될 수 있어야 한다. 그렇게 하려면 문제점이나 오류, 잘못을 지적하기보다는 학생의 사고를 촉진하는, 내용을 생산적으로 발전시킬 수 있는 아이디어를 제안하는 피드백을 제공해 주어야 한다. 이러한 피드백을 '의미 있는 피드백'이라고 부른다.

의미 있는 피드백이 기여하는 점을 고려한다면, 쓰기를 지도하는 국어교사는 학생 글에 반응할 때 의미 있는 피드백을 제공할 수 있도록 노력해야 한다. 의미 있는 피드백이 가지고 있는 촉진적 성격을 잘 드러낼 수 있도록 학생 글을 섬세하게 읽고 의미를 중심으로 반응해야 한다. 한편, 학생들이 동료로서 글을 쓴 학생에게 의미 있는 피드백을 할 수 있도록 장치를 마련할 필요도 있다. 학생들은 의미 있는 피드백을 하고 싶어도 그것을 어떻게 해야 하는지를 알지 못해서 잘 하지 못한다. 그러므로 교사는 의미 있는 피드백을 시범으로 보여줄 필요가 있으며, 그것을 따라 연습해 보도록 안내해 줄 필요가 있다. 자신의 피드백이 의미 있는 피드백인지를 스스로 점검할 수 있는 점검표를 제시해 주는 것도 좋은 방법이다.

3. 작문의 기능 및 특성

작문의 기능이라고 말할 때의 기능(機能, function)은 작문 과정에 관여하는 인지 요소로서의 기능(技能, skill)이 아니라 작문이 담당하는 역할을 뜻한다. 작문 과정을 진행해 가는 데 기여하는 인지 요소로서의 기능과, 작문의 역할을 뜻하는 기능은 동음이의어에 해당하므로 혼동하지 않도록 주의해야 한다. 작문은 어떠한 역할을 하는가, 작문은 어떠한 점에 기여하는가를 뜻하는 작문의 기능은 작문의 가치나 중요성을 뒷받침하는 근거를 제공한다.

작문 기능을 분류할 때에는 작문의 요소인 '필자'를 중심으로 삼는 것이 일반적이다. 글을 쓰는 필자는 어떤 목적 실현을 위해 작문 활동을 수행하므로 필자를 중심으로 삼아야 작문의 기능을 좀 더 효과적으로 구별할 수 있기 때문이다. 우선, 필자는 자신의 생각과 느낌을 글로 표현하여 다른 사람과 의사소통을 시도한다는 점을 떠올릴 수 있고, 의사소통을 바탕으로 하여 어떤 사회·문화적 의미 형성에 참여할 수 있다는 점을 떠올릴 수 있다. 그리고 필자는 글로 표현할 내용을 머릿속으로 새롭게 구성하는 활동을 수행한다는 점, 필자는 글을 쓰면서 자신의 내면을 성찰하기도 하고 자신의 복합적인 감정을 드러내기도 한다는 점을 떠올릴 수 있다. 한편, 필자는 자신이 알고 있는 정보와 외부에서 받아들인 정보를 통합·분류·분석·종합하여 의미를 새롭게 재구성함으로써 어떤 주요 정보를 수용한다는 점도 떠올릴 수 있다. 이를 바탕으로 하여 작문의 기능을 다음과 같이 설명할 수 있다.

1) 의사소통의 기능

▌문자언어의 의사소통적 기능

우리 인간은 태어날 때부터 언어로 둘러싸인 환경에서 살아간다. 부모를 비롯하여 친구들, 혹은 그 외의 다른 사람들 모두가 언어를 매개로 하여 관계를 맺고 지속하며 발전시킨다. 공기로 호흡하는 것처럼 우리는 언어로 대화하고 언어로 학습하고 언어로 사고한다. 그래서 우리 인간은 언어가 없는 삶을 상상하기 어렵다. 이렇게 우리 인간의 삶에 밀착해 있는 언어의 기능을 말할 때 가장 먼저 떠올릴 수 있는 기능이 바로 의사소통 기능이다.

언어의 의사소통 기능이란 각 사람이 자신의 생각이나 느낌을 다른 사람에게 전달함으로써 사회적인 교류와 협력을 가능하게 하는 언어의 역할을 말한다. 개별적인 개체로 살아가지 않는 이상 다른 사람과의 교류 및 협력은 반드시 필요한데, 이를 가능하게 하는 것이 바로 언어이며 여기에 주목한 언어의 기능이 의사소통 기능이다. 언어의 기능을 세분하여 정보적 기능, 표현적 기능, 지시적 기능, 친교적 기능, 심미적 기능을 언급하기도 하지만, 의사소통 기능은 언어가 지닌 가장 기본적인 기능이라고 할 수 있다.

우리 인간의 언어는 두 가지 양식으로 이루어져 있다. 언어의 본원적 양식에 해당하는 음성언어가 그 하나이고, 음성언어를 기호의 체계로 표현한 문자언어가 다른 하나이다. 전자는 청각 중심의 언어라고 한다면 후자는 시작 중심의 언어라고 할 수 있다. 사회생활을 영위하는 사람 대부분이 음성언어를 기반으로 하여 의사소통을 한다. 음성언어 기반의 의사소통이 가장 본원적일 뿐만 아니라 즉시성과 현장성이 강하다는 점에서 효과적이기 때문이다.

그러나 의사소통은 음성언어로만 가능한 것은 아니다. 음성언어를 고정하여 표현한 문자를 통해서도 의사소통을 할 수 있는데, 이렇게 문자를 활용하는 의사소통이 바로 작문이라고 할 수 있다. 우리가 매일 사용하는 문자 메시지를 생각해 보라. 음성언어로 대화하듯 주고받는 문자 메시지는 문자언어가 의사소통에 기여한다는 점을 잘 보여주는 일상적인 예이다. 글을 쓰는 필자는 자신의 생각이나 느낌을 글로 표현함으로써 다른 사람과의 의사소통을 시도한다. 필자는 글로 자신의 주장이 정당하다는 점을 내세우면서 독자의 인식이나 태도의 변화를 요구하기도 하고 자신이 잘 알고 있는 내용을 독자에게 설명하여 독자의 이해와 통찰을 돕기도 한다.

■ 작문 과정의 의사소통적 특성

필자가 자신의 생각이나 느낌을 글로 표현하는 작문이 의사소통의 기능을 수행하기도 하지만, 작문이 이루어지는 과정 자체가 의사소통적 속성을 가지고 있다는 점에 주목할 필요가 있다. 필자는 글을 계획하고 쓰고 검토하는 과정에서 끊임없이 독자의 관심, 기대, 요구를 끊임없이 생각하고 반영하기 위해서 노력하기 때문이다. 가령, 여러분이 어떤 글을 써서 투고한다고 가정해 보자. 그 글을 수록하는 매체를 주로 읽는 사람들은 누구이며 어디에 관심이 있는지, 글을 읽을 때 무엇을 요구하고 기대할지를 생각해 보고 그것을 글에 반영하기 위해서 노력하게 될 것이다.

그런데 글을 쓸 때 필자가 독자의 기대, 관심, 요구를 파악하고 반영하는 과정은 일방적이지 않다. 독자를 고려하면서 글을 쓸 때에는 필자의 머릿속에 저장되어 있던 독자의 목소리가 살아나면서 필자에게 말을 걸어오고 요구가 무엇인지를 구체화하게 된다. 물론 이러한 파악과 판단과 반응은 필자의 인지 작용의 결과이지만, 실제적으로 존재하면서 말을 걸어오는 독자처럼 필자의 작문 과정에 개입하고 영향을 미친다. 글을 쓰는 필자는 집필 현장에서 독자를 눈앞에 두고 실제적으로 의사소통을 하는 것은 아니다. 그러나 필자는 글을 쓰는 과정에서 독자의 목소리를 떠올리고 이를 어떻게 반영하고 처리하고 반응할 것인지를 고려하면서 의미를 구성하고 전개하므로 실제적인 의사소통과 그 특징적인 면모가 다르지 않다.

그러므로 작문은 독자의 반응까지를 염두에 둔 의사소통 행위라고 할 수 있다. 이때 말하는 작문의 의사소통은 문자 메시지나 서신 교환처럼 실제적이고 물리적인 의사소통뿐만 아니라, 필자의 머릿속에서 이루어지는 필자와 독자의 교호 작용까지를 일컫는 것이다. 필자와 독자의 교호 작용은 필자의 머릿속에서 이루어지므로 이러한 의사소통은 비명시적이며 비가시적이라는 특징을 지니게 된다. 물리적이지 않고 가시적이지 않은 만큼 나이가 어린 학생들일수록, 작문 능력이 부족한 학생들일수록 이러한 방식의 의사소통에 어려움을 겪는다. 학교에서 학생들이 작문을 어렵다고 느끼는 이유는 비명시적이고 비가시적으로 이루어지는 이러한 의사소통에 익숙하지 않기 때문이다. 음성 대화와 같은 의사소통도 익숙하지 않으면 어렵게 느껴지는 것과 동일하다.

▌의사소통 능력으로서의 작문 능력

글쓰기를 배움으로써 얻을 수 있는 이점으로 의사소통 능력의 신장을 흔히 꼽는다. 글을 쓰는 활동에 참여하고 글을 쓰는 방법을 배우면 다른 사람과 의사소통을 잘 할 수 있는 있는 능력을 기를 수 있다는 뜻인데, 이것이 가능한 이유는 작문의 과정이 필자와 독자의 교호 작용에 바탕을 두고 있기 때문이다. 수영을 연습하면 수영을 잘 할 수 있고, 자전거 타기 연습을 하면 자전거를 잘 탈 수 있는 것처럼, 다른 사람과 교류하는 의사소통을 연습하면 의사소통을 잘 할 수 있는 힘을 기를 수 있다.

미래 사회에서는 의사소통 능력이 필수적이면서도 핵심적인 능력으로 떠오를 것으로 예상된다. 사회가 발전하면서 점점 더 협력을 요구하는 시대로 변화하고 있기 때문이다. 이제는 과학 연구도 혼자서는 해결할 수 없는 시대가 되었다. 각 전공 분야의 전문가가 모여 팀을 이루고 서로 협력하면서 연구하는 '거대과학'의 시대가 펼쳐지고 있다. 지금이라도 신문을 펼쳐 과학 기사를 한번 찾아보라. 어떤 연구자가 단독으로 의미 있는 과학적 발견을 이룬 예를 다루는 기사가 있는지를. 아마도 한 편도 찾기 어려울 것이다. 서로 협력하면서 어떤 과업을 해결해야 할 때 가장 핵심적으로 요구되는 것이 바로 의사소통 능력이다.

이제는 애플파이를 만드는 회사라고 해도 직원에게 단순히 반죽을 밀고 상자에 애플파이를 포장해서 넣는 단순한 업무 능력만을 요구하지 않는다. 자신이 일을 하는 동안 문제를 해결하고 그 문제가 무엇인지를 정확하게 요약해서 전달할 수 있는 능력, 다른 동료가 전달하는 내용을 정확하게 파악하고 이해할 수 있는 능력, 그리고 그것을 자신의 상황에 적용하고 응용할 수 있는 능력을 원한다. 그러므로 이러한 요구가 심화되는 미래 사회에서는 적정한 수준의 의사소통 능력을 갖추지 않는다면 생계를 꾸릴 만한 좋은 직장을 얻기가 어렵게 될 것이다(아만다 리플리, 김희정 역, 2013 : 18). 미래 사회가 요구하는 능력의 핵심에는 의사소통 능력이 있고, 의사소통 능력의 기저에는 바로 작문 능력이 있다.

의사소통 능력으로서 작문 능력에 주목해야 하는 이유가 있다. 우선, 작문은 의사소통의 범위가 폭넓기 때문이다. 음성언어 기반의 의사소통은 시·공간적 제약이 크지만 문자를 의사소통의 기반으로 삼는 작문은 시·공간의 제약이 거의 따르지 않는다. 그 결과, 시간적으로나 공간적으로 매우 폭넓은 의사소통의 양상을 보인다. 시간과 공간의 제약에 얽매이지 않는다는 것은 문자언어가 가지고 있는 가장 큰 장점이기도 하거니와, 그래서 문자를 바탕으로 하는 의사소통은 개인, 집단, 계층, 국가, 세대, 시대 등을 넘어서는 광범위한 의사소통으로 이해된다.

의사소통능력으로서 작문능력에 주목해야하는 또 다른 이유로는 과학 기술의 발달로 인해 문자 기반의 의사소통이 활성화되고 있다는 점을 들 수 있다. 현대인들은 스마트 기기를 필수 휴대품으로 생각하고 있다. 거의 모든 사람이 첨단 기기가 제공하는 네트워크에 연결하여 문자 메시지로 소통하고 있다. 비용 없이 문자 메시지를 사용하는 시대가 열리면서 문자 중심의 의사소통이 이제는 음성언어 기반의 의사소통만큼이나 생활에 널리 활용되고 있다. 음성언어로 자신의 생각이나 느낌을 조리 있게 표현하는 능력뿐만 아니라, 문자언어로도 정확하면서도 효과적으로 표현할 수 있는 능력이 필요한 시대가 되었다. 과학 기술이 발전할수록 이러한 경향은 더 강화될 것이다.

의사소통에서 중요도가 높은 것일수록 작문이라는 방식에 의존한다는 점도 의사소통 능력으로서 작문 능력에 주목해야 하는 이유라고 볼 수 있다. 일상적으로는 말로 어떤 결정도 내리고 거래 약속도 하지만, 중요도가 높을수록 작문이라는 표현 방식에 더 의존한다. 정부 기관에서 발표하는 담화문, 법원에서 법적 결정을 내리는 판결문, 거래를 약속하는 계약서, 정상 참작을 요청하는 탄원서, 문제 해결을 도모하는 건의서나 요청서 등은 모두 작문으로 이루어지는 의사소통의 모습을 보여준다. 이러한 예를 통해 보건대 작문 능력은 의사소통 능력으로서 매우 중요한 위치를 점유하고 있다고 볼 수 있다.

2) 사회·문화의 수용과 참여의 기능

▌작문 활동과 사회·문화의 수용

글을 쓰는 필자는 어떠한 영향이나 간섭도 없는 '진공 상태'에서 글을 쓰는 것이 아니다. 필자가 책상에서 혼자 앉아 글을 쓴다고 하더라도 필자는 여러 가지의 요인으로부터 끊임없이 영향과 간섭을 받는다. 앞에서 언급한 것처럼, 예상독자라는 타자(他者)로부터도 영향을 받을 뿐만 아니라, 필자 자신이 속한 공동체의 가치, 관습, 관점 등으로부터도 영향을 받는다. 필자는 자신이 속한 공동체의 가치, 관습, 관점 등에 둘러싸여 성장해 왔고 그것을 무대로 삼아 소통하며 살아가고 있기 때문이다. 이러한 요소는 도시를 둘러싼 산처럼 필자를 에워싼 채 무의식적으로 영향을 미치므로 쉽게 드러나지 않을 뿐이다.

예를 들어, 우리가 어떤 사람의 의견에 대해 비판하는 글을 써야 한다고 가정해 보자. 비판하는 정도가 강하다고 하더라도 우리는 글을 쓰면서 원색적인 비난이나 인신공격의 내용을 글에 담지는 않을 것이다. 비속어도 쓰지 않으려고 노력할 것이다. 오히려 상대의 의견이 타당하지 않다는 점을 근거를 들어 비판하기 위해 애쓸 것이다. 우리가 이렇게 노력하는 이유는 건전한 비판이 무엇인지에 대한 우리 공동체의 가치나 관습, 관점을 받아들이고 있기 때문이다. 공동체가 제시하는 가치나 관습, 관점을 위배하면 건전한 비판으로 인정을 받기 어렵다.

필자는 현재의 시점에서 당대 사회의 시대적 상황에 영향과 간섭을 받기도 하고,

전통적으로 형성되어 전해온 사회·문화적 관습에 영향을 받기도 한다. 앞에서 비판하는 글을 쓸 때 공동체가 수립해 둔 건전한 비판에 대한 관습이나 관점을 따라야 한다고 한 예는 전통적으로 형성된 사회·문화적 영향과 간섭을 예시한 것이다. 이외에도 필자는 글을 쓰는 현재의 사회·문화적 상황이 주는 영향과 간섭도 수용해야 한다. 가령, 사회 관계망 서비스(SNS)를 활용하여 소통하는 상황이라면 전통적인 서간문을 쓰듯 문어체로 글을 쓰지는 않는다. 문장을 짧게 끊어서 표현하고, 말을 옮겨 놓은 듯 구어체로 표현하며, 필요에 따라 감정을 전달하기 위해 이모티콘을 넣기도 한다. 이처럼 필자는 사회·문화적인 요소를 수용하면서 글쓰기라는 활동을 수행하게 된다.

▎작문 활동과 사회·문화의 참여

앞에서 필자는 사회·문화적 요소를 수용하면서 작문 활동을 수행한다고 하였는데, 이미 존재하는 사회·문화 요소를 수용하기만 하는 것은 아니다. 필자는 오히려 적극적인 모습으로 작문을 통해서 사회·문화적 담론을 형성하기도 하고 사회·문화적 흐름을 창조하기도 한다. 또는 이미 존재하는 사회·문화적 담론이나 흐름을 변화시키기도 한다. 이러한 예를 1990년대 중반에 있었던 문화유산 답사 열풍에서 찾아볼 수 있다. 1990년대 중반에 나온 '나의 문화유산 답사기'라는 책이 인문 교양 분야의 최고 베스트셀러였는데, 이 책으로 말미암아 우리나라에는 모든 국민이 답사를 떠난다고 할 정도로 문화유산 답사 열풍이 일었다. 문화유산 답사는 그 이전에는 존재하지 않았던 사회·문화적 담론이자 흐름이었다. '나의 문화유산 답사기'라는 책의 필자는 글을 통해서 사회·문화적 참여를 실현한 예라고 할 수 있다. 일제 강점기의 '기미독립선언서'와 같은 글도 우리나라의 독립에 대한 민족적 요구를 사회·문화적 담론으로 이끌어내었으며, 그 결과 비폭력적인 만세 운동을 전국적인 독립 운동으로 변모시키는 역할을 했다. 사회·문화적 파급력이 매우 큰 글이었다고 할 수 있다.

그러나 이렇게 파급력이 큰 중대한 글을 써야만 사회·문화적으로 참여하는 것은 아니다. 사회·문화의 담론이나 흐름을 형성하거나 변화시키는 것뿐만 아니라,

이에 대응하고 반응하는 글을 쓰는 것도 사회·문화적 참여에 동참하는 일이라고 할 수 있다. '나의 문화유산 답사기, 기미 독립 선언서'와 같은 글은 사회·문화적 담론이나 흐름을 형성하는 기폭제로서의 역할을 했던 것이고, 그러한 담론과 흐름을 견고하게 하고 군건하게 하는 데에는 일상적이면서도 평범한 수많은 필자들의 동참이 기여하는 것이기 때문이다. 개개인의 의견이 모여서 여론이라고 하는 사회·문화적 담론을 형성하듯 수많은 필자들의 대응과 반응을 통해서 사회·문화적 담론과 흐름이 형성되고 변화된다. 그러므로 글을 쓰는 활동은 사회·문화적 참여 행위라고 할 수 있다.

■ 작문의 사회·문화적 성격과 책무성

작문이 지니고 있는 사회·문화적 참여 기능은 필자에게 책무성을 부여하는 특징이 있다. 필자가 작문 활동을 통해 사회·문화적 참여 기능을 수행한다면, 이때 필자는 작문을 바탕으로 하여 공적인 역할을 수행한다고 볼 수 있다. 작문이 사회·문화적 참여 기능을 지니고 있으므로 필자는 지금 자신이 작성하고 있는 글이 사회·문화적 담론이나 흐름에 영향을 미칠 수 있음을 인식해야 하고, 그러므로 글의 내용과 표현에 대해 높은 수준의 책임감을 느끼면서 글을 써야 한다. 작문의 사회·문화적 기능을 떠올린다면 글을 쓸 때 진실한 내용을 담기 위해서 노력해야 하고 정중한 표현을 사용하기 위해 노력해야 한다. 글을 통한 피해는 사회·문화적인 범위에 지속적으로 영향을 미치기 때문이다.

학교에서 쓰기를 배우는 학생들은 글에 대해서 책무성을 느끼지 않는 경우가 많다. 자신의 생각이 타당한지 재검토하는 일 없이, 자신의 표현이 독자에게 어떤 영향을 미칠지 따져보지 않은 채 '자유롭게' 펼쳐 내려고만 한다. 사회·문화적 기능을 수행하는 글은 영향력의 범위와 정도가 매우 크므로 필자는 책무성을 인식하는 가운데 글을 써야 한다. 진실한 내용을 충실하게 작성해야 한다는 글쓰기의 기본적인 원칙도 이러한 책무성과 관련되어 있다. 국어교사는 학교에서 쓰기를 지도할 때 학생들이 작문의 사회·문화적 기능과 이에서 비롯된 책무성을 인식할 수 있도록 도울 필요가 있다.

3) 새로운 의미 구성의 기능

▌새로운 의미의 구성에 영향을 미치는 요소

글을 쓰는 필자는 과제를 분석하고 전체적인 진행 과정을 계획하며, 과제에 적합한 내용을 선정하고 조직하여 표현하며, 그것을 목적을 고려하여 수정한 후 글을 완성한다. 이러한 과정에서 필자가 고려해야 하는 요인에는 작문의 주제, 예상독자, 글을 쓰는 목적, 필자를 둘러싼 사회·문화적 맥락 등이 포함된다. 필자는 이러한 요인을 자기 자신의 개인적인 경험, 배경지식, 가치관이나 신념 등에 따라 분석하고 구체화하며, 이를 고려하면서 글을 작성한다. 그런데 글을 쓰는 필자는 각각 개인적인 경험이 다르고 배경지식도 다르며 가치관이나 신념도 다르다. 개인적인 경험, 배경지식, 가치관이나 신념이 다르므로 이를 고려하여 글을 쓰는 필자들은 필연적으로 다른 사람과 구별되는 새로운 의미를 얻게 된다.

학생들에게 동일한 과제로 글을 쓰게 했을 때 학생들이 완성한 글 중에서 사실 동일한 의미를 담은 글은 존재하지 않는다고 볼 수 있다. 학생들이 작성한 글이 비슷한 내용을 담고 있는 것 같지만 내용과 표현을 세부적으로 분석하면 각각의 고유한 개별적 의미가 드러난다. 학생들이 작성한 각각의 글에는 학생들의 고유한 경험이나 배경지식, 가치, 태도 등이 녹아들어 있기 때문이다. 동일한 자료를 학생들에게 제시하고 이를 바탕으로 담화를 종합하는 글을 쓰게 해도 서로 의미 차이를 반영하면서 글을 완성해 간다. 아마도 학생 글을 따로따로 읽을 수 있는 흥미와 재미는 바로 이러한 개별적인 의미의 차이에서 비롯된다고 할 수 있다.

글을 쓸 때 새로운 의미를 구성하는 데에는 기본적으로 필자가 가지고 있는 경험이나 배경지식의 양적, 질적 차이, 관점이나 가치, 관념 등의 상대적인 차이가 영향을 미친다. 이러한 요소는 필자의 작문 과정에 영향을 미침으로써 구성된 글의 의미에 영향으로 미치고 결과적으로 필자마다 의미가 다른 글을 쓰도록 만든다. 그러나 이러한 요소가 의미를 구성하는 작문 과정에만 영향을 미치는 것은 아니다. 필자의 경험이나 배경지식, 관점이나 가치 등의 요소는 쓰기 과제를 해석하는 데에, 그리고 글이나 사진, 도표와 같은 자료를 해석하는 데에 영향을 미쳐 필자가 서로 다른 글을 쓰도록 하는 데 일조한다. 어떤 대상에 대해 설명하는 글을 쓰라는 과제가 있을 때, 이러한 쓰기 과제를 건조한 정보 제공으로 해석하는 필자는 객관적인 사실적 정보를 나열하는 글을 쓰게 될 것이고, 정보 제공을 바탕으로 한 독자의 태도 변화까지를 의도하는 것으로 해석하는 필자는 암묵적인 의도를 담아 정보를 설명하는 글을 쓰게 될 것이다. 쓰기 과제에 대한 해석은 구성하는 의미의 차이를 만들어내며 이는 새로운 의미의 구성에도 기여한다.

■ 관습과 의미 구성

이전에 존재는 어떤 글을 반복적으로 다시 써야 한다면 어떨까? 어떤 글을 베껴 쓰는 장면을 떠올려 보자. 다른 사람이 썼든 자신이 썼든 이미 존재하는 글을 베껴 쓴다면 의미를 새롭게 구성해야 하는 어려움에서 벗어날 수는 있을 것이다. 그러나 글을 써야 하는 이유나 의의를 찾기는 어려울 것이다. 글씨를 쓰는 훈련을 하는 것이 아닌 다음에야 이미 존재하는 글을 베껴 쓰는 것은 지루하고 불행한 일일 뿐이다. 글을 쓰는 활동을 통해 새로운 의미를 얻지 못한다면 사실 글을 쓰는 이유와 의의를 찾기 어렵다.

작문은 새로운 의미를 구성하는 활동이라는 점에서 글을 쓰는 이유와 의의를 설명하는 바탕을 제공한다. 이런 점에서 새로운 의미의 구성은 작문의 본질적인 목적이자 목표라고 할 수 있다. 만약 작문을 통해 새로운 의미를 얻지 못한다면 노력을 기울여 글을 써야 할 이유가 없을 것이다. 이미 존재하는 이전의 글로 대체하면 그만이다. 그러므로 글을 쓴다는 것은 새로운 의미를 얻는다는 것과 동일한 표현이라고 할 수 있다. 전통적으로 작문을 언어의 창조적인 행위로 인식해 온 것도 이와 관련이 있다.

그러나 작문이 새로운 의미를 구성하는 기능을 수행한다고 해도 그것이 이루어지는 방식은 관습적인 속성을 지닌다. 작문이 이루어지는 방식 자체는 필자와 독자가 소통할 수 있는 관습적인 체계, 글이 주는 의미를 이해하기 위해서 필자와 독자가 공약한 관습의 체계이어야 한다. 그렇지 않으면 작문의 의미는 필자의 독백에 그칠 뿐 독자와 소통하는 형태로 존재할 수 없다. 문자언어를 바탕으로 하는 작문은 어쩌면 관습적인 속성을 벗어날 수 없을지도 모른다. 문자 체계 자체가 사회적 약속의 체계이므로 여기에는 이미 관습적 속성이 반영되어 있다고 볼 수 있기 때문이다. 그러므로 작문이 새로운 의미를 구성한다고 하는 기능은 관습의 토대 위에서 이루어진다고 할 수 있다.

작문을 통한 새로운 의미의 구성이 관습의 토대 위에서 이루어지지만, 새로운 의미 자체도 이전과 완전히 단절된 새로운 의미가 아니라는 점에 주의할 필요가 있다. 해 아래 새로운 것이 없다는 격언처럼, 다른 것과 구별된다는 뜻의 새로운 의미이지 완전한 무에서 창조된 새로운 의미라는 뜻이 아니다. 작문 활동을 통해 구성한 의미는 이미 이전에 존재하는 의미일 수도 있고 이후에 반복될 수도 있는 의미이며, 단지 다른 것과 구분되는 변별적인 의미로서의 새로운 의미라고 할 수 있다.

필자는 제시된 쓰기 과제에 따라 글을 쓸 때 자신의 머릿속에 축적되어 있는 경험이나 배경지식을 활용하기도 하고 자료를 참조하여 내용을 구체화하거나 확장하기도 한다. 이 과정을 거치면서 필자의 경험이나 배경지식에 따라 글의 내용이 새롭게 변화하며 필자가 참조한 글이나 사진과 같은 자료에 따라 글의 내용이 새롭게 변모한다. 그러나 이렇게 변화하고 변모한 글의 내용, 즉 글의 의미는 다른 글과 변별적인 수준에서의 새로운 의미이다.

4) 학습의 기능

▌작문 학습의 단계적 확장

작문 교육의 목적은 학생들이 글을 잘 쓸 수 있도록 돕는 데 있다. 작문 교육 과정에서 학생들은 작문 활동에 참여하면서 글을 쓰는 데 필요한 지식, 기능, 태도를 익힌다. 학생들은 작문 교육을 통해서 작문 능력을 기를 수 있는데, 이렇게 얻은 작문 능력을 활용하여 내용교과의 학습을 효율적으로 수행하고, 더 나아가 직업생활을 원활하게 영위할 수 있게 된다. 이러한 단계적 진행은 '작문 학습→학습 작문→생활 작문'으로 확장되는 도식으로 그릴 수 있다. 작문 학습, 학습 작문, 생활 작문으로 확장되는 도식을 통해서 작문의 도구적 성격을 알 수 있다.

작문 학습, 학습 작문, 생활 작문으로 이어지는 단계적 확장은 독서에서도 동일하게 관찰할 수 있는 현상이다. 학생들은 기본 학습 단계에서 독서를 잘 하는 데 필요한 지식, 기능, 태도를 학습한다. 독서 학습을 통해서 독서 능력을 기른 후에는 그것을 학습의 목적, 생활의 목적으로 확장하면서 활용하게 된다. 중학교 및 고등학교에서 이루어졌던 학교 공부를 생각해 보면 쉽게 이해할 수 있다. 국어 수업을 통해 기른 독서 능력을 바탕으로 삼아 교과서, 참고 자료를 읽으면서 사회, 과학과 같은 내용교과의 학습을 하게 되는데, 이러한 학습 독서는 중학교나 고등학교에서 그치는 것이 아니라 대학이나 대학원까지 이어진다. 직장에 취업한 이후에도 학습을 하기 위해서는 독서를 그칠 수 없고, 직무를 원활하게 수행하기 위해서도 독서를 멈출 수 없다. 이처럼 학습을 위한 독서를 학습 독서, 직무를 위한 독서를 생활독서라고 부를 수 있다.

학습을 위해서나 직무를 위해서 독서가 필요한 것처럼, 내용교과를 학습하는 데에, 그리고 직무를 수행하는 데에 작문이 동일하게 필요하다. 이렇게 보면 작문은 내용교과의 학습을 하는 데 꼭 필요한 기본 기능이라는 점에서 지도가 필요할 뿐만 아니라, 더 나아가 직업과 생활에 필요한 기본 기능이라는 점에서도 지도가 필요하다고 할 수 있다. 요컨대 작문 교육의 궁극적인 목적은 학생들이 작문 교육을 통해 얻은 작문 능력을 학습과 생활에 활용할 수 있도록 돕는 데 있다고 말할 수 있다.

▌학습 작문의 원리

내용교과의 교과서가 모두 설명문으로 되어 있고 모든 참고 자료가 서책으로 구성되어 있으니 학습과 독서가 밀접한 관련이 있다는 것은 쉽게 이해할 수 있을 것이다. 그런데 작문도 학습과 밀접한 관련이 있다는 점에 대해서는 쉽게 동의하지 않는 경우가 있다. 자신이 공부해 온 경험을 바탕으로 작문과 학습이 밀접한 관련이 있다는 점에 대해서 의문을 표하는 사람도 있다. 자신은 책을 읽으면서 공부를 한 것은 맞지만 글을 쓰면서 공부를 해 본 적은 없다는 것이다. 어떤 단어나 내용을 암기 위해서 연습장에 반복적으로 메모하고 필기해 본 적은 있지만 그것을 작문으로 볼 수는 없다는 것이다.

이러한 비판이 타당한 점이 있는 것은 맞지만, 이는 학습의 다양한 형태를 경험하지 못한 데에서 나온 비판일 뿐이다. 우리나라에서는 학습이 주로 교과서에 나오는 내용의 암기와 재생에 머무는 경우가 많아 독서를 학습의 주류인 것처럼 생각하지만, 학습은 내용의 암기나 재생만을 의미하는 것은 아니다. 정보의 분류, 해석, 조직, 분석, 비판, 종합을 바탕으로 하는 작문이 좀 더 학습의 본질에 맞닿아 있다. 과학 실험 자체가 학습의 한 형태이지만 실험을 했다는 데에서 그치는 것이 아니라 실험 보고서를 작성함으로써 실험의 경험과 내용을 '학습'으로 변환할 수 있다. 실험을 한 후 보고서를 작성할 때 진정한 학습이 이루어진다는 뜻이다.

작문이 학습의 유용한 도구가 된다는 점은 사실 어제오늘의 이야기가 아니다. 우리가 학습을 충실히 하기 위해서는 사고의 과정을 외적으로 드러낼 필요가 있고 이를 바탕으로 사고의 과정을 점검하고 조정하고 심화하고 확장할 필요가 있다. 사고의 과정을 외적으로 드러내지 않고서는 효과적인 학습을 기대하기 어려운데, 사고를 외적으로 드러내는 데 기여하는 주요 도구가 바로 작문이다. 작문에는 사고의 과정과 사고의 흔적이 담겨 있다. 학생이 작성한 글을 분석해 보면 학습 과제를 어떻게 이해했는지, 학습 과제를 어떤 사고 과정을 거쳐 해결했는지, 그 과정은 체계적이고 논리적이었는지, 사고의 결과, 즉 학습 과제를 해결한 결과는 타당하고 적절했는지를 판단할 수 있다.

우리는 일상적으로는 사고를 보완하기 위해서 작문을 활용하곤 한다. 처리해야 할 일이 복잡하게 얽혀서 무엇을 먼저 해야 할지, 무엇을 중하게 다루어야 할지를 머릿속으로 정리하기 어려울 때 우리는 처리해야 할 업무를 메모를 하고 떠오르는 아이디어를 정리하여 일의 순서를 정한다. 아마 이러한 경험도 있을 것이다. 처음 글을 쓸 때에는 어떤 대상에 대한 생각이나 태도가 명확하지 않았는데 글을 써 가면서 대상에 대한 생각과 태도가 뚜렷해지고 체계적으로 변화하는 것을. 이러한 경험은 매우 일상적이어서 글을 쓴 앞부분(서론)과 뒷부분(결론)이 미세하게 차이가 나는 경우가 많다. 당연히 뒷부분이 더 구체적이고 명료하게 체계적이다. 이러한 예는 작문이 사고 과정을 반영하고 있음을 보여준다. 사고와 밀접한 관련이 있는 작문은 학습을 돕는 주요 도구라고 할 수 있다.

한편, 작문은 필연적으로 어떤 정보를 내용으로 다루는데, 이러한 특징이 내용교과의 학습에 기여한다는 점도 기억해 둘 필요가 있다. 글을 쓰는 과정은 필자가 새로운 내용(정보)을 받아들여 자신이 이미 가지고 있던 이전 지식(정보)과 통합하면서 제3의 새로운 의미를 구성하는 활동이다. 내용, 즉 정보나 지식을 다루지 않는 작문은 존재할 수 없다. 작문을 한다는 것은 어떤 정보나 지식을 내용으로 다룬다는 뜻이며 내용이 배제된 껍데기의 기표만을 나열해 놓는다는 뜻이 아니다. 글을 쓰기 위해서는 이전에 가지고 있던 지식을 활성화해야 하고 다양한 자료(교과서나 참고자료)에 담긴 정보를 선별, 요약, 분석, 평가해야 하며, 이 두 가지 원천에서 유래한 내용을 비판, 종합, 통합해야 한다. 이렇듯 글을 쓰는 일은 공부를 하는 일과 차이가 없다.

■ 학습의 수준과 학습 작문의 성격

학습의 수준이 높아질수록 작문이 지니고 있는 학습의 기능은 더욱 명확하게 드러난다. 대학과 같이 높은 수준의 학습 단계에서는 작문과 학습이 잘 구분되지 않는다. 대학에서는 학습의 방법으로 '보고서'(이른바 리포트)를 작성하곤 한다. 대학에서 학문적 지식을 공부하는 대학생들은 보고서를 작성하면서 해당 학문의 지식을 체계적으로 학습한다고 할 수 있다. 대학에서 대학생들에게 리포트를 작성하도록 과제를 부여하는 것은 바로 이러한 이유 때문이다. 이러한 작문은 학습과 구분되지 않는다.

중학교나 고등학교에서는 독서 중심으로 공부를 했을지 몰라도 대학에서의 공부는 독서에 머물지 않는다. 오히려 대학에서 이루어지는 독서는 이른바 리포트를 작성하기 위한, 즉 글을 쓰기 위한 자료적 성격, 수단적 성격을 지닌다. 한 권의 책을 온전히 이해하기 위해서 읽는 경우는 거의 없다. 오히려 글을 쓰기 위해서 글을 읽고 책을 읽는다(글을 쓰기 위한 읽기, reading to write). 그리고 글을 씀으로써 새로운 내용을 익히고 탐색하는 학습을 수행하게 된다. 대학에서 이루어지는 리포트 작성은 작문이 지니고 있는 학습 기능을 잘 보여주는 예라고 할 수 있다.

대학원 교육에서는 작문이 훨씬 더 중요해진다. 대학원 교육에서 말하는 공부란 글을 쓰는 일, 즉 논문을 쓰는 일과 같다. 대학원 교육에서 논문 쓰기가 중요한 것도 작문이 학습의 중요한 수단으로 활용되고 있는 모습을 잘 보여준다. 대학원에서 논문 쓰기가 강조되는 이유는 논문 쓰기가 학습의 수단일 뿐만 아니라, 지식을 생산하는 방법이 되기 때문이다. 학문을 연구하는 연구자들은 논문이라는 글쓰기 활동을 통해 공동체와 대화하면서 해당 학문의 지식을 형성하고 변화시키고 확장해 간다. 그러므로 작문은 학문적 지식을 익히는 학습의 방편이며 동시에 학문적 지식을 생산하는 수단이다. 이러한 예도 작문이 지니고 있는 학습의 기능을 선명하게 보여준다고 할 수 있다.

5) 자기 성찰 및 긍정적 정서 강화의 기능

▌작문의 자기 성찰 기능

어떠한 주제로 글을 쓰든 필자는 글을 작성하는 과정에서 끊임없이 자기 자신과 대화를 시도한다. 물론 다른 사람을 예상독자로 설정하여 이 예상독자와 의사소통하면서 글을 쓰기도 하지만, 대화의 첫 출발은 자기 자신을 대화의 상대로 삼는 것이다. 실제로 작문 과정에서 보면 필자 자기 자신은 언제든지 1차적인 예상독자가 된다. 글을 완성하는 동안 필자는 끊임없이 타자의 시선으로 자신이 작성하고 있는 글을 읽고 검토하고 비평하고 수정하기 때문이다. 일기와 같은 글은 필자 자기 자신이 예상독자로 설정된 좋은 예이지만, 꼭 일기가 아니더라도 필자가 글을 쓰는 과정에서 자기 자신과 대화를 시도하는 예는 얼마든지 발견할 수 있다.

필자는 주제에 대한 자신의 입장은 무엇인지, 주제에 대해 무엇을 강조하고 어떠한 방법으로 강조해야 할지, 또한 예상독자의 기대는 무엇이고 요구는 무엇인지 등을 자기 자신에게 묻고 스스로 답하면서 글을 작성해 간다. 이러한 과정은 곧 자신과의 대화 과정에 해당하는데, 이는 필자에게 자기 자신을 되돌아보는 성찰의 기회를 제공한다. 또한, 글을 쓸 때 필자는 어떠한 목적을 가지고 누구에게 어떠한 내용을 전달할 것인지, 작문의 여러 요인을 올바로 고려하면서 글을 작성했는지, 이 글이 독자에게 소통의 기회를 부여하였는지 등을 살피게 된다. 이 과정을 통해 필자는 자신이 하고 있는 작문 활동이 유의미한 것이라는 점을 깨닫게 되고, 예상독자와 소통하기 위해 적절하게 노력했는지, 그 노력은 효과적이었는지 자신에 대해 진지하게 고민하고 성찰하게 된다.

전문적으로 글을 쓰는 필자들이 글쓰기를 자기 성찰의 경험으로 설명하곤 했는데, 이것은 바로 작문이 가지고 있는 성찰적 기능을 강조한 것이다. '글을 쓴다는 것'이라는 제목의 글에서 우리나라 철학계의 석학인 김태길 선생은 "안으로 자기를 정리하는 방법 가운데 가장 좋은 것이 반성의 자세로 글을 쓰는 것"이라고 강조한 바 있다. 김태길 선생은 "마음의 바닥을 흐르는 갖가지 상념을 어떤 형식으로 거짓 없이 종이 위에 옮겨 놓은 글은, 자기 자신을 비추어주는 자화상"이라고 설파하면서 마음이 흐트러질 때 반성의 자세로 글을 써 보라고 권고한다. 김태길 선생은 글이 필자 자기 자신을 비추어주는 자화상의 역할을 한다는 점, 즉 글이 성찰적 기능을 가지고 있다는 점을 지적한 것이다.

작문이 지닌 자기 성찰적 기능은 수필과 같은 유형의 글에서 잘 드러난다. 세부적으로는 필자 자신의 생활을 반성적으로 정리하여 기록하는 일기, 필자의 삶을 반성하는 자서전이나 회고문, 사적 관계에서 필자 자신의 느낌이나 의견을 드러내는 편지 등의 글에서 반성적인 기능을 쉽게 발견할 수 있다. 그러나 꼭 이러한 글에만 작문의 반성적 기능이 담긴 것이 아니다. 작문이 필자의 내면적 대화에 의해 유지되는 한, 작문의 성찰적 기능은 모든 유형의 작문 행위에 보편적으로 관련되어 있다고 할 수 있다.

■ 긍정적 정서 강화의 기능

이러한 자기 성찰적인 작문의 기능은 필자로 하여금 긍정적인 정서를 강화하는 데 기여할 수 있다는 점에서 주목된다. 전통적으로 작문의 중요성은 인지 영역에서만 강조되어 왔다. 의사소통에 기여한다거나 학습에 기여한다는 점에서 작문의 중요성을 강조해 온 것이다. 그러나 최근에는 작문의 중요성이 이러한 정서 영역에서도 부각되고 있다. 글을 씀으로써 부정적인 정서를 경감하고 긍정적인 정서를 강화할 수 있는데, 이러한 효과를 바탕으로 하여 작문의 중요성을 설명하기도 한다.

작문이 긍정적 정서를 강화하는 데 기여할 수 있는 것은 자기 고백의 표현 효과 때문이다. 인간은 누구나 생활 중에 부정적인 정서를 경험하게 된다. 목표를 실현하기 위해 노력했지만 실패하는 좌절의 경험, 다른 사람과 교류하는 가운데 입는 마음의 상처, 가족이나 친지, 친구를 잃는 슬픔 등은 우리를 부정적인 정서의 바다로 내몰곤 한다. 이러한 부정적인 정서가 쌓이면 우리는 흔히 우울감을 경험하기도 하고 생활의 무기력을 체험하기도 한다. 그런데 이러한 부정적인 정서를 표현을 통해 겉으로 표출하면 부정적인 정서가 초래하는 여러 가지 현상을 경감할 수 있고, 이에 대한 상대적인 효과로 긍정적인 정서를 강화할 수 있다.

우리는 좌절의 경험, 마음의 상처, 상실의 아픔을 다른 사람에게 고백할 때 부정적 정서의 고통을 줄일 수 있다. 그러나 고백의 상대가 항상 준비되어 있는 것은 아니다. 고백의 내용이 지극히 개인적인 것일 때에는 고백을 주저하기도 한다. 이러한 단점을 해소하는 가장 효과적인 방법이 바로 글을 쓰는 것이다. 자기만의 비밀 노트를 준비하고 그 노트에 자신의 부정적인 정서를 체계적인 방법으로 글로 표현해 내면 부정적 정서를 고백하는 효과를 동일하게 얻을 수 있다. 이를 적극적으로 활용한 것이 바로 최근 크게 각광을 받고 있는 쓰기 치료, 쓰기 치유이다. 쓰기 치료, 쓰기 치유는 문학 치료, 독서 치료와 함께 효과가 매우 높은 긍정적 정서 강화의 방법으로 알려져 있다.

쓰기 치료나 쓰기 치유는 육체적인 건강이나 정신 건강의 회복을 돕고 건강한 상태를 유지하는 데 기여하는 쓰기 프로그램을 일컫는다. 용어를 분절적으로 쓰는 연구자들은 쓰기 치료는 육체적인 건강에, 쓰기 치유는 정신적인 건강에 해당하는 용어로 한정하기도 하며, 어떤 연구자들은 쓰기 치료를 두 영역 모두를 설명할 때 사용하기도 한다. 최근에는 부정적인 정서를 글을 통해 드러내면 면역력이 강화되고 신경통이나 관절통 등 질병으로 인한 신체적 고통을 경감한다는 연구도 폭넓게 이루어지고 있다. 신체적인 고통만이 아니라, 정신적으로나 심리적으로 겪는 고통을 줄임으로써 정신 건강을 유지하는 데에도 도움을 준다는 연구도 활발하게 이루어지고 있다. 우리나라에서는 쓰기 치료, 쓰기 치유 프로그램을 자존감 회복을 통해 사회 복귀를 도와야 하는 사람들에게 적용하여 효과를 얻었다는 보고가 이루어지기도 했다.

의사소통 교육을 강조했던 작문 교육에서는 전통적으로 작문이 지닌 긍정적 정서의 강화 기능을 소홀히 한 면이 있다. 그러나 문학을 활용하는 문학 치료, 독서를 활용하는 독서 치료를 국어교육의 범주 안에서 소화하려는 노력을 기울이고 있는 것처럼, 쓰기 치료나 쓰기 치유를 작문 교육에 포함하려는 노력도 기울일 필요가 있다. 쓰기가 학생들의 의사소통 능력에 기여하고 학업과 생업에 기여할 수 있는 것뿐만 아니라 학생들의 삶을 건강하게 유지하도록 돕는 데 기여할 수 있다면 이를 작문 교육에서 배제할 이유는 없을 것이다. 이는 작문의 중요성과 작문 교육의 필요성을 키우는 일에 해당하므로 오히려 적극적으로 포함하기 위해 노력하는 태도가 필요할 수도 있다.

■ 참고문헌

김태길(2001), 글을 쓴다는 것, 창문(범우문고 38), 범우사.

아만다 리플리, 김희정 역(2013), 무엇이 이 나라 학생들을 똑똑하게 만드는가 : 미국을 뒤흔든 세계 교육 강국 탐사 프로젝트, 부키.

박영목(2008), 작문교육론, 역락.

박영민(2006), 중학생의 쓰기 동기에 영향을 미치는 요인, 국어교육학연구 26, 335-369.

박영민(2007a), 인문계 고등학생의 쓰기 동기 구성 요인, 국어교육학연구 30, 291-327.

박영민(2007b), 중학생 읽기 동기와 쓰기 동기의 상관 분석, 작문연구 5, 105-134.

박영민(2015), 치유적 글쓰기를 활용한 국어교육 방안, 청람어문교육 53, 37-55.

박영민 외(2013), 쓰기 지도 방법, 역락.

이수진(2007a), 쓰기 교수-학습에서 조언자로서 교사의 의미 탐색, 청람어문교육 36, 301-328.

이수진(2007b), 쓰기 수업 현상의 이해, 박이정.

이수진(2010), 형식주의 작문이론의 교육적 재검토, 작문연구 11, 167-199.

이재기(2013), 사회·문화적 소통으로서의 작문의 성격과 교육의 방향, 작문연구 19, 9-36.

이재기(2005), 문식성 교육 담론과 주체 형성에 관한 연구, 박사학위논문, 한국교원대학교.

이재승(2002), 글쓰기 교육의 원리와 방법, 교육과학사.

이정근·이병근·이정민(1984), 언어과학이란 무엇인가, 문학과지성사.

Abelson, R. P.(1963), Computer simulation of 'hot' cognition, In S. S. Tompkins & S. Messick(ed.), *Computer Simulation of Personality : Frontier of Psychological Theory*, New York, NY : John Wiley and Sons, Inc.

Bruning, R. & Horn, C.(2000), Developing motivation to write, *Educational Psychology*, 35(1), 25-37.

de Beaugrande, R.(1984), *Text Production : Toward a Science of Composition*, Norwood, NJ : Ablex.

Flower, L. S. & Hayes, J. R.(1981), A cognitive process theory of writing, *College Composition and Communication*, 32, 365-387.

Gallagher, K.(2006), *Teaching Adolescent Writers*, ME : Stenhouse Pub.

Graham, S. & MacArthur, C. A.(2013), *Best Practices in Writing Instruction*, NY : Guilford Pub.

Graham, S. & Pen, D.(2007a), Writing Next : Effective Strategies to Improve Writing of Adolescents in Middle and High School, Carnegie Corporation of NewYork.

Graham, S. & Perin, D.(2007b), A meta-Analysis of writing instruction for adolescent students, *Journal of Educational Psychology* 99(3), 445-476.

제 2 장

작문 이론의 전개와 작문 교육의 변천

하늘 아래 변하지 않는 것은 존재하지 않는다는 격언이 있다. 작문 교육도 시대가 바뀌면서 변화를 겪어 왔다. 인류는 아주 오래 전부터 글을 써 왔고 글쓰기가 얼마나 중요한지를 알아왔으며, 현대 사회에서 글쓰기는 인간 생활에서 점점 더 중요한 위치를 차지하고 있다. 어떻게 하면 글쓰기를 잘 할 것인지에 대한 관심도 급증하고 있다. 서점에 가면 글 잘 쓰는 비법을 담은 자기 개발서를 종종 볼 수 있다.

작문을 잘 가르치기 위해서는 '작문'이란 무엇이며 왜 필요한지, '작문을 가르치는' 이유는 무엇인지 바라보는 관점을 잘 확립해야 한다. '작문 이론'이란 작문의 본질과 특징을 밝히는 설명의 체계라고 할 수 있다. 이를 통해 작문이란 행위가 무엇이며, 왜 중요한지 설명할 수 있다. 작문을 다루는 관점은 다양할 수 있으므로 작문 이론도 다양하게 구분할 수 있다. 시기별로 구분할 수도 있고, 영향을 많이 받은 학문에 따라서 구분할 수도 있다. 작문을 의미 구성으로 보는 관점 내에서도 의미 구성의 해석 방식에 따라 더 구분하는 것도 가능하다.

학교에서 교사가 학생들에게 작문을 가르칠 때, 어떤 작문 이론을 중요하게 생각하느냐에 따라 교육의 방식이 크게 달라질 수 있다. 교사가 수행하는 작문 교육에는 작문 이론에서 규정한 작문의 본질이나 특성이 반영되기 때문이다. 따라서 작문 이론의 변화 과정은 작문 교육의 변화 과정을 이해하는 데 도움이 된다. 이 장에서는 작문 이론의 전개 과정을 알아보고, 이와 관련하여 작문 교육이 변천되어 온 모습을 살펴보기로 한다.

1. 작문 이론의 전개 과정

작문 연구의 역사는 그리 길지 않다. 작문 이론의 뿌리를 전통적인 수사학에서 찾을 수 있지만, 본격적으로 작문이라는 행위가 무엇인지 구체적으로 밝히기 시작한 것은 채 50년이 되지 않았다. 그동안 여러 학문 분야에서 행해진 작문 연구는,

작문 행위란 무엇이며 잘 쓴다는 것은 무엇인지 타당하고 설득력 있게 설명할 수 있는 이론적 기저를 찾으려 애써왔다. 시대의 흐름에 따라 한 가지 작문 이론이 다른 이론으로 대체되기도 하고, 여러 가지 작문 이론을 분류하는 기준이 세워지기도 했다.

작문 행위에 대한 관심은 작문을 의미 구성 활동으로 인식하기 시작한 것이 계기가 되었다. 주로 인지 심리학의 분야에서 연구가 이루어졌는데, 작문에서는 행위를 사회적이면서도 개인적인 성격을 동시에 지닌 '의미 구성 행위'로 설명하고 있다. 작문 이론가들은 이러한 설명의 영향을 받아서 주로 의미 구성을 누가 하느냐, 즉 의미 구성의 주체에 따라 작문 이론을 분류하고 있다.

그러나 최근에는 문학, 언어학, 철학 등 보다 넓은 영역의 틀 안에서 다양한 작문 이론이 제안되기도 한다. 교육에서는 작문 이론 자체보다 작문 연구를 통해 무엇을 할 수 있느냐가 더 중요하므로, 한 가지 작문 이론만을 고수하기보다는 주변 학문의 결과를 능동적으로 수용하는 것이 더욱 중요하다고 볼 수 있다.

1) 전통적 수사학과 형식주의 작문 이론[1]

■ 수사학의 역사

작문 이론으로서 가장 역사가 오래된 것은 그리스 로마 시대의 수사학이다. 두산백과사전의 설명에 따르면, 수사학이란 '그리스·로마에서 정치 연설이나 법정에서의 변론에 효과를 올리기 위한 화법(話法)의 연구에서 기원한 학문'이다. 그리스 로마 시대는 광장 정치를 하던 시대이다. 누군가가 영향력 있는 정치나 영웅이 되기 위해서는 광장에 사람들을 모아놓고, 자신의 주장이나 생각을 그럴듯한 웅변으로 전달해야 했다. 즉 그 시대의 수사학이란 웅변을 잘 하기 위한 기교였다. 그 시대의 리더가 되려면 수사학을 통해 말(연설)을 잘하는 방법을 연습해야만 했다.

현대 사회에 와서는 웅변의 역할을 책이나 글이 대신하고 있다. 한 사회의 리더가 되려면 글을 잘 쓰기 위해 부단히 연습해야 한다. 글을 잘 쓴다는 것은 현대 사회에서 매우 큰 장점이 된다. 따라서 표현의 기법인 수사학은 자연스럽게 작문 이

1 이 장은 이수진(2010 : 1~4)에서 기술한 '수사학과 작문 이론'에 관한 내용을 수정·보완한 것이다.

론으로 연결되었다. 그렇다면 수사학이 어떻게 형식주의 작문 이론과 맞닿게 되었으며, 어떻게 다른 방식으로 변형되었는지 간단하게 살펴보기로 하자.

수사학이라는 용어는 매우 다양한 의미로 사용되어왔다. 시대에 따라 수사학이라는 용어는 연설 방법 혹은 효과적인 연설 전략에 대해 연구하는 학문, 정보 전달 및 설득을 위한 언어 사용 방법을 연구하는 학문, 언어와 지식 사이의 관계를 연구하는 학문, 문체의 분류 및 사용 방법에 대해 연구하는 학문 등과 같이 서로 다른 의미로 인식되어 왔다. 부정적인 의미로 사용될 경우도 있는데, 그럴 때는 실질적인 내용을 전달하지 않고 미사여구를 사용하여 그럴듯하게 치장한 말이란 뜻으로 인식된다.[2] 수사학이 이렇게 다양한 의미로 사용되게 된 까닭은 기나긴 역사를 거치면서 융성, 쇠퇴, 부활을 거듭해왔기 때문이다. 수많은 학자들이 수사학을 설명하고, 정의하고, 각기 다른 목적을 위하여 활용하였다.

수사학은 역사적 발전 단계에 따라 고전 수사학, 중세 수사학, 문예 부흥기 수사학, 계몽주의 수사학, 20세기 수사학 등으로 분류할 수 있다. 고전 수사학은 기원전 5세기부터 5세기까지의 수사학을, 중세 수사학은 5세기에서 14세기까지의 수사학을, 문예 부흥기의 수사학은 14세기에서 17세기까지의 수사학을, 계몽주의 시대의 수사학은 17세기에서 19세기까지의 수사학을 지칭하는 용어로 사용되고 있다(박영목, 2008 : 33).

최초의 수사학자는 그리스의 소피스트들이라고 할 수 있다. 언어교육의 차원에서 BC 5세기 전반기에 주목할 만한 현상이 일어난다. 이른바 문자(문법) 교사(grammaticstes)가 나타나게 된 것이다. 이 무렵 아테네는 무역의 발달로 인해 민주주의가 확립되었고, 신교육이 시작되었다. 아테네는 페르시아 전쟁의 승리로 국력이 증강되었고, 전쟁 시기에 성립한 도시국가 연맹을 제국으로 전환시켜 그리스의 맹주가 되었다. 이로써 야심찬 젊은이들이 출세의 길을 위해 교육 수요를 창출했고, 소피스트라는 교사들이 출현하였다. 소피스트들은 '공적인 말하기'에 대해 조직화된 사유를 편 최초의 집단이다. 소피스트들은 연설의 세부 항목을 결정하고, 시를 분석하며, 유의어를 문법적으로 설명하며, 논쟁전략을 개발하고, 실재의 본성에 대해 토론하였다(배수찬, 2008 : 219).

[2] 예를 들어, 선거 운동 연설에서 호소력 있지만 궁극적으로는 유권자에게 거짓 약속을 하는 정치가들의 말은 "거짓 수사학(empty rhetoric)"이라고 불린다.

소피스트들은 흔히 진리의 파괴자나 사기꾼으로 알려져있지만, 거기에는 그들 나름의 논리가 있었다. 소피스트들은 진리에 대한 소크라테스나 플라톤식의 진지한 물음에 대해 '사물의 변화, 행위의 선악은 그 사물과 행위의 맥락 바깥에서 판단할 수 없다'는 상대주의적 관점을 갖고 있었다. 이 때문에 '모든 주장은 그에 반대되는 주장을 끌고 와서 대립시킬 수 있고, 결국 주장의 효과는 그것이 청중에게 어떻게 잘 포장되느냐'에 달려 있을 뿐이라고 보았다. 즉 세상에 절대적 진리란 없고, 오직 상대적인 관점에 따른 견해만이 존재할 뿐이므로, 자신의 주장을 관철시키기 위한 유일한 길은 끊임없는 연마를 통해 현상을 그럴듯하게 재현해 냄으로써 상대를 제압하는 것뿐이라고 보았다. 이를 위해 소피스트들은 연설문을 분석하고 논쟁 전략을 개발하는 등 기존의 텍스트를 많이 읽고 공부하는 '암기법'에 의존하였고, 우수한 텍스트의 효과를 재현하여 논쟁의 승리를 추구하였다(배수찬, 2008 : 220).

그러나 수사학을 성립시킨 것은 아리스토텔레스라고 많은 학자들(박성창, 2000 ; Williams, 2003 ; 이재기, 2005 ; 배수찬, 2008)이 설명한다. 수사학의 개념망을 설명하기 위하여 흔히 의존하게 되는 것은 바로 아리스토텔레스에 의해 정립된 수사학의 기본 골격이다. 이른바 서구 수사학의 전범이라고 할 수 있는 그의 <수사학>은 일상적이고 사회적인 실천으로서 수사학을 체계적으로 정립하려는 최초의 시도였을 뿐만 아니라 그 이후의 거의 모든 수사학 개론서들이 좋건 싫건 간에 반드시 참조해야 할 모델이라고 할 수 있기 때문이다(박성창, 2000 : 34). 이재기(2005 : 40)는 고전 수사학은 아리스토텔레스에 의해 그 체계가 수립되었으며, 키케로와 퀸틸리아누스에 의해 그 체계가 정교하게 다듬어졌다고 한다. 고전 수사학에서는 수사학적 담화의 형식을 과거 행동의 판단에 주된 관심을 두는 법정 연설과 미래 행동의 촉구에 주된 관심을 두는 정치 연설, 현대 상태에 대한 공유된 신념의 강화에 관심을 두는 의전 연설로 구분하였다.

그런데 아리스토텔레스는 <수사학>에서 플라톤적 이데아와 같은 '참된 지식'의 존재를 염두에 두지 않았다. 그보다는 오로지 설득 수단의 분석과 분류, 그리고 당대 그리스에서 실제적으로 행해지던 설득적 말하기의 대표적인 연설(speech) 장르에 대한 하위분류를 시도하였다. 그는 수사학을 '능력(capacity)에 관한 학문'이라고 보았다. 수사학은 연설을 만들어내는 학문이 아니라 여러 가지 종류의 설득이 효과를 발휘하는 방식을 연구하는 학문이라는 것이다(배수찬, 2008 : 225). 그는 「수사학」에서 특정한 장르에 해당하는 특정 종류의 담화를 구성할 때에 포함되어야 할 내용들을 미리 정리해 두었다. 즉 분류한 내용을 조회해 보면 쉽게 연설문을 구성할 수 있도록 「수사학」을 매뉴얼화 하였다.

아리스토텔레스가 정립한 고전 수사학은 각각의 상황에 맞게 가장 효율적으로 자신의 생각을 표현해 내는 규칙, 원리의 집합이라고 할 수 있다. 중세와 문예 부흥기를 거치면서 수사학은 수차례 굴절, 변형되고 이전만큼 중요한 위치를 차지하지는 못하게 된다. 의사소통이 이루어지는 모든 상황에 관련된 학문으로 군림했던 수사학은 구술 문화가 문자 문화로 변화하면서 주로 독서와 작문에 관련된 학문으로 축소되었다. 그러나 표현 기법으로서 언어 체계와 규칙을 중요하게 생각하는 정신과 내용은 현대의 수사학에서도 계승된다. 이는 근대 이후에 표현의 주체, 즉 사람보다는 언어 체계를 중요시하는 구조주의 철학과도 맥을 같이 하였다고 볼 수 있다.

고전 수사학의 정신과 내용을 계승하고 있는 전통 수사학은 필자, 독자에 대해서는 관심이 없다. 전통 수사학은 언어 체계가 주체의 이성에 선행하여 존재하며, 주체의 이성을 잘 전달하는 혹은 복사하는 도구에 불과하다는 인식에 기초하고 있기 때문이다. 그리고 이성의 법칙에 상응하는 언어의 법칙이 주체와 독립하여 객관적으로 존재하며, 주체의 언어활동에서 중요한 것은 이러한 언어의 법칙을 충실하게 따르는 것으로 여긴다. 이러한 언어의 법칙이 곧 수사학의 내용을 이루고 있는 것이다. 전통 수사학에서 중요한 것은 학문적, 과학적 원리와 규칙이며, 구체적으로는 표현과 이해에 대한 원리와 규칙을 의미한다. 이러한 원리와 규칙을 잘 지키고 적용하면, 텍스트 속에 진실을 담아 전달할 수 있으며, 텍스트의 정확한 이해가 가능해진다고 보고 있다(이재기, 2005 : 40-41).

▌작문 이론의 형성

현대 수사학은 작문과 화법의 중요한 기반 학문이 되면서, '필자와 화자가 다른 사람들의 마음과 행동 상태에 영향을 끼치는 방법을 연습하는 학문 영역(Williams,

2003 : 1)'을 가리키게 되었다. 특히 작문의 중요성이 점점 커지면서, 작문은 오늘날 수사학에서 다루는 가장 중요한 영역이 되었다. 수사학이 사람들이 소유하고 사용하는 예술, 기술 또는 능력뿐 아니라 지적인 학문으로서 다루어지게 된 것이다.

작문을 연구할 필요성이 증대되면서, 수사학과 함께 문학, 국어학도 작문 이론 형성에 영향을 미치게 되었다. 현대 수사학이 성립되고 관심을 받기 시작한 시기는 구조주의 철학의 시대였고, 문학에서는 신비평이, 언어학에서는 기술언어학이 두드러지던 때였다. 이들은 모두 인간보다는 언어 체계의 규칙과 원리를 강조한다는 점에서 공통적이었으므로, 자연스럽게 작문을 설명하는 기반 이론으로 섞여 들어갈 수 있었다.

고전 수사학을 계승한 전통 수사학이 국내에 도입된 경로는 정확하게 밝혀진 바가 없다. 미국을 비롯한 서구에서 1900-1920년대에 전통 수사학이 높은 관심 속에 발전한 것으로 보아 일제 강점기부터 점차로 소개되어 왔을 것으로 생각된다. 대개는 문학 공동체 구성원들에 의해 도입되어 산발적으로 적용되어왔을 것으로 보이며, 이태준에 의해 1949년에 출판된 <문장강화>는 그간의 논의를 반영하고 종합한 것으로 보아도 무리가 없을 것이다(이재기, 2005 : 41).

이후에는 국문학, 국어학에 뿌리를 두고 읽기, 쓰기에 관심을 둔 학자들에 의해 널리 보급되고, 구체화되었다고 볼 수 있다. 그러한 지속적인 실천의 성과는 문덕수(1986), 서정수(1991), 김봉군(1993), 이대규(1994)에 의해 정리되었다. 제1~4차 교육과정기의 표현 교육, 이해 교육의 내용은 대체로 전통 수사학에서 차용한 내용이었다고 해도 과언이 아니다. 따라서 제4차 교육과정기까지의 국어과 교육이 '지식 중심'이라고 한다면, 그때의 지식의 원천은 국문학, 국어학, 전통 수사학이라고 할 수 있다(이재기, 2005 : 41).

이렇게 수사학의 전통을 이어받고, 신비평과 기술언어학의 영향을 받아 규범 문법의 준수, 어법상의 정확성 등을 강조하였던 작문 이론의 경향을 '형식주의(Formalism)'라고 한다. 사실 '형식주의'는 고유한 작문 이론이라기보다는, 작문 행위와 가장 인접 학문이라고 생각되었던 문학과 언어학적 관점에서 작문 행위를 설명한 방식이라고 볼 수 있다. 즉 그 당시의 대표적 문학 이론인 '신비평', 대표적 언어학 이론인

'기술언어학'의 관점에서 작문 행위를 설명하고, 수사학의 전통적 내용을 그대로 수용한 것이다. 아직 고유한 작문 이론이 성립되지 못한 시기이므로 그럴 수밖에 없었을 것이다.

■ 형식주의 작문 이론의 특징

형식주의 작문 이론은 규범 문법과 수사학적 원칙을 강조한다. 형식주의 작문 이론가들은 텍스트의 객관성을 중시하여 텍스트의 구성 요소 및 그 관계들의 분석을 통해서 의미를 파악할 수 있다고 생각하였다(박영목, 1994 : 200). 형식주의 작문 이론은 작가의 의미 구성 능력을 거의 인정하지 않고, 텍스트의 객관적인 요소만을 강조한다는 면에서 외재적인 관점을 가졌다고 할 수 있다. 외재적인 특성은 학문 연구의 내용 및 방법에 대한 인식론적 틀을 구성한다는 점에서 신비평, 러시아 형식주의 문학 이론과 구조주의 언어학 및 행동주의 심리학 등의 이론과 동일한 패러다임의 범주에 속한다고 할 수 있다(박태호, 1996 : 15-16).

'형식주의 작문 이론'은 1940년대부터 1960년대 중반까지 작문 연구와 작문 교육에 지대한 영향을 끼쳤다. 형식주의에 근거를 둔 작문 이론은 규범 문법의 준수와 모범적 텍스트의 모방, 그리고 어법상의 정확성을 강조하였다. 당시의 쓰기 학습은 먼저 단어를 규칙에 따라 결합하여 정확하고 매끄러운 문장을 만들고, 문장을 결합하여 명료하고 효과적으로 잘 조직된 문단을 만들며, 마지막으로 문단을 결합하여 더 큰 단위인 수필·편지·이야기·연구 논문 등을 만들게 된다(최현섭 외, 2005 : 370).

이러한 형식주의 작문 이론은 완성된 텍스트 자체의 정확성만 강조한 나머지 능동적으로 의미를 구성하는 필자의 역할이나 그 글이 받아들여지는 사회적 맥락과 같은 쓰기 관련 요인들을 제대로 인식하지 못했다는 점에서 문제점이 지적될 수 있다. 그러나 작문 이론이라고 따로 명명할 수 있는 최초의 사조라는 점에서 중요한 의미를 지닌다. 형식주의 작문 이론의 성립 과정은 곧 작문 이론이 출현하게 된 배경으로 볼 수 있는 것이다. 이는 교육에서도 마찬가지였다. 지금까지 독서 중심이었던 언어 교육에서 작문 교육의 필요성을 부각시키고, 작문 교육의 가능성을 보여준 것도 형식주의의 영향이었다.

2) 심리학과 구성주의 작문 이론

▌인지주의 작문 이론

형식주의 작문 이론의 주 관심사는 '글'이었다. 그러나 '글' 요인만 가지고 작문 행위를 설명하기에는 한계가 있었으므로, 글을 쓰는 주체, 즉 '필자'에게로 관심을 옮기게 되었다. '글'에서 '필자'에게로 초점이 이동하게 된 배경에는, 심리학 분야의 패러다임 변화가 큰 영향을 미쳤다. 인지 심리학자들이 인간 정신 작용의 신비를 밝히는 실험에서 쓰기와 읽기 행위를 실험 도구로 많이 사용하면서부터, 글을 잘 읽는 독자, 또는 글을 잘 쓰는 필자가 어떤 사고 작용을 하는지 관찰하였다. 자연히 독서 이론이나 작문 이론이 심리학의 영향을 많이 받게 되었다.

그 당시 심리학 분야에서 전통적인 행동주의 이론이 비판받으며, 피아제(Piaget)를 필두로 새로운 심리학이 대두되기 시작하였다. 행동주의는 어떻게 가르칠 것인지에 만 관심이 있었으나, 새로운 심리학은 학습이 어떻게 이루어지는지에 관심이 있었 다. 인지 심리학자로 불린 그들은 블랙박스로 생각되었던 인간의 머릿속 인지 과정 을 탐구하기 시작하였다. 눈에 보이지 않는 사고 과정의 신비를 밝히는 것은 어려 운 일이었으므로, 인지 심리학자들은 쓰기와 읽기 행위를 실험 도구로 많이 사용하 였다. 이들은 주로 사고구술법,[3] 프로토콜 분석[4] 등의 실험 기법을 활용하였다. 즉 피험자들이 쓰기와 읽기 행위를 하는 동안 머릿속에서 떠오르는 생각을 모두 소리 내어 말하게 하고, 이를 기록한 자료를 분석하여 일반적인 사고의 패턴을 밝혀내는 식이었다.

인지 심리학은 사실상 현대적인 작문 이론이 정립되기까지 지대한 공헌을 하였 다. 작문 이론가들은 필자 개인의 의미 구성 과정에 관심을 가지고, 사고구술법, 프 로토콜 분석 등을 활용하여 쓰기 과정을 연구하기 시작하였다. 이때부터 작문 행위 란 글을 쓰는 물리적 행위뿐 아니라, 필자의 정신적인 작용까지 포함하는 용어가 되었다. 작문이나 독서를 일반적으로 '의미 구성 행위'라고 부르게 되었고, 작문을

[3] 사고구술[thinking aloud]' 란 어떤 인지 행위를 하는 과정에서 머릿속에서 떠오 르는 생각을 모두 소리 내 어 말하게 하고 이를 분석 하여 머릿속에서 어떤 행위 가 이루어졌는지를 파악하 는 방법이다.

[4] '프로토콜[protocol]'이란 어떤 사건이나 경험, 실험 등을 행하면서, 또는 그 직 후에 그 행위와 관련하여 서술해 놓은 기록물로서, 수 정을 가하지 않고 있는 그 대로의 원 자료를 말한다.

의미 구성 행위로 설명하는 관점을 '구성주의 작문 이론'으로 부르게 되었다.

구성주의(constructivism) 작문 이론이 나타나게 된 배경에는 신비평이론의 쇠퇴와 새로운 언어학이론의 등장도 있었다. 블룸필드(Bloom-field) 학파의 형식주의 언어학 이론에 대한 반동으로서 촘스키(Chomsky)와 그의 동료들은 언어학의 초점을 형식적인 언어 구조로부터 언어 사용자가 언어 구조를 구성하는 심리적 과정으로 전환시켰던 것이다. 구성주의 작문 이론은 개별적인 쓰기 행위를 분석의 대상으로 삼으며, 텍스트의 개념을 필자의 계획, 목적, 사고를 언어로 바꾸어 놓은 것으로 규정한다(최현섭 외, 2005 : 371). 이는 작문에서 '글'로 대표되는 결과를 중시하던 것에서, '필자'로 대표되는 과정을 중시하는 쪽으로의 변화를 의미하기도 한다.

1960년대 후반에 들어오면서, 많은 연구자들이 작문의 '과정'을 강조하기 시작하였다. Emig은 표현 결과인 텍스트보다는 텍스트를 생산하는 과정에 지도의 초점을 두어야 한다고 주장했고, 1980년대에 들어오면서 Applebee, Flower, Hayes, Frederikson 등의 작문 이론가들 사이에서 작문은 역동적 의미 구성의 과정이라는 인식이 확산되었다(최현섭 외, 2005 : 371). 이렇게 인지 심리학의 연구 결과에 영향을 받고, 필자의 인지 과정을 밝히는 것을 중요하게 여긴 작문 이론의 경향을 인지주의 작문 이론'이라고 한다.

Emig(1971)은 '12학년의 작문 과정'이라는 연구를 통해서 그동안 형식주의적 관점에서 오류 없는 글을 쓰도록 가르치던 것이 잘못되었다고 비판하였다. 그는 12학년 학생을 대상으로 글쓰는 것을 관찰하고, 글을 잘 쓰는 학생들이 어법의 정확성에 신경을 쓰기보다는 작문 과정의 회귀적인 과정을 거치면서 의미 구성에 집중함으로써 좋은 글을 쓸 수 있다는 결론을 내렸다. 따라서 작문을 잘 가르치기 위해서는 어법을 정확하게 지키는 것만을 강요할 것이 아니라, 학생들의 작문 과정에 주목해야 한다는 것이다.

대표적 인지 심리학자이자 작문 이론가인 Flower & Hayes(1981)는 사고구술법을 통해 쓰기의 과정을 탐색했다. 이들은 작문을 일종의 문제 해결 행위로 파악하면서 계획하기, 작성하기(translating), 검토하기(reviewing) 등의 과정을 거쳐 글을 쓴다는 점을 강조했다. 이들이 수행한 일련의 연구는 쓰기 과정에서 필자의 머릿속에서 이루어지는 의미 구성 행위의 본질과 과정을 밝히는 데 많은 기여를 했다(이재승, 2002 : 41).

인지주의 작문 이론에서는 흔히 작문을 '문제 해결 행위'라고 표현한다. 복잡한 문제를 해결하려면, 문제 전체를 한꺼번에 해결하기 보다는 작은 하위 문제로 쪼개어 하나씩 해결해나가는 것이 효율적인 방법이다. 주어진 작문 과제를 문제로 본다면, 하위 문제로 쪼개어 하나씩 해결하기 위해서는 일련의 과정을 거쳐야 한다. 그래야 인지적인 부담이 덜하기 때문이다.

예를 들어, 대학생 A는 '디지털 시대의 교육'이라는 익숙하지 않은 주제로 글을 써야 한다. 글을 완성하기까지 A는 여러 가지 문제를 해결해야 한다. 우선 A는 디지털 시대의 의미와 교육적인 변화에 대하여 충분한 정보가 없으므로 배경 지식이 부족하다. 또한 구체적으로 어떤 순서로 내용을 전개해가야 할지도 잘 모른다. 또한 A는 평상시 띄어쓰기에 자신이 없어서 자신이 실수를 많이 한다고 생각한다. 이런 문제를 해결하려면 우선 관련 정보를 모으고, 전개할 순서를 조직하고, 초고를 쓰고, 초고를 다시 읽으며 고쳐쓰는 일련의 과정을 거쳐야 한다. 이렇게 과정을 거치며 하나씩 문제를 해결함으로써 글을 쓰는 데 따르는 인지 부담을 줄일 수 있고, 결과적으로 이를 통해 좋은 글을 쓸 수 있다는 것이 인지주의 작문 이론의 입장이다.

■ 사회구성주의 작문 이론

현재 구성주의에서 인간의 사고를 이해하는 방식은 두 가지로 나뉜다. Piaget와 같이 개인의 인지에 관심을 가지는 관점을 '인지주의'라고 한다면, 사회 · 문화적 공동체의 사고에 관심을 가지는 관점을 '사회구성주의'라고 할 수 있다. 구성주의에서 사회적 관점을 처음 제안한 Vygotsky는 개인의 고유한 사고는 존재하지 않는다고 본다. 표면적으로는 개인이 생각한 것이라도, 이는 그 개인이 속한 사회 · 문화적 공동체의 공통적 사고가 내면화된 것이다. Vygotsky는 학습이 담화 공동체 구성원과의 언어적 상호작용에 의해 일어난다고 보았다. 사회구성주의 이론에서는 교육 방식을 설명하는 중요한 개념으로 '근접 발달 영역'을 제안하였다. 근접 발달 영역이란 개인의 실제적 발달 수준과 잠재적 발달 수준 사이의 영역을 가리킨다. 교육이란 학습자를 잠재적 발달 수준까지 끌어올리는 것인데, 이때 교육이 이루어지는 가장 효과적인 영역이 근접 발달 영역이라는 것이다. 그리고 이 이론에서는 자신보다 우월한 공동체 구성원과의 언어적 상호작용이 개인을 발전시키는 가장 효과적인 방법이라고 본다.

사회구성주의의 관점으로 작문 행위를 설명한 것을 '사회구성주의 작문 이론'이라고 한다. 이들은 작문이 개인만의 행위가 아니며, 사회·문화적인 공동체와의 상호작용이라고 보았다. 개인은 자신이 속한 사회·문화적 공동체가 언어를 사용하는 방식, 즉 담화 관습에 익숙해져야만 글을 쓸 수 있다. 따라서 사회구성주의 작문 이론은 작문 행위를 설명하기 위해 작문 행위에 영향을 미치는 '사회적 맥락'에 관심을 가진다. 이들의 관점에서 보면 인지주의는 지나치게 필자의 개인적 인지 과정에만 집착한다는 면에서 비판의 대상이 된다. 사회구성주의는 작문 연구의 시야를 개인의 인지 과정에서 사회·문화적 맥락으로 넓혀서 작문이 사회적으로 지니는 복잡한 의미와 작용을 살펴보기 시작했다.

1970년대가 쓰기의 인지적 과정을 규명하는 시기였다면, 1980년대는 쓰기에 영향을 미치는 사회적 맥락의 역할을 규명한 시기로 규정될 수 있을 것이다. Shaughnessy(1977)는 영어가 모국어가 아닌 학생들이 쓴 글에 나타난 오류를 분석하면서 그 원인이 개인의 문제라기보다는 사회·문화적 배경의 결핍에 있다고 보았다. 쓰기란 하나의 사회적 행위이자 담화 관습의 체계이기 때문에, 오류의 문제는 그들이 속한 담화 공동체의 형식이나 관습에 친숙하지 않았기 때문에 발생한 것으로 보아야 한다는 것이다. Faigley는 언어 공동체 안에서 사람들이 특수한 형태의 담화 능력을 획득함으로써 특정 사회 집단에 참여할 수 있게 된다는 사실을 예로 들면서 쓰기의 사회적 측면을 강조하였다(국어교육미래열기 편, 2009 : 343).

사회구성주의 작문 이론에 따르면, 필자는 개별적으로 쓰기를 하는 것이 아니라, 의미를 구성하는 과정에 제약을 가하는 언어 공동체의 일원으로서 쓰기를 하는 것이다. 따라서 사회구성주의 작문 이론에서는 언어 공동체를 분석의 대상으로 삼으며, 텍스트의 개념을 언어 공동체의 담화 관습 및 규칙의 집합으로 규정한다. 이 이론에서는 필자를 담화 공동체의 사회화된 구성원으로 보고, 독자는 해석 공동체의 사회화된 구성원으로 본다. 그리고 텍스트를 통한 의미 구성 능력은 건전한 상식의 계발을 통하여 신장되는 것으로 설명하는데, 건전한 상식의 계발은 언어 사용 집단으로서의 담화 공동체 혹은 학문 공동체에 참여함으로써 가능한 것으로 본다(최현섭 외, 2005 : 372).

예를 들어, 대학생 A가 '작문 교육'이라는 강의를 듣고 보고서를 작성하는 상황을 가정해 보자. 이때 A는 작문 교육을 연구하는 담화 공동체의 일원으로서 글을 써야 한다. 작문 교육 연구와 관련하여 주로 사용하는 용어, 보고서 작성 방식에 익숙해져야만 글을 쓸 수 있다. 또 자신의 보고서를 읽을 독자 역시 그 담화 공동체의 일원인 교수 혹은 동료 학생들이라는 것을 염두에 두어야 한다. A가 '작문 교육' 강의를 통해 담화 공동체의 구성원들과 이야기를 많이 나누고, 보고서를 여러 번 쓸수록, 그는 더 이상적인 담화 공동체의 일원이 되어갈 것이다. 즉, 사회구성주의 관점에서 작문을 학습하는 목적은 담화 공동체의 규범과 관습을 익히는 것인데, 이는 구성원들 간의 대화에 참여함으로써 습득할 수 있다. 사회구성주의 관점에서 언어의 발달은 곧 사회와 공동체에 입문하는 것을 의미한다.

▌과정 중심의 작문 연구

인지주의 작문 이론과 사회구성주의 작문 이론은 모두 구성주의 패러다임 안에서 이루어진 논의이다. 지식이 외부 세계에 객관적으로 존재하며 고정불변이라고 믿었던 객관주의 철학과 달리, 구성주의 철학은 지식의 본질과 그것을 알게 되는 앎의 과정에 관심을 가진다. 구성주의는 지식의 객관적 가치를 인정하지 않으므로, 지식은 오직 인식의 주체에 의해서 주관적으로 구성된다고 본다. 인간은 자신의 주관적인 경험이나 대상과의 관계를 바탕으로 사물을 해석하므로 지식은 개별 인간의 정신 활동의 소산이 되는 것이다. 즉 구성주의는 인식의 주체가 지식을 구성하는 방법에 관심을 갖는다.

따라서 작문을 의미 구성 행위로 설명하게 되면 인식의 주체, 즉 글을 쓰는 주체가 누구인지가 중요한 관심사가 된다. 의미 구성의 주체가 개인이냐, 담화 공동체이냐를 놓고 구성주의에서 갈등한 것이 작문 이론에서도 그대로 재현되었다. 글쓰기에서 중요한 것이 개인이냐, 담화 공동체이냐는 것이 주요 쟁점으로 떠오른 것이었다. 작문 연구의 흐름에서 1980년대는 구성주의라는 새로운 철학의 패러다임이 등장하였고, 그 안에서 인지주의 작문 이론과 사회구성주의 작문 이론이 대립하던 시기로 볼 수 있다.

그러나 양측 모두 글쓰기에서 결과가 아닌 과정을 중요시한다는 점에서는 공통적이다. 문법적 요소, 모범적 텍스트를 절대시하는 결과 중심 작문 교육의 인식론적 기반이 객관주의라면, 의미의 구성 과정을 중요시하는 과정 중심 작문 교육의 인식론은 구성주의 관점이라고 할 수 있다(박태호, 2000 : 2). 현대 작문 이론이 이룬 가장 큰 성과는 과정 중심 패러다임을 정착시킨 것이다. 인지주의와 사회구성주의 작문 이론 이후로도 수많은 작문 이론들이 등장했지만, 과정 중심 패러다임은 작문 연구와 작문 교육에 여전히 큰 영향을 미치고 있다.

과정 중심 작문 이론은 인지주의와 사회구성주의의 인식론 양쪽 모두에 기반을 두고 있다. 1980년대 초반에 이루어진 과정 중심 작문 이론에서는 의미 구성의 인지적 측면에 관심을 두었다. 이들은 과학적 연구 방법을 사용하여 필자 개인의 인지 과정을 밝혀내었으며, 각 과정에 따른 문제 해결 전략을 강조하였다. 그러나 1980년대 중반 이후 작문 연구의 관심이 필자의 인지 과정에서, 인지 과정에 영향을 미치는 사회·문화적 맥락으로 옮겨간다. 사회구성주의자들은 초기의 과정 중심 작문 이론이 필자의 인지 과정에만 초점을 두어 사회·문화적 맥락을 소홀히 다루었다면서 비판하였다.

최근에는 인지와 맥락을 상호 보완의 관점에서 바라보자는 논의들이 점차 설득력을 얻고 있다. 대표적인 사회-인지적 관점은 인지주의 작문 이론이 주체가 되어 사회구성주의 작문 이론의 장점을 통합(박태호, 2000 : 43)한 것이다. 사회-인지적 관점에서는 의미 구성의 주체를 사회·문화적 상황 속에 존재하는 개인으로 파악한다. Flower(1994)는 필자를 사회적 상황 "속"에서 문제를 발견하고 목표를 정하여 그것을 해결하려 하는 문제 해결자로 본다. 그러나 인지에서 맥락으로, 다시 인지와 맥락의 통합으로 이어지는 작문 연구의 경향들은 여전히 과정 중심 작문 패러다임이라는 큰 틀 속에서 이루어지는 논의들이라고 할 수 있다(박태호, 2000 : 14). 초기 이론에서 필자의 인지 과정을 단계적으로 나열하고, 과정과 전략에 대한 미시적 지식을 제공한다고 보았으나, 최근에는 여기에서 벗어나, 사회 상황의 중요성과 작문 행위의 다양성을 인식하기 시작했다. 즉 작문을 설명하는 방식에 인지주의와 사회 구성주의 관점이 통합적으로 수용되면서, 작문 행위의 본질에 조금 더 균형 있게 다가간 것이다.

3) 다양한 작문 이론의 공존

형식주의의 시대, 구성주의의 시대를 거쳐서 새롭게 출현한 작문 이론으로는 표현주의 작문 이론, 대화주의 작문 이론, 장르 중심 작문 이론, 후기 과정 작문 이론 등이 있는데, 이들은 심리학뿐 아니라, 문학, 언어학, 언어철학 등의 다양한 학문을 기반으로 작문 연구에 접근하고 있다. 이들은 작문 이론에서 과정 중심 패러다임이 지니는 한계를 비판하거나 극복하려는 관점의 논의를 전개하였다.

▌표현주의 작문 이론

형식주의, 구성주의에 바탕을 둔 작문 이론은 한편으로 지나치게 이론에 골몰한 나머지 작문 행위를 설명하는 요인에서 글을 쓰는 필자를 소외시키기도 했다. 필자는 복잡한 이론을 고려하면서 쓰는 것은 아니며, 항상 실용적인 목적에 의해 글을 쓰는 것도 아니다. 단지 글을 쓰는 것이 즐거워서, 글을 쓰는 것으로 다양한 욕구를 충족시키기 때문이기도 하다. 글쓰기가 오로지 필자의 개인적 표현이라는 점에 집중하는 것이 바로 표현주의 작문 이론이다.

표현주의 작문 이론은 '개인을 찾아 떠나기(이재기, 2005 : 86)'라는 말로 상징적으로 표현할 수 있다. 표현주의 작문 이론은 객관적인 지식을 중시하는 전통 수사학, 형식주의에 대한 일종의 저항으로 볼 수 있다. 이재기(2005 : 34)는 표현주의 이전 작문 이론의 지배적 담론은 '객관주의'라고 표현하며, 표현주의를 '주관주의' 담론으로 정의하고 있다. 객관주의에서는 개인을 배제하고 공유된 작문의 규칙과 지식을 중시한 것에 비해 개인의 목소리를 담아내지는 못했다. 표현주의자들은 진실은 개인 밖에서 존재하는 것이 아니라 개인적 글쓰기와 스스로의 탐구 과정, 즉 개인의 정신 안에서 발견된다고 주장한다.

표현주의 쓰기 이론가(expressivist)들은 쓰기 행위의 목적은 필자 자신의 자아 성숙에 있다고 본다. 그러기 위해서는 학생 필자, 즉 학습자가 글을 쓸 때 교사는 최소한의 역할만 해야 한다고 한다. 학습자 스스로 진정으로 쓰기 원하는 것은 무엇인지 깨닫도록 조언하는 것이 교사의 역할이라는 것이다. 현재 과정 중심 접근법은 인지주의자들의 영향이 지배적이지만, 쓰기 연구에서 필자를 강조하게 된 원천을 거슬러 살펴보면 필자의 개인적 표현의 경험을 강조하는 표현주의자들의 영향을 무시할 수 없다. Couture(1999 : 32)는 쓰기 연구의 관점을 결과물로부터 필자로 이동시킨 것은 Donald Murray, Ken Macrorie, Peter Elbow와 같은 표현주의자들이라고 주장한다. 그들은 글을 쓰는 자신만의 과정을 발달시키는 방법으로 자기 평가와 협동하기를 제안했다. 그것은 글쓰기에서 장애가 되는 제약 절차로부터 자유롭게 하고 필자의 개별적 목소리를 해방시키는 과정이다. 즉 표현주의자들은 글쓰기의 목적이 자아 발견임을 강조하며, 글 속에서 자신만의 내면의 목소리를 발견함으로써 자아 발견에 도달할 수 있다고 주장한다.

표현주의자들의 주장에 따르면 교사는 학습자의 쓰기 과정과 작품의 진전에 대한 피드백을 제공하는 조언자로만 존재해야 한다. 심지어 Elbow는 교사가 없는 쓰기 수업을 제안하기도 하였다. 쓰기는 배울 수 있으나 가르칠 수 없다는 것이다. 교사는 학습자가 필요로 할 때 도움을 주는 역할만 하면 된다. 단, 교사가 조언을 할 때 자신이 품고 있는 이상적 필자의 모습을 투영한다면 교사의 권위가 작용할 우려가 있다(이수진, 2007a).

이러한 표현주의적 관점은 국내에서도 찾아볼 수 있다. 이오덕, 이호철 그리고 '글쓰기 교육 연구회'가 대표적인 예라고 할 수 있다. 이들은 기존의 작문 교육이 학습자의 개성과 창의성을 말살하고 있다고 비판하면서 쓰기에서 무엇보다 중시해야 할 것은 학습자의 '생활 경험'이라고 주장한다. 즉 자기의 눈으로 자기의 생활을 솔직하게 기술하는 것을 무엇보다 강조한다. 이들은 학습자들이 쓰기를 싫어하는 이유는 그들의 실제 경험과 관련이 없는 추상적이고, 모호한 글감을 제시하고 강제적으로 쓰도록 강요하기 때문이라고 말한다. 그리고 형식과 관습에 얽매인 글쓰기 교육은 아동의 자발성, 솔직함을 빼앗아가고 있다고 지적한다(이재기, 2005 : 89).

▌대화주의 작문 이론

구성주의 작문 이론 이후로, 작문을 의미 구성 행위로 설명하는 이론의 계보를 가장 잘 이어받은 이론은 대화주의이다. 많은 학자들(Nystrand, M., Greene, S., Wiemelt, J., 1993 : 267-333 ; 박영목, 1994 : 199-19)이 작문 이론을 형식주의 작문 이론, 구성주의 작문 이론, 사회구성주의 작문 이론, 대화주의 작문 이론의 네 가지로 분류한 것을 보아도 알 수 있다(최현섭 외, 2005 : 370).

대화주의 작문 이론은 문학 이론가인 Bakhtin의 대화주의(Dialogism)에 기반하고 있다. 바흐친은 의미가 개인의 의식 속에 내재하는 것이 아니라 언어 사용의 맥락에 의하여 결정되고, 다른 사람의 언어와 상호작용함으로써 활성화된다고 하였다.

대화주의 작문 이론가들의 의미 구성에 관한 이론을 요약하면 다음과 같다. 첫째, 텍스트의 의미를 구성하는 과정은 특정한 사회적, 문화적 맥락에서 담화 당사자들 간에 역동적이고 한시적으로 이루어지는 협상의 과정이다. 둘째, 텍스트의 의미는 텍스트나 사용자에게 있는 것이 아니라 사용자 사이의 상호작용 속에 존재한다. 셋째, 텍스트는 언어 사용자 자신과 다른 사람, 인지 작용과 언어 맥락, 개인과 사회의 상호작용을 기호학적 측면에서 중재하는 기능을 갖으며 상황을 반영하는 것이 아니라 상황 그 자체이다(최현섭 외, 2005 : 372).

대화주의 작문 이론은 의미 구성에서 사회적 상호작용과 언어 사용의 맥락을 중시한다는 점에서 사회구성주의 작문 이론과 맥을 같이한다. 그러나 사회구성주의 작문 이론이 심리학에 기반을 두고 있는데 비하여, 대화주의 작문이론은 문학 이론에 기반을 두고 있다는 점에서 새로운 작문 이론의 가능성을 열어주었다. 사회구성주의 작문 이론이 주로 작문이라는 사고 행위를 연구한 데 비하여, 대화주의 작문 이론은 담화 행위로서의 텍스트를 분석의 대상으로 삼았다. 바흐친은 텍스트에는 필자의 목적과 독자의 기대 사이에 균형을 유지하려는 의도가 반영되어 있으므로, 본질적으로 다양한 사람들의 목소리가 들어가 있다고 설명한다. 대화주의 작문 이론은 바흐친의 대화주의 이론을 바탕으로 형식주의나 구성주의 작문 이론의 한계를 극복하고자 하였다.

■ 장르 중심 작문 이론

구성주의는 작문 이론이나 작문 교육에서 획기적인 변화를 이루어냈다. 그러나 한편으로는 작문 행위에서 필자의 인지적 과정이나 사회적 맥락을 지나치게 강조한 나머지, 정작 필자가 생산해내는 텍스트를 소홀히 다룬다는 비판도 받았다. 이런 비판적 움직임은 1980년대 이후, 담화 공동체 구성원들의 의사소통을 실현하는 도구로서의 '장르'를 강조하는 이론을 부상시켰다.

장르 중심의 접근법은 기본적으로 쓰기의 과정에 치중하고 텍스트 요인과 맥락을 소홀히 하였던 과정 중심 작문 교육의 한계를 극복할 수 있는 이론적 기반을 마련하였다. 또한 과정 중심 작문 교육 이후 다소 소홀히 취급되었던 텍스트의 언어적 측면을 작문 교육의 중심으로 회복시킴으로써, 쓰기 과정과 결과의 균형 있는 교육을 모색할 수 있는 방안을 제시하였다는 점에서 교육적 의미를 가진다(최현섭 외, 2005 : 344).

전통적으로 장르라는 명칭은 주로 문학 이론 분야에서 시, 소설, 희곡 등의 분류 방식에 사용되던 용어로, 전통적인 장르 이론가들은 정형화된 텍스트의 형식과 내용의 규칙을 찾으려 했다. 현대 수사학에서도 장르가 텍스트의 형식과 내용상의 규칙성을 가지고 있으며, 이러한 것들에 의해서 텍스트의 특징을 규정할 수 있다는 관점을 인정한다. 그러나 이러한 규칙들은 텍스트의 표면적 흔적에 불과하므로 텍스트의 규칙성에 영향을 미치는 텍스트 주변의 외적인 상황인 맥락에 관심을 가지는 것이 더 중요하다고 보는 것이다. 새로운 장르 이론가들은 장르를 반복되는 상황에 대한 수사학적 반응으로 파악한다(박태호, 2000 : 83).

장르를 사회적 상황 맥락과 관련지어 파악하고자 하는 새로운 연구 경향은 수사학과 언어학 분야를 중심으로 이루어지고 있는데, 이들을 북미 수사학파(North American Rehtoric)와 호주 시드니 학파(Sydney School)라고 부른다. 시드니 학파는 기본적으로 언어학의 입장에서 '텍스트의 언어적 속성'에 관심을 가졌고, 북미 수사학파는 수사학의 입장에서 텍스트 구성과 관련된 사회·문화적 상황 맥락에 관심을 가졌다.

이와 같이 수사학과 언어학 분야를 중심으로 이루어지고 있는 현대 장르 이론에서는 텍스트 생산에 필요한 사회·문화적 요인, 맥락과 텍스트의 체계적이고 기능적인 관계를 중시하고 있음을 알 수 있었다. 이러한 관점들은 그 동안 소홀히 다루어졌던 텍스트 요인을 쓰기교육 내용의 중요한 변인으로 취급할 수 있는 계기를 마련하고 있다(박태호, 2000 : 84-85 요약).

■ 후기 과정 작문 이론

장르 중심 작문 이론이 언어학과 수사학을 기반으로 과정 중심 작문 교육을 보완하려는 접근이라면, 후기 과정 작문 이론은 언어 철학, 문학을 기반으로 과정 중심 작문 교육의 한계를 보완하려는 접근으로 볼 수 있다. 후기 과정 관점의 배경에는 합리성을 중시하던 모더니즘 시대에서 포스트모더니즘 시대로의 대전환이 있다.[5] 반정초주의, 다원주의, 실용주의 등의 특성을 지니는 포스트모더니즘의 정신은 작문 이론에도 영향을 미쳤다. 그들은 '과정(process)'으로만 작문을 설명하려는 것에 염증을 느끼고, '탈과정(post-process)' 또는 '후기 과정(post-process)'을 선언하였다.

그동안 작문 이론과 작문 교육을 지배했던 과정 중심의 담론은 다분히 합리성을 추구하는 모더니즘적 경향이 강하였다. 효과적인 쓰기 과정과 전략을 합리적으로 설명할 수 있다는 전제하에 이루어지기 때문이다. 그러나 과정 중심 작문 이론의 한계를 인식하면서, 작문 과정은 본질적으로 설명할 수 없다는 회의론이 대두되었다. 포스트모더니즘적 사고는 작문 이론에서도 다양성, 상대성을 중시하는 담론을 활성화시켰다.

작문 이론에서 다양성을 중시하는 포스트모더니즘 사고가 처음 도입된 것은 사회구성주의부터였다고 볼 수 있다. 그러나 사회구성주의 역시 사회 공동체의 관습을 강조한다는 점에서는 포스트모더니즘의 정신과 어긋나있다. 사회구성주의 작문 이론에서 말하는 담화 공동체와 담화 관습의 개념에는 여전히 모더니즘 패러다임의 영향이 남아있다. 이에 따른 작문 교육은 사회에서 합의된 관습을 개인이 그대로 전수받는 데 그치므로, 개인의 창의성을 길러주지 못한다.

5 최근 사회 전반에서 모더니즘에서 포스트모더니즘으로 패러다임의 전환이 일어나며, 포스트모더니즘은 초기의 예술적 담론에서 이제는 영역을 확장하여 정치학, 교육학 등의 학문에서 논의가 활발해지고 있다.

본격적으로 포스트모더니즘의 영향을 받은 작문 이론가들은 후기 구조주의 문학 이론, 신실용주의의 언어 철학, 해석을 중요시하는 기호학 등을 작문 연구에 수용하였다. 서구의 경우 포스트모더니즘은 초기 작문 교실에서 학생들의 비판 의식을 일깨우기 위해 문학 이론으로서의 후기구조주의에 포함되었다. 이들의 주장은 작문 연구에서 포스트모더니즘 패러다임의 변화를 잘 나타내준다.

Bizzell(1986)은 학생의 비판적 의식을 일깨우기 위해 작문 교실에 후기 구조주의적인 사고를 도입하였다. 과정 중심 작문 교육이 대두된 초기부터 비판적이었던 Bizzell(1986)은 담화를 반정초주의적으로 이해하는 면에서 쓰기의 상황적 측면을 강조하고 있다. 학생이 사고하고 세계와 상호작용하는 방식은 어떤 새로운 담화에 참여할 때 근본적으로 바뀔 수 있으므로, 쓰기 행위와 작문 교육에는 이데올로기가 작용한다는 것이다.

후기 구조주의를 작문 교실에 적용한 대표적 학자인 Berlin(1988)은 포스트모더니즘 교육을 학생 의식의 자유를 이끄는 것으로 보았다. 그는 수사학(작문)이 존재하는 것, 선(善)한 것, 가능한 것에 대한 이데올로기적 가정을 담고 있다는 것을 보여주면서 글쓰기가 이데올로기에 의해 어떻게 억압받는지를 연구했다. Berlin(1988)은 학생에게 기존의 권위적인 이데올로기와 담론을 비판적으로 보는 글쓰기를 가르치는 것이 자유로운 의식을 가지게 한다고 했다. 후기 구조주의자들의 가장 큰 업적은 언어가 가치 독립적이지 않으며 사회·문화적 맥락에 필연적으로 얽혀있다는 것, 즉 언어와 "이데올로기"의 연관성을 밝힌 것이다.

Kent(1999)는 이들의 비판 정신을 후기 과정 작문 이론(post-process theory)이라는 용어로 설명하였다.[6] 대부분의 후기 과정 작문 이론가들은 쓰기 행위가 공공적, 해석적, 상황적인 특징을 가진다는 데 동의하는데(Kent ed., 1999 : 1), 이는 쓰기는 의사소통적 상호작용 행위이며, 단순히 알고 있는 것을 문자로 옮기는 행위 이상의 타인·상황·세계에 대한 해석 행위임을 강조한다. 이들은 과정 중심 작문 이론이 작문 행위를 단계화하며 작문 상황에 대한 고려가 결핍되었음을 비판하고 있다. 이와 같이 후기 과정 작문 이론은 과정 중심 접근법에서 발생할 수 있는 문제를 견제하면서, 본질적으로 사회적이고 이데올로기적인 작문 행위의 특성을 부각시켰다는 점에서 의미를 지닌다.

6 '후기 과정 이론'으로 번역될 수도 있으나, 본고에서는 작문이론임을 명확히 하기 위해, 그리고 국내에서 과정중심 작문이론이란 용어가 이미 보편화되었으므로, '후기 과정 작문 이론'으로 번역하여 사용하였다.

지금까지 소개한 여섯 가지 작문 이론은 사실 편의상의 구분에 불과한 것이다. 왜냐하면 여러 이론들이 시기적인 차이를 두고 대두되기는 하였으나, 새로운 이론이 앞의 것을 전면 부정하는 것도 아니고 또 그럴 수도 없기 때문이다. 현실적으로는 형식주의, 인지주의, 사회구성주의, 장르 중심 작문 이론들이 비슷한 비중으로 공존하고 있으며, 작문 행위를 다른 관점에서 해석한 또 다른 이론들도 공존하고 있다.

2. 작문 교육의 변천 과정

작문 이론의 변화는 작문 교육에도 영향을 미쳤다. 처음에는 외국 이론을 그대로 수용하여 적용하던 수준이었으나, 이제는 우리나라의 교육적 상황에 맞게 재해석하는 수준에 이르렀다. 또 초기에는 작문 이론이 곧 작문 교육으로 받아들여지곤 했으나, 작문 교육은 순수한 작문 이론과는 다른 교육적 특성과 실천성을 고려해야 한다는 인식이 확산되고 있다.

1) 결과 중심에서 과정 중심으로

■ 작문 교육 패러다임의 변화

지난 20여 년간에 걸쳐 언어심리학을 비롯한 여러 학문분야에서 행해진 작문 연구들은 대부분 작문 행위를 보다 타당하고 설득력 있게 설명할 수 있는 이론적 기저를 찾는 데 주안점을 두어 왔다(박영목 외, 1988 : 282-287). 국내에서도 외국에서 시작된 작문 이론의 연구 결과를 교육적으로 적용하려는 움직임이 활발해졌고, 최근 몇 년간 작문 교육은 급격한 변화를 겪고 있다.

급격한 변화란 최근의 작문 교육이 전통적인 작문 교육과는 크게 다른 모습을 보이고 있다는 것이다. 이는 작문에 대한 과학적인 연구 결과가 축적되면서, 교육을 통하여 학습자의 작문 능력을 증진시킬 수 있다는 확신이 생겼기 때문이다. 이런 변화들은 한마디로 정리할 수 없는 복잡하고 다양한 모습을 보여주지만, 패러다임이라는 일반화된 용어를 빌리면 작문 교육이 전통적인 결과 중심 패러다임에서 과정 중심 패러다임으로 바뀌고 있다고 할 수 있다.

1940년대부터 1960년대 중반까지 지배적인 작문 이론이었던 형식주의(Formalism)에 의하면, 글쓰기를 가르친다는 것은 텍스트 구성 요소를 분석하고 구성요소 사이의 관계를 이해시키는 것을 의미했다. 이런 경향을 '결과 중심 작문 교육'으로 설명할 수 있다. 결과 중심 작문 교육은 규범 문법의 준수와 모범적 텍스트의 모방, 그리고 어법상의 정확성을 강조하였다. 글쓰기 능력은 계속적이고 체계적인 모방과 연습을 통하여 신장된다고 보았다.

그러나 1970년대 이후, 쓰기 행위에서 텍스트보다는 필자의 인지 과정을 중시하는 연구풍토가 조성되었다. 이러한 쓰기 연구의 변화에 절대적인 영향을 미친 것이 바로 인지구성주의이다. 인지구성주의 관점을 수용한 쓰기 이론가들은 학습자의 의미 구성 과정을 중시하여 학습자의 머릿속에서 일어나는 의미 구성 현상을 밝히기 위해서 노력하였으며, 개인을 의미 구성의 주체로 인식하였다. 텍스트에서 학습자로, 반복 훈련 및 모범적 텍스트의 분석에서 학습자 스스로 과제를 선택하고 해결하는 문제 해결 과정을 중시하는 쪽으로 작문 연구 및 교육의 방향이 바뀐 것이다(이수진, 2007b : 18). 따라서 쓰기에서 가르쳐야 할 것은 쓰기 기능과 전략이며, 개인의 인지 기능을 미시적으로 분석하여 밝혀 주는 것이 작문 능력 신장에 도움이 된다고 보았다.

과정 중심 패러다임은 작문 교육뿐 아니라 학습자 중심의 교육, 열린 교육 등 전반적인 교육계의 개혁에 영향을 미친 철학이다. 현대적 의미의 작문 이론과 작문 교육 연구는 이 과정 중심 패러다임 안에서 비로소 형성되었다. 인지 심리학의 연구 방법은 지금까지 블랙박스로만 생각되었던 글쓰기에서 일어나는 필자의 인지 과정 관찰을 가능하게 하였고, 새로운 교수·학습 방법의 길을 열어주었다. 특히 작문 이론의 인식론적 기반이 된 구성주의는 기존 결과 중심의 형식주의 작문 이론에서 탈피하여 필자의 쓰기 행위 자체에 주목하고, 글쓰기 과정을 의미 구성이라고 보는 관점으로 전환했다는 점에서 큰 의미를 지닌다(이수진, 2007b : 18).

▌과정 중심 작문 교육

인지주의 작문 이론은 1970년대 말부터 1980년대 초까지 과정 중심의 작문 연구 및 교육을 이끌어 간 원동력이었다. 이론가들은 인접 학문 분야인 인지 심리학의 연구 결과들을 수용하여 작가의 의미 구성 과정에 대해서 연구하기 시작하였다. Emig(1971)은 12학년 학생들 중 능숙한 필자들을 대상으로 연구를 하였는데, 그들의 쓰기 행위, 즉 의미 구성 과정을 직접 관찰하였다. Emig의 연구 결과는 그간의 형식 주의 관점, 즉 모범 텍스트를 모방하는 반복 훈련, 문법 지식 습득을 통해 작문 능력을 신장시킬 수 있다는 믿음과는 상반되는 것이었다. 박태호(2003 : 26-27)는 Emig 의 연구가 작문 연구 및 교육을 새로운 관점에서 새롭게 해석할 수 있는 계기를 마련하였다는 점에서 두 가지 의미를 가진다고 제시하였다.

첫째, 작문 과정에 대한 선조적인 관점을 회귀적인 관점으로 전환시키는 데 기여하였다. '회귀적(recursive)'이라는 용어는 기존에 작문을 '선조적(linear)'으로 인식하였다는 점과 대비적으로 사용되었다. 당시의 연구자들은 작문을 선조적(linear)인 관점에서 바라보았다. 대표적인 모형이 Rohman & Wlecke(1964)의 단계적 작문 모형이다. 단계적 작문 모형에서는 작문의 과정을 사전 쓰기(prewriting), 쓰기(writing), 고쳐쓰기의 세 단계로 구분하고 있다. 이 모형은 현대적 의미의 과정 중심 작문 연구를 촉진하는 계기를 마련했다는 점에서는 긍정적인 평가를 받았다. 그러나 작문 과정을 선조적으로 설명하였다는 점에서 Emig으로부터 강한 비판을 받았다.

둘째, 인지 심리학 분야에서 사용하던 사고구술 기법을 작문 연구에 적용하여, 후학들이 의미 구성 과정 중에 발생하는 인지 현상들을 연구할 수 있는 기반을 조성하였다. '사고구술(thinking aloud)'은 인지 심리학자들이 인지 과정을 밝히기 위해 사용하였던 기법으로, 피험자들이 글을 쓰면서 머릿속에 떠오르는 생각을 모두 말로 표현하도록 하는 방법이었다. 사고구술의 기록은 인지 과정의 특성을 밝히고 의미있는 공통점들을 찾아내는 데 사용된다. Emig의 연구 이후, 쓰기 과정 중에 이루어지는 전략에 관한 연구들이 집중적으로 이루어졌다는 점을 상기한다면, 그녀의 연구 결과가 과정 중심 작문 연구를 촉진시키는 계기를 마련하였다는 것은 분명하다.

Emig 이후 과정 중심 작문 연구에 대한 논의가 더 활발해지며, Flower & Hayes(1981)는 본격적으로 과정 중심 작문 연구의 기반을 닦고 교육적 적용 가능성을 제시하였다. 이들은 초보자와 전문가의 쓰기 행위에 대한 관찰을 통해서 글쓰기란 일종의 문제 해결 행위라는 관점을 제시하였다. 글쓰기의 부담을 해결하기 위해서는, 글쓰기라는 크고 복잡한 문제를 작은 하위 문제로 쪼개어 한 번에 한 가지씩만 집중해서 해결해야 한다는 것이다. 능숙한 필자는 목표 지향적 사고방식을 가지고, 목적을 성취하기 위해 다양한 전략을 활용한다는 특징이 있다.

즉 과정 중심 작문 교육에서 파악하는 의미 구성 과정은 문제 해결의 과정이다. 전문적인 필자의 글쓰기 과정을 분석해 보면, 일정한 구조를 가지고 존재하는 하나의 틀을 발견할 수가 있다. 이것이 문제 해결 모형이다. 문제 해결 모형의 기본적인 특징 중의 하나는 목표 지향성이다. 작가는 글을 쓰면서 상호 위계적인 관계를 가진 여러 가지 목표를 만들어 낸 다음, 이것을 하나하나 해결해 가면서 글을 쓴다는 것이다. 의미 구성 과정을 목표 지향적 활동으로 파악했을 경우 작문 능력의 편차를 설명할 수 있기 때문이다. 우선, 전문가와 초보자의 능력 차이를 설명할 수 있는 길이 열린다. 이후의 연구자들은 이러한 관점을 바탕으로 어떻게 하면 쓰기 능력이 미숙한 학생들을 유능한 필자로 만들 수 있을 것인지에 대해서 관심을 기울이기 시작하였고, 이러한 관심은 작문을 어떻게 가르칠 것인가의 문제로 이어졌다(박태호, 2000 : 27).

과정 중심 작문 교육은 기본적으로 학습자가 일련의 과정을 거침으로써 글쓰기라는 문제를 해결할 수 있도록 지도한다. 과정 중심 작문 교육에서는 학습자가 글쓰기 과정에서 부딪치는 문제들을 해결하도록 교사가 적극적으로 개입해야 한다고 보았다. 그래서 문제 해결에 효과적이라고 검증된 전략을 알려주고 활용하게 하는 것이 일반적인 교육 방법이다. 과정 중심 작문 교육은 지금까지 글만 중요시하던 작문교육에서 필자, 즉 학습자에게 관심을 돌렸다는 점에서, 또 지금까지 과제를 제시하고 글의 오류를 점검하는 데만 머물렀던 교사가 쓰기 과정에 적극적으로 개입할 수 있는 길을 열었다는 점에서 혁명적이었다고 할 수 있다.

2) 과정 중심에서 맥락 중심으로

지금까지 살펴본 대로 과정 중심 작문 교육은 작문 교육 현장의 변혁을 불러일으켰다. 그러나 한편으로는 작문 교육의 실천 과정에서 과정 중심이 본래의 철학적 의의를 잃거나, 또 다른 한계에 부딪치기도 하였다. 이는 인지구성주의 작문 이론의 한계이기도 하였다. 인지구성주의 작문 이론은 작문 행위와 작문 과정에 대해 많은 것을 밝혀냈지만, 작문 행위를 개인의 문제 해결 행위로만 보았다. 그러다 보니 작문 교육에서 개인의 작문 과정을 논리적, 체계적으로 설명하고 통제할 수 있다는 오만에 사로잡히기도 하였다. 이는 합리성을 최고 가치로 추구하는 전형적인 모더니즘적 사고의 한계이기도 하였다.

1980년대 이후 과정 중심 작문 교육에 대해서도 비판이 일기 시작하였다. 사회구성주의자들은 작문을 개인적 행위로만 가르친다고 비판하였고, 포스트모더니스트들은 작문 교육이 과정을 또 다른 지식으로 고정화시킨다고 비판하였다. 과정 중심 작문 교육의 기반이 된 문제 해결 모형에 대해서도 개인의 인지 행위에만 집착한다는 비판을 가했다. 작문 과정을 밝히기 위해 사용한 사고구술법의 효용성에 대해서도 회의적이라는 주장이 제기되었다. 사고를 모두 구술한다는 것이 불가능하기도 하고, 실험실에서 나온 연구 결과가 다분히 작위적일 수밖에 없다는 비판도 있었다.

이들이 공통적으로 지향하는 것은 모든 언어활동과 마찬가지로 작문 활동도 사회적 상호작용성을 강조해야 한다는 것이었다. 인지구성주의 작문 이론에 대한 사회구성주의 작문 이론가들의 비판을 보면, 주로 작문 행위에서 개인의 인지 과정만을 중시한 것에 대한 불만이라고 할 수 있다. 이들은 작문 행위에서 개인의 인지적 차원보다는 사회·문화적 맥락이 더 중요하다고 이야기하고 있다.

이들에 의하면 인지주의 관점에서 이야기하는 것처럼 필자는 자동화된 기능을 바탕으로 자동적으로 글을 쓰는 고독한 존재가 아니다. 필자는 사회·문화 상황 속에 매우 다양한 모습으로 존재하는 타자들과 상호 작용을 하면서 글을 쓰는 존재이다. 때문에 사회·문화적 상황과 분리하여 의미 구성 과정을 논하는 것은 더 이상 쓸모가 없게 된다. 결국 의미 구성은 사회·문화적 상황 속에서 발생하며 본질적으로 대화적 속성을 지닌다는 것을 알 수 있다(박태호, 2000 : 35). 의미 구성이 사회적으로 이루어진다면 이는 공동체 구성원들 간의 대화를 통해서만 가능하기 때문에, 작문 행위는 '공동체 구성원들 간의 대화의 과정'이라는 것이다.

이렇게 작문 이론이 작문의 사회성에 주목하면서, 작문 교육에서는 필자의 작문 행위에 영향을 미치는 '맥락'이 핵심 코드가 되었다. 사회적 속성이 강한 작문 능력을 신장하기 위해서는 다양한 맥락이 쓰기에 미치는 영향을 고려해야 한다. 교사가 해야 할 일은 학습자가 담화 공동체의 구성원으로 성장하도록, 그들이 속한 담화 공동체의 담화 관습을 안내하고 시범을 보이는 것이다. 그러기 위해서는 담화 공동체에서 교육적 가치가 있는 담화 관습을 필요로 하는 맥락을 인식하도록 하고, 이에 맞는 의사소통 능력을 길러주어야 한다.

이와 같은 관점은 현장의 작문 교육에서 두 가지 모습으로 나타났다. 첫째, 작문 행위에 영향을 미치는 상황 맥락의 중요성을 인식하게 되었다. 학습자가 최대한 실제적인 상황 맥락 속에서 글쓰기 경험을 하도록 하기 위해 워크숍 형태의 수업이 강조되었다. 또 다양한 상황맥락에서 글쓰기 경험을 하도록 하기 위해 다양한 독자나 목적을 제시하기도 하였다. 둘째, 작문 수업에서 토의, 토론, 협의, 작품화하기 등 대화 활동을 강조하게 되었다는 것이다. 글을 쓰기 전에 토의를 하거나, 초고에 대하여 동료와 협의를 하고 고쳐쓰기를 하거나, 다 쓴 글을 작품화하여 발표하는 등의 활동이 다양해졌다.

3) 텍스트·필자·맥락 요인의 균형적 접근

작문 교육에서 맥락의 중요성, 또한 맥락에 맞게 글을 쓸 수 있는 능력의 중요성이 부각되면서, 그동안 소외되었던 쓰기의 텍스트 요인이 다시 중요시되고 있다. 이는 그간 심리학적 바탕에 주로 기대어 과정을 강조하던 작문 교육이, 과정뿐 아니라 결과도 중요하다는 것을 강조하면서 애초의 바탕 학문이었던 문학, 언어학, 수사학에 다시 눈을 돌렸다는 의미이기도 하다. 쓰기의 과정도 중요하지만 쓰기 행위가 실현되는 텍스트 역시 중요한데, 이때 텍스트와 쓰기 행위를 연결지을 수 있는 개넘이 '장르'이다.

　물론 장르 중심 작문 교육에서 말하는 텍스트 요인은 이전의 형식주의 작문 이론에서 생각하는 텍스트와는 다르다. 형식주의의 '텍스트'가 과정과 맥락이 배제된 것이었다면, 최근 작문 교육에서 말하는 '텍스트'는 과정, 즉 필자 요인과 맥락을 고려한 텍스트이다. 기존에 텍스트를 잘 쓰기 위해 필요하다고 생각했던 문학·문법·수사학 지식들은 분명 유용하지만, 명제적 지식으로 학습되는 것은 의미가 없다. 실제 글쓰기 행위 속에서 가르쳐져야 하며, 필자의 특성에 따라 필요한 지식은 다를 수 있다.

　예를 들어 학생들이 '초대장 쓰기'를 할 때 필요한 텍스트 지식은 무엇일까. 초대장에 필요한 텍스트 구조, 적절한 어휘나 표현, 문장 유형에 대한 문법 지식이다. 그러나 텍스트 지식을 탈맥락적으로 가르치는 것은 의미가 없다. 초대장의 목적과 기능을 생각할 때 필요한 텍스트 구조를 이해할 수 있고, 필자의 특성과 필자가 처한 상황, 필자와 독자의 관계를 생각할 때 적절한 어휘나 표현을 선택할 수 있다. 문장 유형에 평서문, 의문문, 명령문, 청유문, 감탄문의 다섯 가지가 있다는 것은 탈맥락적인 문법 지식이다. 탈맥락적으로 보면 초대장에는 '○시까지 오세요.', '○로 오세요.' 등의 명령문이 쓰여야 한다. 그러나 실제 맥락의 초대장에는 간접적으로 초대의 뜻을 전하는 문장 유형이 쓰인다. 즉 '~까지 오시면 고맙겠습니다.'라고 평서문으로 표현하거나, '○로 와 줄 수 있습니까?'라고 의문문으로 표현하는 경우가 많다.

　앞으로 작문 교육의 방향은 작문 행위를 구성하는 핵심 요인을 필자(과정), 맥락, 텍스트로 보고, 이 세 가지 요인을 균형 있게 다루기 위한 방법이 될 것이다. 작문 교육은 한 가지 이론에만 의거해서 이루어질 필요가 없고 또 그럴 수도 없다. 지금까지 작문 교육에 영향을 준 많은 이론들이 기반이 되면서, 교육의 목표와 내용, 학생 특성에 따라 필요한 개념, 전략, 교수·학습 방법과 모형 등은 선택적으로 활용될 수 있다. 그러나 거시적인 작문 교육의 구도가 필자, 맥락, 텍스트를 큰 축으로 하여 이루어지리라는 것은 변치 않을 것이다.

▮ 참고문헌

국어교육 미래열기 편(2009), 국어교육학개론, 삼지원.

박성창(2000), 수사학, 문학과지성사.

박영목(1994), 제효 이용주 교수 정년퇴임 기념 특집 : 의미의 구성에 관한 설명 방식, 선청어문 22, 199-219.

박영목(2008), 작문 교육론, 역락.

박태호(1996), 사회구성주의 패러다임에 따른 작문 교육 이론 연구, 석사학위논문, 한국교원대.

박태호(2000), 장르 중심 작문 교육의 내용 체계와 교수·학습 원리 연구, 박사학위논문, 한국교원대학교.

배수찬(2008), 쓰기 교육의 기원과 발달에 대한 연구-'재현 (再現)'과 '표현 (表現)'의 발생을 중심으로, 고전문학과 교육 16, 207-235.

서정수(1991), 문장력 향상의 길잡이, 한강문화사.

이수진(2007a), 쓰기 교수-학습에서 조언자로서 교사의 의미 탐색, 청람어문교육 36, 301-328.

이수진(2007b), 쓰기 수업 현상의 이해, 박이정.

이수진(2010), 형식주의 작문이론의 교육적 재검토, 작문연구 11, 167-199.

이재기(2005), 문식성 교육 담론과 주체 형성에 관한 연구, 박사학위논문, 한국교원대학교.

이재승(2002), 글쓰기 교육의 원리와 방법, 교육과학사.

이태준(1949), 문장 강화, 박문서각.

최현섭 외(2005), 국어교육학개론, 삼지원.

Berlin, J.(1988), Rhetoric and ideology in the writing class, *College English*, 50(5), 477-494.

Bizzell, P.(1986), Composing processes : An overview. *The teaching of writing*, 49-70.

Couture, B.(1999), Modeling and emulating : Rethinking agency in the writing process, *Post-process theory : Beyond the writing-process paradigm*, 30-48.

Emig, J.(1971), The composing process of twelfth graders, *National Council of Teachers of English*.

Flower, L. & Hayes, J. R.(1981), A cognitive process theory of writing, *College composition and communication*, 32(4), 365-387.

Flower L. S.(1994), *The construction of negotiated meaning : A social cognitive theory of writing*, Southern Illinois University Press.

Kent, T.(1999), *Post-process theory : Beyond the writing-process paradigm*, Carbondale : Southern Illinois University Press.

Rohman, D. G. & Wlecke, A. O.(1964), *PRE-WRITING, THE CONSTRUCTION AND APPLICATION OF MODELS FOR CONCEPT FORMATION IN WRITING*, Office of Education Cooperative Research Project, Michigan State University.

Vygotsky. L.(1978), *Mind in society*, MA : Havard University Press.

Williams, J. D.(2003), *Preparing to teach writing : Research, theory, and practice*. Routledge, London : Lawrence erlbaum associates.

제 3 장

작문의 인지 과정 모형

이 장에서는 작문의 여러 가지 인지 과정 모형을 살펴보고자 한다. 작문의 인지 과정 모형이라고 하면 많은 사람들이 인지 심리학자인 John Hayes가 동료 Linda Flower와 함께 제안한 모형을 떠올리지만, 작문 과정 모형에는 이들이 제안한 모형만 있는 것이 아니다. 심지어는 Hayes가 수정하여 제안한 모형을 비롯하여 여러 가지가 있다. 작문의 인지적 특성을 올바로 이해하려면 이러한 모형을 검토하는 것은 매우 중요하다. 이 장에서 설명하는 내용은 인지 심리학의 연구 결과를 토대로 하고 있어 문법과 문학을 중심으로 공부해 온 독자라면 곤혹스러움을 느낄 수도 있다. 어떤 독자는 이러한 내용을 모른다고 해서 작문을 가르치지 못하는가 하고 반문할 수도 있을 듯하다. 인지 과정 모형을 중심으로 작문 교육을 다루는 것은 이전의 문장론 중심의 작문 교육에 비해 크게 달라진 모습이라고 할 수 있다. 인지 과정 모형은 필자가 글을 쓸 때 머릿속에서 무슨 일이 일어나는지를 설명하려는 시도이다. 모형을 개발하고 제안한 연구자들은 글을 쓸 때 일어나는 현상을 눈으로 보는 것처럼 설명하려고 한다. 작문을 가르치는 입장에서 보면 학생의 작문 과정을 가시적으로 다룰 수 있게 되면 작문 지도에서 어떤 내용을 다루어야 할지 도움이 된다. 이는 작문 교육의 내용을 '말로 설명하기 어려운 그 무엇'이 아니라 '체계적이고 명확한 것'으로 만들어 주기 때문이다.

1. 작문의 인지 과정 모형에 대한 접근

작문은 여러 가지 면에서 인간의 문화적인 삶과 밀접한 관련을 맺고 있다 보니 다양한 학문 분야에서 이를 연구 대상으로 삼아 왔다. 문학을 중심에 놓는다면, 작문은 텍스트의 문체, 철학적, 구조적, 미적 특성과 관련지을 수 있으며 이때 필자가 갖고 있는 의도, 체험 등이 작문 연구의 중요한 부분이 된다. 반면에 언어학적 관점에서 살펴보면 작문이란 의미, 구나 절, 단어, 음소/문자 등을 통해 표현되는 것이다. 하지만 작문은 인지 과정으로 이루어진다는 특징도 갖고 있다. 그렇기 때문에 인지적 관점에서 작문을 바라보게 되면 문자 언어의 생산 과정 그 자체가 매우 중요한 문제가 된다. 이럴 경우 상당히 높은 수준의 작문 실력을 갖고 있는 필자들뿐만 아니라 이제 막 글자를 쓰기 시작한 아이에 이르기까지 매우 다양한 수준의 필자들이 관심의 대상이 된다.

1) 작문의 인지 과정 모형에 관심을 가져야 하는 이유

작문의 인지 과정 모형이란, 간단히 말하면 글을 쓸 때 사람의 머릿속에서 발생하는 과정을 포착하여 모형화한 것을 말한다. 인간은 누구나 세상을 보다 잘 이해하려 하고, 자신의 생각을 잘 표현하려 한다. 그리고 교육은 사람이라면 누구나 갖고 있는 이러한 욕구를 적절한 방향으로 원활하게 표출할 수 있도록 지도해야 한다. 글을 읽거나 쓸 때 사람의 머릿속에서 일어나는 과정을 파악함으로써, 그 과정이 보다 원활하게 이루어지도록 촉진하고, 어려움의 원인으로 작용하는 것이 있다면 이를 해소하는 방식으로 접근하는 것이 교육의 역할이다. 이러한 관점에서 보면 보다 뛰어난 필자는 정보 처리를 능숙하게 하는 학습자가 된다. 작문을 할 때 사람의 머릿속에서 일어나는 현상에 대해 관심을 갖고, 교육적인 차원에서 들여다보고자 하는 취지는 바로 이러한 생각에 뿌리를 두고 있다.

작문의 인지 과정 모형에 관심을 가져야하는 또 다른 이유로는, 능숙한 필자와 미숙한 필자의 차이를 확인할 수 있다는 점을 들 수 있다. 작문의 인지 과정 모형은 능숙한 필자와 미숙한 필자가 구체적으로 어떤 부분에서 차이를 보이는지를 확인할 수 있게 해 준다. 이를 통해 미숙한 필자로 하여금 능숙한 필자가 갖고 있는 특성들을 갖추도록 지도할 수 있을 것이고, 바로 이 점에서 교육적 함의를 이끌어낼 수 있다. 다시 말해, 작문 과정에 필요한 다양한 인지적 능력이나 기능이 어떤 식으로 상호 작용하는지를 분명하게 이해할 수 있다면, 어떤 종류의 작문 지도가 초보 필자들이 효과적으로 글을 쓰도록 하는 데에 도움이 될 수 있을지를 확인할 수 있는 것이다.

작문을 가르쳐야 하는 입장에서 작문의 인지 과정 모형을 알아야 할 이유는 다음과 같다. 일단 작문의 인지 과정 모형은 작문을 문제 해결의 측면에서 규정하려는 경향이 있으며, 이는 작문을 의미 구성 과정으로 보는 관점과 밀접한 관련을 맺고 있다(박영목, 2012). 이러한 생각은 인지 심리학에 뿌리를 두고 있다. 이러한 관점은 필자가 글을 쓰면서 겪게 되는 크고 작은 문제들을 잘 해결해야만 성공적으로 의미 구성을 할 수 있다고 본다. 반대로, 의미를 구성해 가는 과정에서 필자는 여러 문제들에 직면하게 되는데, 이때 작문 전략을 활용하여 일련의 문제를 해결하게 되면 그 결과로 자연스레 성공적인 의미 구성을 할 수 있다. 그러므로 작문의 인지 과정 모형에서 다루는 전략을 학생들에게 지도한다면 학생들을 글을 잘 쓸 수 있는 필자로 성장하도록 도울 수 있다.

여기서 작문 전략이란, 작문 수행 과정에서 맞닥뜨리는 문제를 해결하기 위한 구체적인 방법을 의미한다. 작문 전략이라는 용어는 문제 해결, 혹은 의미 구성이라는 개념을 전제로 하고 있다. 작문 전략은 작문에서의 문제 해결 전략을 줄인 말이라고 보아도 무방하다. 인지적 문제는 매우 다양하고, 그에 대한 해결 전략은 그보다 더 다양할 수 있다. 맞닥뜨린 인지적 문제가 단 하나일지라도, 해결 전략은 여럿일 수 있다. 문제 해결 전략이 여럿일수록 문제를 해결할 수 있는 가능성이 높아질 수 있기 때문에, 필자는 여러 가지 문제 해결 전략을 갖추고 있는 것이 바람직하다.

유능한 필자는 작문 과정에서 겪게 되는 문제들을 해결할 수 있는 여러 전략을 갖고 있다. 그런데 필자는 이 중에서 어떤 전략이 문제를 해결하는 데 가장 효과적인지, 혹은 전략들을 어떤 순서로 사용하는 것이 바람직한지를 판단할 수 있어야 한다. 이러한 판단에 영향을 미치는 것이 상위인지이다. 상위인지는 바꾸어 말하면 전략에 대한 전략이라고 할 수 있다. 만일 상위인지가 적절하게 작용하지 않는다면, 풍부한 전략을 갖추고 있어도 효율적인 전략을 선택할 수 없어 오히려 문제를 해결하는 데 애를 먹는다. 문제 해결에 적합하지 않은 전략을 고집하는 것은, 상위인지가 부족하기 때문일 수 있다. 작문 전략과 상위인지를 종합적으로 갖추고 있으면서 이를 능숙하게 작문 수행에 활용하는 필자를 능숙한 필자라고 부를 수 있으며 한편으로 작문 교육의 목표는 이러한 능숙한 필자를 길러내는 데에 있다고 볼 수 있다.

2) 작문의 인지 과정 모형을 밝혀내려는 동기

작문의 인지 과정 모형에 대한 관심은 인지 심리학에 뿌리를 두고 있다는 점에 대해서는 앞에서 밝힌 바 있다. 하지만 인지 심리학이 작문의 인지 과정을 모형화하는 것과, 작문 교육 분야에서 인지 과정 모형에 관심을 갖는 것은 관점이 서로 다르다. 인지 심리학은 사람의 인지를 밝혀내는 것 자체가 목적이다. 작문 행위를 보다 타당하게 이론적으로 설명해 낼 수 있는 방식을 고민해 그 답을 찾아내는 것이 목적인 것이다(박영목, 2012). 하지만 작문 교육은 궁극적으로 학생 필자의 작문 능력 신장을 목적으로 한다. 인지 심리학의 입장에서 보자면, 작문의 인지 과정을 모형화하는 것은 인지 심리학의 전반적인 목적에 비추어 봤을 때 해결해야 할 연구 문제에 대한 답을 내어 놓는 것을 의미한다. 하지만 작문 교육의 입장에서 보면, 작문의 인지 과정을 모형화하는 것은 눈에 보이지 않는 것을 눈에 보이는 것으로 만들어, 작문 연구와 작문 교육에서 이를 외현적, 형식적으로 다룰 수 있게 해 준다는 것을 의미한다. 이러한 관계는 작문 이론과 작문 교육이 본질적인 차이를 갖고 있으며, 이 둘을 1 : 1로 대응시킬 수 있다고 보는 것은 심각한 오류라는 지적(박영민, 2001)과 일맥상통하는 것이다.

인지 심리학은 작문 이론의 차원에서 작문 과정이 보다 하위의 여러 단계로 나뉘며, 각 단계는 필자가 해결해야 할 여러 가지 문제를 포함하고 있다는 점을 밝혀내었다. 따라서 필자는 작문 과정에서 전략을 활용하여 이러한 인지적 문제를 적극적으로 해결하면서 의미를 구성해 가야 한다. 작문 이론을 연구하는 사람들은 어떻게 하면 미숙한 필자들이 인지 문제를 해결하도록 도움을 줄 있을지, 글을 쓰는 데 필요한 작업들을 몇 가지로 구분해서 지도하면 좋을지 등의 문제에는 관심을 갖고 있지 않다. 작문의 인지 과정 모형을 탐색하면서 이를 토대로 미숙한 필자를 돕기 위한 방법을 고민하는 것이 작문 교육의 영역에 해당한다.

3) 작문의 인지 과정 모형을 중심으로 한 작문 교육적 접근이 갖는 한계와 의의

Hayes & Flower의 1980년 모형이 등장한 이래, 작문 과정을 모형으로 표현하고자 한 시도들은 매우 다양하게 나타났다. 하지만 작문의 인지 과정을 설명해 주는 완벽한 모형이 존재한다고 말하기는 어렵다. 어떠한 모형은 여러 연구자들이나 교육자들의 주목을 받지만, 다른 어떤 것은 상대적으로 그렇지 못하다. 그리고 모든 모형은 작문의 인지 과정이 갖고 있는 특성을 일부분만 보여줄 수밖에 없다.

특히나 그동안 소개된 모형들은 정의적 요인이나 필자가 처해 있는 사회적, 역사적 맥락에 대한 고려가 충분하지 못했다. 구체적으로 필자가 갖고 있는 정체성, 매우 복잡하게 중첩되어 있으면서도 시시각각 변하는 크고 작은 맥락과 소속 공동체의 영향, 작문 교육이 이루어지고 있는 교실 환경이나 교과서 및 교육과정 등이 모두 필자의 작문 과정에 영향을 미치는 요인들이다. 그렇기 때문에 복잡한 작문 현상을 단순한 모형으로 설명해 내려는 시도 자체가 무리일 수도 있다. 그럼에도 불구하고 작문의 인지 과정 모형을 새롭게 정립하려는 시도는 계속해서 이어질 것이다. 그 구체적인 이유로는 다음과 같은 것들이 있다.

첫째, 복잡한 작문 과정을 명확하게 이해할 수 있도록 도와준다. 모형은 서로 구분되는 여러 개의 하위 요소와 이들 사이의 관계를 도식적으로 보여준다. 눈에 보이지 않으면서도 매우 복잡한 작문 과정을 설명할 수 있도록 구성한 과정 모형은 작문 과정 중에 머릿속에서 일어나는 현상 중 지극히 일부만을 보여줄 수밖에 없다는 비판에도 불구하고 상당한 진전이라고 할 수 있다. 둘째, 논의를 원활하게 하는 데에 기초가 되는 핵심적인 용어나 개념을 판단하고 이를 범주화하는 데에 기여한다. 특히나 머릿속에서 일어나기 때문에 눈에 보이지 않는 작문 과정을 논의하기 위해서는 추상적인 개념들을 명확하게 정의할 필요가 있는데, 작문의 인지 과정 모형은 이 점에서 상당히 유용하다. 셋째, 이론적이거나 실천적인 면에서 예측을 가능하게 해 준다. 모형은 일정한 하위 요인과 이들의 영향 관계나 기능 등을 포함하고 있다. 그렇기 때문에 어떤 하위 요인이 다른 하위 요인에 어떠한 방식으로 영향을 미치는지를 모형을 빌어 설명할 수 있고, 실제로도 그렇게 관측되는지를 확인할 수 있게 해 준다. 이는 과학적인 연구 결과에 토대를 둔(evidence-based) 작문 연구 및 작문 교육 연구를 위한 필수 조건이다.

2. 작문의 인지 과정 모형들[1]의 특성

작문의 인지 과정 모형은 작문 연구뿐만 아니라 작문 교육 차원에서도 상당이 중요한 역할을 해 왔다. 하지만 여전히 작문 과정은 매우 복잡하면서도 그 실체를 직접 관찰하는 것이 어렵다. 그렇기 때문에 작문의 인지 과정 모형은 매우 다양하게 존재하며, 꾸준히 새로운 모형이 제시되고 있다. 연구 흐름에 따라 작문 모형의 변화를 살펴보는 것은 작문 연구와 작문 교육 연구의 흐름에 어떠한 영향을 미쳤는지를 확인할 수 있는 기회를 제공해 준다. 또한 이를 통해 현재 작문 과정에 대해 밝혀진 것은 무엇이며 아직 밝혀지지 않은 점은 무엇인지 확인할 수 있다.

1) Hayes & Fower(1980)

▌개요

Hayes & Flower(1980) 모형은 작문 과정을 언급할 때 빠지지 않고 등장하며 후속 연구에 매우 큰 영향을 미쳤다. 비록 이는 작문의 인지적 과정을 살핀 첫 번째 연구는 아니지만, 인지적 과정에 대한 관심을 증폭시키는 데에 결정적인 역할을 했음은 부인할 수 없다. 이 모형은 능숙한 성인 필자들을 대상으로 글을 쓰는 동안 사고구술을 하도록 하여 이를 분석함으로써 개발되었다. 1980년 모형은 1981년에 일부 수정되었는데, 여기에서는 1980년 모형을 중점적으로 살펴보고 1981년 모형에서 달라진 점을 부차적으로 언급하기로 한다.

[1] 위에서 소개한 작문의 인지 과정 모형들은 주로 정보 처리 이론에 토대를 둔 것이다. 하지만 작문의 인지 과정 모형이 이러한 것만 존재하는 것은 아니다. 이러한 모형 외에도 시간 개념을 도입한 de Beaugrande(1984), Breetvelt et al.(1996) Galbraith(1999) 등도 작문의 인지 과정이 갖고 있는 특성들을 상당한 정도로 밝혀내었다. 하지만 시간의 개념을 도입한 모형들은 현재 시점에서 우리나라의 작문 교육적 측면에서 충분한 논의가 이루어졌다고는 보기 어렵기 때문에 여기에서는 본격적으로 다루지 않았다.

▌모형의 특징

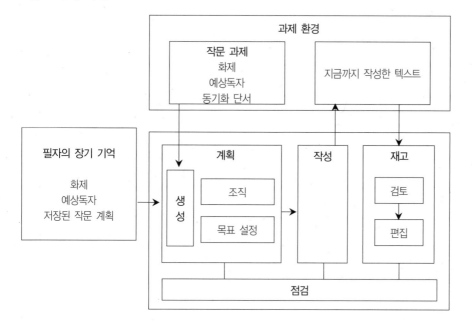

Hayes & Flower(1980)의 연구에 참여한 능숙한 필자[2]들은 다음 세 가지 요인을 작문 과정 중에 분명하게 드러내었다.

첫 번째 요인은 과제 환경으로, 필자의 외부에 존재하며 작문 과제에 영향을 미치는 요인이다. 이 요인은 지금까지 작성한 텍스트, 작문 과제(글의 화제, 예상독자, 동기화 단서) 등을 포함한다. 과제 환경은 필자의 인지 작용 외부에 존재하기 때문에 작문 수행에 영향을 미치는 요인일 뿐, 본질적인 요인이라고 볼 수는 없다.

두 번째 요인은 필자의 장기 기억이다. 이 역시 첫 번째 요인인 과제 환경과 마찬가지로 필자의 인지 과정 외부에 존재한다. 화제에 관한 지식, 예상독자에 대한 지식, 저장된 작문 계획 등이 여기에 속한다. 여기서 유의해야 할 점 중의 하나는 필자가 경험했거나 알고 있는 모든 지식이 여기에 속하는 것이 아니라는 것이다. 글을 쓰는 데에 활용할 수 없는 지식은 소용이 없기 때문에, 필요한 위치와 시점에 적절하게 인출하여 활용할 수 있는 지식이 여기에 해당한다.

세 번째 요인은 인지 과정으로, 작문의 인지 과정 모형 중 가장 핵심이 되는 부

2 피험자들은 대부분 미국의 학부생이었지만 이들을 능숙한 필자라고 간주할 수 있는 이유는 중등학교에서 이루어지는 작문 교육의 실태가 우리나라와 큰 차이를 보이기 때문이다. 북미 지역의 경우 일정 수준 이상의 대학에 진학하고자 하는 학생들은 상당한 정도의 작문(essay writing) 연습을 중학교 시기부터 수행하며, 대학 진학 시에도 작문 능력이 중요한 비중을 차지한다.

분이다. 그림에는 명시적으로 표기되지 않았으나, 계획, 작성, 재고, 점검을 포괄하는 중앙의 상자가 인지 과정을 표현한 것이다. 인지 과정은 작문을 하는 동안 필자의 정신이 어떠한 작용을 하는지를 설명해 준다. 다시 말해, 이는 필자가 작문 수행을 하는 동안 머릿속에서 떠올리게 되는 중요한 생각들을 유형화하여 나타낸 것이다. 인지 과정 요인에 포함되는 하위 요인에도 여러 가지가 있는데, 크게 계획, 작성, 재고, 점검으로 구분할 수 있다.

계획은 다시 생성, 조직, 목표 설정을 그 아래에 포함한다. 생성은 무엇을 쓸 것인지를 떠올리는 것을 말한다. 조직은 떠올린 내용을 어떻게 구성할 것인지에 대한 것이다. 목표 설정은 글을 쓰는 목적을 분명히 하는 것을 말한다. 여기서의 계획은 실제 글로 옮기기 전의 거의 모든 인지 과정을 포괄하고 있다고 볼 수 있다. 계획이 상당히 광범위하다는 점은 Hayes & Flower(1980) 모형의 특징 중 하나로 들 수 있다.

작성은 계획에서 떠올린 아이디어를 실제 글로 옮기는 것이다. 계획은 언어적 형태로 실현되지 않은 것이다. 겉으로만 보아서는 어떠한 일이 일어났는지 관찰하는 것이 불가능하다. 이에 반해 작성은 겉으로 드러나는 작문 수행을 의미한다. 작성을 별도로 구분한 것은, 계획과 작성은 겉으로 관찰이 가능한가 가능하지 않은가의 차이를 갖고 있기 때문이다. 하지만 여기에 더해서, 계획에서 작성으로 넘어올 때 그 형태가 반드시 언어적으로 명확한 것은 아니라는 점에도 유의해야 한다. 누구나 머릿속에서 뭔가 그럴듯한 내용을 떠올렸으나, 이를 막상 글로 옮기려고 하니 만족스럽게 적어나가기 어려웠던 경험을 갖고 있을 것이다. 그렇기 때문에 계획 단계에서 떠올린 아이디어가 작성 단계에서 원활하게 문자화되기 위해서 필자는 자신이 의도한 바에 가장 부합하는 언어적 표현을 적절히 찾아야 한다. 만일 적절한 언어적 표현을 찾지 못하면 아이디어는 계획 단계에 계속 머무르거나 사라진다.

재고는 검토와 편집을 포함한다. 검토는 필자 자신이 작성한 글을 읽고 적절성 여부를 평가하는 것을 말한다. 편집은 이미 작성한 글을 보다 적절한 글로 고치는 것을 말한다. 검토 단계에서 필자가 자신이 작성한 글에 대해 부정적으로 평가했을 경우에는 글을 편집하게 되며, 긍정적인 평가를 했을 경우에는 편집은 발생하지 않는다.

점검은 필자의 인지 과정 내부에서 계획, 작성, 재고 등과 같은 하위 요인이 원활하게 작동하도록 관리하는 것을 말한다. 이 과정에서 인지 과정의 하위 요인들은 상호교섭적으로 작용한다. 첫 번째 요인인 과제 환경과 두 번째 요인인 장기 기억은 필자의 인지 작용 외부에 존재하는 것이지만, 세 번째 요인인 인지 과정의 경우, 필자의 직접적인 통제 아래에서 이루어진다는 특징이 있다. 또한 인지 과정에 속해 있는 특정 하위 과정은 다른 하위 과정을 방해하거나 간섭할 수도 있다. 그렇기 때문에 능숙한 필자들이라 하더라도 인지 과정 내부에서 상당히 복잡한 모습을 보여주기도 한다. 예를 들어 만일 필자가 작성을 하는 동안 어떤 계기로 인해 새로운 내용을 생성하였다면, 현재 작성하고 있는 부분을 마치지 않고 다른 내용을 써 나갔다가 다시 돌아올 수도 있는 것이다.

그렇다고 쓰기 과정의 하위 요인들만 상호 교섭적으로 작용하는 것은 아니다. 필자는 작문 과정에서 첫 번째 요인인 과제 환경, 두 번째 요인인 장기 기억과도 일정한 상호교섭을 벌인다. 세 가지 요인을 연결하는 화살표, 그리고 인지 과정 내부의 화살표는 이러한 상호교섭적 활동을 의미하는 것이다.

Hayes & Flower(1980) 모형은 작문 과정의 특징 몇 가지를 제시하였는데, 이는 다음과 같다.

첫째, 작문 과정은 목표 지향적이다. 능숙한 필자는 작문을 하는 동안 자신의 목표를 명시적으로 언급한다. 이러한 점을 모형에서는 계획 과정의 '목표 설정' 요인으로 분명하게 나타내었다. 또한 능숙한 필자들은 독자를 만족시키거나 흥미를 느끼게 하는 것과 같은 추가적인 목표를 설정하여 주제와 독자에 대한 장기 기억으로부터의 정보를 활용하기도 한다. 또한 글을 쓰다가 어려움에 봉착하거나(예를 들어 '뭔가 엉망이 되었는데 이걸 좀 분명하게 정리해 봐야겠다.'라고 생각하는 것), 하위 과정의 작업을 수행할 때(예를 들어 '이 내용을 다른 종이에 옮겨 적어둬야겠다.'라고 생각하는 것) 새로운 목표를 설정하기도 한다.

둘째, 작문 과정은 일정한 체계로 조직할 수 있다. 이는 위에서 말한 작문 과정의 목표들을 일정한 위계 속에 조직하는 것이 가능하다는 것을 의미한다. 능숙한 필자들은 중요하고 핵심적인 목표 달성을 위해 하위 목표를 설정한다. 그리고 1차 하위 목표들에는 다시 그 아래에 2차, 3차 하위 목표를 설정할 수 있다. 이러한 점은 모형에서 생성, 조직, 목표 설정이 계획 요인의 일부라는 점, 다시 계획 요인은 전체 인지 과정 요인의 일부라는 점에서 찾을 수 있다.

셋째, 작문 과정 중 일부는 다른 과정에 의해 방해를 받을 수 있다. 대부분의 경우 필자들은 잘못된 단어를 쓰자마자 문장이 아직 완결되지도 않았는데 틀린 부분을 수정한다. 하지만 내용을 생성하는 단계에서는 단어를 잘못 쓰더라도 곧바로 고치지 않는 필자도 있다. 어떠한 경우에는 내용 생성을 모두 마친 뒤에 오류를 수정하기도 하고, 어떤 경우에는 문장을 완결한 뒤에 오류를 수정한다. 그런데 이 모든 오류 수정은 상당히 급작스럽게 반사적으로 나타나는 경우가 많다. 이러한 점은 작문 과정의 하위 요인들이 다른 하위 요인들에 의해 급작스럽게 방해를 받을 수 있다는 점을 알려준다.

넷째, 작문 과정은 회귀적으로 조직할 수 있다. 회귀란 말은 본래의 자리로 돌아간다는 뜻이다. 이 말은 특정 작문 과정이 마무리되었더라도 다시 그 특정 과정으로 돌아갈 수 있다는 점을 의미한다. 이는 작문의 과정이 순차적이지 않다는 점과 맥이 닿는다.

다섯째, 글의 목표는 작문 과정 중에 수정될 수 있다. 한 번 설정된 목표는 결코 고정된 것이 아니다. 처음 설정한 목표를 달성하기 어렵다는 판단이 들 경우, 필자는 목표를 수정하거나 일단 목표를 무시하고 작문 과정을 진행하는 방식으로 반응한다.

능숙한 작문이란 의식적이고 자기 주도적인 활동이다. 능숙한 필자는 자신이 글을 쓰는 목적을 달성하기 위해서 모형에서 제시하고 있는 다양한 인지 과정의 하위 요인들을 능숙하고도 정교하게 조작하거나 운용해 나갈 수 있어야 한다. 펜을 잡자마자 한 번에 글을 쭉 써 내려 가는 사람은 없다. 글을 시작하기 전에 한참을 고민하기도 하고, 글의 첫머리가 아닌 본론부터 시작하는 경우도 있다. 한참 글의 결론 부분을 작성하다가 돌연 첫 머리로 돌아가 상당한 정도로 글을 고치기도 한다. Hayes & Flower(1980) 모형은 이러한 글쓰기의 복합적 과정에 대한 설명을 가능하게 해 준다.

이들은 작문 행위를 일종의 문제 해결 과정으로 보고 의미 구성 과정에 초점을 맞춘 연구를 진행하여 작문의 '과정'에 관심을 갖도록 만들었다. 비록 북미 지역 영어권 대학생들을 대상으로 밝혀낸 연구이긴 하지만, 국내의 작문 교육과 관련한 상당한 문헌들이 수사학적 차원의 문장론에 머무르고 있는 상황(권영민, 2003)에서 이 모형은 문장 작법 수준에만 머무르던 작문 교육 및 작문 교육 연구의 차원을 보다 심화시키는 데에 큰 기여를 했다고 평가할 수 있다.

▌Flower & Hayes(1981) 모형에서의 변화

Flower & Hayes(1981) 모형은 이전 모형에 비해 몇 가지 차이점을 보인다. 필자의 장기 기억 요인에서는, 우선 '저장된 작문 계획' 요인이 '계획에 대한 필자의 지식'으로 바뀌었다. 또한 필자의 장기 기억에 영향을 미치는 화살표의 방향이 양 방향으로 수정되었다는 점도 눈여겨 볼 변화이다. 이전에는 필자의 장기 기억이 작문 과정에 일방향으로 영향을 미친다고 보았으나, 1981년 모형에서는 서로 영향을 주고받는다고 설명한 것이다. 이는 작문을 통해 명료하지 않은 생각을 명료화한다거나, 이전에는 알지 못하던 것을 새롭게 알게 될 수도 있다는 점을 반영한 것이다. 장기 기억과 관련된 화살표 외에 다른 화살표들도 일정한 변화를 거쳤는데, 이러한 변화는 특정 요인이 다른 요인에 일방적으로 영향을 미치는 것이 아니라, 각각의 요인들이 서로 영향을 주고받는다는 점을 보다 명료히 한 것이라고 볼 수 있다.

과제 환경 요인의 경우, '작문 과제'는 '수사론적 문제'로 바뀌었고, 그 하위 항목 중 '동기화 단서'가 '요건'으로 대체되었다. 이러한 변화는 과제가 부과되어야만 작문을 하는 것은 아니라는 점을 반영한 것이라 볼 수 있다. 또한 1980년 모형의 작문 과정의 하위 요인 중 재고를 검토와 편집으로 구분하였으나, 1981년 모형에서는 평가와 수정을 나란히 배열하고 화살표를 삭제하였다. 이는 평가와 수정이 동등한 위치를 갖고 있다는 점을 드러낸 것으로, 작문 과정 전체에서 재고가 일어난다고 본 견해를 반영한 것이다.

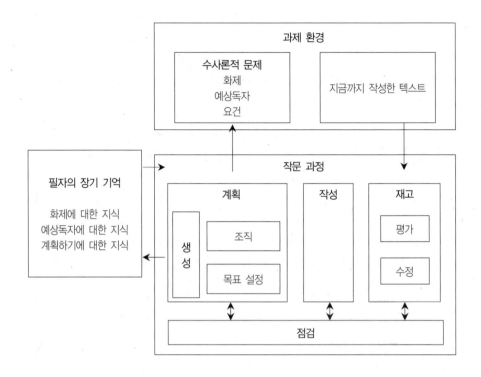

2) Bereiter & Scardamalia(1987)

▌개요

Bereiter & Scardamalia(1987) 모형은 크게 두 가지로 구분할 수 있다. 지식 서술 모형과 지식 변형 모형이 그것이다. Hayes & Flower(1980) 모형이 능숙한 대학생 필자들 대상으로 한 것이라면, 이 두 모형은 어린이와 성인 모두를 연구 대상으로 하여 도출한 것이다. 이 둘을 모두 연구 대상으로 삼은 것은 능숙한 필자와 대비되는 미숙한 필자의 작문 과정을 설명하기 위한 것이다. 이는 Hayes & Flower(1980) 모형과 목적 면에서 차이를 보이는 점이다. Bereiter & Scardamalia는 미숙한 필자의 작문 과정에서는 Hayes & Flower(1980) 모형에서 제시한 '생성' 요인이 거의 나타나지 않는 경우가 많다는 점을 확인하였고, 이를 토대로 미숙한 필자와 능숙한 필자의 차이를 설명하고자 했다. 이를테면 '생성' 요인이 거의 나타나지 않는다는 것은, 미숙한 필자들의 경우 작문 과제를 자신이 알고 있는 것을 풀어쓰기만 하면 되는 간단한 과제로 간주한다는 것을 의미한다. 미숙한 필자는 발달적 특성으로 인해 작문의 복잡하고 고차원적인 속성에 대해서 이해하지 못하고 있고, 그럴만한 능력도 아직 갖추지 못한 상황인 것이다. 이러한 점을 보여주기 때문에 이 모형은 현재까지 학생 필자들을 대상으로 하는 작문 교육 연구에 상당히 중요한 영향을 미치고 있다.

▌지식 서술 모형의 특징

지식 서술 모형은 크게 ① 과제에 대한 정신적 표상, ② 장기 기억(내용 지식과 담화 지식), ③ 지식 서술 과정으로 구분할 수 있다. 먼저 과제에 대한 정신적 표상이란, 작성해야 하는 글의 주제나 글의 기능을 분명히 함으로써 자신이 수행해야 하는 작문 과제의 성격을 떠올리는 것을 의미한다.

다음으로 장기 기억은 필자가 갖고 있는 정보나 지식 중 글을 쓰는 데에 활용할 수 있는 것을 의미한다. 여기에는 필자가 작문 과제를 완성하기 위해 필요한 두 가지 유형의 지식이 포함된다. 모형에서 좌우로 분리되어 있는 내용 지식과 담화 지식이 그것이다. 내용 지식은 필자가 주어진 주제에 대해 알고 있는 것을 의미한다. 담화 지식에는 언어학적 지식, 작성해야 하는 텍스트 유형에 대한 지식 등이 포함된다. 내용 지식과 담화 지식은 모두 작문 과정 중에 인출하여 실제로 활용할 수 있어야 한다.

마지막 요소인 지식 서술 과정에는 총 7개의 하위 요인이 일정한 관련을 맺으며 얽혀있다. 각 하위 요인을 나열하면 다음과 같다. ① 화제 식별자, ② 장르 식별자, ③ 기억 탐색, ④ 기억 재생, ⑤ 적합성 검증, ⑥ 작성, ⑦ 수정이 그것이다.

① 화제 식별자와 ② 장르 식별자는 필자가 글의 화제와 유형을 구체적으로 정해야 한다는 점을 보여준다. ③ 기억 탐색은 글의 주제나 유형과 관련이 있는 내용 지식 혹은 담화 지식을 장기 기억에서 탐색하도록 하는 것을 의미한다. 이를 위해서는 일정한 검색어를 선정한 다음 그 검색어에 해당하는 정보를 찾아내야 한다. ④ 기억 재생은 ③ 기억 탐색에서 검색한 기억을 꺼내오도록 안내하는 기능을 설명하기 위해 포함시킨 것이다. 즉, 검색어를 사용하여 기억에서 관련된 내용을 가져오는 것이다. ⑤ 적합성 검증은 장기 기억에서 가져온 정보가 작성해야 하는 글의 특성이나

주제에 적합한지를 결정하기 위해 평가를 내리는 것을 의미한다. 이 적합성 검증에서는 필자가 떠올린 내용이 과제가 요구하는 바나 이미 작성한 텍스트와 관련이 있는지, 흥미나 설득력이 있는지, 자신이 작성하고 있는 글의 유형에 적합한 것인지 등이 기준이 될 수 있다. 화살표의 방향에 유의해서 살펴보면, 만일 이 단계에서 적합성 평가가 부정적으로 나온다면 다시 ③ 기억 탐색의 단계로 돌아가게 된다는 점을 파악할 수 있다. ⑥ 작성은 ⑤ 적합성 검증에서 적합하다는 판정이 났을 경우, 메모나 초고 작성 등의 형태로 문자화된다는 것을 보여준다. ⑦ 수정은 방금 글로 표현한 것뿐만 아니라, 지금까지 쓴 글이 장기 기억의 일부로 저장되었다가 다음 번 기억 검색어를 구성할 때 자극의 역할을 하게 된다는 점을 보여준다.

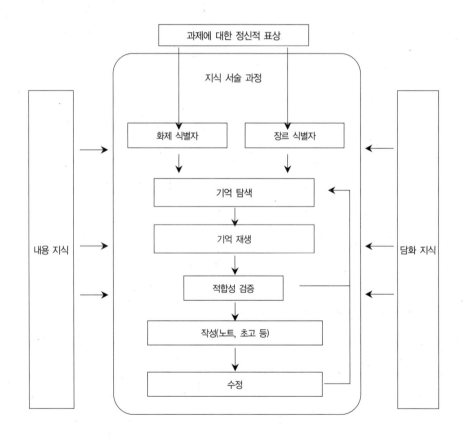

■ 지식 변형 모형의 특징

지식 변형 모형은 그 안에 지식 서술 과정을 포함하고 있다. 과제에 대한 정신적 표상 부분은 지식 서술 모형과 유사하다. 이 요인은 필자가 먼저 어떤 글을 써야 하는지를 머릿속에 떠올리는 것을 보여준다.

문제 분석 및 목표 설정 요인은 내용 문제 공간 및 수사적 문제 공간과 밀접하게 관련을 맺고 있다. 과제에 대한 정신적 표상을 토대로, 필자는 문제 분석 및 목표 설정을 통해 어떠한 내용을 글에서 다루게 될 것인지를 결정한다. 그리고 작성하고자 하는 내용을 누구에게 어떠한 방식으로 제안할 것인지에 대해서도 결정한다. 이러한 작업은 과제를 분석하고 글의 내용과 수사적인 목적을 결정하며, 목적을 달성하기 위해 필요한 수단을 결정함으로써 이루어진다. 이들 두 유형의 계획은 각각 내용 문제 공간과 수사적 문제 공간에서 구분되어 일어난다. 이 공간 안에서 필자는 글로 쓰고자 하는 내용에 대한 지식을 인출하고 변환한다(내용 지식). 또한 어떤 예상독자에게 어떠한 방식으로 말할 것인지에 대한 지식도 인출하고 변환한다(담화 지식).

지식 서술 모형을 둘러싸고 있는 문제 공간 중 내용 문제 공간에서는 믿음이나 지식과 관련된 문제가 처리된다. 수사론적 공간에서는 작문의 목표 달성과 관련된 문제가 다루어진다. 두 문제 공간 사이를 연결하는 화살표와 문제 변환 요인은, 한 공간에서 해결된 결과를 도출해 내면 다른 공간에서 그것을 입력하게 되며 이 과정이 상호 유기적으로 이루어진다는 점을 보여준다.

지식 변형 모형은 작문을 수행하는 데에 수사적, 의사소통적, 화용론적 제약이 수반된다는 점을 보여준다. 이러한 제약들이 글의 내용에 영향을 미친다는 점을 보여준 것이다. 미숙한 필자들에게서 공통적으로 나타나는 지식 서술 모형에는 이러한 제약들이 나타나지 않는다. Bereiter & Scardamalia는 바로 이 점에서 미숙한 필자들은 작문이 갖고 있는 다양한 제약들에 적절히 대응하지 못하며, 작문을 하는 데에 수반되는 다양한 어려움들을 충분히 인식하고 있지도 않은 것이라 보았다.

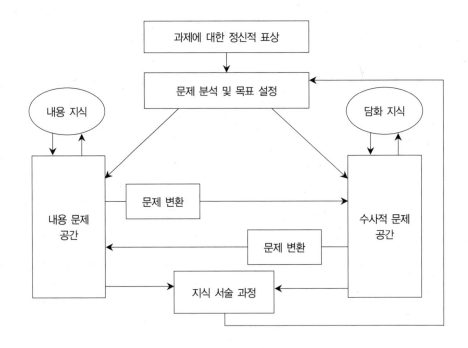

내용 지식

담화 지식

과제에 대한 정신적 표상

문제 분석 및 목표 설정

내용 문제 공간

수사적 문제 공간

문제 변환

문제 변환

지식 서술 과정

■ 작문 교육 차원에서의 의의

전반적으로 보았을 때, 지식 서술 모형은 아직 전사하기를 능숙하게 하지 못하는 미숙한 필자들을 상당히 잘 설명해 주는 모형이다. 이 책을 읽는 독자들은 다른 사람과 대화를 하면서 자신의 이름을 적는 데에 아무런 어려움을 느끼지 못할 것이다. 하지만 초등학교 1학년 학생들에게 이름을 써 보도록 요구하면서 대화를 시도한다면, 두 가지를 동시에 성공적으로 수행하는 경우는 거의 없을 것이다. 이러한 차이를 설명하는 것 중의 하나가 전사하기 기능의 능숙 여부이다. 손글씨 쓰기나 철자법과 같은 전사하기 기능을 아직 완전히 습득하지 못한 미숙한 필자들은, 전사하기에 신경을 집중해야 하기 때문에, 다시 말해 작문에 필요한 인지 자원의 대부분을 할당해야 하기 때문에 다른 사람과 대화를 하거나 글의 내용을 떠올리는 데에 어려움을 겪을 수밖에 없다. 하지만 지식 서술 모형에서 설명하는 방식으로 글을 쓸 경우, 아이디어를 생성하지 않으면서 익숙하지 않은 전사하기에 인지 자원의 대부분을 활용할 수 있는 것이다.

이러한 설명 방식은 미숙한 학생 필자들에게 작문을 지도하는 데에 상당한 함의를 갖는다. Bereiter & Scardamalia는 말하기는 유창하지만 작문은 힘겨워 하는 이유 중의 하나로 눈앞에 상대(audience)가 있느냐 없느냐의 차이를 꼽는다. 미숙한 학생 필자라 하더라도 만 4세를 넘으면 일상적인 대화의 내용을 떠올리는 데에 어려움을 겪는 경우는 거의 없다. 이는 대화의 상대가 실시간으로 대화의 내용으로 활용할 수 있는 정보를 이끌어내도록 언어적, 비/반언어적 도움을 주기 때문이다. 하지만 작문을 해야 하는 상황에서 글을 읽을 사람이 바로 눈앞에 있는 경우는 거의 없다. 그러므로 미숙한 필자의 경우 자신이 특정 문장이나 표현을 썼을 때 독자가 어떻게 반응할 것인지를 떠올리는 데에 어려움을 겪는다. 또한 대화에서와는 달리 쓰기는 혼자서 무엇인가 내용을 떠올려야 하는 상황에 지속적으로 노출된다. 대화 상대가 제공하는 도움 없이도 내용 생성을 할 수 있으려면, 학생 필자들은 장기 기억에서 내용을 떠올릴 수 있도록 단서를 제공해주는 대안적인 출처를 마련해야 한다. 통상적으로 두 종류의 단서 출처를 활용하는데, 그것이 지식 서술 모형에서 말하고 있는 내용 지식과 담화 지식이 된다.

지식 서술 모형은 미숙한 필자들이 오직 글을 써 내려가는 것에만 초점을 맞추고 있다는 점을 보여준다. 또한 능숙한 필자들은 내용 문제 공간과 수사적 문제 공간에서 지식을 변형하는, 보다 복잡한 과정을 거친다는 점을 보여준다. 능숙한 필자가 이러한 식으로 복잡한 작문 과정을 수행한다는 것은, 여기에 활용할 수 있는 인지적 자원이 미숙한 필자에 비해 더 풍부하다는 점을 의미한다.

지식 서술 모형만으로는 능숙한 필자의 표현이나 통사적 능력은 설명하기 어렵다. 동일한 내용의 글을 쓰더라도 표현적인 부분이 글의 수준을 더 높여주는 경우도 있기 때문이다. 지식 변형 모형은 이러한 점을 설명해 준다. 능숙한 필자들은 자신이 글로 표현하고자 하는 바를 다양한 방식으로 다시 변형하여 서술한다. 이러한 변형은 내용 차원에서도 일어나지만 담화(표현) 차원에서도 일어난다. 그리고 글을 쓰게 됨으로써 필자들은 자신의 지식을 보다 발달시키기도 한다(Flower & Hayes, 1981). 지식 변형 모형은 이러한 현상을 잘 설명해 준다.

이 모형을 학습이나 작문 교육에 활용할 때에는 유의할 점이 있다. 미숙한 필자와 능숙한 필자의 작문 과정이 각각 지식 서술 모형과 지식 변형 모형에 1 : 1로 대응하는 것으로 이해해서는 안 된다는 점이다. 능숙한 필자들도 종종 지식 서술 모형과 같은 작문 수행을 보이는데, 이는 작문 과제를 수행하는 데에 필요한 정보가 별다른 노력을 기울이지 않고도 쉽게 떠올릴 수 있는 것일 경우에 두드러진다. 예를 들어 학생들이 학교 정문에서 교실로 가는 가장 빠른 길을 설명하는 글을 쓴다고 가정해 보면, 글의 내용을 떠올리기 위해 특별한 노력을 기울이지 않아도 될 것이다. 이런 경우에는 지식 변형 능력을 갖춘 필자라 할지라도 지식 서술 방식으로만 글을 쓰는 것이 가능할 것이다.

그보다는 지식 서술 모형과 지식 변형 모형은 작문 수행 능력의 두 극단을 표현했다고 보는 것이 적절할 것이다(Alamargot & Chanquoy, 2001). 그리고 필자의 능력이 지식 서술 모형에서 지식 변형 모형으로 발달적으로 성장해 간다고 보기보다는, 지식 서술 모형의 방식은 그대로 유지하되 성장해 나가면서 지식 변형 모형의 방식을 추가적으로 익히게 된다고 보는 것이 적절할 것이다(Bereiter, Bruits, & Scardamalia, 1988). 지식 서술 모형이 지식 변형 모형에 포함된다는 점도 이를 뒷받침한다. Bereiter & Scardamalia는 자신들이 제시한 두 모형이 완벽한 것은 아니라고 보았지만, 그럼에도 불구하고 지식 서술 모형이 미숙한 필자의 특징을 적절하게 설명해 준다는 점, 이를 통해서 작문 교육 연구에 상당한 함의를 제공해 준다는 점에는 변함이 없다.

3) Kellogg(1994)

▍개요

Kellogg(1994)의 모형도 Hayes & Flower(1980)과 Bereiter & Scardamalia(1987)의 모형과 밀접한 관련이 있다. 정보 수집-계획-변환-재고와 그 하위 과정들의 명칭은 Hayes & Flower(1980)의 모형과 어느 정도 차이를 보이지만, 내용 면에서는 상당한 유사점을 찾을 수 있다. 또한 작업 기억과 장기 기억과의 관계는 Bereiter & Scardamalia(1987) 모형과 유사하다. 또한 의미 구성은 필자의 마음(mind)[3]과 마음이 처한 환경의 복잡

3 인지 과학에서는 정보 처리가 이루어지는 인지 체계를 '마음(mind)'으로 비유하여 표현하기도 한다.

한 상호작용의 결과물이라고 본 점, 작문에서의 의미 구성은 일반적인 의미 구성과 분리되는 특별한 어떤 것이 아니라는 점 등은 이전의 모형들과 맥을 같이하고 있는 것이라 볼 수 있다. 하지만 이 모형은 작업 기억을 작문 과정의 중요한 부분으로 등장시켰다는 점에서 후속 연구들에 상당한 영향을 미쳤다.

■ 모형의 특징

모형에 들어있는 각각의 요인들이 갖고 있는 특성을 설명하면 다음과 같다.

우선 정보 수집은 인지 과정 모형 차원에서 보자면 동일한 언어를 구사하는 사람들이 합의할 수 있는 기호 체계를 모아서 세밀히 조사하고, 이를 개인적인 기호(머릿속의 표상)로 변환하는 것을 의미한다. 합의할 수 있는 기호 체계에는 수업을 듣는 것과 같은 경험, 원본 자료 읽기, 도서 목록 조사 등과 같은 것들을 모두 포함할 수 있다. 정보 수집 요인은 성공적으로 글을 작성하기 위한 기초가 된다.

계획 요인은 아이디어를 생산 및 조직하고, 목표를 설정하는 요인이다. 이 과정은 언어로 표현하기 이전의 단계로, 매우 추상적이어서 그 실체를 포착하는 것이 쉽지 않다. 그만큼 철저히 개인적인 정신 영역에서 일어난다. 하지만 필자가 스스로의 생각을 보다 명료하게 만들기 위해 최소한 자신이 알아볼 수 있는[4] 기호를 사용하여 추상적으로 떠오른 내용들을 표기하는 것이 가능하다. 이 경우 표기된 내용은 필자에게만 의미가 있으며, 독자와 소통하는 것을 목적으로 하지 않는다. 여기서 발

4 이 경우에 타인이 알아볼 수 있는지 여부는 중요하지 않다.

생하는 모호함은 후에 변환이나 재고 단계에서 해소할 수 있다.

변환 요인은 문장 생성을 위해 필요한 의미론적, 통사론적, 화용론적 조작을 의미한다. 소통을 위해서는 동일 언어를 사용하는 사람들이 합의할 수 있는 기호 체계를 준수하면서 자신이 떠올린 바를 표현해야 한다. 변환을 제대로 수행하지 못할 경우 필자의 사고는 오직 개인적인 세계에서만 머무를 뿐이며 다른 이들과 소통할 수 있는 가능성을 잃어버리게 된다.

재고 요인은 이미 문자로 표현된 글뿐만 아니라 작문 계획(개인적인 메모와 머릿속에 있는 것을 모두 포함)을 평가하고 오류를 수정해 나가는 단계이다. 재고 단계에서는 얼마나 내용을 잘 수집하고 계획하고 변환했는지를 점검하는 것이다. 이 단계에서는 개인적인 기호 차원(예 : 내가 떠올린 내용이 적절한가?), 합의할 수 있는 기호 차원(예 : 이 문장이 문법적으로 적절한가?), 이 둘 사이의 관계 차원(예 : 이렇게 표현된 문장이 내 생각을 적절히 드러내는가?)에서 검토가 진행된다. Kellogg는 이 단계에서 예상독자가 어떻게 생각할 것인지를 고민한다고 보았다. 독자가 글을 읽고 어떤 생각을 하게 될지를 미리 살피고, 적절하지 않을 경우 필자의 의도대로 표현이나 의미를 수정하는 것이다.

정보 수집, 계획, 변환, 재고와 같은 요인들은 장기 기억이나 외부의 정보로부터 적절한 정보를 주고받는지가 매우 중요한데, 주의 요인은 여기에 매우 큰 영향을 미친다. 필자의 지식은 반드시 과제 해결을 위해 사용되어야 하는데, 이를 위해서 필자는 한정된 주의집중자원을 적절히 배분해야 하기 때문이다. 이 모형이 중요하게 부각시키고 있는 중요한 특징 중 하나는 무수히 많은 정신 작용에 주의를 기울이는 사람의 능력이 매우 제한적이라는 점을 강조한 것이다. 즉, 인지 작업을 수행하는 시간과 노력은 주의 집중을 통해서만 확보할 수 있는 것이라는 점을 강조하는 것이다.

처리 시간은 개별적인 인지 작업 수행 과정에 집중하는 데에 필요한 시간의 양이다. 인지적 노력은 수행 과정에 일시적으로 배분한 주의 집중의 양적인 개념이다. 정보 수집, 계획, 변환, 재고에 필요한 시간과 노력은 주의 요인의 통제를 받는 것이다. 하지만 처리 시간과 인지적 노력이 항상 결합하는 것은 아니다. 필자들은 변환에 가장 많은 처리 시간을 들이지만 이 단계(과정)는 많은 인지적 노력을 필요로 하지 않는다.

과제 환경은 주의 집중의 분배를 통해 구체화할 수 있다. 또한 작문 과제에는 독자, 구체적인 작문 유형, 글을 쓰는 이유, 결과에 대한 보상 등이 포함된다. 자원의 한계에는 도움을 청할 수 있는 사람의 유무나 수, 허용된 시간, 활용할 수 있는 도구 등과 같은 것들도 포함한다. 생산된 텍스트는 지금까지 필자가 만들어 낸 것으로, 떠올린 생각들 역시 이에 포함한다. 과제에 대한 주의 배분은 얼마나 많이, 얼마나 잘 텍스트가 생산되어 왔는지에도 일정 부분 의존한다. 즉, 지금까지 생산한 텍스트를 읽고, 형식과 내용을 벗어나지 않는 범위에서 추가적인 내용을 더하게 되는 식이다.

장기 기억에는 절차적 지식, 의미론적 지식, 삽화적 지식 등이 포함된다. 절차적 지식이란 어떤 것을 할 줄 아는 것에 대한 지식으로, 이를 닦는 것과 같은 간단한 행동 순서에서부터 보고서를 작성하거나 차량을 운전하는 것과 같은 복잡한 것에 이르기까지 그 범위가 매우 넓다.[5] 능숙한 필자들은 작문에 필요한 상당한 정도의 절차적 지식을 갖고 있는데, 여기에는 포괄적인 의미의 계획에서부터, 손글씨 쓰기나 타이핑과 같은 미세한 손근육을 사용하는 것 등이 모두 포함된다. 이러한 능력들은 작문에 입문한 시기부터 발달적으로 나타난다.

의미론적 지식은 말 그대로 언어의 의미와 관련된 지식으로, 언어적인 표현을 하는 데에 상당히 중요한 역할을 한다. 대부분의 성인들은 방대한 양의 의미론적 지식을 갖고 있기 때문에 능숙한 필자들은 모국어 작문을 할 때 이 부분에서 어려움을 느끼는 경우는 없다. 하지만 발달 과정 중에 있는 학생 필자들은 종종 정확하지 않거나 충분하지 않은 의미론적 지식으로 인해 작문에 어려움을 겪곤 한다.

삽화적 지식은 특정 상황이나 구체적인 사건 등에 대한 지식으로, 정보를 수집한 직접적인 결과물이기도 하다. 의미론적 지식이 실제로 존재하는 사실이나 개념에 대한 지식이라면, 삽화적인 지식은 실제로 존재하는 자서전적인 지식이다(Schraw, 2006).

작업 기억은 지금 당장 주의를 기울이고 있는 내용을 담고 있으며, 생각, 학습, 기억 등을 위해 필요한 작업 공간을 제공한다. 정보 수집, 계획, 변환, 재고 등을 통하여 인출된 지식은 필자의 머릿속에서 일정 시간 유지되어야 한다. 예를 들어 떠

5 절차적 지식은 명시적으로 인식하고 있을 수도 있지만, 반복 숙달 과정을 거칠 경우 능숙하게 수행을 하고 있으면서도 인식하지 못할 수도 있다. 운전을 처음 배울 때에는 문을 열고 자리에 앉아 안전벨트를 매고 시동을 켜기까지의 절차들을 일일이 머릿속에 떠올리거나 속으로 중얼거리면서 움직인다. 하지만 운전에 익숙해지면 라디오 뉴스를 듣거나 옆에 있는 사람과 진지한 대화를 하면서도, 다시 말해 절차를 머릿속에 떠올리지 않고서도 차를 출발시키는 것이 가능하다. 이러한 변화는 절차적 지식의 숙달 유무를 보여주는 단적인 예이다. 자판을 보지 않고 타이핑을 할 수 있는 능력 역시

올린 생각을 문장으로 변환하기 위해서는 특정 단어를 쓰는 동안에 뒤에 이어질 단어나 문장을 머릿속에 계속 유지하고 있어야 한다. 머릿속에 괜찮은 생각이 떠올랐지만 막상 글로 옮기려고 할 때 뭔가 명료하지 않다는 느낌을 받았다면, 작업 기억이 떠올린 내용을 유지시키지 못했을 가능성이 크다. 한편 Hayes & Flower(1980) 모형에서는 작업 기억 요소를 별도로 상정하지 않고 필자의 내적 인지 과정과 장기 기억의 상호 작용을 통해 인지적인 작업이 일어난다고 보았다.[6]

Kellogg(1994) 모형에서 나타나는 가장 큰 특징은 '주의' 요인을 포함시켰다는 점이다. 한정된 인지 자원에 대한 내용은 앞선 모형에서도 언급했으나, 이 모형에서는 작문 과정 모형의 특정 요인으로 내세우면서 그 중요성을 보다 강조했다는 특징이 있다. 능숙한 필자는 각 과정들이 일정한 인지적 노력이나 처리 시간에 주의를 기울임으로써 한정된 자원을 효율적으로 활용해야 한다는 점을 강조하기 위해 모형의 구성 요소로 내세운 것이다.

4) Hayes(1996)

▌ 개요

Hayes(1996)은 Hayes & Flower(1980)과 Flower & Hayes(1981)를 수정한 것이다. 1980년 이후 이루어진 인지 심리학의 연구 성과들을 수용한 것으로, 여러 가지 면에서 상당한 변화가 나타난다. 이 연구는 능숙한 필자들을 관찰하여 정리한 1980년 연구와는 달리, 연구 성과들에 대한 이론적인 종합을 통해 도출한 것이다. 하지만 여기에서도 미숙한 필자들에 대한 고려는 나타나지 않으며, 능숙한 필자의 특성에만 주목했다. 이 모형은 앞선 1980년 모형을 상당한 정도로 수정한 것으로, 맥락, 동기, 정서, 기억 등과 관련된 논의들을 보다 풍부하게 하였다. 이는 결합하기 어려울 것으로 보이는 인지적 관점의 연구와 사회·문화적 관점의 연구가 통합될 수 있는 가능성을 보여준 것이라 평가할 수 있다.

▌모형의 특징

Hayes(1996) 모형의 특징으로는 다음과 같은 것들을 들 수 있다.

첫째, 과제 환경 요인이 사회적 환경과 물리적 환경으로 나누어지는 것으로 변화하였다. 사회적 환경에는 독자, 협력자[7] 등도 포함된다. 물리적 환경에는 지금까지 작성한 텍스트, 문서 편집기 등과 같은 매체 등이 포함된다. 이는 작문을 둘러싼 전반적인 맥락의 영역을 보다 확장시킨 것이라고 볼 수 있다.

둘째, 동기/정서 요인을 모형에 새롭게 포함시켰다. 동기/정서 요인에는 목표, 경향성, 신념과 태도, 비용이나 편익 판단 등과 같은 변인이 포함된다. 이러한 동기/정서적 변인들이 작문 과정에 중요하게 영향을 미친다는 점을 분명히 한 것이다. 이러한 변화가 작문의 인지 과정 모형 논의에 갑작스럽게 등장한 것은 아니다. Kellogg(1994)에서도 모형에 명시적으로 포함시키지는 않았지만 우수하면서도 유창한 글을 쓰기 위해서는 동기가 뒷받침되어야 한다는 점을 지적하고 있기 때문이다.

셋째, 장기 기억 요인을 보다 확장하였다. 이전 모형에서는 예상독자 및 작문 주제에 대한 필자의 지식이 들어있었는데, 여기에서는 언어 지식이나 장르 지식과 같은 배경지식도 장기 기억에 중요한 요인으로 포함시켰다. 여기서 말하는 언어 지식 및 장르 지식은 비교적 목적이 분명한 특정 작문 상황에서 활용할 수 있는 구체적인 방법에 대한 지식이다. 또한 과제 목표를 달성하기 위한 절차, 절차의 순서, 성공적으로 작문 과제를 완성했는지를 점검하는 기준 등과 같은 것도 여기에 포함된다.

넷째, 인지 과정에서도 큰 변화가 일어났다. 인지 과정의 하위 요인은 텍스트 해석, 반성, 텍스트 생산으로 구분된다. 도식화한 모형에서는 논의의 상당 부분을 축소시켰기 때문에, 일견 인지 과정에 대한 부분이 축소된 것으로 보일 수도 있다. 우선 '텍스트 해석'은 자신이 작성한 글, 작문 내용에 포함 시킬 자료 등을 읽어내는 것을 말한다. 이전 모형에서 검토 요인은 텍스트 해석에 포함되는 것으로 설명하였다. 작문을 위한 읽기 과제를 수행할 때, 필자는 자신이 읽은 자료가 자신이 작성하고자 하는 글에서 어떠한 역할을 할 수 있을지에 대해 머릿속으로 떠올리게 된다. 이렇게 떠올린 것을 내적 표상이라고 부른다.

[7] '협력자(collaborators)' 개념의 도입은 사회·문화적 관점에서 이루어진 작문 연구의 성과를 수용한 것으로 보인다. 사회·문화적 관점에서 이루어진 작문 연구의 성과는 이 책의 13장에서 소개하고 있다. Hayes(1996) 모형과 사회·문화적 관점에서 수행된 작문 연구 수용의 성과와 관련해서는 박영목(2012)를 참고할 수 있다.

다음으로 '반성'은 문제 해결, 의사 결정, 추론 등을 포함하는 상당히 폭넓은 개념이다. 필자는 글을 쓰는 목표를 달성하기 위해 일정한 문제 해결 절차와 의사 결정 기능에 의존하게 된다. 이러한 인지 과정은 필수적으로 반성적 사고와 추론을 수반한다. 이와 더불어 필자들은 자신이 작성하는 글을 읽을 예상독자나 자신이 감당할 수 있는 내용 수준 등을 고려하여 크고 작은 의사 결정을 내리게 된다는 것이다. 이전 모형의 '계획'은 모형에 공식적으로 포함시키지 않는 대신 '반성'에 포함되는 것으로 설명하였다.

'텍스트 생산'은 작문 계획 혹은 지금까지 작성한 텍스트로부터 얻은 정보들을 토대로 의미론적 정보들을 인출해 내는 역할을 한다. 여기서 인출된 의미론적 정보들은 언어적으로 분명하건 혹은 모호하건 작업 기억으로 보내지며, 작업 기억에서 필자의 평가를 받아 명시적인 언어 형태로 표현된다. 최종 산출물은 다시 필자의 평가에 따라 수정될 수 있다. 이전 모형의 '전환'은 텍스트 생산의 하위 범주에 포함되는 것으로 설명하였다.

인지 과정에서 특징적인 부분은, '수정'이 인지 과정의 하위 요소인 텍스트 해석, 반성, 텍스트 생산 모두에서 이루어진다고 본 것이다. 텍스트 해석 요인에서 이루어지는 수정은 지금까지 작성한 글을 더 정교하게 만들기 위해 비판적으로 읽는 것을 말한다. 반성 요인에서 이루어지는 수정은 작성한 글이 갖고 있는 문제점을 어떻게 고칠 것인지 그 해결 방법을 결정하는 것을 말한다. 텍스트 생산 요인에서 이루어지는 수정은 글에 실제로 변화를 주는 것을 말한다.

다섯째, 작업 기억이 모형에 등장하면서 중요한 위치를 차지하게 되었다. Kellogg(1994) 모형과 마찬가지로, Hayes 역시 1996년 모형에서 Baddeley(1986)의 작업 기억에 대한 연구 성과를 중요하게 받아들였다. 이 모형에서 작업 기억은 필자의 의식적인 주의를 필요로 하는 인지적 활동들을 실행할 수 있도록 해준다. 또한 작문을 하는 데에 필요한 정보나 아이디어를 유지할 수 있는 제한된 공간을 제공해 준다. 뿐만 아니라 작업 기억은 인지 과정, 동기/정서, 장기 기억 등과 같은 다른 요인들과의 상호작용을 통해 작문을 할 때 일어나는 개인 내적인 상황에서 핵심적인 위치를 차지한다. 작업 기억은 크게 음운론적 기억, 시각적/공간적 그림판, 의미론적 기억으로 구분되는데, 이러한 구분은 작업 기억과 관련된 인지 심리학의 정교한 실험 연구들에 토대를 둔 것이다.

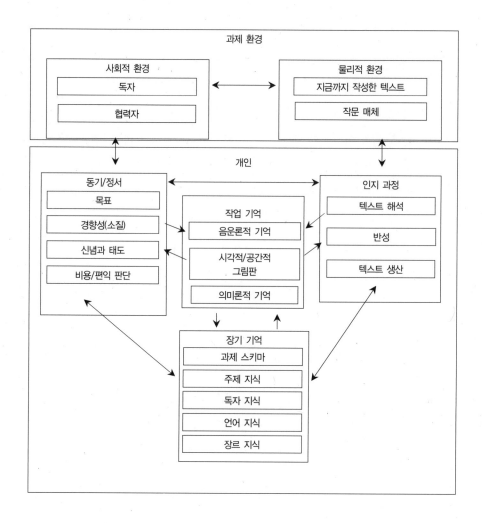

5) Hayes(2012)

▌개요

Hayes(2012) 모형은 Hayes(1996) 모형을 수정한 Chenoweth & Hayes(2001) 모형을 다시 수정한 것이다. Chenoweth & Hayes(2001) 모형은 문어 산출 모형이라고도 불리는

데, 작문의 인지 과정을 통제 수준, 과정 수준, 자원 수준으로 구분하였고, 2012년 모형에서도 이러한 큰 틀은 그대로 이어졌다.

▌ 모형의 특징

2012년 모형에서는 조정, 계획, 재고 등이 사라졌다. 1980, 1981년 모형에서는 매우 중요하게 다루어졌지만 1996년 모형에서는 이 요인이 언급되지 않았고, 2012년 모형도 마찬가지이다. 이들 요인은 능숙한 필자와 미숙한 필자 사이에서 큰 차이를 보여주기는 하지만, 작문이 갖고 있는 특수성을 설명하는 데에는 적절하지 않기 때문인 것으로 보인다(박영목, 2012). 1996년 모형에서와 마찬가지로, 계획, 조정, 재고는 의미 구성을 위한 문제 해결이라는 점에서 큰 차이가 없기 때문으로 보았기 때문일 수도 있다.

한편으로 이전 모형과는 달리 전사하기가 중요하게 포함되었다. 전사하기란 필자가 작문의 과정을 통해 생각해 낸 내용을 다른 이들이 알아볼 수 있는 문자 언어로 표현하는 것을 말한다. 1980년 모형에서는 능숙한 성인 필자를 대상으로 하였기 때문에 논의에 중요하게 포함되지 않았지만, 이후에는 꾸준히 언급되다가 2012년 모형에서는 중요한 위치를 차지하기에 이른 것이다. 능숙한 성인 필자는 전사하기에 인지적 자원을 거의 할당하지 않지만 미숙한 필자, 특히 입문기 필자들은 인지 자원의 거의 대부분을 전사하기에 할당하는 경우가 많다. 만일 전사하기의 유창성이 부족하여 인지 자원을 전사하기에 할애해야 한다면, 학생 필자들은 자신들이 글로 표현하고자 하는 내용을 계속 머릿속에 유지하는 동시에 글을 작성하는 것을 실패하고 만다.

동기 요인 역시 중요하게 포함되었다. 작문의 과정에서 동기란 작문 행위를 시작하게 하고 유지하게 하며 발달하도록 하는 요인을 말한다. 작문의 동기가 충분히 뒷받침이 되지 않으면 글을 지속적으로 쓰는 데에 실패할 것이고, 결국 작문 능력이 발달할 것이라 기대하기 어렵다. 이러한 점에서 동기 요인이 부각된 것은 작문 교육에 의의가 있다고 평가할 수 있다.

작문 전략과 관련된 부분도 눈여겨볼 필요가 있다. 작문 전략을 사용하기 위해서는 작문 전략과 관련된 배경지식이 필요한데, 이것이 통제 단계에 위치하고 있는 것이다. 이는 전략의 성격을 지식이 아니라 상위인지로 보았다는 점, 그리고 보다 능숙한 작문을 위해 상위인지가 중요한 역할을 한다는 점을 강조하기 위한 것으로 보인다.

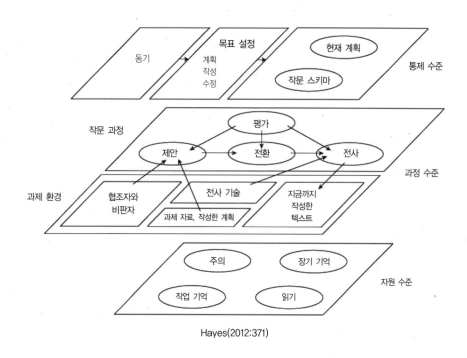

Hayes(2012:371)

▌ 참고문헌

권영민(2003), 국어 능력으로서의 글쓰기 능력, 국민의 글쓰기 능력 향상 방안 마련을 위한 학술회의 자료집, 국립국어연구원.

박영목(2012), 작문의 인지적 과정에 영향을 미치는 요인, 작문연구 16, 231-257.

박영민(2001), 작문 이론과 작문 교육의 대응, 한국어문교육 10, 한국교원대 한국어문교육연구소, 3-8.

박영민 외 역(2015), 작문교육 연구의 주제와 방법, 박이정.

Alamargot, D., & Chanquoy, L. (2001). *Through the Models of Writing : With Commentaries by Ronald T. Kellogg & John R. Hayes* (Vol. 9). Springer Science & Business Media.

Baddeley, A. (1986). Working memory, *Oxford psychology series*, No. 11.

Becker, A. (2006). A review of writing model research based on cognitive processes. *Revision : History, theory, and practice*, 25-49.

Bereiter, C., & Scardamalia, M. (1987). *The psychology of written composition*, Lawrence Erlbaum Associates Hillsdale.

Bereiter, C., Burtis, P. J., & Scardamalia, M. (1988). Cognitive operations in constructing main points in written composition. *Journal of memory and language*, *27(3)*, 261-278.

Chenoweth, N. A., & Hayes, J. R. (2001). Fluency in writing generating text in L1 and L2. *Written communication*, 18(1), 80-98.

Flower, L., & Hayes, J. R. (1981). A cognitive process theory of writing. *College composition and communication, 32(4)*, 365-387.

Hayes, J. R.(1996), A new framework for understanding cognition and affect in writing, In C. Michael Levy & Sarah Ransdell(eds), *The Science of Writing : Theories, Methods, Individaul Differences, and Applications*, Mahwah, NJ : Lawrence Erbaum Associates, Pub., 1-27.

Hayes, J. R. (2012). Modeling and remodeling writing. *Written communication, 29(3)*, 369-388.

Hayes, J. R., & Flower, L. S. (1980). Identifying the organization of writing processes. I LW Gregg & ER Steinberg (Eds.), *Cognitive Processes in Writing* (pp.3-30).

Kellogg, R. T. (1994). *The psychology ofwriting*. NY : Oxford UniversityPress.

Schraw, G. (2006). Knowledge : Structures and processes. *Handbook of educational psychology*, 2, 245-260.

제 4 장

작문 능력의 구성 요인과 발달*

* 4장은 '한국어문교육'에 실린 이수진(2010)를 재구성하여 보완한 것이다.

글을 잘 쓴다는 것은 어떤 의미일까? 여러분은 어떤 사람을 보고 글을 잘 쓰는 사람이라고 하는가? 누군가에게 '글 참 잘 쓰네!'라고 칭찬하는 것은 여러 가지 의미를 담고 있다. 글씨를 예쁘게 쓰는 것일 수도, 세련된 명문장을 구사하는 것일 수도, 읽는 사람을 감동시키는 내용을 담은 글을 쓰는 것일 수도 있다. 이런 여러 가지 능력을 통틀어서 '작문 능력'이라고 한다.

작문 능력이란 다양한 요인들로 구성되고 그것들이 서로 영향을 미치면서 형성된다. 이는 한 마디로 간단하게 설명될 수 없는 복잡한 능력이다. 작문 능력의 발달 과정 역시 개인차도 크고 보는 시각도 다양하므로, 여러 학자들의 의견이 분분하다.

개인차와 상황에 따른 다양성을 인정하더라도, 일반적인 작문 능력의 구성 요인이나 발달 과정을 알아두는 것은 작문을 가르치는 데 필수적인 일이다. 4장에서는 일반적으로 작문 능력을 구성한다고 여겨지는 요인들을 자세히 살펴보고, 작문 능력의 발달에 대한 연구 결과들을 알아보기로 한다.

1. 작문 능력의 구성 요인

작문은 우리 삶의 모든 영역에서 중요한 의사소통 행위이다. 일상생활에서의 간단한 메모에서부터 일기 쓰기, 편지 쓰기, 과제나 보고서 작성하기 등 타인과의 의사소통을 위한 중요한 도구가 된다. 학교 교육에서 작문은 범교과적으로 중요한 학습의 도구이므로, 작문 학습의 부진은 심각한 학습 결손을 불러온다. 예를 들어 학습 결과를 가시적으로 표현하는 데 있어 작문 능력이 부족하면 의미를 제대로 전달할 수가 없고, 생각한 바를 글로 제대로 표현하지 못하면 낮은 학업 성취를 얻어, 결국 학업 흥미도가 낮아질 수밖에 없다.

요즘 학교 현장에서는 작문에 대해 불안감과 거부 반응을 보이는 학생들이 종종 눈에 띈다. 작문을 싫어하는 이유는 주로 어려워서, 부담스러워서, 잘 못 써서 등을 꼽는데, 이는 깊이 생각하기를 싫어하는 세태를 반영한다고 볼 수 있다. 특히 TV, 인터넷 등 매체 환경의 발달은 학생들이 글을 쓰는 것 자체를 싫어하고, 자신의 느낌을 표현하는 것조차 귀찮아하게 만든다. 무조건 작문을 싫어하는 학생들을 포용하기 위해서는, 작문 능력이 얼마나 중요한지, 작문 능력은 어떤 특성을 가지고 있는지 등 작문 능력에 대해 정확히 알 수 있도록 지도하는 것이 필요하다.

인지 심리학과 구성주의 철학의 영향으로 작문을 의미 구성 행위로 보기 시작하면서부터, 작문은 복잡한 과제를 해결하는 문제 해결 행위로 정의되었다. 국내외의 많은 연구가(Flower, 1981 ; Scadamalia & Bereiter, 1986 ; 박영목, 1994 ; 최현섭 외, 2005 등)들이 작문의 본질이 문제 해결이며, 작문 능력은 문제 해결 능력이라고 설명하고 있다. 문제 해결 능력의 핵심은 복잡한 문제를 하위 문제로 쪼개어서 하나씩 해결해나가는 것이다. 그렇다면 문제 해결 행위로서 작문 능력을 구성하고 있는 하위 요인을 아는 것이 중요하다. 하위 요인들의 총합이 곧 작문 능력의 본질이라고 볼 수는 없지만, 하위 요인들을 분석적으로 살펴보는 것은 작문 능력을 이해하는 데 도움이 된다.

언어 능력은 대체로 지식, 기능과 전략, 태도로 삼분하여 설명한다. 작문 능력도 마찬가지이다. 작문은 의사소통 상대가 부재한 상태에서 과제 상황에 맞게 내용 생성을 위한 기억을 탐색하고 문자 언어로 표현하는 과정으로 이는 결국 필자가 가진 지식과 결부되어 있다. 또한 필자는 적절한 내용을 생성하기 위하여 계획하고 교정하기를 수행한다. 즉, 작문 능력이란 아는 것과 아는 것을 직접 수행하는 것의 결합으로 구성되어 있음을 알 수 있다. 아는 것은 지식의 문제이며 수행하는 것은 전략이나 기능의 문제이다. 여기에 태도적인 면, 즉 필자의 작문 동기나 습관이 작문 능력의 한 요소로 작용할 수 있다. 작문 능력의 구성 요소는 작문과 관련된 지식, 작문 전략 및 기능, 작문 태도를 자세하게 살펴봄으로써 보다 명확하게 드러날 수 있다(최현섭 외, 2005 : 383).

1) 작문 지식

작문은 필자가 지닌 지식을 토대로 의미를 구성하는 사고 과정이라 할 수 있으며, 작문 능력은 작문과 관련된 다양한 지식을 포함하고 있다(조은수, 1997 : 351). 필자가 쓰고자 하는 화제와 관련된 지식의 양은 글의 질과 밀접한 관련이 있다. 글의 내용이 얼마나 풍부하고 알찬지는 필자가 그 화제에 대하여 지식을 얼마나 가지고 있는가와 관련된다. 물론 필자가 어떤 화제에 대하여 많이 안다고 해서 꼭 글을 잘 쓴다고 볼 수는 없다. 마찬가지로 잘 구성된 글은 필자가 글의 구성 방식에 대하여 얼마나 지식을 가지고 있는가와 관련되지만, 필자가 구성에 대한 명제적 지식을 많이 안다고 해서 글을 잘 구성한다고는 볼 수 없다. 작문 지식의 층위는 단순히 아는 것부터 할 수 있는 것까지 다양하게 구분되기 때문이다.

작문 지식에 대한 분류는 학자들마다 다양하다. 지식의 수행성과 관련하여 단순히 아는 지식인지 수행할 수 있는 지식인지 나누어서 설명하려는 방식이 있고, 지식의 대상에 따라 언어적 지식, 주변 세계에 대한 지식 등으로 나누어서 설명하려는 방식이 있다. 여기에다 지식의 층위를 한 단계 높여서 초인지와 관련한 지식까지 포함하여 범주화하기도 한다. 지식의 층위를 나눈 기준이나 명칭이 학자에 따라 다소 차이가 있지만 그 내용에 있어서는 큰 차이가 없다. 따라서 여기에서는 알렉산더 등(Alexander et al, 1991)의 작문 지식 범주를 토대로, 사회·문화적 지식, 개념적 지식, 초인지 지식으로 나누어 살펴보기로 한다. 그가 제시한 작문 지식의 목록을 표로 제시하면 다음과 같다.

[표 1] 작문 지식 목록과 관련 요소(최현섭 외, 2005 : 386)

지식의 종류			관련 요소
사회·문화적 지식			관습적 규칙의 사용, 사회·문화 공동체의 의미 및 가치 반영, 공유된 지식의 활용
개념적 지식	내용 지식		내용의 풍부성, 내용의 다양성, 내용의 적합성
	담화 지식	언어 지식	맞춤법, 문장 부호, 띄어쓰기, 글자 쓰기, 낱말 쓰기, 문단 쓰기, 문장 쓰기 등
		과제 지식	목적, 독자, 조직, 표현

지식의 종류	관련 요소
초인지 지식	필자로서의 자신에 대한 인식, 작문 과제 및 전략에 대한 인식, 문제 해결 과정의 조정에 관한 지식

각 유형의 지식이 무엇을 의미하는지에 대하여 최현섭 외(2005 : 383-386)에서는 다음과 같이 설명하고 있다.

1) 사회·문화적 지식 : '사회·문화적 지식'이란 사회 공동체가 공유하고 있는 신념이나 가치로서 내재된 믿음을 말한다. 예를 들면 특정 담화 공동체 내에서의 관습이나 규칙 등이 이에 포함될 수 있다.

2) 개념적 지식 : '개념적 지식'은 세상에 대한 지식(내용 지식)과 언어에 대한 지식(담화 지식)으로 나누어진다.

① 내용 지식 : 주로 화제(topic)와 관련된 지식으로 독서 등을 통한 간접 경험과 직접 경험으로 축적된다. 작문 연구들에 따르면 내용 지식이 풍부한 필자는 내용 지식이 부족한 필자보다 아이디어를 많이 생성하고 그것들을 효과적으로 조직할 수 있다고 한다. 내용 지식에 대한 평가 요소로는 내용의 풍부성, 내용의 다양성, 내용의 적합성 등을 들 수 있다.

② 담화 지식 : 언어 체계와 언어의 활용에 관련된 지식인데, 이는 다시 언어 지식과 과제 지식으로 나누어 볼 수 있다.

─ 언어 지식은 어휘 구조 및 의미나 통사 규칙과 관련된 지식이며, 글자, 어휘, 문장, 문단, 글 수준에 모두 작용하는 지식이다. 이 중에서 단어나 어휘 수준의 지식은 내용 지식을 요약된 형태로 표상하는 일종의 스키마라는 점에서 내용 지식과 겹치는 점이 있다. 통사 규칙은 문장 내에서, 문장 간에, 문단 간에 응집성을 가져야 한다는 것을 전제로 한다. 일반적으로 성숙한 필자는 복잡한 통사 구조를 사용할 수 있지만 복잡한 통사 구조가 반드시 좋은 글을 보장해 주는 조

건은 아니다. 언어 지식에 대한 평가 요소에는 정서법, 어휘의 다양성, 어휘의 풍부성, 어휘의 적절성, 문장 또는 문단간의 의미의 연결성 등이 있다.

― 과제 지식은 특정 과제 상황과 관련된 지식으로 작문 목적에 대한 지식, 글 구조에 대한 지식, 독자에 대한 지식으로 나눌 수 있다. 작문 목적에 대한 지식은 작문 동기, 필자의 의도, 글의 주제 등에 대한 인식을 포함한다. 글 구조에 대한 지식은 화제를 구조화하는 수단인데, 글의 목적과 담화 유형에 따라 변화한다. 글 구조를 인식함으로써 필자는 구조상 '빈자리'의 내용을 생성할 수 있고, 독자의 스키마 형성을 용이하게 할 수 있다. 필자는 또한 독자가 기대하거나 요구하는 정보나 내용이 무엇인가를 알고 그것에 부합한 내용을 텍스트에 담아낼 수 있어야 한다. 필자는 독자와 유사한 범주의 담화 공동체에 소속해 있으므로 독자의 요구나 기대를 추론할 수 있고, 독자를 파악함으로써 새로운 정보를 생성할 수 있다.

3) 초인지 지식 : 필자가 내용 지식과 담화 지식을 충분히 가지고 있다고 하더라도 이를 과제 상황에 맞게 어떤 내용을 어떻게 끌어내어야 할지 모른다면 그것은 과제 수행에 유용한 지식이 될 수 없다. 이를 위해서는 이른바 '초인지 지식'이 필요한데, 필자로서의 자신에 대한 인식, 작문 과제 및 전략에 대한 인식, 문제 해결 과정의 조정에 관한 지식 등이 그것이다. 필자 자신에 대한 지식은 특정 상황에서 다양한 과제를 얼마나 잘 수행할 수 있는가에 대한 자각으로 필자의 동기화 수준에 많은 영향을 미친다. 과제에 대한 지식은 필자가 과제를 분석하고, 과제 해결에 필요한 정보를 모으고, 모은 정보를 어떻게 배열해야 할 것인지를 결정하는 데 필요한 지식이다. 전략에 대한 지식은 특정 전략의 선택, 전략을 정교화할 수 있는 지식과 전략의 효율성을 점검할 수 있는 지식을 말한다. 초인지 지식은 작문의 활용과 조정에 관한 지식으로서 가시적으로 드러나지 않는 경우가 많다.

그러나 이러한 지식이 잘 갖추어져 있다고 해서 작문을 잘할 수 있는 것은 아니다. 지식의 양뿐만 아니라 그것을 활용하는 능력이 문제가 된다. 이러한 활용 능력과 관련되는 것이 기능과 전략의 문제이다.

2) 작문 기능 및 전략

작문을 문제 해결 행위라고 보았을 때, 작문 전략이란 작문의 다양한 문제 상황에 직면했을 때 효율적으로 해결할 수 있는 방법이 집약된 것이라고 볼 수 있다. 작문 과제는 상황마다 천차만별이지만, 그래도 일상생활 속에서 필자가 어려움을 겪는 전형적인 상황이 존재할 것이다. 이런 전형적인 상황에 접했을 때 발휘되는 것이 작문 전략이다. 전략이란 복잡한 사고 과정을 수반하는 문제 해결 기제이다.

성숙한 필자와 미숙한 필자의 작문 활동을 인지적으로 분석한 것을 보면, 성숙한 필자들은 일반적으로 두 가지 특성을 가지고 있는 것으로 나타났다. 첫째, 전형적으로 관련 문제에 대한 충분한 양의 지식을 가지고 있으며, 둘째, 문제를 해결하는 데 다양한 기능과 전략을 많이 가지고 있다(Flower, 1981). 미숙한 필자는 글을 구성하기 위한 특별한 전략이 없고, 다만 생각나는 것을 써 가는 식이다. 능숙한 필자는 글쓰기라는 문제와 관련한 목표 의식을 가지고 있다. 이들은 보편적으로 적용이 가능한 일반적인 작문 전략들을 가지고 있으면서, 구체적인 작문의 상황과 관련하여 적절한 전략을 선택하고 변형하여 사용할 수 있다.

그런데 이들 작문 전략과 성격상 구분이 모호한 작문 기능이 존재한다. 이 두 개념이 동일한 것은 아니나 어디까지가 기능이고 어디까지가 전략인지 아직 명확히 밝혀져 있지 않다. 속성상 일반적으로 기능은 훈련을 통해서 숙달되는 능력으로 자동화 지향성을 지니며, 전략은 본질적으로 의식적인 활동이라는 것이다. 다시 말해 전략은 무엇을 어떠한 과정을 거쳐 어떻게 처리할 것인가에 대한 계획 같은 것이라고 볼 수 있다. 따라서 전략의 핵심 요소는 절차적 지식이라 볼 수 있다. 즉, 언어 사용 과정에 대한 과정적 지식의 소유 여부, 언어 사용 과정에 대한 인식 여부가 기능과 전략을 구분할 수 있는 요인이 될 수 있는 것이다. 절차적 지식은 어떤 일을 하는 방법에 대한 지식으로 몇 가지 정신적, 행동적 과정으로 구성된다(최영환, 1995 : 10). 즉, 전략(strategy)과 기능(skill)은 혼동되어 사용되기도 하지만, 전략은 속성상 복합적인 사고 과정으로 보다 긴 시간이 소요되는 사고의 조작이며, 기능은 훈련을 통해서 숙달된 능력으로 자동화 지향성을 지니며 전략에 비하여 미세하고 시간이 덜 걸리는 행위 조작 활동으로 정의해 볼 수 있다(최현섭 외, 2005 : 382). 작문에 필요한 여러 가지 지식과 하위 기능들을 통합하고 조정하기 위해서는 작문 전략이 필요하다.

작문 이론 중 필자의 전략을 특히 강조하는 것은 필자의 인지 과정을 중요시하는 인지구성주의 작문 이론이다. 필자가 작문 과정에서 마주치는 문제를 해결하는데 효과적이라고 생각되는 전략들이 있다는 것이다. 인지구성주의의 영향을 받은 과정 중심 작문 교육에서도 학습자가 작문 전략을 습득하는 것을 강조한다. 학습자가 의식적으로 적절한 전략을 선택하고 작문을 계획하고 아이디어를 조직하고 자신의 글을 점검하고 의미를 교정하도록 해야 성숙한 필자로 성장한다는 것이다. 작문 전략과 기능을 강조하는 연구에서는 주로 작문 과정과 연관된 대표적 전략을 제시하고, 각 전략에서 할 수 있는 활동들의 목록을 제시하고 있다.

작문 연구자들이 대표적인 과정별 작문 전략으로 제시한 목록을 살펴보자. [표 2]은 최현섭 외(2005)에서 제시한 작문 전략 및 이에 따른 활동 목록의 예시이다. 작문 과정과 연관된 대표적 전략을 제시하고, 각 전략에서 할 수 있는 활동들을 제시하고 있다.

[표 2] 작문 전략 목록과 관련 활동(최현섭 외, 2005 : 387)

전략	관련 활동
생성하기 전략	브레인스토밍, 그림 그리기, 조사 및 관찰, 인터뷰, 토의, 문답 놀이, 관련 텍스트 읽기, 직접 경험, 자유 연상, 회상하기, 상상하기 등
조직하기 전략	다발 짓기, 도식화하기, 개요 짜기 등
초고 작문 전략	메모하기, 얼른 작문, 구두 작문 등
감각적 표현 전략	감각적 단어 사용, 대화 작문, 은유나 직유 사용, 개성적인 문체나 어휘 사용, 격언이나 속담 등의 관용어 사용하기 등
정교화 전략	독자가 되어 질문하기, 독자가 되어 심상 만들기, 문단 늘여 작문, 관련 항목 추가하기 등
점검하기 전략	소리 내어 읽기, 질문하기, 체크리스트 활용하기, 협의하기, 돌려 읽기 등
교정하기 전략	교정 부호 사용하기, 관련 자료 활용하기, 덧붙이기, 삭제하기, 조정하기, 대치하기 등
평가하기 전략	주석 달기, 점수화하기, 자기 평가 보고서 작문 등
활용하기 전략	게시하기, 삽화나 그림 넣어 작품화하기, 다른 장르로 바꾸어 작문, 극화하기, 문집이나 문예지에 기고하기 등

전략과는 다른 층위이지만, 필자가 의미를 구성하는 데 자동적, 무의식적으로 사용하는 기능 역시 작문 교육에서 중요한 요소이다. 최현섭 외(2005)에서는 이러한 기능을 글자 수준, 문장 수준, 문단 수준을 망라하여 구분하였다. [표 3]는 작문 기능을 글자 작문 기능, 맞춤법 기능, 구조화 기능, 표현 기능, 참조 기능의 다섯 가지 범주로 구분하여 예시한 작문 기능 목록이다.

[표 3] 작문 기능 범주와 세부 항목(최현섭 외, 2005 : 388)

기능	세부 항목
글자 쓰기 기능	필순에 맞게 쓰기, 자형에 맞게 쓰기, 글자나 낱말간 적당한 공간을 두며 쓰기 등
맞춤법 기능	문장 부호 바르게 사용하기, 낱자를 맞춤법에 맞게 쓰기, 바르게 띄어쓰기 등
구조화 기능	완결된 문장 쓰기, 중심 문장과 뒷받침 문장으로 문단 구성하기, 시간이나 공간 변화에 따라 내용 배열하기, 화제 범주화하기, 비교·대조하기, 원인과 결과 제시하기, 형식에 알맞은 조직 패턴 사용하기, 문장 결합하기 등
표현 기능	비유 사용하기, 관용어 사용하기, 동의어와 반의어 사용하기, 문맥에 적절하게 작문, 개성적인 문체 사용하기 등
자료 활용 기능	사전 사용하기, 참고 도서에서 정보 찾기 등

그러나 기능과 전략을 엄밀하게 구분하기는 힘들다. 학습자 수준에 따라 누군가에게는 의식적으로 노력해야 하는 전략이 누군가에게는 이미 자동화된 기능일 수도 있다. 최현섭 외(2005 : 388)에서 예로 들었듯이 초등학교 수준의 필자에게는 서법이나 맞춤법 등의 기초적인 기능이 자동화되어 있지 못하므로 이를 개선시키기 위한 의식적 활동은 전략에 속한다. 하지만 이는 성인 수준의 필자에게서는 자동화된 기능으로 나타날 수 있다. 따라서 작문 발달 과정 중의 중요한 과업 중 하나는 작문에 필요한 하위 전략들을 충분히 숙달시켜서 자동화된 기능으로 전환하는 것이라고 볼 수 있다.

3) 작문 태도

어떤 능력을 설명할 때 '지식', '기능과 전략'과 더불어 세 번째 요소로 흔히 꼽히는 것이 '태도'이다. 그러나 태도를 '지식', '기능과 전략'과 동등한 위치에 놓기에는 걸리는 점들이 있다. 우선 '지식', '기능과 전략'은 인지적 성격이, '태도'는 정의적 성격이 강하다. 또 태도는 지식, 기능과 전략처럼 학습이나 연습에 의해 습득되기 어려우며, 명쾌하게 정의되기도 어렵다. 이런 특이성 때문에 태도에 대한 연구는 상대적으로 매우 적었으며, 명쾌하게 능력의 구성 요소로서 설명되지 않는 면도 있다.[1] 그러나 능력에서 인지적인 면뿐 아니라 정의적인 면도 중요하다는 점을 고려할 때, 태도를 빼놓고 설명할 수 없다. 최근에는 태도에 관한 연구 역시 증가하는 추세이다.

태도는 "어떤 대상에 대하여 일정한 양식으로 반응하는 학습된 경향성으로 인지적, 정의적, 행동적 요소로 구성되어 있는 정서적 반응"이라고 정의할 수 있다(김성일, 2000 ; 황정규, 2002 ; 한규석, 2004). 태도의 경우 흔히 정의적 측면만을 생각하기 쉬우나, 최근의 연구는 태도에 인지적, 정의적, 행동적 요인이 모두 관련되어 있음을 주장하고 있다.

윤준채(2005 : 280)는 태도에 대한 선행 연구(Fishbein & Ajzen, 1975 ; Petty & Cacioppo, 1981 ; Beck, 1983 ; Eagly & Chaiken, 1993)를 종합하여, 쓰기 태도를 "쓰기와 관련하여 사람들로 하여금 일관되게 호의적인 혹은 비호의적인 감정적 반응을 일으키게 하는 학습된 성향"으로 정의하였다. 오택환(2007)은 윤준채(2005)의 정의를 발전시켜서, "호오(好惡)의 정서, 작문에 대한 긍정적, 부정적 신념으로 지속적이고 일관성 있으며, 경험이나 설득에 의해 변화가 가능한 정서적 반응"이라고 설명하였다. 이는 필자가 작문 상황을 접했을 때 그 상황에 접근하느냐 회피하느냐에 관해 학습된 일관성 있는 감정이라 할 수 있다.

오택환(2007 : 19-20)은 일반적인 태도와 마찬가지로 작문 태도도 작문에 대한 신념이나 의견인 인지적 요소와 작문에 대한 감정이나 평가인 정의적 요소, 실질적으로 읽으려는 행동이나 의도를 나타내는 행동적 요소 등의 세 가지 요소를 모두 가지고 있다고 설명한다. 예를 들면, 첫째, 작문에 대한 태도의 인지적 요소는 '작문은 우리 생활에 반드시 필요하다. 작문은 나에 대하여 더 많은 것을 나타내게 한다, 쓴 글에 대해 친구들이나 선생님 등과 토의하는 것은 더 좋은 글을 위해 꼭 필요하다.' 등과 같이 지각이나 지식, 관념, 이해, 판단을 내포하며, 가치관이나 신념과 관련이

[1] 실제로 2007년 개정 국어과 교육과정에서는 '태도'가 내용 범주에서 빠지기도 했다. 물론 중요하지 않아서가 아니고, 지식, 기능에 비하여 더 높은 차원의 능력이어서 동등한 범주로 제시하기 어렵다는 점 때문이었다. 그러나 2009년, 2015년 개정 국어과 교육과정에는 내용 범주로 다시 등장하였는데, 이는 능력의 구성 요소로서 태도의 중요성과 교육적 필요성 때문이라 하겠다.

깊다.

둘째, 작문에 대한 태도의 정의적 요소는 '나는 글로 쓰고 싶은 이야기가 많다, 나는 글쓰기를 좋아하며 마음에 든다, 내가 쓴 글을 읽으면 마음에 든다, 나는 글을 더 잘 쓸 수 있으면 좋겠다.' 등과 같이 긍정적, 부정적, 호오, 욕구·동기·감정 등과 관련이 깊다.

셋째, 작문에 대한 태도의 행동적 요소는 '작문 주제가 주어지면 생각을 정리한 후에 쓴다, 쓰고 싶은 내용을 적절히 정리할 수 있다, 평소에 글을 쓰면서 예상독자에 대해 자주 생각한다, 내가 쓴 글을 다시 읽고 고쳐 쓰려는 태도를 지닌다.' 등과 같이 긍·부정적 행동을 하려는 경향이나 의도와 밀접하다.

작문 지식이나 작문 기능, 전략에 비하여 상대적으로 작문 태도는 교육 대상으로서 소외되어 왔다. 그러나 작문 교육에서 태도 영역은 중요한 교수·학습 내용이자 평가 요소이다(최현섭 외, 2005 ; 389). 인지와 정의는 배타적인 관계가 아니라 밀접하게 연결되어 있어서 상호 영향을 미치기 때문이다. 예를 들어 쓰기가 습관화되어 있는 학생은 작문 능력이 향상될 가능성이 많다. 작문에서 성공적 경험을 하여 작문 능력이 우수하다고 평가되는 학생들은 자연히 쓰기에 자신감과 흥미를 가지게 된다. 따라서 작문 능력의 구성 요인으로 태도는 더욱 정치하게 다루어질 필요가 있다.

태도를 교육 내용의 범주로 다루고 있는 2015 국어과 교육과정에서는 쓰기 태도의 핵심 개념으로 '쓰기 흥미, 쓰기 윤리, 쓰기의 생활화'를 제시하였다. '쓰기 흥미'란 쓰기 행동을 일으키게 하는 심리적 요소로 쓰기 행위나 특정 쓰기 과제에 대한 학습자의 관심을 뜻한다. '쓰기 윤리'는 변화된 매체 환경에서 대두되는 저작권 문제, 언어 예절의 문제 등을 해결하기 위한 교육 내용이다. '쓰기의 생활화'는 쓰기 행위를 일상생활에서 습관화할 것을 요하는 내용이다.

일반적인 태도와 마찬가지로 쓰기 태도도 생득적인 것이라기보다는 쓰기 경험, 쓰기 결과나 필자 자신에 대한 신념, 그리고 설득적 의사소통 등에 의해 형성되고 발달된다. 또한, 일단 한 번 형성되면 쉽게 변화하지 않는 속성을 지니므로 교육을 통해 학생들이 애초에 긍정적인 쓰기 태도를 형성할 수 있도록 도울 수 있어야 한다. 다행인 것은 부정적 쓰기 태도가 형성되었다고 하더라도 얼마든지 새롭게 형성될 수도 있기 때문에, 학생들이 쓰기 태도를 형성해 가는 시기가 언제인지, 발달 양상은 어떠한지를 살펴서 적절한 교육적 처치를 투입하는 것이 필요하다(가은아, 2011 : 43). 작문 태도의 중요성과 연구 필요성이 대중적으로 인식되며, 최근에는 작문 태도의 구성 요인과 발달을 독립적으로 다루는 연구들이 많이 이루어지고 있다.

작문 태도를 구성하는 이 외의 요인으로는 최근 연구가 많이 되고 있는 '동기'가 있다. 이는 태도 요소 중 특히 작문 학습과 밀접한 관련이 있기 때문이라고 생각된다. 전제응(2005), 박영민(2007)의 연구는 쓰기 동기가 작문 학습, 작문 능력의 증진과 얼마나 깊게 관련되어 있는지를 보여준다. 작문 교육에서 학습자가 작문을 싫어하고 어려워하는 이유는 작문 자체의 특성이나 물리적인 여건도 있겠지만, 학습자가 글을 쓰려는 동기가 미약하기 때문이다. 동기는 인간의 행동을 촉발하는 에너지이므로 교육적인 관점에서는 학습자가 작문을 싫어하고 어려워하게 만드는 요인들을 극복할 수 있도록 충분한 동기를 부여해 주어야 한다.

학습자에 대한 설문 조사를 통하여 작문 동기의 구성 요인을 탐색한 연구도 있다. 이재승 외(2006)에 의하면 우리나라 초등학생들은 출판, 작문 효능감, 작문 인정, 카타르시스, 새 필기도구, 작문 신념, 상호작용, 작문 모방, 인터넷, 컴퓨터 활용 등의 10개 요인이 쓰기 동기를 구성하고 있는 것으로 분석되었다. 이와 달리 중학생을 대상으로 한 박영민(2006)에서는 협력적 상호작용, 작문 효능감, 경쟁적 노력, 도전심이 쓰기 동기에 영향을 미치는 것으로 나타났다. 초등학생들은 10개 요인이 작용하는 데 비해 중학생들은 단지 4개 요인이 영향을 미치고 있어 차이를 보였다. 학년이 올라갈수록 동기 요인이 줄어들고 부정적으로 변화하는 것은 교육적으로 깊이 고민해보아야 할 현상이다.

2. 작문 능력의 발달

작문 능력이란 다양한 요인들이 영향을 미치므로 간단하게 설명될 수 없는 복잡한 능력이다. 흔히 작문은 언어 행위 중에 가장 복잡한 사고 작용을 요하는 고등사고력이라고 한다. 고등사고력이므로 작문 능력의 발달 양상 역시 다른 언어 능력에 비하여 가장 복합적이고 장기간에 걸쳐 이루어진다. 필자의 특성과 상황에 따라 개인차도 크다. 개인차와 상황에 따른 다양성을 인정하더라도, 일반적인 작문 능력의 발달에 대한 연구는 작문 교육에서 필수적인 일이다.

작문 능력의 발달 연구는 그 중요성에도 불구하고 연구 결과가 충분히 축적되지 못하였다. 작문 능력에 대한 충분한 설명도 부족할뿐더러, 작문 능력의 발달 양상을 밝혀내는 일이 방대하고 많은 시간과 노력을 요하는 작업이기 때문일 것이다. 이런 문제를 해결하기 위해, 작문 능력의 발달을 밝히는 연구는 다양한 층위에서 이루어져야 한다. 이 장에서는 다른 능력들과 차별화되는 작문 능력의 특징을 통해 작문 능력 발달 특성을 이해하려 한다. 그리고 작문 능력 발달을 설명하는 대표적 연구들을 사례와 함께 살펴볼 것이다.

1) 작문 능력의 특성

▌일상생활에서 필수적인 능력

작문 능력이 중요한 이유는 그 자체로서뿐 아니라, 인간이 살아가는 데 필수적인 여러 활동들의 도구가 된다는 점이다. 박영목(1994 : 116-118)은 작문 능력의 중요성을 다음과 같이 설명하고 있다.

첫째, 의사소통의 수단이다. 글을 쓰는 사람은 글을 읽는 사람에게 어떤 영향을 미치기 위하여 글을 쓴다. 즉 필자는 독자의 지적 상태를 변화시키기 위하여 어떤 일을 주장하기도 하며, 어떤 정보를 제공하기 위하여 설명을 하기도 한다. 의사소통 행위로서의 작문이 갖는 여러 가지 성질들은 실제로 글을 만들어 가는 과정에서 중요한 역할을 한다.

둘째, 사고력 증진의 도구이다. 작문 활동은 학생들로 하여금 사물들 사이의 관계를 바르게 인식하게 하고, 사물들에 대한 이해를 깊게 하며, 여러 가지 다양한 경험들에 대하여 질서를 부여할 수 있도록 한다. 또한, 작문 활동을 함으로써 학생들은 창의적이고도 비판적으로 생각하는 힘을 기를 수 있다.

셋째, 의사 결정 능력 신장의 도구이다. 작문의 과정에서 필자는 자신이 표현하고자 하는 정확한 의미를 발견하고 그것을 효과적으로 전달하기 위해서 작문의 목적, 예상독자, 작문의 내용 등에 관해 끊임없이 의사 결정을 해야 하는데, 이러한 의사 결정의 경험이 학문을 하거나 사회생활을 영위하는 데 매우 가치 있는 경험이된다.

넷째, 바람직한 정서 형성의 수단이다. 작문 활동은 학생들로 하여금 긍정적이고 바람직한 정서를 갖게 하는 데 크게 기여한다. 작문 행위가 필자의 정서에 미치는 영향을 실증적으로 연구한 결과에 의하면 부정적인 정서를 가졌던 많은 학생들이 작문 경험을 확충함으로써 긍정적 정서를 가진 학생으로 변화하게 된다는 사실이 드러나고 있다.

▌ 복잡하고 다양한 요인으로 구성된 능력

글을 쓰는 과정에서 필자는 글씨, 맞춤법, 단어의 선택, 문장 구조, 문장의 연결 관계, 글의 조직, 문체, 글을 쓰는 목적, 예상되는 독자의 반응 등과 같은 여러 가지 문제들을 거의 동시에 해결하면서 글을 써 나가야 한다(박영목, 1994 : 119). 글을 잘 쓰는 사람은 이런 여러 가지 문제를 동시에 해결하는 것처럼 보이지만, 사실은 분리된 문제들을 해결하는 하위 기능들이 매우 숙련되어 있어서 마치 동시에 해결하는 것처럼 보인다. 예를 들어보자.

성숙한 필자인 A는 '인터넷 시대의 빛과 그림자'라는 주제로 논술문을 쓰고 있다. A는 인터넷 시대의 장점과 단점을 비교하여 보여주기 위하여 글을 쓰기 전에 미리 벤다이어그램으로 글 내용을 구조화시켜 놓았다. 그는 인터넷의 발달로 현대 사회가 얼마나 편리해졌는지를 보여주는 동시에, 그로 인해 발생하는 문제점을 논의하여 경계시키는 것이 목적이다. 따라서 인터넷을 사용하는 네티즌들이 그의 글을 많이 읽어주기를 바란다. 그는 네티즌들의 흥미를 끌기 위해 서두에 네티즌들끼리 통하는 낱말이나 문장을 쓰고 싶어 한다. 그래서 일부러 '초딩', '대딩', '지못미' 등의 줄임말과 '시러 시러', '갠차나' 등의 맞춤법에 어긋난 말을 사용하기로 한다.

A는 지금 첫 문장을 쓰기 위해 여러 가지 사고를 하였다. 글의 내용을 미리 구조화시키는 사고, 글의 목적을 상기하는 사고, 예상독자의 흥미를 끌기 위해 어떤 장치를 할 것인가에 대한 사고, 자신의 의도에 맞는 첫 문장을 쓰기 위해 어떤 단어나 문장을 선택할 것인가에 대한 사고 등이다. 이런 사고 작용은 A가 오랫동안 작문 경험을 통해 필요성을 인식하고 훈련한 것이다. 글을 잘 쓰는 사람은 마치 머릿속에서 글이 술술 흘러나오는 것처럼 보이지만, 사실은 장기간의 훈련을 통하여 자동화됨으로써 그렇게 보이는 것일 뿐이다. 글을 잘 쓰는 사람에게도 작문은 결코 쉽고 편한 일이 아니라는 것이다.

A처럼 능숙하게 글을 쓰면서 다양한 문제들을 동시에 처리하기 위하여 필자는 여러 가지 조건을 갖추어야 한다. 박영목(1994 : 120)은 성숙한 필자는 적어도 다음 세 가지 조건을 충족시켜야 한다고 주장하였다. 첫째, 필자는 의도적인 주의 집중을 하지 않고서도 작문의 여러 가지 하위 과정들을 자동적으로 처리할 수 있어야 한다. 둘째, 필자는 시간을 많이 소비하거나 심한 장애를 받는 일이 없이 작문의 하위 과정들을 처리함에 있어서 대단히 숙련된 솜씨로 시간을 적절히 배분할 수 있어야 한다. 셋째, 위의 두 가지 조건을 제대로 충족시키기 위하여 필자는 필요한 만큼의 정보 처리 용량을 두뇌 속에 갖추고 있어야 한다.

그렇다면 숙련된 필자가 되기 위해서는 앞서 제시한 작문 능력의 구성 요인을 갖추는 것 이외에도, 작문을 수사론적, 사회적, 문화적 상황의 일부로서 수행하는 능력을 갖추어야 한다. 앞에서 작문 지식, 기능과 전략, 태도의 목록을 제시하였으나 이것들이 분리되어 있을 때는 작문 능력으로서의 의미가 없다. 작문 상황은 필자가 속한 사회·문화적 환경, 담화 공동체의 특성, 텍스트의 유형에 따라 천차만별로 달라진다. 이렇게 다양한 상황에 맞추어 자신이 지닌 지식, 기능과 전략, 태도의 목록을 선택, 조절, 통제, 통합하는 것이야말로 작문 능력이라고 할 수 있다.

■ 장기간에 걸쳐 점진적으로 발달하는 능력

작문 능력은 어느 한순간 발달하는 것도 아니고, 어느 한순간에 완성되는 것도 아니다. 작문 능력의 발달은 가정, 학교, 개인적인 흥미나 경험으로 나타난 태도 등의 복합적인 상호작용 결과로 획득되는 것으로, 오랜 시간에 걸쳐 계속해서 발달해 간다(조은수, 1997 : 388). 덜 숙련된 필자들은 대개의 경우 정보 처리 능력이 부족하기 때문에 앞에서 설명한 바와 같은 고등 정신 기능들을 한꺼번에 획득할 수는 없다. 그 대신 그들의 수준에서 성취가 가능한 작문 기능들을 점진적으로 획득해 나가게 된다. 다시 말하면, 어느 하나의 체계에 속하는 작문 기능들을 자동화된 기능으로 습득하고 난 다음에 보다 높은 수준의 체계에 속하는 작문 기능을 통합하여 자동화된 기능으로 획득하게 된다(박영목, 1994 : 120).

따라서 작문 능력의 세 번째 특징을 '장기간에 걸쳐 점진적으로 발달하는 능력'이라고 규정지을 수 있다. 작문 교육이 매우 중요함에도 불구하고 즉각적인 효과를 보기 어려워 외면받는 경우가 있다. 학습자가 자신은 아무리 노력해도 잘 쓸 수 없다고 지레 포기하는 사례도 많다. 작문을 지레 포기하는 학습자를 돕기 위해서는 일반적인 작문 능력의 발달 단계를 제대로 알고, 각 단계에서 어떤 특성을 지니는지 파악하는 것이 시급하다.

작문 능력의 발달 양상은 기초 문식성으로서의 작문 능력과 고등사고력으로서의 작문 능력으로 나누어 볼 수 있다. 대략적인 시기를 들어보자면 기초 문식성으로서의 작문 능력은 유아기부터 초등학교 저학년까지로, 문자 쓰기에 관심을 가지고, 한글을 해득하고, 글쓰기로 간단한 의사소통을 할 수 있는 정도의 수준이다. 고등사고력으로서의 작문 능력은 초등학교 중학년부터 성인기까지로, 작문을 통하여 사고를 정교화하거나, 높은 수준의 의사소통을 하는 등 보다 진취적인 목표를 위해 작문을 할 수 있는 수준을 말한다. 물론 작문의 발달 양상은 개인차에 따라 천차만별이어서 그 수준이나 단계를 명확히 나눌 수는 없으나, 여기서는 이해를 돕기 위해 나누어서 기술하였다.

2) 기초 문식성으로서의 작문 능력 발달

■ 기초 문식성으로서의 쓰기

쓰기 행위는 아주 어릴 때부터 시작된다. 어린아이들은 부모가 자기에게 들려주는 이야기책을 통해 그림이나 단어가 무엇인지 어렴풋하게 감을 잡는다. 어린아이들은 엄마와 아빠, 자기 집을 그린다. 그들은 재미로 낙서하듯이 이리 저리 갈겨쓰기도 한다. 이 시기에 어린아이들은 나중에 의미를 담은 표현(글)을 하기 위한 투자를 하고 있는 셈이다. 이들은 결국 사람이나 사물에 대한 그림을 그릴 수 있을 뿐만 아니라 그것을 글로 나타낼 수 있게 된다. 대부분의 아동들은 유치원에 들어가기 전에 직접적이든 간접적이든 글쓰기와 관련된 행위를 할 수 있다. 물론 아직 글(문자)에 대한 개념이 발생하고 있는 중인 아이들도 있다(이재승, 2004 : 257).

아동은 초등학교에 들어가기 훨씬 이전부터 쓰기를 배우기 시작하고, 입학한 후에도 계속적으로 쓰기를 배워나가 마침내는 표준적인 글을 쓸 수 있기까지 발달해 나간다. 기초 문식성 단계에서, 아이들은 그림, 점, 기호, 글자 모양의 상징적 매체를 매우 유동적이고 융통성 있게 활용한다. 이런 매체들을 계속 사용하고 탐색하면서 아이들은 그 기능과 형태와 절차들에 점차 친숙해지고 편안해진다. 그리고 아무렇게나 써 놓은 것은 읽을 수 없다는 사실을 인식하게 된다. 그러나 아직도 남들이 알아 볼 수 있는 표준적 쓰기를 할 수 없기 때문에 계속해서 남들이 알아 볼 수 없는 것들을 마치 그리듯이 써 놓는다(이경화 외, 2008 : 26).

이전에는 작문 능력은 정확하게 맞춤법에 맞는 글자쓰기 훈련을 통해서만 시작된다고 생각하였다. 그러나 음성 언어가 자연적으로 습득되듯이, 문자 언어도 적절한 문식성 환경을 통해서 어느 정도 자연적으로 습득된다는 것을 인식하게 되었다. 대부분 유아들이 정확한 글자쓰기를 하기 전부터, 종이에 연필로 낙서를 하거나 긁적거리는 것을 관찰할 수 있다. 많은 연구자들은 유아들이 성인의 글쓰기를 스스로 모방하기 시작한다고 밝히고 있다. 형식적 문자 지도가 이루어지기 전부터, 유아 스스로 낙서나 긁적거리는 경험을 통해 언어 규칙을 습득하기 시작한다는 것이다. 이러한 인식을 바탕으로 초기 쓰기 교육에서도 단순한 쓰기 훈련과 연습뿐 아니라 자연 발생적인 쓰기 흥미와 능력에 관심이 모아졌고, 이를 설명하는 여러 가지 개념이 만들어졌다.

대표적인 것이 '발생적 문식성(emergent literacy)'과 '창안적 글자쓰기(invented spelling)' 개념이다. '발생적 문식성(emergent literacy)'이란 어린 아이들이 자라면서 문식성의 기초 조건들을 갖추어 가는 것이다. 가령, 책은 의미를 담고 있다는 것, 왼쪽에서 오른쪽으로 읽는다는 것, 문자가 의미를 전달한다는 것, 일정한 형태가 모여서 글자를 만든다는 점 등을 자연스럽게 인식하게 되면서, 유아 스스로 글자를 써서 의미를 전달하려는 시도를 하게 된다. 유아가 스스로 문자에 관한 경험을 통해 적극적으로 의미를 구성한다고 보는 관점이 '발생적 문식성(emergent literacy)'의 개념으로 나타난 것이다.

이때 완전한 형태는 아니지만 유아가 관습적인 글자를 모방하여 만들어내려는 시도를 '창안적 글자쓰기(invented spelling)'라고 한다. 유아가 일정한 나이가 되면 외부에서 들어오는 언어적 정보와 내부의 인지 과정 발달이 맞물려 스스로 언어적 능력을 구성해 나가게 되므로 작문 발달 과정에서 유아는 일정한 패턴을 보이며 성장해 나가게 된다. 그러므로 '창안적 글자쓰기(invented spelling)'란 '관습적 철자쓰기 (conventional spelling)', 혹은 '표준적 쓰기(standard spelling)'를 이해하고 정확한 글자를 쓰기 이전에 스스로 인지적 사고 과정을 통하여 언어적 규칙을 깨닫고 구성하며 음에 대응되는 철자를 만들어가며 일반화하여 만들어낸 글자를 쓰는 것이다(조선하·우남희, 2004 : 317).

초기 쓰기 능력의 발달은 바로 이 창안적 글자쓰기로 시작된다. 유아들은 여러 가지 사회적 상황 속에서 글자쓰기를 시도하며 의미와 글자의 관계를 파악하기 시작한다. 창안적 글자쓰기의 발달 양상을 명확히 밝혀놓은 연구는 아직 많지 않다. 그나마 대부분이 영어를 사용하는 외국의 연구 사례이고, 외국의 연구 결과를 기반으로 실제 우리나라 아동들의 쓰기 발달 사례를 연구한지는 불과 몇 년 되지 않았다. 여기서는 잘 알려진 외국의 연구를 소개하고 우리나라 아동을 대상으로 한 연구 사례를 살펴보기로 하자.

■ 글자 쓰기의 발달 단계 연구

외국의 연구 사례에 따르면, Gentry(1981)는 유치원에서 초등학교 4학년까지 아동들의 글자 쓰기 발달 단계를 문자 이전, 준음성적, 음성적, 전이적, 정확한 단계의 5단계로 나누어 기술하고 있다. Cox(1996 : 131-133)는 Gentry(1981)의 연구에 기반하여 영어권 철자쓰기의 발달 양상을 다음과 같이 설명하고 있다.

문자 이전 단계(Deviant stage)는 소리와 문자의 관계를 명확하게 알지는 못하여 그리기 같은 낙서를 즐겨하는 단계로 미취학 아동들에게 해당된다. 준음성적 단계(Prephonetic Stage)는 자음, 모음과 같은 문자가 어떤 음성을 대표한다는 것을 이해하기 시작하는 단계로 유치원에서 1학년 시기까지 해당된다. 음성적 단계(Phonetic Stage)는 철자와 특정 음성을 대체로 연결시킬 수 있는 단계로 1학년 시기가 해당된다. 전이적 단계(Transitional Stage)는 단어에 모음을 포함해서 쓰고 창안적 철자쓰기나 소리 나는 대로 쓰기 대신에 표준적인 철자 쓰기가 나타나는 단계로 1학년 말에서 2학년 초기까지 해당된다. 정확한 단계(Correct Stage)는 철자를 정확하게 쓰기 시작하며 단어 의미에 대한 지식이 점차 증가하는 단계로 2학년에서 4학년까지 해당된다.

우리나라의 연구로서 이영자·이종숙(1990)이 관찰한 아동의 쓰기 발달 단계를 제시하면 다음과 같다.

1단계 : 긁적거리기 단계
　　　① 글자의 형태가 나타나지 않으나 세로선이 나타나는 단계
　　　② 글자의 형태는 나타나지 않으나 가로선이 나타나는 단계
2단계 : 한두 개의 자형이 우연히 나타나는 단계
3단계 : 자형이 의도적으로 한두 개 나타나는 단계
4단계 : 글자의 형태가 나타나지만 가끔 자모의 방향이 틀린 단계
5단계 : 단어쓰기 단계
　　　① 완전한 단어 형태가 나타나지만 가끔 자모음의 방향이 틀린 단계
　　　② 완전한 단어 형태가 나타나고 자모음의 방향이 정확한 단계
6단계 : 문장쓰기 단계

① 문장 형태가 나타나지만 부분적으로 잘못도 나타나는 단계
② 틀린 글자 없이 완전한 문장 형태가 나타나는 단계

이러한 구분이 절대적인 것은 아니다. 다만, 유아들의 쓰기 발달은 긁적거리기의 형태로 시작하여 창안적으로 글자를 만들어 보는 시도를 거쳐 결국 관례적인 쓰기 형태로 진전된다고 말할 수 있다. 그리고 유아들은 각기 다양한 쓰기 체제를 실험해 보는 기회를 통해 쓰기 발달이 이루어짐을 알 수 있다. 따라서 유아들의 초기 쓰기 지도는 문자 자체를 쓰도록 하는 것보다는 문자와 친숙해지고 문자를 구성하는 여러 선을 만들어 보는 활동을 중심으로 시작되어야 한다(이경화 외, 2008 : 27).

■ 한국어의 창안적 글자 쓰기 발달 연구

한국 유아들을 대상으로 창안적 글자쓰기의 발달 과정을 관찰한 조선하·우남희(2004)의 연구 사례는, 영어와 비교하여 한국어 쓰기 교육에서는 어떤 특성이 반영되어야 할지를 잘 보여준다. 이 연구는 글자의 의미를 이해하고 쓰기를 배워가는 과정에서 유아들 자신이 스스로 고안하고 구성해가는 창안적 글자쓰기의 발달 과정을 살펴보기 위해, 3~6세 유아 140명을 대상으로 쓰기 검사를 실시하였다. 그들은 유아에게 낱말을 불러주고 받아쓰게 한 쓰기 검사지를 수집하여, 그 결과를 질적, 양적으로 분석하였다. 그리고 영어권 연구에서의 창안적 글자 작문 발달 단계를 참조하여 한국어 음운에 적합한 6단계로 재구성하였다.

[표 4] 한국어에서의 창안적 글자쓰기의 과정 분류(조선하·우남희, 2004 : 323)

단계	명칭	특징
1	창안적 철자 출현 전 단계	단어를 대각선, 원 등으로 표기한 경우나 가로선 형태가 나타나는 단계
2	문자 형태 출현 단계	음절 형태가 나타나고 실제 있는 글자들이 간헐적으로 나타나는 단계
3	미완성적인 문자 출현 단계	글자 형태가 나타나지만, 음절수와 음은 불규칙적으로 연결되는 단계
4-1	음절의 수 인식 단계	음절을 나눌 수 있고, 단어의 길이를 조절할 수 있는 단계
4-2	음에 따른 철자 인식 단계	말하는 소리와 관계하여 철자 쓰기를 나타내어 일정한

단계	명칭	특징
		패턴을 보이는 단계로 접두사, 접미사 이해가 나타나는 단계
5	불완전한 표준 글자쓰기 단계	단순한 음의 표기는 가능하지만 다음 음과 연결에 어려움이 있고, 음절수와 음의 연결이 어느 정도 가능하지만 오류를 보이는 단계
6	표준 철자 단계	표준 철자를 쓰며 의미도 함께 이해하는 단계

각 단계에 해당하는 유아들의 글자쓰기 사례를 살펴보자.[2] 첫 번째는 '창안적 철자 출현 전 단계'로 이때는 단어를 대각선, 원 등으로 표기하여 마치 그림이나 상형문자처럼 나타낸 경우가 있다. 한국어 철자의 가로선 형태가 나타나는 단계이기도 하다.

2 다음에 제시되는 사례는 조선하 · 우남희(2004)의 연구에서 수집된 유아들의 쓰기 자료이다. 자료에서 '예'라고 제시된 인쇄체는 교사가 불러준 낱말이고, 각각의 예 밑에 제시된 것은 유아가 쓴 글자이다.

예 1 : 물장난 　예 2 : 책 / 책상 　예 3 : 권채연 　예 4 : 해

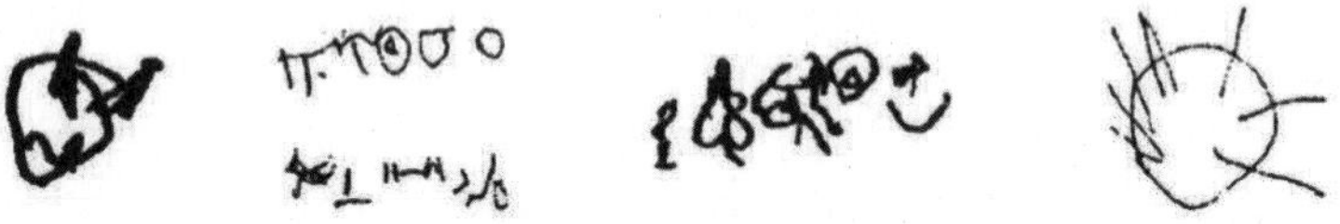

〈그림 1〉 1단계의 예

두 번째는 '문자 형태 출현 단계'로 음절 형태가 나타나고 실제 있는 글자들이 간헐적으로 나타나는 단계이다. 그러나 여전히 관습적인 글자 모양과는 거리가 먼 상태이다.

예 5 : 그림자 　예 6 : 장난감 / 물장난 　예 7 : 책상

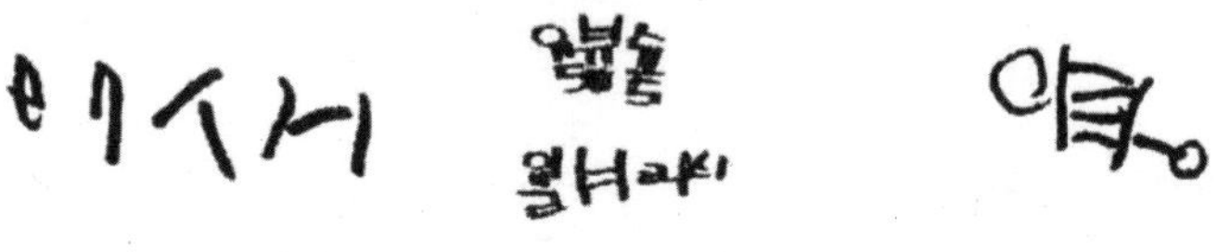

〈그림 2〉 2단계의 예

세 번째는 '미완성적인 문자 출현 단계'로, 관습적인 글자 형태가 나타나기 시작한다. 그러나 실제 들려준 낱말과는 전혀 관계없는 글자들이며, 음절수와 글자수는 불규칙적으로 연결되는 단계이다. 영어에 비하여 한국어가 지닌 가장 큰 특징은 음절수와 글자수가 정확하게 일치한다는 것이다. 조선하·우남희(2004)의 연구 결과 유아의 문자쓰기는 음절수와 글자수를 일치시키지 않는 단계에서, 일치시키는 단계로 나아간다는 것을 알 수 있다.

예 8 : 다리   예 9 : 해바라기

<그림 3> 3단계의 예

네 번째는, 바로 한국어의 특징인 음절 수와 글자 수의 일치가 나타나는 단계이다. 조선하·우남희(2004)는 네 번째를 다시 두 단계로 나누었는데, '4-1. 음절의 수 인식 단계'는 유아가 음절을 나눌 수 있고, 단어의 길이를 조절할 수 있는 단계이다. 그러나 글자와 음이 일치하지는 않는다.

예 10 : 국 / 콩나물국   예 11 : 책 / 책상, 공책   예 12 : 자, 자리

예 13 : 자, 자리, 그림자

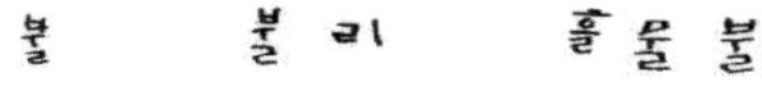

<그림 4> 4-1단계의 예

'4-2. 음에 따른 철자 인식 단계'는 말하는 소리와 관계하여 철자 쓰기를 나타내어 일정한 패턴을 보이는 단계로 접두사, 접미사 이해가 나타나는 단계이다. 사례를 보면 유아가 글자와 음을 일치시키려 노력한다는 것을 알 수 있다.

예 14 : 장난, 장난감, 물장난

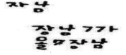

〈그림 5〉 4-2 단계의 예

다섯 번째는 '불완전한 표준 글자쓰기 단계'이다. 단순한 음의 표기는 가능하지만 다음 음과 연결에 어려움이 있고, 음절수와 음의 연결이 어느 정도 가능하지만 오류를 보이는 단계이다. 사례에서 보이는 것처럼 자음과 모음의 형태에서 선이 첨가되거나 탈락되는 경우(예 15의 'ㅊ'에 가로선이 첨가됨), 받침이 두 개일 때 순서나 형태를 뒤바꾸는 경우(예 16의 '까닭'에서 겹받침의 순서가 바뀜)가 전형적인 오류로 나타난다.

예 15 : 책 / 책상, 공책   예 16 : 닭 / 까닭 / 닭장

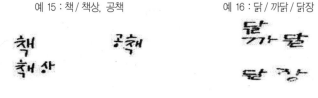

〈그림 6〉 5단계의 예

여섯 번째는 '표준 철자 단계'로, 표준 철자를 쓰며 의미도 함께 이해하는 단계이다. 이때는 오류가 거의 보이지 않는다.

예 17 : 장난, 장난감, 물장난   예 18 : 닭 / 닭장, 까닭   예 19 : 있었다 / 없었다

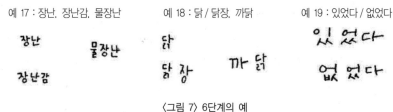

〈그림 7〉 6단계의 예

▎기초 문식성 교육의 중요성

이렇게 아동의 쓰기 능력은 제도교육 속에서의 연습과 훈련으로만 발전하는 것이 아니고 자연스런 상황에서 자생적으로 발달하기 시작한다. 아동이 표준 철자 단계를 쓸 정도로 발전하기까지는 아동의 독서 경험과 성인과의 상호작용이 지대한 영향을 미친다. 초기에 아동이 문식성을 어느 정도 발달시킬 수 있는가는 아동의 문식성 환경에 달려있다고 해도 과언이 아니다. 가정과 학교의 문식성 환경, 문식성과 관련된 긍정적 경험 등은 아동의 작문 능력 발달과 불가분의 관계이다. 아동이 쓰기를 좋아하고 즐겨할 수 있도록 하는 것이야말로 초기 작문 능력의 성패를 좌우한다고 할 수 있다. 또한 기초 문식성을 기르는 활동들이 차후 비판, 창의력 등의 고등 사고력을 요하는 고등 수준의 문식성을 개발하는 밑거름이 되어야 한다.

탈맥락화되고 문자 해득에만 제한된 입문기 문자 교육은 장차 고등 문식성의 발판이 될 기초 문식성으로서의 역할을 못하게 한다. 기초기능의 개념은 읽기나 쓰기를 말소리와 문자의 단순대응으로 보는 것이고, 고등기능의 개념은 같은 읽기나 쓰기를 보되 이를 전달자의 의도와 목적, 수신자의 배경과 필요, 그리고 상황이라는 종합적인 의사소통의 맥락 속에서 보는 것이다(이두석, 2001 : 11). 글자쓰기를 기초 문식성으로만 보는 관점의 교육은 상황 요인을 고려한 고등 수준의 기능을 기를 수 없다. 고등사고력으로서 작문 능력 발달의 기반을 다지려면, 유아기부터 사회적 상호작용 속에서의 문식성 발달을 도모해야 한다. 고등 수준 문식성과의 연계를 위해서는, 무엇보다 자연스러운 의사소통 상황 속에서 글쓰기의 기회를 많이 제공하는 것이 좋다. 일상생활 속에서 이름쓰기, 낙서하며 이야기 짓기, 편지쓰기, 쪽지쓰기, 저널쓰기, 문집 만들기 등 다양한 쓰기 기회를 제공하는 것이 중요하다.

3) 고등사고력으로서의 작문 능력 발달

▎고등사고력으로서의 쓰기

작문 능력의 초기 발달은 주로 문자 쓰기의 관습을 익히고, 머릿속에 떠오르는 생각을 문자로 옮기는 수준까지를 설명한다. 그러나 작문은 단순히 떠오르는 생각을 문장으로 옮겨놓기만 하는 행위가 아니다. 인지구성주의 작문 이론에서 작문을 문제 해결적 행위로 보았듯이, 작문은 복잡한 문제의 해결 방법을 찾고, 새로운 의미를 창조하는 행위이다. 머릿속에서 여러 가지 생각들이 복잡하게 얽혀있을 때 글을 쓰면서 자신의 생각을 정리하거나 정교하게 다듬는 경험을 누구나 했을 것이다. 또 글을 쓰는 과정에서 새로운 아이디어를 얻거나 처음에 가졌던 자신의 생각을 정정하기도 한다. 즉 작문은 생각을 단순히 글로 나타내는 행위가 아니고, 사고를 정교화하고 발전시키는 고등사고력이다.

과거에는 작문은 필자만의 것이라고 생각하였다. 독자는 필자가 쓴 글을 읽고, 필자의 의도대로 이해하기만 하면 되었다. 그러나 읽기 행위 역시 독자가 자신의 스키마를 통해 의미를 재구성하는 행위로 인식되면서, 작문 행위에서 독자의 중요성이 부각되었다. 의사소통으로서의 작문은 항상 독자를 전제로 해야 한다. 독자가 자신의 글을 어떻게 받아들일지 고려하며 내용이나 표현을 선택, 구성해야 한다. 미숙한 필자들이 자기중심적인 글쓰기에 머무르는 한편, 성숙한 필자들은 독자들이, 더 나아가서 자신이 속한 담화 공동체에서 어떻게 받아들일지를 고려하며 엄격하게 자신의 글을 통제한다.

고등사고력으로서 작문의 중요성은 대표적으로 Vygotsky의 연구에서 알 수 있다. Vygotsky는 인간의 고등 정신기능들이 원래는 공동 활동을 통해 생겨난 것이며 그것이 이후에 개인 내로 내면화된다고 한다. 사회적 국면에 있던 정신 기능들, 즉 인지가 개인적 국면으로 옮겨지는 데는 정신의 도구들인 기호들(signs), 그 가운데서도 언어가 중요한 매개 역할을 담당하게 된다(한순미, 1999 : 29). 즉, Vygotsky의 연구에서 중요한 핵심 중 하나가, 심리적 도구인 기호, 그중에서도 언어가 인간의 사고와 행동에 작용하는 양상을 살펴보는 것이었다.

Vygotsky는 초등 형태의 사고와 고등 형태의 사고 간의 차이는 양적 변화로 설명할 수 없고, 질적 변형이 있다고 주장한다(한순미, 1999 : 82). 사고 발달이란 단순히 많이 생각하게 되는 것이 아니라 다른 종류의 복합적이고 추상적인 사고가 가능해진다는 의미이다. 기초 쓰기 능력이 고등사고기능으로 발달해가는 데에서도 유사한 양상을 관찰할 수 있다. 작문 행위가 양적으로 증가하는 것이 아니라, 사고의 수준

면에서 질적으로 변화하게 된다.

■ Bereiter(1980)의 작문 능력 발달 단계

Vygotsky 사상의 영향을 받은 여러 연구들에서(노명완 외, 1988 ; 박영목, 1994 ; 최현섭 외, 2005)는 고등사고력으로서의 작문 발달을 단계적으로 설명하기 위해, Bereiter (1980)의 연구를 예로 들고 있다.

Bereiter(1980)는 성숙한 필자가 갖추어야 할 여섯 가지 요인을 중심으로 해서, 작문 능력을 단순 연상적 쓰기 기능, 언어 수행적 쓰기 기능, 의사소통적 쓰기 기능, 통합적 쓰기 기능, 인식적 쓰기 기능으로 구분하였다(노명완 외, 1988 : 354-359). 그의 연구는 작문 능력이 점진적으로 향상되며, 작문 기능은 위계적이며 발달적인 단계들을 가지고 있다는 것을 보여주고 있다.[3]

첫째, 단순 연상적 작문 기능은 필자가 자신의 머릿속에 떠오르는 생각을 그대로 문자로 옮겨 놓는 작문 기능이다. 이를 위해서는 문자 쓰기에 능숙해져서 문자 언어로 표현하는 데 막힘이 없어야 하고 글의 주제와 관련되는 내용을 생성해야 한다. 미숙한 필자들은 대개 이 수준에 머물러 있는데, 이들이 가장 어려워하는 것은 쓸거리를 찾는 일이다. 도대체 무엇을 써야 할지 찾아낼 수 없기 때문에 작문을 힘들어하고, 나아가서는 싫어하게까지 되는 것이다. 따라서 이들에게 가장 필요한 것은 쓸거리를 찾아내는 전략을 가르치는 일이다.

둘째, 언어 수행적 작문 기능은 단순 연상적 작문 기능을 가진 필자들이 국어의 어법, 문체, 규칙, 관습에 익숙해짐으로써 도달하는 수준의 기능이다. 따라서 쉽게 도달할 수 있는 수준이 아니어서 계속적인 연습이 필요하다. 이 단계에서 필자는 작문에 관한 일반적인 규칙과 관습에 통달해야 한다.

셋째, 의사소통적 작문 기능은 독자를 고려하여 글을 쓸 수 있는 기능이다. 언어 수행적 작문 기능을 가진 필자가 사회적 인지 기능, 즉 예상되는 독자에 대하여 의도적으로 일정한 영향을 미치기 위해 필요한 장치를 마련할 수 있는 기능을 통합적으로 갖추었으면 의사소통적 작문 기능을 갖추었다고 보는 것이다.

넷째, 통합적 작문 기능은 필자가 작문의 과정에서 예상되는 독자의 입장을 고려

[3] 일반적인 작문 발달 단계를 너무 엄격하게 해석하는 것은 곤란하다. 실제로 학생들은 이들 단계를 넘나들 수 있다. 즉, 앞 단계로 갈 수도 있고 두 단계를 건너뛸 수도 있으며, 어떤 단계가 중첩되어 나타나기도 한다. 또한 이야기 글(서사적인 글)의 경우에 특정 단계에 있는 학생이, 설명적인 글의 경우에는 다른 단계에 있는 경우도 있다는 점을 명심해야 한다(이재승, 2004 : 257).

함과 동시에 필자 자신이 독자가 되어 독자의 입장을 반영할 수 있는 기능이다. 필자는 우수한 글에 대한 감상력과 비판력을 갖추고 있어야 한다. 필자가 이 수준에 도달하면 비로소 자기의 작문 기능과 자기가 생산한 텍스트에 대해 비판적 평가를 내릴 수 있고, 그것을 바탕으로 더 좋은 글을 쓸 수 있게 된다. 이 단계에서의 필자는 독자에게 정보를 전달하거나 독자를 즐겁게 하기 위하여 글을 쓰는 데서 머물지 않고 자기 스스로 즐기기 위해서 글을 쓸 수 있게 되며, 독자를 설득하기 위해서만 글을 쓰지 않고 자기 자신을 확신시키기 위해 논증을 전개해 나간다. 이 단계에서는 잘 구조화된 이야기도 쓸 수 있고, 논리적 일관성을 갖춘 논증문도 쓸 수 있다.

다섯째, 인식적 작문 기능은 글의 내용을 효과적으로 조직하고, 적합한 언어로 표현하는 데 필요한 통합적 사고력과 통찰력을 지니는 수준의 기능이다. 작문은 그 성격상 정보의 저장, 정보의 인출, 정보 처리 계획 및 조정, 재고 및 교정 등의 복잡한 사고 과정들을 필수적으로 요구하므로 높은 수준의 작문 기능을 가진 필자는 작문을 통하여 더욱 확산적이거나 수렴적인 사고를 할 수 있게 된다. 인식적 작문 기능은 발달적 측면에서 볼 때 여러 가지 하위 기능을 충분하고도 완전하게 축적했을 때 가능하므로, 이 단계에서의 작문은 단순 사고의 생산에 그치지 않고, 대단히 복잡한 정신작용의 심층적 조직에서 비롯되는 창조적 사고의 생산을 가능하게 해 주는 것이다.

■ 작문 능력 발달 단계 적용 사례

Bereiter(1980)의 단계는 전형적인 패턴을 제시하고 있을 뿐이지만, 아동이 쓴 글을 평가하고, 아동의 작문 능력을 평가하는 데 좋은 준거가 될 수 있다. 작문 능력은 개인차가 매우 크기 때문에, 일반적인 발달의 양상을 모든 사람에게 적용할 수 없다. 개인의 작문 능력 발달 정도를 정확하게 진단하기 위해서는, 개인이 쓴 글과 그의 글쓰기 행위를 일반적인 발달 양상과 비교하여 분석해야만 한다. 예를 들어 다음 글에서 어떤 차이가 있는지 생각해 보자. 다음은 '더운 나라의 친구들에게 우리나라의 사계절 설명하기'라는 주제로 초등 3학년 아동이 쓴 두 개의 글이다.[4]

4 예시글은 윤정하(2003)의 연구에서 수집한 3학년 학생글이다. 글①은 상 수준에 해당하는 글의 예시로, 글②는 하 수준에 해당하는 글의 예시로 제시되었다.

〈예 ①〉

안녕? 나는 한국에 사는 한 학생이야. 더운 날씨만 계속 되는 너희 나라 소식은 어때?
내가 이렇게 글을 쓰는 이유는 우리나라, 한국의 사계절을 가르쳐 주려고 쓰는 거야. 아차 사계절 은 '봄, 여름, 가을, 겨울'을 합쳐 말하는 단어야. 이제 한국에 있는 봄에 대해 설명해 줄게.
봄은 따뜻한 날씨야. 꽃도 많이 피지. 중국에서 날아오는 모랫바람 즉 황사가 날라오지. 봄의 의 상은 얇은 옷을 입어. 봄 다음 여름. 여름은 너희 나 라 처럼 더운 날씨야. 수영장, 해수욕장을 많이가. 몸을 시원하게 적시기 위해서야. 여름 의상은 얇은 반팔, 반바지야. 아주 시원하. 가을, 말 그대로 시원한 바람이 부는 가을에. 단풍이 들어서 (예뻐주지) 단풍들이를 해. 단 풍은 나뭇잎이, 주홍, 빨강, 노랑 으로 물드는 걸 단풍 이라고 해. 가을의 의상은 얇은 긴팔, 얇은 긴바 지를 입어. 추운 겨울. 겨울은 정말 추워. 하늘에 서 눈이 내리지. 높은 하늘에서 내려오는 하 얗고 차가운 것이야. 눈이 물오르 써 눈싸움, (썰매)

스케이트 등 재미있는 놀이를 할 수 있어. 겨울은 너무 추워서 밖에도 잘 나가지 않아. 겨울 의상은 목도리, 장갑, 두꺼운 윗옷, 아래옷, 따뜻한 첫옷 입어.
이제 그만 써야 겠다. 유용한 정보가 되었는지 모르겠네 ?

언제나 행복하고 건강하길 빌어.

2002년5월 10일 금요일
-선아-

<예 ②>

안녕! 나는 진실이라고해. 우리 한국은 사계절이 있어. 바로 봄.
여름가을. 겨울이 있어.
봄은 따뜻하고, 새싹이 피어나! 여름에는 아이들은 즐거
아이스크림, 수박등..... 이렇게 시원한걸 많이 먹
어, 그리고가을은 나뭇에서 떨어진단다.
그리고 겨울에는 눈이 내려. 눈 가지고 눈싸움을
할수있고, 눈사람도 만들 수 있단다.
그러니까 한국에 꼭 들러와~~~

어느 쪽이 더 잘 쓴 글인지 판단해 보라고 하면, 대부분의 사람들이 ①을 더 잘 쓴 글로 꼽을 것이다. 그러면 무엇을 기준으로 잘 썼다고 판단할 수 있을까. 글 ①과 ②에서 두드러지게 보이는 차이점은 언어 관습에 대한 능숙함, 독자 고려 여부이다. 글 ①은 맞춤법이 정확하고 문장 구성도 능숙한데 비하여, 글 ②는 맞춤법의 오류가 보이고, 불완전한 문장이 많다. 글을 쓴 아동들에게 제시된 과제는 '더운 나라의 친구들에게 편지쓰기'이다. 당연히 독자는 더운 나라 아이들이 된다. 글 ①은 먼 나라의 만난 적이 없는 친구라는 독자의 특성을 고려하여 편지의 형식을 취하였다. 또 사계절에 대해 설명할 때도 더운 나라 아이들이 잘 이해하지 못할 것을 고려하여, 사계절에 대하여 설명하고, 더운 나라에서 궁금해 할 겨울에 비중을 두고 설명하고 있다. 반면에 글 ②는 편지 형식을 취하기는 했으나, 편지에서 갖추어야 할 인사, 날짜 등을 생략하고 있으며, 사계절에 대해 최소한의 내용만 늘어놓았을 뿐, 독자가 어떻게 읽을지에 대해서는 전혀 고려하고 있지 않다. 즉 글 ①은 '의사소통적 작문'의 단계인데 비하여, 글 ②는 아직 '언어 수행적 작문'에 머물러 있다고 판단할 수 있다. 이렇게 독자를 고려하는 특성을 보이기 시작하면, 문자 해득 위주의 자기중심적 작문에서 벗어나 고등사고력으로서의 작문 발달에 진입했다고 볼 수 있다.[5]

초등 6학년 글의 사례를 더 살펴보기로 하자. 다음은 '학원 교육은 필요한가?'라

5 최현섭 외(2005 : 364)에서는 성숙한 작문이란 독자가 텍스트의 의미를 이해할 수 있도록 쓸 수 있는 것을 뜻한다고 했다. 즉 필자가 쓰는 목적을 분명히 인식하고 독자를 깊이 고려하는 것을 성숙한 작문의 필수조건으로 꼽았다.

는 주제로 6학년 아동이 쓴 논증 텍스트이다.[6]

[6] 예시 글은 진영란(2005)의 연구에서 수집한 6학년 학생 글이다. 글 ①은 상 수준에 해당하는 논증 텍스트의 예시로, 글 ②는 하 수준에 해당하는 논증 텍스트의 예시로 제시되었다.

<예시 ①>

제목 : 학원은 꼭 필요한가?

요즘 우리들은 학교가 끝나면 그에 대한 복습, 또는 예습을 하기 위해 학원을 가곤한다. 문제점은 학생들이 너무 많이 학원에 간다는 점이다.

나는 이렇게 학생들이 학원에 많이 가는 것을 반대한다. 왜냐하면

첫 번째, 학교에서 수업만 잘 들으면 꼭 학원에 가지 않아도 되기 때문이다. 가끔 교실에서 수업을 받고 있다 보면은 수업을 잘 듣지 않는 친구들이 있다. 그래서 왜 그러냐고 물어보면 이미 학원에서 다 배웠다고 그런다고 하는 친구들이 종종 있다. 앞으로도 많은 학생들이 학원에 많이 다닐 텐데 계속 이런 일이 일어난다면 나중엔 결국 '학교가 없어질 수도 있지 않을까?'라는 생각이 든다.

두 번째, 학원에 내는 학원비에 부모님들이 부담을 많이 가지신다. 요즘 부모님들께서는 자기 자식 교육에 신경을 엄청 많이 쓰시곤 하신다. 남들이 자기 아들, 딸 공부시키겠다고 학원 보내면 자기도 모르게 자식교육욕심이 나서 학원에 보내는 경우가 종종 있다. 그런데 요즘은 서로 다 학원에 다니기 때문에 학원비가 만만치 않게 비싸다. 그런 부담 가는 학원비를 구하기 위해 열심히 일하시는 부모님들이 많으신데 나는 그렇게 자기 몸 대신 자식교육 때문에 힘쓰시며 학원에 보내지 마시고 학원보다 더 좋은 방법을 찾으셔서 교육을 하셨으면 좋겠다.

세 번째, 학원보다 더 좋은 공부방법이 있다. 내가 추천한 학원보다 더 좋은 공부방법들은 돈이 조금 들긴 하지만 학원비 보다는 비용이 많이 들지 않는다. 문제집과 전과를 사 놓는 것이다. 그래서 하루에 일정하게 문제집을 풀 수도 있고, 전과를 그냥 책처럼 읽는 방법도 좋은 방법이라고 생각한다. 그리고 모르는 문제는 선생님께 찾아가서 물으면 어쩌면 학원보다 더 좋은 방법일 지도 모른다는 생각이 든다. 내가 조사를 해 보았을 때에 시험을 보면 속셈학원에 다니는 친구들보다 집에서 스스로 공부하는 학생들이 더 시험성적이 잘 나온다. 그렇기에 나는 학원보다 이런 좋은 공부방법을 추천하고 싶다.

내가 학원에 다닐 필요가 없는 이유 세 가지를 들었다. 이 글을 읽고 자신이 지금 꼭 학원을 다녀야 하는가? 아니면 안 다녀야 하는가?는 자신이 판단하여서 결정하기를 바란다.

<예시 ②>

> **제목 : 학원 교육 필요한가?**
>
> 나는 지금 영어 학원을 다니고 있다. 여름 방학이 끝나면 전과목 학원을 다닐 것이다. 요즘에 성적이 떨어졌기 때문이다. 나도 전과목 학원을 빨리 다니고 싶다. 애들이 다니는 걸 보면 부럽다. 하지만 학원은 단지 성적을 올리기 위해 다니는 것이다. 학원에서는 예습·복습을 한다. 이런 것은 집에서도 충분히 할 수 있는 일이다. 벌써부터 학원을 다니면 너무 학원에 의지하게 돼서 나중에는 자기 혼자서 할 수 없게 된다. 그래서 처음엔 혼자 해보고 도저히 안 되면 학원에 다녀도 될 것이다. 나는 혼자서 공부하기 지루하고 못 푸는 건 그냥 놔두게 된다. 하지만 학원에서는 잘 가르쳐 줘서 학원이 좋다. 다녀봐서 그렇게 생각한다. 학원을 다니는 애들은 공부를 잘 한다. 원래 잘하는 애들도 있다. 그래서 나는 학원 교육이 필요하다고 생각한다. 학원을 다니는 것은 자신 마음이지만 학원교육은 필요가 있다고 생각된다.

글 ①과 ②는 논술문으로서, 둘 다 주장을 내세우고 그 주장을 입증하기 위한 논증을 전개하고 있다. 그러나 글 ①은 주장에 대한 세 가지 근거를 제시하면서 구조화된 형태로 논증을 전개하는 데 비하여, 글 ②는 자신의 주장과 상반된 내용을 제시하기도 하는 등 혼란스러운 형태로 기술되었다. 글 ①에서는 의문을 제기하거나 판단을 유보하는 등 독자를 설득하기 위한 다양한 수사적 전략을 구사하고 있다. 이에 비해 글 ②는 자신의 개인적 판단만으로 주장을 하고 있어서 설득력이 떨어진다. 즉 글 전체의 구조적인 완결성을 고려한 점, 설득력을 높이려면 글이 어떻게 읽혀야 할지도 고려한 점으로 보아 글 ①의 필자는 '통합적 작문 기능'을 갖추었다고 볼 수 있다. 이에 비해 글 ②의 필자는 6학년인데도 불구하고 아직 고등사고력으로서의 작문 단계로 진입하지 못한 것이다.

높은 단계의 작문 기능을 갖출수록 고등사고력으로서의 작문 능력이 발달된 상태라고 할 수 있다. Bereiter(1980)의 구분은 기초 문식성으로서의 작문 능력이 고등사고력으로 발달해 나가기 위해 어떤 조건들을 갖추어야 하는지를 보여준다. 작문 능력이 기초 문식성에서 고등사고력으로 자연스럽게 이행되기 위해서는, 작문 교육의 목표를 설정할 때 기초 단계에서부터 고등사고력으로의 발달을 염두에 두어야 한다. 즉 기초 단계라고 해서 한글 해득만을 목표로 삼아서는 안 되고, 사고의 기회를 많이 제공해야 한다는 것이다.

요즘은 한글 해득을 목적으로 하는 입문기 문자 교육에서도 의미있는 읽기나 쓰기 활동을 함으로써 지속적인 독서 교육, 작문 교육과 병행할 것을 지향한다. 기초적인 낱말 익히기 단계에서도 스토리를 가진 텍스트 안에서 학습을 진행하며, 각 단계별로 학습 내용과 관련된 동화를 함께 제시한다. 이와 같이 독서나 작문 교육과 병행하려는 노력은 입문기 문자 교육의 목표를 문자 해득에만 머무르지 않고, 고등사고력을 기르기 위해 필수적이다(이수진 외, 2007 : 235). 즉, 기초 수준의 문식성 교육은 문자 해득뿐 아니라, 간단한 수준의 독해를 통해 의미 구성할 수 있는 능력, 또한 자신이 전달하려는 의미를 글로 표현하는 능력까지를 포함하여 목표를 설정해야 한다. 그래야만 기초 문식성을 기르는 활동들이 차후 비판적 사고력, 창의력 등의 고등사고력을 요하는 문식성을 개발하는 밑거름이 될 수 있다.

▌ 참고문헌

가은아(2011), 쓰기 발달의 양상과 특성 연구, 박사학위논문, 한국교원대.

김성일(2000), 태도변화의 원리에 의한 가치관 교육, 황정규 편, 현대 교육심리학의 쟁점
　　　　과 전망, 교육과학사, 379-442.

노명완·박영목·권경안(1988), 국어과교육론, 갑을출판사.

박영목(1994), 작문 능력 신장 방안, 교육연구 10, 홍익대학교 교육연구소, 111-137.

박영목(2001), 작문활동 과정에서의 사회인지적 의미 협상, 교육학연구논총 18, 홍익대학
　　　　교부설교육연구소, 157-183.

박영민(2006), 중학생의 작문 동기에 영향을 미치는 요인, 국어교육학연구 26, 337-369.

박영민(2007), 중학생 읽기 동기와 쓰기 동기의 상관 분석, 작문연구 5, 105-134.

전제응(2005), 작문 동기에 관한 시론, 작문연구 1, 255-287.

조선하·우남희(2004), 한국 유아의 창안적 글자작문 발달 과정 분석, 유아교육연구 24(1),
　　　　315-339.

조은수(1997), 쓰기 능력 발달에 영향을 미치는 요인 고찰. 청람어문교육 17, 340-394.

오택환(2007), 협동 작문이 작문 능력과 작문 태도에 미치는 효과, 박사학위논문, 고려대
　　　　학교.

윤정하(2003), 텍스트 구조 분석을 통한 초등학생의 쓰기 발달 양상 연구, 석사학위논문,
　　　　한국교원대.

윤준채(2009), 초등학생 필자의 쓰기 태도 발달 연구, 작문연구 80, 277-297.

이경화·이수진·이창근·전제응(2008), 한글 깨치기 비법, 박이정.

이영자·이종숙(1985), 비지시적 지도방법에 의한 유아의 읽기와 쓰기 행동의 발달, 덕성
　　　　여자대학교 논문집 14, 131-158.

이수진(2010), 작문 능력 발달 연구의 지향, 한국어문교육 21, 한국어문교육연구소,
　　　　167-198.

이재승(2004), 아이들과 함께하는 독서와 글쓰기 교육, 박이정.

이재승·신헌재·임천택·전제응(2006), 초등학생용 작문 동기 검사 도구 개발과 활용
　　　　방안, 청람어문교육 34, 129-159.

진영란(2005), 6학년 논증 텍스트에 나타난 논증 도식 양상 연구, 석사학위논문, 한국교원대.

최현섭·최명환·노명완·신헌재·박인기·김창원·최영환(2005), 국어교육학개론, 삼
　　　　지원.

한규석(2004), 사회심리학의 이해, 학지사.

한순미(1999), 비고츠키와 교육 : 문화-역사적 접근, 교육과학사.

황정규(2002), 학교학습과 교육평가, 교육과학사.

Alexander, P. A., Schallert, D. L., Hare, V. C.(1991), Coming to terms : How researchers in learning and literacy talk about knowledge, *Review of educational research*, 61(3), 315-343.

Anson, C.(1980), *Writing and response*, IL : NCTE

Bereiter, C.(1980), Development in writing, in L.W. Gregg & E.R. Steinberg(eds), *Cognitive process in writing*, Hillsdale, N.J. LEA.

Carole, C.(1996), *Teaching language arts : a student-and response-centered classroom*, Allyn & Bacon.

Flower, L.(1981), *Problem Solving Strategies for Writing*, Harcourt Brace Jovanovich, Inc.

Gentry, J. R.(1981), Learning to spell developmentally, *Reading Teacher* 45, 378-381.

Ruane, S. F. & Lensmire, T.(1989), The Role of Instruction in Learning How to Write, In Brophy, J, *Advance in Research on Teaching* Vol.I, Greenwichi : JAI Press

Scardamalia, M. & Brereiter, C.(1986), Research on Written Composition, *Handbook of Research on Teaching* (3rd ed), New York : Macmillan

제 5 장

작문의 정의적 요인

매년마다 방송 매체에서는 우리나라 사람들의 독서 실태 조사 결과를 인용하여 보도하곤 한다. 그 때마다 우리나라 사람들은 책을 잘 읽지 않는다고 우려의 목소리를 높인다. 우리나라 사람들은 왜 책 읽는 것을 좋아하지 않는 것일까? 책 읽는 것을 좋아하게 하는 방법은 없는 것일까?

우리나라 사람들이 책 읽는 것을 좋아하지 않는다는 문제는 독서에서 그치는 것이 아니다. 독서를 좋아하지 않는 것만큼 글을 쓰는 것도 좋아하지 않는다. 독서처럼 정밀한 조사를 하지 않아서 그렇지 글쓰기를 좋아하지 않는 비율은 독서보다 더 높을 것이다. 글을 쓰는 것은 글을 읽는 것보다 더 인지 부담이 크니 사람들은 글쓰기를 더 어려워하고 더 좋아하지 않는다.

이러한 사정은 학생들도 비슷하다. 어른뿐만 아니라 학생들도 책 읽는 것을 그다지 즐겨하지 않고 있으며, 글을 쓰는 것도 좋아하지 않는다. 가능하면 글을 쓰는 일을 피하려고 하는 경향이 뚜렷하다. 작문은 학교에서도 중요하고 직장에서도 중요한데, 글을 쓰는 것을 싫어하니 문제의 정도가 심각하다. 어떻게 하면 학생들이 글을 쓰는 것을 좋아하게 할 수 있을까? 어떻게 하면 글을 쓰는 것을 생활의 일부로 받아들이는 평생 필자로 성장하게 할 수 있을까?

이는 작문 교육에서 깊이 고민해 온 문제인데, 이 장에서는 바로 이 문제를 다루어보고자 한다. 학생들이 작문을 좋아하는가, 작문에 대해서 긍정적인 태도를 가지고 있는가, 작문 활동을 학생들이 선호하는가가 바로 작문의 정의적 요인에 해당한다. 작문에 영향을 미치는 정의적 요인에 대해서는 아직 연구가 충분하게 축적되어 있지는 않지만 후속 연구가 지속적으로 이루어지고 있으므로 앞으로 더욱 더 발전하게 될 것이다. 이는 학생들이 글을 쓰고 싶어 하는 마음을 길러주고, 궁극적으로 작문 능력을 길러주는 데 기여할 수 있을 것이다.

1. 정의적 요인이 중요한 이유

작문을 학문적 관점에서 다루는 연구자들은 관심이 상대적으로 적지만, 작문 교육에서 항상 난점으로 대두되었던 문제는 학생들이 어떻게 하면 작문을 좋아하게 할 것인가 하는 것이었다. 글을 쓰는 것을 좋아하지 않으니 작문 활동에 참여하지 않고, 작문 활동에 능동적이지 않으니 글을 쓰는 능력을 기를 수가 없고, 글을 잘 쓰지 못하니 글을 쓰는 것을 다시 싫어하게 되는 악순환에 놓여 있기 때문이다. 변화하는 학교 환경이나 직업 환경을 고려하면 오히려 학생들은 작문 능력을 더 길러야 하고 작문 활동을 더 선호할 필요가 있다. 작문의 중요성이 점점 더 커지고 있기 때문이다. 그러나 현실은 반대로 움직이고 있다.

현재 작문 교육이 당면하고 있는 문제를 효과적으로 해소하려면 정의적 요인에 대해서 관심을 기울여야 한다. 정의적 요인의 중요성이 그만큼 크기 때문이다. 그렇다면 작문의 정의적 요인이 어떠한 점에서 중요한지를 살펴볼 필요가 있을 것이다. 여기에서는 이를 세부적으로 살펴보고자 한다. 정의적 요인이 중요한 이유를 합리적으로 찾을 수 있다면 작문 교육에서 이 요인을 강조해야 할 근거와, 학생들의 작문 능력을 신장하는 대안적 방안을 찾는 근거가 마련될 수 있다.

1) 정의 요인과 인간 행동

▌정의 요인은 인간 행동의 원천

우리는 매우 이성적인 판단으로 행동한다고 스스로 생각하지만 행동의 내면을 세밀하게 관찰해 보면 그렇지 않다는 사실을 발견할 수 있다. 이성적인 관점에서 보면 A이라는 기초단체 의원을 지지하는 것이 옳지만, 그 사람 외모에서 풍기는 이미지, 사사로운 감정, 들었던 루머로 인해 지지를 철회하는 일이 비일비재하다. 이자를 한 푼이라도 더 주는 은행을 찾아 돈을 옮기는 일이 합리적이지만, 우리는 모두 그렇게 하지 않는다. 이익이 따르는 일인데 왜 그렇게 하지 않을까? 어떤 사람의 얼토당토 않은 요구를 들어주는 일도 있다. 그 사람이 사랑하는 가족이고 연인이라면 그 요구를 들어주는 것은 당연한 일이다.

우리가 어떤 행동이나 활동을 할 때 그 밑바탕에는 인지적으로 결정하는 어떤 판단이나 이유가 존재한다. 이러한 판단이나 이유가 인간 행동의 원인이 된다는 뜻이다. 우리는 이러한 인지적인 판단을 이성이나 합리라는 이름으로 불러왔다. 그러나 앞에서 예를 든 것처럼, 인지적으로 결정한 어떤 판단이나 이유만 인간 행동의 원천이 되는 것은 아니다. 기쁨이나 즐거움, 분노나 슬픔과 같은 정의적인 요인들도 인간 행동의 원천을 이룬다. 어떤 점에서는 인간 행동의 '강력한' 원천이 되기도 한다. 어떤 일을 매우 열심히 할 때 거기에는 동기와 같은 정서 요인이 결부되어 있는 경우가 많다. 상대를 꼭 이겨서 지난 패배를 설욕해야겠다는 의지가 있을 때 매우 높은 강도로 경기에 몰입한다. 좋은 성적을 꼭 얻어야겠다는 욕구가 있을 때 시험 준비에 최선을 다한다. 그러므로 정서 요인은 인간이 행동으로 실천하게 하는 주요 원인이 된다고 할 수 있다.

▌정서 요인은 작문 활동의 바탕

성숙한 어른들은 정서 요인으로부터 상대적으로 영향을 적게 받는다. 불편한 감정이 있더라도 그것을 인내하고 새로운 관계 발전을 위해 더 노력하는 일도 있다. 그래서 정서 요인을 얼마나 적절하게 관리하고 통제하는가를 성숙의 지표로 보기도 한다. 이 점을 고려하면 청소년기의 학생들은 상대적으로 정서 요인으로부터 받는 영향의 정도가 더 크다고 할 수 있다. 가령, 작문이 중요하다는 것을 알지만 그것이 하고 싶지 않다면 글을 쓰는 활동에 얽매이지 않을 가능성은 성인보다는 청소년이 더 크다. 그러므로 청소년기의 학생들을 작문 활동에 적극적으로 참여하도록 하려면 적절한 장치가 필요하다. 작문 교육에서 정서 요인이 중요한 이유는 바로 이와 관련되어 있다.

작문은 수행을 통해 학습하고 성장하는 인지 활동이다. 다시 말하면, 글을 쓰는 활동을 하지 않으면 작문 능력을 기를 수 없다. 물에 들어가서 수영을 하지 않으면 수영 실력을 기를 수 없는 것처럼, 연필을 잡고 글을 쓰지 않으면 작문 능력을 기를 수 없다. 연습, 훈련, 수행, 활동 없이 자연스럽게 터득하는 작문 능력은 존재하지 않는다. 그러므로 작문을 배우고자 한다면, 혹은 작문을 배우게 하려면 작문 활동에 참여하도록 동기화하는 것이 매우 중요하다. 이렇게 작문 활동에 참여하도록 만드는 힘은 바로 정서 요인에서 나온다.

학생들로 하여금 연필을 들고 종이에 글을 쓰도록 하는 심리적인 자극이 없다면 작문 교육은 이루어질 수 없다. 아무리 유능한 교사가 작문 수업을 한다고 해도 학생들이 글을 쓰는 활동에 참여하려는 의욕을 전혀 보이지 않는다면 그 작문 수업은 성공하기 어렵다. 이 점에서 작문의 정서 요인은 작문 교육의 첫 관문을 여는 열쇠와 같다고 할 수 있다.

학생들의 정서 요인을 적절하게 자극하면, 학생들이 참여하는 작문 활동의 양상도 달라진다. 참여하더라도 적극성의 정도가 달라지고 임하는 태도와 자세가 달라진다. 작문 활동에 더 열심히 참여하고 더 성실하게 참여하며 더 능동적으로, 더 적극적으로 참여한다. 이것은 작문 능력 신장의 바탕을 이룬다. 그러므로 정서 요인이 인간 행동의 원천을 이루는 것처럼, 정서 요인은 동일하게 작문 활동의 원천을 이룬다.

2) 작문 교육과 정의적 요인의 관계

▌정서 요인은 작문 전략의 숙달과 활용에 영향

작문 교육에서는 전반적으로 작문 전략의 학습을 강조한다. 현재 작문 교육에서는 유능한 필자가 글을 쓸 때 활용하는 전략을 분석한 후, 교육적 가치가 높은 것을 선정하고 조직하여 학생들에게 지도하고 있다. 그래서 작문 수업은 일반적으로 학생들이 인지 전략을 숙달할 수 있도록 계획하여 운영하고 있다.

그런데 여기에서 유의할 점은 전략의 활용이 학생의 심리적인 조건, 즉 정서 요인에 의해 영향을 받는다는 것이다. 작문에 긍정적인 태도를 가지고 있고 글쓰기에 대해 동기를 갖추고 있는 학생은 교사가 지도하는 작문 전략을 훨씬 더 효과적으로 습득한다. 교사가 지도 과정에서 제시하는 여러 가지 연습 활동에 적극적으로 참여하기 때문이다. 연습 과정에서 실패하거나 어려운 상황에 봉착하더라도 긍정적인 태도를 갖추고 있거나 동기를 형성하고 있는 학생은 좌절하거나 포기하지 않는다.

전략 학습에 투입하는 노력의 정도도 정서 요인의 영향을 받는다. 작문에 대해 긍정적인 태도를 갖추고 있는 학생, 글쓰기에 대해 동기를 갖추고 있는 학생, 글쓰기에 대해 높은 수준의 효능감을 가지고 있는 학생은 상대적으로 그렇지 않은 학생보다 전략 학습에 많은 노력을 기울인다. 전략 학습에 투입한 노력의 차이는 작문 전략의 숙달의 차이로 이어지고 이는 궁극적으로 작문 능력의 차이로 이어진다.

작문의 태도, 동기와 같은 정서 요인은 숙달한 작문 전략을 활용하는 데에도 영향을 미친다. 땀 흘리기를 싫어하는 학생이 체육 활동에 소홀한 것처럼, 작문의 태도, 동기가 낮은 학생은 작문 전략을 활용해서 글을 쓰는 활동에도 소극적이다. 그러나 정서 요인이 충분히 활성화되어 있는 학생은 기꺼이 작문 활동에 참여하여 작문 전략을 활용하고자 한다. 좋은 글은 일반적으로 작문의 정서 요인이 긍정적일 때 이루어진다. 힘들게 운동장을 뛰는 것을 달가워하지 않는 상황에서는 관중에게 감동을 주는 멋진 플레이를 펼칠 수 없는 것과 같다.

■ 정서 요인은 평생 필자의 성장에 기여

작문 교육의 일차적인 목표는 작문 기능/전략의 숙달을 통한 작문 능력 신장에 있지만, 궁극적인 목표는 학생들을 평생 필자로 기르는 데 있다. 우리 인간의 생애 전체에서 보면 이 궁극적인 목표가 훨씬 더 중요하고 가치가 있다. 평생 필자란 전 생애에 걸쳐 글쓰기를 즐겨하는 필자를 말한다. 평생 필자는 생애 필자로 부르기도 한다. 독서 교육에서도 학생들을 평생 독자 또는 생애 독자로 발달하도록 돕는 것을 매우 중요하게 생각하고 있다.

학생들이 평생 필자로 성장할 수 있도록 하려면, 우선 작문 학습을 통해 글을 쓰는 능력을 길러주어야 한다. 작문 능력이 충분한 수준에 도달하면, 작문을 학교 학습에 활용하고 나아가 직업 세계에서 활용하거나 사회생활에서 활용하게 된다. 직업 세계에서 활용하는 양상, 사회생활에서 활용하는 양상은 사실 매우 다양하다. 개인적 필요, 공동체의 요구가 있을 때 자신의 생각을 효과적으로 글로 표현하고 의사소통하는 것, 개인의 생각을 합리적으로 입증하여 사회적 담론을 형성하거나 사회적 담론의 변화에 기여하는 것 등이 모두 생활 중에 작문을 활용하는 예가 된다. 이러한 실용적인 목적 이외에 자신의 삶을 성찰하기 위한 방편으로, 자신의 정신 건강의 유지와 회복을 돕기 위한 방편으로 작문을 활용하는 것도 평생 필자의 중요한 모습이 된다. 즉, 평생 필자는 자신의 생활 전반에서 작문을 효과적이면서도 능동적으로 활용할 줄 아는 필자라고 할 수 있다.

그런데 학생들이 평생 필자로 성장하는 데에는 기능이나 전략과 같은 인지 요인보다 태도, 동기, 습관과 같은 정서 요인이 훨씬 더 중요하다. 청소년기에 생활체육을 배웠더라도 체육 활동에 대해서 부정적인 태도가 형성되어 있다면 평생에 걸쳐 체육 활동을 즐기는 사람으로 성장하기는 어려울 것이다. 글을 생애에 걸쳐 즐겨 쓰는 필자로 성장하도록 하려면 작문에 대한 태도가 긍정적이어야 하고 글을 쓰고 싶은 마음도 높은 수준으로 유지되어야 한다. 글을 쓰는 습관도 갖추고 있어야 한다.

우리가 어떤 것을 배웠더라도 평생에 걸쳐 그것을 누리지 못한다면, 그 원인은 대부분 정서 요인과 관련이 있다. 몰라서 못하는 것이 아니고 몰라서 안 하는 것이 아니다. 몸무게를 적정하게 유지하려면 운동을 해야 한다는 것도 알고, 신체 건강을 위해서는 단 것을 멀리해야 한다는 것도 알지만 그것을 행동으로 옮기기가 어렵다. 책을 읽는 것이 중요하다는 것도 알고 가치 있다는 것도 알지만 손이 책으로 가지 않는다. 책 읽기에 대해서 긍정적인 태도도 형성되어 있지 않고 동기도 형성되어 있지 않기 때문이다. 이러한 현상은 작문에서도 동일하게 반복된다. 학생들을 평생 필자로 성장하도록 도우려면 정서 요인에 대해서 면밀하게 살필 필요가 있다.

2. 정의적 요인에 관심이 적었던 이유

그러면 이렇게 중요하고 가치가 있는 작문의 정의적 요인에 대해서 관심이 적었던 이유는 무엇 때문이었을까? 연구 성과도 적고 실제적인 작문 교육에서도 주목하지 않았던 원인은 무엇 때문이었을까? 작문 연구 및 작문 교육 연구에서 정서 요인이 크게 주목을 끌지 못했던 이유는 인간을 바라보는 관점, 좀 더 구체적으로 말하자면 인간의 영역을 인지와 정서로 구분하고 인지를 중심으로 하여 인간 행동을 설명하고자 했던 전통적인 관점 때문이라고 할 수 있다. 이러한 전통적인 관점은 매우 견고하게 현재에까지 이어지고 있지만, 최근에는 정서 요인의 중요성과 가치를 입증하는 과학적 연구가 이루어지면서 작문의 정서 요인도 그 중요성과 가치를 인정받고 있다. 여기에는 작문의 정의적 요인이 관심을 끌지 못했던 이유를 좀 더 구체적으로 살펴보고자 한다.

1) 차가운 인지만을 강조해 온 인지 과학의 전통

■ 정서 요인에 대한 전통적 관점

인지 과학에서는 전통적으로 정서, 감정, 느낌, 동기, 신념과 같은 정의 요인을 관심 있게 다루어 오지 않았다. 인지 과학자들은 인식이나 의식과 관련된 지적 요인만을 다루는 연구의 전통을 수립하고 옹호함으로써 정의 요인을 연구 대상 목록에서 제외시켰다. 인지 과학에서 정의 요인을 배제한 일차적인 이유는 정의 요인을 정확하게 분류하고 측정하는 것이 어려웠기 때문이다. 물론, 감정이나 느낌과 같은 정의 요인을 이성과 과학에 반하는 것으로 인식해 온 서양 지성사의 전통도 이러한 경향에 영향을 미쳤다.

서양의 전통적인 지성사에서는 인간이 가지고 있는 정서, 감정, 느낌, 동기, 신념 등을 배제함으로써 논리와 합리를 축으로 하는 건강한 인간과 합리적인 사회의 구현이 가능하다고 보고 있다. 감정이나 느낌과 같은 요인은 매우 음험해서 이것이 엄습해 오면 이성적인 사고와 판단이 불가능해지며, 따라서 이는 철저히 배제되어야 할 요인으로 간주되어 왔다. 그래서 어떠한 사건에 당면하여 감정이 이성을 압도하면 지성적인 사람들은 일정한 시간을 두고 감정을 통제해야 한다고 생각한다.

지식, 인식, 의식과 같은 인지 요소를 강조하는 관점에서는 정서, 감정, 느낌이 배제될 때 합리적이고 이상적인 결정과 판단을 할 수 있으며, 이렇게 할 때에야 비로소 가장 인간다운 모습을 발견할 수 있다고 믿는다. 이러한 관점은 지금도 막강한 영향력을 행사하고 있다. 예를 들어, 토론에 임할 때, 상대의 비열한 공격에도 불구하고 흥분하지 않으면서 차분하게 논리적으로 대응할 수 있어야 매우 이성적이고 이상적인 토론자라는 평가를 받는다. 그래서 학생들에게 토론을 지도할 때에는 흥분하지 말아야 한다는 점, 감정을 드러내지 말아야 한다는 점을 논증만큼이나 강조하기도 한다. 전통적인 서양 지성사의 관점에 따라 교육을 받은 사람들은 모두 이러한 모습을 동경하고 있다고 해도 과언이 아니다.

이러한 전통적인 관점은 인간의 마음과 행동에 대한 연구에도 영향을 미쳤다. 그 결과, 인간의 마음과 행동에 대한 연구에서도 정서, 감정, 느낌, 동기, 신념 등의 정의 요인을 배제해 왔다. 인간의 마음과 행동을 과학적으로 연구해 온 거의 전 기간에 걸쳐 이러한 관점이 유지되었다. 정의 요인은 관찰, 측정, 구분, 분류가 어렵다는 점도 과학적 연구의 치명적인 약점으로 간주되었다. 정밀한 관찰과 측정으로 데이터를 얻고, 이를 구분하고 분류하는 것을 생명으로 삼고 있는 과학 연구는 이러한 이유에서 정서를 용인할 만한 여유를 가지고 있지 못했다.

정서 요인을 배제하는 차가운 인지(cold cognition)의 관점은 인간의 마음에서 중요한 축을 이루는 정서를 연구 대상에서 몰아냄으로써 궁극적으로는 인간의 마음을 온전하게 복원하는 데 한계를 안고 있다. 인간의 마음을 정확하게 설명하겠다며 차가운 인지만을 선택적으로 연구 대상으로 삼았지만 이는 인간이 가지고 있는 마음의 한쪽 면만을 부각함으로써,[1] 결국은 있는 그대로의 마음을 재현하지 못하게 되는 역설적인 상황에 초래하고 말았다. 차가운 인지 모형만으로는, 상대의 주장이 타당함에도 불구하고 그를 싫어하는 감정으로 인해 그 주장을 거부하는 동료의 비합리적인 행동을 설명할 수 없으며, 형편없는 답안을 제출했음에도 불구하고 동정 점수를 부여하게 되는 평가자의 모순된 행동을 설명할 수 없다.

그러나 첨단 과학 기술을 바탕으로 한 두뇌 과학의 연구가 이루어지면서 인지 과학에서 배제해 왔던 정의 요인이 새롭게 주목을 끌고 있다. 이성의 인식 작용, 논리의 의식 작용이 이루어지는 동안에도 정의 요인은 생동하고 있으며, 더 나아가 이성적인 의사 결정, 논리적인 판단에도 영향을 미친다는 점이 과학적으로 증명되고 있다. 인지는 정서라는 큰 바다에 떠 있는 작은 조각배에 불과하다고 주장하기도 한다. 최근에는 인지 심리학 기반의 교육학이 두뇌 과학 기반의 학습 과학으로 재편되어야 한다는 의견이 제출되기도 했다(Byrnes, 김종백·신종호역, 2008).

[1] LeDoux(최준식 역, 2006)는 정서 요인을 배제한 채 인지를 중심으로 하여 구성한 인간의 마음을 '얼어붙은 영혼'이라고 표현한 바 있다. 감정과 같은 정서 요인이 깃들어 있지 않다고 해서 붙인 비유적인 표현이다.

▋ 작문 모형과 정의적 요인

정서를 배제해 온 전통은 차가운 인지를 중심으로 삼고 있는 작문 모형에서도 반복되고 있다. 정서, 감정, 느낌, 동기, 신념 등을 담고 있지 않은 차가운 인지의 작문 모형은 글이 잘 풀리지 않아 고뇌하는 필자의 모습, 성공적으로 글을 마친 후 안도하는 필자의 모습, 글 쓰는 것을 따분해 하는 필자의 모습, 논쟁적인 글로 상대를 제압하고자 하는 의욕에 찬 필자의 모습을 반영하고 있지 않다. 다른 사람의 멋진 표현을 베껴 쓰고 싶은 표절의 유혹도 들어 있지 않다. 오로지 기계적인 절차, 과정, 단계, 기능이나 전략에 따라 움직이는 인지 작용만을 보여줄 뿐이다.

글을 쓰는 필자의 모습을 온전하게 설명하려면 차가운 인지의 관점만으로는 부족하다. 인간이 본래 인지 요인과 정의 요인을 동시에 갖추고 있으므로 어느 하나의 요인만으로 온전한 설명을 추구한다는 것은 애초에 무리가 있는 일일지도 모른다. 글을 쓰는 필자는 정서, 감정, 느낌, 동기, 신념 등으로부터 영향을 받는 존재이다. 그러므로 차가운 인지의 관점을 대안적으로 보완하는, 정의 요인을 수용한 뜨거운 인지(hot cognition)라는 관점이 필요하다. 뜨거운 인지라는 대안적 관점을 수용하면 필자의 마음을 냉온의 양면적인 모습으로 좀 더 실제적으로 파악할 수 있다. 인지 과학이 추구해 온 차가운 인지와, 최근의 두뇌 과학이 강조하는 뜨거운 인지를 동시에 고려할 수 있는데, 이를 통합 인지라고 부를 수 있다.

통합은 차가운 인지와 뜨거운 인지를 결합했다는 의미이다. 여기에서 중요한 사실은 뜨거운 인지와 차가운 인지를 통합적으로 동시에 고려해야 하는 것이지, 뜨거운 인지가 차가운 인지를 대체하는 것은 아니라는 점이다. 글을 쓰고 싶은 분명한 동기를 가지고 있다면 글을 쓰는 과정이 더 역동적으로 진행될 것이고 결과적으로 더 좋은 글을 얻게 될 것이다. 그러나 그 동기만으로 글이 저절로 완성되는 것은 아니다. 공부를 잘 하고 싶다고 해서 좋은 성적을 받을 수는 없는 것처럼. 인지 과정이 작동하지 않으면 의미 구성은 이루어질 수 없다.

2) 인지적 무의식을 인정하지 않은 인지 과학의 전통

■ '인지적 무의식'의 기원

인간이 이성의 주체, 인식의 주관자가 되어야 한다고 보는 관점은 데카르트가 물려준 것이다. 데카르트는 이성을 인간 존재의 명제로 내세움으로써 인간의 본질을 이성, 즉 합리적인 사고에 두었다. 이러한 지적 전통은 인간의 합리성을 극대화하면서 이성을 가진 인간이 자기 인식의 온전한 주인이라는 생각을 강화하였다. 그래서 마음에서 일어나는 모든 일을 인간 스스로 통제하고 조절하고 인식할 수 있으며, 인식되지 않는 의식은 존재하지 않는다는 관점을 확립하였다. 모든 의식은 인간이 인식할 수 있다는 관점은 데카르트로부터 비롯되었으므로 데카르트적 관점으로 부를 수 있다.

그러나 인간의 마음을 연구해 온 인지 과학과 두뇌 과학은 의식되는 인지 과정은 일부에 지나지 않는다는 증거를 다양하게 제시하고 있다. 예를 들어 우리가 말을 할 때 우리말이 입에서 쏟아져 나오는 과정은 명료하게 인식되지 않는다. 말할 때 어떤 기제가 작동하여 말이 입 밖으로 튀어나오는지를 인식할 수 있는 사람이 과연 있을 수 있을까? 글의 의미를 탐색하고 구성하는 인지 과정, 글자를 보고 순간적으로 의미를 이해하고 판단하는 과정도 명료하게 인식되지 않는다. 머리에서 어떻게 그러한 일이 일어나는지를 구체적으로 설명할 수 없다는 것은 이러한 과정이 명료하게 인식되지 않는다는 증거가 될 수 있다.

이처럼 의식 되지 않는 인식이 분명히 존재한다는 증거가 있었음에도 불구하고 데카르트의 전통으로부터 자유롭지 못했던 인지 과학자들은 이를 무의식이라는 이름으로 부르는 것을 매우 주저하였다. 무의식이라는 개념을 창조한 정신분석학처럼 비이성적인 사이비 과학으로 몰리는 것을 우려했기 때문이다. 그래서 이들은 '암묵적(tacit), 암시적(implicit), 자동화된(automatic), 비의도적인(incidental), 자각 없는(without awareness)' 등과 같은 완곡한 용어를 고안하게 되었다(Smith, 진성록 역, 2007).

인지 과정 모두를 인식할 수 있는 것은 아니라는 증거가 쌓이면서 인지적 무의식(cognitive unconscious)의 존재를 인정하려는 논의가 이루어지기도 했다(Piaget, 1973 ;

Kihlstrom, 1987). 인지적 무의식은 인간의 모든 마음이 의식되고 인식될 수 있다고 보는 관점과는 상반된다. 인지적 무의식은 몸을 숨긴 채 외적인 의식 작용 및 인지 과정에 영향을 미치므로 데카르트적 관점과 반대되는 마키아벨리적 관점으로 부를 수 있다(Smith, 진성록 역, 2007). 베일 뒤에 숨은 책략가처럼 모습을 드러내지 않으면서 지휘관의 판단에 영향을 미치는 인지적 무의식은 정치적 목적 달성을 위해 흉중(胸中)에 비장의 전략을 품어야 한다고 권고하는 마키아벨리를 닮았다.

인지적 무의식이라는 개념은 인간의 마음을 재현한 것으로 이해되는 차가운 인지 모형이 모든 지적 과정을 반영하고 있는 것은 아니라는 점을 일깨워준다. 사고구술과 같은 내성법(內省法, intraspective method)을 적용하여 인지 과정을 가시화, 구체화, 외현화하기 위해 노력하였지만, 이 방법으로 포착하기 어려운 지적 과정들이 존재하고 있다는 것이다. 그러므로 차가운 인지의 관점으로 그려낸 작문 모형은 필자가 가지고 있는 인지의 실체를 온전하게 담고 있다고 보기 어렵다.

■ 인지적 무의식과 작문 모형

글을 쓰는 필자의 인지를 관찰하고 분석하여 그려낸 작문 모형들은 예외 없이 필자의 지적 과정을 모두 포함하고 있는 것처럼 서술하고 있지만 사실은 그렇지 않다. 인지 과정이 소상하게 규명된 것도 아닐 뿐더러 인지 과정의 하위 단계에서 쓰이는 전략이 명료하게 분석된 것도 아니다. 인지적 무의식이라는 개념을 고려하면 아직도 모습을 드러내지 않은 작문 요소가 아직도 많이 남아 있을 수도 있다. 사고구술을 통해 글을 쓰는 필자의 인지 과정을 체계적으로 관찰하기 위해 노력했지만 그 필자가 인식하지 못하는 지적 활동(사고)을 말할 수는(구술) 없었을 터이므로 인지 과정의 전모를 온전하게 담지 못했을 가능성이 더 크다. 인식하지 못하거나 의식하지 못하는 것을 말할 수는 없는 것이다.

인지적 무의식에 도달할 수 없다면 어쩌면 인지적 무의식의 경계에 갇힌 인지 모듈은 영원이 밝혀낼 수 없을지도 모른다. 그러므로 작문의 인지 과정 모형을 강조하더라도 이것이 필자의 작문 과정을 온전히 설명하는 단 하나의 방법이 될 수 없다는 점을 인정할 필요가 있다. 그러나 현재 수립되어 있는 작문 모형은 인지적 무의식이 존재할 수 있다는 가능성을 전혀 고려하고 있지 않다. 오히려 '유능한 필자의 작문 과정은 바로 이렇게 진행된다.'는 신념어린 주장을 하고 있을 따름이다.

작문 모형에서 인지적 무의식을 인정할 수 없는 이유가 있다. 과학자들은 본능적으로 '무의식'이라는 용어에 대해서 거부감을 가지고 있으며, 더 나아가 인지적 무의식의 개념을 인정하는 순간 어렵게 쌓아 올린 작문 과정 모형이 스스로 붕괴해 버릴 수 있다고 생각하기 때문이다. 인지적 무의식을 강조하는 연구자들은 핵심적인 인지 작용일수록 무의식적으로 작동한다는 점을 강조한다. 매우 즉각적으로 이루어지는 판단, 가령 생명의 위협을 감지하는 인지 작용, 어떤 사람에 대한 선호를 가리는 인지 작용은 의식의 지평선 아래에서 인식되지 않은 채 매우 신속하게 이루어진다. 이처럼 의미를 생산해 내는 과정에서도 의미 구성의 핵심적인 요소는 인식할 수 없는 상태로 진행된다는 것이다.

중요한 인지 기능일수록 인지적 무의식의 상태에 있을 가능성이 크다고 했는데, 정의 요인도 인지적 무의식에 잠길 때가 많다는 점도 주의할 필요가 있다. 우리는 분노를 느낄 때 어떤 과정을 통해서 분노의 감정에 빠지는지 인지하지 못하며, 호의의 감정을 느낄 때 어떤 과정을 거쳐 그러한 감정 상태에 빠지는지를 인식하지 못한다. 우리는 그러한 감정의 결과조차도 무의식적으로 드러낸다. 눈동자의 동공이 확대되고 얼굴이 달아오르고 맥박이 빨라지고 숨이 거칠어지는 신체의 생리적인 변화를 통해서 말이다. 이 과정을 인식하거나 의식할 수 있는 사람은 없다.

인지적 무의식을 강조하는 진영에서 주장하는 것처럼 중요한 것일수록 인식할 수 없는 상태로 진행된다면, 인식한 것을 말하게 하는 사고구술은 의미 구성에서 중요하지 않은 것을 모아 놓은 것이고, 이를 토대로 구축한 작문 모형은 의미 구성의 본질을 반영한다고 할 수 없게 된다. 게다가 사고구술이 필자가 글을 쓰는 과정에서 경험하는 모든 인지 활동을 반영해 낼 수 있는 방법도 아니다. 인식할 수 없는 것은 말할 수도 없을 뿐더러 경험 인지 활동도 왜곡, 축소, 변형, 망각, 과장되어 표현될 수 있기 때문이다. 그래서 인지 과정의 체계화 방안으로 작문 모형을 강조하는 한 인지적 무의식으로 설명해야 하는 여러 가지 요소, 즉 정의 요인은 중요한 지위를 점유할 수 없다. 작문에서 정의 요인이 관심을 끌지 못했던 데에는 이러한 배경이 깔려 있다.

3. 쓰기 동기

쓰기 동기는 쓰기 행동과 행위를 불러일으키고 유지하게 해 주는 주요한 심리적 요인이다. 글을 쓰는 행동이나 행위를 할 수 있도록 만들어준다는 점에서 중요성이 크지만 이에 대한 관심은 충분하지 못했다. 연구도 충분히 이루어지지 못했다. 쓰기 이론 연구와 쓰기 교육 연구가 주로 인지 능력의 탐색과 처치에 집중되어 온 까닭에 어떻게 해야 학생이 글을 쓰고 싶은 마음이 들도록 할 것인지에 대해 관심을 기울이지 못했다. 작문 교육이 안고 있는 현실적 고민 중의 하나는, 학생 필자들이 글을 쓰는 것을 매우 싫어한다는 점이다. 그래서 교수-학습 과정에서 배운 쓰기 전략을 활용하여 학생 필자가 자발적으로 글을 쓰는 예를 발견하기는 쉽지 않다. 이러한 현실적인 문제는 차가운 인지 모형만으로는 해결하기 어렵다. 또한, 학생 필자에게 글을 쓰고 싶은 마음을 불러일으킬 수 없다면 진정한 쓰기 능력의 발달도 기대하기 어렵다. 쓰기 동기에 대해 관심을 기울여야 하는 이유는 바로 여기에 있다. 여기에서는 이러한 문제의 핵심에 있는 쓰기 동기에 대해서 살펴보고자 한다.

1) 쓰기 동기의 개념 및 특징

■ 글을 쓰는 행동이나 행위의 심리적 원천

동기는 인간의 행동이나 행위를 촉발시키는 심리적인 원천을 말한다. 우리 인간의 모든 행동이나 행위에서 동기가 밑바탕을 이루지 않는 것은 거의 없다. 북극점, 남극점, 에베레스트와 같은 극지를 탐험하는 행동을 하는 데에도 동기가 존재한다. 어떤 범죄 행위가 있을 때에도 왜 그런 일을 저질렀는가를 찾는 데 노력을 기울인다. 동기가 무엇인가에 따라 범죄자가 누구인지를 찾을 수 있으며 범죄자의 행위도 입증할 수 있다. 동기는 범죄의 형량을 정하는 데에도 영향을 미친다. 일부 무동기 행동이라는 것이 존재하기도 하지만 매우 예외적이다.

글을 쓰는 행동이나 행위도 동일하다. 더군다나 글을 쓰는 작문 활동은 저절로 되는 것이 아니라 많은 지적 노력을 기울여야만 잘 할 수 있다. 그렇게 노력을 기울인다고 해서 모두 성공적으로 글을 쓸 수 있는 것도 아니다. 작문 활동은 지적 부담이 큰 만큼 작문 활동을 하는 데에는 이를 뒷받침하는 동기가 더욱 더 중요하다. 학생에게 글을 쓰고 싶은 마음이 존재하지 않는다면 실제적인 작문 활동은 기대하기 어렵다. 공부하고 싶은 마음이 없으면 몸은 책상 앞에 있어도 머릿속에서는 공부와 관련된 인지 작용이 일어나지 않는 것처럼, 글을 쓰고 싶은 마음이 없으면 연필을 잡고 있더라도 글을 쓰는 데 필요한 인지 작용은 일어나지 않는다. 작문 교육에서 쓰기 동기에 대해서 주목하는 이유는 바로 이와 관련이 있다. 어찌되었든 학생들이 글을 써야만 작문 학습이 가능해지기 때문이다.

청소년기에 있는 학생들은 동기 요인의 영향력이 훨씬 더 크다. 전문적인 성인 필자라고 해서 동기 없이 글을 쓰는 것은 아니지만 상대적으로 청소년기의 학생들에게는 동기의 영향력이 더욱 더 크다는 뜻이다. 청소년기 학생들은 작문을 학습하는 과정에 있는, 미숙한 필자로서 자발적이면서도 능동적인 글쓰기를 기대하기가 상대적으로 더 어렵기 때문이다. 그러므로 학생의 쓰기 능력 발달을 돕기 위해서는 쓰기 동기의 형성과 유지에 관심을 기울여야 한다. 학생들에게는 작문 활동의 동기화 전략을 적절하게 적용하지 않으면 적극적인 글쓰기 행동이나 행위를 시작하게 하는 데 무리가 따를 수 있다.

■ 작문 활동의 시작, 유지, 방향 설정의 영향 요소

일반적으로 동기가 중요한 이유는 동기가 어떤 행동과 행위를 시작하게 만들어 주고, 그 행동이나 행위가 유지되도록 하는 심적 에너지를 공급해 주며, 그 행동이나 행위가 어떤 방향으로 나아가야 할지를 정하는 데 영향을 미치기 때문이다. 인간 행동이나 행위를 시작하게 한다는 점을 들어 앞에서는 쓰기 동기의 개념을 글을 쓰는 행동이나 행위의 심리적 원천으로 설명하였다. 그러므로 여기에서는 행동이나 행위의 유지, 방향 설정을 중심으로 살펴보기로 하자.

등산을 하는 사람은 주말마다 이 산 저 산을 오르느라 여념이 없다. 수영을 좋아하는 사람은 남들이 단잠에 빠져있을 이른 새벽에 차가운 수영장에 몸을 담근다. 그런데 이러한 고된 행동을 끊임없이 지속적으로 한다. 이렇게 등산이나 수영을 지속할 수 있게 해 주는 힘은 어디에서 오는 것일까? 도서관을 떠날 줄 모른 채 독서에 푹 빠져 있는 사람은 도대체 어떤 힘이 주어지기에 지치지도 않고 책을 읽는 것일까? 그 해답은 바로 동기에 있다. 바로 동기가 등산하고 수영하고 책을 읽는 행동이나 행위를 지속할 수 있도록 만들어준다. 등산하는 사람, 수영하는 사람, 책을 읽는 사람의 동기는 저마다 다를 수 있다. 등산하는 사람들끼리도 동기가 다를 수 있고, 수영을 하는 사람, 책을 읽는 사람들끼리도 동기가 다를 수 있다. 그러나 그 바탕에 동기가 자리 잡고 있다는 점은 동일하다.

어떤 행동이나 행위를 지치지 않고 할 수 있는 힘은 동기로부터 온다. 동기의 강도가 셀수록 행동이나 행위의 지속성이 강하다. 공부로 성공해야겠다는 마음이 클수록 공부하는 데 많은 노력을 지속적으로 투입할 수 있는 것처럼, 글을 잘 써 보아야겠다는 마음이 클수록 작문 활동을 지속적으로 유지할 수 있다. 이런 의미에서 쓰기 동기는 글을 쓰는 활동을 유지하도록 돕는 심리적인 에너지라고 부를 수 있다.

쓰기 동기는 행동이나 행위의 방향을 설정하는 데에도 영향을 미친다. 글을 쓰고 싶은 마음은 결국 작문 활동을 통해서 도달하려는 어떤 지점, 즉 능력이나 상태를 의도하고 있기 때문이다. 어떤 학생이 작문은 학습의 도구이므로 작동 활동에 열심히 참여해야겠다는 마음이 들었다면 그 학생이 수행하는 작문 활동은 학습 수단의 획득이라는 방향을 지향하게 된다. 그 방향에 맞추어 작문 활동이 이루어지기도 한다.

동기는 작문 활동의 방향을 설정하는 데에만 영향을 미치는 것은 아니다. 인간의 행동이나 행위는 모두 동기로부터 방향 설정의 영향을 받는다. 동기가 이미 방향성을 잉태한 가운데 형성되므로 동기가 방향 설정에 영향을 미친다는 사실은 매우 자연스러운 것이다. 즐거움이나 흥미로 인해 쓰기 동기를 형성하게 되었다면 이를 통해서 이루어질 글쓰기 활동은 즐거움과 흥미라는 방향을 지향하게 될 것이다. 이러한 동기를 형성하고 있는 학생이라면 선택하는 주제나 화제는 자신에게 즐거움을 주는 것이거나 자신이 흥미롭게 생각하는 것일 가능성이 크다.

▌영역 특수적 성격

쓰기 동기는 영역 특수적 성격 또는 영역 독립적 성격을 지닌다는 특징이 있다. '영역 특수적'과 '영역 독립적'을 대표하는 용어로 '영역 특수적'이라는 표현을 일반적으로 더 많이 사용한다. 영역 특수적이라는 것은 어떤 요인이 가지고 있는 특성이 다른 요인과 독립적으로 작용한다는 것을 일컫는 방법적인 개념이다. 다시 말하면, 쓰기 동기는 영역 특수적 성격을 지니고 있으므로 독서 동기나 학습 동기와 독립적으로 작용하며 상호 교차하지 않는다. 그래서 쓰기 동기가 높다고 해서 독서 동기가 높다거나 쓰기 동기가 높다고 해서 학습 동기가 높다고 말할 수 없다. 반대로 책 읽는 것을 좋아하더라도 글 쓰는 것을 좋아하는 것은 아니며, 공부에 대한 열의가 많다고 해도 작문 활동에 참여하는 것을 좋아하는 것은 아니다. 이것은 매우 근접해 있는 영역이라 하더라도 유효하다.

그러나 학습 능력은 쓰기 동기가 지닌 이러한 특성과는 상반되는 면이 있다. 수학을 잘 하면 물리와 같은 과목을 잘하는 데 도움을 준다. 국어 능력은 영어 능력과 밀접한 관련이 있다. 언어의 형태만 다를 뿐 두 과목에서 요구되는 기본적인 언어 능력, 가령 중심 내용을 찾는다든가, 생략된 내용을 추론한다든가, 글의 논리적인 순서를 맞춘다든가 하는 능력은 동일하기 때문이다. 기초 학습 능력으로서 읽기, 쓰기, 셈하기를 강조하는 이유는 이러한 능력은 영역 독립적인 아닌, 영역 의존적인 특성을 보이기 때문이다. 한 영역의 특성이 다른 영역에 교차하여 영향을 미칠 때에는 영역 특수적인 성격을 지니고 있다고 말할 수 없다.

쓰기 동기가 지닌 영역 특수적 성격은 정의 요인 전체에 해당하는 성격이기도 하다. 이하에서 다루게 될 여러 가지 작문 관련 정의 요인 모두가 영역 특수적 성격을 지니고 있다. 어떤 정의 요인의 수준이 낮거나 높더라도 화법, 독서와 같은 다른 영역에는 동일한 효력을 보이지 않는다. 그러므로 교육적으로 독서 동기를 높여서 작문 활동에 참여하려는 동기를 자극하려는 시도는 실제적으로 무의미하다고 할 수 있다. 학생들이 책을 즐겨 읽도록 하기 위한 독서 동기는 독서 동기대로 전략을 수립해야 하고 쓰기 동기는 쓰기 동기대로 활성화 전략을 찾아야 한다.

■ 복합적 구성의 성격

쓰기 동기라고 간단하게 설명하고 있지만 쓰기 동기는 단일한 심리적 요인이라기보다는 여러 가지 구인으로 구성된 복합적인 심리적 요인이다. 글을 쓰고 싶은 마음을 찬찬히 들여다보면 쓰기 동기가 하나로 모아지는 것은 아니라는 사실을 쉽게 알 수 있다. 흔하지는 않지만 즐거움이나 흥미를 위해서 쓰고 싶은 마음이 들기도 하고 어떤 지면에 발표해야겠다는 생각에 글을 쓰고 싶은 마음이 들기도 한다. 그러므로 쓰기 동기를 단일한 요인이 아니라 복합적인 요인으로 보는 것이 타당하다고 할 수 있다.

어떤 심리적인 요인을 복합적인 관점을 보는 것은 심리학적 접근에서는 통상적이다. 심리학적 접근에서는 국어 능력이라 하더라도 이를 구성하는 하위 요인이 있다고 보고, 작문 능력이라고 해도 이를 구성하는 하위 요인이 있다고 할 수 있는데, 이렇게 접근하는 관점이 쓰기 동기에도 적용되었다고 할 수 있다. 심리학적 접근에서 최근 그 중요성이 커지고 있는 창의성, 인성마저도 단일 개념이 아니라 구성 개념으로 다룬다. 어떤 심리적 특성을 구성 개념으로 다루면 접근의 과정을 체계화할 수 있고 그 심리적 특성의 다면적 성격을 강조할 수 있어 편리한 점이 있다.

쓰기 동기는 이를 다루는 연구자에 따라 하위 구성 요인을 서로 다르게 설정하곤 한다. 가령, 학습 심리에서 매우 중요하게, 복합적 구인으로 다루는 '효능감'을 쓰기 동기의 하위 요인으로 다루는가 하면, 효능감은 뺀 채 쓰기 동기를 설명하기도 한다. 쓰기 동기를 단일 개념이 아니라 구성 개념으로 보더라도 하위 구인을 무엇으로 보는가는 연구자에 따라, 학문적 경향에 따라 차이를 보인다. 쓰기 동기의 구인에 대해 가장 일반적이고 전통적인 관점은 내적 동기와 외적 동기로 구분하는 것이다. 동기를 내적 및 외적으로 구분해 온 전통적인 관점을 쓰기 동기에도 그대로 적용한 것인데, 이러한 관점이 전통적인 만큼 쓰기 동기를 이를 토대로 설명하면 여러 가지로 편리한 점이 있다. 가령, 전통적인 관점에 따라 즐거움이나 흥미 등과 같은 요소는 내적인 것으로 분류하고, 성적, 상이나 벌, 승급 등의 요소는 외적인 것으로 분류할 수 있기 때문이다. 이를 다루어온 학문적 근거도 많은 만큼 이러한 접근은 효과적이다.

그러나 이러한 접근이 효과적이기는 하지만 사실 타당성이나 적절성이 충분한 것은 아니다. 내적 동기와 외적 동기가 명확한 것 같아도 세밀하게 들여다보면 경계가 명확하지 않은 경우가 많다. 둘이 복합적으로 일어나기도 한다. 앞에서 흥미를 언급하였지만, 이 흥미가 주제나 화제에 대한 흥미인지, 아니면 글쓰기 활동 자체에 대한 흥미인지를 구분하기가 어렵다. 가령, 수학여행의 경험을 쓰는 것은 흥미롭게 여기지만, 한미 자유 무역 협정의 문제점을 피력하는 글을 쓰는 것은 흥미롭게 여기지 않는다면 이때 말하는 흥미는 주제나 화제에 대한 흥미라고 볼 수 있다. 그렇다면 쓰기 동기로서 흥미라는 것을 설정한다고 할 때 이 흥미가 무엇과 관련이 있는 것인지를 말하기 어렵다. 그리고 이러한 주제가 평가와 관련되어 있다면 그 때 드는 글을 쓰고 싶은 마음이 내적 동기인지 외적 동기인지를 구분하기도 쉽지 않다. 구인이 무엇이 되었든 쓰기 동기는 단일 개념이라기보다는 복합적인 구성 개념으로 이해하는 것이 타당하다.

2) 쓰기 동기의 학년별 및 성별 특성

■ 쓰기 동기의 학년별 특성

쓰기 동기는 변인에 따라 다양한 양상으로 나타나는데 작문 교육에서 특별히 관심을 두어야 할 쓰기 동기의 특성 중의 하나는 학년 변인이다. 학교에서 별 문제가 없다면 일반적으로 학생들은 해가 거듭할수록 학년이 올라간다. 학년이 올라간다는 것은 학습 능력이 발달한다는 뜻을 담고 있으므로 교육학에서는 학생들의 학년 변인을 중요하게 다룬다. 쓰기 동기의 특성도 이와 비슷하다. 학생들이 학년에 따라, 다시 말하면 작문 능력의 발달에 따라 쓰기 동기가 어떤 특성을 보이는가를 알아야 이와 관련된 작문 교육을 효과적으로 계획하고 시행할 수 있기 때문이다.

일반적으로 학생들은 학년이 올라갈수록 쓰기 능력이 발달한다고 기대할 수 있다. 학년이 올라갈수록 작문 과정에 긍정적으로 영향을 미치는 배경지식이 양적으로나 질적으로 우수해지고 작문 활동을 하는 데 필요한 기능이나 전략을 학습했기 때문이다. 그러니 초등학생보다는 중학생이, 중학생보다는 고등학생이 작문 능력이 더 우수하다고 기대하는 것은 자연스럽다고 할 수 있다. 그런데 쓰기 동기는 이처럼 선형적인 발달의 모습을 보이지 않는다. 학년이 더 높다고 해서 쓰기 동기가 더 높은 것도 아니고 학년이 낮다고 해서 쓰기 동기가 더 낮은 것도 아니다. 오히려 학년이 낮은 학생들이 더 높은 수준의 쓰기 동기를 보이는 경우도 있다. 우리가 경험하는 것처럼, 중학생이나 고등학생들은 글 쓰는 것을 매우 싫어하지만 초등학생들은 글 쓰는 것을 중학생이나 고등학생보다 더 좋아하는 경우가 많다. 학년이 가장 낮은 초등학생들의 쓰기 동기가 더 높은 예는 얼마든지 쉽게 찾아볼 수 있다.

학생들은 나이가 들면서 배경지식의 양적 수준과 질적 수준이 더 우수해지고, 기능이나 전략도 더 많이 습득하고 숙달하지만, 그만큼 쓰기 동기가 발달하는 경향을 보이는 것은 아니다. 비유컨대 학년이 올라가서 신체 발달을 통해 자전거를 더 잘 타게 되었지만 자전거를 타고 싶은 마음이 이에 비례해서 증가하는 것은 아니라고 할 수 있다. 지금까지 수행해 온 작문 교육은 정의 요인을 소홀히 하고 인지 요인만을 강조해 온 경향이 뚜렷했는데, 이러한 작문 교육으로 말미암아 쓰기 동기의 학년별 차이가 두드러지지 않게 된 것으로 보인다. 작문 교육에서는 정의 요인과 인지 요인을 분리해서 다루어왔으므로 두 요인의 발달적 특성이 동일하게 나타나지 않게 된 것으로 해석된다는 뜻이다.

학년이 높다고 해서 쓰기 동기가 높은 것은 아니라는 특성은 작문 능력과 쓰기 동기의 상관성을 떨어뜨리는 원인으로 작용하기도 한다. 학생의 학년, 즉 작문 능력의 발달에 쓰기 동기의 발달이 대응하는 것이 아니므로 두 변인 사이에 성립하는 상관도는 높게 형성되기 어렵다. 작문 능력의 변화량(발달 정도) 대비 쓰기 동기의 변화량(발달 정도)이 적으므로 두 변인 사이에 성립하는 직선의 기울기는 작을 수밖에 없다. 그래서 최근에 이루어진 여러 편의 조사 연구에 따르면 작문 능력과 쓰기 동기의 상관도는 낮은 수준이다.

작문 능력과 쓰기 동기의 상관도가 낮다고 해서 쓰기 동기의 중요성이 줄어드는 것은 아니다. 쓰기 동기는 여전히 작문 활동을 시작하게 하고 유지하게 하는 심리적인 원천이라는 사실은 전혀 변화하지 않기 때문이다. 그리고 쓰기 동기의 수준을 변인으로 집단을 구분해 보면 쓰기 동기가 높은 집단이 기대대로 통계적으로 유의한 수준의 작문 능력을 보여주고 있다. 작문 능력이 발달하는 만큼 쓰기 동기가 발달하지 않기 때문에 두 변인의 상관도가 낮은 것이지 쓰기 동기는 작문 능력이 우수한 정도를 재는 중요한 지표인 것만은 분명하다. 그러므로 쓰기 동기는 여전히 중요하다.

▌쓰기 동기의 성별 특성

쓰기 동기의 특성을 살필 때 학생들의 학년만큼이나 중요한 변인이 성별 변인이다. 학생들은 생물학적으로 남자 또는 여자로 태어나는데 학생 성별이 무엇인가에 따라 쓰기 동기의 특성이 다르게 나타나기 때문이다. 교실에 앉아 있는 학생들, 작문 활동에 참여할 학생들은 남학생이거나 여학생이다. 그러므로 성별에 따라 쓰기 동기가 어떤 양상을 보이는가는 작문 교육을 수립하고 시행하는 데에도 참조해야 할 주요 정보라고 할 수 있다.

성별에 따른 쓰기 동기의 특성은 학년별 특성과는 차이가 있다. 학생들은 학년에 따른 쓰기 동기의 차이는 잘 보여주지 않지만, 성별에 따른 차이는 뚜렷하게 보여주기 때문이다. 성별에 따라 쓰기 동기 수준의 차이가 크게 나타난다. 성별에 따라 차이가 큰데, 과연 남학생이나 여학생 중에서 어느 성별 학생들의 쓰기 동기가 더 높을까? 우리가 일상적으로 경험하고 관찰해 온 바로는 여학생의 쓰기 동기가 더 높지 않을까? 일상에서 겪는 희로애락의 에피소드를 소개하는 라디오 프로그램을 보면 사연을 보내는 사람들 대부분이 여성이다. 이를 통해 볼 때 청소년기의 여학생들도 남학생들보다 쓰기 동기가 더 높지 않을까?

성별로 볼 때 쓰기 동기는 여학생이 남학생보다 높다. 높은 정도는 통계적으로 유의한데, 여학생이 남학생보다 높은 정도는 학년이 변해도 달라지지 않는다. 초등학생 때에도 여학생이 남학생보다 쓰기 동기가 더 높고, 중학생 및 고등학생 때에도 여학생의 쓰기 동기 수준이 더 높다. 대학생에 대한 조사는 없지만, 이러한 추세를 볼 때 대학에서조차 여학생이 남학생보다 쓰기 동기가 더 높을 것으로 기대된다.

이러한 특성은 현상적으로 글쓰기를 싫어하는 남학생들을 만들어 낸다. 우리가 흔히 경험하는 남학생들은 글 쓰는 것을 싫어하며 작문 활동에도 적극적으로 참여하려고 하지 않는다. 일기를 쓰는 것과 같은 간단한 활동조차도 싫어한다. 게다가 글씨의 모양도 나쁘다. 그래서 손글씨로 답안을 작성해야 하는 고부담 검사라면 남학생들이 불리한 점이 있다. 대개의 남학생들은 책을 읽는 활동을 비롯해서 글을 쓰는 활동을 전형적인 여성의 일로 치부하는 경향이 있다. 남학생들 표현대로라면 '계집애들이나 하는 쪼잔한 행동'이 바로 작문 활동이다. 그래서 남자다움을 추구하는 남학생들, 청소년기의 남학생들은 작문 활동, 글쓰기를 배우는 것은 하찮은 일로 여기곤 한다.

그런데 문제는 이러한 남학생들의 쓰기 동기 수준이 작문 성취도의 차이, 더 나아가 학력의 차이로 이어진다는 점이다. 앞에서도 강조했던 것처럼 작문은 학습의 한 양식이며 기초 학습 능력으로서 학업 능력의 토대를 이룬다. 대학생, 대학원생처럼 학습 수준이 높아질수록 학업과 작문은 구분되지 않는다. 그러므로 청소년기 남학생들의 쓰기 동기 수준으로는 난도가 점점 증가하는 학업의 길을 온전히 헤쳐 가는 데 무리가 될 수밖에 없다. 쓰기 동기가 낮으니 쓰기를 대하는 태도, 쓰기를 바라보는 인식도 긍정적일 수 없다. 이는 자칫 작문 부진이나 학습 부진의 나락으로 떨어지는 원인으로 작동하기도 한다.

여기에서 지적한 쓰기 동기의 학년별 특성과 성별 특성은 상당한 일관성이 있다. 어떤 시기에 조사를 하든, 어떤 연구자가 조사를 하든, 어떤 나라, 어떤 지역의 학생들을 대상으로 하여 조사를 하든 일관성 있는 결과를 보여준다. 그러므로 이러한 경향은 쓰기 동기가 지니는 일반적인 특성으로 일반화하여 수용해도 무리가 없을 듯하다.

3) 쓰기 동기의 구성 요인

▎내적 동기 요인과 외적 동기 요인

쓰기 동기를 구성하는 요인을 전통적으로는 내적 동기와 외적 동기로 구분해서 다루어왔다. 이러한 구분은 동기를 연구해 온 심리학자들이 분류한 내적 동기(내재적 동기)와 외적 동기(외재적 동기)의 체계를 따른 것이다. 이러한 양분법에 따르면 호기심, 흥미, 관심처럼 어떤 개인의 내부적 기제에 의한 것은 내적 동기로 구분하고, 개인의 외부에서 주어지는 타인의 평가, 보상 등의 기제에 의한 것은 외적 동기로 구분한다.

내적 동기에는 즐거움, 흥미, 노력 등의 요인이, 외적 동기에는 상이나 벌, 점수, 승급 등의 요인이 포함되는 것으로 설명한다. 생업을 유지하는 성인이라면 어떤 행동을 할 때 가장 크게 영향을 받는 것이 금전적인 보수이다. 아무리 일이 힘들어도 그것을 견디며 일할 수 있게 하는 힘은 바로 금전적인 보수에서 나온다. 학생들에게도 상금처럼 금전적인 보상을 내세우면 쓰기 동기를 효과적으로 자극할 수 있다. 학생들이 학창시절 열심히 공부하는 동기 중의 하나는 금전적 보수가 높은 직장을 얻는 것이니 이러한 외적 동기 요소는 매우 강력한 심적 에너지를 공급한다고 할 수 있다.

직장인에게는 승진과 같은 요인도 강력한 동기 요인이 된다. 학생들이라면 상급 학년으로의 승급이나 상급학교로의 진학이 이에 해당한다. 대학이라는 상급학교에 진학하기 위해서 학생들은 어렵고도 어려운 논술 쓰기를 훈련하는 데 매진한다. 진학을 위해 글을 쓰는 마음을 먹고 그것을 활동으로 옮기고 있다면 외적 동기에 의해 활성화된 예에 해당한다.

외적 동기는 우리 인간의 행동을 동기화하는 데 매우 효과적이다. 효과적일 뿐만 아니라 영향 정도가 매우 강력하다. 월 급여를 두 배로 올려주겠다고 하면 더 어려운 일을 맡는 것도 마다하지 않는다. 성적을 두 배로 쳐 주겠다고 하면 학생들은 작문 활동에 더 열심히 참여하게 될 것이다. 좋은 상급학교에 진학하기 위해서 불철주야로 논술을 훈련하는 것처럼. 그러나 외적 동기 중에는 이처럼 긍정적 인센티브만 있는 것 아니라 부정적인 인센티브도 있다. 가령 벌이나 성적 감점과 같은 것이 이에 해당한다. 글을 쓰지 않았을 때 벌이 따른다면 학생들은 작문 활동에 참여할 것이고 감점을 당하지 않기 위해서라도 작문 활동에 임하게 될 것이다. 이러한 경우에도 외적 동기에 의한 동기화에 해당한다.

이뿐만 아니라, 내적 동기에 의한 동기화도 가능하다. 흔한 일은 아니지만 학생들 중에는 글을 쓰는 데에 관심이 많고 글을 쓰면 즐거움을 느끼는 경우도 있다. 꼭 다른 사람에게 보여주기 위한 것이 아니더라도 스스로 글을 쓰는 데에서 보람과 기쁨을 느끼는 경우고 있다. 다른 활동보다 글을 쓰는 것을 흥미롭게 느끼는 학생이 있다면, 그래서 글을 쓰고 싶어 하는 마음이 크고 그것을 스스로 행동으로 옮기는 학생이 있다면 그 학생은 내적 동기 요인에 의해 동기화가 이루어진 예라고 할 수 있다. 이처럼 학생들이 글을 쓰고 싶은 마음에는 이러한 내적 요소 및 외적 요소가 다양한 층위로 관련되어 있다.

■ 새로운 쓰기 동기의 구인

최근 연구에서는 내적 동기 및 외적 동기로 구분하는 것을 넘어 심리적 구인을 새로 설정하고 구인 타당도 분석을 통해 새로운 관점의 쓰기 동기 구인을 제안하기도 했다. 이러한 경향의 연구는 초등학생, 중학생 및 고등학생을 대상으로 하여 연구가 주로 이루어졌으며, 간혹 예비 국어교사를 대상으로 한 연구가 이루어지기도 했다.

대규모로 초등학생을 표집하여 쓰기 동기에 대한 반응을 조사하여 분석한 연구에 따르면, 초등학생들의 쓰기 동기를 구성하는 요인은 10가지가 있는 것으로 나타났다. 출판, 쓰기 효능감, 쓰기 인정, 쓰기 카타르시스, 새 필기도구, 쓰기 신념, 상호작용, 쓰기 모방, 인터넷, 컴퓨터 활용이 그것이다(이재승 외, 2006). 한편 중학생을 표집한 쓰기 동기 반응을 분석한 연구에서는 학생들에게 유효한 쓰기 동기의 변인으로 쓰기 효능감, 협력적 상호작용, 경쟁적 노력, 도전심이라는 네 가지 요인을 새로운 쓰기 동기의 구인으로 제안한 바 있다(박영민, 2006). 중학생 외에도 고등학생, 예비 국어교사 등을 대상으로 하여 쓰기 동기의 구성 요인이 어떻게 이루어져 있는지를 밝히는 연구와, 각 변인을 토대로 한 쓰기 동기 수준을 조사하는 연구가 다양하게 이루어지기도 했다.

새로운 쓰기 동기의 구인으로 제안된 쓰기 효능감은 쓰기 동기의 하위 요인으로 다루기도 하지만 이 자체를 커다란 구성 개념으로 보고 쓰기 동기와는 별도 구분된 요인으로 다루기도 한다. 그러나 분리된 구성 개념으로 다루더라도 이 요인이 쓰기 동기와 밀접한 관련이 있다는 점은 틀림없다. 글을 쓰는 학생이 가지고 있는 자기 자신에 대한 판단은 글을 쓰고 싶은 마음에 지속적으로 영향을 미치기 때문이다. 어떤 활동에 대해 자신감을 느낄수록 학생들은 더욱 더 그것을 하고 싶어 한다. 그러므로 학생들의 쓰기 효능감 수준이 높다면 자연스럽게 글을 쓰고 싶은 마음을 더 잘 느끼게 될 것이다.

쓰기 효능감은 학생이 스스로 자기 자신의 쓰기 능력이 우수하다고 생각하거나 앞으로 쓰기 능력이 더 향상될 것이라 믿는 것과 관련된 요인이다. 쓰기 효능감은 쓰기 동기 및 쓰기 관련 학업 성취도에 긍정적인 영향을 미치며, 학업 성취도, 정보 처리 수준 결과에 대한 기대 등에도 긍정적인 영향을 미친다. 쓰기 효능감은 쓰기 성취도를 향상시키는 요인이면서 쓰기에 대한 지속력을 향상시키고 자발적인 필자를 만들기 위해 필요한 동기 요인이다.

새로이 제안된 쓰기 동기 구인인 협력적 상호작용은 필자의 작문 과정에 개입하는 예상독자와의 상호작용을 의미한다. 학생들은 이러한 사회적 활동으로부터 영향을 크게 받는 경향이 있다. 또래에 대한 관심이 높은 청소년기에 속해 있기 때문인 것으로 보이는데, 영향력이 큰 만큼 이 요인을 잘 활용하면 학생들의 쓰기 동기를 활성화하는 데 도움을 얻을 수 있다. 협력적 상호작용은 글을 다른 이에게 보여주는 것, 친구와 바꾸어 읽는 것, 글에 대해 이야기 나누는 것과 관련된 내용을 포함한다. 학생들이 학습의 가치를 알고, 학습의 과정을 즐기며, 지식의 습득과 기술 향상에 대해 긍지를 갖는 것은 다른 사람들과의 상호작용을 통해서이다.

새롭게 제안된 쓰기 동기 구성 요인에는 경쟁적 노력과 도전심도 있다. 경쟁적 노력은 남들보다 더 많이 노력하고자 하는 것 그리고 쓰기에 대한 중요성 인식과 관련된 동기를 포함한다. 다른 사람보다 글을 잘 쓰기 위해 노력한다거나, 과제의 요구에 따라 글을 쓰려고 노력한다거나, 글을 잘 쓰기 위한 방법을 계속 시도해 보는 것과 같은 남들과 비교하여 경쟁적으로 더 노력하려는 것과 관련된 내용의 동기 요인이다. 노력은 학업을 성취하기 위해 필요한 기본 요인이므로 노력이 동기 요인이 되는 것은 자연스러우며 노력을 많이 하고자 할수록 수행의 질이 높을 수 있다. 작문은 인지 부담이 크므로 경쟁적 노력은 학생들로 하여금 작문 수행을 자극하는 데 긍정적으로 기여한다.

그리고 도전심은 쓰기 힘들더라도 끝까지 글을 쓴다거나, 쓰기 어려울 때 극복할 방법을 찾아낼 수 있다거나 하는 심리적인 태도와 관련되어 있다. 도전심은 어려움이 있지만 과제를 지속하여 수행을 완수하는 것을 말한다. 쓰기는 인지적으로 복합적인 과정이므로 학생에게는 작문 활동 자체가 도전적인 과제가 될 수 있다. 쓰기가 쉽지 않은 과제이지만 이것을 해결하려는 마음은 학생의 쓰기 동기를 형성하고 유지하는 데 영향을 주는 것이다.

4) 쓰기 동기와 작문 모형

■ 1970~80년대의 모형

쓰기의 여러 이론 중, 쓰기 교육에 많은 영향을 미친 것은 인지주의 작문 이론이라고 할 수 있다. 결과 중심의 쓰기 교육이 과정 중심의 쓰기 교육으로 전환될 수 있었던 것도 이와 관련을 맺고 있다(Wilson, 1993 ; Scheuer, Cruz, & Pozo, 2006). 그러므로 인지주의 작문 이론에서 쓰기 동기를 어떻게 다루어 왔는지를 검토할 필요가 있다. 인지주의 작문 이론은 쓰기의 인지적 과정 모형 탐색을 바탕으로 하고 있으므로, 이와 관련지어 쓰기 동기를 살피기로 한다.

쓰기의 인지적 과정 모형 연구에서는 쓰기 동기에 대해 큰 관심을 두지 않았다. Graves(1975)나 Britton(1978)은 쓰기 과정을 다루면서 인지적 접근만을 중시했을 뿐 필자의 쓰기 동기에 대해서는 관심을 두지 않았다. 이때의 연구는 쓰기 과정 모형을 체계적으로 다루지 않았으며, '쓰기 전', '쓰기 중', '쓰기 후'와 같은 외형적 분류만을 다루었다. 쓰기 동기를 고려한다 하더라도, 이러한 모형에서는 그 위치를 결정하는 것이 용이하지 않다.

Hayes & Flower(1980a, 1980b)는 쓰기의 인지적 과정을 모형화한 선구적인 연구인데, 이 모형의 '과제 환경' 범주에는 '동기화 단서(motivating cues)'가 포함되어 있다. 이것이 쓰기 동기를 의미하는 것은 아니지만, 쓰기 동기와 관련된 요소를 인식하였다는 점에서 의의가 있다. 그러나 이 모형은 Flower & Hayes(1981)에서 수정되면서,

2 Scardamalia & Bereiter(1986)는 Flower & Hayes(1981)의 수정 모형을 Hayes & Flower (1980a)로 소개하고 있는데, 이는 오류이다. 이는 '작문 환경'의 하위 구성 요소에 대한 비교, 그리고 인지적 과정을 보여주는 화살표의 비교를 통해서 확인할 수 있다.

'동기화 단서'가 '요건(Exigency)'으로 대체되었다.[2] 모형이 수정되면서 동기 관련 요소인 동기화 단서가 삭제된 것이다. 이는 쓰기 동기가 인지적 과정 모형에서 확고한 위치를 차지하지 못하고 있음을 보여 준다.

인지 과정 모형에서 쓰기 동기가 소홀히 다루어진 것은 de Beaugrande(1984), Bereiter & Scardamalia(1987), Gunnarsson(1989)에서도 반복된다. de Beaugrande(1984)는 언어 표현의 단위가 상호작용적이면서도 기능적으로 이루어진다는 점을 강조하기 위해 병렬적 단계 모형(parallel-stage interaction model)을 제안하였으나 여기에 쓰기 동기는 포함하지 않았다. Bereiter & Scardamalia(1987)는 지식 서술(knowledge-telling)과 지식 변형(knowledge-transforming)을 의미 구성의 전략으로 보았으나, 내용이나 지식에 대한 인지 작용에만 관심을 기울였을 뿐 쓰기 동기 요인에 대해서는 관심을 두지 않았다. Gunnarsson(1989)도 법조 영역에서의 쓰기(law-writing)가 어떠한 인지적 과정을 거치는지를 분석하였으나 동기 요인은 고려하지 않았다.

▋1990년대의 모형

쓰기의 심리적 과정을 체계적으로 다루고 있는 Kellogg(1994)가 선행 연구를 바탕으로 삼아 제안한 쓰기의 과정 모형에는 쓰기 동기 요인을 포함하지 않았으나, 글을 잘 쓰기 위해서는 동기가 뒷받침되어야 한다는 점을 지적하고 있다는 점에서 주목을 끈다. 작문 과정 모형에는 포함하지 않았지만, 유능한 필자들이 보이는 창조적 몰입에 바로 이러한 동기가 작동하고 있다는 점을 인식함으로써, 쓰기에서의 동기의 기능과 중요성을 지적하였다.

3 Hayes(1996)는 Roselmina Indrisano & James R. Squire (eds)(2000)에 재수록되었는데, 이 때문에 2000년에 발표된 Hayes(2000)로 잘못 알려져 있다. 이 모형은 작문의 인지 과정 모형을 다룬 이 책의 제3장을 참조하면 확인할 수 있다.

쓰기 동기가 인지적 과정 모형에서 주요한 지위를 얻은 것은 Hayes(1996)의 모형에 이르러서이다.[3] 이 모형에서는 쓰기 동기를 소홀히 다루어온 것을 지적한 후, 이의 기능과 위치를 조정하였다. 쓰기 동기를 필자의 내적 요인으로 다루면서 의미 구성 과정에서 인지적 과정, 작용 기억, 장기 기억 등과 상호작용하는 것으로 보았다. 이에 따르면 쓰기 동기는 쓰기의 전체적인 과정에 영향을 미치는 것으로 파악된다.

4. 쓰기 효능감

쓰기 효능감은 쓰기 동기의 하위 요인으로 다루어지기도 했지만 쓰기 동기와 구분하여 별도의 요인으로 다루기도 한다. 쓰기 효능감은 일반적인 개념인 자기 효능감을 작문 영역에 적용하여 고안한 개념인데 자기 효능감처럼 작문의 여러 가지 국면을 설명할 때 효과적으로 활용된다. 그 이유는 쓰기 효능감이 작문의 과정 및 결과에 큰 영향을 미치기 때문인데, 여기에서는 이 쓰기 효능감에 대해서 좀 더 구체적으로 살펴보고자 한다.

1) 개념 및 특징

▌자기 자신의 능력과 결과에 대한 긍정적 믿음

쓰기 자기 효능감(writing self-efficacy)은 Bandura(1986)의 자기 효능감 이론을 작문 영역에 적용한 것이다. 일반적 개념인 자기 효능감을 작문 영역에 적용한 것이므로 일반적 개념으로서 자기 효능감이 지니는 특징을 쓰기 효능감도 공유하고 있다. 일반적인 개념으로서 효능감은 수행에 영향을 미치는 자신의 능력에 대한 학생들의 신념과, 수행의 결과가 긍정적일 것이라는 믿음을 의미한다. 넓게 보면 학교의 교육 상황에서 부과된 학업 업무 수행에 필요한 행동을 수행하는 데 필요한 학생 자기 자신의 능력에 대한 판단을 일컫는다고 볼 수 있다(Bandura, 1986).

이러한 자기 효능감의 개념을 이어받은 쓰기 효능감은 쓰기를 수행하는 개인의 능력과 관련된 학생의 자기 판단이며 쓰기를 성공적으로 수행할 수 있을 것이라는 신념을 의미한다고 할 수 있다(Pajares, Johnson & Usher, 2007). 학생이 자기 자신이 글을 잘 쓸 수 있다는 쓰기 효능감을 가지면 쓰기에 대한 관심과 흥미가 높아지고 쓰기의 어려움을 극복하고자 하는 노력을 지속하며 작문 활동에 적극적으로 참여하게 된다. 따라서 쓰기 효능감은 학생들의 쓰기능력을 예언하고 설명하는 주요 지표로 활용될 수 있다. 일반적 개념인 효능감을 응용한 분야별 연구는 매우 풍부하게 축적되어 있다. 그만큼 효능감은 독립적이고 복합적인 심리적 개념이며 이론적 뒷받침이 튼실한 학술적 개념이다. 여기에서는 쓰기 효능감을 다루고 있지만, 독서 영역에서는 독서 효능감을, 말하기에서는 말하기 효능감을 다룰 수도 있다.

▌영역 특수적 성격

정의 요인은 영역 특수적 성격을 지니고 있다는 점을 고려하면 쓰기 효능감도 영역 특수적 성격을 공유하고 있을 것이라는 예측을 해 볼 수 있다. 예측대로 쓰기 효능감은 영역 특수적인 성격을 지니고 있다. 그래서 쓰기 효능감 수준이 높다고 해서 다른 영역의 효능감이 높다고 말하는 것은 불가능하다. 일반적 개념인 자기 효능감을 구체화한 것이지만, 일반적인 자기 효능감 수준이 높다고 하더라도 쓰기 효능감이 높다고 할 수 없다. 쓰기 효능감이 영역 특수적 성격을 지니고 있는 만큼 다른 영역의 효능감을 통해서 쓰기 효능감을 활성화하거나 자극하는 것은 불가능하다. 쓰기 효능감을 직접적인 대상으로 삼는 프로그램이어야 쓰기 효능감 수준을 높이는 데 기여할 수 있다.

▌상위인지적 성격

쓰기 효능감은 작문 능력에 대한 자기 자신에 대한 판단이자 수행 결과에 대한 긍정적 믿음으로 정의하는데, 이러한 정의를 통해서 쓰기 효능감이 자기 자신에 대한 평가를 바탕으로 삼고 있다는 특징을 발견할 수 있다. 필자로서 자기 자신이 글을 잘 쓰는지, 잘 쓰지 못하는지를 판단하려면 자기 자신에 대한 평가 능력을 갖추고 있어야 한다. 이때 요구되는 자기 자신에 대한 평가 능력이 자기 자신을 반성적으로 살필 수 있는 능력, 즉 상위인지와 관련이 있다.

상위인지는 전략의 효과를 평가하고 그 평가 결과에 따라 전략을 조절하는 기능을 수행한다. 어떤 과정의 과업을 해결하기 위해 투입한 전략이 효과적이라면 다음 단계로 진행하지만, 효과적이지 못하다면 과업을 효과적으로 해결하기 위한 전략을 탐색하며 조절한다. 상위인지가 올바로 작동하기 위해서는 일차적으로 전략에 대한 평가가 적절해야 한다. 이것은 자기가 적용한 지적 전략이 얼마나 효과적인지를 평가하는 자기 평가와 관련이 있다. 자기 스스로 수행한 것을 자기 스스로 평가하는 행위이기 때문이다.

자기 자신의 상태를 평가한다는 것은 매우 어려운 능력이다. 상위인지를 갖추는 것이 어려운 이유는 이를 숙달하거나 통달하는 것이 매우 어렵기 때문이다. 학생들이 자기 자신을 인식하는 자아 인식이 뒤늦게 발달하는 이유도 자기 자신에 대한 평가가 학생의 발달 수준과 밀접한 관련을 맺고 있기 때문이다. 당연한 것이지만, 발달 수준이 높을수록 자기 자신에 대한 평가 능력이 우수하고 발달 수준이 낮을수록 그렇지 못하다. 그래서 자기 성찰을 기반으로 하는 자기 평가 능력은 늦게 발달하며, 이러한 이유에서 자기 평가 능력을 성숙의 지표이자 학습 능력 수준의 지표로 간주하기도 한다.

쓰기 효능감이 자기 평가를 바탕으로 하고 있다는 점으로 말미암아 쓰기 효능감에서는 매우 특징적인 현상이 나타난다. 자기 평가 능력이 부족한 학생들, 자기 자신을 객관적인 시각으로 바라볼 수 있는 능력이 부족한 학생들은 쓰기 효능감이 정확하게 측정되지 않아 쓰기 효능감이 과대 추정되는 문제가 발생하는 것이다. 쓰기 효능감의 과대 추정이란 실제로 글을 잘 쓸 수 있는 능력이 없으면서도 스스로 글을 잘 쓸 수 있다고 믿거나, 쓰기 수행의 결과가 긍정적일 것이라고 믿는 것을 말한다. 이는 근거가 매우 희박한 믿음인데, 이러한 현상이 나타나는 이유가 바로 쓰기 효능감이 자기 평가에 바탕을 둔 상위인지적 특성을 보이기 때문이다.

쓰기 효능감을 측정할 때에는 학생들의 자기 보고를 바탕으로 삼는다. 쓰기 효능감을 측정하기 위해 작성한 문항을 학생들에게 제시하고 학생들이 스스로 평가한 내용을 바탕으로 한 자기 보고에 토대를 두고 쓰기 효능감 수준이 어떠한지를 조사하고 분석한다. 그러므로 학생들의 자기 자신에 대한 능력을 올바로 평가하지 못하거나, 스스로 측정한 내용을 올바로 자기 보고하지 못하면 실제적으로 존재하는 쓰기 효능감과 차이를 보이는 결과를 얻게 된다.

쓰기 효능감이 과대 추정되는 특징적인 두 집단이 있다. 바로 쓰기 부진 학생들과 남학생들이다. 쓰기 능력이 부족한 쓰기 부진 학생들은 자기 평가 능력이 부족한데 그 결과 쓰기 평가 효능감을 과대 추정하는 문제가 발생한다. 작문 능력이 부족함에도 불구하고 자신은 글을 잘 쓴다고 믿는 경향이 있으며 자신의 쓰기 결과가 긍정적일 것이라고 믿는 경향이 있다. 이는 근거가 매우 희박한 믿음이라고 할 수 있다. 이러한 현상은 남학생들에게서도 동일하게 발견된다. 남학생들은 자기 자신의 능력을 정밀하게 살피고 판단하는 능력이 여학생보다 부족한데 그렇다 보니 남학생들은 자신의 쓰기 능력을 과대 추정하는 문제적 현상을 보인다. 남학생들은 여학생들보다 쓰기 능력이 부족함에도 불구하고 여학생들보다 쓰기 효능감 수준을 높게 보고하는 경우도 있다. 쓰기 부진 학생들이나 남학생들이 보이는 쓰기 효능감 과대 추정은 쓰기 효능감이 자기 평가 및 자기 평가를 바탕으로 하는 데에서 비롯된 현상이라고 할 수 있다.

2) 쓰기 효능감의 영향 요인

▌성공 경험

자기 효능감은 이전에 존재하는 경험의 영향을 짙게 받는다. 실패의 부정적 경험이 축적되면 효능감 수준은 감소하고 성공의 긍정적 경험이 축적되면 효능감 수준이 상승한다. 이는 매우 자연스러운 점이 있다. 이전에 성공해 본 경험이 있다면 그 과제에 다시 도전하는 것이 어렵지 않고 더 어려운 과제에도 기꺼이 도전할 수 있기 때문이다. 실패의 경험만 있다면 마음이 위축되어 더 어려운 과제에 도전하는 것은 꿈꾸는 것도 어려울 것이다. 그래서 자기 효능감 이론에서는 이전에 존재하는 성공 경험을 효능감에 가장 큰 영향을 미치는 원인으로 지목한다.

이러한 경향은 쓰기 효능감에서도 동일하게 이어진다. 성공적인 쓰기 경험이 쌓이면 학생들의 쓰기 효능감은 상승하고 부정적인 쓰기 경험이 쌓이면 학생들의 쓰기 효능감은 감소한다. 그러므로 학생들의 쓰기 효능감 수준을 높이려면 학생들이 성공적인 쓰기 경험을 쌓을 수 있도록 쓰기 수업을 계획하고 운영해야 한다. 이를 가장 효과적으로 실현하는 방법이 바로 학생들이 도달해야 할 수업 목표를 세분해서 도달 가능성을 높여주는 것이다. 처음부터 어려운 과제를 제시하고 글을 쓰게 하면 실패하는 경험을 하게 될 가능성이 높으므로 쓰기 효능감의 증진에는 좋은 방법이 될 수 없다. 학생들이 손쉽게 도달할 수 있도록 쓰기 수업의 목표를 세분하여 나누면 도달 가능성을 높일 수 있고 이를 통해서 글쓰기의 성공 가능성을 높이고 결과적으로 쓰기 효능감이 신장되는 효과를 얻을 수 있다.

쓰기 효능감이 지니는 이러한 원리를 생각한다면 첨삭 지도와 같은 쓰기 지도는 바람직하지 않다. 첨삭 지도는 학생들이 작성한 글에서 문제점을 찾아 지적하고 그것을 수정하게 하는 방법인데, 학생 글에서 항상 문제점을 발견해 내고 지적한다는 점에서 실패의 경험을 쌓게 하는 방법이라고 할 수 있다. 첨삭 지도를 하면 학생들은 성공하는 경험을 전혀 쌓을 수 없다. 첨삭 지도를 하는 교사는 언제나 학생 글에게 문제를 지적하려고 할 것이기 때문이다. 첨삭 지도에 익숙한 학생들은 자신은 글을 잘 쓰지 못한다는 부정적 필자관을 가지고 있는 경우가 많은데, 이것은 첨삭 지도에 의해 쓰기 효능감이 감소한 데 따른 현상이라고 할 수 있다. 첨삭 지도 방법은 애초에 학생들의 성공적인 경험을 기대하기 어려운 지도 방법이다. 그러므로 쓰기 효능감만을 고려한다면 이 방법은 효과적인 방법이라고 보기 어렵다.

■ 대리 경험

대리 경험이란 직접 경험이 아니라 다른 동료가 성취하는 것을 통해서 얻는 간접적인 경험을 일컫는다. 직접 경험을 통해 성공 경험을 얻는다면 좋지만 그렇게 할 수 없을 때에는 간접 경험인 대리 경험을 통해서도 효능감 신장 효과를 얻을 수 있다. 성공 경험을 얻는 다른 사람이 비슷한 상황에 있는 동료라면 효능감 신장의 효과가 더욱 더 분명하다.

이러한 기제는 쓰기 효능감에서도 반복된다. 성공적인 쓰기 경험을 하면 좋겠지만 상황이나 환경이 그것을 충족하기 어려운 경우 대리 경험을 통해 간접적으로 성공의 경험을 축적할 수 있다. 같은 학년의 동료 학생이 쓰기 과제를 성공적으로 완수하는 과정을 관찰한 학생은 그 학생과 동일하게 쓰기 효능감을 높일 수 있다. 특히 과제를 완수한 동료 학생이 보상을 받는 것을 관찰하면 쓰기 효능감의 수준을 훨씬 더 효과적으로 높일 수 있다.

■ 언어적 설득

언어적 설득은 언어로 하는 설득을 말하는데 여기에는 격려, 칭찬 등이 포함된다. 가령 해당 분야의 전문가가 '너는 잘 할 수 있다.'라는 말을 설득적으로 학생에게 제시하면 학생들의 효능감이 상승한다. 학교 상황이라면 언어적 설득을 제공하는 전문가는 교사이다.

쓰기 효능감도 이와 동일한 기제로 그 수준을 높일 수 있다. 학생들에게 쓰기를 지도하는 교사가 학생들에게 잘 할 수 있다거나 잘 해낼 수 있다고 격려하고, 지금 학생이 수행하는 행동을 잘 하고 있다고 칭찬하면 학생들의 쓰기 효능감을 효과적으로 높일 수 있다. 이러한 언어적 설득을 통해 학생들의 쓰기 효능감이 높아지면 학생들의 해당 쓰기 과제를 성취하기 위해서 더 열심히 노력하게 된다. 교사의 언어적 설득이 학생들의 쓰기 효능감에 영향을 미친다는 사실을 고려하면 교사가 학생 글에 대해서 피드백할 때 격려와 칭찬을 잊지 말아야 한다. 문제점만을 지적하는 것보다는 어떤 점에서 잘 했는지를 칭찬하고, 열심히 하면 잘 해낼 것이라고 격려한다면, 학생들의 쓰기 효능감을 높이는 데 기여할 수 있을 것이다.

3) 쓰기 효능감과 쓰기 수행과의 관계

■ 쓰기 효능감의 긍정적 기여

쓰기 효능감은 학생들의 쓰기 행위의 선택, 쓰기 행위를 이끄는 과정에 투입되는 노력, 방해물을 극복하고 쓰기 과제를 지속할 수 있는 인내력, 쓰기 불안의 영향력 감소 등에 영향을 미친다. 그래서 쓰기 효능감 수준이 높을수록 쓰기 기능이나 전략의 학습이 더 빠르며 결과적으로 더 좋은 글을 쓰게 될 가능성이 높아진다. 학생들이 어려운 쓰기 학습 과정을 기꺼이 견뎌내는 데에도 쓰기 효능감이 영향을 미치는 것이다. 그러므로 쓰기 효능감은 쓰기 수행에 긍정적으로 기여한다고 할 수 있다.

작문 교육에서 학생들의 쓰기 효능감 신장에 주의를 기울여야 하는 지점은 바로 이와 관련이 있다. 글을 쓰는 데 필요한 기능이나 전략을 직접 지도해서 쓰기 학습의 효과를 노릴 수도 있지만, 학생들의 효능감을 자극해서 쓰기 학습의 효과를 얻을 수도 있다. 장기적인 면을 고려하면 학생들의 쓰기 효능감 수준을 높이는 것이 더 바람직하고 더 적절하다. 쓰기 효능감은 쓰기 기능이나 전략의 학습에도 긍정적으로 기여하므로, 결과적으로 쓰기 효능감의 증진을 통해서 쓰기 지도의 효과를 배가할 수 있기 때문이다.

■ 쓰기 학업 성취도의 예측

쓰기 효능감은 쓰기에 투입하는 시간과 노력에 영향을 미치기 때문에 쓰기 학업 성취도를 예측하는 중요한 지표로 쓰인다. 전문가들도 투입하는 노력과 시간에 비례해서 얻는 결과의 질적 수준이 달라진다는 점을 고려한다면, 학생들이 투입하는 노력과 시간이 더 나은 학업 성취 수준을 예측할 수 있게 해 준다는 점은 매우 당연하다. 그러므로 쓰기 효능감이 높다면 쓰기 학업 성취도도 높을 것으로 예상할 수 있다.

쓰기 효능감 자체가 직접적으로 쓰기 학업 성취 수준을 높여주는 것은 아니다. 쓰기 효능감은 쓰기 결과에 대한 긍정적인 기대일 뿐 글을 잘 쓰는 데 필요한 기능이나 전략 자체가 될 수 없다. 즉 쓰기 효능감이 높다고 해서 쓰기 계획을 수립하는 데 필요한 전략을 저절로 획득할 수 있는 것은 아니다. 그러나 쓰기 효능감은 쓰기 기능이나 전략의 학습을 촉진하고 더욱 몰입해서 학습하도록 만들어 준다는 점을 고려할 필요가 있다. 쓰기 효능감이 높으면 더 많은 시간과 노력을 기꺼이 투입하도록 만들어 주기도 한다. 그러므로 쓰기 효능감을 높이면 쓰기 지도의 효과를 동시에 높일 수 있으므로 쓰기 학업 성취도를 더욱 효과적으로 높일 수 있다.

5. 쓰기 불안

우리는 생활 중에 크고 작은 불안을 경험하곤 한다. 새로운 학교에 입학하는 것처럼 환경의 변화를 겪을 때 흔히 불안을 경험한다. 중요한 발표를 앞두고 있을 때에도 불안을 경험하곤 한다. 그런데 이러한 불안은 쓰기 상황에서도 나타난다. 특히 평가와 결부되어 있는 쓰기 상황은 필자로 하여금 그것을 회피하고 싶어 하는 부정적 감정 상태를 겪도록 만든다. 여기에서는 이러한 쓰기 불안의 개념과 특징을 알아보고 쓰기 불안의 원인에 대해서도 알아보기로 한다.

1) 쓰기 불안의 개념 및 특성

■ 쓰기 상황을 회피하고자 하는 부정적 감정 상태

쓰기 불안은 평가가 동반된 쓰기 상황에서 그 상황을 회피하고자 하는 부정적인 감정 상태를 일컫는다. 쓰기 불안을 경험하는 필자가 자기 자신은 그 평가 상황에서 글을 잘 쓰지 못할 것이라고 스스로 여기며 결과적으로 평가를 잘 받을 수 없을 것이라고 믿는다. 일상적으로 경험하는 불안이 그러하듯 쓰기 불안도 정도가 높으면 부정적 감정 상태에 사로잡혀 작문 활동을 올바로 수행할 수 없다.

쓰기 불안을 느끼는 가장 큰 이유는 평가 상황에서 비롯된다. 평상시에는 잘 하다가도 누가 지켜보거나 평가를 받아야 하는 상황이 되면 망쳐버리는 일이 있는데 이러한 현상도 불안과 관련이 있다. 학교에서는 쓰기를 평가와 연동하는 일이 비일비재하다. 글을 써야 하는 상황은 대부분 무엇을 평가하는 상황과 연결되어 있다. 그래서 학생들은 쓰기를 해야 할 때 불안을 흔히 경험하는 것이다. 쓰기 불안을 겪는 학생들은 대부분 자기 자신은 글을 잘 쓰지 못한다고 생각하는 경우가 많다. 스스로 글을 잘 쓰지 못한다고 생각하고 있으므로 쓰기 상황에 대해서 불안을 느끼고 글을 써야 하는 상황을 벗어나고 싶어 하는 마음이 커지는 것이다. 그러나 쓰기 불안을 효과적으로 관리한다면 쓰기 활동을 더 잘 할 수 있는 상황으로 반전시키는 것도 가능하다. 불안은 일상적으로도 누구나 겪는다. 다만 그것을 어떻게 관리하고 활용하는가가 문제일 따름이다.

■ 쓰기 효능감의 대립적 개념

쓰기 불안을 경험하는 학생들은 대부분 자기 자신이 글을 잘 쓰지 못한다고 생각한다는 점을 앞에서 지적했는데, 여기에서 알 수 있는 것처럼, 쓰기 불안은 쓰기 효능감과 대립적인 개념이라고 할 수 있다. 다시 말하면, 쓰기 효능감 수준이 높은 학생은 쓰기 불안을 겪지 않는다. 쓰기 불안을 경험하는 필자들은 쓰기 효능감이 낮다. 자기 자신이 글을 잘 쓴다고 생각하지 못할 뿐더러 쓰기를 성공적으로 완성하지 못할 것이라고 믿는 데에서 불안이라는 부정적 감정 상태가 발생하므로 쓰기 불안은 쓰기 효능감과 대척점에 서 있는 정의 요인이라고 할 수 있다. 따라서 쓰기 효능감이 높으면 쓰기 불안이 낮고 쓰기 효능감이 낮으면 쓰기 불안이 높다는 일반적인 대립 관계를 예측해 볼 수 있다.

그러나 쓰기 효능감과 쓰기 불안이 양립할 수 없는 것은 아니다. 쓰기 불안의 하위 요인에는 일반적으로 쓰기 효능감을 편성하기도 하지만, 쓰기 불안 전체가 쓰기 효능감 전체에 일대일로 대응하는 것은 아니기 때문이다. 쓰기 효능감 수준이 높으면 쓰기 불안을 경험할 가능성이 낮은 것은 사실이지만 항상 그러한 것은 아니다. 쓰기 상황이나 쓰기 맥락이 갑자기 달라지면 쓰기 효능감이 높아도 쓰기 불안이 높아질 수도 있다.

▌쓰기 불안의 지속성

쓰기 불안이 쓰기 효능감과 대립적인 관계에 있는 요인임에도 불구하고 관심을 기울이는 이유는 쓰기 불안이 지속성을 지니고 있기 때문이다. 초등학교 때에 있었던 쓰기 불안이 갑자기 사라지는 것이 아니다. 사라지기는커녕 중학교, 고등학교를 진학하는 동안 지속적으로 쓰기 불안이 따라다닌다. 학년이 올라갈수록 작문의 중요성이 커지고 작문이 평가와 연동되는 상황이 더 많아지면서 쓰기 불안을 경험하는 예가 더욱 더 증가한다. 이러한 이유에서 쓰기 불안을 조사하고 효과적인 관리 방안을 마련할 필요가 있다.

평가 상황에서 글을 써야 할 때 느끼는 쓰기 불안은 동서고금을 가리지 않는 듯하다. 우리나라 학생만 쓰기 불안을 경험하는 것이 아니다. 미국 학생들도 쓰기 불안을 동일하게 경험한다. 글쓰기의 중요성이 더욱 더 커지는 대학에서는 대학생들이 쓰기 불안을 호소하는 경우가 많다. 그러므로 쓰기 불안이 있을 때 자연스럽게 극복될 것이라고 잘못 생각하고 이를 방치해서는 안 된다. 쓰기 불안의 원인이

어디에 있는지를 확인하고 진단해야 하며 이를 효과적으로 극복하기 위한 방법을
마련해야 한다.

2) 쓰기 불안의 원인

▌쓰기에 대한 잘못된 인식

쓰기 불안을 느끼는 학생들은 대부분 쓰기에 대해서 잘못된 인식을 가지고 있거
나 잘못된 쓰기 경험을 한 경우가 많다. 학생들이 가장 일반적으로 가지고 있는 잘
못된 인식은 글은 한 번에 완벽하게 써야 한다는 믿음이다. 이 세상의 그 누구도 한
번에 완벽한 글을 쓰는 사람은 없다. 그럼에도 불구하고 글을 잘 쓰는 사람은 한 번
에 더 이상 손댈 데가 없게 완벽하게 쓴다고 생각하고 이에 비추어 그렇게 쓰지 못
하는 자기 자신을 비하한다. 이는 쓰기 불안을 불러일으키는 매우 잘못된 생각이다.
작문에 대한 인지주의 이론에서 보았던 것처럼, 글은 과정을 거치면서 이루어지는
것이지 한번에 단선적으로 완벽하게 완성되는 것이 아니다. 많은 사람이 그런 꿈을
꾸지만 실제로는 그렇게 글을 쓸 수 있는 사람은 없다. 본래 작문의 본질이 의미 구
성의 과정에 있으므로 완성해 가는 과정에 초점을 맞추어야 한다.

학생들은 글을 쓰는 사람은 무엇인가 새롭게 심오한 아이디어를 글에 담아야 한
다고 생각하기도 하는데 이것도 잘못된 인식이다. 새로운 아이디어는 글을 쓰는 과
정에서 만들어지기도 하며, 글을 쓴다고 해서 항상 모두 심오하고 새로운 아이디어
를 담아내야 하는 것도 아니다. 학생들은 글을 쓸 때 실제적으로 존재할 수 없는,
그래서 도달할 수 없는 매우 높은 기준을 스스로 정해 놓고 자기 자신이 그에 미치
지 못한다고 실망하곤 한다. 그 결과 쓰기 불안이라는 부정적 감정 상태를 경험하
게 되는 것이다. 그러므로 쓰기 불안을 극복하려면 이러한 잘못된 인식을 바로잡을
필요가 있다.

▌자신감의 부족

글을 잘 쓸 수 있다는 자신감이 부족하면 학생들은 쓰기 불안을 겪게 된다. 자신

감이라는 표현에서 알 수 있는 것처럼, 이는 쓰기 효능감과 관련되어 있다. 즉, 쓰기 효능감이 높으면 쓰기 불안을 경험하지 않고 쓰기 효능감이 낮으면 쓰기 불안을 경험하게 되는 것이다. 다른 사람과의 비교도 자신감을 떨어뜨리는 원인이 된다. 가령 글을 잘 쓰는 전문 필자를 비교 대상으로 놓으면 자신감이 떨어져 버린다.

자신감을 얻기 위해서는 쓰기 효능감을 높이기 위한 방안을 활용할 필요가 있다. 성공적인 쓰기 경험을 할 수 있도록 하고 학생들에게 언어적 설득을 시도하며 대리 경험을 하게 하면 쓰기에 대한 자신감을 회복할 수 있다.

이러한 방안을 사전에 활용하면 쓰기 불안에 빠지지 않도록 돕는 장치가 된다. 가능하면 학생들이 쓰기 불안을 경험하지 않도록 하는 것이 중요하다. 그러나 쓰기 불안을 겪고 있는 학생이라고 하더라도 이러한 방법을 적용해서 도움을 제공할 필요가 있다. 쓰기 불안은 지속성이 있으므로 가능하면 이른 시기에 극복할 수 있도록 도울 필요가 있다.

▌쓰기 학습의 부족

당연한 말이지만 쓰기 학습이 부족한 경우에 쓰기 불안이 발생한다. 우리가 어떤 과업을 수행해야 하는데 그것을 충분히 준비하지 못했다면 당연히 불안을 느끼게 될 것이다. 그 과업을 시연해야 하는 상황이라면 시연 시기가 다가올수록 불안의 정도도 커질 것이다. 준비가 부족하므로 잘 할 수 없을 것이라는 생각이 들고 그 결과 실패에 대한 두려움에 쓰기 불안을 경험하게 되는 것이다. 작문 기능이나 전략이 부족하면 쓰기 불안을 경험하게 된다는 사실은 이 분야를 연구해 온 여러 연구자들이 이미 반복적으로 여러 차례 지적한 바 있다.

그러므로 학생들이 쓰기 불안을 겪지 않도록 하려면 쓰기 학습을 충실하게 이수하게 할 필요가 있다. 글을 쓰는 데 필요한 지식, 기능이나 전략, 태도를 학습하는 것이야말로 가장 효과적으로 쓰기 불안에 대처할 수 있는 방법이기 때문이다. 물론 학습하는 것만으로 온전하게 극복하는 것은 어렵다. 스스로 작문 활동을 하는 등 스스로 하는 연습도 필요하다. 많은 연습을 통해서 작문 지식, 기능이나 전략, 태도를 숙달하게 된다면, 그리고 어떤 상황이든 위축되지 않고 글을 쓸 수 있게 된다면 더 이상 쓰기 불안에 시달리는 일은 없을 것이다.

6. 쓰기 윤리

여러 사람과 사회적 관계를 맺고 살아가는 인간에게는 여러 가지 형태의 윤리적 덕목이 요구된다. 윤리적 덕목은 인간관계와 사회적 질서를 유지하는 데 매우 중요한 요인이어서 이에 대한 교육은 끊임없이 이루어진다. 학창 시절에 어른들에게 들었던 말씀도 자세히 살펴보면 윤리적인 덕목에 속하는 것이 대부분이다. 어른에게 인사를 잘해야 한다는 것, 다른 사람의 물건에 함부로 손을 대면 안 된다는 것, 많은 사람들이 모인 곳에서는 조용히 하고 질서를 지켜야 한다는 것 등등이 모두 윤리적인 덕목에 해당한다. 그래서 동물과 인간의 차이를 이 윤리적 덕목의 유무에서 찾는 과학자들도 있다. 군집을 이루는 동물에게는 윤리적 덕목이 수립되어 있지 않지만, 인간에게는 개인적, 사회적 차원의 다양한 윤리적 덕목이 갖추어져 있다는 것이다.

작문은 사회적 성격을 지닌 고차적 인지 활동이므로 다른 여러 활동처럼 윤리적 덕목이 요구된다. 글을 쓰는 과정에서 지켜야 할 윤리적 덕목이 있는데 이를 쓰기 윤리라고 부른다. 정보 통신 기술의 발달로 인해 인터넷과 같은 매체에 개인이 자유롭게 글을 쓸 수 있게 되면서 쓰기 윤리의 중요성이 더욱 중요해지고 있다. 여기에서는 이에 대한 내용을 살펴보고자 한다.

1) 쓰기 윤리의 개념 및 특성

■ 쓰기 윤리의 개념

쓰기 윤리는 바라보는 관점에서 다양하게 정의할 수 있지만, 일반적인 관점에서 쓰기 윤리는 글을 쓰는 개인이나 공동체가 글을 쓰는 과정에서 지켜야 할 윤리적인 규범을 말한다. 지켜야 할 윤리적 규범을 어떻게 한정하는가에 따라 쓰기 윤리의 세부적인 내용이 달라질 수 있다. 쓰기 윤리는 일반적인 윤리적 덕목을 글을 쓰는 상황에 한정하여 적용한 것이다. 윤리는 기본적으로 사회적 관계에 있는 개인과 개인의 규약으로부터 발생한다. 글을 쓰는 활동도 필자와 독자가 관련을 맺는 사회적 성격을 지니므로 윤리의 문제가 발생한다고 할 수 있다.

쓰기 윤리는 보편적으로 표절과 밀접한 관련이 있는 것으로 인식되어 왔다. 표절은 다른 사람의 아이디어, 글이나 자료 등을 무단으로 사용하는 것을 말하는데, 표절이 없으면 쓰기 윤리를 지킨 것으로, 표절이 있으면 쓰기 윤리를 어긴 것으로 보는 경우가 많았다. 그래서 다른 사람의 글을 베껴 쓰거나, 다른 사람의 아이디어, 생각, 주장, 자료를 자신이 직접 창조한 것처럼 표현하여 독자를 속이는 행위는 쓰기 윤리를 위반한 사례로 다루어왔다. 물론, 표절은 쓰기 윤리의 핵심적인 사항이기는 하지만, 표절만을 쓰기 윤리로 다루는 것은 다소 문제가 있다. 표절만을 쓰기 윤리로 다룬다면, 가령 자기 자신이 이미 이전에 썼던 글을 새로 쓴 것인 양 독자에게 내보이는 것과 같은 행동은 쓰기 윤리로 규정하기 어렵게 된다. 이미 썼던 글을 새로이 쓴 것처럼 내보이는 것도 독자를 기만하는 행위이므로 쓰기 윤리를 위반한 것으로 보아야 한다.

■ 쓰기 윤리의 유형

쓰기 윤리는 분류 기준에 따라 여러 가지로 나눌 수 있다. 위반하는 정도의 경중에 따라 나눌 수도 있고, 어떤 것을 위반하는가에 따라 나눌 수도 있다. 여기에서는 쓰기 윤리가 어떠한 차원에 속하는가에 따라 구분해 보고자 한다. 쓰기 윤리가 어떤 차원에 속하는가에 따라 구분하면, 개인적 차원의 쓰기 윤리와 사회적 차원의 쓰기 윤리로 나눌 수 있다.

개인적 차원의 쓰기 윤리는 글을 쓸 때에 필자 자신이 알고 있는 내용을 허위로 쓰거나, 과장·축소·왜곡하지 않는 것을 말한다. 필자는 글에 진실을 담아서 써야 한다는 진실성이 바로 개인적 차원의 쓰기 윤리라고 할 수 있다. 어떤 필자가 쓴 글을 독자가 읽을 때 시나 소설처럼 허구를 전제한 것이 아니라면 글의 내용을 사실로 받아들인다. 필자의 경험과 교훈을 바탕으로 하는 수필, 자신의 삶을 반성적인 태도로 다룬 자저선, 회고록, 일기는 특히 더 그렇다. 그러므로 필자가 글을 쓸 때에는 진실한 내용을 담기 위해서 노력해야 하며, 이를 통해서 개인적 차원의 쓰기 윤리를 지킬 수 있다.

사회적 차원의 쓰기 윤리는 다른 사람의 글이나 자료 등을 허락 없이 무단으로 사용하지 않으며 사용해야 할 때에는 허락을 얻고 출처를 명확하게 밝히는 것을 말한다. 이는 글의 내용에 필자 자기 자신의 것이 아니라 다른 사람의 것을 인용한다는 점에서, 즉 다른 사람과의 직접적인 관계를 맺는 쓰기 윤리라는 점에서 사회적 차원의 쓰기 윤리라고 부를 수 있다. 다른 사람의 물건에 함부로 손을 대면 안 되는 것처럼, 다른 사람의 글이나 자료에도 함부로 손을 대서는 안 된다. 글이나 자료는 무형의 가치재로서, 그것을 소유한 사람의 지적 노력이 결부되어 있는 일종의 재산과 같기 때문이다.

▮ 쓰기 윤리의 중요성

사회적 관계를 맺으면서 살아가는 우리에게 윤리적 규범이 중요한 것처럼 글을 쓰는 필자에게도 쓰기 윤리는 매우 중요하다. 각각의 사람은 각자의 방식으로 자기 행복을 추구하는데, 이 과정에서 다른 사람에게 피해나 손해를 끼칠 수 있다. 글을 쓸 때에도 비슷한 현상이 벌어진다. 어떤 필자이든 좋은 내용을, 읽기 쉽게, 그리고 흥미롭게 쓰고 싶은 욕망을 가지고 있다. 이러한 욕망을 절제하지 않으면 서로가 서로에게 손해나 피해를 입히는 일이 일어난다. 이를 건전하고 온건한 방법으로 막기 위해서 쓰기 윤리가 필요하다.

한편, 쓰기 윤리를 준수하는 것은 각자 개인에게도 이익이 된다. 글을 쓰는 '내'가 쓰기 윤리를 지킬 때, 다른 사람도 '내'가 쓴 글, '내'가 생산해 낸 자료를 보호해 주고 인정해 줄 것이기 때문이다. 글을 쓰는 '내'가 다른 사람의 글이나 자료를 인정하거나 보호하지 않는다면 '내'가 쓴 글이나 '내'가 생산한 자료를 인정받거나 보호받는 것은 요원한 일이다. 과도한 경쟁을 막고 서로의 이익을 극대화하기 위해서 일정한 규칙을 정하는 것처럼, 작문을 통해 사회적 관계를 맺는 개인과 개인이 이익을 극대화하기 위해서 수립한 것이 바로 쓰기 윤리라고 할 수 있다. 쓰기 윤리는 결국은 글을 쓰는 개인, 즉 '나'를 위한 것이므로 쓰기 윤리를 준수하는 것은 중요하다고 볼 수 있다.

▌쓰기 윤리의 특성

그렇다면 개인이나 공동체가 글을 쓰는 과정에서 지켜야 할 윤리적 규범은 어떤 특징이 있을까? 쓰기 윤리의 특징은 다음과 같이 세 가지로 정리할 수 있다.

첫째, 쓰기 윤리는 사회적 관계 속에서 실현된다. 많은 사람들이 쓰기를 필자의 개인적인 행위로 인식하지만 글을 쓰는 활동은 개인적인 차원을 넘어 사회적 차원의 성격을 지니고 있다는 점을 이해할 필요가 있다. 글을 쓰는 데에는 필자의 스키마, 즉 배경지식이 영향을 미치고, 필자가 가지고 있는 전략이나 상위인지가 영향을 미치지만, 필자가 속해 있는 공동체가 수립하고 있는 관습이나 가치, 관점, 글을 쓰는 활동을 둘러싸고 있는 사회·문화적 맥락 등이 복합적으로 영향을 미친다. 필자는 자신의 개인적인 생각을 종이 위에 자유롭게 펼쳐 놓는 것 같지만 실제로는 필자 자신이 속한 공동체의 관습, 가치, 관점 등의 영향 아래에서 이에 부합하는 내용과 형식으로 제시한다. 그래서 쓰기 윤리라는 글쓰기 활동의 규범이 요구되는 것이다.

이 세상에 혼자서만 살아간다면, 유일한 생명체가 자기 혼자라면 윤리적 덕목이 굳이 필요하지 않을 것이다. 그러나 다른 누군가, 다른 생명체가 나타나는 순간, 그래서 혼자만의 삶에 균열이 생기면 서로가 지켜야 할 규칙이 발생하게 되고 이것이 윤리로 정착하게 된다. 쓰기 윤리도 유사한 특성을 지니고 있다. 이 세상에 존재하는 필자가 딱 한 사람이라면 쓰기 윤리는 굳이 필요하지 않을 것이다. 읽을 사람이 없으니 속이거나 감출 것도 없고 그렇게 해야 할 필요도 없다. 그러나 읽는 사람, 읽어야 할 사람이 등장하게 되면 유아독존의 세계에 균열이 발생한다. 자연스럽게 필자와 독자 사이에 지켜야 할 윤리적 규범이 요구되고 이것이 쓰기 윤리로 자리를 잡게 된다.

둘째, 쓰기 윤리는 영역 특수성을 가진다. 영역 특수성이란 어떤 요인이 있을 때 그 요인의 특성이 해당 영역에서만 독립적으로 유지되는 현상을 말한다. 요인의 특성이 해당 영역에서만 독립적으로 유지되므로 다른 영역에서도 그 특성이 동일하게 유지된다고 보장할 수 없다. 예를 들어 보자. 어떤 사람이 쓰기 윤리 수준이 높다고 해서 그가 학교 규칙을 잘 지킨다거나 교통질서를 잘 지킨다거나 하는 생활 윤리의 수준이 높다고 말할 수 없다. 실제로는 그렇지 않은 경우도 많다. 반대로 쓰기 윤리의 수준이 낮다고 해서 정치 윤리 의식이 낮다고 할 수도 없고, 쓰기 윤리 의식이 낮다고 해서 정보 통신 윤리나 노동 윤리가 낮다고도 할 수 없다. 이처럼 쓰기 윤리가 독립적으로 작동하는 것은 다른 영역과 넘나들지 않는 영역 특수적 특성을 지니고 있기 때문이다. 그래서 쓰기 윤리는 별개의 것으로 작동한다.

쓰기 윤리가 영역 특수적 성격을 지니게 된 이유는 쓰기 윤리가 일반적 윤리에서 파생하였지만 다른 영역의 윤리와 구분되어 있으며 서로 교차하지 않기 때문에 비롯된 것이다. 윤리적인 덕목들은 일반적으로 영역 특수적 특성을 보이는 것이 많다. 그러므로 일반적인 수준에서 윤리 의식을 높이는 것만으로는 쓰기 윤리에 대한 교육적 효과를 기대하기 어렵다. 학생에게 생활 윤리에 대한 인식을 높이는 지도를 하더라도 쓰기 윤리 인식도 덩달아 높아진다고 기대할 수 없다. 그러므로 쓰기 윤리는 쓰기 윤리 인식의 함양을 목적으로 하는 교육 프로그램이 별도로 편성되어야 한다.

셋째, 쓰기 윤리는 교육을 통해 신장될 수 있다. 일반적인 여러 가지 윤리적 덕목처럼 쓰기 윤리도 인식의 변화를 통해서 행위의 개선을 도모할 수 있다. 인식을 개선하면 윤리적 행동을 기대할 수 있다는 뜻이다. 쓰기 윤리는 필자가 가진 고유한 특성이라기보다는 어떤 행동이나 행위가 쓰기 윤리를 위반하는 것인지를 인식하고 그것을 위반하지 않으려는 필자의 의도가 개입되어야 유지될 수 있다. 그러므로 쓰기 윤리는 쓰기 윤리에 대한 지식과 필자의 태도 변화라는 두 가지 차원에서 설명할 수 있는데, 충분하고도 지속적인 교육을 통해 쓰기 윤리의 수준을 높일 수있다.

2) 쓰기 윤리 인식의 함양 방안

대부분의 윤리적 덕목이 그렇듯 쓰기 윤리도 일회적인 지도로는 뚜렷한 효과를 기대하기 어렵다. 사실 한 번의 지도로 쓰기 윤리가 분명하게 개선된다면 쓰기 윤리의 문제를 그렇게 고민할 필요가 없을지도 모른다. 교육의 많은 부분이 윤리적 덕목으로 채워지는 이유는 윤리적 덕목에 대한 교육이 그만큼 어렵기 때문일 것이다. 일회적인 지도로는 효과를 기대하기 어려운 만큼 쓰기 윤리 지도는 모든 쓰기 수업 시간에, 모든 쓰기 과정에서 지속적으로 다루는 것이 중요하다.

여기에서는 쓰기 윤리 인식을 함양할 수 있는, 쓰기 윤리 인식 함양을 통해 학생들이 쓰기 윤리를 준수할 수 있도록 돕는 지도 방법에 대해서 살펴보고자 한다. 지도 방법은 직접적인 방법과 간접적인 방법으로 대별할 수 있는데, 전자에는 가치 탐구 모형을 활용한 지도, 쓰기 윤리의 딜레마를 활용한 지도, 쓰기 윤리 제정 활동을 활용한 지도 등이 있고, 후자에는 반성적 쓰기를 활용한 지도, 자기 평가를 활용한 지도, 거울 효과 및 상징물을 활용한 지도 등이 있다.

■ 가치 탐구 모형을 활용한 지도

가치 탐구 모형에서 말하는 가치란 선택 가능한 다양한 행동 중에서 하나를 선택하도록 만드는 지적 체계를 말한다. 쓰기 윤리가 개입하는 장면에서 윤리적 상황을 준수할 것인가, 아니면 개인적인 이득을 취할 것인가를 놓고 갈등하는 장면을 설정한다면, 쓰기 윤리와 관련된 가치를 직접 드러내도록 할 수 있다. 이를 통해서 쓰기 윤리 인식을 높일 수 있다. 쓰기 윤리를 적용하는 가치 탐구 모형은 다음과 같이 나타낼 수 있다.

갈등 상황의 문제 인식 및 명료화	:	갈등 상황에 개입되어 있는 쓰기 윤리 문제를 인식하고 구체화한다.
갈등 상황에 따른 다양한 관점 고려	:	필자(자기 사진), 독자, 교사, 동료 등으로 구분하여 쓰기 윤리의 갈등 상황에 대한 관점을 파악한다.
선택 가능한 대안의 탐색	:	현재 상황에서 선택할 수 있는 방안을 탐색한다.
선택 가능한 대안의 결과 예측	:	탐색한 한 가지 방안을 선택할 때 나타나게 될 결과를 예측한다.
선택 가능한 대안의 선택 및 평가	:	결과를 비교하여 가장 적절한 방안을 선택한다.
최종적인 가치의 판단 및 수립	:	선택한 방안을 바탕으로 하여 갈등 상황에 대한 자신의 가치를 최종적으로 수립하고 적용한다.

앞의 절차 모형에서 볼 수 있듯이, 가치 탐구 모형을 활용하여 쓰기 윤리를 지도할 때에는 먼저 쓰기 과정이나 쓰기 상황에서 발생할 수 있는 쓰기 윤리와 관련한 갈등 상황을 제시하고, 이러한 상황에 대한 여러 가지 관점을 파악하도록 해야 한다. 다음으로, 학생 자신이 그러한 상황에서 어떤 방안을 선택할 수 있을지 고민하여 선택하게 한 후, 선택한 방안이 이끌게 될 결과를 예측할 수 있도록 지도한다. 이러한 결과 예측을 통해서 여러 가지 대안 중에서 적절한 방안을 선택하게 하고, 이를 내면화할 수 있도록 돕는다. 이처럼 가치 탐구 모형을 활용한 쓰기 윤리 지도는 쓰기 윤리와 관련된 갈등 상황에서 선택한 활동을 바탕으로 하여 쓰기 윤리에 대한 가치 내면화를 시도하고 있으므로 쓰기 윤리를 직접적으로 다루는 지도 방안이라고 할 수 있다.

■ 쓰기 윤리의 딜레마를 활용한 지도

널리 알려진 것처럼 콜버그는 윤리적 판단이 드러나는 딜레마 상황을 제시하고 이를 도덕적으로 어떻게 판단해야 하는지를 인터뷰하여 도덕 발달의 수준을 세 수준 여섯 단계로 구분한 바 있다(Kohlberg, 문용린 역, 2000). 이 연구 결과에 대해서는 여러 가지 비판이 제기되기도 했지만, 도덕성 발달을 다룬 획기적인 연구로서 인정을 받고 있으며 연구 결과로 제시한 도덕성 발달의 여섯 단계는 전범처럼 수용되고 있다.

콜버그가 활용했던 것과 유사한 쓰기 윤리의 딜레마 상황을 제시하고 토의하고 토론하는 활동을 도입하면 쓰기 수업 시간에 쓰기 윤리 의식을 직접적으로 지도할 수 있다. 토의와 토론의 방법으로 쓰기 윤리의 문제를 직접 다룸으로써 쓰기 윤리 의식을 함양하는 데에도 효과를 기대할 수 있다. 딜레마 상황을 제시하고 윤리적 판단에 따라 해결하도록 하면, 이 해결 과정에서 학생들이 생각하는 쓰기 윤리에 대한 판단과 인식이 드러난다. 이때 쓰기 윤리의 문제가 무엇이고 왜 준수해야 하며 그럴 때 얻을 수 있는 이점이 무엇인지, 쓰기 윤리를 준수하기 위해서 무엇을 해야 하는지를 토의하고 토론하게 하면 쓰기 윤리에 대한 인식을 효과적으로 높일 수 있다. 토의와 토론은 해결해야 할 문제를 직접 다루므로 인식 개선을 하는 데 효과적으로 기여할 수 있다. 그래서 국어과 교육과정에서도 어떠한 사안이나 문제에 대해 학생들의 인식을 심어주거나 각성시키기 위하여 토의나 토론의 방법을 권장하곤 한다.

토의나 토론 외에 글을 쓰는 활동을 통해 쓰기 윤리를 직접적으로 다루는 것도 가능하다. 쓰기 윤리를 핵심어로 하여 학생들에게 쓰기 과제를 제시하고 이에 대해서 자유롭게 글을 쓰도록 할 수 있다. 글을 쓴 후 발표하게 하는 방안은 쓰기 윤리를 직접 다루는 방법으로 손쉽게 활용할 수 있다. 이러한 쓰기 활동은 학생들에게 자신의 쓰기 윤리의 상황과 수준을 되돌아보는 기회를 제공한다는 점에서 장점이 있다.

쓰기 과제로 제시되는 상황이 딜레마의 상황이므로 쓰기 윤리에 대한 학생의 가치나 판단, 문제 해결의 방법을 드러내도록 하는 설득적인 글(예를 들면 논술)을 작성하게 하는 것도 가능하다. 쓰기 윤리와 관련된 딜레마 상황에서 어떻게 판단하고 행동해야 할지, 쓰기 윤리를 위배한 상황에서 이 문제를 어떻게 해결하고 보완 대책을 마련해야 할지 등의 문제를 서술하도록 하면 쓰기 윤리의 문제를 더욱 직접적이면서도 효과적으로 다룰 수 있다.

■ 쓰기 윤리 제정 활동을 활용한 지도

교실에서 학생들에게 쓰기 윤리와 관련된 규정이나 규칙을 제정하고 활용하는 활동을 적용함으로써 쓰기 윤리를 직접 다룰 수도 있다. 그 규정이나 규칙은 학급 전체 또는 학교 전체에 적용하는 것도 가능하다. 예를 들어 보자. 학생들을 소집단을 구성하여 나누고 쓰기 윤리와 관련된 규정이나 규칙을 제정하는 활동을 하게 함으로써 쓰기 윤리의 문제를 직접적으로 다룰 수 있다. 동아리의 정관을 정하듯, 학급 규정이나 규칙을 정하듯 학생들에게 학생들이 지켜야 할 쓰기 윤리 규정, 쓰기 윤리 규칙을 제정하도록 하는 것이다.

쓰기 윤리의 규칙이나 규정을 제정하기 위해서는 쓰기 윤리의 개념과 정의를 명확하게 다루어야 하고, 어떤 행동이나 행위가 쓰기 윤리를 위한 것인지, 어떤 행동이나 행위가 쓰기 윤리를 위반한 정도가 심한지도 가려야 한다. 쓰기 윤리를 위반하는 경우, 제재나 벌칙을 내릴 것인지 말 것인지, 내린다면 어떻게 집행할 것인지도 정해야 한다. 이렇게 쓰기 윤리 규칙이나 규정을 제정하는 과정에서 학생들이 쓰기 윤리를 더욱 명료하게 인식하고 쓰기 윤리를 위반하는 것이 왜 문제가 되는지를 인식하도록 도울 수 있다. 이를 적용하는 활동으로 쓰기 윤리 모의재판과 같은 활동을 병행하거나 통합할 수가 있으며, 이외에도 쓰기 윤리의 날, 쓰기 윤리 주간 등을 정하도록 하는 방법도 적용할 수 있다.

■ 반성적 쓰기를 활용한 지도

반성적 쓰기는 쓰기 과제에 따라 글을 완성한 후 필자 자신이 수행한 쓰기 과정을 되돌아 보면서 다시 글을 쓰는 것을 일컫는다. 반성적 쓰기는 필자가 수행한 쓰기 과정을 주제로 삼고 있기 때문에 글을 쓰면서 겪었던 문제 해결의 인지 과정과, 동기나 감정 변화와 같은 정서 반응이 동시에 드러난다. 반성적 쓰기가 가지고 있는 이러한 특성에 주목하여 학생들에게 작문을 지도하는 방법으로 활용하기도 한다.

반성적 쓰기는 쓰기 과정을 드러낸다는 특징을 지니고 있으므로 글을 쓰는 과정에서 참조했던 글이나 자료, 인용한 글이나 자료가 무엇이었는지를 되살려낼 수 있는 기회를 제공한다. 학생들이 쓰기 수업 시간에 작성하는 글은 인용하거나 참조한 글, 자료 등을 표시할 수 있는 장치가 없지만 반성적 쓰기를 활용하면 이를 명시적으로 드러내도록 할 수 있다. 이를 통해서 글을 쓰는 데에 도움을 주었던 아이디어 제공자에 대한 감사의 표현도 포함할 수도 있다. 이러한 측면에서 반성적 쓰기는 다른 사람의 지적 재산과 지적 권리를 인정하고 보호하는 쓰기 윤리, 사회적 행위로서의 쓰기 활동을 하는 가운데 지켜야 할 윤리적 규범으로서의 쓰기 윤리를 인식하고 각성시키는 데 효과적으로 활용될 수 있다.

■ 자기 평가를 활용한 지도

과정 중심의 쓰기 지도에서는 지금까지 완성한 글을 필자 스스로 수정하기 위하여 자기 평가의 적극적인 활용을 강조한다. 이러한 자기 평가 방법은 쓰기 윤리 인식을 함양하기 위한 지도에서도 활용할 수 있다. 학생들은 쓰기 윤리에 대한 인식이나 각성이 부족한 상황이므로, 쓰기 윤리를 점검할 수 있는 문항을 구성하게 하는 활동, 그것을 활용하여 평가표나 체크리스트를 구성하는 활동, 그것을 활용하여 평가하고 점검하게 하는 활동을 지도 방안으로 구체화할 수 있다.

일반적으로 활용할 수 있는 쓰기 윤리 점검 문항으로는 가은아(2009)가 제시한 문항을 예로 들 수 있다. 이와 같은 점검 문항을 제시하여 학생이 스스로 답하게 함으로써 학생 스스로 자신의 쓰기 윤리 인식을 점검하고 확인할 수 있도록 도울 수 있다. 그리고 이러한 점검 문항을 반복적으로 제공하면서 답하게 하면 학생들이 이를 자연스럽게 내면화하여 숙지하게 되는데, 그러면 이러한 점검 문항이 상위인지로 작동함으로써 학생들의 쓰기 윤리 인식을 높이는 데 기여할 수 있다. 다른 사람의 글이나 자료를 인용하거나 활용해야 할 때, 머릿속에 저장된 이러한 점검 문항이 떠올라 학생들이 스스로 쓰기 윤리를 지킬 수 있도록 돕는다. 점검 문항을 활용한 지도가 의도하는 지점은 바로 학생들 스스로 쓰기 윤리를 점검할 수 있도록 하는 이것이라고 할 수 있다.

쓰기 윤리의 범주	적용 가능한 글의 유형	점검 항목	예/아니요
정직하게 쓰기	모든 글	올바른 인용 방법을 사용하였는가?	
		인터넷 등에서 짜깁기를 하지 않았는가?	
		참고 자료의 출처를 정확히 기록하였는가?	
		전에 썼던 글을 다시 사용하지는 않았는가?	
		인용한 글과 자신의 글을 명확히 구분하여 썼는가?	
		다른 사람의 글이나 아이디어를 무단으로 가져오지는 않았는가?	
진실하게 쓰기	논설문, 수필, 일기	나의 생각과 글이 일치하는가?	
		나의 경험과 글이 일치하는가?	
사실대로 쓰기	보고서, 설명문, 기사문 등	데이터를 올바르게 해석하고 활용하였는가?	
		실험, 관찰, 조사의 과정이나 결과를 사실대로 썼는가?	
배려하며 쓰기	인터넷 글 쓰기 등	거짓이나 허위 사실을 쓰지는 않았는가?	
		다른 사람을 비방하는 글을 쓰지는 않았는가?	
		다른 사람에게 상처가 되는 글을 쓰지는 않았는가?	
		욕설 등의 비속어를 사용하여 다른 사람에게 불쾌감을 주지 않았는가?	

■ 거울 효과 및 상징물을 활용하는 방안

사람들이 윤리적 행동을 하게 하는 효과적인 방법은 없는 것일까? 어떤 윤리적 행동이 요구되는 상황에서 거울을 설치하면 그 효과가 높아진다는 연구가 발표된 바 있다. Diener & Wallbom(1976)는 시험을 치를 교실에 '거울'을 설치하면 학생들의 부정행위가 거의 일어나지 않는 것을 확인하고, 이를 거울 효과(mirror effect)라고 명명하였다. 이러한 효과는 거울이 시험을 치르는 학생들의 양심을 자극하고 규칙을 인식하게 함으로써 윤리 의식이 발생하는 것으로 학자들은 설명하고 있다. 그러므로 쓰기 윤리 의식이 희박한 학생들이나, 쓰기 윤리의 위반이 일어나기 쉬운 작업 환경인 경우, 거울을 설치하면 쓰기 윤리를 위반하는 정도를 줄일 수 있을 것으로 기대된다. 이는 쓰기 환경의 재구성을 통해 쓰기 윤리 의식을 심어주고 유지시키려는 방안이라고 할 수 있을 것이다.

이러한 방안을 적용하기 어렵다면 거울을 대체하는 기구나 소품을 활용하는 방안도 마련해 볼 수 있다. 가령, 쓰기 윤리를 인식하도록 돕고 각성을 유지할 수 있도록 돕는 상징물을 활용하는 것이다. 쓰기 윤리와 관련된 문구나 그림을 넣어 인쇄한 책갈피, 별도의 윤리적 의미를 부여한 특정한 물건(예를 들어 배지, 달개) 등을 활용하여 글을 쓰는 동안이나 글을 검토하는 동안 쓰기 윤리를 준수할 수 있도록 도울 수 있다.

이렇게 어떤 특정한 물건을 활용하는 방법은 쓰기 발달 수준이 낮은 학생들, 가령 저학년이거나 쓰기 부진아인 경우에 훨씬 더 효과가 크다. 눈에 보이는 가시적인 물건은 이러한 학생들에게 미치는 각성 효과가 더욱 크기 때문이다. 쓰기 윤리의 준수를 언어만으로 강조한다거나 추상적인 수준에서 쓰기 윤리의 중요성을 설명한다면 쓰기 발달 수준이 낮은 학생들에게는 효과가 크지 않을 수 있다. 그러므로 학생의 발달 수준을 고려하여 적절한 쓰기 윤리 지도 방안을 마련할 필요가 있다.

▌참고문헌

가은아(2009), 중·고등학생을 위한 쓰기 윤리 교육의 방향과 지도 방안, 작문연구 8, 231-250.

문광진(2009), 쓰기 동기와 쓰기 수행의 상관 연구, 석사학위논문, 한국교원대학교.

박영민(2006), 중학생의 쓰기 동기에 영향을 미치는 요인, 국어교육학연구 26, 337-369.

박영민(2007), 인문계 고등학생의 쓰기 동기 구성 요인, 국어교육학연구 30, 291-327.

박영민(2008), 쓰기 윤리 의식 함양을 위한 쓰기 교수 학습 방안, 국어교육학연구 33, 73-98.

박영민 외(2013), 쓰기 지도 방법, 역락

박영민·최숙기(2008), 중학생 쓰기 윤리 실태 연구, 청람어문교육 37, 41-79.

윤준채(2009), 초등학생 필자의 쓰기 태도 발달 연구, 작문연구 8, 277-297.

이선영(2001), 영어 쓰기 능력과 쓰기 불안의 관계에 대한 연구, 석사학위논문. 고려대학교

이소영(2013), 쓰기에서 성취목표지향성, 자기효능감, 상위인지전략, 쓰기능력 간의 관계, 박사학위논문, 한양대학교.

이인재(2008), 대학에서의 글쓰기 윤리 교육, 작문연구 6, 129-159.

이재승 외(2006), 초등학생용 쓰기 동기 검사 도구 개발과 활용 방안, 청람어문교육 34, 129-159.

전제응(2005), 쓰기 동기에 관한 시론, 작문연구, 1호, 255-287.

전제응(2012), 초등학생용 쓰기 불안 검사 도구 개발과 활용, 청람어문교육 46, 253-280.

Bandura, A.(1986), *Social Foundations of Thought ad Action : A Social Cognitive Theory*, Englewood Cliffs, NJ : Prentice Hall.

Bereiter, C. & Scardamalia, M.(1987), *The Psychology of Written Composition*, Hillsdale, NJ : Lawrence Erlbaum Associates, Inc.

Bereiter, C. & Scardamalia, M.(1993), *Surpassing Ourselves : An Inquiry into the Nature and Implication of Expertise*, Peru, IL : Open Court Publishing Company.

Brenner, S.(2005), *Motivation to write in grades three to six, Dissertation*, University of Toronto(Canada).

Britton, J.(1978), The composing process and the function of writing, In C. R. Cooper & L. Odell(eds), *Research on Composing*, Urbana, IL : NCTE.

Bruning, R. & Horn, C.(2000), Developing motivation to write, *Educational Psychology*, 35(1), 25-37.

Coleman & Hendry, 강영배 외 역(2006), 청소년과 사회 : 청소년기의 심리, 건강, 행동 그

리고 관계의 본질, 성안당.

de Beaugrande, R.(1984), *Text Production : Toward a Science of Composition*, Norwood, NJ : Ablex.

Diener, E. & Wallbom, M.(1976), Effects of self-awareness on antinormative behavior, *Journal of Research in Personality* 10, 107-111.

Flower, L. S. & Hayes, J. R.(1981), A cognitive process theory of writing, *College Composition and Communication* 32, 365-387.

Flower, L. S.(1993), *Problem-Solving Strategies for Writing*, Orlando, FL : Harcourt Brace Jovanovich, Inc.

Fraenkel, 송용의 역(1996), 가치 탐구 수업 어떻게 할 것인가, 교육과학사.

Fredman, R.(2004), Decent and indecent : writing my father's life, In Paul John Eakin, *The Ethics of Life Writing*, NY : Cornell University Press, 121-146.

Graham, S., Harris, K. R., Mason, L.(2005), Improving the writing performance, knowledge, and self-efficacy of struggling young writers : The effects of self-regulated strategy development, *Comtemporary Educational Psychology*, 30, 207-241.

Graves, D. H.(1975), An examination of the writing processes of seven year old children, *Research in the Teaching of English* 9, 227-241.

Greene, G. L.(1999), Writing self-efficacy, gender, aptitude, and writing achievement among freshman university students, Dissertation, The University Alabama.

Gunnarsson, B.(1989), Text comprehensibility and the writing process, *Written Communication* 6(1), 86-107.

Hayes, J. R. & Flower, L. S.(1980a), Writing as problem solving, *Visible Language* 14(4), 388-399.

Hayes, J. R. & Flower, L. S.(1980b), Identifying the organization of writing processes, In Lee W. Gregg & Erwin R. Steinberg(eds), *Cognitive Processes in Writing*, Hillsdale, NJ : Lawrence Erlbaum Associates, Inc., 3-30.

Hayes, J. R.(1996), A new framework for understanding cognition and affect in writing, In C. Michael Levy & Sarah Ransdell(eds), *The Science of Writing : Theories, Methods, Individual Differences, and Applications*, Mahwah, NJ : Lawrence Erbaum Associates, Pub., 1-27.

Hayes, J. R.(2000), A new framework for understanding cognition and affect in writing, In Roselmina Indrisano & James R. Squire(eds), *Perspectives on Writing : Research, Theory, and Practice*, Newark, DE : International Reading Association, 6-44.

Kellog, R. T.(1994), *The Psychology of Writing*, New York, NY : Oxford University Press.

Kohlberg, 문용린 역(2000), 콜버그의 도덕성 발달 이론, 아카넷.

Marlone, T. W & Lepper, M.(1987), Making learning fun, In A Snow & M. J. Farr(eds.), *Aptitude, Learning, and Instruction*, Vol.3, Hillsdale, NJ : Erlbaum, 223-253.

Meece, J., Glienke, B. B., Burg, S.(2006), Gender and motivation, *Journal of School Psychology* 44(4), 1-23.

Middlebrook, D.(2004), Misremembering Ted Hudges, In Paul John Eakin, *The Ethics of Life Writing*, NY : Cornell University Press, 40-50.

Multon, K. D., Brown, S. D., Lent, R. W.(1991), Relation of self-efficacy beliefs to academic outcomes : A meta-analysis investigation, *Journal of Counseling Psychology* 38, 30-38.

Pajares, F. & Valiante, G.(2001), Gender differences in writing motivation and achievement of middle school students : A function of gender orientation, *Contemporary Educational Psychology*, 26, 366-381.

Pajares, F.(1996), Self-efficacy beliefs and the writing performance of entering high school students, *Psychology in the Schools* 33, 163-175.

Pajares, F.(1997), Influence of self-efficacy on elementary students' writing, *The Journal of Educational Research* 90(6), 353-360.

Pajares, F.(2003), Self-efficacy beliefs, motivation, and achievement in writing : A review of the literature, *Reading & writing Quarterly* 19, 139-158.

Palmquist, M. & Young, R.(1992), The notion of giftedness and student expectations about writing, *Written Communication* 9(1), 137-168.

Parker, D.(2004), Life writing as narrative of the god : father and son and the ethics of authenticity, In Paul John Eakin, *The Ethics of Life Writing*, NY : Cornell University Press, 53-72.

Piazza, C. L.(2003), Journeys : *The Teaching of Writing in Elementary Classroom*, NJ : Merill Prentice Hall.

Scardamalia, M. & Bereiter, C.(1986), Research on written composition, In Merlin C. Wittrock(eds), *Handbook of Research on Teaching*, New York, NY : American Educational Research Association, 778-803.

Scheuer, N., Cruz, M., Pozo, J. I.(2006), The mind is not a black box : Children's ideas about the writing process, *Learning and Instruction* 16, 72-85.

Stang, K. K.(2001), Writing self-efficacy, story-writing, and teacher ratings of six-grade middle school language arts students, Dissertation, Northwestern University.

Trifonas, P. P.(2000), *The Ethics of Writing, England*, Rowman & Littlefield Publishers, Inc.

Vygotsky, L. S.(1978), *Mind in Society : The Development of Higher Psychological Processes*, Cambridge,

MA : Harvard University Press.

White, M. J. & Bruning, R.(2005), Implicit writing beliefs and their relation to writing quality, *Contemporary Educational Psychology* 30, 166-189.

Wigfield, A. & Gruthie, J.(1997), Relations of children's motivation for reading to the amount and breath of their reading, *Journal of Educational Psychology* 89(3), 420-432.

Wilson, E. E.(1993), *Acts of Teaching : How to Teach Writing*, Englewood, CO : Teacher Idea Press.

제2부 작문 교육의 실천적 방법

제 6 장

작문 교육과정에 대한 이해

김 교사 : 저는 작문 수업을 준비할 때 주로 교과서에 의존하는데 뭔가 부족함을 느낄 때가 많아
요. 예를 들면 전체적인 그림을 잡기가 어렵다거나……

정 교사 : 전체적인 그림이요? 구체적으로 어떤 것을 말씀하시는 건가요?

김 교사 : 음, 예를 들어 교과서 단원을 중심으로 가르치니까 편하긴 한데 제가 가르치고 있는 내
용이 전체적인 내용 체계에서 어디쯤에 있는 것인지, 어떤 내용과 관련이 있는 것인지
이런 것을 잘 모르겠어요. 이런 것이 무척 궁금하기도 해요.

정 교사 : 아, 그것은 작문 교육의 체계에 대한 것이라고 할 수 있는데… 그렇다면 교육과정을 봐
야하지 않을까요?

정 교사의 말처럼 작문 교육의 전체적인 체계가 궁금할 때 참고할 수 있는 것이 작문 교육과정이
다. 우리나라는 국가 수준에서 개발한 국어과 교육과정이 존재한다. 국가 수준의 국어과 교육과정
은 국어 교육이 학교 체제 내에서 어떻게 실현될 것인가를 보여주는 가장 기본적인 틀이라고 할 수
있다. 작문 교육과정에는 작문 교육이 지향하는 목표가 무엇이고, 그 목표의 실현을 위해서 어떤 교
육 내용을, 어떤 학년에서, 어떻게 가르치고 평가할 것인가를 규정에 해 놓고 있다. 그러므로 작문
교육과정을 꼼꼼하게 검토해 보면 작문 교육의 체계를 파악할 수 있으며 작문 교육을 계획하고 수
행하는 데에도 도움을 얻을 수 있다.

작문 교육과정은 개정 시기별로 내용 체계나 성취기준이 서로 다른 특징을 보이고 있다. 교육과
정을 개정한 시기별로 교육 철학과 목표에 변화가 있기 때문이다. 그러므로 작문 교육과정의 변천
을 살펴보면 우리나라 작문 교육의 역사적인 흐름을 효과적으로 파악할 수 있다. 이 장에서는 작문
교육과정의 변천을 간략하게 살펴보고 새로 개정된 2015 국어과 교육과정의 작문 영역의 특징을 살
펴보기로 한다.

1. 2015 개정 이전의 작문 교육과정

1) 1차 교육과정 이전의 작문 교육과정

우리나라의 경우 오늘날과 유사한 형태의 학교가 설립되어 본격적으로 국어교육이 실시된 것은 1894년 갑오경장 이후이다. 그러나 갑오경장 이후 일제강점기를 겪는 동안 우리말과 글에 대한 국어 교육을 제대로 실시하기가 어려웠다. 그러므로 해방 이후에 본격적으로 우리말과 글에 대한 국어 교육을 실시한 시기는 1946년 미군정청에서 국어과 교수요목을 공포한 이후라고 볼 수 있다.

교수요목에는 중등학교 국어 교육의 영역을 '읽기, 말하기, 짓기, 쓰기, 문법, 국문학사'로 구분하여 제시하고 있다. 작문 교육과 관련하여 주목할 점은 '짓기'와 '쓰기'를 구별하여 제시하였다는 사실이다. 이 중에서 '짓기'에 대한 교수 사항을 살펴보면, 짓기의 목표는 '현대어를 위주하여, 감정 의사를 익달하게[1] 들어내어, 여러 가지 글을 짓게 하고, 사상 체험의 정확 자유한 표현을 하도록 지도하고, 또 첨삭 비평의 능력을 기름'으로 기술되어 있다. 오늘날 중등학교급의 작문 교육에서 목표로 하는 능력은 교수요목기의 '짓기'에 해당한다고 볼 수 있다. 이와 달리 '쓰기'는 '정확하고, 민속하고, 깨끗하고도 아름답게 쓰도록 지도함'으로 기술되어 있어서 교수요목기의 '쓰기'는 기계적인 글자 쓰기에 초점을 두고 있다고 볼 수 있다.

[1] '익달'은 여러 번 겪어 매우 능숙하거나 익숙하다는 뜻이다.

2) 1차 ~ 2009 개정 시기의 작문 교육과정

■ '내용 영역'의 특징과 변화

'내용 영역'은 국어 교육에서 가르치고 학습해야 할 내용을 특성에 따라서 구분한 것이다. 국어 교육에서 교수·학습해야 하는 교육 내용을 어떻게 구조화할 것인가, 그리고 국어 교육 내용의 범주를 어디까지로 볼 것인가에 대한 관점이 이 '내용 영역'으로 드러난다고 볼 수 있다. 이에 따라 그간 교육과정 개정의 과정에서 내용 영역 구분은 항시 중요한 문제로 다루어졌다.

1~3차 국어과 교육과정에서는 내용 영역을 '말하기, 듣기, 읽기, 쓰기'의 4개 영역으로 구분하였고, 4차 국어과 교육과정에서는 '말하기, 듣기, 읽기, 쓰기'의 4개 영역이 '표현·이해'로 통합되었다. 또한 3차까지는 없었던 '언어'와 '문학' 영역이 신설되었다. 이후 5차와 6차 교육과정에서는 '표현·이해'가 다시 '말하기, 듣기, 읽기, 쓰기'의 4개 영역으로 구분되었고 '언어'와 '문학'은 계속 유지되는 형태로 구성되었다.

이후 7차와 2007 개정에서는 '언어' 영역이 각 시기별로 '국어지식'과 '문법'으로 명칭이 바뀌었고 다른 영역은 동일하게 유지되었다. 2009 개정 교육과정에서는 '듣기'와 '말하기'가 '듣기·말하기'로 통합되고 다른 영역은 2007 개정과 동일하게 유지되었다. 이러한 각 시기별 내용 영역의 구분을 정리하면 [표 1]과 같다.

[표 1] 국어과 교육과정의 각 시기별 내용 영역 구분

시기	영역					
1차~3차	말하기	듣기	읽기	쓰기	·	·
4차	표현·이해				언어	문학
5차	말하기	듣기	읽기	쓰기	언어	문학
6차	듣기	말하기	읽기	쓰기	언어	문학
7차	듣기	말하기	읽기	쓰기	국어지식	문학
2007 개정	듣기	말하기	읽기	쓰기	문법	문학
2009 개정	듣기·말하기		읽기	쓰기	문법	문학

[표 1]에서 볼 수 있듯이 국어과 교육과정의 내용 체계는 5차 이후부터는 거의 6개 영역으로 유지되어 왔다. 각 시기별로 '말하기, 듣기, 읽기, 쓰기' 4영역이 '표현·이해'로 통합되거나, 독립적으로 존재하던 '말하기'와 '듣기'가 '듣기·말하기'로 통합되거나, '언어'가 '국어지식'과 '문법'으로 명칭이 바뀌는 정도에 국한되었다.

■ '내용 체계'의 특징과 변화

'내용 체계'는 국어 교육에서 다루어야 할 내용의 영역과 수준을 체계적으로 파악할 수 있도록 제시한 것이다. 그러므로 내용 체계는 국어과의 각 하위 영역에서

가르쳐야 할 교육 내용들을 국어과가 지향하는 특정 범주로 유목화하여, 교육 내용을 보다 체계적으로 마련할 수 있도록 하는 틀이라고 볼 수 있다. 국어과 교육과정에서 이러한 내용 체계가 본격적으로 제시된 것은 6차 교육과정부터이다. 국어과 교육과정의 내용 체계는 각 시기별로 [표 2]와 같이 변화하였다.

[표 2] 국어과 교육과정의 각 시기별 내용 체계

시기	내용 체계		
6차	본질	원리	실제
7차	본질	원리	태도
	실제		
2007 개정	실제		
	지식	기능	맥락
2009 개정	실제		
	지식	기능	태도

[표 2]와 같이 6차 국어과 교육과정의 내용 체계는 '본질-원리-실제'가 병렬적으로 구성되었다. 이들 본질, 원리, 실제에 따른 쓰기 영역 내용 요소를 좀 더 구체적으로 살펴보면 [표 3]과 같다. '쓰기의 본질'에 쓰기의 특성, 쓰기의 기본 과정과 절차, 쓰기의 여러 가지 상황이 내용 요소로 설정되어 있고, '쓰기의 원리'에는 내용 선정의 여러 가지 원리, 내용 조직의 여러 가지 원리, 표현 및 전달의 여러 가지 원리가 설정되어 있다. 또한 '쓰기의 실제'는 쓰기 영역에서 학습해야 할 글 유형을 중심으로 하여 정보 전달을 위한 글, 설득을 위한 글, 친교 및 정서 표현을 위한 글 유형이 설정되어 있다. 또한 '쓰기의 실제'에는 이러한 글 유형에 따른 내용 요소 외에 '정확한 글 쓰기의 태도 습관'과 같은 태도 영역의 내용이 함께 포함되었다는 점이 특징이다.

[표 3] 6차 국어과 교육과정 쓰기 영역 내용 체계

영 역	내용		
쓰 기	·쓰기의 본질 – 쓰기의 특성 – 쓰기의 기본 과정과 절차 – 쓰기의 여러 가지 상황	·쓰기의 원리 – 내용 선정의 여러 가지 원리 – 내용 조직의 여러 가지 원리 – 표현 및 전달의 여러 가지 원리	·쓰기의 실제 – 정보 전달을 위한 글 쓰기 – 설득을 위한 글 쓰기 – 친교 및 정서 표현을 위한 글 쓰기 – 정확한 글 쓰기의 태도 습관

이처럼 6차 교육과정에서는 '실제'에 태도 관련 내용이 포함되었던 것과 달리 7차 교육과정에서는 '태도'를 분리하여 설정하고 '실제'가 나머지 '본질', '원리', '태도'를 통합하는 형태로 내용 체계를 제시하였다. 그러나 '실제'는 내용 체계에 반영만 되어있을 뿐 성취기준과 같은 실제 교육 내용 수준으로 구체화하여 제시되지는 않았다. 7차 국어과 교육과정의 쓰기 영역 내용 체계는 [표 4]와 같다.

[표 4] 7차 국어과 교육과정 쓰기 영역 내용 체계

영 역	내 용		
쓰 기	·쓰기의 본질 – 필요성 – 목적 – 개념 – 방법 – 상황 – 특성	·쓰기의 원리 – 글씨 쓰기 – 내용 생성 – 내용 조직 – 표현 – 고쳐쓰기 – 컴퓨터로 글 쓰기	·쓰기의 태도 – 동기 – 흥미 – 습관 – 가치
	·쓰기의 실제 – 정보를 전달하는 글 쓰기 – 설득하는 글 쓰기 – 정서 표현의 글 쓰기 – 친교의 글 쓰기		

이후 2007 개정 교육과정에서는 '실제'가 가장 상위에 놓여있으면서 나머지 '지식', '기능', '맥락'에 해당하는 내용을 구성하는 실제적인 축으로 작용하게 되었다. 2007 개정 교육과정에서의 쓰기 영역의 내용 체계는 [표 5]와 같다.

[표 5] 2007 개정 국어과 교육과정 쓰기 영역 내용 체계

·쓰기의 실제	
– 정보를 전달하는 글 쓰기	– 설득하는 글 쓰기
– 사회적 상호 작용의 글 쓰기	– 정서 표현의 글 쓰기

·지 식	·기 능
– 소통의 본질	– 내용 생성
– 글의 특성	– 내용 조직
– 매체 특성	– 표현과 고쳐쓰기

·맥 락
– 상황 맥락
– 사회·문화적 맥락

[표 5]에서 '쓰기의 실제'는 실제적인 텍스트 유형을 포함하는 것으로 작문 교육에서 가르쳐야 할 텍스트 유형을 '정보 전달, 설득, 사회적 상호 작용, 정서 표현'의 4개 범주로 분류하였다. 7차에서는 '친교'로 한정되어 있어서 개인적인 차원에서 이루어지는 쓰기 활동에만 국한되었던 것과 달리, 2007 개정 교육과정에서는 '사회적 상호 작용' 유형을 신설함으로써, 쓰기 활동을 개인적인 차원을 포함하면서 동시에 사회적이고 공식적인 차원으로 확대하여 제시하였다.

또한 2007 개정 교육과정에서는 '쓰기의 실제'가 '글의 수준과 범위'라는 형태로 구체화되어 제시되었고, 성취기준과 내용 요소에도 구현되었다.

[표 6] 2007 개정 7학년 쓰기 영역의 교육 내용

<글의 수준과 범위>

– 원리나 현상을 설명하는 글
– 교과 학습 시간에 관찰, 조사, 실험한 내용을 쓴 간단한 보고서
– 학교나 지역 사회에서 일어난 일을 소재로 하여 건의하는 글
– 다른 사람을 격려하거나 위로하는 글
– 생활 체험을 바탕으로 자신의 생각이나 느낌을 쓴 수필

성취 기준	내용 요소의 예
(1) 다양한 매체에서 내용을 선정하여 통일성 있게 설명문을 쓴다.	· 설명문의 특성, 통일성의 개념 이해하기 · 다양한 매체에서 내용 선정하기 · 통일성 있게 내용 정리하고 표현하기 · 통일성을 고려하여 고쳐쓰기

(2) 절차와 결과가 드러나게 보고서를 쓴다.	·보고서의 목적, 특성, 구성 요소 이해하기 ·사실, 자료, 생각을 기록하며 관찰·조사·실험하기 ·절차와 결과를 중심으로 내용 정리하기 ·관찰·조사·실험 및 보고의 윤리 지키기
(3) 문제 해결 방안이나 요구 사항을 담아 건의하는 글을 쓴다.	·건의하는 글의 특성 이해하기 ·문제 및 해결 방안을 중심으로 쓸 내용 정리하기 ·간결하고 명확하며 진지하게 표현하기 ·건의하는 글이 소통되는 일반적인 맥락 이해하기
(4) 여러 가지 표현 전략을 사용하여 격려하거나 위로하는 글을 쓴다.	·격려나 위로가 필요한 상황을 이해하기 ·독자에게 영향을 미치는 다양한 표현 전략 이해하기 ·비유나 강조 등 다양한 표현 전략을 사용하여 쓰기 ·주제에서 벗어난 내용과 상투적인 표현을 찾아 고쳐쓰기
(5) 자신의 생활 체험을 바탕으로 독자에게 감동이나 즐거움을 주는 글을 쓴다.	·수필의 내용적·형식적 특성 이해하기 ·생활 체험에서 독자에게 감동이나 즐거움을 줄 수 있는 내용 선정하기 ·개인적인 생활 체험이 잘 드러나도록 표현하기 ·생활 체험을 공유하지 못한 독자 고려하기

이처럼 '글의 수준과 범위'를 먼저 제시함으로써 내용 체계에서 '실제'를 상위에 두고 성취기준 또한 글의 수준과 범위에서 제시한 텍스트 유형을 중심으로 지식, 기능, 맥락에 해당하는 내용을 통합하여 기술하였다. 이렇게 실제적인 텍스트 유형을 중심으로 쓰기 교육 내용을 제시함으로써 이전 시기의 작문 교육이 텍스트가 산출되는 실제적인 상황을 배제한 채 분절적인 쓰기 기능 학습에만 치중했다는 비판을 개선하고자 하였다.

이후 2009 개정 교육과정에서는 2007 개정 교육과정의 '맥락'이 삭제되고 7차 교육과정에 있었던 '태도'가 다시 신설되었다. 또한 '실제'에서 2007 개정의 사회적 상호 작용이 다시 '친교'로 한정되어 제시되었다는 변화가 있었다.

[표 7] 2009 개정 국어과 교육과정 쓰기 영역 내용 체계

실제

· 다양한 목적의 글 쓰기
  – 정보를 전달하는 글
  – 설득하는 글
  – 친교 및 정서 표현의 글
· 쓰기와 매체

지식	기능	태도
· 쓰기의 본질과 특성 · 글의 유형 · 쓰기와 맥락	· 글씨 쓰기 · 쓰기의 계획 · 내용 생성과 조직 · 표현하기와 고쳐쓰기 · 쓰기 과정의 점검과 조정	· 가치와 중요성 · 동기와 흥미 · 쓰기의 윤리 · 쓰기의 생활화

▌'선택 과목' 구성의 특징과 변화

고등학교의 경우 교육과정 개정 시기마다 선택 과목의 구성이 지속적으로 변화해 왔다. 각 시기별 고등학교 선택 과목 구성의 변천은 [표 8]과 같다.

[표 8] 시기별 고등학교 선택 과목 구성 체계

시기	1차	2차	3차	4차	5차
선택 과목 구성	국어Ⅱ 한자 및 한문	국어Ⅱ 고전 과정 한문 과정	국어Ⅱ 고전 작문	국어Ⅱ 현대문학 **작문** 고전문학 문법	문학 **작문** 문법

시기	6차	7차	2007 개정	2009 개정	2011년 개정
선택 과목 구성	화법 독서 **작문** 문법 문학	국어생활 화법 독서 **작문** 문법 문학	화법 독서 **작문** 문법 문학 매체언어	국어 **화법과 작문Ⅰ** **화법과 작문Ⅱ** 독서와 문법Ⅰ 독서와 문법Ⅱ	국어Ⅰ 국어Ⅱ **화법과 작문** 독서와 문법 문학 고전

[표 8]에서 볼 수 있듯이 '작문'이 선택 과목으로 편성되기 시작한 것은 3차 교육과정부터이다. 이후 4차, 5차, 6차, 7차, 2007 개정 교육과정까지는 '작문'이 독립적인 선택 과목으로 편성되었다. 그러나 2009 개정 교육과정부터 변화가 있었는데 '표현' 영역이라는 공통점을 근거로 하여 화법과 작문을 한 과목으로 묶어서 편성한 것이다. 그러나 이러한 선택 과목 편성은 각 영역을 단순히 물리적으로 결합하였을 뿐, 영역을 통합하는 충분한 근거가 마련되지 않았고 실제로 교육과정 성취기

준에서도 물리적으로 통합된 형태로만 제시되었다는 한계가 있었다.

2. 2015 개정 작문 교육과정의 특징

1) 2015 국어과 교육과정 개관

■ 2015 국어과 교육과정과 핵심 역량

2015 개정 교육과정의 의의는 창의·융합형 인재 양성에 목표를 두고, 교과 교육을 포함한 학교 교육 전 과정을 통해 중점적으로 기르고자 하는 핵심 역량을 설정하고 있다는 점이다. 구체적으로는 '자기관리 역량', '지식정보처리 역량', '창의적 사고 역량', '심미적 감성 역량', '의사소통 역량', '공동체 역량'이라는 6개 핵심 역량을 제시하고 있다.

이러한 핵심 역량에 기반하여 초·중·고 공통 과목인 '국어' 과목에서는 '비판적·창의적 사고 역량', '자료·정보 활용 역량', '의사소통 역량', '공동체·대인 관계 역량', '문화 향유 역량', '자기 성찰·계발 역량'을 설정하고 있다.

· **비판적·창의적 사고 역량**
다양한 상황이나 자료, 담화, 글을 주체적인 관점에서 해석하고 평가하여 새롭고 독창적인 의미를 부여하거나 만드는 능력
· **자료·정보 활용 역량**
필요한 자료나 정보를 수집, 분석, 평가하고 이를 효과적으로 활용하여 의사를 결정하거나 문제를 해결하는 능력
· **의사소통 역량**
음성 언어, 문자 언어, 기호와 매체 등을 활용하여 생각과 느낌, 경험을 표현하거나 이해하면서 의미를 구성하고 자아와 타인, 세계의 관계를 점검·조정하는 능력
· **공동체·대인 관계 역량**
공동체의 가치와 공동체 구성원의 다양성을 존중하고 상호 협력하며 관계를 맺고 갈등을 조정하는 능력
· **문화 향유 역량**
국어로 형성·계승되는 다양한 문화를 이해하고 그 아름다움과 가치를 내면화하여 수준 높은 문화를 향유·생산하는 능력

2015 국어과 교육과정의 과목 편성

2015 개정 교육과정에서는 초등학교 1학년부터 고등학교 1학년까지를 공통 교육과정으로 편성하고 있다. 고등학교 1학년의 경우에는 학년 상으로는 선택 중심 교육과정이나 고등학교 1학년의 '국어'가 공통 과목으로 편성되어 있으므로 고등학교 1학년 '국어'까지가 공통 교육과정에 해당한다. 또한 고등학교 2학년과 3학년은 선택 중심 교육과정으로 편성하고 일반 선택의 경우 '화법과 작문', '독서', '언어와 매체', '문학'을, 진로 선택의 경우 '실용 국어'와 '심화 국어', '고전 읽기' 과목을 편성하고 있다.

[표 9] 2015 국어과 교육과정의 과목 편성

과정			누리 과정	공통 교육과정	선택 중심 교육과정							
					공통 선택	일반 선택				진로 선택		
과목 (영역)			의사 소통	국어	국어	화법과 작문	언어와 매체	독서	문학	실용 국어	심화 국어	고전 읽기
학교급		3-5세										
	초	1~6학년										
	중	1~3학년										
	고	1학년										
		2학년										
		3학년										

다음으로는 이들 교육과정 편성 기준에 따라서 공통 교육과정 '국어' 과목에서의 쓰기 영역의 교육과정과 선택 교육과정에서 '화법과 작문' 과목을 중심으로 하여, 2015 개정 작문 교육과정의 특징과 세부 내용 요소를 살펴보고자 한다.

2) '국어' 과목 쓰기 영역 교육과정

■ 쓰기 영역의 목표

2015 국어과 교육과정에서는 초·중·고 공통 교육과정에 해당하는 과목으로 '국어'를 설정하고 있다. '국어'에서 쓰기 영역의 목표가 별도로 제시되어 있지는 않으므로 여기에서는 공통 교육과정의 '국어'의 목표를 살펴보고 이를 통해서 쓰기 영역의 목표를 추론하고자 한다. '국어' 과목의 목표는 다음과 같이 서술되어 있다.

국어로 이루어지는 이해·표현 활동 및 문법과 문학의 본질을 이해하고, 의사 소통이 이루어지는 맥락의 다양한 요소를 고려하여 품위 있고 개성 있는 국어를 사용하며, 국어문화를 향유하면서 국어의 발전과 국어문화 창조에 이바지하는 능력과 태도를 기른다.

　가. 다양한 유형의 담화, 글, 작품을 정확하고 비판적으로 이해하고 효과적이고 창의적으로 표현하며 소통하는 데 필요한 기능을 익힌다.
　나. 듣기·말하기, 읽기, 쓰기 활동 및 문법 탐구와 문학 향유에 도움이 되는 기본 지식을 갖춘다.
　다. 국어의 가치와 국어 능력의 중요성을 인식하고 주체적으로 국어생활을 하는 태도를 기른다.

이러한 목표를 통해서 쓰기 영역의 교육 목표는 첫째, 작문과 관련하여 다양한 유형의 글을 효과적이고 창의적으로 표현하며 소통할 수 있다는 것, 둘째, 쓰기 활동에 도움이 되는 기본 지식을 갖추는 것을 목표로 하고 있음을 알 수 있다.

■ 쓰기 영역의 내용 체계

'국어' 과목 쓰기 영역의 내용 체계는 '핵심 개념'과 '일반화된 지식'을 바탕으로 하여 '학년(군)별 내용 요소'를 중심으로 구성되어 있다. 이를 통해서 쓰기 영역이 추구하는 통합적인 '기능'을 신장하도록 의도한 것이다. 쓰기 영역의 학년(군)별로 제시한 내용 요소는 해당 학년(군)에서 집중적으로 다루되, 학년(군) 간 연계성을 바탕으로 하여 다른 학년(군)에서도 융통성 있게 다룰 수 있도록 하고 있다. 또한, 국어 활동의 총체성을 바탕으로 하여 쓰기 영역의 성취기준을 같은 학년(군)의 다른 영역에서 적절하게 활용하여 내용을 구성할 수도 있도록 하고 있다.

쓰기 영역의 내용 체계에서 제시하고 있는 '핵심 개념', '일반화된 지식', '내용 요소', '기능' 각각에 대한 개념은 다음과 같이 설명하고 있다.

내용 체계 - 영역, 핵심 개념, 일반화된 지식, 내용 요소, 기능으로 구성

- 영역 : 교과의 성격을 가장 잘 나타내주는 최상위의 교과 내용 범주
- 핵심 개념 : 교과의 기초 개념이나 원리
- 일반화된 지식 : 학생들이 해당 영역에서 알아야 할 보편적인 지식
- 내용 요소 : 학년(군)에서 배워야 할 필수 학습 내용
- 기능 : 수업 후 학생들이 할 수 있거나 할 수 있기를 기대하는 능력으로 교과 고유의 탐구과정 및 사고 기능 등을 포함

2015 개정 교육과정의 중점 사항이 "교과의 핵심 개념을 중심으로 학습량을 적정화하여 학습을 질을 개선"하고, "교육 목표, 교육 내용, 교수·학습, 평가의 일관성을 도모"한다(국가교육과정 개정연구위원회, 2015 : 34)는 것인데 작문 영역 내용 체계의 '핵심 개념'과 '일반화된 지식'은 이러한 교육과정 개정의 방향을 반영한 결과이다. 지금까지 교과에서 지나치게 많은 내용('이해'가 아니라 '습득'이나 '암기'를 필요로 하는 단편적인 지식)을 교육 내용으로 선정하여 피상적으로 다루어 왔다는 문제점을 개선하고, 미래 사회의 핵심 역량에 부합하는 교육 내용을 선정하고자 하였다. 해당 교과에서 학생이 반드시 알아야 하는 핵심적인 교육 내용을 핵심 개념으로 규정하고 이것의 선정을 강조하였다.

2015 교육과정에서는 교과 학습을 통해 학생들이 최종적으로 이해해야 하는 핵심 개념을 평가의 대상으로 설정하고, 이러한 평가 대상을 중심으로 하여 수업 목표를 구체화하여 수업 설계의 출발점으로 삼고자 하는 '백워드 교육과정(Backward

Design)'을 이론적 배경으로 삼고 있다. 백워드 교육과정은 Wiggins & McTighe(2008)에 의해서 제시된 개념으로, 이해 중심 교육과정이나 역행 설계라는 용어로도 번역되고 있다. 백워드 교육과정에서는 학생이 단순 사실의 암기가 아닌 교과의 고등 사고능력의 신장과 심층적인 이해를 할 수 있도록 가르쳐서 궁극적으로는 실제의 삶에서 학습한 내용을 활용할 수 있도록 하는 것을 목표로 한다. 이를 위해서 교과의 지식이나 개념을 단순 나열하여 가르치는 것이 아니라, 교사가 국가수준 성취기준을 분석하여 해당 교과의 핵심 개념을 추출하고 학생으로 하여금 진정한 이해, 즉 피상적인 이해가 아닌 새롭게 재구성하고 활용할 수 있는 수준의 이해로 나아갈 수 있도록 수업을 설계하는 것을 강조한다.

　　2015 교육과정에서는 이러한 관점에서 '핵심 개념'과 '일반화된 지식'을 설정하고, 학습이 끝난 후에 학생이 궁극적으로 습득해야 하는 능력으로서의 '기능'을 설정하고 있다. 2015 교육과정 공통 교육과정인 '국어'의 쓰기 영역의 내용 체계는 [표 10]와 같다.

[표 10] 2015 교육과정 '국어' 쓰기 영역 내용 체계

핵심 개념	일반화된 지식	학년(군)별 내용 요소					기능
		초등학교			중학교 1~3학년	고등학교 1학년	
		1~2학년	3~4학년	5~6학년			
▶쓰기의 본질	쓰기는 쓰기 과정에서의 문제를 해결하며 의미를 구성하고 사회적으로 소통하는 행위이다.			·의미 구성 과정	·문제 해결 과정	·사회적 상호 작용	·맥락 이해하기 ·독자 분석하기 ·아이디어 생산 하기 ·글 구성하기 ·자료·매체 활용하기 ·표현하기 ·고쳐쓰기 ·독자와 교류 하기 ·점검·조정 하기
▶목적에 따른 글의 유형 ·정보 전달 ·설득 ·친교·정서 표현 ▶쓰기와 매체	의사소통의 목적, 매체 등에 따라 다양한 글 유형이 있으며, 유형에 따라 쓰기의 초점과 방법이 다르다.	·주변 소재에 대한 글 ·겪은 일을 표현하는 글	·의견을 표현하는 글 ·마음을 표현하는 글	·설명하는 글 [목적과 대상, 형식과 자료] ·주장하는 글 [적절한 근거와 표현]	·보고하는 글 ·설명하는 글 [대상의 특성] ·주장하는 글 [타당한 근거와 추론] ·감동이나 즐거움을 주는 ·매체의 특성	·설득하는 글 ·정서를 표현하는 글	

				·체험에 대한 감상을 표현한 글			
▶쓰기의 구성 요소 ·필자 ·글 ·맥락 ▶쓰기의 과정 ▶쓰기의 전략 ·과정별 전략 ·상위인지 전략	필자는 다양한 쓰기 맥락에서 쓰기 과정에 따라 적절한 전략을 사용하여 글을 쓴다.	·글자 쓰기 ·문장 쓰기	·문단 쓰기 ·시간의 흐름에 따른 조직 ·독자 고려	·목적·주제를 고려한 내용과 매체 선정	·내용의 통일성 ·표현의 다양성 ·대상의 특성을 고려한 설명 ·고쳐쓰기[일반 원리]	·쓰기 맥락 ·고쳐쓰기[쓰기 과정의 점검]	
▶쓰기의 태도 ·쓰기 흥미 ·쓰기 윤리 ·쓰기의 생활화	쓰기의 가치를 인식하고 쓰기 윤리를 지키며 즐겨 쓸 때 쓰기를 효과적으로 수행할 수 있다.	·쓰기에 대한 흥미	·쓰기에 대한 자신감	·독자의 존중과 배려	·쓰기 윤리	·책임감 있게 쓰기	

　　쓰기 영역의 경우 '핵심 개념'은 '쓰기의 본질', '목적에 따른 글의 유형', '쓰기와 매체', '쓰기의 구성 요소', '쓰기의 과정', '쓰기의 전략', '쓰기의 태도'로 세분화하여 제시되고 있다. 2009 개정 교육과정에서는 텍스트 유형을 '실제' 범주에서 별도로 제시하였으나 2015 개정 교육과정에서는 이를 '목적에 따른 글의 유형'이라는 핵심 개념 중의 하나로 다루고 있다. 또한 2015 개정 교육과정에서는 '수업 후 학생들이 할 수 있거나 할 수 있기를 기대하는 능력'으로 정의되는 '기능' 범주를 설정하고 있다. 이들 '기능' 범주에는 '맥락 이해하기', '독자 분석하기', '아이디어 생산하기', '글 구성하기', '자료·매체 활용하기', '표현하기', '고쳐쓰기', '독자와 교류하기', '점검·조정하기'가 설정되어 있다. 쓰기 영역에서 '기능'은 학생들이 쓰기 학습 후에 실제 맥락에서도 실제로 할 수 있기를, 또는 보여줄 수 있기를 기대하는 능력에 해당한다는 점에서 쓰기 영역에서 평가해야 하는 주요한 평가 내용이기도 하다.

■ 쓰기 영역의 성취기준

공통 교육과정 '국어'의 쓰기 영역은 초등학교 1~2학년, 3~4학년, 5~6학년, 중학교 1~3학년, 고등학교 1학년별로 성취기준을 제시하고 있다. 또한 각 학년군별로 성취기준 설정의 주안점, 성취기준, 학습요소, 성취기준 해설, 교수·학습 및 유의 사항, 평가 방법 및 유의 사항을 제시하고 있다. 그리고 각 학년군의 마지막 부분에 '국어 자료의 예'를 제시하고 있다. 각 학년군에 따른 쓰기 영역의 성취기준은 다음과 같다.

[초등학교 1~2학년]

초등학교 1~2학년 쓰기 영역 성취기준은 한글을 깨치고 학습자가 학교생활을 하면서 자신의 생각이나 학습 결과를 문자로 표현하는 데 필요한 기초적인 쓰기 능력을 갖추는 데 중점을 두어 설정하였다. 글자를 바르게 쓰고, 자신의 생각을 문장이나 짧은 글로 쓰면서 쓰기에 흥미를 갖고 부담 없이 쓰는 태도를 기르는 데 주안점을 둔다.

성취기준	[1] 글자를 바르게 쓴다. [2] 자신의 생각을 문장으로 표현한다. [3] 주변의 사람이나 사물에 대해 짧은 글을 쓴다. [4] 인상 깊었던 일이나 겪은 일에 대한 생각이나 느낌을 쓴다. [5] 쓰기에 흥미를 가지고 즐겨 쓰는 태도를 지닌다.
학습요소	글자 정확하게 쓰기, 글씨 바르게 쓰기, 완성된 문장 쓰기, 짧은 글 쓰기, 경험에 대한 생각이나 느낌 쓰기, 쓰기에 흥미 갖기

성취기준 [1]은 바른 자세로 글자를 정확하게 쓰는 습관을 기르기 위해 설정된 성취기준으로, 바른 자세로 글씨 쓰기에는 바르게 앉아 쓰기, 연필 바르게 잡기, 낱자의 모양이나 간격 등을 고려하여 글씨 바르게 쓰기가 포함된다. 글자를 정확하게 쓰기 위해서는 짜임과 필순에 맞게 낱자를 쓰게 한다. 글자의 복잡성 정도를 고려하여 처음에는 받침이 없는 간단한 글자부터 시작하여 점차 받침이 있는 복잡한 글

자를 쓸 수 있게 한다.

성취기준 [2]는 문장 구성 능력을 기르기 위해 설정하였다. 문장은 글을 구성하는 기본이다. 글을 잘 쓰려면 먼저 자신의 생각을 정확하게 문장으로 표현할 수 있어야 한다. 한두 문장으로 짤막하게 자신의 생각이나 느낌을 표현하되, 마침표, 물음표, 느낌표 등의 문장 부호를 사용하여 자신의 생각을 문장으로 정확하게 구성하는 기본 능력을 기르도록 지도한다. 또한 꾸며 주는 말을 넣어 자신의 생각과 느낌을 구체적으로 표현하도록 지도한다.

성취기준 [3]은 자신의 주변에서 소재를 찾아 글로 표현하는 능력을 기르기 위해 설정하였다. 자신의 주변에 있는 사람이나 사물에 관심을 가지고 그 특징이 드러나도록 짧은 글로 나타내 보게 한다.

[초등학교 3~4학년]

초등학교 3~4학년 쓰기 영역 성취기준은 기본적인 쓰기의 방법을 익히고 몇몇 종류의 글을 실제로 써 보면서 쓰기 경험을 쌓는 데 중점을 두어 설정하였다. 친숙한 소재를 활용하여 글을 쓰면서 쓰기에 자신감을 갖고 쓴 글을 다른 사람들과 나누는 태도를 기르는 데 주안점을 둔다.

성취기준	[1] 중심 문장과 뒷받침 문장을 갖추어 문단을 쓴다. [2] 시간의 흐름에 따라 사건이나 행동이 드러나게 글을 쓴다. [3] 관심 있는 주제에 대해 자신의 의견이 드러나게 글을 쓴다. [4] 읽는 이를 고려하며 자신의 마음을 표현하는 글을 쓴다. [5] 쓰기에 자신감을 갖고 자신의 글을 적극적으로 나누는 태도를 지닌다.
학습요소	문단 쓰기(중심 문장과 뒷받침 문장 이해하기), 시간의 흐름에 따라 쓰기, 의견이 드러나는 글 쓰기, 마음을 표현하는 글 쓰기, 쓰기에 자신감 갖기(글을 적극적으로 나누는 태도 갖기)

성취기준 [3]은 어떤 대상이나 사실에 대해 자신의 의견을 밝히는 글을 쓰는 과정에서 생각을 구체화・명료화・정교화하여 제시하는 능력을 기르기 위해 설정하

였다. 주변 현상에 대해 관심 갖기의 중요성을 일깨우고, 주장이 무엇이고 주장을 할 때에는 어떤 점에 주의해야 하는지를 기초적인 수준에서 다루도록 한다. 그리고 주장을 뒷받침하는 근거를 들어 자신의 의견이 뚜렷하게 드러나는 주장하는 글을 쓰게 한다.

성취기준 [4]는 읽는 이의 흥미나 관심, 입장, 반응 등을 고려하여 글을 쓰는 자세를 기르기 위해 설정하였다. 글은 글쓴이와 읽는 이가 만나는 공간이다. 글을 통해 다른 사람과 소통하려면 읽는 이의 흥미나 관심, 입장, 반응 등을 고려하여 글을 써야 한다. 친구, 부모님, 선생님, 이웃 등 주위 사람을 대상으로 하여 고마움, 미안함, 기쁨, 슬픔, 사랑, 우정, 고민 등 자신의 정서와 감정을 표현하는 글을 쓰는 경험을 통해 읽는 이를 고려하여 쓸 내용을 마련하거나 적절한 표현을 할 수 있는 능력을 기르도록 한다.

[초등학교 5~6학년]

초등학교 5~6학년 쓰기 영역 성취기준은 쓰기의 특성을 이해하고 목적과 내용에 맞게 다양한 종류의 글을 쓰는 능력을 갖추는 데 중점을 두어 설정하였다. 글의 내용과 형식에 관심을 갖고 독자를 존중하고 배려하면서 쓰는 능력과 태도를 기르는 데 주안점을 둔다.

성취기준	[1] 쓰기는 절차에 따라 의미를 구성하고 표현하는 과정임을 이해하고 글을 쓴다. [2] 목적이나 주제에 따라 알맞은 내용과 매체를 선정하여 글을 쓴다. [3] 목적이나 대상에 따라 알맞은 형식과 자료를 사용하여 설명하는 글을 쓴다. [4] 적절한 근거와 알맞은 표현을 사용하여 주장하는 글을 쓴다. [5] 체험한 일에 대한 감상이 드러나게 글을 쓴다. [6] 독자를 존중하고 배려하며 글을 쓰는 태도를 지닌다.
학습요소	의미 구성으로서의 쓰기, 목적과 주제에 따라 내용 선정하기(글의 목적, 매체 활용), 설명 대상의 특성에 맞게 쓰기, 근거를 들어 주장하는 글 쓰기, 체험에 대한 감상 쓰기, 독자를 존중·배려하며 쓰기

성취기준 [2]는 글을 쓰기 전에 글을 쓰는 목적, 주제 등과 관련된 문제를 탐색하

고 쓰는 자세를 기르기 위해 설정하였다. 글의 목적, 주제 등을 고려하는 것은 글의 내용을 마련하는 과정에 영향을 미친다. 글을 쓸 때 글의 목적이나 주제를 고려해야 하는 이유를 이해하고, 글의 목적이나 주제를 정한 다음 그것에 따라 내용을 생성하고 선정하는 방법을 익힌 후 글을 쓸 수 있도록 한다. 또한 글의 목적이나 주제에 따라 선정할 수 있는 매체가 달라질 수 있음을 이해하도록 한다. 예컨대 친교를 목적으로 글을 쓸 때에는 편지나 전자 우편을 이용할 수 있고, 단체에 정보를 제공할 때에는 인터넷 게시판을 이용할 수 있으며, 간단한 정보를 전달할 때에는 문자 메시지를 이용할 수도 있다.

성취기준 [4]는 주장하는 글 쓰기의 능력을 기르기 위해 설정하였다. 주장하는 글 쓰기의 중요성과 특성, 주장하는 글의 조직 방식, 주장하는 글의 특징에 따른 표현 방법에 대해 학습하게 한다. 특히 주장과 근거의 개념, 주장과 근거의 관계 등을 알고 이를 적절히 활용할 수 있게 한다. 그리고 주장하는 글을 쓸 때 알맞은 표현에 관심을 갖게 하며 특히 주관적 표현이나 단정적인 표현, 모호한 표현 등을 사용하지 않도록 한다.

성취기준 [6]은 읽는 이를 존중하고 배려하며 글을 쓰는 자세를 기르기 위해 설정하였다. 편지나 문자 메시지를 받고 감동했던 경험, 불쾌했던 경험에 대해 이야기해 보고, 또래나 자신의 주변 사람을 정하고 그 사람의 상황과 처지를 이해하여 적절하게 조언하는 글을 쓰게 한다. 격식에 맞지 않는 표현이나 속어, 비어 등 부정적인 표현이 드러난 글을 제시하여 적절하게 고쳐 써 볼 수도 있다. 긍정적인 언어 표현의 효과에 대해 이해하고, 타인에게 상처를 주는 언어 표현에 대해 비판할 줄 알며 타인을 존중하고 배려하며 글을 쓰는 태도를 기르는 데 중점을 두도록 한다.

[중학교 1~3학년]

중학교 1~3학년 쓰기 영역 성취기준은 쓰기의 과정을 이해하고 주제, 목적, 독자, 매체 등에 따라 효과적인 표현 방법을 사용하여 다양한 유형의 글을 쓰는 능력을 갖추는 데 중점을 두어 설정하였다. 다양한 방법과 매체를 활용하여 생각이나 느낌, 경험을 표현하고, 쓰기 윤리를 지키며 글을 쓰는 태도를 기르는 데 주안점을 둔다.

성취기준	[1] 쓰기는 주제, 목적, 독자, 매체 등을 고려한 문제 해결 과정임을 이해하고 글을 쓴다. [2] 대상의 특성에 맞는 설명 방법을 사용하여 글을 쓴다. [3] 관찰, 조사, 실험의 절차와 결과가 드러나게 글을 쓴다. [4] 주장하는 내용에 맞게 타당한 근거를 들어 글을 쓴다. [5] 자신의 삶과 경험을 바탕으로 하여 독자에게 감동이나 즐거움을 주는 글을 쓴다. [6] 다양한 자료에서 내용을 선정하여 통일성을 갖춘 글을 쓴다. [7] 생각이나 느낌, 경험을 드러내는 다양한 표현을 활용하여 글을 쓴다. [8] 영상이나 인터넷 등의 매체 특성을 고려하여 생각이나 느낌, 경험을 표현한다. [9] 고쳐쓰기의 일반 원리를 고려하여 글을 고쳐 쓴다. [10] 쓰기 윤리를 지키며 글을 쓰는 태도를 지닌다.
학습요소	문제 해결 과정으로서의 쓰기, 설명하는 글 쓰기(정의, 예시, 비교와 대조, 분류와 구분, 인과, 분석), 보고서 쓰기(절차와 결과), 주장하는 글 쓰기(근거 구성), 감동이나 즐거움을 주는 글 쓰기, 내용 선정하기, 내용의 통일성 갖추기, 개성적으로 표현하기, 매체 언어의 특성을 살려 표현하기(복합 양식적 특성), 고쳐쓰기, 쓰기 윤리 지키기

성취기준 [1]은 쓰기가 글을 쓰는 과정에서 부딪히는 인지적인 문제를 해결하는 과정임을 이해하고 글을 쓰는 자세를 기르기 위해 설정하였다. 쓰기가 문제 해결 과정이라는 것은 쓰기가 글을 쓰는 과정에서 부딪히는 여러 문제를 해결해 가는 과정이라는 의미이다. 필자는 글을 쓸 때 화제와 관련된 배경지식의 부족 문제, 떠올린 내용을 옮길 적절한 단어나 표현의 생성 문제, 독자의 이해를 돕기 위한 문단 배열 문제 등을 효과적으로 해결해야 한 편의 글을 완성할 수 있다. 학습자에게 글을 썼던 경험을 떠올려 보게 한 다음, 쓰기 과정에서 겪었던 문제와 그 해결 방법에 대해 생각해 보도록 함으로써 쓰기가 문제 해결의 과정임을 이해하도록 한다.

성취기준 [6]은 글을 쓸 때 주제를 명료하게 드러내며 쓰는 능력을 기르기 위해 설정하였다. 주제를 명료하게 드러내기 위해서는 통일성을 고려해야 하는데, 통일성은 주제와 세부 내용 간의 유기적 연결을 의미한다. 책, 잡지, 신문, 인터넷 등 다양한 자료에서 자신의 수준과 흥미에 맞는 내용을 선정하여 쓰도록 하되, 내용을 조직하고 표현하는 쓰기 과정 전반에서, 그리고 문단 수준이나 글 수준에서 통일성을 고려하여 글을 쓰도록 한다.

성취기준 [7]은 다양한 표현의 종류, 생각이나 느낌을 표현하기에 알맞은 속담, 관용 표현, 격언, 명언, 창의적인 발상을 통한 참신한 표현을 사용하는 능력을 기르기 위해 설정하였다. 속담, 관용 표현, 격언, 명언 등을 제시하여 그 의미를 알아보고, 자신의 생각이나 느낌에 맞는 것을 찾아 인용하여 표현해 보도록 한다. 또한 창의적인 발상을 바탕으로 하여 생각이나 느낌, 경험을 참신하게 표현해 보도록 한다. 이때 창의적인 발상이 잘 드러나는 광고 문구를 모방하거나 참조하여 생각이나 느낌을 간결하고 효과적으로 표현해 보도록 할 수 있다.

성취기준 [8]은 영상 매체나 인터넷 매체의 특성에 맞게 자신의 생각이나 느낌, 경험을 표현하는 능력을 기르기 위해 설정하였다. 학습자의 수준, 관심 등을 고려하여 일상적인 경험 또는 사회적인 사건이나 쟁점에서 내용을 선정하고, 영상이나 인터넷을 활용하여 표현하도록 한다. 영상으로 표현할 때에는 영상 언어의 구성 요소인 시각적 요소(카메라의 거리와 각도, 자막 등)와 청각적 요소(배경 음악이나 효과음 등)의 특성을 이해하고 내용에 맞게 장면을 구성해 보도록 한다. 인터넷으로 표현할 때에는 온라인 대화, 인터넷 게시판 댓글, 전자 우편, 블로그, 사회 관계망 서비스 등 인터넷 매체의 특성을 고려하여 자신의 생각이나 느낌을 표현하도록 한다.

성취기준 [10]은 쓰기 윤리를 지키며 글을 쓰는 태도를 기르기 위해 설정하였다. 쓰기 윤리란 필자가 글을 쓰는 과정에서 준수해야 할 윤리적 규범이다. 다른 사람이 생산한 아이디어나 자료, 글을 쓰기 윤리에 따라 올바르게 인용하기, 조사 결과나 연구 결과를 과장, 축소, 변형, 왜곡하지 않고 제시하기 등에 중점을 두어 쓰기 윤리의 중요성을 인식하고 쓰기 윤리를 준수하는 태도를 기르는 데 중점을 둔다.

이들 성취기준을 교수·학습할 때에는 특히 다음과 같은 사항에 유의해야 한다.

첫째, 쓰기 지식이나 기능, 전략만을 따로 떼어 지도하기보다는 글을 쓰는 가운데 지식, 기능, 전략을 숙달할 수 있도록 지도한다. 세세한 지식, 기능, 전략에 집중하기보다는 한 편의 글을 완성하는 데 중점을 두어 지도한다.

둘째, 쓰기 과제의 상황과 조건을 분명하게 제시하여 쓰기의 목적에 맞는 매체를 선택하여 활용하도록 지도하고, 자유로운 표현을 권장하되 쓰기 윤리를 준수해야 함을 강조한다.

셋째, 관찰, 조사, 실험의 절차와 결과가 드러나는 쓰기를 지도할 때에는 학습자 개인의 관심 분야, 장래 희망, 청소년의 일상생활 등에서 주제를 선정한 후 자신의 경험이나 다양한 자료를 활용하여 내용을 생성하도록 한다. 이때 글을 쓰는 목적과 내용을 고려하여 그림, 사진, 도표 등 매체 자료를 효과적으로 활용하도록 한다. 국어과뿐 아니라 다른 교과와 통합적으로 운영할 수 있다.

넷째, 매체 특성을 고려하여 표현하기를 지도할 때에는 학습자 간 협력을 통한 모둠별 영상 제작 활동이나 인터넷 매체를 통한 소통 활동을 하도록 한다. 인터넷으로 소통하는 활동을 할 때에는 상대를 배려하고 존중하는 언어 표현을 쓰도록 강조한다. 영상물을 반드시 제작해야 하는 것은 아니므로 학교와 학급의 여건에 따라 스토리보드를 작성하면서 영상 제작을 계획하는 활동까지만 할 수도 있다.

다섯째, 고쳐쓰기를 지도할 때에는 고쳐쓰기의 목적이 글에서 잘못된 점을 찾는 것이 아니라 독자가 이해하기 쉽게 글을 개선하기 위한 것임을 이해하도록 한다. 추가, 삭제, 대치, 재구성과 같은 고쳐쓰기의 일반 원리를 암기하게 하기보다는 자신의 글을 점검하기 위한 기본 전략으로 활용하도록 한다. 문맥에 어울리지 않는 단어를 찾아 고쳐쓰기, 표현 효과를 고려하여 문장 고쳐쓰기, 문장이 자연스럽게 이어지지 못한 부분 고쳐쓰기, 주제에서 벗어난 내용 고쳐쓰기, 글 전체 수준에서 고쳐쓰기 등 다양한 수준과 방법으로 자신이 작성한 글을 고쳐 쓰도록 한다.

[고등학교 1학년]

고등학교 1학년 쓰기 영역 성취기준은 목적과 맥락을 고려하여 자신의 글을 점검하고 조정하면서 효과적으로 글을 쓰고 소통하는 능력을 갖추는 데 중점을 두어 설정하였다. 다양한 쓰기의 맥락과 관습을 고려하면서 책임감 있게 글을 쓰고 독자와 적극적으로 소통하는 태도를 기르는 데 주안점을 둔다.

성취기준	[10국03-01] 쓰기는 의미를 구성하여 소통하는 사회적 상호 작용임을 이해하고 글을 쓴다.
	[10국03-02] 주제, 독자에 대한 분석을 바탕으로 타당한 근거를 들어 설득하는 글

	을 쓴다.
	[10국03-03] 자신의 경험과 성찰을 담아 정서를 표현하는 글을 쓴다.
	[10국03-04] 쓰기 맥락을 고려하여 쓰기 과정을 점검·조정하며 글을 고쳐 쓴다.
	[10국03-05] 글이 독자와 사회에 끼치는 영향을 고려하여 책임감 있게 글을 쓰는 태도를 지닌다.
학습요소	사회적 상호 작용으로서의 쓰기, 설득하는 글 쓰기(주제와 독자 분석, 근거 구성), 경험과 성찰을 담은 글 쓰기, 쓰기 맥락(주제, 목적, 독자, 매체), 과정 점검하며 쓰기, 고쳐쓰기, 책임감 있게 쓰는 태도 갖기

성취기준 [1]은 쓰기가 의미를 구성하는 과정이라는 점과, 구성한 의미를 독자와 소통하는 사회적 상호 작용이라는 점을 이해하고 글을 쓰는 자세를 기르기 위해 설정하였다. 필자는 쓰기 맥락을 고려하는 가운데 자신이 가지고 있는 배경지식과 다양한 자료에서 얻은 내용을 과정에 따라 종합하고 조직하고 표현하면서 의미를 구성한다. 그런데 필자의 글은 진공 상태에 놓여 있는 것이 아니라 독자에게 둘러싸여 있으며, 독자가 처해 있는 각각의 맥락에 따라 다양한 방법으로 읽히고 수용된다. 그러므로 글을 쓰는 것은 그 글을 통해 맺어질 독자를 향해 대화를 시도하는 사회적 행위라고 할 수 있다. 학습자에게 여러 자료에서 얻은 내용을 종합하여 글을 썼던 경험, 자료에서 얻은 내용에 자신의 배경지식을 종합하여 글을 썼던 경험을 바탕으로 하여 쓰기가 의미 구성 과정이라는 점을 이해하도록 한다. 그리고 글을 써서 인터넷에 올렸을 때 독자가 보인 반응이나 비평을 바탕으로 하여 쓰기가 사회적 상호 작용이라는 점을 이해하도록 한다.

성취기준 [4]는 자신의 쓰기 과정을 점검하고 조정하며 능동적으로 글을 고쳐쓰는 능력을 기르기 위해 설정하였다. 소재가 같은 글이라도 주제, 목적, 독자, 매체에 따라 글의 내용이나 형식이 달라질 수 있음을 이해하도록 한다. 자신이 쓴 글을 읽으며 주제, 목적, 독자, 매체를 고려하여 쓰기 과정을 점검하고 조정하며, 글의 내용이나 형식을 수정하고 보완하는 방안을 찾아보도록 한다.

이들 성취기준을 교수·학습할 때에는 특히 다음과 같은 사항에 유의해야 한다.

첫째, 쓰기의 특징을 단편적인 설명이 아니라 학습자가 글을 썼던 경험이나 글을 쓰는 활동을 통해 실제적으로 이해하도록 지도한다. 학습자의 수준, 관심이나 흥미를 고려하여 글뿐 아니라 인터넷에서 필자와 독자가 사회적으로 소통하는 구체적인 모습을 보여주는 방법도 적용할 수 있다.

둘째, 교과 내 다른 영역이나 다른 교과 학습과의 연계, 비교과 활동이나 학교 밖 쓰기 활동과의 연계를 바탕으로 한 쓰기 활동을 장려한다. 예를 들어 쓰기 수업 시간에 쓴 글뿐 아니라 다른 교과의 학습을 위해 쓴 글(수업 시간이나 과제로 쓴 보고서, 요약문, 감상문 등)을 고쳐 보는 활동을 하게 할 수 있다. 학교 밖 쓰기 활동과의 연계를 위해 일상적으로 자신이 쓴 글이 사회적으로 미치는 영향에 대해 생각해 보게 할 수도 있다.

셋째, 글을 쓸 때 다른 학습자와 소통하며 내용을 생성·조직하고 표현하는 과정, 완성한 글을 다른 학습자와 공유하는 과정에서 쓰기의 가치와 본질을 자연스럽게 인식하게 한다. 학습자의 수준, 관심, 흥미를 고려하여 쓰기의 가치와 본질에 대해서 토의하는 활동을 할 수도 있다.

넷째, 경험과 성찰을 담은 글 쓰기를 지도할 때에는 자신의 경험 속에서 가치 있는 소재를 탐색하거나 일상의 경험에 가치를 부여하는 과정을 통해 개성을 살려 글을 쓰도록 한다.

다섯째, 설득하는 글 쓰기를 지도할 때에는 주제, 독자에 따라 제시해야 할 근거가 달라진다는 점을 고려하여 주제, 독자를 분석하고 이에 따라 타당한 근거를 수집하여 글을 쓰도록 한다. 근거를 수집할 때에는 가능한 한 근거 자료를 풍부하게 모아 글의 설득력을 높일 수 있도록 한다.

여섯째, 고쳐쓰기를 지도할 때에는 학습자가 쓴 글을 서로 돌려 읽어 가면서 다른 사람의 반응이나 비평을 검토해 보도록 한다.

일곱째, 책임감 있게 쓰기를 지도할 때에는 인터넷상의 쓰기 활동이 긍정적인 영향을 주었던 경험과 부정적인 영향을 주었던 경험을 떠올려 보고 쓰기 활동이 독자와 사회에 미치는 영향을 생각해 보도록 한다. 또한 사실이 아닌 내용을 쓰거나 과장하여 표현함으로써 다른 사람에게 피해를 준 사례나, 저작권을 침해하여 발생한 문제 등에 대한 사례를 다양하게 수집하고 이를 학습자 자신의 삶과 연결해 보게 할 수 있다.

3) '화법과 작문' 과목 작문 영역 교육과정

■ '작문' 영역의 목표

'화법과 작문' 과목은 선택 중심 교육과정의 일반 선택에 해당하는 과목으로, '화법과 작문'의 목표는 다음과 같이 서술되어 있다.

> 일상생활과 학습 상황에서 필요한 화법과 작문 능력을 기르고, 사회적 소통 행위로서의 화법과 작문의 특성을 바탕으로 하여 바람직한 화법과 작문의 태도를 함양하며, 이를 통하여 바람직한 의사소통 문화의 발전에 기여한다.
>
> 가. 화법과 작문의 본질과 원리를 체계적으로 이해한다.
> 나. 효과적으로 내용을 구성하여 전달하고 설득하는 능력을 기른다.
> 다. 효과적으로 자신을 표현하며 바람직한 인간관계를 형성하는 능력을 기른다.
> 라. 공감과 배려를 바탕으로 바람직한 의사소통 문화를 형성하는 태도를 기른다.

위와 같은 목표를 바탕으로 하여 '작문'에 해당하는 목표를 추출하여 진술하면 다음과 같다. 첫째, 작문의 본질과 원리를 체계적으로 이해하고, 둘째, 효과적으로 내용을 구성하여 전달하고 설득하며, 셋째, 글을 통해 효과적으로 자신을 표현함으로서 바람직한 인간관계를 형성하고, 넷째, 공감하고 배려하는 태도로 글을 씀으로서 바람직한 의사소통 문화를 형성하는 것이다.

■ '작문' 영역의 내용 체계

'화법과 작문' 과목의 내용 체계를 '작문'을 중심으로 정리하면 [표 11]과 같다.

[표 11] '화법과 작문' 과목의 내용 체계

영역	핵심 개념	일반화된 지식	내용 요소	기능
작문의 본질	· 자아 인식 · 대인 관계 · 사회적 상호 작용	· 작문은 의사소통 과정에서 자아를 인식하고 타인과 관계를 맺는 사회적 상호 작용 행위이다.	· 작문의 특성 · 작문의 기능 · 작문의 맥락	
작문의 원리와 실제	· 작문의 구성 요소 · 작문의 맥락 · 글의 유형 · 작문의 전략 · 작문의 표현과 전달 방법	· 작문은 주제, 목적, 독자, 매체, 글의 유형에 따라 다양하게 수행된다. · 작문은 인지적·상위인지적 전략을 바탕으로 하여 다양한 표현과 전달 방법을 사용하여 수행된다.	· 정보를 전달하는 글 [정보의 선별과 조직] · 소개하는 글 [작문의 맥락] · 보고하는 글 [절차와 결과] · 설득하는 글 [논거와 설득 전략] · 비평하는 글 [필자의 관점] · 건의하는 글 [현안 분석 및 해결] · 친교 표현의 글 [독자 고려] · 정서 표현의 글 [진정성] · 성찰하는 글 [체험의 기록]	· 맥락 분석하기 · 내용 생성하기 · 내용 조직하기 · 표현·전달하기 · 자료·매체 활용하기 · 이해·평가하기 · 상호 소통하기 · 점검·조정하기
작문의 태도	· 배려·공감 · 진정성·책임감	· 작문은 상대방을 배려·공감하는 태도를 바탕으로 할 때 효과적으로 수행된다. · 작문은 예상되는 결과를 고려하며 진정성과 책임감을 발휘할 때 효과적으로 수행된다.	· 작문의 윤리 · 작문의 가치 · 작문의 관습과 문화	

[표 11]에서 볼 수 있듯이 내용 영역이 '작문의 본질', '작문의 원리와 실제', '작문의 태도'로 제시되어 있다. '작문의 본질'에 해당하는 내용 요소는 작문의 특성, 작문의 기능, 작문의 맥락이 포함된다. '작문의 원리와 실제'에 해당하는 내용 요소는 실제에 해당하는 다양한 글 유형을 중심으로 하여 작문의 주요 원리가 연계되어

제시되고 있다. 예를 들어 정보를 전달하는 글 유형의 경우 정보의 선별과 조직이라는 원리와 결합되어 있고, 소개하는 글의 경우 작문의 맥락과 연계되어 제시되고 있다. 끝으로 '작문의 태도'에 해당하는 내용 요소는 작문의 윤리, 작문의 가치, 작문의 관습과 문화로 설정되어 있다.

또한 앞서 살펴본 공통 교육과정의 쓰기 영역과 마찬가지로 '수업 후 학생들이 할 수 있거나 할 수 있기를 기대하는 능력'으로 정의되는 '기능' 범주를 설정하고 있다. 이들 '기능' 범주는 공통 교육과정인 '국어'의 쓰기 영역과 약간의 차이가 있다. '국어'의 맥락 이해하기가 맥락 분석하기로, 아이디어 생산하기가 내용 생성하기로, 글 구성하기가 내용 조직하기로, 표현하기가 표현·전달하기로 제시되어 있다. 자료·매체 활용하기는 동일하다. 또한 고쳐쓰기가 이해·평가하기로, 독자와 교류하기가 상호 소통하기로 제시되어 있고, 끝으로 점검·조정하기는 동일하다.

■ '작문' 영역의 성취기준

'작문' 경우 내용 영역이 '작문의 본질', '작문의 원리와 실제', '작문의 태도'로 제시되어 있다. 이들 내용 영역에 따라서 각 성취기준과 학습요소를 살펴보겠다.

[작문의 본질]

'작문의 본질' 성취기준은 작문 활동을 통해 긍정적 자아 개념을 형성하고 원만한 대인 관계를 유지하며 적극적으로 사회적 의사소통에 참여하여 공동체 발전에 기여하도록 하는 데 중점을 두어 설정하였다. 작문의 특성, 의사소통을 통한 자아 성장과 공동체 발전에의 기여, 소통 맥락의 중요성을 이해하도록 하는 데 주안점을 둔다.

성취기준	[1] 사회적 의사소통 행위로서 작문의 특성을 이해한다. [2] 작문 활동이 자아 성장과 공동체 발전에 기여함을 이해한다. [3] 작문 활동에서 맥락을 고려하는 일이 중요함을 이해한다.
학습요소	작문의 특성, 작문의 기능, 작문의 맥락

성취기준 [1]은 작문의 특성을 이해함으로써 작문을 통해 긍정적 자기 정체성을 함양하고 타인과 원만한 인간관계를 맺어 건강한 삶과 공동체의 발전을 추구하는 태도를 기르기 위해 설정하였다. 이 성취기준은 의사소통과 자아 인식의 관계, 사회적 상호 작용으로서 작문의 역할을 이해하고 의사소통에 반영하는 것에 중점을 두었다. 개인 내적 차원의 의사소통은 개인이 가진 자아를 인식하고 관리하며, 남들이 자신을 바라보는 것을 인식하고 조정하는 과정이다. 개인과 개인 차원의 의사소통은 언어의 주고받음을 통해 필자와 독자 간에 의미, 가치, 태도, 믿음 등을 공유하는 과정이다. 작문 활동을 통해 자신이 무엇을 인식하고 중요하게 여기는지를 사고하고, 개인 간 관계 형성, 유지, 발전이 가능함을 인식하는 데 중점을 둔다.

이들 성취기준을 교수·학습할 때에는 특히 다음과 같은 사항에 유의해야 한다.

첫째, 작문에 대한 지식을 전달하는 데 그치지 말고 학습자가 실제 작문 활동에 참여함으로써 작문의 본질에 대해 이해하게 한다.

둘째, 작문 활동이 자아 성장과 공동체 발전에 기여함을 이해하도록 지도할 때에는 학습자의 글에 드러나는 자아 개념을 살펴보고 자신에 대하여 긍정적으로 인식하도록 하는 데 중점을 둔다. 일기나 수필 등의 자기표현적인 글 쓰기 활동을 하게 함으로써 자아가 성장하는 체험을 하게 한다. 또한 공동체의 현안이나 쟁점에 대한 건의문 쓰기, 시평 쓰기 등의 활동에 참여하게 함으로써 공동체 발전에 기여할 수 있는 기회를 제공한다.

셋째, 맥락을 고려한 작문 활동의 중요성을 지도할 때에는 설득하기, 건의하기, 안내하기, 소개하기 등 일상생활이나 사회생활에서 직면할 수 있는 다양한 의사소통 상황을 제시하여 글을 쓸 때 주제, 목적, 독자(작문 관습 포함), 매체, 글의 유형(문서 양식 포함) 등 고려해야 할 사항에 대하여 파악하도록 한다.

[작문의 원리]

'작문의 원리' 성취기준은 작문의 가치와 특성, 작문 방법 등에 대한 이해를 바탕으로 하여 실제로 다양한 유형의 글을 써 보는 데 중점을 두어 설정하였다. 학습자가 실제 삶에서 다양하게 접하는 정보를 전달하는 글, 설득하는 글, 정서를 표현하는 글 등을 효과적으로 쓸 수 있도록 하는 데 주안점을 둔다.

성취기준	[1] 가치 있는 정보를 선별하고 조직하여 정보를 전달하는 글을 쓴다. [2] 작문 맥락을 고려하여 자기를 소개하는 글을 쓴다. [3] 탐구 과제를 조사하여 절차와 결과가 잘 드러나게 보고하는 글을 쓴다. [4] 타당한 논거를 수집하고 적절한 설득 전략을 활용하여 설득하는 글을 쓴다. [5] 시사적인 현안이나 쟁점에 대해 자신의 관점을 수립하여 비평하는 글을 쓴다. [6] 현안을 분석하여 쟁점을 파악하고 해결 방안을 담은 건의하는 글을 쓴다. [7] 작문 맥락을 고려하여 친교의 내용을 표현하는 글을 쓴다. [8] 대상에 대한 생각이나 느낌을 바탕으로 하여 정서를 진솔하게 표현하는 글을 쓴다. [9] 일상의 체험을 기록하는 습관을 바탕으로 자신의 삶을 성찰하는 글을 쓴다.
학습요소	정보를 전달하는 글 쓰기(정보의 선별과 조직), 작문의 맥락(주제, 목적, 독자, 매체, 필자의 입장, 글의 유형), 소개하는 글 쓰기, 보고하는 글 쓰기(절차와 결과), 설득하는 글 쓰기(논거, 설득 전략), 비평하는 글 쓰기, 건의하는 글 쓰기, 친교 표현의 글 쓰기, 정서를 표현하는 글 쓰기(필자의 진정성), 성찰하는 글 쓰기

성취기준 [1]은 수집한 정보의 가치를 판단하여 선별, 조직함으로써 정보 전달력이 높은 글을 쓰는 능력을 기르기 위해 설정하였다. 정보의 가치를 판단하는 기준을 정하여 가치 있는 정보를 선별하고 이를 범주화하여 내용을 조직하면 독자가 글의 내용을 이해하고 기억하는 데 도움이 된다는 점을 이해하도록 한다. 그리고 다양한 방법으로 자료를 수집하여 정보를 전달하는 글을 쓰도록 한다.

성취기준 [4]는 독자의 요구, 관심사, 수준 등을 고려하여 논거를 수집하고 조직함으로써 설득력이 높은 글을 쓰는 능력을 기르기 위해 설정하였다. 수집한 논거의 타당성, 신뢰성, 공정성 여부를 판단하고, 주제, 목적, 독자를 고려하여 적절한 설득 전략을 활용하도록 한다.

성취기준 [5]는 시사 현안이나 쟁점을 여러 관점에서 살펴본 후 자신의 관점을 수립하여 비평문을 쓰도록 함으로써 경험과 사고를 확장하고 논리적, 비판적 사고력을 신장하기 위해 설정하였다. 시사 현안이나 쟁점을 다양한 관점에서 충분히 분석한 후 자신의 관점을 정하고, 그 관점에 따라 의견이나 주장, 견해가 명료하게 드러나도록 글을 쓰게 한다. 그 과정에서 자신이 선택하지 않은 관점의 단점이나 약점, 문제점을 근거를 들어 비판할 수 있다.

성취기준 [7]은 작문 맥락이 글쓰기에 미치는 영향을 이해하고, 친교를 목적으로 한 글을 쓰면서 독자와 상호 작용하는 능력을 기르기 위해 설정하였다. 작문은 일종의 독자와의 합의 과정으로서 독자는 작문 과정에 직·간접적으로 관여한다. 따라서 글을 쓸 때에는 작문 맥락의 개념과 중요성에 대한 이해를 바탕으로 독자를 존중하고 배려하는 일이 중요하다. 친구나 가족에게 편지를 쓰는 것과 같은 개인적 의사소통뿐 아니라 공적으로 감사, 축하, 격려 등의 내용을 담은 글을 쓰는 사회적 의사소통 상황에서 친교의 글을 써 보도록 한다.

성취기준 [8]은 일상에서 얻게 된 생각이나 느낌 등을 진솔하게 표현함으로써 독자에게 즐거움과 감동을 줄 수 있음을 이해하며 정서를 표현하는 글을 쓰는 태도를 기르기 위해 설정하였다. 경험에서 얻은 정서를 과장이나 왜곡 없이 진정성 있게 표현할 때 독자의 공감을 얻을 수 있음을 알도록 하고 이를 실제로 반영하여 글을 쓰는 데 중점을 둔다.

이들 성취기준을 교수·학습할 때에는 특히 다음과 같은 사항에 유의해야 한다.

첫째, 작문을 지도할 때에는 지엽적인 지식, 세부적인 기능이나 전략을 따로 다루는 것보다는 온전한 한 편의 글을 쓰면서 지식, 기능이나 전략을 익히는 데 중점을 둔다. 또한 모범문을 주고 단순히 모방하게 하는 방법보다는 공동체의 작문 관습에 따라 글을 쓰면서 학습자가 필요로 하는 지식, 기능이나 전략을 학습할 수 있게 한다. 이를 통해 글을 쓰는 과정이 선조적이거나 고정된 것이 아니라 회귀적이고 역동적인 과정임을 체험하도록 한다.

둘째, 정보를 전달하는 글을 쓰기 위한 자료나 정보의 선정을 지도할 때에는 학습자의 머릿속에 있는 배경지식에만 집중하기보다는 책, 사전, 신문, 방송, 인터넷 등 다양한 자료를 활용하여 풍부하고 정확한 정보를 수집하여 활용하도록 한다.

셋째, 자기를 소개하는 글 쓰기를 지도할 때에는 단체나 동아리 가입, 진학, 취업 등 구체적인 상황을 설정하고 독자를 예상하여 맥락에 맞게 쓰도록 한다. 또한 블로그나 문집 등 소개하는 글이 소통되는 매체를 고려하여 영상, 음악, 사진 등을 적절히 활용할 수 있도록 한다.

넷째, 설득하는 글 쓰기를 지도할 때에는 타당성, 신뢰성, 공정성을 갖춘 논거를 활용한 예, 효과적인 설득 전략을 활용한 예를 가능한 한 많이 보여 주도록 한다. 타당한 근거가 풍부하게 제시된 글과 그렇지 않은 글, 다양한 설득 전략이 사용된 글과 그렇지 않은 글 등을 대비해서 보여 주어 논거와 설득 전략의 중요성, 역할, 활용 방법 등에 대한 이해를 돕는다. 공통 '국어' 듣기·말하기 영역의 토론 학습과 연계하여 지도할 수 있다.

다섯째, 시사 현안이나 쟁점에 대해 비평하는 글 쓰기를 지도할 때에는 처음부터 현안이나 쟁점에 대해 찬반양론 중 하나를 취사선택하도록 하기보다 다양한 관점에서 비판적으로 분석한 후에 관점을 정하도록 한다. 이때 선택한 관점은 글의 처음부터 끝까지 일관성 있게 유지되도록 한다.

여섯째, 건의하는 글 쓰기를 지도할 때에는 학습자가 가정, 학교, 지역 사회에서 흔히 겪는 일을 대상으로 하여 쓰도록 하되, 학습자의 수준을 고려하여 지역 사회의 범위를 넘어서는 일을 대상으로 삼아 쓰는 것도 허용한다. 이때 자신이 쓴 글이 사회적으로 어떤 영향을 끼칠 수 있는지를 생각하고 책임감 있게 글을 쓰는 태도를 갖추게 한다. 또한 어떤 사안에 대한 해결 방안을 제시할 때 그 방안이 실현 가능한지를 충분히 생각해 보게 한다. 도덕적 규범에 어긋나거나 실현할 수 없는 방안을 무책임하게 제시하지 않도록 한다.

[작문의 태도]

'작문의 태도' 성취기준은 언어 공동체 구성원으로서 의사소통 윤리를 준수하고 의사소통 문화의 발전을 모색하는 태도를 기르는 데 중점을 두어 설정하였다. 작문 활동에서 진정성과 책임감이 중요함을 이해하고 사회적 영향력을 고려하여 의사소통하도록 하는 데 주안점을 둔다.

성취기준	[1] 작문의 사회적 책임을 인식하고 의사소통 윤리를 준수하는 태도를 지닌다. [2] 작문의 가치를 이해하고 진심을 담아 의사소통하는 태도를 지닌다. [3] 언어 공동체의 작문 관습을 이해하고, 건전한 작문의 문화 발전에 기여하는 태

학습요소	도를 지닌다. 작문의 사회적 책임, 의사소통 윤리, 작문의 가치, 의사소통의 진정성, 담작문 관습, 작문의 문화

성취기준 [1]은 자신의 말과 글이 지니는 사회적 영향력을 인식하고 청자 및 독자를 배려하며 윤리적인 언어 활동을 하는 태도를 기르기 위해 설정하였다. 말을 주고받을 때나 생각을 글로 옮길 때 상대방에게 피해를 줄 수 있는 표현을 삼가며 타인의 생각, 말, 글 등이 지적 재산에 포함된다는 점을 이해하고, 지적 재산의 가치를 인식하고 이를 존중하는 태도를 갖추는 데 중점을 둔다. 특히 인용과 표절의 의미를 구분하고, 적절한 방법으로 다른 사람의 말이나 글을 인용하도록 하며 다른 사람의 지적 재산을 훼손하지 않도록 한다.

성취기준 [3]은 언어 공동체의 담화 관습 및 작문 관습이 의미 구성에 관여함을 이해하고, 담화 및 작문의 관습을 고려하여 의사소통하는 자세를 기르기 위해 설정하였다. 언어 공동체의 담화 관습과 작문 관습은 화법과 작문의 방법에 영향을 미칠 뿐 아니라, 화법과 작문 활동에 참여하는 화자나 청자, 필자나 독자의 태도를 해석하는 일정한 기준으로 작용하기도 한다. 한편 언어 공동체의 담화 관습과 작문 관습은 변화하는 것으로, 언어 사용을 통해 삶을 공유한다는 점에서 언어 사용자에게는 바람직한 언어문화를 가꿔야 할 책무가 있음을 이해하고 실천하도록 한다. 특히 진실성과 공손성을 바탕으로 삼는 언어생활을 하도록 안내한다.

이들 성취기준을 교수·학습할 때에는 특히 다음과 같은 사항에 유의해야 한다.

첫째, 화법과 작문의 사회적 책임을 인식하고 의사소통 윤리를 준수하는 태도를 지도할 때에는 의사소통 윤리의 필요성에 대한 인식을 갖는 것뿐 아니라, 삶 속에서 실제로 실천하는 데 주안점을 두도록 한다. 일회적인 학습으로 끝나지 않고 일상생활에서 지속적으로 실천하고 있는지를 스스로 점검해 볼 수 있는 기회를 제공한다.

둘째, 진심을 담아 의사소통하는 태도를 지도할 때에는 상담하기, 사과하기, 조언하기, 고백하기 등 구체적인 상황에서 진심이 담긴 말이나 글의 가치를 이해하도록 한다. 일상생활에서의 경험이나 대중매체에 제시된 여러 상황을 통해, 진심이 담긴 표현이 상대방에게 감동을 주었던 사례를 찾아보고, 구체적인 상황을 상정하여 진심이 담긴 말이나 글로 표현해 보도록 한다.

셋째, 언어 공동체의 담화 관습과 작문 관습을 이해하고 건전한 화법과 작문의 문화 발전에 기여하는 태도를 지도할 때에는 담화와 작문의 관습이 지닌 규범성이 화법과 작문 능력을 해석하는 기준이 되기도 하므로 언어 공동체의 담화 관습과 작문 관습을 고려하여 의사소통하는 일의 중요성을 이해하는 데 중점을 둔다.

▌참고문헌

교육과학기술부(2011), 2009 국어과 교육과정.

교육부(1992), 제6차 국어과 교육 과정.

교육부(1993), 제6차 국어과 교육 과정 해설.

교육부(1997), 제7차 국어과 교육 과정.

교육부(1998), 제7차 국어과 교육 과정 해설.

교육부(2015), 2015 국어과 교육과정.

교육부(2015), 국어과 교육과정, 교육부 고시 제2015-74호.

교육인적자원부(2007), 2007 국어과 교육과정 해설.

교육인적자원부(2007), 2007 국어과 교육과정.

국어교육과정 개정연구위원회(2015), 2015 개정 교육과정 총론 시안 1차 공청회 자료집, 교육부.

김창원 외(2014), 문·이과 통합형 국어과 교육과정 재구조화 연구, 연구보고서, 교육부.

김창원 외(2015), 2015 개정 교과 교육과정 시안 개발 연구 I, 한국교육과정평가원.

김창원(2014a), 2015 국어과 교육과정 및 교재 개발 방안 : 통합형 국어과 교육과정 구성의 방향과 과제, 청람어문교육 51, 7-37.

김창원(2014b), 문·이과 통합형 교육과정 논의와 국어과교육과정의 시계열적 구조화, 국어교육 148, 1-32.

문교부(1986), 교육 과정(1946~1981) 국어과·한문과.

문교부(1987, 1988), 국어과 교육 과정.

박영민(2007), 작문 과목 교육과정의 개정 중점과 작문 교육의 방향, 작문연구 4, 9-32.

서영진 외(2013), 미래 사회 대비 국가 수준 교육과정 방향 탐색-국어, 한국교육과정평가원.

이광우 외(2014), 교과 교육과정 개발 방향 설정 연구, 한국교육과정평가원.

이돈희 외(1997), 고등학교 국어 국가 공통 절대평가 기준 개발 연구, 한국교육개발원.

이미경 외(2014), 교과교육과정 개선 방향 탐색-국어, 수학, 영어, 사회, 과학교과를 중심으로, 한국교육과정평가원.

이인제 외(1997), 제7차 국어과 교육과정 개발 연구, 한국교육개발원 교육과정개정연구위원회.

장은주 외(2012), 2009 국어과 교육과정 쓰기 영역 내용 성취기준의 적합성 조사 분석, 청람어문교육 45, 145-168.

McTIighe, J., & Wiggins, G. (2015). *Solving 25 Problems in UNIT DESIGN.* MA : ASCD.

Wiggings, G. & McTighe, J., 강현석 외 역(2008), 거꾸로 생각하는 교육과정 개발, 학지사.

Wiggins, G., & McTighe, J., 강현석 외 역(2013), 백워드 단원 설계와 개발 : 기본 모듈1, 교육과학사.

Wiggins, G., & McTighe, J., 강현석 외 역(2015), 백워드 단원 설계와 개발 : 기본 모듈2, 교육과학사.

제7장

작문 교수 · 학습의 이론과 방법

글을 잘 못 쓰는 학생을 가르치는 교사들은 항상 한계를 느낀다고 한다. 아무리 가르쳐도 큰 변화를 발견하기 어렵다는 것이다. 엉망진창으로 쓴 글을 보면 어디서부터 손을 대야할지 몰라 한숨부터 나온다. 학교에서 가르친다고 학생이 변화할 수 있을지 회의를 느끼면 작문 교육의 목적에 대해서도 의심하게 된다. 학생에게 쓰기를 가르친다는 것은 어려운 일이다. 쓰기 자체가 객관적으로 정의되기 어려운 만큼, 쓰기를 체계적으로 가르친다는 것은 더 어렵다.

작문을 교육하는 사람들은 작문을 가장 효과적으로 가르치는 방법이 무엇일까에 대한 가설을 여러 가지 세워왔는데, 이를 작문 교수 · 학습 이론이라고 한다. 작문 교수 · 학습 이론을 더 구체화하여 구성 요소와 단계별로 체계화한 것이 작문 교수 · 학습 모형이고, 실제로 교사가 활용할 수 있는 방안을 제시한 것이 작문 지도 전략이다.

작문을 효과적으로 가르치는 작문 지도 방법을 안다는 것은 매우 매력적인 일이다. 그러나 한 가지 가설이 진리이며 이 방법으로 작문을 가르치면 모두 글을 잘 쓸 수 있다고 생각하는 것은 위험하다. 작문 교수 · 학습에 대한 연구는 어렵고 결과도 확실히 보장할 수는 없지만, 교사와 학생에게 꼭 필요한 일이다. 이번 장에서는 대표적인 작문 교수 · 학습 방법들을 결과 중심, 과정 중심, 대화 중심, 장르 중심으로 나누어 살펴보고, 각각의 특성과 모형, 방법을 자세히 살펴보기로 한다.

1. 결과 중심 작문 교수 · 학습

1) 결과 중심 작문 교육[1]

결과 중심 작문 교육의 특징

20세기 초까지 근대 사회를 지배한 철학적 패러다임은 모더니즘이었다. 모더니즘

1 '결과 중심 작문 교육'은 이수진(2010 : 4-7)에서 기술한 내용을 축약하여 수정하였다.

은 이성적 인간관을 기초로 하여, 인간의 이성적 능력을 철저히 신뢰하고, 인간이 자연을 지배할 수 있다고 생각하였다. 이러한 모더니즘의 특성은 학문에 그대로 투영되어 어떠한 대상이든 논리적이고 체계적으로 설명될 수 있다고 믿는다. 이런 모더니즘적 패러다임에 입각하면 작문 행위에서 가장 중요한 것은 '텍스트'이다. 텍스트야말로 가장 논리적이고 합리적으로 분석할 수 있는 대상이기 때문이다. 작문에서도 논리적이고 합리적인 이론으로 작문이 이루어지는 기제를 설명할 수 있다고 믿었고, 좋은 글의 조건을 과학적으로 분석하여 밝히는 것을 목적으로 하였다. 앞에서 논의하였듯이 이런 기본 사상에 의해 형성된 것이 형식주의 작문 이론이었다.

형식주의 작문 이론은 작문 교육의 가능성을 최초로 열기도 했다. 고전 수사학에서부터 면면히 이어져 내려온 형식주의 작문 이론은 필자가 좋은 글을 쓰기 위해서는, 좋은 글을 구성하는 객관적 언어 법칙을 알고 연습해야 한다고 믿는다. 이는 곧 작문을 가르치기 위해서는 검증된 쓰기의 법칙을 알려주어야 한다는 의미이다. 1940년대부터 1960년대 중반까지 지배적인 작문 이론이었던 형식주의는 오랜 세월 작문 교육을 지배하였는데, 형식주의에 입각한 작문 교육에서는 쓰기를 가르친다는 것은 텍스트 구성 요소를 분석하고 구성 요소 사이의 관계를 이해시키는 것이라고 생각하였다. 이런 경향을 '결과 중심 작문 교육'으로 설명할 수 있다.

결과 중심 작문 교육은 규범 문법의 준수와 모범적 텍스트의 모방, 그리고 어법상의 정확성을 강조하였다. 작문 교육에서 학생들에게 가르쳐야 할 것은 쓰기 능력을 발달시킬 수 있다고 증명된 지식이나 기능이며, 쓰기 능력은 계속적이고 체계적인 모방과 연습을 통하여 신장된다고 보았다. 결과 중심 작문 교육은 이론이나 전략의 투입은 반드시 원하는 결과를 가져올 것이라고 믿었으므로, 여러 가지 면에서 비판과 개혁의 대상이 되었다. 가장 비판받았던 점은 학습자에 대한 고려가 없다는 점이다. 텍스트 중심의 언어관을 가지고 있기 때문에, 필자를 이해하려는 측면이 부족하다. 좋은 글이란 모든 사람에 의해 합의된 글이므로, 개인의 창의성과 다양성이 발휘될 자리가 없어진다. 또한 작문 교육에서는 학생이 좋은 글을 써 내도록 학생의 쓰기를 통제하려고 한다.

■ 결과 중심 작문 교육의 영향

비록 결과 중심 작문 교육은 비판받을 부분이 있지만 형식주의가 작문 교육에 공헌한 점은 부인할 수 없다. 형식주의가 작문 이론과 교육에 가장 크게 공헌한 점은, 이론화할 수 있는 내용, 또는 가르칠만한 내용을 풍부하게 하였다는 것이다. 이재기 (2005)에서 밝혔듯이, 4차 교육과정기까지 국어과 교육의 내용은 대체로 전통 수사학에서 차용한 내용이었다고 해도 과언이 아니다. 국문학, 국어학에 뿌리를 두고 읽기, 쓰기 이론의 구체화에 지속적으로 노력한 학자들의 연구 결과물(서정수, 1991 ; 이대규, 1994)을 보면 알 수 있다. 대부분의 저서가 아리스토텔레스식 수사학의 수사적 기술 분류에 영향을 받았다고 볼 수 있다.

아리스토텔레스식 수사학에서는 일반적으로 수사적 기술을 '논거 발견술, 논거 배열술, 표현술, 기억술, 연기술'의 다섯 부분으로 나누고 있다. 박성창(2000 : 40-42)에서는 효과적인 담론을 산출해 내기 위해서 수행해야 할 이 과제들을 다음과 같이 설명하고 있다.

(1) 논거 발견술(inventio) : 설득에 필요한 논거들의 수립에 관련된 기술이다.
(2) 논거 배열술(dispositio) : 논거들을 어떠한 순서에 의거하여 배열하는 기술을 의미하며 우리가 흔히 '초안'이라고 부르는 것이 이에 해당한다.
(3) 표현술(elocutio) : 문장의 차원에서 논증들을 언어화하는 작업 또는 그와 관련된 기술을 뜻한다. 다시 말해서 발견되고 배열된 논증이나 논거들의 골격에 살을 붙이고 보다 명료하고 생생하게 구체화시키는 기술을 뜻한다.
(4) 기억술(memoria) : 이상과 같이 작성된 담론을 청중들에게 이야기하기 위해 그 프로그램을 보다 효과적으로 기억해두는 데 필요한 기술을 뜻한다.
(5) 연기술(actio) : 변론가에 의한 전반적인 담론의 연출에 관계되며 변론가가 취해야 할 동작이나 목소리, 억양 등에 대한 상세한 기술을 담고 있다.

그러나 오늘날의 수사학 체계를 수립한 것은 다섯 부분들 가운데 발견, 배열, 표현의 세 부분들로 압축된다. 다른 두 부분인 기억술과 연기술은 문화의 중심축이 구술 문화에서 문자 문화로 이동하면서 자연히 필요성이 쇠퇴되고 말았다. 수사학은 '말해진 담론'보다는 '쓰인 작품'을 분석 대상으로 삼게 되었으므로, 작성한 담론을 잘 기억하거나 연설할 때 효과적으로 연기할 필요가 없어진 것이다.

따라서 좋은 글을 쓰기 위하여 지켜야 할 규칙 역시 '발견, 배열, 표현'의 문제로 나누어졌다. 즉, 결과 중심 작문 교육에서 주로 다루어야 할 내용이 정해진 셈이다. 이재기(2005 : 43)는 작문 교육이 시작된 이래 우리에게 익숙한 교육의 내용들이 모두 여기에서 왔음을 주장하였다. 우리에게 익숙한 주제 설정, 내용 선정, 개요 작성은 전통 수사학에서 다루는 '발견'에서 유래한 것이다. 그리고 묘사, 서사, 분석, 분류, 비교, 대조 등은 '배열'에서, 낱말의 선택, 문장의 짜임과 종류, 수사법, 고쳐쓰기 등은 '표현'에서 차용된 지식, 혹은 원리이다.[2] 전통 수사학에서 다루어진 이러한 지식과 원리는 문학, 국어학 학문 공동체에 속한 많은 전문가들에 의해 국어 교육, 특히 표현 교육의 내용으로 별다른 반성 없이 수입되어 적용되어온 셈이다.

전통적 수사학을 체계화하여 독서와 작문의 이론으로 소개한 대표적 저서 중 하나인 이대규(1994)를 살펴보면 이를 확인할 수 있다. 이대규(1994)가 머리말에 밝힌 바에 따르면, 책의 주요 내용은 전통적 수사학이 다루어 온 '발견, 배열, 문체'를 현대 한국어로 구성되는 언어 작품의 분석과 구성에 사용할 수 있게 발전시킨 것이다. '발견'은 무슨 생각을 말할지 찾는 것이고, '배열'은 말할 생각의 순서를 결정하는 것이고, '문체'는 생각을 나타내는 말을 다듬는 것이다. 이 책에서 '구성 계획과 개요'로 다룬 것은 전통적 수사학의 '발견'에 속한다. '문체'는 전통적 수사학의 문체에서 다루던 분야이다. 주로 필자가 자신의 의도에 맞게 낱말을 선택하고 문장을 조절하는 여러 가지 방법—낱말의 선택, 말의 오용, 문장의 성분, 문장의 짜임과 종류, 문장의 조절, 문체의 종류—을 제시하였다. '배열'에 해당하는 장에서는 묘사와 서사, 설명—분석, 분류, 정의, 비교, 대조—논증과 설득을 다루었다.

2 이재기(2005 : 43)에서는 '발견, 배열, 문제'라고 하였으나, 일관된 용어 사용을 위하여 '문제'는 '표현'으로 통일하였다.

2) 결과 중심 작문 교수·학습 모형[3]

▌단계적 작문 모형

형식주의 관점이 결과 중심 작문 교육을 야기했다고는 하지만, 수사학의 주요 내용인 발견, 배열, 표현에서 알 수 있듯이, 작문에 절차가 있다는 것을 인식하고 보편화시키기도 하였다. 과정 중심의 작문 이론과 모형이 등장하기까지 작문 행위를 입체적으로 인식하고 절차화하는 데 일정 역할을 담당하였음이 틀림없다. 흔히 과정 중심 작문 모형과 비교하여, 형식주의에서 제시한 작문 모형을 '단계적 작문 모형'이라고 부른다.

단계적 작문 모형은 다시 말해 결과 중심 작문 모형이라고도 할 수 있는데, 작문의 과정을 시간의 흐름에 따라 선조적으로 설명하고 있다. 대표적인 단계적 작문 모형으로는 로만과 웰렉(Rohman & Wlecke, 1964)의 모형을 꼽는다(박태호, 1996 ; 최현섭 외, 2002). 이들의 작문 모형은 세 단계로 이루어져 있는데, 미리 쓰기(prewriting), 쓰기(writing), 고쳐쓰기(rewriting)이다.

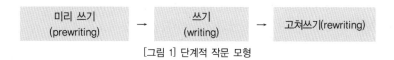

[그림 1] 단계적 작문 모형

'미리 쓰기'는 글을 쓰기 전에 준비하는 단계, '쓰기'는 실제로 글을 쓰는 단계, '고쳐쓰기'는 글을 다시 읽어보고 고치거나 작품을 마무리하는 단계를 나타낸다. 이 모형은 작문 행위를 모형화하여 단계적으로 설명하였다는 점에서는 진일보했다. 기존에는 작문 모형이라는 것이 없고 영감에 의존하여 생각나는 대로 쓰는 방식이 일반적이었다. Rohman & Wlecke(1964)의 단계적 작문 모형이야말로 현대적 의미의 과정 중심 작문 연구를 촉진하는 계기가 되었다고 볼 수 있다.

그러나 선조적인 특성을 갖는다는 면에서는 결과 중심 작문 모형이라고 할 수 있으며, 작품 자체, 즉 결과를 중시하는 전통적인 결과 중심 작문 교육에서 크게 벗어

3 이 장은 이수진(2010 : 7-8)에서 기술한 '결과 중심 작문 교육의 방법'을 중심으로 수정·보완한 것이다.

나지 못하는 한계를 지니고 있다(최현섭 외, 2002 : 320-322). 또 모범 텍스트를 구성하는 보편적이고 객관적인 지식에 초점을 두었다는 점 역시 마찬가지이다. 국내에서도 작문에는 분명히 절차가 있다는 점을 인식하고 절차 중심의 여러 가지 작문 모형이 제시되었다. 절차에 관한 견해는 매우 다양하지만, 작문 교육에서 활용할 수 있는 대표적인 모형의 예를 다음과 같이 들 수 있다.

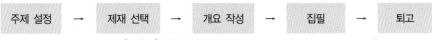

주제 설정 → 제재 선택 → 개요 작성 → 집필 → 퇴고

[그림 2] 작문의 절차(정동화 외, 1984 : 345)

정동화 외(1984)에 따르면, '주제 설정' 단계에서는 주제를 문장으로 나타내거나 한정하거나, 주제 문장을 만들어보는 등 주제를 구체화하도록 지도해야 하고, '제재 선택' 단계에서는 경험, 상상, 독서, 관찰, 감상 등으로부터 소재를 이끌어내도록 지도해야 한다. '개요 작성' 단계에서는 쓰고 싶은 내용의 항목을 정하고 순서를 정해 보도록 한다. '집필' 단계에서는 표현의 단위, 진술 방식, 구성 방식, 표현 방식을 알려주고 이를 나누어서 지속적으로 훈련시켜야 한다. '퇴고' 단계에서는 퇴고의 요령과 맞춤법, 원고지 사용법 등을 알려주고 이에 맞게 고치도록 한다.

▌ 과제 제시-오류 점검형 교수·학습 모형

결과 중심 작문 모형은 자연히 작문 교육의 방법도 결과 중심으로 이루어지도록 하였다. 정동화 외(1984)를 위시한 국어 교육 저서들에서는 좋은 글을 쓰는 능력은 관련 지식의 습득, 그리고 계속적인 연습을 통하여 신장되는 것으로 설명한다. 단계적인 작문 모형에서 강조하는 지식은 훌륭한 텍스트를 완성하는 데 필요한 지식이므로 교사가 학습자에게 이를 잘 전달해야 한다. 또한 학습자가 계속적으로 연습하게 하려면, 교사는 지시를 내리고, 학습자의 연습 결과에서 발견되는 오류를 처치해 주는 활동들이 주류를 이루게 된다. 이성영(1996)은 전형적인 결과 중심 작문 교육 방법을 '과제 제시-오류 점검형'으로 명명하고 다음과 같이 설명하였다.

① 학생들에게 주제를 정하여 준다.

② 학생들로 하여금 바로 글을 쓰게 한다.

③ 글을 쓰고 나면 학생들에게 글을 읽어보게 하고 잘못된 부분을 고치게 한다.

④ 교사는 학생들의 작품에 등급을 표시하고, 친절한 경우에는 잘못된 부분을 찾아서 빨간색으로 점검하여 준다.

앞에서 설명한 이대규(1994)의 모든 장은 거의 같은 방법으로 구성되었는데, 처음에는 수사학의 기본 개념을 설명하고 예를 든다. 그리고 설명된 개념을 사례에 적용하여 다시 설명한다. 그리고 과제를 제시하여 앞에서 학습한 지식을 독서와 작문에 사용하게 하였다. 그는 일상생활이나 다른 분야의 학습 활동이나 사회적 직업적 업무에서도 이 책에서 익힌 지식을 꾸준히 사용해야 한다고 주장한다. 일정한 기간 이러한 노력을 계속하면, 의식적으로 큰 노력을 하지 않아도, 저절로 이 책에서 배운 방법대로 작품을 요약하고 분석하고 세련된 작품을 구성할 수 있다는 것이다.

그러나 이런 '과제 제시-오류 점검형' 교육 방식에 따르면 작문을 가르칠 수 있는 방법은 매우 제한적이고 추상적이다. 교사가 모범문을 제시하거나 써야 할 주제를 제시하거나, 오류를 지적해주는 정도가 작문 교수·학습의 방법이라고 할 수 있다. 물론 이런 방식의 교육은 지금까지 교실에서 오랫동안 사용되어왔고, 지금도 흔히 볼 수 있는 장면이다. 또 실제로는 학습자의 쓰기를 즉각 변화시키는 데 효과적이기도 하다. 다만 모든 작문 수업이 이런 식으로만 진행된다면 학습자 대부분은 모범글 모방에만 그치기 쉽고, 어떤 학습자들은 쓰기를 포기하기도 한다.

3) 결과 중심 작문 교수·학습 방법

▮ 수업 장면 예시

결과 중심 작문 모형에 따르면 작문을 가르칠 수 있는 방법이 매우 제한적이고 추상적이다. 교사가 모범글을 제시한다거나 써야 할 주제를 제시한다거나, 오류를 지적해주는 정도가 작문 교수·학습의 방법이라고 할 수 있다. 다음은 전통적인 작문 수업의 한 장면을 가상적으로 구성한 것이다. 결과 중심 작문 모형이 어떤 식으로 반영되어 있는지 생각해보자.

[작문 수업 장면 1]

김 선생님은 수업 시작종이 울리는 동안 칠판에 오늘 써야 할 글의 주제를 크게 적었다.

<경주 여행>

김 선생님의 학급인 6학년 3반은 지난주에 경주로 2박 3일간 수학여행을 다녀왔다. 그동안 김 선생님의 반 학생들은 사회 시간에 경주에서 보고 들은 신라의 문화유산에 대하여 정리했었다. 오늘 작문 시간에는 경주 여행에 대한 기행문 쓰기를 하기로 하였다. 먼저 김 선생님은 아이들에게 기행문에 대하여 물어보았다.

"오늘 작문 주제는 지난주에 다녀온 경주 여행입니다. 우리 지난번에 기행문에 대하여 배웠었지요?"

"예."

"기행문에 꼭 들어가야 할 내용은 무엇무엇이 있습니까?"

"여행한 순서와 장소가 들어갑니다."

김 선생님은 칠판에 '여정'이라고 적었다.

"여행하면서 보고 들은 것을 씁니다."

김 선생님은 칠판에 '견문'이라고 적으며 물었다.

"좋아요. 또 무엇을 쓰면 좋을까요?"

"여행하면서 느낀 것, 생각한 것을 씁니다."

김 선생님은 칠판에 '감상'이라고 적고는, 다시 학생들 쪽으로 돌아섰다.

"잘 기억하고 있네요. 여정, 견문, 감상, 이 세 가지가 기행문의 구성 요소입니다. 기행문이라고 해서 주로 여행한 순서와 장소만 쓰는 사람들이 많은데, 좋은 기행문을 쓰려면 감상을 많이 쓰는 것이 좋습니다."

김 선생님은 미리 준비해온 경주 여행에 대한 기행문을 한 편 읽어주었다. 그리고 예시글에 여정, 견문, 감상이 분리되어 있는 것이 아니라 여정 사이사이에 견문과 감상이 적절하게 들어가 있음을 학생들과 함께 확인하였다. 김 선생님은 다시 칠판에 '여정 사이사이에 견문과 감상을 쓸 것'이라고 적었다.

"자, 그럼 이제부터 글을 쓰기 시작하세요."

학생들은 각자 책상에 고개를 숙이고 원고지에 열심히 글을 써 내려가기 시작했다. 김 선생님은 천천히 궤간순시를 하며 학생들이 글을 쓰는 것을 감독하였다. 기행문 작성법이나 주제에 대해 질문하는 학생들에게 답변을 해주기도 하고, 원고지 사용법이나 맞춤법 틀린 것이 눈에 띄면 지적을 하기도 하고, 딴청을 피우는 학생에게는 주의를 주기도 하였다.

어느덧 끝날 시간이 다가왔다.

"다 쓴 사람은 제출하세요. 다 못 쓴 사람은 점심 시간이 끝나기 전에 마무리해서 제출해 주기 바랍니다."

제 시간에 글을 다 쓴 학생들이 하나, 둘 원고지를 제출하기 시작하였다. 시간 내에 다 쓰지 못한 학생들은 쉬는 시간까지 열심히 글을 쓰고 있었다.

김 선생님은 쉬는 시간과 점심 시간을 이용해서 학생들이 제출한 글을 읽기 시작했다. 한 손에 빨간 펜을 들고, 원고지 사용법과 맞춤법이 틀린 곳에 표시를 해 나갔다. 글을 다 읽고는 마지막에 평가 점수를 기재하고 간단한 논평도 곁들었다.

'10점. 경주가 지닌 특별한 분위기에 대하여 느낀점을 잘 썼음.'

'7점. 여행한 장소 중 빠진 곳이 많음. 맞춤법에 신경쓸 것.'

김 선생님은 내일의 수업 계획을 세웠다. 학생들에게 글을 되돌려주고, 학생들이 많이 저지른 오류에 대해 간략하게 가르친 후, 틀린 낱말을 3번씩 써 오라는 과제를 내주어야겠다고 생각했다.

■ 결과 중심 작문 교수·학습의 특징

사실 이런 장면은 지금까지 교실에서 오랫동안 사용되어 왔고, 지금도 흔히 볼 수 있는 장면이다. 이런 방식의 수업이 불필요하다는 것은 아니다. 김 선생님이 한 행동은 학생들이 글을 쓰는 것을 도와주기 위한 것이고, 적절한 시기라면 실제로 학생들의 작문 능력 향상에 효과적일 수도 있다. 다만 모든 작문 수업이 이런 식으로만 진행된다면 문제가 있다. 작문 수업은 결과만을 위한 것이 아니기 때문이다. 이 수업 장면에는 결과 중심 작문 모형을 바탕으로 한 전형적인 교수·학습 방법들이 잘 나타나 있다.

첫째, 작문에서 작품을 구성하는 객관적인 요소들을 강조하고, 객관적으로 합의된 지시와 규칙을 준수할 것을 요구한다. 김 선생님은 글을 쓰기 전에 기행문을 구성하는 요소, 즉 '여정', '견문', '감상'에 대하여 확인하였다. 또 좋은 기행문의 조건이라고 합의된 규칙, 즉 '여정 사이사이에 견문과 감상을 쓸 것'을 확인하고, 학생들에게 지킬 것을 요구하였다.

둘째, 작문 능력은 체계적인 모방과 연습을 통하여 신장된다고 생각하므로 모범문을 많이 읽고 그와 같은 형태로 쓸 것을 요구한다. 김 선생님은 글을 쓰기 전에 기행문의 규칙에 충실한 기행문을 한 편 읽어주고 학생들에게 규칙을 발견하도록 하였다. 학생 개개인의 창의적 발상보다는 모범문을 착실하게 모방하고 연습하는 것을 장려하는 것이다.

셋째, 교사의 임무는 학습자에게 필요한 지식을 전달하는 것이며, 학습자는 이러한 지식들을 수동적으로 수용한다. 따라서 교수·학습의 형태가 교사 주도의 강의식 혹은 일제식으로 나타난다. [작문 수업 장면 1]에서 교사는 기행문에 대하여 질문하고 설명하고, 지시하는 역할을 한다. 학생은 교사의 질문, 그것도 정답을 요하는 질문에 대해 대답하는 역할을 할 뿐이다.

넷째, 교사가 과제를 제시하고 오류를 점검하는 '과제 제시-오류 점검형' 모형을 따른다. 김 선생님은 학생에게 써야 할 주제를 제시하고, 학생들에게 바로 글을 쓰게 하였다. 실제로 글을 쓰는 것은 온전히 학생들의 몫이다. 학생들이 글을 쓰는 동안 김 선생님이 하는 일은 학생들이 실수를 하거나 딴청을 피우지는 않는지 점검하는 것이다. 또 학생들이 제출한 글에서 잘못된 부분을 찾아서 빨간색으로 고치며 점검하여 주었다.

다섯째, 수업이나 학생에 대한 평가가 결과 중심으로 이루어진다. 김 선생님은 학생들이 제출한 글을 읽고 등급을 표시하고, 원고지 사용법과 맞춤법의 오류를 주로 지적하였다. 학생에 대한 평가가 학생이 제출한 결과인 글만으로 이루어지고, 다음 수업을 위한 계획 역시 학생 글의 평가 결과를 바탕으로 이루어졌다.

이와 같이 교사가 과제를 제시하고 학생들이 자유롭게 쓰게 하는 수업 방식은, 능숙하게 글을 쓰는 학생들에게는 효율적일 수 있다. 그러나 쓰기가 아직 미숙한 대부분의 학습자에게는 도대체 무엇을 어떻게 써야 할지에 대해 구체적으로 가르쳐주는 것이 없다. 원고지 사용법이나 맞춤법을 많이 틀려서 매우 낮은 점수를 받을 정도의 미숙한 필자라면, 빨간 펜으로 고쳐주는 것, 논평 한 줄만으로는 달라지지 못 한다. 따라서 결과 중심 작문 교수·학습은 주입식, 일제식 수업이 되기 쉽고 다소 무책임한 수업 방식이라고 비판받았다.

2. 과정 중심 작문 교수·학습

1) 과정 중심 작문 교육

■ 과정 중심 작문 교육의 의의

결과 중심 작문 교육은 결정적으로 정작 글을 쓰는 필자를 소외시켰다는 단점을 지닌다. 텍스트를 구성하고 있는 요소와 이들 요소들 간의 관계를 분석하면서 얻어지는 문법적, 수사학적 규칙을 가르치다 보니 자연히 모든 필자들에게 동일한 모방과 연습을 강요하게 되었다. 이는 학생들의 쓰기에 대한 흥미를 떨어뜨리게 되었다. 또한 실제로 작문 능력을 신장시켰는지에 대해서도 회의적이다. 지식을 알려주고 암기시키는 데 그침으로써, 실제 무엇을 어떻게 써야 할지에 대해서는 구체적으로 가르쳐주지 못하였기 때문이다.

결과 중심 작문 교육과 형식주의에 대한 비판과 회의는 쓰기에 대한 새로운 관점을 대두시켰는데, 이를 결과 중심과 대비하여 과정 중심 패러다임이라고 본다. 작문에서 과정 중심 패러다임은 심리학, 언어학, 문학 등 인접 학문의 변화로부터 비롯되었는데, 그중에서도 인지 심리학의 영향을 강하게 받았다. 그 당시 심리학의 주류는 행동주의 심리학에서 인지 심리학으로 변화하고 있었는데, 이는 작문 교수·학습이론에서 몇 가지 큰 의의를 지닌다.

첫째, '교수'에 국한되던 연구자들의 관심이 '학습'으로 옮겨졌다. 행동주의 심리학은 '교수'에만 관심이 있어서, 교육하려는 대상으로 하여금 원하는 행동을 하도록 하는 것이 주요 목적이었다. 파블로프, 스키너, 손다이크 등의 행동주의 심리학자들은 주로 동물 실험을 많이 하였으며, 동물들이 일정 행동을 익히도록 하는 기제를 밝혀내었다. 이는 분명히 인간 교육의 초기에는 많은 시사점을 준다. 그러나 고등 수준의 사고를 요하는 학습에는 적용하는 데 한계가 있다. 인간의 학습 욕구는 동물에 비해 훨씬 복잡하고 섬세하기 때문이다. 따라서 새롭게 등장한 인지 심리학자들은 인간이 어떻게 '학습'을 하는지 그 자체에 관심을 가지게 되었다.

둘째, 작문 이론가들도 마찬가지로 '텍스트'에 제한되던 연구 시야를 글을 쓰는 주체인 '필자'로 넓히게 되었다. 인지 심리학의 발달은 독서와 작문 이론의 발달에 발판이 되었다. 인지 심리학자들이 학습의 기제를 밝혀내기 위해 여러 가지 임상 실험을 하였는데, 이때 실험 도구로 많이 사용한 것이 읽기와 쓰기 행위이다. 즉 학습자가 읽기나 쓰기 행위를 할 때 어떤 사고 작용을 하는지를 관찰하고 분석함으로써 인간의 사고 작용을 밝혀내려 하였다. 이런 변화는 그 당시에 독서, 작문 이론가들이 '텍스트'에서 벗어나, '독자', 혹은 '필자'에 관심을 가지게 된 것과 동일하였으므로 유사한 연구 결과를 공유하게 되었다. 즉 작문 이론에서도 능숙한 필자가 어떤 인지적 과정을 거쳐 글을 쓰는지 밝히는 것에 주력하였다.

작문 교육의 인접 학문, 즉 언어학이나 문학의 패러다임 변화도 영향을 미쳤으나, 외국의 경우 보다 직접적으로 과정 중심으로의 패러다임 전환에 영향을 끼친 것은 1966년 여름에 열린 Dartmouth 대학의 영어 교육 세미나이다. 이 세미나에서는 미국과 영국의 저명 연구가들이 모여 학생들에게 어떻게 쓰기를 가르치며, 어떻게 쓰기를 통해 사고와 학습을 촉진할 것인지에 대해 심도 있게 논의했다. 이 세미나의 최종 보고서에서는 앞으로 쓰기 교실에서 형식 문법이나 어법을 강조하지 말고, 비지시적인 분위기에서 학생들이 글을 쓰는 과정을 강조하고 여기에 교사가 역동적으로 개입할 것을 강조했다(이재승, 2002 : 39).

■ 국내 과정 중심 작문 교육의 전개

작문 교육에서 과정 중심 접근(process-oriented approach)은 쓰기 행위에서 그간 상대적으로 소외되었던 과정을 중요시하고 지향하자는 관점을 나타낸다. 이재승(2002)은 '과정 중심 작문 교육은 쓰기를 역동적인 의미 구성 행위로 파악하면서, 내용을 생성하고 조직, 표현, 수정하는 일련의 쓰기 과정에서 교사가 역동적으로 개입하여 학생들의 작문 능력과 문제 해결 능력을 촉진하고자 하는 쓰기 교육의 방법에 대한 하나의 관점이자 접근 방식'이라고 조작적으로 정의하였다. 외국에서 유입된 이론이기는 하지만, 우리나라 교육 현장에서도 전통적인 작문 교육의 문제점과 한계를 극복할 수 있는 대안으로 환영받고 여러 가지 새로운 교육적 시도가 이루어졌다.

과정 중심 작문 교육은 우리나라 교육과정과 교과서 구성에서도 강조되었다.

1980년대 후반에 5차 교육과정에 이미 과정 중심의 관점이 반영되기 시작하였다. 1990년대 6차 교육과정기에 들어서서는, 국어교과의 내용 체계표가 만들어지고 특히 '원리' 영역에서 내용 선정, 조직, 표현 및 전달로 하위 과정을 설정(이재승, 2002)하면서 과정 중심 작문 교육이 제자리를 잡기 시작했다. 6차 교육과정 중학교 교과서는 작문 과정을 '계획하기-내용 창안하기-내용 구성하기-내용 표현하기-고쳐쓰기'로 제시했다. 부분적으로 수정되기는 했지만 7차 교육과정에서도 이러한 점을 계승, 발전하면서 학년별 내용(또는 목표)을 제시할 때에도 일련의 쓰기 과정을 강조하여 과정 중심의 접근법을 더욱 충실히 따르고 있다. 초등학교의 쓰기 교과서 곳곳에는 과정 중심 작문 교육에서 강조하는 전략인 '생각 떠올리기'나 '생각 그물'을 만들 수 있는 공간, 친구들과의 협의를 강조하는 공간 등이 마련되어 있다. 이후 2007, 2009, 2015년 개정 국어과 교육과정은 맥락과 텍스트의 중요성을 보다 강조하기 시작하였으나 기본적으로 쓰기 교재를 구성하는 틀은 과정 중심 작문 교육의 역할이 가장 크다고 하겠다.

2) 과정 중심 작문 교수·학습 모형

■ 문제 해결 모형

1980년대에 들어서면서 쓰기가 역동적인 의미 구성 과정이라는 인식이 쓰기 연구자들 사이에서 확산되었다(박영목, 1994). Dartmouth 영어 교육 세미나를 계기로 작문 이론가들은 인지 심리학의 실험 기법인 사고구술법, 프로토콜 분석 등을 활용하여 작문 과정을 연구하기 시작하였다. 그들은 능숙한 필자의 쓰기 방법에 대한 연구를 통해서 쓰기 과정의 모형이나 그 모형을 이루는 요소들을 연구하기 시작하였다. 그 결과 성인의 쓰기 모형은 다음의 두 가지 특징을 갖는다는 사실을 발견하였다(최현섭 외, 2002 : 322-324).

첫째, 계획하기, 쓰기, 교정하기 등 쓰기의 각 과정은 일련의 고정된 순서 속에서 발생하는 것이 아니라 회귀적(recursive)이라는 것이다. 전통적인 작문 교육에서는 표준어법에 따라 단어를 결합하여 정확한 문장을 만들고, 문장과 문장을 결합하여 체계적으로 조직된 문단을 만들도록(박영목, 1994 : 201) 하므로 교사 중심의 통제식 수업이 되기 쉽다. 그러나 쓰기 과정의 역동성과 다양성, 회귀성을 인정하면 학습자의 생각과 개별적 쓰기 과정이 중요해진다.

둘째, 쓰기는 위계적으로 조직되어 있으며, 목표 지향적이고, 문제 해결적이다. 쓰기를 문제 해결 과정으로 보는 이러한 관점들은 학교의 작문 교육에 커다란 영향을 주었다. 이러한 영향을 준 대표적인 모형이 Flower & Hayes(1981)의 '인지적 쓰기 모형' 또는 '문제 해결 모형'이다(노명완·박영목·권경안, 1988).

과정 중심 작문 연구의 발전을 이끈 Flower & Hayes(1981)는 작문의 인지적 과정이 계획하기(planning), 작성하기(translating), 검토하기(reviewing)의 세 부분으로 이루어진다고 설명하였다. 그리고 각 과정들은 위계적이며 회귀적 특성을 갖는다고 하면서 쓰기를 문제 해결의 과정으로 파악하였다. 그들은 전문 작가의 쓰기 과정을 분석한 결과, 쓰기라는 문제를 해결하는 필자의 사고 과정을 모형화하여 제시하였는데 이것이 '문제 해결 모형'이다.

Flower & Hayes(1981)의 인지적 쓰기 모형은 필자가 쓰기의 과정에서 떠오르는 생각을 말하도록 하고 이를 그대로 문자로 옮긴 기록, 즉 사고구술 프로토콜(Thinking Aloud Protocol)을 분석하여 만들어진 모형이다. 이 모형에서 쓰기는 Rohman & Wlecke(1964)의 모형에 기술되어 있는 세 가지 유형의 쓰기 과정을 포함하면서, 조정하기라는 개념을 추가하여 쓰기의 회귀성을 주장했다.

조정하기는 인지 심리학의 연구 결과를 수용한 것이다. 인공두뇌이론가인 밀러는 인간의 이성적 활동은 컴퓨터 프로그램과 유사하다고 하였다. 인간의 이성은 마치 컴퓨터가 입력된 정보를 판단하여 하위 과정들을 통해 순환하면서 결과를 처리하는 것처럼 회귀적으로 작동한다는 것이다. 이러한 밀러의 추론은 인지적 쓰기 모형에서 보다 분명해진다. 필자의 장기 기억과 과제 환경은 조정하기를 통해서 회귀적으로 작용을 한다. 회귀적이라는 말의 의미는 쓰기의 과정이 계획하기, 작성하기, 검토하기의 순차적인 단계로 이루어진다는 것이 아니라, 실제 쓰기 과정에서는 그 단계를 넘나든다는 것을 뜻한다(최현섭 외, 2002 : 379).

12학년 학생의 쓰기 과정을 관찰한 Emig 이후 과정 중심 작문 연구에 대한 논의가 활발히 진행되었지만, 과정 중심 작문 연구가 교육에 직접 적용되는 계기를 제공한 것은 Flower & Hayes(1981)의 문제 해결 모형이라고 볼 수 있다. 능숙한 필자의 글쓰기 과정을 분석해 보면, 일정한 구조를 가지고 존재하는 하나의 틀을 발견할 수가 있다. 이것이 문제 해결 모형이다. 문제 해결 모형의 기본적인 특징 중의 하나는 목표 지향성이다. 작가는 글을 쓰면서 상호 위계적인 관계를 가진 여러 가지 목표를 만들어 낸 다음, 이것을 하나하나 해결해 가면서 글을 쓴다는 것이다.

■ 과정 중심의 작문 지도 모형

작문의 의미 구성을 문제 해결 과정으로 파악하기 시작한 것은 교육적으로 중요한 의의를 지닌다. 의미 구성 과정을 목표 지향적 활동으로 파악했을 경우 작문 능력의 편차를 설명할 수 있기 때문이다. 우선, 능숙한 필자와 미숙한 필자의 능력 차이를 설명할 수 있는 길이 열린다. 이후의 연구자들은 이러한 관점을 바탕으로 어떻게 하면 쓰기 능력이 미숙한 학생들을 능숙한 필자로 만들 수 있을 것인지에 대해서 관심을 기울이기 시작하였고, 이러한 경향들은 어떻게 가르칠 것인가의 문제로 이어졌다.

국내에도 작문 과정을 제시한 연구들이 있는데, 경인초등국어교육학회(1995 : 12)에서는 작문 교육에서 과정 중심의 관점과 실제적 아이디어들을 반영한 '과정 중심의 작문 지도 모형'을 제시하였다. 이 모형은 쓰기 과정을 크게 전, 중, 후로 나누고 '생각 꺼내기-생각 묶기-초고 쓰기-다듬기-평가하기-작품화하기'로 세분하여, 각각의 과정에 효과적인 활동들을 제시하였다. 이 모형은 '원형'을 취하고 있는데, 이는 쓰기 과정이 자칫 분절적으로 보일 위험성을 고려하여 회귀성을 반영한 것이다.

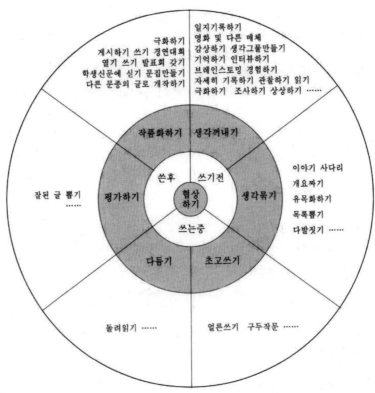

다른 문종의 글로 개작하기

극화하기
게시하기 쓰기 경연대회
열기 쓰기 발표회 갖기
학생신문에 싣기 문집만들기

일지기록하기
영화 및 다른 매체
감상하기 생각그물만들기
기억하기 인터뷰하기
브레인스토밍 경험하기
자세히 기록하기 관찰하기 읽기
극화하기 조사하기 상상하기 …

작품화하기 생각꺼내기

쓴후 쓰기전

협상
하기

이야기 사다리
개요짜기
유목화하기
목록뽑기
다발짓기 ……

잘된 글 뽑기
……

평가하기

생각묶기

쓰는중

다듬기 초고쓰기

돌려읽기 ……

얼른쓰기 구두작문 ……

[그림 3] 과정 중심의 작문 지도 모형(경인초등국어교육학회, 1995)

이 모형의 특징은 외국 과정 중심 이론가들이 제안한 쓰기의 과정을 우리말로 다
듬어서 쓰고 있다는 것이다. '생각 꺼내기'는 아이디어를 생산하는 단계이고, '생각
묶기'는 생산된 아이디어들을 고르고 순서대로 조직하는 단계이다. '초고 쓰기'는
아이디어 생산과 조직을 거쳐 만들어진 내용을 문자 언어로 표현하는 단계이다.
'다듬기'는 초고를 보고 협의하여 다듬는 단계이다. '작품화하기'는 학습자의 글을
공식적으로 토론하거나 출판하는 단계이다. 또한 과정별로 제시한 활동의 명칭도
우리말로 바꾸었는데, 대표적으로 아이디어 생성을 위한 'mind mapping'은 '생각 그
물 만들기'로, 아이디어 조직을 위한 'clustering'은 '다발짓기'로 명명하고 있다. 용
어의 적정성에 대해서는 논란의 여지가 있지만, 교육 현장에 그대로 적용하기 어려
운 외국어를 우리말로 다듬어서 제시하였다는 점은 높이 살만하다.

▌초기 과정 중심 작문 지도 모형의 한계

박태호(1996), 최현섭 외(2003)에서는 이 모형을 사회구성주의 관점을 반영한 '대화 중심 작문 모형'으로 소개하였다. 타인과의 상호 작용을 강조하는 쓰기 전략을 제시하였다는 점, 또 모든 과정에서 협의 또는 협상이라는 교사나 동료 학습자와의 대화를 강조하였다는 점에서 이 지도 모형의 핵심은 '대화'라고 볼 수 있다. 과정 중심 작문 지도 모형에서 대화를 강조하게 된 것은 문제 해결 모형에 대한 사회구성주의 관점의 비판에서 비롯되었다. 이수진(2007 : 26-27)은 초기의 과정 중심 작문 교육의 문제를 다음과 같이 정리하였다.[4]

첫째, 개인의 인지 행위에만 초점을 두어 작문의 사회성과 상황성을 도외시했다. 그러다보니 작문의 방법은 발전시켰지만, 작문을 해야 하는 이유에 대해서는 설명하지 못하고 있으며, 상황적 요인을 부정하여 작문 행위를 지나치게 단순화시켰다. 필자 개인의 정신구조는 인간의 보편적인 특성을 반영하는 것이 아니라 사회적으로 구성된 개인의 경험을 반영하는 것이다.

둘째, 인지구성주의에서 작문의 모형으로 제시하고 있는 문제 해결 모형은 복잡한 인간 정신 활동의 본질을 나타내지 못한다. 물론 문제 해결 모형이 그 동안 관찰 불가능하다고 생각되어 온 인간의 정신과정을 비유적으로 표현하여 가시화시켰다는 점은 높이 평가된다. 그러나 지나치게 평면적이고 단순하게 제시하여 인간 정신 활동의 본질을 왜곡할 우려가 있다고 비판받고 있다. 정보 처리 이론의 투입과 산출 원리를 적용한 문제 해결 모형은 복잡한 인간의 정신 세계를 표현하기에는 한계가 있다. 문제 해결 모형에 의하면 작문은 독자의 머릿속에 있는 의미를 그대로 텍스트로 옮기는 활동이라는 가정이 성립한다.

셋째, 인지구성주의 작문 이론가들이 작문 과정을 밝히는 연구에 사용한 사고구술 기법은 일상생활 속에서 자연스럽게 발생한 쓰기 상황을 관찰하는 것이 아니라 실험실에서 이루어진 연구 결과이므로 작위적일 수밖에 없고, 인지 과정을 모두 음성 언어로 전환하여 이야기해야 한다는 부담이 크게 작용한다.

넷째, 인지구성주의의 관점에 의하면 쓰기의 전 과정을 회귀적으로 '조정'하는

[4] 인지주의 자체 내에서도 한계를 극복하기 위해 사회적 관점을 수용하였다. 대표적으로 Flower와 Hayes는 1990년대에 들어오면서 사회-인지적 관점을 제안하고, 개인이 사회적 환경을 고려하여 작문을 해야 한다고 설명하였다. Hayes(2000)는 Flower와 Hayes(1981)에 비하여 상당부분 수정된 작문 모형을 제시하였는데, 이 모형을 보면 사회적 환경의 중요성이 잘 반영되었다.

과정이 글을 쓰는 학생들의 사고 과정 속에 들어 있기 때문에, 쓰기의 학습 과정에 교사가 개입하여 안내해 주기 어렵다. 즉 인지주의 작문 이론의 연구 결과를 활용하여 교육한다면 교사가 학생의 쓰기 과정에 끼어들어야 한다는 뜻이므로 오히려 학생은 글을 쓸 때 방해를 받을 수 있다.

인지구성주의 작문 이론에 대한 사회구성주의 작문 이론가들의 비판을 보면, 주로 작문 행위에서 개인의 인지 과정만을 중시한 것에 대한 불만이라고 할 수 있다. 이들은 작문 행위에서 개인의 인지적 차원보다는 사회·문화적 맥락이 더 중요하다고 이야기하고 있다. 그러나 이러한 비판에도 불구하고 문제 해결 모형과 과정 중심 작문 지도 모형은 실질적인 과정 중심 작문 교육의 실천을 가능하게 한 모형이라고 볼 수 있다.

3) 과정 중심 작문 교수·학습 방법

▌수업 장면 예시

결과 중심 작문 모형에 비하여 과정 중심 작문 모형은 작문 교수·학습 방법을 연구하는 데 유용하다. 교수·학습은 교육의 주체, 즉 교사와 학습자가 어떻게 쓰기 활동을 수행하는가에 관심을 두고 있기 때문이다. 다음은 수업에서 과정 중심의 작문 모형을 채택하였을 때 전형적으로 관찰되는 작문 수업의 한 장면을 가상의 수업 상황으로 구성한 것이다. 이 수업에서 나타나는 전형적인 과정 중심 작문 수업의 특징을 관찰해보자.

[작문 수업 장면 2]

이 선생님은 학교에 출근하자마자, 오늘 2교시의 쓰기 수업에 사용할 활동지를 만들었다. 오늘 쓰기 시간에는 '여름'이라는 주제로 생활문을 쓸 계획이었다. 6월 중순에 접어들며 본격적으로 더워지고 있으니, 여름과 관련된 학생들의 개인적인 경험이나, 여름에 대하여 하고 싶은 이야기들을 자유롭게 쓰게 할 생각이었다.

그러려면 학생들이 쓸 것들을 풍부하게 생각하도록 유도하는 '아이디어 생성하기' 과정이 가장 중요하다. 아이디어 생성을 위해서는 전에도 여러 번 사용한 적이 있는 '마인드 맵(생각 그물 만들기)' 전략을 사용하도록 할 것이다. 그리고 생성한 여러 가지 아이디어들에서 꼭 쓸 것만 골라내어 쓸 순서를 정리하는 '아이디어 조직하기' 과정에서는 학생들에게 '클러스터링(다발짓기)' 전략을 새로 가르쳐줄 생각이다. 따라서 이 선생님은 학생 개개인이 '마인드 맵'과 '클러스터링'을 할 수 있는 활동지를 미리 만들어두었다.

수업 시작을 알리는 종이 울렸다. 이 선생님은 학생들과 신나는 여름 노래를 부르며 수업을 시작하였다.

"여러분은 어떤 계절이 가장 좋아요?"

'여름이요', '봄이요', '겨울이요' 등등 학생들이 제각기 좋아하는 계절을 외쳐대는데, 때가 때인지라 여름을 좋아한다고 말하는 학생들이 가장 많았다.

"아, 여름을 좋아하는 사람이 가장 많은 것 같은데, 그러면 여름이 왜 좋은가요?"

"수영장에 갈 수 있어서 좋아요."

"방학이 있어서 좋아요."

학생들이 다양하게 대답하는 것을 들어보고, 이 선생님은 오늘 쓸 주제를 이야기해준다.

"좋아요, 오늘은 여러분이 좋아하는 여름에 대한 글을 쓸 거예요. 자기가 여름을 좋아하는 이유도 좋고, 여름에 있었던 재미있는 경험도 좋고, 여름에 대하여 하고 싶은 이야기를 자유롭게 쓰면 됩니다."

이 선생님은 칠판 가운데에 '여름'이라고 쓰고 동그라미를 쳤다.

"여러분, 생각그물 만들기 할 줄 알지요? 선생님과 같이 여름에 대한 생각 그물을 만들어 봅시다. '여름'하면 생각나는 것을 말해 보세요."

'더위', '방학', '물놀이', '수박', '냉면' 등등 학생들은 신나게 여름과 관련된 것들을 저마다 열거하였다. 선생님은 가운데 '여름' 동그라미로부터 선을 연결하면서 학생들이 말한 것들을 차례로 써 나갔다. 어느 정도 쓴 후 학생들의 소리가 잦아들자, 이 선생님은 다시 학생들 쪽으로 돌아섰다.

"여름에 대하여 쓰고 싶은 것들이 참 많지요? 그러면 선생님이 활동지를 나누어 줄 테니, 여러분도 각자 여름에 대한 생각 그물을 만들어 보세요."

이 선생님이 활동지를 배부하자 학생들은 각자 생각 그물 만들기에 열중하였다. 이 선생님은 궤간순시를 하며 학생들을 칭찬하기도 하고, 시작을 못하고 있는 학생들을 독려하기도 하였다. 7분 정도 시간이 지나자, 이 선생님은 생각 그물 만들기 활동을 마무리하고, 다발짓기 전략을 시범보이기로 하였다.

"자, 이제 그만 쓰고 칠판을 보세요. 여러분이 여름에 대해 여러 가지 생각을 하면서 빨리 글을 쓰고 싶었을 거예요. 하지만, 지금 생각한 것을 전부 쓸 수는 없겠지요? 글을 쓰기 전에 글의 주제를 먼저 정하고, 꼭 쓸 것들을 미리 골라내어 순서를 정해놓는 과정이 필요합니다. 오늘은 선생님이 '다발짓기'라는 방법을 가르쳐 주겠어요. 다발짓기를 미리 하면, 쓸 내용과 순서를 정하는 데 많은 도움이 됩니다."

이 선생님은 설명을 마친 후, 칠판의 생각그물을 보면서 옆에 다발짓기하는 것을 직접 시범보였다.

"선생님이 생각 그물을 만들면서 생각해보니까, 특히 수박과 물놀이에 대해 쓰고 싶어졌어요. 왜냐하면 선생님은 과일 중에 수박을 제일 좋아하거든요. 언제부터 그랬는지 생각해보니, 어릴 때 물놀이하면서 어머니가 잘라주시는 수박을 세상에서 가장 맛있게 먹은 기억이 나요. 그래서 수박만 보면 어머니 생각이 나지요."

이 선생님은 말하면서, 생각 그물에 적힌 낱말 중 수박, 물놀이, 어머니 등에 동그라미를 쳤다. 그리고 생각 그물 옆에 '처음-가운데-끝'을 연결하는 선을 그려서 다발짓기를 시작하였다.

"그러면 이제 어떤 내용을 쓸지 대충 적어보겠어요. 우선 처음에는 선생님이 여름 과일, 특히 수박을 좋아한다는 내용을 쓰겠어요."

이 선생님은 '처음'에 선을 연결하여 '여름 과일'과 '수박'을 썼다.

"가운데에는 수박을 좋아하게 된 이유와 어머니에 대하여 쓰고 싶어요."

이 선생님은 '가운데'에 선을 연결하여 '물놀이', '간식', '찐 감자', '수박', '어머니', '부채', '포근함', '그리움' 등을 썼다.

"끝에는 이제 내가 어머니께 수박을 대접해 드리고 싶다는 내용을 쓰겠어요."

이 선생님은 '끝'에 선을 연결하여 '수박 대접'과 '효도'을 썼다. 그리고 학생들도 각자 활동지에 다발짓기를 하도록 지시하였다. 학생들이 다발짓기를 하는 동안, 이 선생님은 다시 궤간순시를 하며 어려워하는 학생들에게 다발짓기를 제대로 이해했는지 질문을 하기도 하고 학생들의 질문을 받기도 하였다. 어느 정도 학생들이 활동을 마쳤다고 판단되자 이 선생님은 학생들에게 초고를 쓰도록 하였다.

"자, 이제 다발짓기를 마친 사람은 초고를 써 봅시다. 공책에 쓰는데요, 우선 연습으로 써보는 것이기 때문에, 글씨를 잘 쓰려고 하지 않습니다. 또 글씨 틀린 것도 나중에 고치면 됩니다. 잘 생각이 안 나는 부분은 건너뛰어서 일단 끝까지 다 써 보세요. 시간은 15분 주겠습니다. 자, 써 봅시다."

학생들이 부산스럽게 초고를 쓰기 시작하였다. 이 선생님은 연속차시로 수업을 계획하고 있다. 다음 시간에 초고 쓴 것을 다시 읽어보고 고쳐쓰게 할 생각이다. 완성된 글은 교실에 게시하여 누구나 읽어볼 수 있게 할 것이다.

▌ 과정 중심 작문 교수·학습의 특징

과정 중심의 쓰기 교육은 전통적인 '과제 제시-오류 점검형'의 수업 모형을 획기적으로 변화시켰다. 따라서 교실 현장에서 열렬한 환영을 받았고, 교육과정, 교과서 등에서도 이를 적극적으로 반영하였다. 전통적인 쓰기 교실이 정적이고 학생들의 수준과 흥미를 충분히 고려하지 못한 데 비하여 이와 같은 수업 방식은 활동적이라는 특징이 있다. 학생들이 흥미를 가질만한 활동지를 활용하고 쓰기를 어려워하는 학생들이라도 쉽게 할 수 있는 활동 위주로 단계적인 접근을 시도한다. 전통적인 쓰기 교실에서는 교사가 할 일이 별로 없었다. 과제를 제시하고 수업이 끝난 후 빨간 펜으로 틀린 글씨를 고쳐주는 것 정도였던 데 비하여, 과정 중심의 쓰기 수업에서는 교사가 할 일이 많다. 쓰기 과정과 전략을 설명하고, 시범보여주고, 활동지 작성을 도와주는 등 학생의 쓰기와 직결되는 작문 지도를 보다 많이 하고 있다.

이 수업 장면은 이런 과정 중심의 작문 모형을 바탕으로 한 전형적인 교수·학습 방법의 특징들이 잘 나타나 있는데, 대표적으로 다음 몇 가지를 꼽을 수 있다.

첫째, 학생의 쓰기 능력 신장을 위하여 수업에서 주로 가르쳐주는 것은, 쓰기의 과정과 각 과정마다 효과적이라고 생각되는 전략이다. 이 선생님은 이번 시간에는 주로 '아이디어 생성'과 '아이디어 조직' 과정을 초점화하여 가르치고 있는데, '아이디어 생성' 과정에서는 '생각 그물 만들기' 전략을, '아이디어 조직' 과정에서는 '다발짓기' 전략을 주로 가르치고 있다.

둘째, 작문 능력은 쓰기 과정과 전략을 학습자 스스로 통제하고 조절하는 것이라고 생각하므로, 교사는 스스로 과정이나 전략을 활용하는 모습, 즉 사고의 과정을 보여주는 것을 중요하게 생각한다. 새로운 전략이 나올 때는 교사가 충분히 설명하고 시범을 보여준 후 학생들이 활용하도록 한다. 즉, 작문 교육이란 능숙한 필자인 교사의 사고 방식을, 미숙한 필자인 학습자에게 익히도록 하는 것이라는 인식을 바탕으로 하고 있다. 이 선생님은 자신이 글을 쓰는 과정을 직접 학생들에게 보여주고 있다.

이는 Vygotsky의 동료이자 제자였던 루리아가 제안한 '인지적 도제 이론(cognitive

apprenticeship theory)'을 바탕으로 한다. '인지적 도제 이론'이란 중세 시대에 장인(master)들이 제자들에게 가르쳤던 방식을 빌린 것이다. 예를 들어 도자기 만드는 장인과 제자의 관계를 생각해보자. 장인은 학교 교육처럼 정해진 시간과 장소에서 제자에게 이론을 가르치지 않는다. 제자는 스승이 도자기를 만드는 모습을 어깨 너머로 보면서, 또 스승을 도와주면서 스스로 배워 나간다. 그리고 처음에는 스승의 시범을 보며 따라하지만, 수차례의 도자기 만드는 실습을 통해 자신만의 도자기 만드는 방법을 깨우치게 된다. 작문 교육도 마찬가지이다. 쓰기는 이론으로 설명하고 가르치는 것만으로 습득되는 능력이 아니다. 쓰기의 장인인 교사가 시범을 보여주고, 제자인 학생은 그 시범을 따라서 스스로 글을 써 봄으로써만 자신만의 쓰기 방식을 습득할 수 있는 것이다.

셋째, 교사의 임무는 글을 쓰는 방법을 알려주는 것이고, 학습자는 연습과 질문을 통하여 그것을 깨달아 나가야 한다. 따라서 교수·학습의 형태 중 '직접교수법'이 매우 중요한 의미를 지닌다. 교사는 지시만 해서는 안 되며, 글 쓰는 방법을 직접 가르쳐주어야 한다. 따라서 과정이나 전략을 설명하고 시범을 보여주는 역할이 중요하다. 학생은 나름대로 전략을 연습하고 자신만의 전략으로 내면화하기 위하여 필요한 경우 적극적으로 연습해야 한다. 이 선생님은 이번 시간에 새로 배우는 '다발짓기' 전략의 의미를 '설명'하고, 자신이 다발짓기 만드는 과정을 '시범'보이고, 학생들에게 각자 해보도록 '활동'을 시키면서 필요한 경우 '질문'을 받는다.

넷째, 수업에서 사고 과정을 말로 보여주는 '사고구술(thinking aloud)' 기법을 중요시한다. 이 선생님은 자신이 글을 쓰면서 왜 이런 생각 그물을 만들었고, 생각 그물로부터 어떻게 다발짓기가 만들어졌는지를 말로 설명하면서 전략을 쓴 이유를 제시한다. 국어 수업이 어려운 점 중 하나가 추상적인 언어 능력을 가르쳐야 한다는 것인데, 과정 중심 쓰기 교육에서는 사고구술법을 통하여 사고를 언어화하는 것을 중요시한다.

다섯째, 수업이나 학생에 대한 평가가 과정 중심으로 이루어진다. 이 선생님은 학생들이 제출한 글, 즉 쓰기의 결과보다는 글을 써 니가는 과정을 더 눈여겨보고 있다. 완성된 글이 좀 엉성하거나 맞춤법이 많이 틀리더라도, 아이디어를 생성하고 조직하는 과정에 적극적이고 창의적으로 임하는 학생은 더 큰 잠재력을 지니고 있다고 생각한다. 따라서 학생들이 작성한 활동지, 초고, 고쳐 쓴 글이 모두 평가의 대상이 된다.

이와 같은 쓰기 수업 방식은 무엇보다 활동 중심의 수업을 만들어서 쓰기 교실이 활기를 찾게 하고, 학생들의 흥미를 유발했다는 점에서 가치롭다. 또 지금까지 지시만 내리는 역할을 하던 교사가 쓰기의 본질에 접근하여, 실제로 글 쓰는 방법을 가르치기 시작하였다는 점도 매우 중요하다. 그러나 역시 인지구성주의 작문 이론이 안고 있는 문제를 교실에서도 그대로 안게 된다. 글쓰기를 개인적 경험으로만 한정하고 있으므로, 쓰기의 다양한 상황과 목적을 충분히 고려하지 못하고 있다. 또한 쓰기에서 과정과 전략을 조절하고 통제하는 능력은 상당 수준의 상위인지를 요하는데, 교사가 설명하고 시범보이는 것만으로는 이를 내면화할 수 없다. 학생들이 설명을 듣고 교사의 시범을 통해 본 것을 자신만의 방식으로 수행하는 과정은 여전히 사각지대로 놓여있는 것이다. 이는 과정 중심의 작문 수업에서 중요한 기법인 '사고구술법'의 한계이기도 하다. 사고를 언어로 표현하는 데는 한계가 있기 때문이다. 더구나 인지 능력이 충분히 성숙하지 못한 학습자가 타인의 사고 과정을 단시간에 인지하고 배우는 것은 매우 어렵다.

▍활동지

▪ 생각 그물 만들기
1) '여름'에 대한 생각 그물을 만들어 봅시다. '여름'하면 떠오르는 것을 자유롭게 선으로 연결하여 쓰세요.

2) 내가 만든 생각 그물을 보면서 쓰고 싶은 것들에 동그라미 쳐 봅시다.

■ 다발짓기

: 글을 쓰기 전에 '처음', '가운데', '끝'에 들어갈 내용을 순서대로 간단히 써 봅시다.

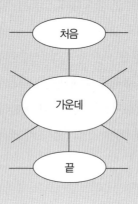

3. 맥락 중심 작문 교수·학습

1) 맥락 중심 작문 교육

■ 맥락 중심 작문 교육의 의의

1980년대 후반에 들어서면서 작문 연구자들은 쓰기가 개인의 인지적인 활동이라는 가정에 대해 반론을 제기하면서, 작문 연구의 관심은 필자의 인지 과정에서 인지 과정에 영향을 미치는 사회·문화적 맥락으로 옮겨간다(박태호, 1996 ; 최현섭 외, 2002). 이 시기에 가장 큰 영향을 미친 것은 쓰기를 일종의 사회적 행위로 보는 사회구성주의 작문 이론가들이다. 이들은 그간 쓰기에서 의미 구성이 개인의 인지적 작용이라던 관점에서 벗어나, 본질적으로 쓰기는 사회적 합의 과정이라고 주장하였다. 필자는 자신이 속한 사회 공동체의 일원으로서 공동체의 담화 관습으로부터 자유로울 수 없다는 것이다.

과정 중심 작문 교육이 인지 심리학의 영향을 받았듯이, 쓰기 연구 분야에서 담화 공동체의 역할을 중요시하게 된 계기는 언어심리학자인 Vygotsky(1978)의 연구에서 비롯되었다고 볼 수 있다. Vygotsky(1978)는 학습의 기제로 사회적 상호 작용을 매우 중요하게 여긴다. 학습이란 타인과의 상호 작용을 통해서 사회의 관습을 습득해가는 과정이라는 것이다. 이때 상호 작용은 주로 언어에 의해 이루어지며, 언어의 습득은 외적인 말에서 발생하여 내적인 말로 이행한다고 하였다. 외적인 말은 사회적인 수준에서 학습자와 타인 사이에서 이루어지는 대화이며, 내적인 말은 학습자가 자기 자신과 대화를 하기 위해서 사용하는 개인적인 차원의 말이다. 사회적인 수준에서 이루어지는 대화가 시간의 경과와 더불어 개인적인 수준의 대화로 진행되는데 이것이 바로 사고라는 것이다.[5]

Vygotsky(1978)에 의하면 인간의 고차원적인 사고력은 사회적·대화적 상호 작용으로부터 발생하는데, 쓰기 행위는 대표적인 고차원적 사고력이다. 따라서 쓰기 연구자들이 Vygotsky의 심리학 이론에 많은 영향을 받을 수밖에 없었다. 기본적으로 Vygotsky의 사상과 동일한 생각을 가진 사회구성주의 작문 이론가들은 쓰기 행위의 의미 구성을 담화 공동체 구성원들 간의 대화의 과정으로 파악하였다. 따라서 사회·문화적 맥락의 영향을 받는 작문 행위를 인식하게 되고 작문 교육에서도 구체적인·맥락을 설정하고 타인과의 상호 작용을 통해 작문을 하도록 하는 것이 화두가 되었다. 이렇게 작문을 사회·문화적 맥락 안에서의 행위로 파악하고 쓰기 교육에서도 이를 적극적으로 활용하려 하는 일련의 움직임을 맥락 중심 작문 교육이라고 할 수 있다.

▌맥락 중심 작문 교육의 특징

맥락이란 쓰기 행위에서 필자와 텍스트를 제외하고, 쓰기 행위에 영향을 미치는 모든 요인을 말한다. 좁은 범위로는 상황, 즉 시간적 공간적 배경을 가리키기도 하

[5] Vygotsky는 이때 학습이 가장 효과적으로 이루어지는 상황을 근접 발달 영역이라는 용어로 표현하였다. 근접발 달영 역이란 학습자의 실제적 발달수준과 잠재적 발달수준 사이의 영역을 말한다. 근접발달영역 내에서 학습이 이루어질 때 가장 효율적이라는 것이다.

지만 사실 맥락은 사회적, 문화적으로 매우 광범위한 개념이다. 예를 들어 필자가 글을 쓸 때 독자가 누구인지에 따라 매우 다른 글이 나올 수 있다. 이때 독자는 맥락 요인으로서 쓰기 행위에 지대한 영향을 미친다. 필자가 머릿속에 예상한 독자와 끊임없이 보이지 않는 대화를 나누며 글을 쓰기 때문이다.

이러한 관점에 의하면 필자는 인지구성주의 관점에서 이야기하는 것처럼 자동적으로 글을 쓰는 고독한 존재가 아니다. 필자는 사회·문화 상황 속에 매우 다양한 모습으로 존재하는 타자들과 상호 작용을 하면서 글을 쓰는 존재이다. 때문에 사회·문화적 상황과 분리하여 의미 구성 과정을 논하는 것은 더 이상 쓸모가 없게 된다. 결국 의미 구성은 사회·문화적 상황 속에서 발생하며 본질적으로 대화적 속성을 지닌다는 것을 알 수 있다(박태호, 2000 : 35).

의미 구성의 대화적 속성을 강조한 작문 이론가들은, 작문을 위해 가능한 한 사회적 상호 작용을 많이 할 것을 주장한다. 그들은 작문 교육을 협동 학습 이론과 결합시켜서 소집단 작문 활동을 제안하였는데, 대표적으로 Bruffee(1984)에 의해서 협동 작문이 강조되었다. Bruffee(1984)는 사회·문화적인 상황 속에서 일어나는 의미 구성을 대화의 과정으로 설명하고 있다. Bruffee(1984)는 '사고는 내면화된 대화'라는 Vygotsky(1978)의 관점을 수용하여 작문을 대화의 과정으로 설명한다(박태호, 2000 : 36). 작문은 담화 구성원들 사이에서 이루어지는 협력적인 의사소통 행위라는 것이다. 작문 교육에서도 소집단에서 협동적으로 글을 쓰도록 함으로써 작문 능력을 신장시키는 방안이 도입되었다.

2) 맥락 중심 작문 교수·학습 방법

■ 수업 장면 예시

맥락 중심의 작문 교육은 주로 인지구성주의에 의존했던 그간의 수업에서 발견되는 문제점을 극복하기 위한 것이라고 볼 수 있다. 맥락 중심의 작문 교육을 적용한 수업은 다양한 상황과 목적, 독자 등 쓰기의 맥락 요소들을 중요한 요인으로 고려한 점, 학생들에게 과정과 전략을 가르치는 것뿐 아니라 교사와의 대화를 통해 내면화하도록 안내해야 한다는 것을 인식하기 시작한 점 등이 중요한 의미를 지닌다. 다음은 수업에서 맥락 중심 작문 교수·학습 모형을 채택하였을 때 전형적으로 관찰되는 작문 수업의 한 장면을 가상적으로 구성한 것이다.

[작문 수업 장면 3]

박 선생님은 쓰기 시간에 학생들과 '최근에 재미있었던 일'을 주제로 학급 문집에 실을 글을 쓰기로 하였다.

"여러분, 이번 시간에 쓴 글은 학급 문집에 넣을 거예요. 나중에 책으로 나와서 많은 사람들이 읽을 테니 더 열심히 써야겠지요?"

학생들에게 주제를 설명해주니 무엇을 써야할지 막연해하는 표정들이 꽤 많이 보인다. 박 선생님은 학생들에게 먼저 구체적인 목적과 독자를 정해보도록 안내한다.

"최근에 재미있었던 일이 잘 안 떠오르나요? 우선 내 글을 누구에게 보여줄지를 정해 봅시다."

학생들은 저마다 친구, 동생, 부모님 등을 얘기한다.

"내가 정한 사람에게 하고 싶은 이야기를 떠올려보세요. 생각이 잘 안 나면 생각 그물을 만들며 여러 가지 생각을 떠올려 보아도 좋아요."

지난 시간에 박 선생님은 학생들에게 내용 생성을 위하여 생각 그물 만드는 방법을 설명하고 시범을 보여주었다. 대부분의 학생이 재미있게 생각 그물을 만들었는데, 일부 학생들의 경우, 생각 그물에서 단편적으로 낱말만 적는 데에 그치는 경향이 있었다. 자신이 만든 생각 그물을 가지고 글을 쓴다는 인식이 부족하기 때문이라고 생각되었다. 그래서 오늘은 구체적인 독자와 목적을 정하여 글을 쓰기 위하여 필요한 내용을 생성하도록 할 생각이었다. 바로 독자와 목적을 정한 학생도 있고 생각 그물을 만들며 이것저것 써 보는 학생도 있었다.

"자, 그럼 내 글을 어떤 목적으로 쓸지, 누구에게 보여줄지 생각한 사람 발표해 봅시다."

"저는 재미있게 읽은 동화책에 대해 쓸 건데요, 친구에게 책을 읽도록 소개해 주고 싶어요."

"저는 요즘 학교 끝나고 친구들과 축구하는 것이 너무 재미있어요. 부모님께서 보시도록 내가 얼마나 축구를 좋아하는지 쓰고 싶어요."

학생들이 저마다 글을 쓰는 목적과 독자 설정에 대한 의견을 제시하였다.

"네, 좋습니다. 내가 글을 쓰는 목적이 무엇인지, 누가 읽도록 할 것인지를 생각하며 쓰면 더 잘 써질 것입니다. 그럼 내 글의 독자와 목적을 생각하면서 생각 그물을 더 만들어 보세요."

학생들에게 생각 그물을 더 작성할 시간을 잠시 주고, 박 선생님은 학생들에게 이번 글쓰기의 상황이 학급 문집에 실을 글을 쓰는 것임을 다시 한 번 환기시킨다.

"자, 그러면 여러분이 만든 생각 그물을 바탕으로 글을 써 보겠습니다. 그런데 생각 그물이 생각보다 잘 안 만들어진 사람도 있을 것이고 막상 생각 그물을 가지고 글을 쓰려니 막막한 사람들도 있을 거예요. 먼저 모둠 안에서 의논해보기로 합니다. 돌아가면서 친구들에게 생각 그물을 보여주고, 자기가 쓸 글을 설명해 주세요."

미리 네 명씩 모둠을 만들어 앉아있던 학생들은 곧 순서를 정해서 자신의 생각 그물을 설명하기 시작한다. 교실이 곧 와자지껄해진다. 박 선생님은 교실을 한 번 둘러보고, 지난 시간에 생각 그물 만들기를 어려워했던 은찬이에게 다가간다.

"은찬아, 선생님한테 생각 그물 좀 보여줄래?"

은찬이와 선생님은 생각 그물을 함께 들여다본다.

"야, 잘 만들었구나. 그런데 어떤 이야기를 쓰려는 거지?"

"음… 산에 대한 생각 그물인데요…"

은찬이는 아직 생각 그물에 대한 정리가 안 된 것 같다. 박 선생님은 은찬이의 생각 그물을 좀 더 풍성하게 하고, 쓰기와 연관시키기 위해서 이것저것 질문을 하기도 하고 조언을 하기도 한다.

학생들이 글을 쓰기 시작하자, 박 선생님은 은찬이처럼 어려워하는 학생 몇 명과 대화를 한다. 그 외에도 원하는 학생은 누구든 친구나 선생님과 협의를 할 수 있도록 조언한다.

학생들이 어느 정도 초고를 다 쓰자, 이번에는 모둠 안에서 '돌려 읽기'를 하도록 한다. 서로 상대방의 글을 읽어주고 자유롭게 감상을 이야기하거나 조언해 주는 것이다. 돌려 읽기 한 결과를 반영해서 학생들이 고쳐쓴 글은 학급 문집에 싣는 것은 물론이고, 실제로 읽히고 싶은 사람에게 보내도록 할 계획이다. 그러기 위해 다음 시간에는 편지로 쓰고 싶은 학생은 편지지를, 책 소개서를 만들 사람은 적당한 종이를 준비해오도록 안내한다.

■ 맥락 중심 작문 교수·학습의 특징

맥락 중심의 쓰기 교육은 과정 중심의 약점이었던 쓰기의 사회적 맥락을 고려하고, 학생 개개인에 대한 관심을 부여하는 것이 핵심이다. 즉 과정 중심의 작문 교육과 대척점에 있기 보다는, 약점을 보완하여 보다 균형잡힌 작문 교육으로 한발 나아가게 했다고 볼 수 있다. 이 수업 장면은 대화와 맥락을 중요시하는 Vygotsky의 사회구성주의 교수·학습 원리가 반영되어 있는데, 다음과 같은 사항들을 제시할 수 있다.

첫째, 글을 쓸 때 가능한 한 실제 상황과 유사한 여건을 조성하려고 한다. 글을 쓰는 데는 텍스트나 필자 요인도 중요하지만, 맥락 요인도 그에 못지않게 중요하다. 특히 글을 쓰는 목적과 독자를 고려하는 것은 글의 내용까지 달라지게 하는 근본적인 요인이다. 박 선생님은 학생들에게 글을 쓰기 전에 글을 쓰는 목적과 독자를 정하게 하였다. 또 완성된 글을 실제로 전달하기 위하여 편지지를 준비하는 등 실제 쓰기 상황을 조성하였다. 최종적으로는 이 글들을 학급 문집으로 묶어서 출판할 계획이다. 이런 작품화하기 과정과 전략은 과정 중심의 쓰기를 적용한 수업에서도 필요성이 제기되었지만, 맥락 중심의 작문 교육에서 더욱 강조되고 다양하게 시도되었다.

둘째, 학생의 쓰기 능력은 주로 교사나 우수한 동료와의 대화를 통해서 이루어진다고 생각한다. Vygotsky는 교수·학습이 가장 활발하게 일어나는 이상적인 상황으로 근접 발달 영역을 설정하였으며, 이때 교사나 우수한 동료의 사회적 중재에 의해 학습이 일어난다고 하였다. 이 수업 장면에서는 주로 '협의하기'에 의해 사회적 중재가 일어났다. 박 선생님이 은찬이와 나눈 대화, 학생들이 모둠원끼리 나눈 대화가 모두 사회적 중재이다. 은찬이가 처음에 만들어낸 생각 그물은 실제 발달 수준이지만, 은찬이에게는 사회적 중재를 통해 더 높은 잠재적 발달 수준에 도달할 수 있는 잠재력이 있다. 대화라는 사회적 중재를 통해 잠재적 발달 수준으로 끌어올리는 것이 바로 교사의 역할이다. 이 수업 장면에서는 생각 그물 만들기 전략에 해당되는 협의 장면만을 제시하였으나, 앞에서 논의한 대로 협의하기는 작문 과정의 전 영역에서 일어날 수 있다.

셋째, 교사는 주로 대화, 특히 질문의 형태로 사회적 중재를 하게 된다. 교사는 학습자의 실제 발달 수준보다 약간 앞선 수준의 질문을 통해서 학습자의 발달 수준을 끌어올려야 한다. 이때 교사가 사용하는 질문들은 학습자의 학습 상황과 수준에 맞게 점진적으로 이루어져야 하며, 정해진 순서에 의해서 엄격하게 진행하는 것이 아니라 학습자의 사고 유형, 아이디어, 지식, 능력 등을 종합적으로 고려하여 유연하게 진행해야 한다. 이때 교사는 "그 부분은 참 잘 했구나.", "이 부분은 왜 이렇게 표현했지?" 등과 같은 허용적인 분위기를 만들어내는 질문을 통해서 학습자가 학습 활동에 주도적으로 참여할 수 있도록 배려해야 한다(박태호, 2000 : 148-152).

작문 교수·학습 상황에서 발생되는 대화의 유형은 두 가지이다. 교사와 학습자 혹은 학습자와 학습자 간의 대화가 그것이다. Goldenberg(1991)는 이것을 교수적 대화로 표현하면서 교수적 특성으로 주제에 초점을 맞추기, 배경지식을 활성화시키기, 명시적 가르침을 제공하기, 보다 복잡한 언어와 표현 확대하기, 진술이나 입장 표명에 대한 근거 유도하기를 들고 있으며, 대화적 특성으로는 다양한 답이 가능한 질문들, 학생 활동에 대한 다양한 반응, 연결된 담화, 긍정적이고 허용적인 학습 환경 등을 들고 있다(한순미, 1999 : 129-130).

넷째, 협동 학습의 형태를 적극 활용한다. 쓰기가 사회적 행위임을 생각하면, 학습자는 글을 쓰는 과정에서 가능한 한 많은 사람들과 상호 작용을 할수록 유리하다. 교실에서 교사와만 상호 작용을 하기 보다는 수많은 동료들을 적극 활용해야만 한다. 박 선생님은 글을 쓰기 전에 모둠 활동을 하도록 유도했고, 글을 쓰는 과정에서도 필요한 경우 언제든지 동료와 협의를 하도록 장려하고 있다. 이는 교사 혼자서 모든 상황을 통제해야 하는 어려움을 극복할 수 있는 방안이기도 하다.

이와 같은 맥락 중심의 작문 수업 방식은 두 가지 면에서 의미를 지닌다. 하나는 글쓰기 구성 요인 중 맥락을 교수·학습에 반영하면서 과정 중심 작문 교육의 한계를 보완하였다는 점이다. 그뿐 아니라, 더욱 중요한 것은 그간 평면적으로 개발되고 적용되었던 쓰기 전략과 활동을 입체적인 수업 장면으로 옮겼다는 점이다. 초기의 과정 중심 쓰기 교실은 학습자에게 새로 개발한 쓰기 전략이나 활동을 알려주고 적용하는데 급급한 면이 있었다. 실제로 학습자 개개인이 이를 어떻게 수용하는지, 개인의 글에는 어떻게 반영되는지를 충분히 고려하지 못한 것이다. 맥락과 대화에 대한 강조는 교사와 학습자의 직접적인 상호 작용에 주목하면서, 새롭게 개발된 쓰기 전략이나 활동이 학습자에게 어떻게 수용되고 내면화되는지를 깊이 있게 들여다보게 하였다.

4. 장르 중심 작문 교수·학습

1) 장르 중심 작문 교육

■ 장르 중심 작문 교육의 의의

최근 작문 교육에서는 담화 공동체 구성원들의 의사소통을 실현하는 도구로서 텍스트, 장르를 강조하는 경향이 다시 강해지고 있다. 이런 경향은 '장르 중심 작문 교육'이라는 명칭으로 불리기도 하는데, 장르 중심 작문 교육에서는 장르의 유형, 사회적 기능, 형식과 내용을 강조한다. 전통적 장르관은 폐쇄적, 고정적, 상호 배타적이었고, 주로 문학 분야에서 사용되었던 반면에, 새로운 장르관은 반복적인 사회적 상황에 대한 수사적 반응, 사회 변화의 추이에 따라 지속적으로 변화하는 역동적인 존재로 파악한다. 장르가 하나의 생명체처럼 진화, 발전, 퇴보하는 과정을 거치며 역동적으로 변화한다는 것이다. 이렇게 장르를 역동적으로 보는 관점은 기존에 장르를 거시적으로 분류하던 체계보다 일상생활과 보다 가까운 미시적인 분류 체계를 중요시하게 하였다. 예를 들면 기존에는 교육적으로 전형적인 '설명문'만을 가르쳤다면, 이제는 직접 일상생활에서 나타나는 형태의 장르인 '설명서, 초대장, 안내문, 기사문, 요약문' 등을 가르쳐야 한다는 것이다.

장르 중심의 관점에서 관건은 전통적인 문법 내용을 쓰기의 과정, 맥락과 어떻게 통합하여 가르칠 수 있느냐이다. 그 기반을 마련해 준 것은 사회기호학자인 Halliday가 주축이 되어 연구한 '기능 문법 이론'이다. Halliday의 기능 문법은 텍스트의 언어적 속성, 즉 문법을 중시한다. 그러나 새로운 기능 문법과 전통 문법과의 차이는 문법의 규칙과 문장 구조 대신, 맥락 속에서 이루어지는 텍스트의 의미를 중시하는 것이다.

기능 문법을 기반으로 한 쓰기 교육에서 맥락과 텍스트의 언어적 형식은 서로 체계적이고 기능적인 관계를 가지며, 이는 언어로 실현된다. 문법은 맥락에 따른 의미 실현의 도구이다. 새로운 기능 문법 교육은 그간 홀대받았던 텍스트의 언어적 형식이 작문 교육의 중심부로 들어오는 계기를 제공하였다. 즉 쓰기 행위에서 장르는 맥락과 텍스트를 통합하는 기제가 될 수 있다. 또한 장르는 쓰기와 문법 교육을 통합하는 기제가 될 수도 있다. 기존에 문법 영역에서 가르치던 문법 지식이 텍스트의 언어적 형식 구성에 쓰이는 방식을 보여주기 위해 장르를 활용할 수 있다.

2) 장르 중심 작문 교수·학습 모형

▌3단계 교육과정 모형

작문 교육에서 장르와 문법이 강조되면서, 이들을 어떻게 가르칠지에 대해서도 연구가 이루어지기 시작했다. 장르와 문법을 결합시킨 교육을 위해 새로운 교육과정이 개발되었고, 새로운 교육과정의 실행을 지원하기 위한 교수·학습 모형도 개발되었다. 다음은 여러 연구를 거쳐서 Callaghan & Rothery(1988)가 개발한 '3단계 교육과정 모형'이다. 이 모형은 장르의 교수·학습을 위한 절차를 3단계로 나누어 접근하고 있으므로, 장르 중심 작문 교수·학습 모형으로 볼 수 있다.

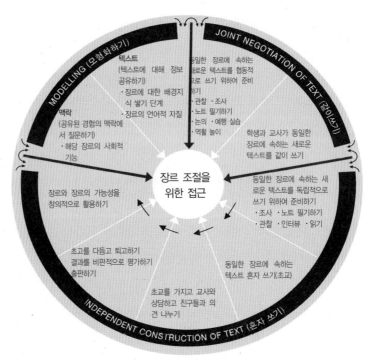

[그림 3] 3단계 교육과정 모형(Callaghan & Rothery, 1988 : 39)

이 모형은 '맥락과 텍스트의 모형화하기(modeling)', '교사와 학생이 같이 쓰기(joint negatiation of text)', '학생 혼자 쓰기(independent construction of text)'의 세 단계를 기본 축으로 이루어져 있다. 우선 '맥락과 텍스트의 모형화하기' 단계에서는 교수·학습의 목표가 되는 핵심 장르를 모델로 제시하고, 이러한 장르가 어떠한 사회적 맥락 안에서 활용되고 소통되는지, 그 원형적인 구성 요소는 무엇인지, 특징적인 언어 구조와 표현들에는 어떠한 것들이 있는지를 제공함으로써 학습자로 하여금 해당 장르에 대한 원형적 틀과 형식적 표지 등을 인식할 수 있게 한다. 다음 '교사와 학생이 같이 쓰기' 단계에서는 새로운 글을 쓸 수 있도록 학습자를 준비시키는 단계로 교사와 학생이 함께 맥락적 요소와 장르의 구조 및 특징 등에 대한 지식을 공유하면서 글을 쓰는 훈련을 하도록 한다. 마지막으로 '학생 혼자 쓰기' 단계에서는 학습자가 이전 단계에서 내재화한 지식을 바탕으로 교사의 지원없이 자기 주도적으로 텍스트를 생산하는 단계이다(국어교육 미래열기, 2009 : 370).

■ 장르 중심 작문 교수·학습 모형의 문제

이 모형은 교육 대상으로 장르를 중심에 놓고는 있으나, 기본적으로 Vygostky의 근접 발달 영역 원리에 의해 구성되어 있다. 교사의 설명과 시범, 교사와 학생의 협동적인 쓰기, 학생의 주도적인 쓰기로 이어지는 교수·학습의 절차는 학습의 책임이 교사에서 학습자에게로 점진적으로 이양될 것을 나타내고 있다. 이 모형은 호주 및 여러 나라의 교육과정에 영향을 미치며 폭넓게 수용되었다.

그러나 이 모형의 문제점에 대하여 여러 학자들이 우려를 표명하였는데, 이런 방식으로 텍스트를 가르치는 것이 학생들에게 텍스트 유형을 단순히 반복하여 재생산하도록 조장할 수 있다는 것이다. 애초 3단계 교육과정 모델에서 마지막 단계인 혼자 쓰기 단계는 '장르와 그것의 가능성을 창조적으로 활용할 것'을 적극 권장하고 있다(Callaghan & Rothery, 1988 : 39, 주세형 외 역 2007 : 69에서 재인용). 그러나 실제로 학습자가 장르를 창조적으로 활용하기는 매우 어렵고, 교육과정상에 제시된 텍스트 유형을 그대로 답습하고 익히는 수준에 머무르기 쉽다. 모델링, 즉 모범글을 제시한다는 것은 항상 학습자의 모방을 유도할 위험성을 내포하는데, 이는 창의적인 쓰기 능력의 신장을 저해할 수도 있다. 이 문제는 장르 중심 작문 교육이 전통적인 형식주의 관점으로 회귀하지 않기 위해 극복해야 할 과제이다.

3) 장르 중심 작문 교수·학습 방법

▌수업 장면 예시

장르 중심 작문 교수·학습 방법은 아직 충분히 합의되지 않은 상태이며, 현재 진행형의 연구 과제이다. 장르 중심 작문 교육이 국내에 본격적으로 적용되기 시작한 것은 '2007 국어과 교육과정'의 개정 시기부터라고 볼 수 있다. '2007 국어과 교육과정'은 '담화와 글의 수용, 생산 중심의 국어 교육 지향'이라는 항목을 첫 번째 개정 중점 사항으로 내세웠다. 실제로 학년별 교육 내용을 제시한 방식을 보면, '글의 수준과 범위'를 먼저 제시하고, 그와 같은 유형의 글을 쓰기 위해 필요한 성취기준을 제시하고 있다. 예를 들어 6학년 쓰기 교육과정에는 '문제와 해결의 짜임으로 쓴 연설문'을 다루어야 할 글 유형으로 제시하고 있다. 그리고 이 글을 쓰기 위해 필요한 성취기준으로 '문제에 대한 자신의 관점과 해결 방안이 잘 드러나게 연설문을 쓴다.'를 제시하는 식이었다. 교과서에도 이런 관점을 반영하여, 쓰기를 위해 필요한 텍스트 지식, 또는 장르 지식이 이전 교과서에 비하여 많이 반영되었다.

그러나 2009, 2015 국어과 교육과정에서는 '글의 수준과 범위'가 '국어 자료의 예'로 바뀌고 성취기준 뒤에 제시되면서 중요성이 약화되었다. 2007 교육과정의 실행 과정에서 여러 문제점이 발견되었기 때문인데, 학년별 교육내용으로서의 텍스트 위계에 대한 정당성이 확보되지 않은 것, 학년별로 텍스트 유형을 정해놓음으로써 교과서 개발이나 수업에 한계를 부여한 것, 모범문을 제시하며 학습자의 창의성을 저해할 우려가 있다는 것 등이다. 그러나 여전히 국어 교육이 '담화와 글의 수용, 생산'을 지향해야 한다는 방향성은 유효하다고 볼 수 있다. 다음은 수업에서 장르 중심 작문 교수·학습 모형을 채택하였을 때 전형적으로 관찰되는 작문 수업의 한 장면을 가상적으로 구성한 것이다.

이 선생님은 '제안하는 글의 짜임과 내용을 알아봅시다.'라는 학습목표로 쓰기 수업을 하려고 한다.

이 선생님은 먼저 잘 짜인 제안하는 글의 예시를 학생들에게 보여주고 읽게 한다.

"이렇게 독자에게 무엇인가 행하도록 의견을 제시하는 글을 '제안하는 글'이라고 합니다. 이 글에는 어떤 내용들이 들어가 있나요?"

예시글은 몇 부분으로 나뉘어져 있어서 학생들이 구분하여 파악하기 쉽게 되어 있다. 학생들은 예시문에 문제 상황, 필자의 제안, 제안하는 까닭 등의 내용이 들어가 있음을 찾아낸다.

"네, 맞아요. 제안하는 글은 크게 '문제 상황, 제안, 까닭'의 세 부분으로 짜입니다."

이 선생님은 학생들과 예시문의 구조를 확인하고, 이번에는 다른 예시글에서 문제 상황 부분 보여준다.

"이 글에서 부족한 내용은 뭘까요?"

"제안과 제안하는 까닭이 없어요."

"여러분이 뒷부분을 완성해 볼까요?"

이 선생님은 학생들이 제안하는 글을 완성하는 연습을 하면서 제안하는 글의 짜임과 내용을 확실하게 익히도록 유도하였다. 이번에는 학생들 스스로 제안하는 글을 써 볼 차례이다.

"평상시에 제안하고 싶었던 것을 생각해서 여러분 스스로 제안하는 글을 써 봅시다. 누구에게, 무엇을 제안하고 싶은지 생각해 보세요"

학생들이 어느 정도 쓰기 계획을 세운 후, 이 선생님은 제안하는 글을 쓸 때 중요한 지식과 표현들을 지도한다. 제목은 제안을 바탕으로 정한다는 것, 문제 상황은 구체적으로 쓸 것, 제안의 문장 표현은 청유문이지만 이외에도 평서문, 의문문으로도 간접 표현할 수 있다는 것, 까닭을 드러내주는 표지어로 '왜냐하면', '그 까닭은', '~때문입니다.' 가 있다는 것 등을 구체적인 예를 보여주며 설명하였다.

"자, 제안하는 글을 쓸 때 중요한 표현들이 있다는 것을 알겠지요? 그러나 쓰기는 정답이 정해진 것이 아니니 조금씩 달라질 수 있습니다. 이 표현들에 주의하며 쓰되, 여러분만의 멋진 글을 써 보세요."

학생들이 글을 쓰는 동안 이 선생님은 궤간순시를 하며 학생들의 쓰기 수준과 어려움을 파악한다. 이 선생님은 몇몇 아동이 예시문을 그대로 따라 쓰다시피 하는 것을 발견하고 이들이 자신의 글을 쓰도록 어떻게 지도할 것인지 고민한다.

■ 장르 중심 작문 교수·학습의 특징

이 수업 장면은 특정 장르의 관습에 능숙해지도록 하는 것이 목적이라는 점에서 장르 중심 작문 교육이 반영되어 있다. 다음과 같은 특징적 사항을 찾아볼 수 있다.

첫째, 수업 목표와 수업 내용에 장르, 또는 텍스트 유형의 특성이 반영되어 있다. 이 수업은 '제안하는 글'이라는 장르를 이해하는 것 자체가 수업 목표이다. 목표가 '제안하는 글의 짜임과 내용을 알아봅시다.'이므로 이 수업에서 제안하는 쓰기가 이루어질 것임을 명료히 하고 있다.

수업 내용으로 가르치는 것들도 장르의 특성과 구조, 표현들이다. 이 선생님은 이 수업에서 제안하는 글의 짜임이 문제 상황, 제안, 까닭으로 되어 있다는 것을 알려주고 학습자가 직접 그 짜임에 맞게 써 보도록 하였다. 또한 제안하는 글을 쓸 때 중요한 원칙, 표지어 등에 대해서도 알려주고 고려하여 글을 쓰도록 하였다.

둘째, 학습자가 제안하는 쓰기에 능숙해지도록 하기 위해서 책임 이양의 방식으로 수업이 진행된다. 이 수업에서 이 선생님은 먼저 제안하는 글의 예시를 제시하고 그 짜임이 문제 상황, 제안, 까닭으로 되어있음을 알려주고 있다. 다음에는 완성되지 않은 예시글을 주고 앞에서 학습한 짜임 중 부족한 내용을 채워 쓰는 연습을 하도록 하였다. 마지막으로 다른 주제로 학습자 스스로 글을 쓰도록 요구하고 있다. 이런 구성은 앞에서 제시한 '3단계 교육과정 모형'의 '모형화하기', '교사와 학생이 같이 쓰기', '학생 혼자 쓰기' 단계에 부합된다.

그러나 이와 같이 예시글 제시-연습-적용이라는 교수·학습의 흐름에서는 학습자가 쓰기에서 창의성을 발휘할 기회가 거의 없다. 자칫하면 학습자에게 모든 제안하는 글에는 문제 상황, 제안, 까닭 이외에는 다른 내용이 들어갈 수 없으며, 제시된 형식을 취해야만 한다는 선입견을 심어주기 쉽다. '교사와 학생이 같이 쓰기'는 단순하고 기계적인 연습이 아니라 학습자가 독립적인 필자가 되기 위한 준비 과정이다. 이에 맞는 활동이 풍부하게 개발될 필요가 있다.

셋째, 특정 장르에 필요한 텍스트 지식을 쓰기 활동과 통합하여 가르치고 있다. 학습자에게 의미있는 텍스트 지식, 문법 지식은 실제 쓰기의 맥락 속에서 가장 효과적으로 지도될 수 있다. 기능 문법에서 문법을 맥락에 따른 의미 실현의 도구로 보는 것과 마찬가지이다. 교과서나 수업에 반영되는 텍스트 지식들은 글쓰기라는 맥락과 연계되어야 한다.

이 수업에서 '제안의 문장 표현은 청유문이지만 이외에도 평서문, 의문문으로도 간접 표현할 수 있다', '까닭을 드러내주는 표지어가 있다'는 텍스트 지식은 제안하는 글 쓰기라는 맥락과 연계되어 의미를 지니게 된 것이다. 그러나 인쇄된 교재로 맥락을 조성하는 데는 한계가 있다. 텍스트 지식과 맥락의 연계를 위해서는 교사와 학습자의 입체적인 상호작용이 보완되어야만 한다. 또한 교과서에 제시된 텍스트 지식이 마치 제안하는 글을 쓰는 데 필요한 모든 것인 듯 인식될 우려도 있다. 제안하는 글쓰기를 처음 접할 때나 부진아 지도에는 효과적일지 모르나, 학습자의 독립된 활동으로 이어지기 위해서는 더 풍부한 예시를 제시하여 창조적 변형을 유도해야 한다.

▌ 참고문헌

경인초등국어교육학회(1995), 과정 중심 글쓰기 교육 워크숍, 제5회 경인초등국어교육학
　　　회 연구발표 자료집.

국어교육 미래열기 편(2009), 국어교육학개론, 삼지원.

노명완·박영목·권경안(1988), 국어과교육론, 갑을출판사.

박영목(1994), 의미의 구성에 관한 설명 방식, 선청어문 22, 서울대 국어교육과, 199-219.

박성창(2000), 수사학, 문학과지성사.

박태호(1996), 사회구성주의 패러다임에 따른 작문 교육 이론 연구, 석사학위논문, 한국교
　　　원대학교.

박태호(2000), 장르 중심 작문 교육의 내용 체계와 교수·학습 원리 연구, 박사학위논문,
　　　한국교원대학교.

서정수(1991), 문장력 향상의 길잡이, 한강문화사.

이대규(1994), 수사학 : 독서와 작문의 이론, 신구문화사.

이성영(1996), 직접교수법에 대한 비판적 고찰, 한국초등국어교육 12, 123-154.

이수진(2007), 쓰기 수업 현상의 이해, 박이정.

이수진(2010), 형식주의 작문이론의 교육적 재검토, 작문연구 11, 67-199.

이재기(2005), 문식성 교육 담론과 주체 형성에 관한 연구, 박사학위논문, 한국교원대학교

이재승(2002), 글쓰기 교육의 원리와 방법, 교육과학사.

정동화·이현복·최현섭(1984), 국어과교육론, 선일문화사.

Knapp, P. & Watkins, M., 주세형·김은성·남가영 역(2007), 장르, 텍스트, 문법 : 쓰기 교
　　　육을 위한 문법, 박이정.

최현섭 외(2002), 국어교육학개론 2판, 삼지원.

최현섭 외(2003), 자기주도 쓰기 학습을 위한 과정 중심의 쓰기 워크숍, 역락.

한순미(1999), 비고츠키와 교육 : 문화-역사적 접근, 교육과학사.

Bruffee, K. A.(1984). Collaborating learning and the conversation in mankind, *College English* 46,
　　　635-652.

Callaghan, M. & Rothery, J.(1988), Teaching factual writing: A genre based approach. *DSP
　　　Literacy Project*, Metropolitan East Region.

Flower L. S. & Hayes J. R.(1981), Cognitive process theory of writing, *College Composition and
　　　communication* 32(4), 365-387.

Goldenberg, C.(1991), Instructional Conversations and Their Classroom Application. *Educational
　　　Practice Report* : 2.

Hayes J. R.(2000), A new framework for understanding cognition and affect in writing, In

Indrisano R. & Sqire J. R.(Eds), *Perspectives on writing : Research, theory, and practice*, 6-44, Newark, DE, US : IRA.

Rohman D. G. & Wlecke A.(1964), Pre-writing : The construction and application of models for concept formation in writing, *Office of Education Cooperative Research Project*, Michigan State University.

Vygotsky L.(1978), *Mind in society*, MA : Harvard University Press.

제 8 장

과정 중심 작문 지도 방안

국어 수업이나 교재와 관련해서 '과정 중심'이라는 말을 들어본 적이 있는가? '과정 중심'이라는 말은 오랫동안 국어 교육의 기본적인 철학으로 자리잡아왔다. 작문을 효과적으로 가르치는 방법에 대한 가설, 즉 작문 교수학습 이론에서도 현재 가장 영향력 있는 것이 과정 중심 작문 교육이다. 과정 중심 작문 교육에서 주장하는 바와 같이 작문 행위는 일련의 과정이며, 각 과정마다 효과적인 전략이 있다고 가정하였을 때, 작문을 효과적으로 가르치는 방법은 과정별로 유용한 전략을 가르치는 것이 된다.

물론 과정 중심의 작문 지도만으로 작문 능력이 충분히 신장되지는 않는다. 작문 능력은 과정과 전략 이외에도 텍스트, 맥락 등 다양하고 복합적인 요인과 관련되어 있다. 현재 과정 중심 작문 지도 방식에도 이러한 다양한 요인이 부분적으로 반영되어 있다. 이처럼 과정 중심 작문 지도 방식은 전통적인 수업을 바꾼 첫 시도이며, 텍스트를 포함하여 맥락과 같은 다양한 요인을 적극적으로 받아들이고 있다는 점에서 현재 작문 교실에서 지배적인 지도 방법으로 활용되고 있다.

앞에서 설명한 대로 현재 수업에 반영되는 전형적인 작문의 과정은 '계획하기-내용 생성하기-내용 조직하기-표현하기-수정하기-작품화하기'이다. 8장에서는 각 과정의 의미와 대표적인 전략을 실제 사례와 함께 살펴보기로 한다.

1. 계획하기 과정의 지도 방안

1) 대표적인 전략

'계획하기'는 글을 쓰기 전에 글을 쓸 준비를 하는 과정이다. 글의 주제 정하기, 글을 쓰는 목적 정하기, 독자 및 글쓰기 과제의 조건 분석하기 등이 중요한 활동이다. 특히 글의 주제를 정하는 것은 작문의 성패를 좌우하기도 한다. 아무리 글을 잘 쓰더라도 참신하고 쓸 만한 가치가 있는 주제가 아니라면 매력적인 글이 되지 못한다.

쓸 만한 주제를 찾는 것은 쉬우면서도 어려운 일이다. 학생들에게 스스로 쓰고 싶은 것을 선택하여 글을 쓰게 하면, 전혀 쓸거리를 찾지 못하는 학생들도 있다. 그들은 차라리 교사에게서 정해진 과제를 받고 싶어 한다. 그러나 능숙한 필자란 평소에 글을 쓸 준비가 충분히 되어 있는 사람이다. 즉, 능숙한 필자로서의 학생은 스스로 글로 표현하고 싶은 화제를 선택할 수 있어야 한다.

그렇다면 글 쓸 준비는 어떻게 갖추어질까? 일상생활 속에서 지속적으로 생각할 거리를 찾고, 기록하고, 사유하는 것이 도움이 된다. 친구나 선생님, 부모님과의 대화에서 발생한 의문점, 책이나 영화를 보면서 생각한 의문점 등은 탐구심을 불러일으키고 나중에 작문의 좋은 소재가 된다. 작문 교육도 결국은 이런 일상생활 속에서의 사고와 탐구로부터 이루어진다. 순간적인 의문이나 사고는 망각되기 쉬우므로, 학습 일지나 글감 공책을 만들어서 꾸준히 기록해 두도록 하는 것이 좋다. 학생들이 자기 주변에서 작문의 소재가 될 수 있는 것에 대해 관심을 기울이도록 하고 생각날 때마다 자신만의 기록장에 기록해 두도록 해야 한다.

텔레비전에서 본 것이나 책 등에서 읽은 것, 다른 과목에서 배운 것, 집에서 있었던 일, 쓰기 노트 등에서 화제를 선정할 수 있을 것이다. 평소 일반 노트나 메모지, 학습 저널 같은 곳에 자기가 생각하고 있는 화제를 메모해 두게 하는 것도 좋다 (Calkins & Harwayne, 1991 ; Calkins, 1986). 그리고 공책 같은 데 자기가 평소 가졌던 의문점을 메모해 두게 할 수도 있다. 어떤 사람에 대한 의문점도 좋고, 스포츠나 취미, 공부하고 싶은 주제, 다른 사람들로부터 들었던 것도 좋다. 이들 의문점은 화제를 선정하는 데 중요한 자원이 될 수 있다.

쓰기 일지(저널)를 간직하게 하는 것도 화제를 발견하는 데 좋은 방법이다. 학생들은 평소에 글쓰기와 관련하여 이런 저런 것을 메모해 둔다. 즉, 쓰기 일지는 학생들이 평소에 관찰한 것이나 생각한 것, 좋은 표현, 읽었던 것 등을 모아놓은 좋은 저장 창고가 된다(이재승, 2004 : 261). 주제가 정해지면 글쓰기의 목적과 독자를 결정해야 한다. 목적과 독자는 글의 방향, 내용, 표현까지 결정하는 중요한 요인이다.

계획 활동이 왕성하게 이루어지기 위해서는 주제, 목적, 독자, 상황이 뚜렷이 나타난 쓰기 과제를 제시한다. 예를 들어 과제를 제시할 때, '실의에 빠져 있는 친구를 위로하는 글을 써보자'라고 하면, 이러한 과제는 글을 쓰는 목적과 독자, 그리고 이 글을 써야 하는 상황은 뚜렷하다. 하지만 이 경우에 독자에 대한 분석이 필요한데, 필자는 무엇 때문에 실의에 빠졌는지, 평소 이 친구는 어떤 것을 좋아하는지 등을 분석할 수 있다. 이렇게 쓰기 과제를 제시할 때에는 구체적인 상황이 전제된 것이 좋고, 학생들의 실제 삶과 직결된 것, 학생들의 흥미를 불러일으킬 수 있는 것을 제시했을 때, 학생들은 계획하기에 적극적으로 참여하게 되고 학생들 입장에서 계획할 '거리'가 생기게 된다(신헌재 외, 2009 : 349).

2) 활동 및 자료의 예시

▐ 나의 계획 점검하기

■ 활동의 의의

계획하기 과정에서 할 만한 활동을 점검표로 만들어 주고 그런 행위를 했으면 체크를 해 보게 할 수 있다. 이 학습지는 글을 쓰기 전 뿐 아니라, 글을 쓰는 동안이나 글을 쓴 후에도 자신이 올바로 쓰고 있는지 점검하기 위해 활용할 수 있다.

■ 활동 절차

① 글쓰기 과제를 제시한다.
② 과제에서 요구하는 글쓰기의 목적, 독자, 분량, 소요 시간 등을 파악하도록 한다.
③ 과제에 가장 적합한 글쓰기의 형식을 결정하도록 한다.
④ 글을 쓰기 전에 '계획하기 학습지'에 제시된 항목별로 계획을 점검하도록 한다.

[계획하기 학습지 예시(신헌재 외, 2009 : 350)]

내　　용	표시
* 이 글을 쓰는 목적이 무엇인지 생각해 보았나요?	
* 이 글의 주제는 무엇인지 생각해 보았나요?	
* 이 글은 어떤 상황에서 써야 하는지 생각해 보았나요?	
* 내가 쓴 글을 읽을 독자를 떠올려 보았나요?	
* 어떤 형태의 글을 쓰는 것이 좋을지 생각해 보았나요?	

했으면 ○, 하지 않았으면 ×, 잘 모르겠으면 △.

▌다양한 독자 정하기(이주섭 외, 2004)

● 활동의 의의

실제 독자를 정하는 일은 학생들에게 어려운 일이다. 왜냐하면, 대부분의 학생들은 오로지 교사만을 대상으로 글을 써왔기 때문이다. 그러므로 자신의 글에 적합한 독자를 정하기 전에 다양한 글의 독자들을 브레인스토밍하여 목록을 만들어 놓는 것이 필요하다. 자신의 글에 적합한 독자를 발견하도록 지원하면 글을 쓰는 실제적인 이유를 강화할 수 있다.

■ 활동 절차

① 학생들에게 글을 쓸 때에는 자신의 글을 읽게 될 누군가를 정해야 한다고 말해 준다. 학생들이 무엇을 쓸 것인가를 정확하게 결정하기 전에, 자신의 글을 읽을 독자를 정하는 것이 필요하다는 것을 설명한다.

② 자료와 같이 가능한 독자의 목록을 복사하여 나눠준다. 그리고 학생들에게 이것은 글을 쓸 수 있는 사람들의 일부분이라고 말해준다.

③ 반 전체가 이 목록을 읽는다. 그리고 가능성 있는 독자에 대하여 신중하게 생각하고, 특별한 독자에게 쓸 수 있는지 없는지에 대하여 신중하게 생각한다. 그리고 독자에게 어울리는 내용들을 간단히 적어본다.

④ 목록의 독자뿐만 아니라 자신의 쓰기에 어울리는 다른 독자들을 목록에 추가해보도록 한다.

[독자의 목록 예시]

1. 우리 반 친구들	14. 구청장
2. 우리 학교의 다른 반 친구들	15. 국회의원
3. 다른 학교의 친구들	16. TV 프로그램
4. 다른 지역에 있는 친구들	17. 정부기관에서 일하시는 분들
5. 다른 나라에 사는 친구들	18. 지역에 있는 회사들
6. 인터넷을 통하여 알게 된 친구들	19. 여행사
7. 교장 선생님	20. 다른 나라의 대사관
8. 학교에서 일하시는 분들 (학교식당에서 일하시는 분들, 학교 아저씨)	21. 출판사
	22. 잡지사
9. 학교 운영 위원님	23. 우리 동네 병원 의사선생님

10. 우리 가족	24. 동네 도서관
11. 친척이나 사촌	25. 라디오 프로그램
12. 신문사	26. 책의 작가
13. 동네 사람들	27. 나의 우상

▌ 쓰기 일기 기록하기

■ 활동의 의의

평상시에 쓸 만한 거리들을 찾아서 꾸준히 기록하게 함으로써, 자신의 작문 계획을 미리 세울 수 있다. 경험, 관찰, 사고, 독서, 토론 등 다양한 활동에서 얻은 아이디어들을 쓸 수 있다.

■ 활동 절차

① 학생들은 일반 공책을 한 권 준비한다.
② 공책의 한 면을 세 칸으로 나눈다. 제일 왼쪽 칸은 '아이디어를 얻은 상황', 가운데 칸은 '써 보고 싶은 글감', 제일 오른쪽 칸은 '작문의 목적과 독자'를 써 보는 칸으로 활용한다.
③ 평상시에 경험하거나 관찰한 것, 생각한 것, 읽거나 다른 사람과 이야기 나눈 것 등 다양한 상황에서 글감을 찾아 기록한다.
④ 공책에 자신이 만든 재미있는 제목을 붙인다.

[나의 글감 공책 예시]

어디에서, 또는 언제 얻은 아이디어인가?	써 보고 싶은 글감은?	누구에게, 왜 쓰고 싶은가?
(예시) 아침에 내가 싫어하는 오징어 반찬을 먹다가	꼭 모든 음식을 골고루 먹어야 하는가?	엄마에게, 싫어하는 음식은 먹기가 싫다는 것을 말하기 위해

▌ 쓸 거리 찾기(이주섭 외, 2004 : 296)

■ 활동의 의의

학생들의 창의적인 글 쓰기 능력을 신장시키려면 학생들이 좋아하고 관심을 갖고 있는 것을 쓰기 과제로 제시하는 것이 좋다. 학생들은 자신이 관심과 흥미를 가진 것에 대해 쓸 때, 좀 더 쓰려고 하는 본능적인 욕구를 갖게 된다. 교사들은 이 활동을 통하여 자신의 학생들에 대하여 좀 더 많은 것을 알게 되고, 학생들은 자신의 삶에 대하여 통찰을 얻을 수 있다. 학생들은 자신의 관심이나 흥미에 대한 구체적인 고민을 통하여 앞으로 자신의 경험적인 이야기를 쓰는데 필요한 쓸 거리를 찾는데 도움을 얻을 수 있다.

■ 활동 절차
① 학생들에게 자신들의 관심이나 흥미, 느낌, 생각, 취미 등을 함께 공유하게 된다는 것을 설명해 주고, 자신의 흥미, 감정, 취미에 관하여 생각할 시간을 준다.
② 활동지를 복사하여 나눠주고, 활동지의 각 항목에 하나 혹은 그 이상의 내용을 적도록 한다. 약 10분 정도 시간을 제공하면 좋다.
③ 교사는 활동지를 수집하여 신중하게 읽으면서, 학생들 사이에 관심이나 흥미 있는 것에 대한 공통점을 살펴본다. 만약에 관심이나 흥미에 있어 일정한 공통점이 있다면, 수업시간에 학생들의 공통적인 관심이나 흥미를 고려하도록 한다.
④ 다시 학생들에게 활동지를 나눠준다. 학생들은 글을 쓸 때 소재로 사용하기 위하여 이 활동지를 쓰기 공책이나 포트폴리오의 첫 페이지에 둔다.
⑤ 학생들은 2~3달마다 새로운 '나의 흥미 찾기' 활동지를 작성한다. 자신의 관심이 시간이 지나면서 계속해서 변화하기 때문에 지금 현재의 관심을 보다 분명하게 알기 위하여 한다는 것을 설명한다.

[나의 흥미 찾기 예시]

나의 취미	내가 좋아하는 운동	내가 관심을 갖고 있는 것
내가 좋아하는 것	내가 싫어하는 것	내가 읽은 책들
내가 갖고 싶은 것	나의 좋은점	나의 나쁜점

2. 내용 생성하기 과정의 지도 방안

1) 대표적인 전략

'내용 생성하기'는 글을 쓰기 위해 아이디어를 떠올리고 수집하는 과정이다. 아이디어 생산 단계에서는 창의적인 사고 활동이 필수적이다. 작가는 창의적인 사고 활동을 함으로써 평소에는 좀처럼 떠오르지 않던 생각이나 기발한 착상을 할 수가 있다. 이러한 창의적인 활동들은 추론을 가능하게 하고, 아이디어들 간의 연관성을 새롭게 발견하는데 도움을 줄 수 있다(박영목·한철우·윤희원, 1995 : 203).

아이디어를 생성하기 위해서는 창의적인 사고 활동이 필수적이다. 주어진 주제나 문제에 대하여 어느 정도 창의적인 내용이나 해결 방법을 이끌어내느냐가 관건이기 때문이다. 내용 생성하기에서 효과적이라고 생각되는 전략에는 브레인스토밍, 생각 그물 만들기(mind mapping), 이야기 나누기, 관련 자료 읽기, 면담하기 등이 있다.

'브레인스토밍'은 풍부한 사고를 생성하기 위한 전형적인 창의성 기법으로, 알렉스 오스본(Alex Osborn)에 의해서 개발되었다. 이 방법의 기본 전제는 사고의 양이 질을 결정한다는 것이며, 양으로 축적된 아이디어를 목록별로 정리하고, 발산시켜서 목적한 바를 얻는다는 것이다. 그러나 '브레인스토밍'은 목표지향적인 사고 활동이므로 생각이 문제의 핵심을 벗어나서는 안 되는 단점이 있다. 최근에는 '브레인스토밍'과 같이 창의적인 사고 활동을 강조하면서 작문 교육에 쉽게 적용할 수 있는 '생각 그물 만들기' 전략이 소개되고 있다. '생각 그물 만들기'는 Buzan(1971)에 의해서 연구된 것으로 도형과 패턴을 강조한다. 이는 머릿속에 들어 있는 생각들을 눈으로 볼 수 있도록 하는 장점을 가지고 있다.[1] 특정 주제에 대한 자신의 생각을 몇 마디 정보나 단어, 문장 등으로 회상하고 표현할 수 있도록 하는 데 도움을 주므로 전통적인 전략들이 안고 있는 정보의 선조적인 특성을 극복할 수 있다(박태호, 1996 : 84).[2]

'이야기 나누기' 전략은 글을 쓰기 전에 주어진 주제나 문제에 대하여 소집단별로 또는 대집단에서 이야기를 나누어보는 것이다. 개인이 가지고 있는 배경지식은 한계가 있다. 타인과의 언어적 상호 작용은 주제에 대한 배경지식을 풍부하게 해줄

[1] 토니 부잔 & 배리 부잔(1994 : 6)은 생각 그물의 특징을 '① 주제는 중심 이미지에서 구체화한다. ② 주요 주제는 나뭇가지처럼 중심 이미지에서 수직상으로 뻗어 나간다. ③ 가지들은 결합된 선상에서 핵심 이미지와 핵심 선상으로 구

성되어 있고, 덜 중요한 주제는 더 높은 가지에 연결되어, 중심 주제로부터 멀리 떨어져 있다. ④ 가지는 마디가 서로 연결되어 있는 듯한 구조를 취한다'라고 소개하고 있다.

2 '생각 그물 만들기'는 인간의 두뇌 연구에 의해서도 그 가치가 입증되고 있다. 인간의 두뇌는 좌뇌와 우뇌로 구성되어 있다. 좌뇌는 논리, 분석, 말, 기호, 숫자의 기능을 담당하고 우뇌는 직관, 도형, 공간 인식, 이미지, 패턴 인식, 음악 기능을 담당하는 것으로 알려져 있다. '생각 그물 만들기'는 좌뇌와 우뇌의 통합적인 활동을 통해서 사고와 정보를 입체적으로 처리하는 장점을 가지고 있으므로 뇌의 구조와도 어울리는 전략이라고 할 수 있다(박태호, 1996 : 84).

뿐 아니라, 필자가 지니고 있으나 미처 떠올리지 못했던 배경지식이나 경험을 활성화하는 데도 도움이 된다. 또한 이야기를 나눌 때 동료 학생이나 교사는 독자의 역할을 하므로, 이야기 나누기 전략은 작문의 과정 요인뿐 아니라 맥락 요인도 고려하는 전략이라고 볼 수 있다.

'관련 자료 읽기'도 내용 생성에 매우 유용한 전략이다. 특히 정보적인 글이나 설득적인 글의 경우, 아무리 필자가 열심히 글을 쓰려고 해도 객관적인 사실이 뒷받침되지 않는 한 좋은 글이 나오기 어렵다. 작문은 종이와 연필만으로 하는 행위가 아니다. 작문을 의미 구성 행위로 보았을 때, 주제와 관련된 자료를 읽으면서 사고하는 행위야말로 작문의 내용 생성과 직결되는 활동이다.

'면담하기'는 작문의 대상에 대하여 더 알고 싶거나 궁금한 사항을 직접 알아보는 전략이다. 작문의 대상이 인물인 경우 효과적이며, 학습자가 직접 알아보고 싶은 질문의 목록을 만들고, 면담에 임하기 때문에 적극적으로 참여할 수 있다. '이야기 나누기'에 비하면 미리 질문 목록을 작성하므로 더 체계적으로 내용을 생성할 수 있고, '관련 자료 읽기'에 비하면 더 역동적, 실제적으로 활동할 수 있다.

2) 활동 및 자료의 예시

▌브레인스토밍

- **활동의 의의**
  주제에 대한 아이디어를 양적으로 풍부하게 이끌어낼 수 있다. 아이디어가 옳고 그른 것을 판단할 필요가 없으므로, 인지적 부담 없이 다양한 생각을 펼칠 수 있다.
- **활동 절차**
  ① 교사는 '브레인스토밍'의 방법과 의의를 설명해 준다. 깊이 생각하지 말고, 주제에 대하여 생각이 떠오르는 대로 적을 것을 안내한다. 정답을 찾는 것이 아니라, 다양한 아이디어를 생성하는 것이 목적임을 인식시킨다.
  ② 칠판 위에 '소풍'이라는 단어를 적는다.
  ③ 학생들에게 '소풍'이라는 단어를 듣고 마음 속에 떠오르는 단어들을 말하게 한다. 손을 들어서 지적하는 과정 없이, 앉아서 생각나는 대로 자유롭게 말하

는 것이 중요하다.

④ 교사는 학생들이 부르는 단어를 순서없이 칠판에 써 둔다.

⑤ 2-3분 정도 브레인스토밍을 한 후, 여러 사람에게서 공통적으로 많이 나온 단어들을 찾아본다.

⑥ 각자 브레인스토밍한 아이디어들 중에 '소풍'이라는 주제에 대하여 쓸거리를 정하도록 한다.

[브레인스토밍 활동지 예시]

‣ '소풍'이라는 단어를 들으면 생각나는 것들을 자유롭게 3분간 써 봅시다.

‣ 위에 쓴 단어들 중에 내가 글로 쓰고 싶은 것을 세 가지 골라 봅시다.

▌생각 그물 만들기(박태호, 1996 : 84)

■ 활동의 의의

주제에 대하여 학습자가 알고 있는 것, 연상되는 것, 평소 생각하는 것들을 가시적으로 파악할 수 있다. 도형과 패턴을 이용하므로, 아이디어들 간의 관계를 표현하기도 용이하다.

■ 활동 절차

① 교사는 칠판이나 OHP를 이용하여 '생각 그물'을 만드는 방법을 설명해 준다. '생각 그물'은 '브레인스토밍'과 비슷하다는 이야기를 해 준다. 단지 차이가 있다면 글자 외에도 선, 화살표 등 그림의 형태가 들어간다는 것이다.

② 칠판 위에 '크리스마스'라는 단어를 적는다. 학생들은 잠시 눈을 감고 크리스마스와 관련된 경험을 떠올린다.

③ '크리스마스'라는 단어에 동그라미를 그린 후 마음 속에 떠오르는 생각을 적

어 나간다.
④ 생각을 적는 방법은 방사선 모양, 거미의 다리 모양, 나뭇가지 모양 등 여러 가지가 있으나 중심 단어인 크리스마스로부터 뻗어나간다.
⑤ '생각 그물'을 만들 때에는 가급적 제한된 시간 내에 하는 것이 좋다.
⑥ 학생들의 활동 시간을 5분 이상을 초과하지 않도록 한다.

[생각 그물 만들기의 예시]

▌ 이야기 나누기(이주섭 외, 2004 : 303)

■ 활동의 의의

학생들은 때때로 다른 사람들과 이야기를 하면서 쓸거리를 발견하게 된다. 누군가의 이야기를 귀담아 들으면서 자신도 말하고 싶은 경험을 이야기하게 된다. 이 전략은 학생들에게 흥미로운 쓸거리들에 대하여 말할 기회를 제공한다. 친구들과의 토의를 통하여 학생들은 쓰기의 소재를 탐색하고 확장하게 된다.

■ 활동 절차

① 자신이 선택한 소재에 관하여 이야기를 나눌 것임을 학생들에게 말해준다.
② 다음의 학습지를 복사하여 나눠주고, 여러 가지 항목 중에서 세 가지를 선택하여 표시하도록 한다. 여러 가지 쓰기 소재를 탐색하는 방법으로써 자신이 선택한 항목들을 친구들과 함께 토의하게 된다는 것을 설명하여 준다.
③ 학생들은 자신들의 목록을 가지고 모둠별로 모인다.
④ 먼저 한 학생이 지원자로 나서서 자신의 목록을 다른 친구들에게 보여준다. 모둠의 다른 친구들이 목록 중에서 한 가지를 선택해 준다. 그러면 지원한 학생들은 그 주제에 관하여 이야기를 해준다. 모둠의 다른 친구들은 이야기된 내용들에 대하여 덧붙여 주거나 궁금한 내용들을 질문한다. 처음 한 학생

이 자신의 쓸 거리를 정하면, 다른 친구들이 목록에 대하여 토의한다.

['나에게 말해 줘' 활동지 예시]

‣ 다음 중 친구들에게 이야기해주고 싶은 소재를 세 가지 선택하여 봅시다.

_____ 나의 가족	_____ 내가 수집하고 있는 것
_____ 나의 애완동물	_____ 내가 무서웠을 때
_____ 내가 하고 싶은 일	_____ 재미있게 읽은 이야기
_____ 특별한 나만의 친구	_____ 내가 좋아하는 음식
_____ 재미있었던 사건	_____ 나만의 특별한 장소
_____ 나의 생일 파티	_____ 방학이나 여행
_____ 내가 싫어하는 것	_____ 내가 누군가를 도와주었을 때
_____ TV 프로그램	_____ 나의 달라진 점
_____ 잃어버린 것	_____ 나의 어린 시절
_____ 나의 이웃	_____ 내가 살았던 곳
_____ 나의 공부	_____ 내가 좋아하는 운동
_____ 나의 영웅	_____ 컴퓨터 게임
_____ 내가 가장 좋아하는 물건	_____ 좋아하는 책

‣ 자신이 선택한 항목 중에서 친구들이 듣고 싶어 하는 한 가지에 대하여 말해 봅시다.

▌ 면담하기(최현섭 외, 2001 : 91-93)

■ 활동의 의의

글로 써 보고 싶은 대상과 직접 면담함으로써, 내용 생성을 체계적으로 할 수 있다. 주변에서 쉽게 면담할 수 있는 친구, 가족 이외에도 특정 직업을 지닌 사람(교사, 소방수, 의사 등)을 면담할 수 있다. 또한 현실의 인물이 아니더라도, 문학 작품 속의 인물을 깊이있게 이해하기 위하여 면담의 형식을 취하는 것도 좋다.

■ **활동 절차**
① '면담'의 방법과 의의를 설명해주고, 오늘은 책 속의 주인공과 면담을 할 것임을 안내한다.
② 우선 심청전의 주인공 심청과 면담하는 방법을 교사가 시범보인다. 교사는 심청에 대하여 궁금한 것들의 질문 목록을 만든다.
③ 학생은 심청의 입장이 되어서 교사의 질문에 대답한다.
④ 학생이 면담하고 싶은 책 속 주인공을 정하고, 질문 목록을 만든다.
⑤ 짝과 서로 역할을 정하여, 면담을 시행한다.

['책 속의 주인공에게' 활동지 예시]

‣ **책 속의 주인공과 면담한 내용을 글로 써 봅시다.**
1. 심청전의 주인공 '심청'과 면담을 하여 봅시다.

> 심청의 효행이 세상에 널리 알려지게 되었습니다. 방송국 기자가 면담을 하기 위하여 심청을 찾아 왔습니다. 심청의 입장이 되어서 기자의 질문에 대답하여 보세요.

(1) 아버지와 함께 생활하면서 가장 어려웠던 점은 무엇인가요?

(2) 공양미 삼백석과 자신의 몸을 바꾸었을 때의 심정은 어떠하였나요?

(3) 인당수에 몸을 던질 때 무슨 생각을 하였나요?

(4) 아버지를 다시 만날 때 기분은 어떠하였나요?

(5) 아버지가 다시 눈을 뜨게 되어서 어떤 점이 좋았나요?

(6) 아버지가 눈을 뜨신 후 어떻게 살았나요?

(7) 요즈음 어린이에게 하고 싶은 이야기는 무엇인가요?

2. 심청과 면담한 결과를 바탕으로 심청에게 편지를 써 봅시다.

3. 자신이 감명 깊게 읽은 책의 주인공에게 묻고 싶은 내용을 생각하여 적어 봅시다. 주인공의 입장이 되어서 질문에 대답하여 봅시다.

_____와의 면담

질문 :
대답 :

질문 :
대답 :

질문 :
대답 :

4. 면담한 내용을 바탕으로 책 속의 주인공에게 편지를 써 봅시다.

3. 내용 조직하기 과정의 지도 방안

1) 대표적인 전략

'내용 조직하기'는 생성된 아이디어들 간의 관계를 파악하여 적절히 조절하고 순서를 정하는 과정이다. 내용 조직하기 과정에서는 우선 확산된 아이디어를 묶는 연습이 필요하다. 즉, 관련된 아이디어를 범주화하고 명칭을 부여하여 글이 산만하지 않게 일정한 주제로 생각을 모아야 한다. 또한 생각묶기 단계에서는 글 구조에 관한 지식과 담화 지식이 중요하게 작용한다. 이러한 지식들은 관련된 아이디어를 고르고 조직하는 데 주요한 역할을 하기 때문이다.

내용 조직하기 과정의 지도 내용은 크게 두 유형으로 나눌 수 있다. 첫째, '범주화하기'로 생각 꺼내기에서 방사형으로 이루어졌던 아이디어들을 비슷한 내용끼리 묶는 것이다. 둘째, '글 구조 만들기'로 학생들이 쓰고자 하는 글 구조에 맞게 아이디어들을 조직·배열하는 것이다. 이 때 글 구조의 유형에는 이야기 글 구조, 비교·대조의 글 구조, 설명하는 글 구조, 문제 해결의 글 구조 등이 있다(최현섭 외, 2001 : 121).

내용 조직하기 전략은 방법에 의한 전략과 내용에 의한 전략으로 나누어 생각할 수 있다(최현섭 외, 2001 : 121). 방법에 의한 전략으로는 대표적으로 '개요 짜기' 전략과 '다발짓기(clustering)'[3] 전략이 있다. 개요 짜기는 전통적인 정보 조직 방법으로 학생들에게도 잘 알려져 있다. 다발짓기와 개요 짜기의 목적은 정리, 분류, 체계화에 있다. 중심 활동은 생각 그물을 보고 정리하는 것이지만 정보의 추가와 삭제는 생각묶기 단계에서도 일어난다. 그런데 개요 짜기는 자유롭고 창조적인 사고의 흐름을 묶어 버리는 경우가 허다하다. 예를 들면 논문 목차나 책의 목차가 개요 짜기의 대표적인 경우라고 할 수 있다. 논문 목차를 쓴다고 가정할 경우, 목차 구성 자체가 자유로운 사고의 흐름을 방해한다고 볼 수 있다. 목차는 좌에서 우로, 위에서 아래로 정보가 조직되며, 이러한 정보 구성은 학습자에게 심리적인 부담으로 작용을 한다. 이에 비해서 다발짓기는 정보의 공간적인 활용이 가능하다. 즉, 공간은 학습자의 심리를 보다 편안히 해 주므로 정보를 빠른 속도로 조직할 수 있으며, 정보

[3] '다발짓기'는 원래 'clustering'이라는 전략을 우리말로 바꾸어 표현한 것이다. 'cluster'는 '송이, 덩어리'라는 뜻으로, 'clustering'은 '브레인스토밍'이나 'mind mapping'에서 생성된 아이디어들 중 관련된 것들을 한데 묶는다는 의미이다.

의 추가·삭제가 용이하다고 할 수 있다. 또한, 정보를 정리하는 중에도 필요한 경우에는 생각 그물 전략을 일부 활용할 수도 있다(박태호, 1996 : 84).

내용에 의한 전략은 글의 구조나 성격에 따라서 글을 조직하는 방법을 말한다. 글을 조직하는 방법은 동태적 범주와 정태적 범주에 따라 나눌 수 있다. 동태적 범주에는 서사, 과정, 원인과 결과가 있으며, 정태적 범주에는 비교·대조, 분석, 분류 등이 있다(최현섭 외, 2001 : 121). 다발짓기의 유형은 글의 구조나 성격에 따라 여러 가지 변형이 가능하다. 이야기 글을 쓰기 위한 다발짓기와, 논술문을 쓰기 위한 다발짓기, 설명문을 쓰기 위한 다발짓기가 같을 수 없다. 이는 이야기 글은 서사 구조, 논술문은 인과 구조, 또는 문제 해결 구조의 글이기 때문이다. 또한 설명문은 비교·대조, 분석, 분류 등의 구조를 즐겨 사용한다. 따라서 다발짓기의 다양한 변형은 내용에 의한 전략까지 아우를 수 있다.

2) 활동 및 자료의 예시

▌다양한 다발짓기

▪ 활동의 의의

여러 가지 방향으로 아이디어를 기록할 수 있으므로, 개요 짜기에 비하여 보다 빠른 속도로 아이디어를 기록할 수 있고, 사고의 방향에 구애받지 않는다. 일정한 형식에 맞출 필요가 없이 다양하게 변형이 가능하므로, 글의 장르나 형식, 목적에 따라 유연하게 사고를 정리할 수 있다.

▪ 활동 절차

① 교사는 '다발짓기'의 방법과 의의를 설명해 준다. 내용 생성하기 과정에서 생각한 아이디어들을 관련있는 것끼리 묶고, 순서를 정하는 활동임을 안내한다. 정해진 형식이 있는 것이 아니라, 글을 쓰기 전 조직을 가장 효과적으로 할 수 있는 형태를 선택하면 된다는 것을 인식시킨다.

② 전형적인 다발짓기의 형태를 몇 가지 제시한다.

③ 각각의 다발짓기는 어떤 형식의 글을 쓸 때 적당할지 같이 생각해본다.

④ 교사는 글쓰기 주제를 제시하고, 학생들은 글을 쓰기 위해 필요한 다발짓기

형태를 선택한다. 자신이 선택한 형식과 선택 이유를 말해본다.

(예) 글쓰기 주제 : '나의 고민'-선택한 다발짓기 : '원인, 결과에 유용한 다발짓기'-선택 이유 : 나의 문제점을 설명하고, 그 원인을 찾아보고, 해결책을 제시하기 위해 선택하였다.

[다양한 다발짓기의 예]

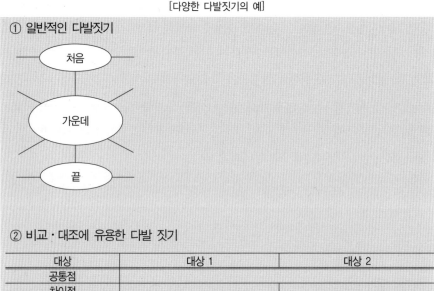

① 일반적인 다발짓기

② 비교·대조에 유용한 다발 짓기

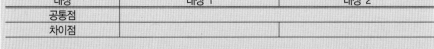

대상	대상 1	대상 2
공통점		
차이점		

③ 분류·분석에 유용한 다발 짓기

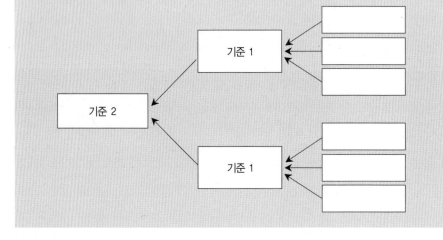

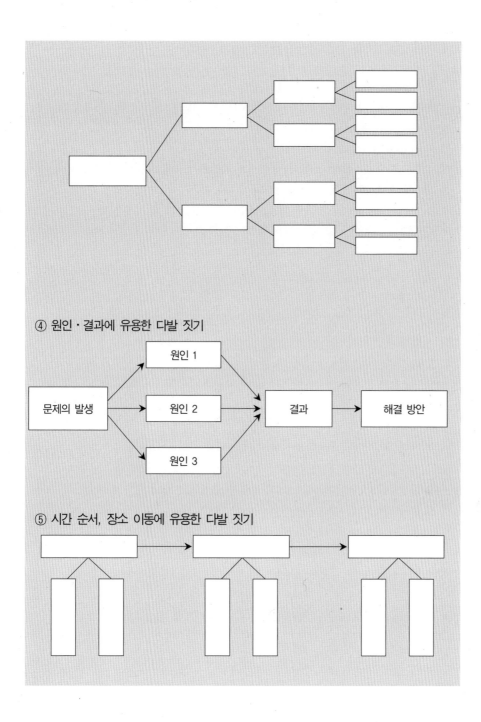

④ 원인·결과에 유용한 다발 짓기

	원인 1		
문제의 발생	원인 2	결과	해결 방안
	원인 3		

⑤ 시간 순서, 장소 이동에 유용한 다발 짓기

■ 이야기 글 구조 만들기(이주섭 외, 2004 : 305)

■ 활동의 의의

텍스트는 작가의 목적에 따라서 다양한 구조로 쓰인다. 작가가 허구적인 이야기를 쓰려고 할 경우에는 처음, 가운데, 끝으로 일련이 사건이 전개되는 서사 구조를 사용한다. 그러나 작가가 설명적인 텍스트를 쓰려고 할 경우에는 허구적인 이야기의 서사 구조와는 다른 구조를 사용한다. 이처럼 텍스트가 어떻게 구성되는가를 아는 것은 텍스트의 이해와 표현을 보다 용이하게 만들어준다.

■ 활동 절차

① 사건의 전개가 분명한 이야기를 한 편 선정하여 읽는다.
② 학생들을 몇 개의 소그룹으로 나누어서 이야기의 인물, 배경, 사건을 확인하도록 한다.
③ 다음의 이야기 피라미드 활동지를 나눠준다. 교사는 OHP로 사용할 수 있는 투명 활동지를 준비한다.
④ 먼저 이야기의 인물 이름을 생각하여 말하고, 첫 번째 줄에 인물의 이름을 쓴다.
⑤ 다음으로 학생들은 두 단어로 인물의 성격을 생각한다. 반드시 두 단어를 사용하여 두 번째 줄에 쓰도록 한다.
⑥ 세 단어로 이야기의 배경을 설명하고, 네 단어로 첫 번째 사건을 쓰고, 다섯 단어로 그 다음의 사건을 쓰면서 이야기 피라미드를 완성한다.
⑦ 이야기 피라미드를 완성한 후, 자신의 모둠 친구들과 함께 공유한다.
⑧ 학생들이 여섯 단어로 이야기의 결말을 설명하고, 일곱 단어로 이야기의 주제를 쓰면서 다음 줄을 추가하여 이야기 피라미드를 수정하게 한다.
⑨ 새로운 활동지에 자신이 쓰고자 하는 이야기의 구성 요소들을 만들어 본다.
⑩ 자신이 쓰고 싶은 새로운 이야기 피라미드를 만들고, 친구들과 함께 공유한다.

['이야기 피라미드' 활동지 예시]

■ '홍길동전'을 읽고, 다음의 지시대로 이야기 피라미드를 완성하여 봅시다.

> 1. 인물의 이름을 1 단어로 씁니다.
> 2. 인물의 성격을 2 단어로 설명합니다.
> 3. 이야기의 배경을 3 단어로 나타냅니다.
> 4. 문제 상황이나 갈등을 4 단어로 제시합니다.

5. 첫 번째 사건을 5 단어로 설명합니다.

6. 두 번째 사건을 6 단어로 나타냅니다.

7. 다음 사건을 7 단어로 설명합니다.

8. 마지막 사건을 8 단어로 나타냅니다.

1. _____

2. _____ _____

3. _____ _____ _____

4. _____ _____ _____ _____

5. _____ _____ _____ _____ _____

6. _____ _____ _____ _____ _____ _____

7. _____ _____ _____ _____ _____ _____ _____

8. _____ _____ _____ _____ _____ _____ _____ _____

■ 똑같은 순서대로 내가 만들고 싶은 이야기의 피라미드를 만들어 봅시다.

1. _____

2. _____ _____

3. _____ _____ _____

4. _____ _____ _____ _____

5. _____ _____ _____ _____ _____

6. _____ _____ _____ _____ _____ _____

7. _____ _____ _____ _____ _____ _____ _____

8. _____ _____ _____ _____ _____ _____ _____ _____

▌비교·대조의 구조 만들기

■ 활동의 의의

'다발짓기'는 글의 구조를 파악하기 위한 방법으로 아이디어의 위계적 조직을 시각적으로 보여주려는 전략이다. 학습자의 독해력을 향상시킬 뿐 아니라, 표현을 위해 아이디어를 조직하는 데도 유용한 방법이다. 따라서 읽기와 쓰기 활동을 통합하여 사용하는 것이 좋다.

■ 활동 절차

① 학생들에게 비교·대조 구조로 쓰인 글을 들려준다.
② 비교·대조의 형식에 맞게 같은 점과 다른 점을 정리하게 한다.
③ 새로운 소재를 선택하고, 같은 점과 다른 점을 생각하여 다발짓기를 작성하게 한다.
④ 자신이 만든 다발짓기를 보며 비교·대조의 구조로 글을 쓴다.

['같은 점, 다른 점' 활동지 예시]

■ 예시 자료인 '나비와 나방'을 잘 읽어봅시다.

> <나비와 나방>
>
> 　나비와 나방은 둘 다 아름다운 날개를 가진 곤충입니다. 또 꽃을 찾아다니는 것도 비슷합니다. 그러나 차이점도 있습니다. 첫째, 나비는 주로 낮에 움직이는 데 비해, 나방은 밤에 움직입니다. 둘째, 나비는 정지할 때는 날개를 접고, 나방은 날개를 편채 정지하는 것이 보통입니다. 셋째, 나비는 날개에 비해 몸통이 가늘며, 나방은 비교적 몸통이 짤막하고 통통합니다.

■ 글을 읽고 나비와 나방의 같은 점과 다른 점을 아래 표에 정리하여 봅시다.

같은 점		

다른 점	나 비	나 방

■ <보기> 중에서 한 가지를 골라, 두 사물에 대하여 조사하여 봅시다.

> <보기>
>
> 오징어와 낙지　　사과와 귤
> 개와 고양이　　피자와 빈대떡

■ 내가 선택한 두 사물의 같은 점과 다른 점을 간단하게 써 봅시다.

대 상	( )	( )
같은 점		

다른 점		

■ 위의 표를 보면서 내가 선택한 두 사물의 같은 점과 다른 점을 글로 써 봅시다.

4. 표현하기 과정의 지도 방안

1) 대표적인 전략

'표현하기'는 앞에서 아이디어를 생성하고 조직한 것을 바탕으로 초고를 쓰는 과정이다. 아이디어 생성과 조직 단계에서 만들어진 내용을 문자 언어로 표현하는 단계이며, 어디까지나 초고를 쓰는 것이므로, 완결된 글쓰기를 목표로 하지 않는다. 초고는 끊임없는 협의와 다듬기를 통하여 보다 나은 글로 발전된다. 즉, 쓰기는 일회적으로 끝나는 것이 아니라, 반복 순환되는 과정이다. 초고를 쓸 때는 맞춤법을 정확히 지켜야 한다거나, 글씨를 보기 좋게 써야 한다는 의무감을 의도적으로라도 잊어버리게 해야 한다. 맞춤법이나 글씨 쓰기에 신경을 쓰다보면, 정작 작문의 본질인 의미 구성에는 소홀해질 수 있다. 초고를 쓴 다음에는 교정이나 편집을 통해 얼마든지 수정할 수 있다는 점을 학생들에게 인식시켜야 한다.

'표현하기' 과정의 대표적인 전략으로는 '빨리 쓰기(speed writing)', '구두 작문(oral composition)' 등이 있다. '빨리 쓰기(speed writing)'[4]는 학생들이 쓰기의 형식에 구애받지 않고 글을 빨리 쓰도록 구안된 전략이다. 빨리 쓰기는 다음 단계인 협의하여 고치기와 밀접한 관련을 맺는다. 그런데 대부분의 학습자들은 완성된 글 쓰기를 초고 쓰기의 목적으로 삼는다. 그래서 초고 쓰기에 지나치게 힘을 들이게 되므로 쓰기에 부담을 느끼게 될 뿐 아니라, 그 다음 단계인 협의하여 다듬는 활동에 지장을 주는 경우가 있다. 따라서 지나치게 많은 양의 글을 쓰지 않도록 시간을 제한해서 지도하는 것이 중요하다. 특히 쓰기 능력이 떨어지는 아동의 경우, 생성된 아이디어를 조직하는 데 어려움을 겪을 뿐만 아니라 초고 쓰기에서도 자신이 아는 것만 아주 간단히 쓰는 경향이 있다(최현섭 외, 2002 : 350).

빨리 쓰기 전략은 초고를 완벽하게 쓰고 싶어 하는 학생들의 실수를 방지하는 데 도움이 된다. 초등학교 학생들이 흔히 빠지는 유혹은 초고를 마지막 글로 생각해서 정확하게 쓰는 것과 깔끔하게 쓰는 것에 집착을 하는 것이다. Calkins(1986)가 지적하듯이, 미숙한 필자들은 세 단어밖에 안 쓰고도 벌써 자기가 범한 오류를 생각한다. 철자에 대해 걱정을 하고 다시 읽고 안달을 한다. 그러다 보면 문장은 엉망이 되고 글은 갈기갈기 찢겨서 자연스런 흐름을 갖지 못한다. 초고는 초고일 뿐으로 나중에 교정, 편집할 기회가 있다는 점을 강조하고, 초고를 쓸 때에는 자기가 쓰고 싶은 내용을 충분히 표현하는 데 초점을 두게 한다. 글을 쓰다가 어떤 사실이나 이름, 철자 등이 잘 기억나지 않으면 공간을 만들어 두고 의문표로 표시를 해 두게 하고 넘어간다(이재승, 2004 : 261).

구두 작문(oral composition)은 초고를 글로 쓰는 대신 음성 언어로 표현해 보는 것이다. 아이디어 조직한 것을 보고 초고를 어떤 식으로 전개할지를 동료 학습자나 교사에게 말로 설명한다. 쉽게 말해서 메모한 것을 보며 발표하는 식이다. 구두 작문의 방식은 글로 쓰는 것에 비해 맞춤법, 글씨 쓰기를 신경쓰지 않아도 되므로 인지적 부담이 한결 덜하다. 또 수정도 쉽기 때문에, 한번 말한 것이 마음에 들지 않으면 곧바로 수정이 가능하면서 마음에 드는 초고를 구상할 수 있다.

4 '얼른 쓰기'라고 지칭하기도 한다.

2) 활동 및 자료의 예시

▌빨리 쓰기

■ 활동의 의의

'빨리 쓰기'는 학생들에게 초고란 어떤 것인지 인위적으로 알려주는 전략이다. 모든 글쓰기에서 빨리 쓰기 전략을 활용할 필요는 없지만, 쓰기에 부담을 많이 느끼는 학생들에게 가볍고 즐거운 글쓰기 경험을 시켜준다는 의미가 있다.

■ 활동 절차

① 교사는 오늘 쓰기의 주제를 제시한다. '나의 보물'이라는 주제로 내가 좋아하는 것들에 대하여 자유롭게 쓸 것임을 알려준다.
② 교사는 학생들에게 평상시에 좋아하는 것들을 떠올릴 수 있는 발문을 몇 가지 던진다.
③ 학생들은 '나의 보물'에 대하여 자유롭게 생각 그물을 만든다.
④ 생각 그물에서 떠올린 것들을 바탕으로 최대한 빨리 초고를 쓰도록 한다.
⑤ 맞춤법, 글씨, 형식 등에 신경쓰지 말고, 주어진 시간 안에 끝까지 다 쓰는데 의의가 있음을 미리 확인한다.
⑥ 초고를 다 쓴 후 필요에 따라 수정을 할 수 있다.

[빨리 쓰기 활동지 예시]

■ 내가 좋아하는 것들에 대하여 글로 써 봅시다.

1. 평상시에 내가 좋아하는 것들에 대하여 생각해 봅시다.

> ‣ 나는 언제 행복한가요?
> ‣ 내가 소중하게 아끼는 물건들은 무엇인가요?
> ‣ 내가 좋아하는 사람들은 누구인가요?

2. '나의 보물'이라는 주제로 글을 쓰려고 합니다. 생각이 떠오르는 대로 생각 그물을 만들어 봅시다.

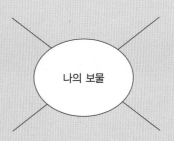

나의 보물

3. 떠올린 생각을 바탕으로 내가 좋아하는 것들에 대하여 최대한 빨리 글로 옮겨 써 봅시다.

> [주의사항]
> ‣ 10분 안에 끝까지 써야 합니다.
> ‣ 생각이 멈추지 않도록 최대한 빨리 씁니다.
> ‣ 잘 안 써지는 부분은 비워놓거나 물음표 표시를 해 놓습니다.
> ‣ 나중에 고치면 되므로, 글씨를 예쁘고 정확하게 쓸 필요가 없습니다.

▌구두 작문

■ 활동의 의의
'구두 작문'은 초고를 말로 표현하게 함으로써 초고 쓰기의 부담을 줄이는 전략이다. 빨리 쓰기와 마찬가지로 모든 글쓰기에서 활용할 필요는 없지만, 학생들에게 다양한 글쓰기 경험을 시켜준다는 의미가 있다.

■ 활동 절차
① 교사는 오늘 쓰기의 주제를 제시한다. '나의 꿈'이라는 주제로 글을 쓸 것임을 알려준다.
② 학생들은 '나의 꿈'에 대하여 자유롭게 생각 그물을 만든다.
③ 학생은 작성한 생각 그물을 보면서, 자신이 쓸 글을 말로 대신 해 보도록 한다. 비록 말로 대신 하기는 하지만, 실제 쓰기처럼 구어체보다 문어체를 사용해야 함을 알려준다.

④ 짝과 서로 구두 작문을 해 본다.

⑤ 나의 꿈에 대하여 잘 이야기했는지 상호 평가를 한다.

[구두 작문 활동지 '내가 자라면' 예시](최현섭 외, 2001 : 229~230)

■ 나의 미래 모습을 생각하며 구두 작문을 해 봅시다.

1. 내가 자라서 무엇을 하고 싶은지 생각을 자유롭게 꺼내 봅시다.

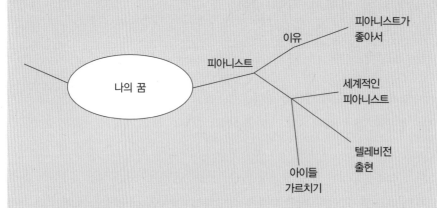

2. 앞에서 꺼낸 생각을 바탕으로 <보기>처럼 이야기로 꾸며서 말하여 봅시다.

<보기> 저는 커서 피아니스트가 되고 싶습니다. 제가 피아니스트가 되고 싶은 이유는 피아노 치는 것을 가장 좋아하기 때문입니다. 제가 피아니스트가 되면 하고 싶은 일이 많습니다. 먼저 세계적인 피아니스트가 되어 연주회를 하고, 열린 음악회 같은 유명한 텔레비전 프로그램에도 출연하고 싶습니다. 또 아이들에게 피아노를 가르쳐서 미래의 피아니스트를 만들겠습니다.

3. '내가 자라면' 무엇이 되고 싶은지 짝과 바꾸어 이야기해 봅시다.

› 짝은 무엇이 되고 싶다고 했나요?

› 이유는 무엇이라고 했나요?

› 어떤 일들을 하고 싶다고 말했나요?

4. 짝과 바꾸어 자신이 꾸민 이야기에 대해 평가해 봅시다.

평가 내용	평가 결과		
• 자라서 무엇이 되고 싶은지 잘 말했나요?	잘함	보통	부족
• 이유와 할 일에 대해서도 잘 말했나요?	잘함	보통	부족

5. 수정하기 과정의 지도 방안

1) 대표적인 전략

'수정하기'는 초고의 내용과 형식을 고쳐쓰고 작품으로 완성하는 과정이다. 과거에는 수정하기를 기계적 오류, 즉 맞춤법이나 문장 부호 사용의 오류를 교정하는 정도로 생각하였다. 그러나 쓰기 행위에서 수정하기의 중요성은 점점 더 강조되고 있다.[5] 초고와 완성된 글이 완전히 다를 정도로 전면적으로 수정한 글일수록 완성도가 높다고 볼 수 있다. 어떤 의미에서는 '다시 쓰기(rewriting)'라는 용어가 더 적절할 수도 있다.

최근에는 작문 과정에서 수정하기의 중요성이 점점 증대되고 있다. 수정하기에서는 내용을 첨가하거나 삭제하는 것뿐 아니라, 글 전체의 순서를 바꾸거나 세부 내용을 덧붙이거나, 글 전체의 문체를 고려하여 일관성 수정할 수도 있다. 심지어 필자는 초고를 써 보고 나서야 진정으로 표현하고 싶어 하는 주제나 형식을 발견할 수도 있다. 따라서 글의 주제나 형식을 바꾸는 것도 수정하기 과정에서 이루어진다. 자신의 글과 자신이 표현하고 싶어 하는 것 사이에 어떤 차이가 있는지 숙고해보고, 다시 글을 쓰는 활동인 것이다.

수정은 필자 스스로 하기도 하지만, 독자의 힘을 빌리는 것이 더 효과적이다. 독자의 중요성을 강조한 대표적인 수정하기 전략으로는 '돌려 읽기'가 있다. '돌려 읽기'란 몇 명의 학습자가 소집단을 구성하여 서로의 글을 읽어주고, 협의하는 것으로, 협의하기 활동을 수정하기 전략으로 적용한 것이다.[6] 수정을 잘 하기 위해서는 동

[5] 수정하기 과정은 교정하기(revising), 편집하기(editing)로 세분화하여 접근하기도 한다. 교정하기는 글의 내용을 고쳐 쓰는 것이라면, 편집하기는 관습적인 규칙을 포함한 글의 형식을 고쳐 쓰는 것이다. 그만큼 작문 행위에서 수정하기가 차지하는 비중이 크고 중요하다는 의미이다. 이 책에서는 교정·편집을 모두 포괄하는 의미로 수정하기를 사용하였다.

료 간이나 교사와 협의를 많이 해 보는 것이 좋다.

돌려 읽기가 글의 내용을 강조하는 데 비하여, '편집하기'는 글의 형식적인 측면, 즉 맞춤법이나 글 자체, 문장 부호의 사용 등을 주로 수정하는 전략이다. 수정하기 과정에서는 초고를 다시 쓰게 되는데, 유사한 내용의 글을 반복해서 쓰는 것이 학습자들에게 작문을 지루하고 힘든 것으로 인식시키는 원인이 되기도 한다. 최근에는 작문 시에 워드 프로세서를 활용하여 수정의 어려움을 해결하기도 한다. 워드 프로세서를 활용한 작문이 보편화되면서, 편집의 범위도 넓어졌다. 전에는 맞춤법이나 글자체, 문장 부호의 사용 등을 주로 수정하였다면, 이제는 가시적인 효과를 고려한 편집까지 포함시킬 수 있다. 다양한 글자체와 크기를 사용하거나, 그림, 삽화, 도표 등을 적절히 배치하는 것도 편집하기 전략이라고 볼 수 있다.

'점검·조정하기' 역시 수정하기에서 매우 중요한 전략이다. 수정하기에서는 자신의 글을 읽고 스스로 평가해보는 것은 물론, 자신이 글을 쓰는 행위나 태도, 자신이 선택한 글쓰기 전략에 대해서도 점검해야 한다. 미숙한 필자들은 자신의 작문 행위를 점검하고 조정하는 데 능숙하지 못할 뿐 아니라, 필요성도 잘 느끼지 못하는 경향이 있다. 교사가 지속적으로 시범을 보여주어서 쓰기를 점검·조정하는 방법을 알려주어야 한다. 또한 적절한 체크리스트를 제시해서 학생들이 글을 쓴 후 체크리스트를 중심으로 협의를 하거나 스스로 점검해보게 하는 것도 중요하다.

2) 활동 및 자료의 예시

■ 돌려 읽기

■ 활동의 의의

돌려 읽기는 다른 사람의 작품을 보고 반응할 수 있는 기회를 준다. 친구들이 작성한 내용을 보고 언어사용, 글의 형식들을 익힐 수 있으며, 청자의 중요성을 깨닫게 된다. 학생들은 돌려 읽기를 통해서 필자 중심에서 독자 중심으로 전환을 하게 된다. 독자가 쉽게 이해할 수 있는 표현을 사용하고 있는지, 독자의 흥미를 고려했는지, 독자에게 설득력을 지니고 있는지 독자가 쉽게 이해할 수 있도록 표현되었는

6 '협의하기'는 수정하기 과정에만 필요한 것은 아니다. 협의하기는 쓰기과정 전체에 걸쳐 적용되는 활동이다. 필자는 작문의 목적을 정하고, 내용을 생성하고 조직하면서도 끊임없이 독자와 협의를 한다. 다만 협의하기가 가장 위력을 발휘하는 것은 초고를 쓴 이후의 과정이리라고 예상할 수 있다.

지 등을 살펴보아야 한다(최현섭 외, 2002 : 403).

■ 활동 절차

① 4-5명 정도가 한 모둠을 이룬다.

② 돌려 읽기의 의의를 설명하고, 친구의 글에 대한 반응을 어떻게 표시하면 좋을지 약속을 정한다.

③ 교사는 실물 화상기를 사용하여 친구의 글에 대하여 반응하는 방법을 시범 보여준다.

④ 각자 자신이 쓴 글을 오른쪽에 앉은 친구에게 넘겨준다.

⑤ 넘겨받은 친구의 글을 읽고, 약속한 대로 글에 대한 자신의 반응을 표시하거나 활동지에 말로 써 준다.

⑥ 다 읽은 글은 다시 오른쪽에 앉은 친구에게 넘겨준다. 다시 자기 글을 받을 때까지 이 과정을 반복한다.

⑦ 친구들이 표시하거나 써 준 반응을 잘 읽어보고, 이를 고려하여 글을 고쳐쓴다.

[돌려 읽기를 위한 활동지의 예] (박태호, 1996 : 87)

■ 다음을 협의하여 보세요.

· 마음에 드는 부분에 ♡를 붙이세요

· 이해하기 어렵거나 질문이 필요한 부분에 ※표를 하세요

· 고쳤으면 하는 곳에 ☆를 붙이세요

■ 작품을 읽고, 작품에 위의 기호들을 표시한 후, 다음의 물음에 대해 자신의 생각을 말해 보거나 써 봅시다.

· 작품 제목	
· 그 부분이 마음에 드는 이유는?	
· 작품에 대해서 더 이야기하고 싶은 부분	

·고치거나 다듬을 부분	
·좀 더 자세히 썼으면 하는 부분	
·작성자 이름	

▌ 과정 속에서 고쳐쓰기

■ 활동의 의의

'과정 속에서 고쳐쓰기'는 학습자가 초고를 쓴 후, 앞서 작성한 생각 그물이나 다 발짓기를 보면서 수정을 하는 것으로, 수정하기가 주제, 조직, 형식 등 글 전체를 대 상으로 한 것임을 인식시키기 위한 전략이다. 돌려 읽기를 하고 고쳐 쓰더라도, 학 습자들은 초보적인 수준에서 문장이나 단어의 수정에 그치는 경우가 많다. 표면적으 로만 초고를 읽고 고칠 것이 아니라, 쓰기의 사고 과정을 나타내는 생각 그물이나 다발짓기를 보면서 수정함으로써, 더 높은 수준에서 글을 수정하도록 할 수 있다.

■ 활동 절차

① 활동지에 제시된 생각 그물을 보고, 적절한지 이야기해 본다.
② 생각 그물에 따라 쓴 활동지의 글을 읽어보고, 어떤 점이 문제인지 이야기해
  본다.
③ 생각 그물에서 주제에 적절하지 않은 내용이 있는지, 적절한 순서로 제시되었
  는지 점검한다.
④ 생각 그물의 내용과 순서를 다시 정리하여 고쳐 본다.
⑤ 새로 바꾼 생각 그물에 따라 활동지의 초고를 고쳐쓴다.

['고쳐쓰기' 활동지 예시](최현섭 외, 2001 : 324-325)

♣ 글을 쓰는 과정을 고려하면서 고쳐쓰기를 해 봅시다.

1. 다음은 주장하는 글을 위한 생각 그물입니다. 주어진 생각 그물을 보고 고칠
내용을 이야기하여 봅시다.

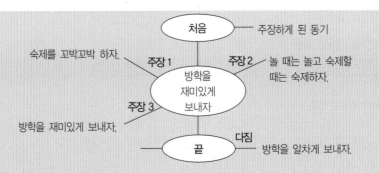

　2. 다음은 생각 그물에 따라 쓴 글입니다. 새로 바꾸어 본 생각 그물에 따라 글을 다듬어 봅시다.

　제가 이걸 쓴 동기는 숙제여서고, 또 이젠 방학이 가까이 와서 어떻게 지낼 것인지 생각해 보기

위해서입니다.

　첫째, 숙제를 꼬박꼬박하자. 왜냐하면 숙제를 거르면 숙제를 하기 싫어지고 놀고만 싶어진다.

　둘째, 놀 때는 놀고 숙제할 때는 숙제하자. 왜냐하면 놀 때는 재미있게 놀면 재미있고 숙제를 할

때는 숙제를 해야 마음이 편해지기 때문입니다.

　셋째, 방학을 재미있게 보내자. 왜냐하면 숙제를 다 끝내고 마음껏 놀 수 있어서 남은 시간동안

재있게 보내면 방학을 재미있게 보낼 수 있습니다.

　이제 방학 때는 숙제를 열심히 하고, 알차게 보낼 것입니다.

> ‣ 주제에 맞는 주장으로 썼나요?
>
> ‣ 주장에 맞는 타당한 근거를 제시하였나요?
>
> ‣ 전체적으로 내용이 매끄럽게 제시되었나요?

▌ 편집하기

■ 활동의 의의

교정 지도를 할 때와 마찬가지로 편집 지도를 할 때에도 교사의 시범이 필요하다. 학생들에게 편집하는 방법을 가르쳐 주는 데 필요한 도구, 예를 들어 연필이나 사전, 문체 안내집, 체크리스트 같은 것을 활용할 수 있다. 체크리스트는 학생들이 자신의 글을 검토해 보게 하는 데 도움이 된다. 친구끼리 서로 편집해 주게 하는 것도 좋은 방법이다. 물론 편집은 결국 자기 스스로 해야 한다는 것을 강조한다(이재승, 2004 : 275).

■ 활동 절차

① 편집은 고쳐쓰기를 한 후, 형식적으로 글을 완결하기 위한 것임을 알려준다.

② 편집 시에 특히 주의해야 할 항목들을 체크리스트로 제시한다.

③ 체크리스트의 항목을 참고로 하면서, 글을 꼼꼼하게 다시 읽고 고친다.

[편집을 위한 체크리스트의 예] (이재승, 2004 : 275)

_____ 불분명한 내용은 없는가? 독자가 이해할 수 있을 것인가?

_____ 문장을 완결지었는가?

_____ 각 문장에서 마침표, 물음표, 느낌표 등을 제대로 썼는가?

_____ 문단이 시작될 때에는 안쪽으로 들여 썼는가?

_____ 철자가 틀린 것은 없는가?

_____ 여백은 적절한가?

_____ 그림이나 삽화, 도표 등을 적절히 배치했는가?

■ 글의 내용, 목적, 독자 조정하기(이주섭, 2004 : 339)

■ 활동의 의의

학생이 자기 글의 효과를 스스로 평가하게 해보는 점검·조정 전략이다. 학생들은 글의 내용, 목적, 독자가 어느 정도 어울리는지를 통하여 자기 글의 효과를 평가할 필요가 있다. 자기 글에 대한 토의를 통하여, 저학년 학생들은 글의 목적과 독자에 어울리는 내용을 생각하는 방법을 배울 수 있다. 고학년 학생들은 독자적으로 글의 내용, 목적, 독자가 성공적으로 연결되었는지를 유추할 수 있다.

■ 활동 절차

① 학습자들에게 독자, 목적, 내용간의 관련을 검토하여 자기 글의 효과를 반성하게 된다고 말해준다. 이것은 조금 어려운 활동이지만 모든 질문에 답을 하는 것은 매우 중요하다는 것을 알려준다.
② 다음 쪽의 활동지를 복사하여 학생들에게 나눠주고 전체적인 내용들을 살펴본다.
③ 저학년의 경우에는 모둠별로 각각의 항목들을 토의한다. 그러나 고학년의 경우에는 학생들이 독자적으로 완성할 수 있도록 한다.
④ 자신의 글을 읽고, 다음의 질문에 답을 쓴다.
⑤ 학생들이 모두 다 완성한 후, 질문의 답을 공유하고 토의한다.

[활동지 예시]

제목 :

‣ 이 글의 내용은

‣ 이 글을 쓴 목적은

- 이 글에 맞는 독자는

- 나의 독자에게 어울리는 내용이라고 생각하는 이유는

- 글의 내용이 나의 목적에 알맞다. 왜냐하면

- 내가 생각하기에 나의 글은 효과적이다. 왜냐하면

▌ 자기 점검하기(이주섭, 2004 : 361)

■ 활동의 의의

학생이 자기 글을 스스로 교정하게 해보는 점검·조정 전략이다. 자기 글을 읽으면서 체크리스트에 따라 잘 된 부분과 부족한 부분을 찾아볼 수 있다. 또한 학습자들은 자신의 글을 반성하면서 자신의 작품에서 좋은 글의 예가 되는 글들을 결정하고, 다음 글을 개선할 수 있는 방법을 익히게 되므로 새로운 쓰기 목적을 달성할 수도 있다.

■ 활동 절차

① 학생들에게 글을 쓰는 사람들은 글의 초고가 완성된 후에 자신의 글을 스스로 교정한다고 말해준다. 그리고 자신이 쓴 초고는 반드시 다시 읽어야 하고, 자신의 글을 보다 분명하고, 흥미 있게 만들 수 있는 실질적인 방법을 찾아야 한

다고 말해준다.

② 학생들이 초고를 완성한 후, '자기 교정하기 제안서'를 사용하여 자신의 글을 교정할 수 있는 기회를 제공한다. 교정하기 제안서를 복사하여 모든 학생들에게 나눠준다.

③ 자신의 쓰기 작품을 사용하여 교정하기 과정을 시범 보인다. 완성된 쓰기 초고를 OHP 필름에 복사하여 OHP에 얹어 놓고 학생들과 함께 읽는다.

④ 교사가 배부해 준 교정하기 제안서를 각자 읽는다. 자신의 글에 적절한 제안들을 적용한다. 학생들에게 '자기 교정하기 제안서'의 모든 내용들이 다 사용되는 것이 아니고, 몇 가지만 자신의 글에 사용될 수 있는 것이라고 말해준다. 그리고 자신의 글을 바꾸는 시범을 보인다.

⑤ 학생들에게 교정하기 제안서를 사용하여 자신의 글을 바꾸도록 한다. 먼저, 자신의 초고를 다시 읽을 수 있는 충분한 시간을 주고, 교정하기 제안서를 읽고, 적절하게 바꾸도록 한다. 학생들에게 교정하기 제안서에서 적어도 한두 가지 정도를 적용하도록 요구한다.

['자기 교정하기 제안서'의 예시]

▫ 자신의 글을 소리 내어 읽는다. 어색한 부분에 귀 기울인다. 읽으면서 부드럽게 진행되지 않는 부분을 다시 쓴다.

▫ 자신의 글을 읽을 독자를 떠올린다. 글의 독자가 나의 뜻이나 이야기를 이해할 수 있는지에 대하여 생각해라.

▫ 글의 목적에 대하여 생각해라. 자신의 목적이 분명하지 않다면, 독자가 자기 글의 목적을 이해할 수 있도록 고쳐라.

▫ 자신의 글을 다시 읽고, 잘 이해가 되지 않는 부분을 살펴본다. 필요하다면, 좀 더 자세한 설명을 추가한다.

▫ 자신의 글에서 적절하지 않은 글감이 있는지를 살펴본다. 자신의 중심 생각으로부터 벗어난 부분은 삭제한다.

▫ 자신의 문단이 논리적 순서에 따라 진행되었는지를 확인한다. 자신이 쓴 글의

내용이 순서에 맞지 않는다면, 순서를 바꾼다.

▫ 필요하다면, 독자의 관심을 끌 수 있도록 첫 문장을 고친다.

▫ 재미있는 표현이나 단어에 밑줄을 친다. 그리고 지나치게 많이 사용한 단어는 다른 말로 바꾼다.

▫ 자신이 쓰고 싶은 부분에 비유적인 표현을 넣어본다. 글을 읽는 사람이 쉽게 이해하는 데 도움을 줄 수 있는 비유를 생각해본다.

▫ 각각의 문장을 읽고, 틀리게 쓴 글자나 띄어쓰기를 실수한 곳을 찾아 고친다.

6. 작품화하기 과정의 지도 방안

1) 대표적인 전략

'작품화하기'는 토론이나 출판을 통해 다른 사람들에게 자신의 글을 발표하는 과정이다. 물론 정식 출판이 아니라 학급 문집, 학교 신문, 홈페이지, 교실 게시판 등을 활용하는 경우가 대부분이지만, 작품화하기는 실제 글쓰기 맥락을 형성하고 실제적 독자를 제공한다는 점에서 큰 위력을 가진다. 과거 교실에서의 글쓰기가 지루하고 거부감을 일으켰던 이유는 자신이 쓴 글의 유일한 독자가 교사이며, 교사로부터 평가받기 위하여 글을 쓴다는 인식 때문이었다. 작품화하기는 이 문제를 해결해 줄 수 있는 과정이다.

과정 중심의 쓰기를 강조하는 교실에서는 학생들이 쓴 글을 최대한 실제의 독자들과 나누는 것을 강조한다. 시를 썼으면 시 선집에 모아두고 수시로 다른 사람이 읽어볼 수 있게 하고, 이야기 글을 썼으면 '이야기집'에 모아 두게 한다. 논술이나 보고서를 썼으면 학급에서 함께 나누게 하고 교실이나 학교 게시판에 게시해 두게 한다. 극복은 썼으면 드라마로 꾸며 보게 한다. 학교나 학급 문집 형태로 만들기도 하고 학급이나 개인 홈페이지에 올려두게 한다. 작품화하기의 대표적 전략으로는 '발표하기', '게시하기', '책 만들기' 등을 들 수 있다.

'발표하기'는 학습자가 쓴 글을 어떤 형태로든 실제 독자들에게 읽히는 방식이다. 간단하게는 교실 내에서 다른 동료 학습자들에게 읽어주는 것도 한 방법이다. 교실 앞에 '작가 의자'를 마련해 두고, 학습자가 동료들 앞에서 자기 글을 읽게 하는 것이다. 이때만은 학습자가 전문 작가의 입장이 되어 독자의 질문을 받기도 하고, 자기 작품에 대한 해석을 하기도 한다. 완성한 글을 교실을 벗어난 독자, 즉 가족이나 이웃, 지역 사회 구성원들에게 보내는 것도 한 방법이다. 문집이나 신문에 투고하거나, 교외의 백일장에 출품할 수도 있다.

'게시하기'는 학습자가 쓴 글을 여러 사람이 볼 수 있는 곳에 전시하는 전략이다. 학교 도서관, 학급의 게시판, 홈페이지 등을 활용할 수 있다. 예를 들면, 학생들이 직접 만든 이야기를 그림책의 형태로 만들어서 도서관에서 그림책 전시회를 할 수 있다. 또는 학생들이 지은 시를 엽서에 시화로 꾸며서, 교실에서 시화전을 열거나, 학생들 각자가 나뭇잎 모양의 예쁜 색지에 편지를 써서 교실 뒷면에 커다란 편지 나무를 꾸밀 수도 있다.

최근에는 학습자가 쓴 글을 여러 가지 형태의 책으로 만드는 '책 만들기' 전략이 활발하게 사용되고 있다. 학습자가 직접 출판을 한다는 점, 미술 활동과 통합된다는 점, 평면적인 쓰기가 입체화된다는 점에서 상당히 효과적으로 쓰기 동기를 활성화할 수 있다. 또한 다양한 책 만들기를 활용함으로써, 글의 내용이나 형식에 가장 적합한 형태를 선택해 보는 경험도 할 수 있다.

2) 활동 및 자료의 예시

■ 작가 의자 활용하기

■ 활동의 의의
작가 의자에 앉아 있는 동안은 학습자가 전문 작가의 역할을 수행하도록 하는 전략이다. 교실에 의자라는 작은 소품을 비치하는 것만으로도, 학습자에게 실제 쓰기의 맥락을 형성해줄 수 있다. 또한 학습자가 자기 글에 대해 자신감을 가지고, 독자와 소통하려는 노력을 하는 데 기여할 수 있다.

- **활동 절차**
  ① 교실 한쪽에 '작가 의자'를 마련한다. 학생 의자와 구별되도록 색감이 아름답고 편안하게 앉을 수 있는 소파 종류가 좋다.
  ② 학생은 쓰기 수업에서 글을 완성한 후, 발표하고 싶은 학생은 앞에 나와 작가 의자에 앉도록 한다.
  ③ 학생은 전문 작가의 입장이 되어 친구들 앞에서 자기 작품을 크게 낭독한다.
  ④ 다른 학생들은 독자의 입장에서 궁금한 점에 대하여 질문하거나, 작품에 대한 논평을 한다.

■ 시화전 꾸미기(박태호 역저, 2006 : 18-19)

- **활동의 의의**
  부채(또는 나뭇잎) 모양의 종이에 시나 글을 써서 표현하는 활동이다. 학급원들이 만든 작품으로 교실 게시판을 꾸미거나, 친구와 가족에게 선물하면 좋다.

- **활동 절차**
  ① 부채(또는 나뭇잎) 모양의 도안을 두꺼운 도화지에 그린 후 오린다.
  ② 부채에 색한지를 찢어 붙이거나 그림을 그린 후, 부채에 시나 글을 쓴다.
  ③ 나무젓가락에 진한 색한지를 붙인다.
  ④ 부채 뒷면에 나무젓가락을 투명 테이프로 고정시킨다.
  ⑤ 완성된 멋진 부채를 친구나 가족에게 선물할 수 있다.

- **준비물**
  두꺼운 도화지, 투명 테이프, 사인펜, 나무젓가락, 색한지, 가위, 풀

■ 이야기 달력 만들기(박태호 역저, 2006 : 166-167)

- **활동의 의의**
  이야기 달력은 이야기와 그림을 한 장씩 넘겨가며 읽을 수 있는 책으로 독자의 흥미 유발에 적합하다. 특히 3면으로 이루어진 이야기 달력은 순서나 인과 관계를

나타내는 글을 이해하는 데 활용하면 효과적이다.

■ 활동 절차

① 세울 수 있는 탁상용 달력을 준비한다.

② 달력을 같은 크기로 3등분한다.

③ 3등분한 달력의 한 면과 같은 크기로 색상지를 오린다.

④ 색상지에 이야기를 쓴다.

⑤ 다른 색상지 2장에 이야기와 관련된 그림을 그린다.

⑥ 이야기와 그림을 달력에 풀로 붙인다.

⑦ 달력을 넘겨가면서 볼 수 있도록 다음 장에도 이야기와 그림을 붙인다.

■ 자료

오래된 탁상용 달력, 색상지, 색종이, 가위, 사인펜, 풀

▌ 참고문헌

토니 부잔·배리 부잔, 권봉중 역(1994), 마인드 맵 북, 평범사.

박영목·한철우·윤희원(2009), 국어교육학원론, 박이정.

박태호(1996), 사회구성주의 패러다임에 따른 작문 교육 이론 연구, 석사학위논문, 한국교
　　　　원대.

Sunflower, C., 박태호 역(2006), 글쓰기가 술술 예쁜 책이 뚝딱, 박이정.

신헌재 외(2009), 예비교사와 현장교사를 위한 초등 국어과 교수·학습 방법, 박이정.

이재승(2004), 아이들과 함께하는 독서와 글쓰기 교육, 박이정.

이주섭 외(2004), 국어과 창의성 신장 방안, 박이정.

최현섭 외(2001), 창의적인 쓰기 수업 어떻게 할까?, 박이정.

최현섭 외(2002), 국어교육학개론 2판, 삼지원.

Buzan, T.(1971), *Speed memory*. UK : Penguin.

Calkins L. M.(1986), *The art of teaching writing*, NH : Heinemann.

Calkins, L. M., & Harwayne, S.(1991), *Living between the Lines*, NH : Heinemann Educational
　　　　Books, Inc.

Flower L. S. & Hayes J. R.(1981), Cognitive process theory of writing, *College Composition and
　　　　communication* 32(4), 365-387.

제 9 장

장르 중심 작문 지도의 방안

'장르'는 프랑스어로서 종류나 유형을 의미하며, 본래 문학 작품이나 예술 작품을 커다란 범주로 묶어 대략적인 작품의 형식을 정의하거나 분류하는 데에 사용하던 용어이다. 서사 장르, 서정 장르, 극 장르처럼 쓰이며 같은 장르에 속하는 작품들은 구조적 특징을 공유하고 있다. 문학 교육에서는 '장르'라는 용어보다도 순우리말에서 유래한 '갈래'라는 용어를 더 많이 사용하고 있다. 그런데 최근에 들어서서는 게임이나 만화 등에서도 구분 방법으로서 장르라는 용어를 사용하기도 한다. 이제는 더 이상 문학 작품이나 예술 작품을 분류하는 데에만 사용하지 않는다.

작문 교육에서도 장르라는 용어를 사용하고 있다. 그런데 이때 사용하는 장르는 단순히 글의 유형을 구분하기 위한 것이 아니다. 8장에서 살펴본 과정 중심 작문 지도와 마찬가지로, 장르 역시 작문 교육 측면에서 일정한 함의와 특징을 갖고 있다. 이 점을 고려하여 장르 중심 작문 지도 방안에 대해서는 이렇게 따로 장을 할애하여 기술하고자 한다.

이 장에서는 작문에서의 장르의 개념과 장르를 중심으로 작문을 지도한다는 것이 어떠한 특성을 갖고 있는지에 대해서 살펴보고자 한다. 이 과정에서 장르 중심으로 작문을 지도할 수 있는 구체적인 방법은 무엇인지에 대해서도 확인해 보고자 한다.

1. 장르와 장르 중심 작문 지도의 특징

교사는 학생들에게 이른바 '지식'을 가르친다. 이는 작문 교육에서도 예외가 아니다. 그런데 교육과정이나 교과서에 나타난 지식과 학생들이 이해하는 지식은 정확하게 일치하지 않는다. 이러한 차이를 극복하기 위해 교사가 개입해야 하지만, 교사가 알고 있는 모든 것을 학생들에게 가르칠 수는 없다. 그렇다고 해서 학생들이 알아야 하는 정도만 교사가 알고 있어서는 안 된다. 무엇을 가르치고 무엇을 가르치지 않을 것인지 결정하기 위해서 교사는 가르칠 내용을 학생들에게 제공할 수준 이상으로 충분히 잘 알아야 한다. 그렇다면 작문 교육을 해야 하는 교사는 지식으로서 무엇을 알고 있어야 하며 무엇을 지도해야 할까?

장르 중심 작문 지도는 과정 중심 작문 지도가 절차만을 강조하고 상황 맥락에 따른 다양함에 대해서는 소홀했다는 비판에서 출발하였다. 그렇기 때문에 장르와 관련된 '지식'을 강조하면서, 이와 더불어 상황 맥락에 따른 장르 지식의 다양한 활용이나 적용이 작문 교육의 주요 교육 내용이 되어야 한다고 주장한다. 이 절에서는 이와 관련하여 장르 및 장르 중심 작문 지도의 특징에 대해 보다 폭넓게 알아보기로 한다.

1) 장르 중심 작문 지도의 개념

■ 장르와 장르 중심 작문 지도의 개념

장르 중심 작문 지도의 개념을 명확히 하기 위해서는 우선 장르의 개념을 할 필요가 있다. 전통적으로 장르라는 명칭은 문학 분야에서 사용되던 용어로, 정형화된 작품의 형식이나 내용적인 면에서 나타나는 일정한 패턴 등이 장르를 결정하는 요인이 된다. 이러한 입장에서 보면 장르는 작품이나 글의 내용과 형식에서 나타나는 특성에 의해 정해지는 것이며 상당한 정도의 고정성과 불변성을 갖고 있다. 그러므로 특정 장르에 속하는 작품이나 글은 다른 장르에는 속하지 않는 것이 일반적이다.

장르에 대한 이러한 입장은 현대 수사학에서도 동일하게 나타난다. 장르는 텍스트의 내용적인 면이나 형식적인 면에서의 규칙성을 갖고 있으며, 이러한 특성을 통해 텍스트의 특징을 규정할 수 있다고 보는 것이다. 쉽게 떠올릴 수 있는 설명문이나 서사문과 같은 글 유형의 분류는 이러한 입장을 따르는 것이다.

하지만 최근의 작문 연구 성과들은 문학이나 수사학에서 이야기하는 장르의 개념에 전적으로 동의하지 않는다(박영목, 2012). 설명문과 논설문은 흔히들 명확하게 구분된다고 생각하지만, 사실적인 정보의 나열만으로도 독자를 설득하는 글들을 쉽게 발견할 수 있기 때문이다. 이러한 장르 구분의 모호함은 작문을 학습하는 학생 필자의 입장에서는 매우 중요한 문제이다. 그렇기 때문에 최근의 작문 교육 연구자들은 작문을 하게 되는 상황을 강조하면서 의미 구성으로서의 작문 행위에 작용하는 사회·문화적 영향을 강조한다(이재승, 2002). 또한 장르는 내용이나 형식적인 면에서 나타나는 비교적 엄격한 규칙을 이야기하는 것이 아니라, 어느 정도 유사하게 반복되는 상황에 대한 수사적인 반응이라고 본다(박태호, 2000). 사람들은 비슷하게 반복되는 상황에서 상당히 유사한 형식이나 내용으로 의사소통을 하게 되는데, 이때 의사소통에 참여하고 있는 사람들이 파악하고 있는 언어의 사용 방식을 장르라고 보는 것이다. '장르 중심 작문 지도'에서 말하는 '장르'라는 개념은 이러한 맥락에서 이해해야 한다.

장르 중심 작문 지도란 학생 필자가 작성해야 하는 글의 유형이 갖고 있는 특성과 글을 써야 하는 맥락에 초점을 맞추어 지도하는 것을 말한다. 장르 중심 작문 지도는 과정 중심 작문 지도에 대한 비판과 대안으로 제시된 성격이 강하다(이재승, 2007).

■ 장르 중심 작문 지도[1]의 배경

장르 중심 작문 지도는 다음과 같은 일련의 연구 흐름에 토대를 두고 있다. 이상구(2012)에서는 장르 중심 접근법에 영향을 미친 연구 흐름을 크게 세 가지로 분류하고 있다. 첫째는 시드니 학파라고도 불리는 체계 기능 언어학 그룹이다. 이들은 특정 언어 표현의 의미는 그것을 사용하는 사람들 사이에서 어떠한 '기능'을 하느냐에 따라 결정된다고 본다. 또한 언어는 곧 사회적 구성물이며, 장르는 맥락에 따라 결정된 언어 구조물이라고 간주한다. 그러므로 이들은 언어의 의미가 그것을 사용하는 사람들 사이의 관계에서 어떠한 방식으로 형성되는지에 관심을 갖고 있다. 그렇기 때문에 이들은 장르를 언어학적 관점으로 접근한다. 곧, 문법이나 텍스트의 특성을 명시적으로 가르침으로써 보다 체계적인 작문 교육이 가능하다고 보는 것이다.

두 번째 연구 흐름은 특수 목적 영어 지도 그룹이다. 이들은 어떤 장르에 대해 잘 알고 있다는 것은, 특정 전문 능력을 갖추기 위해 필요한 조건 중 한 가지를 갖

[1] 한편으로 '글(의) 유형을 중심으로 하는 지도'도 있는데, 장르 중심 작문 지도와 명확하게 변별된다고 보기 어렵다. 여기에서는 큰 차이를 두지 않고 서술하기로 한다. 이렇게 보는 데에는, 2015 개정 교육과정에 '장르'라는 용어가 거의 등장하지 않고 그 대신 '글(의) 유형'이라는 용어가 빈번히 등장한다는 점도 근거가 된다.

추었음을 의미한다고 본다. 이러한 흐름은 영어를 모국어로 하지 않는 이민자들에 대한 교육의 필요성에 뿌리를 두고 있다. 의사소통을 하는 상황이라면, 여기에 참여하는 사람들은 모두 상호 순환적으로 상대방이 표현하고자 하는 의미를 이해하고 자신이 표현하고자 하는 바를 상대방에게 이해시키고자 하는 목적을 갖고 있다. 그런데 이들이 각자의 목적을 달성하기 위해서는 일정한 담화 공동체 내에서 공인되어 있는 내용, 형식 등을 활용하는 것이 효과적이면서도 능률적이다. 그렇기 때문에 학생 필자들은 원활한 의사소통을 위해 의사소통을 하고 있는 상황의 맥락적 특징을 이해하고, 활용 가능한 표현의 언어적 특성이나 구조에 대해서도 제대로 이해하고 있어야 한다. 이를 위해서는 다양한 장르의 형식과 언어적 특징에 대한 장르 지식이 필요하다고 본다. 이러한 관점은 2007 개정 교육과정의 내용 체계 변화에 상당한 영향을 미치기도 했다(원진숙 외, 2011).

세 번째 연구 흐름은 신수사학파이다. 이들은 외국인을 대상으로 하는 장르 중심 접근법을 모국어 화자를 대상으로 적용하고자 했다는 특징이 있다. 즉, 개별 언어 형식을 가르치기보다는, 특정 개별 장르를 사용해야 하는 사회문화적 맥락을 가르쳐야 한다는 것이다.

장르 중심의 작문 지도는 이러한 연구 흐름들에 토대를 두고 있다. 이러한 접근법이 우리나라에 소개되면서 작문 교육에 본격적인 영향을 미치게 된 것이다. 장르 중심 접근법의 목표는 유사하게 반복되는 특정 상황에서 사용하는 언어 형태를 '장르'라 규정짓고, 이러한 장르의 사용법을 학생들에게 가르침으로써 장르 이해 및 표현 능력을 길러주는 것이다(이상구, 2012). 장르 중심 작문 지도는 궁극적으로 작문이 갖고 있는 언어적인 특성과 사회적인 특성 두 가지를 모두 중시하는 입장이라고 말할 수 있다.

▌장르 중심 작문 지도와 교육과정

장르 중심 접근법이 처음 교육과정에 제시된 것은 2007 개정 교육과정에서이다. 장르(글의 유형)가 성취 기준을 이루고, 장르를 구성하기 위한 지식, 기능, 맥락이 내용 체계에 포함된 것이다. 이 교육과정에서는 이전 교육과정에서 작문 과정과 전략을 강조하면서 정작 실제 텍스트 생산 활동이 주변적인 수준에 머물렀다고 비판하였다. 이를 극복하기 위해 맥락 안에서 이루어지는 사회적 의사소통 행위로서의 작문이 갖고 있는 기능에 주목하여 학습자의 실제 텍스트 생산 능력을 강조하고자 하였다. 이러한 큰 틀은 2009 개정 교육과정에서도 유지되었다.

2015 개정 교육과정에서는 거시 장르로 정보 전달, 설득, 자기표현과 사회적 상호작용이라는 3가지를 제시하고 있다. 또한 각 거시 장르에 속하는 미시 장르도 제시하고 있는데, 정보 전달의 경우 설명하는 글과 보고하는 글이 이에 해당한다. 설득의 경우 의견을 표현하는 글, 주장하는 글(적절한 근거와 표현, 타당한 근거와 추론), 설득하는 글이 미시 장르로 제시되었다. 자기표현과 사회적 상호작용의 경우 겪은 일을 표현하는 글, 마음을 표현하는 글, 체험에 대한 감상을 표현하는 글, 감동이나 즐거움을 주는 글, 정서를 표현하는 글 등이 있다.

■ 장르 중심 작문 지도의 의의

각각의 개별 장르는 일정한 특징을 갖고 있다. 학생 필자들이 글을 쓴다는 것은 결국 여러 장르 중 특정 장르의 글을 쓰는 것이다. 이는 결국 학생 필자들이 글을 잘 쓰도록 하기 위해서는 개별 장르들이 갖고 있는 내용적인 특징이나 형식적인 개념 및 특징, 개별 장르에 속하는 글을 작성하기 위한 방법 등을 가르쳐야 한다는 점으로 귀결된다. 언어 사용에는 일정한 관습이 작용하는데, 효율적인 의사소통을 위해서는 이러한 관습을 제대로 이해해야 한다. 이러한 관습에 대해 충분히 알고 있지 못하다면 담화 공동체가 갖고 있는 특성에 적합하지 않은 표현을 하게 될 가능성이 매우 높다.

이러한 특성으로 인해, 장르를 중심으로 작문을 지도하는 것은 작문 교육을 통해 가르쳐야 할 글의 내용이나 형식적인 특징을 보다 명확하게 해 줄 수 있다는 장점이 있다. 과정 중심 작문 지도가 방법적인 면에서는 상당한 장점을 갖고 있지만 교육 내용 측면에서 형식만 있을 뿐 내용은 없다는 한계를 지적받았기 때문에(이재승, 2007) 개별 장르의 내용이나 형식적인 특징, 특정 장르를 사용해야 하는 조건, 특정 장르를 사용하는 담화 공동체의 특성 등을 교육 내용으로 명확히 할 수 있는 장르 중심 접근법이 주목을 받은 것이다. 학생들은 이러한 장르적 지식을 익히고 그것을 활용하여 글을 씀으로써 그 장르를 매개로 하는 공동체와 효율적으로 의사소통을 할 수 있게 된다.

■ 장르 중심 작문 지도의 일반적인 원리

장르 중심 작문 지도에서 바라보는 장르의 개념을 따르면, 장르의 유형은 매우 다양해 그 수를 헤아리기 어려울 정도다. 이는 담화 공동체가 고정된 실체가 아니며 그 층위가 매우 다양하다는 점, 특정 개인은 크고 작은 여러 담화 공동체에 동시에 속해 있다는 점과 관련이 있다. 또한 담화 공동체 구성원들과의 원활한 의사소통을 위해 사용하는 도구가 장르이기 때문이다. 이러한 점을 고려하면, 장르를 중심으로 작문을 지도할 때에는 다음과 같은 점들을 고려해야 한다.

첫째, 장르 지식을 가르쳐야 한다. 장르 지식이란 개별 장르들이 갖고 있는 언어적, 구조적 특징이나 패턴을 말한다. 장르 지식 교육 방법은 크게 두 가지로 구분해 볼 수 있다. 첫째는 개별적인 장르 지식을 유목화해서 추출한 뒤 이를 명제적 지식으로 가르치는 것이다. 둘째는 개별 장르의 전형적인 글을 반복적으로 접하게 하여 글에 담겨있는 장르적 특성에 익숙해지도록 하는 것이다. 이 경우 장르 지식은 암묵적 성격을 띠게 된다. 기본적으로는 특정 장르를 접하는 기회가 늘어나면 그에 따라 장르 지식도 늘어날 것이라 기대할 수 있는 것이 사실이다. 하지만 이 두 가지 중 어느 한 가지 방식을 전적으로 따라야 하는 것은 아니다. 교사는 자신이 가르치고 있는 학생들에게 장르 지식을 어떠한 방식으로 제공할 것인지를 다양한 변인을 고려하여 스스로 판단할 수 있어야 한다. 다양한 장르들을 작문 교육, 더 나아가서는 국어교육의 관점에서 검토하여 재구성하는 작업은 아직까지 충분히 이루어졌다고 보기 어렵다(권태현, 2015). 즉, 장르별로 특별한 교수·학습 방법이 따로 정해져 있는 것은 아니다. 다만 장르 지식 발달과 관련한 데이터 기반 연구들은 현시적 교수법을 사용하는 것이 장르 지식 제공에 가장 적합한 방법이라는 점을 보여준다(박영민 외 역, 2015).

둘째, 장르 지식을 가르치되, 장르 지식을 고정된 것으로 바라보지 않도록 해야 한다. 예를 들어 설명문의 경우 필자의 주장이나 주관적인 느낌을 포함시켜서는 안 된다는 것이 대표적이다. 하지만 목적을 중심으로 살펴보면, 이는 매우 어려운 일이다. 사실적인 정보만을 나열했음에도 불구하고 독자에게 강력한 설득력을 갖는 글이 있기 때문이다. 장르를 대표할 만한 모범문을 분석하여 장르 지식을 익히게 하더라도, 학습자마다 교육 내용을 해결해야 할 대상이나 과제를 다르게 받아들인다 (김혜선, 2012). 그렇기 때문에 작문의 목적을 분명하게 설정해 주되, 이러한 목적은 한 편의 글을 완성해 본 경험을 갖고 있다고 해서 다음 번 글을 쓸 때 그대로 활용할 수 있는 것은 아니라는 점을 분명히 해야 한다.

셋째, 개별 장르의 구조를 비롯한 특성(장르 지식)을 가르치면서, 동시에 개별 장르가 활용되는 맥락을 함께 가르쳐야 한다. 보다 구체적으로는 장르 지식을 지도하고 이어서 의미 구성 과정 절차를 현시적으로 지도할 수 있다. 마지막으로 교사와 학생 혹은 학생끼리의 협력을 통해 의미 구성 과정을 경험해 보도록 한다. 학습의 사회적 과정인 협동 학습을 통해 학생들이 함께 장르를 구성할 수 있도록 가르쳐야 하는 것이다. 이상구(2012)에서는 다양한 장르 중심 작문 지도 모형을 검토한 뒤, 이들에게서 공통적으로 나타나는 특징을 다음과 같이 정리하였다.

① 장르가 사용되는 맥락을 점검하기
② 맥락에서 사용되는 장르의 예시를 시범으로 보여주기
③ 교사와 학생이 공동으로 장르에 해당하는 텍스트를 구성하여 익히도록 하기
④ 학생이 독립적으로 특정 장르에 해당하는 글 작성하기

넷째, 장르 지식의 발달적 특성을 고려해야 한다. 작문에 필요한 지식들 중 장르와 관련된 지식은 명제적 지식과 절차적 지식이다. 명제적 지식을 알지 못한다면 절차적 지식을 수행으로 드러내어 보이는 것이 매우 어렵다. 하지만 작문의 본질에 대한 지식이나 언어적인 지식은 그렇지 않다는 점에서 대조적이다. 한편으로 장르의 특성 및 구조와 관련된 지식은 인지 과정 내에서 어떠한 논리로 연결되어 있다기보다는 관습적인 특징을 강하게 띠고 있다. '왜 그렇게 써야 하는데?'라는 질문에 '다들 그렇게 쓰니까'라고 답하는 경우가 대부분이라는 것이다. 이는 장르 지식이

구어로 이야기를 들을 때부터 형성되기 시작한다는 점과 관련이 깊다. 곧, 장르 지식은 작문 능력보다 먼저 형성되는 것이다(박영민 외 역, 2015).

2) 장르별 장르 지식 : 정보를 전달하는 글

▍정보를 전달하는 글과 관련된 일반적인 장르 지식

독자에게 어떤 대상, 사실, 현상 등에 대한 가치가 있거나 새로운 정보를 전달하기 위해 작성하는 글을 말한다. 여기에는 설명문, 기사문, 안내문 등이 해당한다. 정보를 전달하는 글에서는 상당한 정도의 객관성과 정확성을 확보해야 한다. 글이 담고 있는 정보는 곧 글의 핵심적인 내용이 된다. 이 내용들은 사실에 부합해야 하며, 이때 글쓴이의 주관적인 견해를 명시적으로 드러내는 것은 삼가야 한다. 만일 사실과 다른 내용이나 정확하지 않은 내용을 포함시킨다면, 혹은 글을 작성하는 사람이 글에서 다루고 있는 정보에 대해 주관적인 의견을 반영한다면, '정보를 전달'한다는 글의 목적을 달성하는 데에 실패하게 된다. 이를 피하기 위해서는 신뢰할 수 있는 자료들을 참조한다거나 자신이 알고 있는 정보라 하더라도 다른 자료를 통해 대조 및 확인하는 과정을 거침으로써 객관성이나 정확성을 향상시킬 수 있다.

또한 정보를 전달하는 글의 필자는 독자에 비해 더 많은 정보를 갖고 있어야 한다. 다른 여러 장르들과 마찬가지로, 정보를 전달하는 것 역시 사회적 행위이다. 정보를 전달하는 행위는 기본적으로 글을 작성하는 사람이 글을 읽는 사람에 비해 더 많은 정보를 갖고 있다는 점을 전제로 해야 한다. 정보를 전달하는 글을 읽는 목적은 정보를 파악하기 위해서이기 때문이다. 그렇기 때문에 정보를 전달하는 글을 쓰는 필자는 독자보다 더 많은 지식을 갖추고 있어야 한다. 학생 필자들이 교수·학습 상황에서 정보를 전달하는 글을 작성할 경우에는 이러한 특성을 가정하게 되며, 학생 필자가 아직 충분한 정보를 갖고 있지 못할 경우에는 글에 포함시킬 수 있는 내용을 보다 풍부하게 수집하고 생성해 내는 과정을 거쳐야 한다.

설명문과 관련된 장르 지식

설명문은 정보를 제공하기 위해 정의, 비교, 분류, 분석, 비교, 대조, 예시, 인용과 같은 설명의 방법을 사용하여 작성한 글을 말한다. 범교과적 작문에서 활용하는 글의 대부분은 정보를 담고 있는 글(설명문)이라는 특징이 있다. 또한 객관성, 사실성, 명료성, 정확성, 신뢰성 등이 중요하게 작용한다. 설명문을 작성하기 위해서는 설명 대상에 대한 정보나 지식이 충분해야 한다. 만일 이러한 정보나 지식이 부족하다면 다양한 자료를 충분히 수집하여야 한다.

한편으로 설명문을 잘 쓰기 위해서는 내적 구조에 대한 적절한 이해가 필요하다. 내적 구조에는 정의, 비교, 분류, 분석, 인용, 예시와 같은 설명 방식, 비교·대조, 원인/결과, 문제/해결 등과 같은 내용 전개 방식 등이 있다. 이러한 구조들은 독자들로 하여금 글이 담고 있는 정보를 보다 쉽게 이해하고 기억하도록 하는 데에 기여함으로써 궁극적으로 글을 작성한 목적을 달성하는 데 긍정적으로 기여한다. 이러한 구조는 독자가 읽을 때에 글의 내용을 보다 효율적으로 이해할 수 있도록 도울 뿐만 아니라, 필자가 글을 쓸 때에도 보다 분명하게 내용을 기술하도록 하는 데에 도움이 된다. 또한 설명문을 쓸 때에는 어법에 맞는 문장이나 표현 등을 사용해야 한다는 점도 객관성이나 정확성을 확보하기 위한 차원에서 강조할 수 있다.

기사문과 관련된 장르 지식

기사문은 사회에서 일어난 여러 가지 소식 중 보도할 가치가 있는 중요한 사안을 신속하게 전달하는 신문 매체의 글이다. 전달하고자 하는 내용을 정확하고 체계적으로 조직하여야 하며, 객관적인 성격이 매우 강하게 강조된다. 또한 글을 쓰는 사람이 스스로 생성해 낸 정보가 아니라, 다른 사람에 의해 만들어진 정보를 인터뷰하거나 인용하여 전달한다는 간접성이 특징이다.

신문은 정보의 신속한 전달을 목적으로 삼고 있기 때문에, 신속한 전달에 적합한 구조를 취하게 된다. 기사문의 구조는 내적 구조와 외적 구조로 구분하는데, 내적 구조란 육하원칙에 따른 내용 기술 구조를 말하며, 외적 구조는 표제, 부제, 전문,

본문 해설 등으로 이어지는 내용 기술 구조를 말한다. 먼저 내적 구조는 독자들이 정보를 정확하고 믿을 수 있는 것으로 판단하는 데에 필요한 원칙이며, 더불어 기사문에 포함시킬 내용을 수집하는 기준으로 활용할 수도 있다. 기사문이 다루는 내용의 특성에 따라 한두 가지 요소가 드러나지 않는 경우도 존재한다. 다음으로 외적 구조는 기사의 전체적인 내용을 미리 효율적으로 파악할 수 있도록 하는 역할을 한다. 이러한 기사문의 내적 구조와 외적 구조는 정보 전달을 목적으로 하는 다양한 장르의 글에 널리 활용할 수 있다. 그렇기 때문에 기사문 지도를 통해 정보 전달을 목적으로 하는 글 작성 능력을 신장시키는 데에 도움을 줄 수 있다.

■ 보고서와 관련된 장르 지식

보고서란 어떤 대상에 대하여 조사, 연구, 실험, 채집한 것을 보고하기 위하여 그 과정과 결과를 정리하고 기록한 글을 말한다. 일반적으로 대상을 조사, 탐구한 과정과 결과가 담겨 있기 때문에 넓은 관점에서 보면 정보를 전달하는 글 유형에 포함시킬 수 있다. 주로 학습을 목적으로 하는 경우가 많으며, 과제를 부과한 사람이 주요 예상독자이기 때문에 과제 부과 의도를 명확하게 파악하는 것이 보고서 작성의 전반적인 과정 전반에 걸친 매우 중요한 요건이 된다. 보고서 역시 다른 정보 전달 글과 마찬가지로 객관성이 강조된다. 보고서를 읽은 독자가 필자가 수행한 과정이나 절차를 되풀이할 수 있을 만큼 자세하고 객관적이어야 한다. 대부분의 경우 필자의 의견이나 소감을 드러내는 마무리 부분을 제외하고는 필자의 주관적인 관점이나 표현은 잘 드러나지 않는다. 형식적인 면에서는 장, 절, 항 등으로 내용을 분절하는 경우가 많다. 또한 분절된 내용 범주에서 다루어야 할 내용은 분야에 따라 관습적으로 정해져 있는 경우가 많다.

보고서의 내용 생성을 위해서는 기사문과 마찬가지로 육하원칙에 따라 보고할 대상을 분명하게 확정하는 것이 도움이 된다. 이를 통해 보고서의 목적이나 주제 선정 동기, 대상, 방법, 시기 등을 분명히 할 수 있다. 보고서에 포함할 정보를 수집하고 분석하기 위해서는 사전, 연감, 지도, 서적, 신문, 잡지, 인터넷 검색 등을 활용할 수 있으며, 정보를 갖고 있는 사람을 직접 만나 질문을 통해 내용을 확보하는 것도 가능하다.

3) 장르별 장르 지식 : 설득하는 글

▌설득하는 글과 관련된 일반적인 장르 지식

설득하는 글은 의사소통이 이루어지는 맥락에서 필자의 의견이나 주장을 드러내어 독자의 이해나 변화를 의도하는 글이다. 필자가 독자로 하여금 특정한 행동을 하거나, 특정한 생각을 받아들이도록 설득하려는 목적을 갖고 있는 것을 특징으로 한다. 구체적인 글의 유형에는 광고, 교훈 소설, 우화, 설화, 광고문, 드라마, 설교문, 선전문, 사설, 논문 등이 포함된다.

설득이라는 것은 화자가 청자에게 어떠한 의도를 가지고 자신의 의도를 달성하기 위한 의사소통의 한 유형이므로 화자는 맥락을 고려하여 설득을 위한 다양한 전략을 사용하게 된다. 이를 통해 다른 유형의 글과 변별되는 설득하는 글만의 장르적인 특징을 가지게 한다. 설득하는 글의 특징으로는 다음과 같은 것들을 들 수 있다. 첫째, 설득하는 글은 의도성을 가지고 있다. 설득하는 글은 본래부터 청자의 태도나 신념 또는 행동을 변화시키려는 것을 궁극적 목적으로 삼고 있으며 이러한 목적의 달성을 위해 의도적으로 계획된 것이기 때문이다. 둘째, 설득하는 글은 도구성을 가지고 있다. 도구성은 의도성과 밀접한 관계를 가지는데 설득하는 글이 어떤 목적 달성을 위해 수단으로 사용되는 도구적 의사소통이라는 점에서 다른 의사소통과 구별되는 특징이라고 할 수 있다. 셋째, 설득 대상 즉 청자의 특정성을 들 수 있다. 다른 형태의 담화에 비하여 설득 담화는 특정한 대상의 수용자를 목표로 삼아 이들의 태도나 의견, 행동을 변화시키려고 한다. 넷째, 효과를 중시한다는 점을 들 수 있다. 의도했던 효과를 얻지 못했을 경우 그 의사소통은 실패한 것으로 간주할 정도로 효과성을 중시하는 글 유형이라고 할 수 있다.

설득하는 글에서는 필자의 주장이 분명하면서도 일관되게 나타나야 한다. 이는 설득하는 글을 통해 어떠한 목적을 달성할 것인지를 분명히 설정해야 한다는 점과 밀접한 관련을 맺고 있다. 이를 위해서는 우선 필자의 의견이 분명하게 확립되어 있어야 한다. 만일 글을 통해 이야기하고자 하는 바가 명확하지 않다면 먼저 다루고자 하는 문제에 대해 충분히 생각해 보는 과정을 거쳐야 한다. 이 과정을 건너뛴다면 좋은 글이 나올 것이라 기대하기 어렵다.

대부분의 글에서도 마찬가지이지만, 설득하는 글에서는 특히나 사실과 의견을 명확하게 구분해야 한다. 이 둘을 구분하는 것은 필자가 독자에게 제시하고자 하는 메시지를 보다 명확하게 드러나게 해 준다. 만일 이 둘을 명확하게 구분하지 않을 경우 설득력이나 호소력에 상당한 어려움을 보이게 된다.

설득하는 글에서는 예상독자를 비롯한 글을 쓰는 맥락을 충분히 고려해야 한다. 설득하는 글은 필자의 주장을 내세우는 데에서 머무르지 않고 궁극적으로는 독자를 설득하기 위한 목적을 지니고 있다. 그렇기 때문에 독자가 자신의 견해에 어떠한 입장을 갖고 있는지, 글의 내용과 관련해서는 어느 정도의 정보를 갖고 있는지, 독자가 처해 있는 상황은 어떠한지 등에 따라 글에 포함시킬 내용이나 전개하는 방식 등에서 큰 차이를 보일 수 있다. 따라서 예상독자를 비롯한 맥락을 충분히 고려하면서 글을 쓰면 좀 더 설득적이고 호소력 있는 글을 쓸 수 있다.

▌논설문과 관련된 장르 지식

전통적으로 '논설문'이 대표적인 설득하는 글의 유형으로 간주되어 왔다. 논설문은 필자의 주장을 내세우고 이를 뒷받침하기 위해 서론-본론-결론의 3단 구성을 취하고 있고 필자의 주장-뒷받침하는 근거 제시라는 전형적인 형식을 갖고 있는 글을 일컫는다. 그러므로 설득하는 글의 특성을 강하게 갖고 있지만, 설득하는 글 전체를 대표한다고 보기는 어렵다.

논설문은 일반적으로 서론, 본론, 결론의 삼단 구성을 취하는데, 각각의 부분에서 어떤 내용을 어떠한 방식으로 다룰 것인지가 분명하게 드러나야 한다. 또한 결론에 이르는 과정은 논리적으로 무리가 없어야 하는데, 논설문에서 흔히 다루는 결론 도출의 논리는 연역법, 귀납법과 같은 논증 방법이나 유추와 같은 추론의 방법을 사용하는 경우가 많다. 논설문에서 논리가 중요한 의미를 지니는 것은 효율적인 설득을 위해서이다. 주장에 대한 근거가 체계적이면서도 합리적, 논리적으로 제시됨으로써 주장의 타당성을 확보할 수 있고, 이것이 독자의 심리를 움직이며 행동의 변화를 이끌어 낼 수 있다. 그렇기 때문에 주장을 뒷받침하는 근거를 논리적이고도 합리적으로 제시할 수 있어야 한다.

좋은 논설문을 쓰기 위해서는 사회문화적 맥락을 충분히 이해한 상태에서 이를 글에 적절하게 반영해야 한다. 글에서 다루고자 하는 핵심적인 주장이나 내용은 일반적으로 다양한 의견들이 충돌하거나 경쟁하는 상황과 관련된 경우가 많다. 그렇기 때문에 자신이 작성하고자 하는 문제에 대한 관점과 주장을 분명히 해야 하며, 이를 뒷받침할 수 있는 근거나 자신의 견해를 예상독자의 동의를 구할 수 있는 방식으로 진술할 수 있어야 한다.

▌비평문과 관련된 장르 지식

비평문이란 어떤 사람이 생산한 일정한 대상에 대한 해석이나 가치 평가를 포함하는 분석적인 글을 말한다. 문학이나 영화, 연극, 미술, 음악 등 예술 작품을 대상으로 하는 경우가 많으나, 비평의 범위는 예술에만 한정되는 것은 아니다. 예술 작품을 포함하여, 다양한 대상을 받아들이는 사람들이 그 대상을 보다 즐겁게, 혹은 높은 수준에서 향유하도록 하는 데에 목적이 있는 글이다. 그렇기 때문에 옳고 그름, 아름다움과 추함 등의 관점에서 비평 대상을 분석적으로 평가하게 된다. 이러한 평가는 본질적으로 주관성을 포함할 수밖에 없다. 그렇기 때문에 자신의 견해를 논리적으로 드러내어 독자들이 여기에 동조하도록 하는 것이 비평문의 핵심적인 요건이 된다.

비평문에는 필자의 주관적인 견해가 들어있어야 할 뿐만 아니라 논리적이고 객관적인 근거를 제시하여 설득의 효과를 높이는 장치들이 포함되어야 한다. 이를 위해 비평문에서 자주 사용하는 방식에는 인용, 해설, 예증 등이 있다. 인용은 알맞은 글이나 자료를 가져와 자신의 견해를 뒷받침하는 데 활용하는 것을 말하며, 해설은 어떤 내용이나 사건을 알기 쉽게 풀어서 설명하는 것이다. 예증은 자신의 견해를 구체적 실례를 들어서 증명하는 것을 말한다. 이러한 방법을 사용하여 좋은 비평문을 작성하기 위해서는 우선 비평의 대상을 사실적으로 정확하게 이해해야 한다. 또한 비평 대상을 주관적으로 바라보되, 그 근거는 공정하고 객관적인 것이라야 한다.

4) 장르별 장르 지식 : 자기 표현적 글

▌자기 표현적 글과 관련된 일반적인 장르 지식

정서 표현적 글이란 필자가 어떤 상황에서 떠올린 생각이나 느낌, 감정 등을 표현한 글을 말한다. 정서 표현적 글은 다른 말로 자기 표현적 글이라고도 하는데, 자기표현(expressive)이란 필자가 자신의 개인적인 경험을 의사소통하고 탐색하는 것으로, (자기 표현적 글이란) 어떤 대상에 대한 자신만의 의견을 떠올리거나 세상에 대한 자신만의 반응을 표출하는 것을 목적으로 하는 장르를 말한다(최숙기, 2007). 또한 (이는) 필자의 경험과 지식을 바탕으로 기술되는 '나'의 이야기이며 서술적 자아가 경험하거나 이미 획득한 지식을 바탕으로 기술되는 것으로 '즐거움의 실현'과 '정보 제공'을 목적으로 한다(김정란, 2014). 내용적인 면에서는 일정한 경험을 섬세하게 관찰하여 의미를 발견하거나 얻게 된 깨달음을 구체화하는 경우가 많다. 표현적인 면에서는 수사적 전략보다는 체험의 진솔성을 중시하며, 필자의 생각을 구체적인 언어로 구체화하는 것이 바람직하다.

일반적으로 국어과 교육과정에서는 작문을 주로 의사소통적인 측면에서 바라보고 있다. 이 관점에서 작문의 본질이 어떤 생각이나 느낌을 문자 언어로 표현하여 이를 통해 독자와 의사소통을 하는 것이라고 본다. 하지만 자기 표현적 글을 중시하는 관점에서는 자아에 대한 성찰과 탐구 역시 작문이 갖고 있는 중요한 특성 중 하나라고 본다. 교육은 다양한 교과적 목표 아래에 다양한 활동을 제공함으로써 개인의 내적 성장에 기여할 수 있어야 하기 때문에, 작문 교육 역시 여기에 기여해야 한다고 보는 것이다(박영민, 2012). 그렇기 때문에 자기 표현적 글은 필자의 경험을 통해 자신만의 생각을 조명하여 성찰을 이끌어 내는 측면에서 교육적으로 주목을 받고 있다.

■ 감상문과 관련된 장르 지식

감상문이란 책을 읽고 관련 내용을 소개하면서 독서를 통해 얻은 감상을 적은 글을 말한다. 감상문에 포함시킬 수 있는 내용 요소로 널리 알려진 것은 크게 다음의 4가지를 들 수 있다. ① 작품을 접하게 된 동기, ② 책의 내용 소개, ③ 책을 접하고 나서 얻게 된 인상이나 감동, ④ 책을 접하고 난 후의 생각 변화가 그것이다. 일반적으로 감상문의 구조는 앞부분에 책을 접하게 된 동기를 포함시키는 경우가 많다. 중간에는 가장 감동을 느낀 부분이나 내용, 이와 관련된 생활 경험, 작품의 전반적인 내용과 읽으면서 들었던 전반적인 혹은 세부적인 느낌, 인상 깊은 장면에 대한 생각이나 느낌을 자신의 생활과 관련지어 서술한 내용 등이 포함될 수 있다. 마무리에서는 책을 접한 후 자신에게 나타난 변화나 결심, 포부 등을 진솔하게 제시하는 것이 널리 알려진 내용 전개 순서이다.

하지만 독서 후 느끼는 감상이나 책에 대한 해석은 독자마다 큰 차이를 보일 수 있다. 그렇기 때문에 책 내용에 대해 사실적인 이해가 되지 않아서 발생한 해석이라면 이를 바로잡기 위해 지도할 필요가 있으나, 책 속에 명시적으로 드러난 정보를 정확하게 파악한 뒤에 도출된 감상이라면 허용적으로 감상을 인정해 주고 가능한 생각으로 받아들일 필요가 있다.

■ 자서전과 관련된 장르 지식

자서전은 자신의 지나온 삶을 돌이켜 보면서 가치 있고 후세에 전할 만하다고 판단된 일이나 경험을 기록한 글을 말한다. 자서전을 읽는 사람의 관점에서 보자면, 다른 사람의 인생과 경험, 성찰을 간접적으로 체험하면서 독자 자신의 삶을 좀 더 보람 있고 가치 있게 변화시키는 계기를 마련하게 된다는 점에서 널리 읽힌다. 또한 자신과 지역이 다른 인물들의 자서전을 읽음으로써 다양한 인간 삶에 대한 앎의 폭을 넓히게 되어 풍부한 지혜와 통찰을 얻을 수도 있다.

전기문과 자서전은 모두 한 인물의 인생에 있었던 다양한 사건과 경험을 기록한다는 공통점이 있다. 하지만 전기문은 역사상 위대한 업적을 남기거나 사회에 공헌한 인물의 생애를 주인공이 아닌 다른 필자가 기록하는 것인 반면, 자서전은 필자 자신이 스스로의 삶을 표출한다는 특징이 있다. 또한 전기문은 교훈적인 목적으로 서술되는 경우가 많지만, 자서전은 필자가 자신의 진솔한 내면세계를 주관적으로 표현하고, 이를 통해서 독자와 정서적인 교감을 나누는 것을 목적으로 하는 경우가 많다.

자서전 역시 자기 표현적 글의 한 유형이기 때문에, 자서전을 쓰기 위해서는 이 점을 분명히 할 필요가 있다. 자신의 삶에서 의미 있는 사건을 찾거나 핵심적인 단어를 중심으로 기억 속에서 내용을 떠올리는 것이 중요한 내용 생성 방법이 된다. 일반적으로 시간 순서에 따라 의미 있는 사건을 중심으로 쓰는 경우가 많으며, 있었던 일만을 객관적으로 쓰는 것이 아니라 필자가 느꼈던 점을 중요하게 부각시킨다.

2. 장르 중심 작문 지도의 방법

특정 지도 방법을 활용할 때, 그 방법이나 모형에서 정해 놓고 있는 요소나 절차 등을 반드시 그대로 따라야 하는 것은 아니다. 이는 장르 중심 작문 지도 방법에서도 마찬가지이다. 중요한 건 장르 중심 접근의 본래 취지를 잘 살리는 것이다. 기존에 설명문이나 논설문 같이 문종을 중심에 두고 작문을 지도하는 방법과 관련된 논의들은 상당히 다양했지만, 이들은 대부분 장르를 고정된 것으로 인식해 왔다는 한계가 있다. 비슷한 맥락에서, 장르 중심 작문 지도 방법의 절차나 요인 등을 고정된 것으로 인식할 필요가 없다. 또한 장르 지식 역시 고정된 것으로 인식하기보다는, 상황이나 맥락에 따라 얼마든지 달라질 수 있는 것으로 받아들여야 한다.

여기에서는 교사 중심 장르 지도 방법과 학생 중심 장르 지도 방법으로 구분하여 소개한다. 교사 중심 장르 지도 방법은 교사의 입장에서 어떠한 단계나 절차를 거쳐 지도하고 어떠한 원리나 유의점을 염두에 두어야 하는지 등에 초점을 맞추고 있다. 반면에 학생 중심의 방법은 글을 쓰는 입장에서 어떠한 과정이나 절차를 거쳐 나가면 되는지에 초점을 맞추고 있다. 물론 이 두 가지 방법은 모두 장르 중심 작문 지도 방법에서 중시하는 내용들을 각각의 방식에 맞게 포함시키고 있다.

1) 교사 중심 장르 지도 방법

장르를 중심으로 작문 지도를 효과적으로 실천하기 위해 제안된 방법으로 원진숙 외(2011)에서 제시한 모형을 들 수 있다. 이 모형은 장르 중심 접근법에 기반을 두면서 교수자의 비계 제공을 통해 궁극적으로 학생의 자기 주도적인 작문 능력을 함양할 수 있도록 하는 데에 초점을 맞추고 있다. 또한 '환경적 교수법'의 개념을 결합하였는데, 이는 Vygotsky의 근접 발달 영역 개념에 기반을 두어 실제적인 상황 맥락 안에서 유의미한 작문 수행을 할 수 있도록 하는 데에 중점을 둔 것이라고 할 수 있다.

이 모형은 특정 개별 장르에 초점을 맞추었다기보다는, 장르 중심 접근법에서 강조하는 내용들을 교수학습 과정에서 실천할 수 있도록 하는 데에 중점을 두고 있다. 여기서 몇 가지 유의할 점이 있는데, 장르를 형식적인 틀로만 이해하는 데에 머무르지 않도록 한다거나, 한 편의 완결된 글을 작성해 보는 경험을 갖도록 하는 것 등이 그것이다. 또한 특정 장르 지식이나 기타 교육 내용을 하위 과제로 설정하여 제시함으로써 학습자의 능동적 참여와 더불어 작문 수행의 질적인 향상을 꾀하는 것이 중요하다는 점을 강조한다. 이를 통해 장르 중심 접근법에서 강조하는 실제적인 상황 맥락을 강조할 뿐만 아니라, 작문에 필요한 지식이나 기능과 더불어 결과물로서의 텍스트를 모두 중시한다는 특징을 담아내었다. 장르 중심 교수·학습 모형을 도식화한 모형이 아래 [그림 1]에 제시하였다.

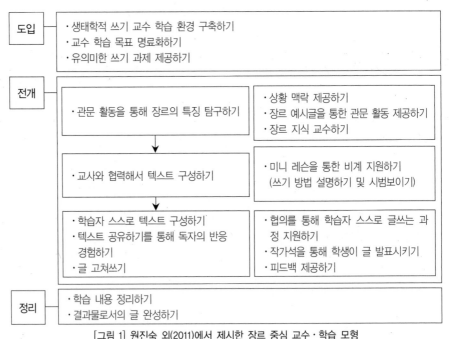

[그림 1] 원진숙 외(2011)에서 제시한 장르 중심 교수·학습 모형

이 모형은 크게 3단계로 나뉘는데, 각 단계의 특징 및 세부적인 내용들은 다음과
같다.

① 도입 단계

이 단계에서는 교사 주도 하에 교수학습 환경을 구축하고 교수학습 목표 및 작문
과제를 분명하게 인식시키는 단계이다. 이 단계에서 교사는 작문 과제가 이루어지
는 맥락을 학습자가 처해 있는 상황과 밀접하게 결부시킬 필요가 있다.

② 전개 단계

이 단계는 다시 크게 5개의 하위 단계로 구분된다. 이 하위 단계는 장르의 특징
탐구, 교사와 협력을 통한 텍스트 구성, 학생의 독립적 텍스트 구성, 텍스트 공유를
통한 독자 반응 경험, 고쳐쓰기의 순서로 이어진다.

②-1 장르의 특징 탐구

이 하위 단계에서는 학생이 글을 써야 하는 맥락이나 상황 및 이유를 분명히 해 주는 데에 중점을 둔다. 실제적인 상황 맥락 안에서 특정 장르를 통해 누가 무엇을 어떻게 소통하고 있는지를 명료하게 드러내는 예시문을 제공해 주는 단계이다. 예시문은 학생의 흥미나 동기를 충족시키면서 동시에 개별 장르로서의 특성을 분명하게 드러내어야 한다.

이 모형에서는 장르 지식을 명시적으로 드러내기 보다는, 예시문을 통해 상황 맥락을 분석하고 예시문이 갖고 있는 장르적인 특징을 분석해 보도록 하는 활동을 제안하고 있다. 이러한 활동들은 모둠 활동 형태를 통해 이루어짐으로써 비계로 작용할 수 있어야 한다.

②-2 교사와 협력을 통한 텍스트 구성

이 하위 단계에서 학생은 교사와 함께 글을 작성하게 되는데, 이는 앞서 언급한 근접 발달 영역을 고려한 것이다. 여기서 교사는 간이 수업 형태로 목표 장르의 글을 작성하는 방법을 설명하고 시범보일 수 있다. 전 단계의 이해 정도에 따라 장르 지식을 명시적으로 제시하는 것도 가능하다.

②-3 학생의 독립적 텍스트 구성

이 하위 단계에서는 초고 형식으로 학생이 스스로 글을 작성하되, 협의를 통해 아이디어를 구체화하는 것을 허용한다. 초고 형태로 작성하는 것이기 때문에 향후 수정의 기회가 있다는 점을 학생에게 분명히 인지시킴으로써 아이디어를 떠올리고 이를 적어나가는 것에 집중할 수 있도록 한다. 이때 교사는 학생이 글을 작성하는 구체적인 맥락을 계속해서 떠올릴 수 있도록 안내해야 한다.

②-4 텍스트 공유를 통한 독자 반응 경험

소모임이나 학습 단위로 학생들이 쓴 글을 발표하거나 돌려 읽도록 한다. 여기서 교사는 학생들이 서로의 생각을 교류할 수 있도록 허용적인 분위기를 제공해 주어야 한다. 교사는 작문이 독자와 소통하기 위한 사회적인 행위라는 점을 학생에게 분명히 인식시키기 위해 노력해야 한다. 학생들은 이 단계의 활동을 통해 자신의 글이 독자들과 원활하게 소통되는지를 점검할 수 있어야 한다.

②-5 고쳐쓰기

이전 단계에서의 활동을 토대로 보다 나은 소통을 위해 글을 수정한다.

③ 정리 단계

이 단계에서는 학생들이 작성한 글을 최종 결과물로 완성한다. 교사는 학생 글의 마무리를 확인함과 더불어 학습 목표 여부 확인 및 교수학습 과정에 대한 평가를 진행할 수 있어야 한다.

2) 학생 중심 장르 지도 방법

교사 중심 장르 지도 방법이 교사에게 어떻게 지도해야 하는지를 알려주는 것이라면, 학생 중심 장르 지도 방법은 학생들에게 개별 장르 글을 작성할 때 학생들이 활용할 수 있는 전략을 알려준다는 특징이 있다. 여기에서는 Graham & Harris(2005)에서 제시한 정보 전달 글 유형, 설득 글 유형, 이야기 글 유형을 작성하는 데에 활용할 수 있는 방법을 토대로, 이를 교사의 입장에서 어떻게 지도할 수 있는지 소개한다.[2]

▌정보 전달 글 유형

정보 전달 글 유형 작문에 활용할 수 있는 전략은 영어 앞머리 글자를 활용하여 POWER 전략이라고 불린다. POWER 전략은 계획하기(Plan), 조직하기(Organize), 쓰기(Writing), 편집하기(Editing), 수정하기(Revise)의 각 단어의 알파벳 첫 글자를 모아 단계들을 순서대로 연상하는 데에 도움을 주기 위한 것이다. 교사는 각 단계마다 설명과 시범-협의-개인 활동-동료와의 협의 등의 순서를 거치도록 안내할 필요가 있다. 각 단계별 특징과 활용할 수 있는 활동지의 예시는 다음과 같다. 활동지를 제시할 때에는 공통적으로 활동지의 빈 칸에 어떠한 내용들을 포함시킬 수 있는지 교사가 시범을 보이는 것이 바람직하다. 최종적으로 학생들은 다음에서 제시하는 단계들을

2 영어를 모국어로 하는 학습자를 대상으로 작성하였기 때문에 우리나라 여건에 맞지 않는다고 판단되는 내용은 일부 수정하였다.

독립적으로 진행할 수 있어야 한다.

① 계획하기

계획하기 단계는 정보 전달하는 글을 작성하기 위한 계획을 구상하는 단계이다. 본격적인 계획하기 단계에 돌입하기 전에, 먼저 교사는 학생들의 수준에 적합한 정보 전달 글의 좋은 예와 나쁜 예를 제시해 줄 수 있다. 이러한 글들을 제시하되, 학생들이 현재 다루고 있는 장르의 특징이 잘 드러난 부분과 그렇지 않은 부분을 명확하게 인지하도록 현시적으로 설명해 주는 것이 필요하다. 이때 예시 글의 좋은 점과 나쁜 점의 구체적인 이유를 분명히 들어서 설명하면서 안내한다.

계획하기 단계에 들어서게 되면, 교사는 학생이 무엇에 대해서 쓰려고 하는지(주제), 예상독자는 누구인지(누가), 글을 쓰는 세부적인 목적인 무엇인지(왜), 알고 있는 내용은 무엇이며(무엇을), 어떻게 조직할 수 있는지(어떻게)를 떠올려 보고 이를 기록하도록 도와준다. 이때 다음과 같은 활동지 양식을 활용하는 것이 도움이 될 수 있다.

이름 :　　　　　　　　　　　날짜 :

주제 :

누가 : 나는 누구를 위해 글을 쓰는가?

왜 : 왜 내가 이것을 쓰는가?

무엇을 : 내가 이미 알고 있는 것은 무엇인가?

    1.

    2.

    3.

    4.

    5.

    6.

    7.

    8.

② 조직하기

조직하기 단계는 앞 단계에서 떠올린 내용들을 정돈하고 범주화하여 글의 전체 구조를 전개해 나가는 단계이다. 이 단계에서는 계획하기 단계에서 떠올린 내용을 보다 구체화하는 데에 초점을 맞춘다. 학생들의 조직하기를 안내하기 위해 다음과 같은 항목들에 답을 해 보도록 하는 것이 도움이 될 수 있다. 예상독자는 무엇을 필요로 하는가? 예상독자가 처해 있는 상황은 어떠한가? 포함되어야 할 내용들은 어떤 순서로 제시해야 하는가? 만일 전달해야 하는 내용이 일정한 절차를 따라야 하는 것이라면, 어떠한 순서로 제시해 주어야 하는가? 이러한 내용들은 다음과 같은 활동지를 제시하여 진행할 수 있다.

무엇을 전달해야 하는가?
   예상독자는 무엇을 필요로 하는가?
   예상독자가 처해있는 상황은 어떠한가?
   포함되어야 할 내용들은 어떤 순서로 제시해야 하는가?
   ①
   ②
   ③
   ④
   …

만일 일정한 절차를 따라야 하는 것이라면, 어떠한 순서로 제시해 주어야 하는가?
   맨 먼저,
   둘째로,
   셋째로,
   …
   그러고 나서,
   마지막으로,

③ 초고 쓰기

이 단계에서는 초고를 작성한다. 여기서는 앞의 단계에서 사용한 활동지를 참고한다. 여건에 따라 ②번 단계와 ③번 단계를 통합하여 곧바로 ② 단계의 활동지에 초고를 작성해 보도록 하는 것도 가능하다. 다만, 이때 사용하는 활동지는 수정의 여지가 있다는 점을 분명히 하기 위해 밑줄이 그어져 있지 않은 종이를 사용하는 것이 바람직하다.

④ 편집하기

편집하기 단계는 ③번 단계에서 작성한 초고를 전반적으로 고치는 단계이며, 여기에는 동료 평가를 반영하는 활동이 포함된다. 학생들은 우선 필자용 활동지를 참조하여 자신이 인상적이라고 생각하는 부분, 추가 기술이 필요한 부분, 동료와 논의하고 싶은 점 등을 떠올려 보도록 한다. 학급의 학생들이 필자의 자격으로 이러한 단계를 마치고 나면, 학생들은 동료 평가자의 입장으로 전환한다. 동료 평가자들은 필자가 작성한 글과 더불어 동료 평가자 활동지를 참조하여 필자가 작성한 글을 평가해 보는 활동을 한다. 필자용 활동지와 동료 평가자용 활동지의 예시를 순서대로 제시하면 다음과 같다.

이름 :

정보를 점검하기 위해 읽어보자.
　　나의 글은 주로 무엇에 관한 것인가?
　　어떤 부분이 가장 마음에 드는가? 그 부분에 '*'를 표시하고 왜 그런지 설명하시오.
　　어떤 부분이 분명하지 않은가? 그 부분에 '?'를 표시하고 왜 그런지 설명하시오.
　　글이 재미있는가? 왜 그런지 말하시오.

다음 항목에 답하여 조직하기를 점검해 보자.

정보를 제대로 전달하고 있는가?	예	약간	아니요
내가 말하려고 계획했던 것을 말하고 있는가?	예	약간	아니요
단계나 절차가 분명하게 드러나는가?	예	약간	아니요
'첫째, 둘째'와 같은 표지어를 사용하였는가?	예	약간	아니요
재미있게 글을 썼는가?	예	약간	아니요

계획 수정하기.
어떤 부분을 고쳐야 한다고 생각하는지 적어 보자.

1.
2.

동료와 협의하고 싶은 내용을 적어보자.

1.
2.

필자의 이름 :   동료 평가자의 이름 :

동료 평가자에게 자신이 작성한 글을 읽어 주자
(혹은, 필자의 글을 동료 평가자의 입장에서 읽어보자)

이 글은 주로 무엇에 관한 것인가?

어떤 부분이 가장 마음에 드는가? 그 부분에 '*'를 표시하고 왜 그런지 설명하시오

어떤 부분이 분명하지 않은가? 그 부분에 '?'를 표시하고 왜 그런지 설명하시오

글이 재미있는가? 왜 그런지 말하시오.

조직을 점검하기 위해 자신에게 질문하시오
필자는 :

정보를 제대로 전달하고 있는가?	예	약간	아니요
내가 말하려고 계획했던 것을 말하고 있는가?	예	약간	아니요
단계나 절차가 분명하게 드러나는가?	예	약간	아니요
'첫째, 둘째'와 같은 표지어를 사용하였는가?	예	약간	아니요
재미있게 글을 썼는가?	예	약간	아니요

⑤ 수정하기

수정하기 단계는 학생들이 자신이 작성한 글을 어떻게 고쳐야 하는지를 분명하게 하는 단계이다. 앞의 총 4단계 동안 진행한 내용을 정리하고 어떠한 부분을 최종적으로 고칠 것인지를 결정한다. 일정한 표시(예를 들어, '*' 표시)를 함으로써 글을 수정하는 데에 반영하고자 하는 의견을 명확하게 표시하는 것은 학생들이 자신이 작성한 글의 세부적인 내용에 주목할 수 있도록 도와주는 장치이다. 최종적으로 수정할 내용을 결정했다면, 밑줄이 그어진 최종 활동지에 작성하도록 할 수 있다.

독자가 더 재미있어 할 만한 글을 만들기 위한 아이디어를 적어 보자.

초고를 수정해 보자.
　　초고에서 수정할 수 있을 만한 내용을 적절히 수정해 보자.

■ 설득 글 유형

설득 글 유형 작문에 활용할 수 있는 전략은 크게 두 가지로, TREE와 STOP 전략이 이에 해당한다. 이들 역시 영어 첫머리 글자를 활용하여 절차의 단계를 기억하는 데에 도움을 주기 위한 것이다. TREE는 주제 문장 적기(note Topic sentence), 이유 적기(note Reasons), 이유 부연설명하기(Explain reasons), 결론 적기(Ending)의 약자이다. STOP은 판단을 잠시 보류하기(Suspend judgement), 한 쪽 입장 선택하기(Take a choice), 생각 조직하기(Organize idea), 다른 내용 더 생각해 내기(Plan more as you write)의 약자이다.

TREE 전략은 설득적인 글에 포함시킬 수 있는 내용을 생성하는 데에 도움을 주는 전략이다. 이에 비해 STOP 전략은 찬성과 반대가 분명한 주제에 대해 특정 입장을 선택해 글을 써야 하는 상황에서 활용할 수 있는 방법이다. 두 가지 전략 모두 내용 생성에 초점을 맞추고 있다.

TREE 전략은 크게 세 부분으로 구성된다.

① 글을 써야 하는 맥락 분명히 하기

이 단계는 다른 장르 중심 접근법에서와 마찬가지로 글을 써야 하는 맥락을 분명히 하는 단계이다. 학생들은 글을 쓰기 전에 예상독자나 글을 쓰는 목표를 분명히 해야 한다. 특히 다음과 같은 두 가지 질문에 분명하게 답을 하는 것이 필요하다.

첫째 : 누가 내 글을 읽을 것인가?
둘째 : 이 글을 써서 달성하고자 하는 목표는 무엇인가?

② TREE 항목에 따른 내용 생성

이 단계는 TREE 전략에 따라 글의 내용을 떠올리는 단계이다. 학생들은 다음 질문들에 답함으로써 자신이 작성하고자 하는 설득하는 글에 포함시킬 내용을 생성해 낸다.

첫째 : 자신의 주장은 무엇인가?
둘째 : 이러한 주장을 하는 이유는 무엇인가?
셋째 : 자신이 제시한 이유가 설득적이거나 타당하다고 할 수 있는 근거는 무엇인가? 독자들이 여기에 동의할 것이라고 생각하는가?
넷째 : 결론은 무엇인가?

③ 한 걸음 더 나아가기

이 단계는 TREE 항목에 따라 생성해 낸 내용 외에 추가적인 내용을 더 생성해 내도록 하는 단계이다. 일단 TREE 항목의 빈 칸을 채웠더라도, 구두 작문을 통해 떠오르는 내용을 계속해서 말해 보게 함으로써 추가적으로 내용을 떠올리는 것이 가능하다.

이상의 내용은 다음 활동지와 같은 방식으로 정리할 수 있다.

1단계 생각하라.
누가 내 글을 읽을 것인가?
나는 이 글을 왜 쓰려고 하는가?
2단계 TREE를 이용하여 말할 것을 계획하라.
주제 문장을 적어라(T) :
이유들을 적어라(R) :

각각의 이유를 검토하라(E)-내 독자가 이것을 믿을 것인가?

결론을 적어라(E) :

첫째, 둘째, 셋째, 등등 아이디어에 번호를 매겨라.

3단계 쓰고 더 많이 말하라.

STOP 전략은 찬반이 분명한 쟁점을 다루어야 하는 설득적인 글 작성을 위한 내용 생성에 도움이 되며, 다음과 같은 절차를 따른다.

① 판단을 잠시 보류하기

이 단계는 찬반이 분명한 주제를 특정 입장에서 바라보지 않고 두 가지 입장 모두에서 생각해 보도록 하는 것을 핵심적인 목적으로 한다. 어느 한 편의 입장을 취하기 전에 두 입장의 핵심적인 논거를 모두 떠올려 보도록 하는 것이다.

② 한 쪽 입장 선택하기

이 단계에서는 주제에 대해 특정 입장을 취하고, 그 입장을 뒷받침할 수 있는 내용들을 수집하는 단계이다. 자신들이 앞 단계에서 떠올린 생각들을 다시 한 번 주의 깊게 읽어보고, 어떠한 입장을 선택할 것인지 결정해 낸다. 또한 앞 단계에서 떠올린 내용 중에서 찬성 입장과 반대에 해당하는 것을 분류하는 과정도 거치게 된다. 앞 단계를 거치지 않고 먼저 한 쪽 입장을 선택했을 경우, 떠올릴 수 있는 주요 논거가 양적인 면이나 질적인 면에서 부족할 수 있다.

③ 생각 조직하기

이 단계에서는 앞 단계에서 분류한 내용을 글에 포함시킬 순서대로 조직하는 단계이다. 자신의 입장을 소개하거나 강조하기 위해 필요한 내용과 더불어, 반대되는 입장을 소개하기 위해 필요한 내용도 조직할 필요가 있다. 활동지와 같은 경우라면 작성한 내용의 옆에 일정한 기호를 통해 표기하는 방법을 사용할 수 있다.

④ 다른 내용 더 생각해 내기

이 단계는 자신이 떠올린 내용 외에 추가적으로 더 떠올릴 수 있는 부분은 없는지 한 번 더 숙고의 과정을 거치도록 하는 단계이다.

어떠한 주제에 대해 쓰려고 하는가?

판단을 잠시 보류하기

선정한 그 주제에 대한 찬성과 반대 의견을 최대한 다양하게 써 보자.

찬성	반대

한 쪽 입장 선택하기

어떤 입장을 선택할 것인지 결정해 보자 : 찬성 혹은 반대

생각 조직하기

자신의 견해를 주장하기 위해 글에 포함할 수 있는 내용, 상대방의 주장을 반대

하기 위해 쓸 수 있는 내용을 표시해 보자.

■ 이야기 글 유형

이야기 글 유형 작문에 활용할 수 있는 전략에는 이야기 문법 전략이 있다. 이야기 문법 전략은 이야기에 포함되어야 하는 기본 요소들을 누락시키지 않을 뿐만 아니라 내용 생성에 도움을 주기 위한 전략이다. 학생들은 이야기 글이라는 장르에 적합한 아이디어를 떠올리는 데에 도움이 되는 활동들을 통해 보다 체계적으로 이야기 글을 쓰기 위한 계획을 세울 수 있다. 이야기 문법 전략은 크게 5단계로 구분할 수 있다.

① 공유하고 싶은 이야기 생각하기

개략적인 수준에서 공유하고 싶은 이야기를 떠올린다. 화제나 핵심어 수준으로만 떠올려도 무방하다.

② 자유롭게 관련 내용 떠올리기(브레인스토밍)

가능한 한 많은 생각들을 브레인스토밍 등의 방법을 사용하여 나열한다. 교사는 학생들이 가능한 한 많은 아이디어를 떠올릴 수 있도록 협력적인 분위기를 비롯한 제반 여건을 조성해 준다.

③ 떠올린 내용 분류하기(누가, 언제, 어디서, 무엇1, 무엇2, 어떻게1, 어떻게2)

앞 단계에서 떠올린 내용을 다음의 기준에 따라 분류한다.

> 누가 : 누가 주인공인가? 기타 등장인물은 누구인가?
> 언제 : 이야기의 시간은 언제인가?
> 어디서 : 이야기의 장소는 어디인가?
> 무엇1 : 주인공을 비롯한 등장인물들이 원하는 것은 무엇인가?
> 무엇2 : 주인공을 비롯한 등장인물들에게 발생하는 사건은 무엇인가?
> 어떻게1 : 이야기의 결말은 어떻게 되는가?
> 어떻게2 : 주인공을 비롯한 등장인물들의 감정은 어떠한가?

④ 분류한 내용 정리하기

분류한 개별적인 내용들을 질문 단위로 묶어 이야기 덩어리를 만든다.

⑤ 이야기 작성하기

작성한 내용을 토대로 이야기를 작성한다.

▌참고문헌

권태현(2015), 작문 교육을 위한 텍스트 유형의 체계화 방안, 작문연구 26, 71-105.

김정란(2014), 자기 표현적 글쓰기의 비판적 검토와 지도 방향 모색, 작문연구 20, 199-229.

김혜선(2012), 장르의 작문 교육과정 실행 방안, 작문연구 14, 201-235.

박영목(2012), 작문의 인지 과정에 영향을 미치는 요인, 작문연구 16, 231-257.

박영민(2012), 쓰기 치료를 위한 개인적 서사문 중심의 자기표현적 글쓰기 활동, 한어문교육 27, 31-51.

MacArthur, Steve Graham, Jill Fitzgerald, 박영민 외 역(2015), 작문교육 연구의 주제와 방법, 박이정.

박태호(2000), 장르 중심 작문 교육의 내용 체계와 교수학습 원리 연구, 한국교원대 박사학위 논문.

원진숙 외(2011), 장르 기반 환경적 쓰기 교수·학습 모형 개발 연구, 한국초등교육 22(2), 147-165.

이상구(2012), 장르 중심 국어 교육의 전망과 과제, 청람어문교육 48, 191-224.

이재승(2007), 과정 중심 글쓰기 교육의 허점과 보완, 한국초등국어교육 33, 143-168.

이재승(2002), 글쓰기 교육의 원리와 방법, 교육과학사.

최숙기(2007), 자기 표현적 글쓰기의 교육적 함의, 작문연구 5, 205-239.

Gallagher, K.(2006), Teaching Adolescent Writers, ME : Stenhouse Publishers.

Graham, S., & Harris, K. (2005). *Writing Better : Effective Strategies for Teaching Students with Learning Difficulties*, Brookes Publishing Company, PO Box 10624, Baltimore, MD 21285.

Graham, S., MacArthur, C. A., & Fitzgerald, J.(ed.)(2013), *Best Practices in Writing Instruction*(2nd ed.), NY : Guilford Press.

Harris, K., Graham, S., Mason, L. H, & Friedlander, B.(2008), *Powerful writing Strategies for All Students*, MD : Paul Brooks Publisher.

제 10 장

작문 교육의 확장 :
온라인 글쓰기, 작문과 독서의 연계

나의 본질적인, 변화하지 않는 정체성과 정서는 없다. 나는 누구와 접속하느냐에 따라 이런 사람이 되기도 하고, 저런 사람이 되기도 한다. 누구는 내 잠재력의 꽃봉오리에 따스한 햇볕으로 다가와 나를 활짝 꽃피우게 하고, 누구는 나를 억압하거나 퇴보하게 한다. 작문 또는 작문 교육의 운명도 그러하다. 이 장에서는 작문 교육에 두 가지 만남을 주선할 것이다. 하나는 디지털 매체와의 만남이고, 다른 하나는 읽기와의 만남이다. 작문 교육은 이들과의 만남을 통해 그 외연이 확장될 것이며, 새로운 이미지를 얻게 될 것이다.

얼마 전까지 글쓰기의 삶은 종이 위의 삶이었다. 이제 글쓰기는 종이 위에서도 살고, 이런저런 디지털 매체에서도 산다. 글쓰기의 삶의 시공간이 확장된 것이다. 이로써 모두가 저자로서의 삶을 누리게 되었다. 이러한 변화는 당연히 작문 교육의 변화를 주문한다. 어떻게 변할 것인가? 이것이 1절의 화제이다.

말하기와 듣기는 함께 등장하고, 함께 사라진다. 이들이 혼자 사는 삶을 상상할 수 있는가? 쓰기와 읽기는 어떤가? 교육과정과 교과서를 보면 둘은 서로 다른 공간 속에 방치되어 있는 것처럼 보인다. 교육과정, 교과서라는 제도적 공간을 벗어나, 이들의 실제 삶을 들여다보자. 둘은 항상 서로를 깊이 의식하면서 상호작용을 하고 있다. 읽기와 쓰기는 태생이 대화적이다. 제도적 공간에서도 둘이 행복하게 동거하는 방법은 무엇일까? 2절은 이러한 삶에 대한 이야기이다.

1. 작문 환경의 변화와 작문 교육

작문 환경의 변화란 곧 매체의 변화를 의미한다. 그리고 우리가 매체의 변화에 주목해야 하는 이유는 매체가 문어적 의사소통 방식을 매우 새로운 모습으로 바꾸어 놓았기 때문이다. 그리고 의사소통 방식의 변화는 필자로 하여금 이전과 다른 능력과 태도를 요구하였다. 다음에서는 매체의 변화로 발생한 의사소통 방식의 변화가 무엇인지 살펴보고, 그에 따라 작문 교육은 어떤 변화를 모색해야 하는지에 대해 살펴보고자 한다.

1) 작문 환경의 변화

▌매체와 의사소통 양식의 변화

인터넷의 발달은 "글쓰기 공간을 변화시켰으며, 변화한 공간의 문자 의사소통(읽기, 쓰기)은 이제 더 이상 탈공간의 맥락으로 이야기할 수 없게" 되었다(김지연, 2013 : 12). 시공간이란 맥락의 공유로 인해 문어 소통의 상호작용성이 강화되었다. 즉, 저자와 독자, 독자와 독자 간의 문어적 소통이 구어적 소통의 양상을 지니게 된 것이다.

인쇄 매체에 기반을 둔 읽기, 쓰기 역시 저자와 독자 간의 대화로서 설명되곤 한다. 그러나 이러한 대화는 내적 대화로서 통상적인 의미에서의 대화에 대한 비유이거나 대화의 개념을 확장시킨 것이다. 그러나 인터넷을 포함한 디지털 공간에서의 읽기, 쓰기는 외적 대화의 성격을 지닌다. 디지털 공간에서는 저자의 텍스트에 대한 독자의 즉각적인 반응이 표현되고, 독자의 반응에 대한 저자 또는 다른 독자의 문어적 반응이 뒤따른다. 예컨대, '댓글(reply)'과 '엮인 글(track back)', '하이퍼링크(hyperlink)' 등으로 글에 반응을 할 수 있다"(김지연, 2013 : 12). 따라서 인쇄 매체의 쪽(page)이 저자와 독자 간의 내적 대화의 장이라면, 디지털의 공간은 저자와 독자 간의 외적 대화의 장이 되는 셈이다.

▌글쓰기 공간의 확장

작문 환경의 변화 중 대표적인 것이 글쓰기 공간의 확장이다. 얼마 전까지 유일한 글쓰기 공간은 '종이'였다. 그러나 과학 기술과 매체가 발달하면서 우리의 글쓰기 활동이 이루어지는 공간이 다양한 방식으로 확장되었다.[1] 김지연(2013 : 13)은 글쓰기 공간에 대한 일종의 비유로서 '플랫폼' 개념을 도입하고 있다. 플랫폼은 말 그

[1] 이성규(2009)는 한국에서의 콘텐츠 제작 틀이 '홈페이지→카페→미니홈피(싸이월드)→블로그'로 이동해 왔고, 이는 곧 '단절된 개인→공동체→제한된 공동체 지향 개인→공동체 지향 개인'이라는 진화의 흐름을 보인다고 말한다.

대로 '정거장', '승강장'을 의미하는데, 플랫폼은 두 요소 즉 이용자, 운송 수단이 반드시 존재해야 정거장으로서 기능하게 된다.

글쓰기 공간이 인터넷을 통해 새로운 가상공간 안에 존재하게 되면서 공간의 층위와 차원이 다양해지고 있다. 원래 플랫폼은 IT 분야에서 확산된 용어인데, 이는 '어떤 일을 하는데 필요한 공통적인 구조'로 의미망을 가지고 컴퓨터 운영 체계(OS)와 같이 다양한 어플리케이션(application)이 구동될 수 있는 환경을 가리키는 말이었다. 그러나 지금은 '각각의 어플리케이션도 하나의 플랫폼으로 성장할 수 있다.'는 서비스 플랫폼의 개념이 나오게 되면서, 블로그나 페이스북과 같은 소셜 네트워크 서비스(SNS) 각각도 하나의 독자적인 플랫폼으로 간주되고 있다(김지연, 2013 : 13).

■ 복합양식 텍스트와 문식성의 재개념화

복합양식 텍스트는 하나의 텍스트 안에 문자, 음성, 이미지, 동영상 등 다양한 형태의 기호가 복합적으로 결합되어 의미 구성에 기여하는 텍스트를 뜻하는 용어로, 어느 한 가지 기호로만 구성된 텍스트를 뜻하는 '단일양식 텍스트(monomodal text)'와 상대되는 개념이다. 이전 시대에 의미를 전달하는 기호는 언어 기호에 한정되었고, 그 언어 기호는 문자(문어적 언어 기호)와 소리(구어적 언어 기호)에 한정되었다. 그러나 매체의 발달로 인해 의미를 전달하는 기호는 "문자-영상, 문자-영상-소리, 문자-소리, 소리-영상 등과 같은 멀티미디어적"(김지연, 2013 : 12) 기호로 변화하였다. 지금의 디지털 매체에서는 음성과 영상, 하이퍼링크 또는 이를 결합한 새로운 방식까지 가능하게 되었다.

글쓰기 매체의 변화, 즉 복합 양식 텍스트의 등장은 기존 문식성의 재개념화와 분화를 추동하고 있다. 정현선(2004)이 문식성을, 컴퓨터 문식성, 네트워크 문식성, 테크놀로지 문식성과 같은 도구 문식성(tool literacy)과 정보 문식성, 매체 문식성, 비주얼 문식성과 같은 표상 문식성(literacy of representation)으로 분류한 것도 이러한 현실을 반영한다.

▌ 저자 개념의 변화

엄밀한 의미에서 모든 텍스트는 공동 창작이다. 지금의 텍스트는 선행 텍스트와 후행 텍스트와의 대화적 관계 속에서 형성된 것이기 때문이다. 면대면 외적 대화를 통해 생산된 텍스트가 대화 참여자 모두의 텍스트이듯, 선행 저자, 후행 독자와의 내적 대화를 통해 형성되는 텍스트 역시 마찬가지다. 이러한 공저자 개념은 디지털 공간에서 이루어지는 글쓰기, 글읽기 장면에서 보다 명징해지고, 구체화된다. 디지털 공간에서의 글쓰기는 "필자의 단독 작업이기 보다는, 능동적인 독자와의 상호작용을 통한 '공동작업'에 가깝다고 할 수 있다." 이러한 과정을 경험하면서 참여자들은 "주저자가 있으되 같이 텍스트를 만들어 가는 '공저자'의 개념"을 강화하게 되는 것이다(김지연, 2013 : 30).

2) 작문 환경 변화와 새로운 글쓰기 감수성

▌ 가벼운 글쓰기

온라인 글쓰기의 특징은 독자 반응의 즉각성이다. 디지털 상에서는 내 글을 읽은 어떤 독자의 글쓰기를 통해 내 글에 대한 반응을 만나기가 쉽다. 하지만 인쇄 매체를 통한 저자와 독자의 소통에서 저자가 독자의 반응, 즉 응답을 만나기는 쉽지 않다. 지금까지의 필자와 독자의 소통은 통상 권위 있는 저자의 글에 대한 또 다른 권위 있는 저자의 반응으로서 글쓰기, 또는 권위 있는 저자의 글에 대한 반응으로서의 일반 시민의 글쓰기(독자 투고) 정도이다.

그러나 온라인에서의 글쓰기에 대한 반응은 다수의, 즉각적인 반응을 특성으로 한다. 이로 인해 온라인 글쓰기는 일방적으로 자신의 생각을 전달, 주입시키는 글쓰기를 멈추고, 독자의 눈치를 살피면서 독자의 이해와 공감을 높이는 글쓰기를 지향하도록 이끈다. 물론 이는 모든 온라인 글쓰기의 경향을 말하는 것은 아니다. 예컨대, 어떤 저자는 독자의 과격한 반응을 촉발시키기 위해서 더욱 날카롭고, 강하게 자신만의 생각을 전달, 주입하는 데 열중할 수도 있다. 이런 글쓰기에서도 역시 그에 부합하는 반응을 얻게 되기는 한다. 그러나 보통의 상식과 감수성을 지닌 저자는 독자의 반응에 예민할 수밖에 없으며, 따라서 독자 반응의 즉각성이라는 온라인 글쓰기의 특성은 대체로 이해와 공감을 증진시키는 글쓰기를 지원하는 환경으로 작용한다고 볼 수 있다.

한편, 즉각적인 독자의 반응은 가벼운 글쓰기를 의미하는 것이기도 하다. 가벼운 글쓰기는 온라인 글쓰기의 뚜렷한 특징이기는 하다. 그러나 깊은 사색이 결여된 이런 글쓰기를 우려하는 사람들이 많다.[2] 가벼운 글쓰기는 지적 권위의 진지함, 무거움, 엄숙함으로부터의 해방을 의미할 수도 있다. 따라서 글쓰기의 가벼움에 대한 옹호와 비판은 권위적 글쓰기에 대한 옹호와 비판으로 이해할 수도 있다. 예컨대, 대학 교수의 진지한 글에 대한 초등학생의 가벼운 댓글 쓰기가 흔하게 발생하는 공간이 온라인 공간이다. 인쇄 매체를 통한 문어적 의사소통에서는 도저히 일어날 수 없는 일이다.

하지만 가벼운 글쓰기는 옹호될 필요가 있다. 권위 있고, 진지한 글이 항상 진리를 담보하고 있는 것은 아니다. 권위 있는 저자나 글이라도 더욱 성장하기 위해서는 타자의 시선(안목)을 만나야 한다. 그리고 타자의 시선은 많을수록 좋다. 타자의 시선이 바로 독자의 반응이다. 독자의 진지한 반응(글쓰기)만을 요구할 때, 타자로서 독자의 반응은 움츠러들거나 천천히 사라질 것이다.[3] 그리고 사라진 타자의 시선만큼 권위 있는 글이 성장할 기회 역시 사라지는 것이다. 비록 가볍지만, 가볍기 때문에 타자의 반응은 증가하고, 중층적이 되고, 복잡해질 것이며, 이로 인해 권위 있는 글은, 이러한 시선들과의 만남 속에서 자신을 새롭게 성찰하고, 재구성할 것이다. 가벼운 글쓰기의 가치는 여기에 있다.

■ 공감적 글쓰기[4]

지승호의 주장처럼, "인터넷 글쓰기는 일방적으로 자신의 의사를 전달하기 위한 것이 아니고, 쌍방향적으로 의견을 교환하면서 교감을 형성해 나가는 공간"이어야 한다(한미화 외, 2005 : 365). 이를 위해서는 전복적 글쓰기가 아닌, 공감적 글쓰기가 옹호되어야 한다. 전복과 해체가 목적인 글쓰기(너의 관점을 내 관점으로 대체해라, 너의 생각을 버려라)는 독자가 그렇게 하지 않으면 나의 글쓰기는 실패하는 것이고

[2] "인터넷 글쓰기의 그런 측면을 부정할 수는 없지만, 그걸 지나치게 혐오하는 사람들은 오프라인에서 누리던 글쓰기의 특권이나 권위를 잃는 것에 대한 공포감일지도 모른다."(한미화 외, 2005 : 365).

[3] 인쇄 매체 의사소통 상황에서 타자의 시선, 반응은 동등한 권위를 가진 사람의 것이었다. 따라서 타자의 시선은 매우 한정될 수밖에 없었다.

[4] 공감적 글쓰기와 대화적 글쓰기에 대한 논의는 이재기(2013 : 20-27)를 바탕으로 기술하였다.

지는 것이다. 그러나 공감과 동의의 정도를 높이기 위한 글쓰기는 독자와 나의 공감 정도가 조금이라도 높아졌다면 그것으로 성공적인 글쓰기가 되는 것이다.

많은 논쟁적인 글을 보면, 독자를 지적 능력이 떨어지는, 현실 인식이 부족한, 이성보다는 감성에 치우친, 상식(공통 감각)이 부족한, 합리성을 잃은, 편협한, 고루한, 과격한, 경험에 갇힌, 인간애가 부족한 사람 등으로 상정한다. 심지어는 암, 악마로 지칭하기도 한다. 이것은 모순이다. 저자의 글은 지적 능력이 있는, 상식적인, 이해관계에서 벗어난, 이성적이고 합리적인 사람들이어야 이해할 수 있고, 공감할 수 있기 때문이다. '못난' 독자를 상정하면서 공감과 동의를 구하는 글을 쓰고 있는 것이다. 독자는 텍스트에 함축된, 내재된 독자 이미지에 충실하게 읽게 마련이다. 못난 독자는 텍스트의 의도대로 감동하지도, 동의하지도 않을 것이다.

글을 저자의 의도대로 잘 읽어내려면 독자는 보통 또는 그 이상의 지적 능력과 상당한 정도의 감수성을 가지고 있어야 하며, 끝까지 읽어내려는 의지, 지적 모험심, 적극적으로 이해하려는 태도 등을 가지고 있어야 한다. 저자, 텍스트가 의도한 만큼 독자는 지적·정서적·심미적·윤리적으로 반응한다. 저자가 고매한 독자를 호출할 때, 고매한 독자만이 텍스트에 온당하게 반응한다.

공감적 글쓰기는 수사의 차원을 넘어서 존재론적 차원으로 이어진다. 좋은 글쓰기를 위한 방법론을 넘어서 '좋은 사람됨'과 관련이 있기 때문이다. 크로스화이트의 다음 진술은 청중 구성이 저자의 삶을 어떻게 구성하는지에 대한 중요한 관점을 제공한다고 생각한다.

청중의 존재 양식, 즉 인간 존재가 현존하는 하나의 방식이다. 청중은 우리가 우리 자신이 되는 가능한 방식을 열어주는 하나의 방법이며, 우리가 배우고 변화하는 하나의 방법이다. 우리에게 새로운 청중은 그 상황으로 옮겨감으로써, 우리는 새로운 종류의 경험을 이해하고 판단하는 새로운 방식으로 옮겨가는 것이다(오형엽 역, 2001 : 173).

▌대화적 글쓰기

나에 대한 다른 사람의 시선의 잉여는 나를 보는 거울이다. 즉, 그 사람의 잉여라는 거울을 통해 나를 조금은 더 잘 이해하게 되는 것이다.[5] 전지적 시점은 나, 너, 주제에 대한 시선의 잉여가 부재한 시선이다. 잉여라는 외재성이 있어야 내가 아는 나를 넘어서 나를 알 수 있는데 전지적 시점에는 그것이 없다. 이는 주제, 독자의 모든 잉여를 자신이 모두 선취하고 있다는 대단히 오만한 관점이다. 내가 어떤 사람을 마주 보고 있을 때, 그 사람의 뒤통수 뒷부분만이 내가 선취할 수 있는 잉여이다. 내가 그를 마주하고 있는 순간, 사실 나는 그 사람이 바라보는 나 자신조차 볼 수가 없다. 이렇게 모든 주체는 모든 잉여를 전유할 수 없다.

모든 잉여를 전유하고 있다는 시선, 바흐친 식으로 말하면 '본질적으로 잉여적인 시선'은 자신의 시선의 부분성을 인정하지 않는 시선이다. 이런 시선을 갖게 되면 대화는 불가능하다. 내가 다 알고 있는데, 다른 사람을 통해 더 알아야 할 것이 없으며, 내가 진실을 알고 있는데 군이 타인과 대화를 통해 탐구하고 합의할 이유가 없다. 다른 사람은 자신의 부분성과 결핍을 메우기 위해 어서 빨리 나의 시선을 닮아야 한다. 나의 시선대로 삶과 세계를 이해하고, 판단해야 한다.

진정한 대화, 소진되지 않는 대화, 대화를 통한 진실 추구를 위해서는 '절대적 잉여'를 폐기할 필요가 있다. 오직 그 폐기만이 주제에게, 타자에게 상대적인 자유와 독립을 부여할 수 있다. 그리고 이것은 저자 자신이 자유로워지는 길이기도 하다. 세상의 누구도 본질적으로 가질 수 없는 '절대적 잉여'를 가지고 있다는 미망, 그 무거운 십자가의 무게에서 스스로 자유로워지면서 비로소 대화를 시작할 자세를 취하게 된다.

인터넷 글쓰기 공간은 '시선의 잉여'를 누리고, 즐기는 공간일 필요가 있다. '시선의 잉여'는 타자가 갖지 못한 나만의 고유성과 개성의 근거가 되며 대화 참여자로서의 당당한 지위를 부여한다. 인터넷 글쓰기는 이러한 개성과 당당함으로 아연 활기에 넘칠 것이다. 한편, '시선의 잉여'는 본래적으로 부분성과 결핍을 전제하고 있으므로, 대화를 통해 진실과 전체성에 이르려는 진지함으로 충만할 것이다. 그리고 이것이 글쓰기를 통한 '대화적 진실' 추구일 것이다.

[5] '시선의 잉여'는 바흐친의 핵심 개념인 '대화'를 이해하는 중요한 용어이다. '시선의 잉여'란 내가 보지 못하는 부분을 보는 '타인의 시선'이다. 우리 모두는 자신에 대한 '시선의 결핍'이 있으며, 타인에 대한 '시선의 잉여'가 있다. 따라서 나를 잘 보기 위해서는 타인의 '시선의 잉여'가 필요하다. 타인의 시선의 잉여가 나를 보는 '거울'인 이유가 여기에 있다. "한 사람이 다른 사람과 마주할 때, 그의 경험은 '외재성(outsideness)'에 의해 조건 지어진다. 물리적인 의미에서조차, 사람은 언제나 자기 안에서 보지 못하는 어떤 것을 타자에게서 본다. 나는 당신 등 뒤의 세계를 볼 수 있다. 내가 다른 누군가가 고통스러워하는 것을 볼 때 - 그는 그럴 수 없겠지만 - 나는 "고통받는 그의 배후에 펼쳐진 맑게 갠 푸른 하늘을 나에게 의미를 갖는 외적 이미지로 볼"수 있다(오문석 외 역, 2006 : 114). 이와 같이 각자는 자기에 관한 한 시선의 '잉여'를 가지고 있다.

3) 작문 환경 변화와 디지털 교과서의 기능[6]

▌ 자료 창고 기능 강화 : 풍부한 학습 자료 제공

교육과학기술부는 "인재 대국으로 가는 길 스마트교육 추진 전략(안)"이란 제목의 보도 자료(2011.6.29)를 통해 디지털 교과서 개발 및 적용의 추진 배경으로 ① 서책형 교과서의 한계를 극복하고 교실 수업 개선과 학생별 맞춤 교육과정 운영을 위한 교과서의 발전 방안을 모색할 필요가 있으며, ② 기존 e-교과서 및 디지털 교과서 시범 사업 분석, 해외 정책 동향 분석을 통해 새로운 디지털 교과서 정책 추진의 타당성이 확보되었고, ③ 디지털 교과서 법·제도 정비 및 학교 현장의 요구, 정보화 환경 등을 고려한 디지털 교과서의 전면 확대가 필요하다고 밝히고 있다.

한편, 추진 내용으로는 ① 교육과정 기반의 교과 내용 및 다양한 멀티미디어자료와 평가문항, 학습 관리 기능이 포함된 디지털 교과서 개발, ② 디지털 교과서 활용 스마트 학습 모델 개발 및 적용, ③ 교과서로의 지위 확보 및 전송, 심의제도 보완 등을 위한 법·제도 정비를 제시하고 있다.

교육과학기술부가 보도자료(2011.6.29)를 통해 밝히고 있는 디지털 교과서의 개념도는 다음과 같다.

[그림 1] 디지털 교과서 개념도

위 디지털 교과서 개념도에 따르면 디지털 교과서의 주요 기능은 ① 풍부한 학습 자료, ② 맞춤형 진단 처방, ③ 학습 확장이다. 여기서 ②, ③은 디지털 교과서의 관리와 운영에 해당하므로 디지털 교과서의 핵심 기능은 '풍부한 학습 자료' 제공인 셈이다. 이러한 디지털 교과서의 기능은, 교육과학기술부에서의 수탁을 받아 연구를 수행한 한국교육과정평가원의 '디지털 교과서 심사기준'에서도 알 수 있다.[7]

국어과 디지털 교과서 역시 다양하고 풍부한 학습 자료의 제공이 가장 중요한 기능이 되는 것이 당연하다. 쓰기 영역 역시 쓰기의 전 과정에서 학생 필자에게 요구되는 다양한 자료를 제공하는 데 초점을 맞추어야 한다. 계획하기 단계에서는 독자 및 장르와 관련된 자료를 제공할 수 있으며, 내용 생성 단계에서는 '읽기'의 중요성을 고려하여 쓰고자 하는 주제와 관련된 다양한 자료 텍스트를 제공할 필요가 있다. 학생 필자는 이 같은 자료 텍스트 읽기를 통해 논의의 맥락을 파악할 수 있으며, 언어 공동체가 지향하는 신념과 가치, 그리고 해석 전략을 공유할 수 있게 된다. 무엇을 주제로 삼고, 어떤 쟁점을 다루며, 논의의 방향이 어떠해야 하는지에 대한 맥락 감수성을 고양할 수 있다. 한편 표현 단계에서는 편집에 필요한 여러 가지 사진 또는 이미지 자료 등을 제공할 수 있을 것이다.

학습 자료의 풍부성 및 자료 형태의 다양성과 함께 중요하게 생각해야 할 부분이 학습 자료의 제공 방식이다. 기존의 e-교과서와 같이 서책형 텍스트를 PDF로 전환한 텍스트는 텍스트와 학습 자료가 서로 링크되어 있지 않아서 학습자의 이용 편의성이 현저히 떨어진다. 서책형 교과서는 하이퍼텍스트로 전환되어야 한다. 교과서를 하이퍼텍스트화 하여 학습 자료와 연결된 닻을 누르면 바로 관련 학습 자료로 이동할 수 있도록 링크가 되어 있어야 한다. 학습 자료를 독립된 공간에 두어 학습자가 찾아가도록 하는 것이 아니라, 학습 활동 중에 관련 학습 자료에 바로 접속할 수 있도록 해야 한다.

■ 커뮤니티의 강화 : 열린 채 끝나는 대화의 경험

디지털 교과서는 학습자 간의 대화 즉 언어적 상호작용을 지원하고 촉발시키는 커뮤니티 역할을 하도록 구성되어야 한다. 국어교육의 목표는 해석 능력과 표현 능

[7] 주형미 등(2012)의 '심사기준 최종안'을 보면, 심사 영역을 Ⅰ. 교육과정의 준수, Ⅱ. 학습 자료의 정확성 및 적절성, Ⅲ. 교수·학습 지원의 효과성, Ⅳ. 인터페이스의 사용 편의성으로 설정하고 있고, 전체 심사 항목 17개 중에서 7개가 'Ⅱ. 학습 자료의 정확성 및 적절성' 영역에 배정되어 있다. 한편, 곽병선(1997)은 디지털 교과서가 갖는 차별적인 특성과 기능을 여섯 가지로 제시하고 있는데, 학습 자료와 관련해서는 다음과 같은 특성을 들고 있다. 1)컴퓨터를 기반으로 멀티미디어 교육용 데이터베이스에 기초하여 개발되어서 다양한 멀티미디어 자료들을 활용할 수 있고, 하이퍼텍스트 원리를 이용한 접근방식을 통해서 학습과 관련된 다양한 자원들을 연결시킬 수 있으며, 자료의 검색이 편리하다. 2)학습자가 정보를 이용하는데 필요한 풍부한 정보를 제공하며, 누구나 언제 어디서나 쉽게 접근할 수 있게 함으로써 지역 간 격차를 해소할 수 있다.

력을 포함한 소통 능력 신장에 있다. 소통 능력은 주체 간의 지속적이고 활발한 언어적 상호작용 속에서 길러진다. 그렇다면 디지털 교과서는 당연히 이러한 언어적 상호작용이 가능하게 하고, 지원하고, 격려하는 역할을 해야 한다. 디지털 교과서가 커뮤니티여야 하는 이유가 여기에 있다.

정혜승 외(2012 : 166-167)도 비슷한 견해를 밝히고 있다. 서책형 교과서가 책을 사이에 두고 학생과 교사, 학생과 학생의 면대면의 직접적인 언어적 상호작용에 무게를 두고 구성된다면, 디지털 교과서는 교실 안은 물론이고 교실 밖 실세계의 사람들과의 언어적 소통을 통하여 상호작용 경험을 확장하도록 구성될 수 있다고 보고 있다. 디지털 교과서 커뮤니티는 교사와 학생 간, 학생과 학생 간의 상호작용에 관심을 두어야 한다. 특히, 학생 독자, 학생 필자로서의 학생 간 상호작용이 중요하게 다루어져야 한다.

실제 세계에서 텍스트 쓰기와 텍스트 읽기는 문어 텍스트 간의 상호작용이다. 듣기·말하기가 화자와 청자의 구술 담화의 주고받음이라면 읽기·쓰기는 저자와 독자의 문어 담화의 주고받음이다. 단지 그 상호작용이 멀리 거리를 두고 천천히 이루어지고 있을 뿐이다. 디지털 공간의 커뮤니티에서 이루어지는 '읽기→해석 텍스트 구성하기(학생 필자)→해석 텍스트에 반응하기(학생 독자)→재반응하기(학생 필자)', '쓰기(학생 필자)→텍스트에 반응하기(학생 독자)-재반응하기(학생 필자)'와 같은 문어적 상호작용, 문어적 대화는 바흐친이 말한 '열린 채 끝나는 발화'를 직접 경험하는 계기가 될 것이다.

정혜승 외(2012 : 161)은 서책형 교과서에서 문학 작품을 읽고 학습 블로그를 통해 서로의 감상문을 공람하게 하는 것을 제안하고 있다. 여기서 공람 기능 강화에 주목할 필요가 있다. 다른 학생 독자가 쓴 감상문이라는 해석 텍스트[8]를 단지 읽는 것에서 그치는 것이 아니라, 여기에 반응하는 글쓰기를 하는 것이다. 즉, 감상문을 읽고 논평(해석 텍스트)을 쓰는 것이다. 그리고 해석 텍스트를 쓴 독자는 여기에 다시 자신의 생각을 덧붙이는 것이다. 이와 같이 디지털 교과서라는 공간은 수많은 학생 독자가 텍스트의 안팎을 자유롭게 가로지르고, 각자 가로질러 가다가 서로 부딪쳐 폭발하고, 폭발하면서 새로운 길을 만들어내는 해석의 바다, 해석의 사막이 되

[8] 여기서 해석 텍스트는 '감상문'으로 한정되지 않는다. 다시 쓰기, 장르 전환 쓰기, 시점·인물·공간·시간 변환 쓰기와 같은 문어 텍스트가 포함되며, 여러 저작 도구를 이용해서 구성한 다양한 형태(사진, 그림, 이미지, 애니메이션, 다큐 등)의 해석 텍스트도 포함된다. 예컨대, 가장 단순한 형태로 백석의 시에 나오는 '갈매나무'를 가장 잘 표상하고 있다고 생각하는 사진(이미지)을 찾아 게시하는 것이다. 이때의 사진(이미지) 경쟁이 곧 해석 경쟁인 것이다.

는 것이다. 이 바다, 이 사막에서 학습자는 텍스트의 진실, 삶과 세계에 대한 진실은 어딘가에 숨어 있어서 찾아야 할 것이 아니라, 변하지 않고 항상 그러한 것이 아니라, 주체 간의 대화를 통해서 구성된다는 것을 실감하게 될 것이다. 즉 바흐친이 말한 '대화적 진실 구성'이라는 소통의 본질적 측면을 인식하고 내면화하는 계기가 될 것이다.

글쓰기 능력은 곧 독자 고려 능력이다. 내용과 형식을 포함한 모든 좋은 글쓰기의 조건과 목록은 항상 독자를 의식하고 있다. 독자 고려 능력 또는 독자 감수성은 어떻게 길러지는가? 가장 좋은 방법은 독자를 만나는 것이다. 즉, 독자를 만나 내글에 대한 독자의 반응을 확인하는 것이다. 항상 그렇지는 않지만, 대체로 독자의 반응은 많을수록 좋고, 독자의 반응은 많은 차이를 지닌 광폭의 스펙트럼을 형성하고 있을 때 좋다. 교실 공간이란 글쓰기 맥락은 독자의 반응이란 면에서 많은 제한이 있을 수밖에 없다. 그러나 디지털 공간은 이러한 제한을 긍정적으로 해체한다.

배식한(2000 : 127)은 "일시적이라는 것이 바로 컴퓨터에서의 글쓰기의 중심적인 특성"이라고 말한다. 일시성의 체화야말로 저자로서의 우리를 가볍게 해준다. 일시적이라는 말은 잠정적이라는 의미를 갖는다. 지금 나의 글쓰기는 잠정적인 것으로서 타인의 반응과 나의 반응에 의해서 언제든지 수정될 수 있다. 이러한 수정 가능성은 나도 알고 있고, 타인도 알고 있다. 나의 마지막 발화는 아직 시작되지도 않았으며, 나의 마지막 발화는 영원히 가능하지 않다. 나의 발화는 내가 죽은 다음에 다른 사람에 의해, 다른 맥락에서 해석될 것이며, 해석의 여지가 남아 있는 한 나의 발화는 고정되지 않는다. 즉, 마지막일 수 없다. 이것이 본래 말하기, 글쓰기가 갖는 특성이다. 이 본래적 특성이 디지털 글쓰기를 통해서 비로소 가시화되고, 체험되고, 내면화될 계기를 만나는 것이다. 바흐친의 핵심 용어 중 하나인 "열린 채 끝난 말", 즉 말의 종결 불가능성의 체험 및 내면화는 디지털 글쓰기의 중요한 학습 효과라고 볼 수 있다.

2. 작문, 독서 연계 교육[9]

9 작문과 독서의 연계 교육 방안에 대한 논의는 이재기(2012 : 82-94)를 바탕으로 기술하였다.

읽기와 쓰기를 연계하여 또는 통합하여 교육해야 한다는 당위성과 필요성에 대해서는 상당한 공감대가 형성된 것으로 보인다. 읽기와 쓰기의 연계 가능성, 연계의 의의, 그리고 구체적인 연계 방법론도 여러 연구자에 의해 다양하게 모색되어 왔다(윤정옥, 1997 ; 박영민, 2003 ; 이재승, 2004 ; 김봉순, 2004 ; 김명순, 2004 ; 김혜정, 2004).

한편, 읽기 교육에서 해석 텍스트 쓰기가 갖는 의의에 대해서도 많은 논의가 축적되어 있다. 특히, 문학 교육에서 활발하게 논의되어 왔다(김동환, 1999 ; 우한용, 1999 ; 김미혜, 2000 ; 김성진, 2002 ; 양정실, 2006). 이들 논의는 문학 읽기 교육에 쓰기를 연계함으로써, 문학 작품을 더 잘 읽는 방법을 획득할 수 있다는 가정을 가지고 있으며, 그러한 가정이 어떻게 타당화될 수 있는지, 그것이 문학 교육에서 어떤 의의를 갖는지에 대해 매우 다채로운 논의를 전개하고 있다.

주로 읽기 교육 연구자들에 의해 이루어진 읽기와 쓰기에 대한 통합 논의, 문학 교육 연구자들에 의해 이루어진 문학 읽기와 해석 텍스트 쓰기의 연계 논의는 상당히 생산적이고, 읽기·쓰기 통합의 의의를 확충하는 데 많은 기여를 했음에도 불구하고, 읽기와 쓰기가 갖는 개별적 독립성을 강하게 의식하고 있다는 점은 문제적이다. 읽기와 쓰기의 경계는 없어서 각각의 개별성, 독립성, 자율성을 주장할 수 없다고 보기 때문이다. 그리고 읽기와 쓰기의 경계가 허물어진 그 지점에서 읽기와 쓰기의 본질이 드러난다.

세상에 존재하는 모든 텍스트는 해석 텍스트이다. 모든 텍스트는 어떤 대상 텍스트에 대한 반응(해석)의 결과물이다. 그리고 이러한 해석 텍스트는 누군가의 대상 텍스트가 되어 반응(해석 텍스트)을 기대하고 있다. 소진되지 않는 대상 텍스트와 해석 텍스트의 순환성이 읽기와 쓰기의 본질이다.

이런 맥락에서 볼 때, 해석 텍스트는 읽기 행위와 쓰기 행위가 상호 계기적으로 동시에 작용하여 생성된다. 필자는 대상 텍스트를 해석하면서(읽기) 글을 쓴다(쓰기). 글을 읽는 독자에게도, 글을 쓰는 필자에게도 '읽기'와 '쓰기'는 동시에 나타난다. 즉, 쓰기의 과정이 곧 읽기의 과정이고, 읽기의 과정이 곧 쓰기의 과정이다. 따라서 해석 텍스트 쓰기에서 읽기와 쓰기의 경계나 독자와 필자의 경계는 모호하고, 구별이 무의미하다. 해석 텍스트가 이러한 성격을 지닌다면, 해석 텍스트로서 존재하는 모든 대상 텍스트도 역시 읽기와 쓰기의 경계가 허물어진 지점에서 산출된다고 볼수 있다.

김명순(2004 : 115-116)은 독서, 작문의 통합 지도를 논의하면서 통합을 위해서는 "대상들이 개별적 독립성을 지니고 존재하는 점"이 전제되어야 한다고 말한다. 이런 전제가 있어야 통합의 대상이 된다고 한다면, 읽기와 쓰기는 통합될 수 없다. 개별적 독립성을 가지고 있지 못하기 때문이다. 김명순의 엄밀한 기준을 적용하면, 읽기와 쓰기는 벌써 하나의 행위로 통합되어 있기 때문에 통합을 이야기하는 것 자체가 난센스다.

이러한 시각의 차이에도 불구하고, 읽기·쓰기 연계의 의의에 대한 이전 연구자들의 논의는 깊고 넓다. 다만, 아쉬운 것은 읽기·쓰기 연계를 통해 형성하고자 하는 주체의 상(像)이 본격적으로 논의되지 않았다는 점이다. 다음에서는 읽기와 쓰기를 연계했을 때, 기대되는 주체의 모습을 그려보고자 한다. 정확하게는 국어교육에서 지향해야 하는 주체는 이런 주체인데(여야 하는데), 읽기·쓰기의 연계를 어떻게 기획해야 이런 주체를 길러낼 수 있는지에 대해 논의하고자 한다.

이 글에서 주목하는 주체는 '표현 주체'이다. 표현 주체는 스스로 문식 활동을 '향유'하는 주체이며, 설득과 동의라는 대화 체계에 의해서 존재하는 민주주의를 적극적인 표현을 통해 실질적으로 작동시키는 주체이다. 다음에서는 읽기 교육에서 읽는데 관심이 많은 소극적 이해 주체를 지양하고, 표현하는 데 열심인 적극적 표현 주체를 길러낼 필요가 있다는 점, 이를 위해서는 읽기 교육이 '해석 텍스트 쓰기'를 중심으로 재편되어야 한다는 점에 대해 논의하고자 한다.

1) 표현 인문학, 적극적인 자유 추구와 표현 주체

'표현 인문학'(정대현 외, 2000)의 저자들은 인문학을 고전 인문학과 새로운 인문학으로 구분하고, 고전 인문학의 전형적인 활동은 읽기에서 나타나고, 새로운 인문학의 전형은 글쓰기에서 보인다고 말한다. 이러한 발상에서 고전 인문학은 이해 인문학으로, 새로운 인문학은 표현 인문학으로 언명되는데, 저자들은 현대인의 조건에 비추어 소극적 자유로서의 이해 인문학에서 벗어나 적극적 자유로서의 표현 인문학을 지향해야 한다고 주장한다.

이들에 따르면, 이해 인문학은 억압의 시대에 필요로 했던 인문학이다. 그리고 그러한 시대에서 이해 인문학 이외의 다른 선택은 불가능했을 것이다. 그러나 이해 인문학을 현대 사회에 고집하는 것은 부적절하다. 그것은 너무나 소극적인 인문학이며, 억압의 시대에서 불가피한 최소한의 인문학이었기 때문이다. 현대 사회는 개인의 적극적인 자유의 추구를 요구한다. 적극적인 자유를 추구하는 주체가 표현 주체이며, 이러한 주체의 형성은 표현 인문학의 도입과 옹호를 통해 가능해진다.

표현 인문학의 관점에서 보면, 표현은 모든 인간에게 편재되어 있다. 의식은 항상 대상 지향성을 갖는다. 의식하는 인간의 대상 지향성은 자연스럽게 대상에 대한 표현 욕망을 불러일으킨다. 그리고 표현 욕망은 해소되지 않을 때, 억압으로 작동한다. 그렇다면, "표현의 목적은 궁극적으로 그 표현에의 강압으로부터 표현 주체가 해방되는 일이 된다. 개성적 표현이 충분히 발휘되는 조건 하에서만, 다시 말해 표현의 총체성 속에서 비로소 표현의 대상과 표현 주체는 화해와 조화를 이룰 수 있게 되고 표현의 강압과 욕구는 해소될 수 있는 것이다"(정대현 외, 2000 : 204-205).

한편, 한 사람의 삶의 어디에서나 그 사람의 표현이 이루어지고 있다는 표현의 인간 편재성을 수용한다면 사람은 표현적이어야 한다는 표현 당위성을 주장할 필요가 없다. 벌써 표현은 인간 삶의 일부 또는 전체이기 때문이다. 표현 편재성과 표현 당위성 간의 표면적 불일치를 어떻게 봐야 하나? 표현 편재성은 최소 표현성을 나타내고, 표현 당위성은 최대 표현성을 요구하는 것이라고 볼 수 있다. 표현이 사람다움의 표현이지만 사람다움은 종류의 개념이 아니라 정도의 개념이기 때문이다. 인간이 지향적 존재로서 표현 편재적 존재이지만 또한 인간은 목표적 가치로서의 최대 표현성을 추구하는 것이다. 국어교육에서 표현 주체를 새삼 강조하고, 지향해야 하는 이유가 여기에 있다.[10]

표현의 독점과 이해의 다점 구조를 해소하고 모두가 표현 주체가 되는 길은 모두

10 해석 텍스트 쓰기의 도입은 표현의 '자연성', '편재성'을 의도적으로, 교육적으로 확장하는 의미를 갖는다. 읽고 해석 텍스트 쓰기는 언어생활에서 매우 자연스런 현상이지만, 보통 사람은 그렇게 살지 않는다. 다만, 모든 전문 필자(독자)에게서 두드러지게 나타나는 특징이다. 이들 전문 필자(독자)가 표현 주체인 것은 해석 텍스트 쓰기를 통해서 자신과 세계를 구성하고, 지배적 담론을 형성하고 있기 때문이다. 모두가 표현 주체가 되기를 꿈꾸면서 교육 장면에서 표현 주체 형성을 의도적으로 강조할 필요가 있다.

의 사람다움을 추구하는 길이면서 한편으로는 다원주의적, 민주적 질서를 세우는 길이기도 하다. 모두가 표현 주체가 되는 길을 내기 위해서는 우선 표현 가치를 평가하는 기준의 무거움을 덜어내야 한다. 즉, 표현 가치를 평가하는 전통적 기준에서 벗어나 새로운 평가 기준이 설정되어야 한다. 정대현 등(2000 : 303-306)은 표현에 대한 전통적 기준은 대체로 '새로움, 창의성, 균형, 조화, 통일성, 수월성' 등인데, 이러한 기준은 지나치게 엘리트적이고 위계적이라고 말한다. 이러한 기준은 천재나 제왕의 표현을 평가하는 가치로서 유용할 수는 있지만 모든 사람이 표현의 주체가 되어야 하는 시대에는 범속한 기준의 설정이 필요하다고 말한다.

이들은 새로운 표현 가치 평가 기준으로 '인간성, 일상성, 진실성, 성실, 수행성'을 제안한다. 인간에 대한 애정과 연민, 그리고 공동체에 대한 관심이 드러나고, 삶의 소소함을 진실하고 성실하게 그려내고, 그 표현의 내용과 형식이 관념적이고 아니고 구체성을 드러낼 때 그러한 요소를 포함하고 있는 표현일 때 우리는 가치 있다고 볼 수 있다는 것이다.

표현의 가치를 평가하는 이러한 범속한 기준은 교실에서의 해석 텍스트 쓰기에도 적극적으로 도입될 필요가 있다. 전통적 평가 기준인 새로움, 균형, 조화, 통일성 등은 모두 수월성(excellence)에 기반을 두고 있다. 이러한 관념적이고 드높은 기준을 학생들이 산출한 해석 텍스트에 적용할 때, 해석 텍스트 쓰기는 그 자체가 억압으로 작용하고, 폭력으로 체감될 것이다. 이러한 느낌을 수반한 해석 텍스트 쓰기 경험에서 표현 주체가 형성될 개연성은 높지 않다. 소극적이고 안정적인 이해 주체에 머무르려는 태도를 강화할 것이다. 학습 독자의 해석 텍스트가 인간에 대한 관심으로 촉촉하고, 범속한 삶의 일상성을 진솔하고 구체적으로 드러내고 있다면 그 자체로 훌륭한 해석 텍스트로 승인되는 교실 구조에서 학습 독자는 이해 주체에서 표현 주체로 거듭날 것이다.

2) 표현주의, 텍스트로 되돌아가지 말고 나에게로 나아가기

읽기(문학) 교육 장면에서 도입되는 해석 테스트 쓰기는 '잘 읽는 독자'를, 쓰기 교육 장면에서 인용되는 해석 텍스트 쓰기는 '잘 쓰는 필자'를 강하게 의식하고 있다. 각각의 지향은 다르지만 모두 해석 텍스트 쓰기를 하나의 '수단'으로 삼고 있다는 점에서 같은 사고를 하고 있다.[11] 읽기 장면에서는 이차적 읽기의 방법으로, 쓰기 장면에서는 완성된 글을 쓰기 전에 이루어지는 초고로서 활용되고 있다. 해석 텍스트 쓰기는 수단이 아니라 그 자체로 고유한 가치를 갖는 목적이 되어야 한다. 잘 읽는 것은 그 자체가 목적이 아니다. 잘 읽는 것은 잘 표현하기 위한 하나의 전제이며, 과정일 뿐이다.

학습 독자의 해석 텍스트는 잘 읽기 위한 방편으로서의 학습 장르가 아닌 하나의 창작품으로 인정될 필요가 있다. 텍스트를 읽은 후 또는 읽으면서 경험하는 것은 선명하거나 또는 막연한 '감정의 덩어리'일 것이다. 여운, 슬픔, 애잔함, 불쾌감, 통쾌함, 분노, 기쁨 등. 이러한 정서는 어디에서 비롯된 것인가? 이 정서의 물줄기는 어디에서 흘러온 것인가? 이전에 없던 정서가 텍스트를 읽는 과정 또는 후에 형성된 것이고 보면 정서의 줄기와 기원은 분명히 텍스트일 것이다. 그러나 텍스트가 형성한 정서의 지향, 결, 주름, 강도가 독자마다 다르고, 정서가 형성되는 텍스트의 지점이 수많은 갈래로 분산되는 것이 사실이라면 정서의 기원은 텍스트가 아니라 실제로는 독자일 개연성이 높다.

텍스트는 내 정서의 기원이 아니라 내 정서의 기원 또는 맥락을 '환기'한 매개체가 되는 것이다. 따라서 텍스트가 환기한 내 정서를 설명할 수 있는 자원은 텍스트에 있는 것이 아니라 나에게 있는 셈이다. 그렇다면, 텍스트 맥락으로 되돌아가기보다는 나의 맥락으로 나아가는 것이 맞다. 텍스트와 맥락이 전복되어야 한다. 텍스트를 읽는 과정에서 독자 스스로는 맥락이었지만, 텍스트 읽기를 마친 지금 그 텍스트는 맥락이 되고, 내가 텍스트가 되는 것이다. 그리고 텍스트가 된 나(나의 정서)를 내가 해석하는 과정으로 진입해야 한다. 나를 해석하는 과정이 바로 해석 텍스트 쓰기의 과정이다.

'나의 이해 또는 성찰', '정체성의 형성'과 같은 텍스트 읽기의 의의는 텍스트가 환기한 정서를 쓰기를 통해 지극하게, 천천히 들여다보고 음미하는 과정에서 구현될 것이다. 그리고 그 정서를 음미하고, 살피는 쓰기의 과정은 소유권이 분명한 한

[11] 해석 텍스트 쓰기의 도입은 읽기와 쓰기를 통합하는 또는 연계하는 하나의 효과적인 학습 방법의 도입만을 의미하지 않는다. 이런 관점에서는 해석 텍스트 쓰기가 갖는 풍부한 맥락적 의미를 잃는다. 해석 텍스트 쓰기는 학습자를 어떻게 볼 것인가? 즉, 학습자관과 깊은 연관이 있다. 해석 텍스트 쓰기의 도입은 학습자를 해석의 주체, 표현의 주체로 승인하는 것을 의미한다. 해석과 표현에서 독점적, 우월적 지위를 누렸던 전문 독자·저자의 권위와 책무를 학습자에게 부여하는 것을 의미한다. '해설-경청'이라는 '설명 교실'에서 벗어나 학습자와 교사가 모두 해석과 표현에서 대등한 지위를 갖는 '대화 교실'을 추구하는 것을 의미한다.

편의 표현 텍스트(창작물)를 생성하는 과정이다.[12] 이를 위해서는 해석 텍스트에 대한 인식이 바뀌어야 한다. 즉, 해석 텍스트 쓰기는 '다시 텍스트로 돌아가는 방법'이 아니라 '비로소 나로 나아가는 방법'으로 인식되고 실천되어야 한다.

해석 텍스트 쓰기가 텍스트가 아닌 나로 나아가는 길이라는 데 동의한다면, 읽기와 해석 텍스트 쓰기의 관련성을 강박적으로 강제하는 훈수를 접을 필요가 있다. 예컨대, 텍스트를 면밀하게 읽지 않고서는 해석 텍스트를 잘 쓸 수 없다거나, 해석 텍스트를 쓰면서 대상 텍스트를 다시 면밀하게 읽지 않으면 해석 텍스트의 장르적 요구를 충족할 수 없다는 강박으로부터 벗어나야 한다.

또한, 해석 텍스트를 하나의 평가 자료로 삼아서는 안 된다. 학습 독자가 대상 텍스트에 성실히 반응하며 해석 텍스트를 썼듯이, 교사나 동료 학생도 해석 텍스트를 대상 텍스트로 인정하고 해석 텍스트에 성실히 반응해야 한다. 학습 독자의 해석 텍스트는 학습 독자의 '개인 맥락'이 적극적으로 도입된 텍스트이다. 개인 맥락으로 구성된 해석 텍스트는 더 이상 대상 텍스트의 조회만으로 읽어낼 수 있는 만만한 존재가 아니다. 학생 저자의 개인 맥락을 읽어내야 하며, 그 개인 맥락을 둘러싼 사회문화적 맥락[13]을 읽어내야 하고, 학생 저자와 독자로서의 나(교사, 동료 학생)의 관계 맺음 양상까지도 살펴야 한다. 이러한 복잡성으로 인해서 학생 저자의 해석 텍스트는 교사와 동료 학생을 긴장시키고 흥분시킨다.

국어교육이 '표현 주체'의 형성을 지향해야 한다는 견해에 동의한다면, 읽기 또는 해석의 대상을 글에만 한정하는 것은 문제가 있다. 자연 현상과 문화 현상을 포함한 모든 현상과 사건, 드라마, 영화, 미술, 음악 등 기호로 생산된 모든 텍스트를 아우르는 것으로서의 읽기 대상을 설정할 필요가 있다. 이는 읽기의 대상을 확장하는 의미를 가지면서 동시에 표현의 대상을 제한하지 않는 것을 의미한다. 인간은 살면서 모든 대상을 항상 읽고, 읽으면서 동시에 표현한다. 이와 같이 읽기와 표현은 인간 삶의 곳곳에 편재하고 있고, 읽기의 편재성, 표현의 편재성을 적극적으로 살리는 것이 사람다움을 추구하는 것이며, 국어교육이 표현 주체를 지향해야 하는 이유가 여기에 있다.

박영민(2003)은 해석 대상으로서의 대상 텍스트와 함께 자료 텍스트를 제공해야

[12] 해석 텍스트가 교사를 비롯한 권위 있는 사람이 제공한 '객관적 해설'을 그대로 베낀 것이라면 창작품이 될 수 없다. 도자기에 도공의 의도가 작용하는 방식으로 학습 독자의 인격이나 의도가 어떤 방식으로든 작용하고 있다면 해석 텍스트는 학습 독자 스스로의 작품인 것이다. 나의 반영으로서의 언어적 형상성을 갖는 것은 모두 나름의 창작물로 인정할 필요가 있다.

[13] 학생 저자와 내가 공유하고 있는 사회·문화적 맥락은 겹칠 수 있지만, 실제로는 겹치지 않는 수많은 다른 사회문화적 맥락들을 거느리고 있는 경우가 많다.

한다고 주장한다. 자료 텍스트는 대상 텍스트와 관련된 참조 텍스트인데, 그는 자료 텍스트의 기능을, ① 비평적 관점 형성의 기능, ② 배경지식 구성 및 활성화의 기능, ③ 문제 중심 활동 강화의 기능, ④ 모범문 및 예시문의 기능으로 정리하고 있다. 자료 텍스트는 일종의 맥락으로서 독자는 대상 텍스트를 읽는 과정에서 수많은 맥락을 도입한다. 이때 도입되는 맥락은 독자가 지금까지 읽은 모든 텍스트이다. 그리고 여기서 텍스트는 문자 텍스트만을 의미하지 않는다. 독자가 보고, 듣고, 느끼고 경험한 것이 모두 맥락으로서 작용한다. 따라서 읽기의 과정은 독자의 현재 정체성을 구성하는 맥락 전체와 대상 텍스트가 전면적으로 만나는 과정이다. 해석 텍스트의 종잡을 수 없음, 일리(一理)의 분산, 그리고 터무니없는 무리(無理)의 넘침은 이러한 맥락 유동성과 다양성에서 비롯된 것이다. 무리와 일리의 향연장으로서의 해석 텍스트 쓰기, 이러한 읽기 현상은 제어될 것이 아니라, 활성화되어야 한다. 표현 주체는 이러한 일리와 무리의 대책 없는 확산 속에서 형성된다고 보기 때문이다.

해석 텍스트의 새로움은 텍스트에서 기인하기보다는 독자가 끌어들인 맥락에서 기인하는 경우가 많다. 즉 '새로움들'은 텍스트에 있는 것이 아니라, 독자가 도입한 '맥락들'에 있다. 독자가 도입하는 맥락들은 매우 상이하다. 따라서 모든 해석 텍스트는 나름의 '새로움'을 간직하고 있다. 이러한 새로움은 해석 텍스트를 쓴 독자(저자)로 하여금 해석 텍스트에 대한 소유 의식을 강화한다. 따라서 교사가 제공하는 자료 텍스트는 새로운 맥락의 진입을 막고, 해석 텍스트의 소유권을 약화시킬 개연성이 있기 때문에 조심스러워야 한다.

한편, 해석 텍스트에 대한 장르적 성격에 대해서도 유연한 태도를 가질 필요가 있다. 해석 텍스트를 대상 텍스트에 대한 비평 또는 논평을 목적으로 삼는 설득적 글쓰기로 한정할 필요가 없다. 또한 대상 텍스트에 대한 개인적이고 주관적인 반응의 형성을 강조하는 표현적 글쓰기로 제한해서도 안 된다. 대상 텍스트에 대한 '해석'을 글쓰기를 통해 확장하는 해석 텍스트에서 '해석의 경향'은 종잡을 수 없기 때문이다.[14]

김봉순(2004)은 독서 중심의 작문 통합에서 읽기 후 활동으로 요약 쓰기, 해석 쓰기, 비평 쓰기, 감상 쓰기의 작문 활동과 자기 말로 다시 쓰기, 다른 장르로 바꾸기,

14 김우창이 글읽기를 '마음의 놀이'라고 표현했을 때, 이때 놀이의 성격이 해석 텍스트의 장르를 규정할 것이라고 생각한다.

인터뷰 내용으로 만들기, 동생에게 설명하기 등의 전략을 적용할 수 있다고 보고 있다. 그리고 상호 목적이자 대상이 되는 독서 작문의 형태로 비평을 들고 그 하위 장르로 서평, 의견쓰기, 논평을 예시하고 있다. 이들 모두가 해석 텍스트란 범주로 포함할 수 있다. 더 나아가 그림, 음악, 조각, 연극 등과 같은 표현물도 해석 텍스트로서 폭넓게 수용될 필요가 있다.

읽기 교육 장면에서의 해석 텍스트 쓰기 경험은 대상 텍스트에 근거한 창작 경험이지만, 이렇게 축적된 쓰기 경험은 해석하고 표현하는 힘을 기르는 자양분이 될 것이다. 이렇게 길러진 힘은 나중에 텍스트를 넘어선 모든 대상에 기꺼이 익숙하게 나름의 해석을 하고, 표현하는 표현 주체를 형성할 것이다.

3) 실용주의, 나를 표현하기 위해 텍스트 이용하기

국어 교실에서의 해석 텍스트 허용은 상당한 혼란을 감수해야 하는 모험일 수 있다. 학습 독자의 해석 텍스트는 전체가 아닌 부분, 중요한 것이 아닌 사소한 것, 중심이 아닌 주변, 정확한 해석이 아닌 오독과 초해석으로 산만할 것이다. 정돈되지 않는 수많은 독자 맥락은 통제되지 않은 채, 독자를 이렇게 저렇게 충동질할 것이다. 텍스트의 의도를 중시하는 교사는 학습 독자의 반응이 텍스트의 의도와 배치되는 않도록 하기 위하여 일관된 전체로서의 텍스트에 배치되는 추측과 반응을 제어하고, 일관된 흐름으로 안전하게 복귀시키기 위해 부산할 것이다. 독자의 통제되는 않는 충동과 이로 인한 교실의 혼란, 교사의 부산함이 자유로운 해석 텍스트 쓰기의 도입을 어렵게 해왔다. 그런데 어떤 행동, 특정 어휘 등에 깊이 사로잡혀 해석 텍스트를 쓴 학생이 있다면 일관된 흐름이라는 것이 학생에게 있기는 한 것인가? 그것이 일관된 흐름임을 도대체 누가 보장하는가? 왜 일관된 흐름에 맞추어 일관되게 반응해야 하는가? 독자의 일관된 의도를 실현하기 위해서 텍스트를 이용하면 안 되는 것인가?

텍스트가 진정으로 말하는 것을 알게 되었다는 느낌도 대개는 하나의 환상이지만, 텍스트가 진정으로 말하는 것을 알게 되었다는 것이 무슨 의미가 있는가? 무엇을 할 것인가에 대한 실용적 심사숙고와 '진리'를 발견하려는 시도 사이에는 큰 차이가 있을 것이다. 로티를 중심으로 한 실용주의자들에게 '잘 읽었다'는 의미는 독자 자신의 필요와 목적에 맞게 텍스트를 잘 이용했다는 것을 의미한다. 그러나 텍스트의 의도나 존재 방식에 대해 관심을 갖는 사람들에게 텍스트를 단순히 이용하기만 하는 것은, 텍스트를 수단으로 취급하는 것으로 교육적이지도, 윤리적이지도 않다.

텍스트의 의도를 중시하는 에코주의자가 '일관된 전체로서의 텍스트에 배치되지 않도록 추측을 제어하라'라고 했을 때, 그러한 주문이 한 권의 책에 대한 해석이 그럴듯하게 보이려면, 한두 행만을 그럴싸하게 설명해서는 안 된다는 사실을 환기시키는 말이라면 수긍이 간다. 그럼에도 불구하고, 한 두 행, 하나의 인물, 인물의 어떤 행동, 특정 어휘 등에 사로잡혀 해석 텍스트를 쓴 학생이 있다면 그(녀)에게 뭐라고 말할 것인가?

텍스트의 의미는 텍스트 전체에 걸쳐서 단일하게 존재하는 것이 아니다. 텍스트의 의미는 텍스트 전체에 걸쳐서 곳곳에 편재되어 있다. 텍스트 전체에 걸친 의미의 편재성은 독자의 텍스트의 부분, 부분에 대한 해석을 정당화시켜 준다. 교사가 해석하라고 내민 텍스트 역시 해석 텍스트의 하나이고, 그 해석 텍스트는 기존 어떤 텍스트 곳곳에 편재하는 의미의 일부를 확대재생산하거나 창의적으로 해석하여 쓴 텍스트일 공산이 크다. 기실 모든 텍스트는 이러한 부분성의 확대, 변형, 심화 속에서 이루어진 것이라고 한다면, 부분에 초점을 맞춘 학습 독자의 해석 행위도 정당한 것으로 인식되어야 한다.

해석 텍스트 쓰기 교육 장면에서 '텍스트의 전체적인 의도 파악'이란 강박에서 벗어나야 한다고 했는데, 실제로 학교 밖의 일상 독서에서 그렇게 읽는 독자는 드물다. 대부분의 독자는 의도를 파악하기보다는 의문을 가지고 나오기도 하며, 의미 있는 질문(화두 또는 화제)을 설정하기 위해서 읽기도 한다. 또한, 하나의 아이디어, 하나의 단락, 심지어는 하나의 문장, 하나의 단어만을 챙기는 경우도 많다.

텍스트는 어떤 주제에 대해 설명하거나 해명하는 경우가 많지만, 독자는 이러한 설명과 해명에 고개를 끄덕이며 순순히 나오지 않는다. 수많은 질문을 가지고 나오는 경우가 많다. 또 좋은 텍스트는 대개 독자로 하여금 의미 있는 질문을 갖도록 유인한다. 읽기 후에 이러한 질문을 스스로 탐구하는 과정이 필요하며 이러한 탐구의 교육적 계기가 바로 해석 텍스트 쓰기이다. 질문을 둘러싼 드넓은 맥락 속에 진입하여 질문에 대한 나름의 대답을 구성하는 과정이 해석 텍스트 쓰기의 과정이다.

■ 참고문헌

곽병선(1997), 전자교과서 개발 방안 연구, 한국교과서연구소.

교육과학기술부(2011), 인재대국을 향한 교실 혁명 스마트교육 본격 도입.

게리 솔 모슨·케릴 에머슨, 오문석·차승기·이진형 역(2006), 바흐친 산문학, 책세상.

김동환(1999), 비평적 에세이 쓰기, 문학과 교육 7 봄호.

김명순(2004), 독서와 작문 통합 지도의 전제와 기본 방향, 독서연구 11, 61-81.

김봉순(2004), 독서와 작문 통합 지도의 전망 : 비문학 담화를 중심으로, 독서연구 11, 83-112.

김미혜(2000), 비판적 읽기 교육의 내용 연구-비평 담론의 생산 과정을 중심으로-, 석사학위논문, 서울대학교.

김성진(2002), 문학작품 읽기 전략으로의 비평에 대한 시론, 문학교육학 9, 127-147.

김지연(2013), 디지털 필자의 문식 실행 연구-전문블로거의 텍스트 생산 과정을 중심으로, 박사학위논문, 고려대학교.

김지연(2015), 소셜 미디어에 나타난 디지털 필자의 글쓰기 특성 고찰, 작문연구 24, 1-22.

김혜정(2004), 읽기 쓰기 통합 활동에서 '의미 구성'의 내용과 이행 과정 연구, 독서연구 11, 141-180

박영민(2003), 과정 중심 비평문 쓰기, 교학사.

박인기(2014), 국어교육 텍스트의 경계와 확장, 국어교육연구 54, 1-26.

배식한(2000), 인터넷, 하이퍼텍스트 그리고 책의 종말, 책세상.

서수현·옥현진(2014), 디지털 문식성 교육을 위한 학습자 프로파일 구성 요소 탐색, 청람어문교육 52, 87-114.

심은진·윤학로(2007), 하이퍼텍스트의 새로운 글쓰기, 외국문학연구 26, 33-48.

양정실(2006), 해석 텍스트 쓰기의 서사교육 방법 연구, 박사학위논문, 서울대학교.

우한용(1999), 문학교육의 평가-메타비평의 글쓰기 평가를 중심으로, 국어교육 100, 537-563.

윤정옥(1997), 읽기와 쓰기의 통합에 의한 설명적 글 지도 방법 연구, 석사학위논문, 한국교원대학교.

이성규(2009), 또 하나의 세계를 여는 트위터, 140자의 매력, 책보세.

이성영(2000), 글쓰기 능력 발달 단계 연구-초등학생의 텍스트 구성 능력을 중심으로-, 국어국문학 126, 27-50.

이순영·권이은·김별희(2013), 인쇄 텍스트와 디지털 텍스트 문식 활동에 대한 초·중·고등학생들의 인식 연구, 교육종합연구 11(4), 115-136.

이재기(2011), 학생 필자의 해석 텍스트에 대한 '반응 중심' 작문 평가, 작문연구 13, 169-190.

이재기(2012), 읽기·쓰기 연계 활동의 교육적 의미, 독서연구 28, 82-110.

이재기(2013), 사회문화적 소통으로서의 작문의 성격과 작문 교육의 방향, 작문연구 19, 9-36.

이재기(2013), 디지털 국어교과서 정책과 개발 방향, 청람어문교육 48, 41-68.

임천택(2002), 하이퍼텍스트 기반의 작문 교수·학습 모형에 관한 연구, 박사학위논문, 한국교원대학교.

정대현 외(2000), 표현 인문학, 생각의 나무.

정현선(2004), 디지털 리터러시의 국어교육적 고찰, 국어교육학연구 21, 5-42.

정현선(2009), 디지털 시대 글쓰기에 있어 '표현 도구'와 '매체특성' 이해의 필요성, 어문학 106, 99-130.

정현선(2013), SNS의 언어 현상과 소통 공간에 관한 국어교육적 고찰, 국어교육 142, 79-114.

정혜승·옥현진(2012), 국어과 디지털 교과서 모형 개발, 교육과정연구 30, 155-178.

제임스 크로스화이트, 오형엽 역(2001), 이성의 수사학, 고려대학교 출판부.

주민재(2013), 블로그 쓰기와 다층적 독자 인식, 작문연구 17, 299-336.

주형미 외(2012), 스마트(SMART) 교육을 위한 디지털 교과서 심사 기준 및 절차 개발, 한국교육과정평가원.

한미화 외(2005), 글쓰기의 힘, 한국출판마케팅연구소

제 11 장

작문 교과서의 개발과 선정

어느 예능 프로그램에서 진행자가 한 유명 연예인에게 물었다. 심심할 때, 주로 무엇을 하냐고. 그 연예인이 대답했다. **"EBS를 본다."** 그 연예인은 어떤 반응을 들었을까? 그렇다. 수군거림과 야유였다. 그런데 수군거림과 야유를 대하는 그 연예인의 표정은 진지했다. 그 연예인의 대답은 농담이 아니었다! 학생들에게 교과서가 그런 존재일 수는 없는 것일까? 그 연예인에게 EBS가 그런 것처럼 친근하고, 재미있고, 매력적이어서 심심하면 찾게 되는 그런 존재!

이 장에서는 교과서 개발 방향, 단원 조직 및 전개 방식, 평가 및 선정 방식 등에 대해 이야기해 보고자 한다. 우리는 깨닫게 될 것이다. 아, 교과서는 태생이 무거운 책무를 안고 태어났구나! 이곳 저곳에서 터져 나오는 수많은 목소리에 응답하다 보니, 사뭇 진지해지고, 엄숙해지고, 딱딱해질 수밖에 없었구나! 그러면서 교과서는 연민의 대상이 된다. 이해가 깊어지면 사랑하게 되는 법이다.

안타깝게도 학생들은 교과서를 이렇게 거리를 두고 메타적으로 접근할 수 없다. 더구나 학생들에게 교과서는 현실이다. 학생들에게 교과서가 매력적이지 않다면, 교과서는 자신의 책무를 다하지 못하게 된다. 어른들이 교과서에 쏟아 부은 열정과 희망의 원리는 구현되지 못한다. 이런 역설! 돌파구는 없는가? 이 장의 논의를 따라가는 과정에서 비록 작고 여리지만 그런 가능성을 감지할 수 있게 된다면 좋겠다.

1. 작문 교과서 개발 방향

모든 교과서가 그러하듯이 작문 교과서 역시 작문 교육에 대한 기존의 연구 성과를 충실히 반영할 필요가 있다. 특히, 작문 학문 공동체 및 국어(작문) 교사에 의해 널리 합의되고 공유된 내용을 작문 교재에서 구체화하려는 노력을 해야 한다. 다음에서는 이러한 주요 논의를 작문 교재 개발과 관련지어 기술하고자 한다.

1) 맥락의 적극적인 도입

작문 교과서는 한 편의 글쓰기에 영향을 미치는 다양한 맥락을 적극적으로 도입하고 활성화시킬 필요가 있다. 텍스트가 텍스트로서 기능할 수 있는 이유는, 텍스트의 안팎을 엮는 맥락 간의 관계와 차이의 역학이 텍스트 씀씀이의 전후를 뒷받침하고 있기 때문이다. 그러므로 텍스트의 특정 자질이 기능하고 살아 움직일 수 있는 것은 그 자질이 가지고 있는 어떤 본질적인 속성 때문이 아니라 그 자질들이 안팎으로 상호 전달되고 조율되는 맥락들의 연계망 때문이다(이재기, 2006).

작문 현상은 맥락을 도입, 조회하지 않고는 설명할 수 없다. 그럼 무엇이 맥락인가가 궁금해진다. 현행 국어과 교육과정이나 교과서에서는 맥락을 상황 맥락(주제, 독자, 목적), 사회문화적 맥락(사회적 규범, 이데올로기, 담화 관습)으로 구분하여 제시하고 있다. 한편, Flower & Hayes(1981)가 제안한 인지주의 작문 모형은 크게 ① 작문 과제 환경, ② 필자의 장기 기억, ③ 작문 과정을 포함하고 있는데, 이 중에서 ①과 ②가 맥락의 성격을 갖는다고 볼 수 있다.[1] 바흐친의 논의 방식을 따르면 한편의 텍스트 생산에 영향을 미치는 선행 발화(텍스트), 후행 발화(텍스트)가 맥락의 기능을 한다고 볼 수 있다. 이렇게 볼 때, 맥락의 범위는 좀처럼 한정되지 않으며, 그 의미 또한 지속적으로 발굴되고, 성장하는 운명이라고 할 수 있다.

교과서에서 어떤 맥락을 도입하고, 어떻게 구체화시키느냐에 따라 맥락은 새로운 기능과 의의를 획득할 수 있다. 예컨대, 이제까지 '주제'라는 맥락은 교과서에서 큰 주목을 받지 못했다. 그러나 ① 지금 내가 다루고 있는 주제가 타자에 의해 어떻게 의미가 규정되어 왔는지 탐색하기, ② 내가 부여한 주제에 대한 의미는 미래 타자의 반응을 어떻게 형성할 것인지 예측하기, ③ 주제 소통에 참여하고 있는 주체 간의 관계 및 주체들의 지향 파악하기, ④ 주제가 소통되는 담론장의 성격 파악하기, ⑤ 주제에 대한 나의 생각은 어떤 변화를 거쳐 왔는지 회상하기 등의 활동을 교과서에서 다룬다면, 주제라는 맥락은 새롭게 조망되고, 활력을 얻게 될 것이다.

[1] '작문 과제 환경'은 하위 범주로 1) '수사론적 문제(주제, 독자, 필요성)', 2) '지금까지 작성된 텍스트'를 포함하며, '필자의 장기 기억'은 '주제, 독자 및 계획하기에 대한 필자의 지식'을 의미한다.

2) '반응' 중심 평가[2]

[2] 반응 중심 평가의 의의와 방법에 대한 논의는 이재기(2011 : 182-186)를 바탕으로 기술하였다.

평가 장면에서 우리(교사, 학생)는 학생이 쓴 글을 읽는다. 학생의 작문 능력을 읽어내기(평가하기) 위해서 읽는다. 평가 상황이 아닌 일상에서 우리는 왜 글을 읽는가? 즐거움, 감동, 정보 등을 얻기 위해서 읽는다. 그리고 다른 텍스트를 산출하기 위해서(쓰기 위한 읽기) 읽는다. 전자를 '평가적 읽기'라고, 후자를 '일상적 읽기'라고 할 때, 학생의 작문 능력 향상을 위해서는 평가 장면에서도 '평가적 읽기'를 하는 것이 아니라 '일상적 읽기'를 해야 한다. 그리고 이러한 '일상적 읽기'는 당연히 '평가적 읽기' 활동도 수반하게 마련이다. 일상적 읽기에서는 글이 재미있으면 재미있다고 말하고, 유익했다면 유익하다고 말하는 것이다. 즉, 글을 읽고 생각이 바뀌었다면, 어떻게 바뀌었고 그것이 자신의 삶에 어떤 의미를 갖는지를 진솔하게 표현하는 것이다.

학생이 쓴 글에 대한 교사·학생의 발화가 '평가'가 아닌 진정한 의미에서의 '반응'이 되기 위해서는 다음 몇 가지에 유의하여 반응 발화를 구성할 필요가 있다(이재기, 2010 : 589-593). 먼저, 한 명의 실제 독자로서 학생 글에 반응할 필요가 있다. 교사·학생이 평가하고 지시하는 역할을 수행하면 학생 필자는 수용하고, 반영하는 수동적인 역할만을 수행한다. 많은 연구자가 교사의 협력적이고 지원적인 반응이 학생 필자의 작문 동기를 강화하고, 작문 능력을 신장시키는 데 도움을 준다고 말하고 있다. 그렇기 때문에 평가하고, 지시하기보다는 제언하고, 질문하는 발화를 즐겨 사용할 필요가 있다.

둘째, 진정성을 담아 학생 필자에게 진짜 질문을 던져야 한다. 한 명의 독자로서 정말 궁금한 것을 묻는 질문이어야 한다. 이러한 질문에는 ① 명료화를 요구하는 질문, ② 다른 시각에서 볼 것을 요구하는 질문, ③ 독자 입장에서 정말 궁금한 것을 묻는 '진짜' 질문 등이 포함된다. 이러한 질문에 답하는 과정에서 학생 필자는 자신의 생각을 정교화, 구체화하게 되고, 실제 독자가 관심을 갖는 것이 무엇인지 인식하게 된다. 이러한 과정 안에 작문 발달의 교육적 계기가 내포되어 있다.

셋째, 독자(교사)는 학생 글을 읽는 과정에서 생겨난 마음의 움직임을 솔직하게 드러내는 데 주저하지 말아야 한다. 이러한 반응은 학생에게 자신의 글이 독자의 마음을 어떻게 움직였는지를 확인하는 행복한 시간이다. 자신의 글이 독자에게 미친 영향을 실제 독자의 목소리를 통해 확인할 때, 학생 필자의 작문 성취감은 크게 고양된다.

3) 읽기와 쓰기의 소통성 강화

많은 전문 필자는 자신의 쓰기 능력이 읽기에서 비롯되었다고 말한다. 좋은 쓰기 수업이나 특정한 쓰기 교육 프로그램을 통해 자신의 쓰기 능력이 형성되었다고 말하는 경우는 드물다. 특정 쓰기 경험을 언급하기는 하는데, 그 경험이란 좋은 글 '베껴 쓰기'다. 베껴 쓰기는 본질적으로 쓰기가 아니라 읽기이다. 즉, 꼼꼼히 읽기 활동이다. 읽기가 작문 능력을 기르는 최선의 방법인지는 알 수 없다. 그러나 읽기에 작문 능력 신장의 계기가 포함되어 있다는 사실은 부정하기 어렵다. 그렇다면 작문 교과서에는 당연히 읽기 활동이 적극적으로 도입되어야 한다.

쓰기와 읽기는 서로 깊게 관계하고 있어서 분리할 수 없다. 한 주체의 전체적인 언어활동을 자세히 관찰해 보면, 어느 순간이 읽기 과정이고, 어느 순간이 쓰기 과정인지 판단할 수 없다. 즉, 텍스트 해석 과정은 내면적 글쓰기 과정이다. 글쓰기 과정은 내면적 해석 과정이다. 실제 문식성 활동이 이러하다면, 작문 교과서 역시 이러한 구조를 갖도록 구성될 필요가 있다.

쓰기를 잘하기 위해서는 잘 읽어야 한다. 텍스트 읽기 수준의 폭과 깊이가 쓰기의 질을 결정한다. 이와 같이 글쓰기란 독립적인 행위가 아니라, 글읽기의 결과이자 시작이다. 그리고 대개 글읽기와 글쓰기의 과정은 서로 겹쳐있게 마련이다(이재기, 2005 : 198). 서혁(2006)이 쓰기 교재 개발에서 고려해 할 사항을 열거하면서 그 중에 '읽기 텍스트의 구조 활용하기', '읽기와 쓰기의 영역 통합적 접근'을 포함시킨 것은 읽기와 쓰기의 소통성을 강조한 것이라고 볼 수 있다.

4) 타자와의 상호작용 강조

이삼형(2007 : 47)은 학생 필자의 글쓰기에 대한 두려움이 "완벽한 초고 쓰기"에 대한 강박 관념에서 비롯되었다고 보고, 학생 필자가 편안하게 글쓰기에 참여하기 위해서는 글쓰기 학습에서 회귀적 과정을 강조해야 한다고 주장한다. 그리고 초고 는 "발견을 위한 것이지 발표를 위한 것이 아님"을, "초고 단계의 판(version)은 아이 디어를 얻는 데 의미를 두어야 하며, 후기 단계의 판에서의 유용한 기준은 명료함 과 정교함"이라고 밝히고 있다.

고쳐쓰기 또는 고쳐쓰기와 같은 회귀적 과정을 강조함으로써, 처음부터 잘 써야 한다는 학생 필자의 부담감을 덜어주어야 한다는 생각은 교육적으로 의의가 있다. 교과서에서 쓰기 활동 자체보다 필자의 회귀 활동에 많은 비중을 둔다면, 학생 필 자의 쓰기 부담감이 감소할 것이라고 예측할 수 있다.

그런데, 학생 필자의 회귀 활동 또는 조정하기 활동은 부담이 없는 활동일까? 본 래부터 가지고 있는 능력일까? 학생 필자가 스스로 지속적으로 회귀하면서 글쓰기 를 하기는 힘들다. 회귀의 추동력은 메타적 점검 능력, 성찰 능력, 비평적 안목에서 비롯되며, 회귀의 빈번함, 적절함, 빠름은 그 자체가 작문 능력을 보여주는 것이다. 그러므로 회귀 활동을 강조하기에 앞서 회귀 능력을 길러주는 것이 중요하다.

회귀 능력은 맥락(주제, 독자, 상황 등)에 대한 감수성, 민감성에서 비롯된다. 그리 고 이러한 맥락 감수성, 민감성은 맥락과의 지속적인 상호작용에서 생겨난다. 따라 서 우리의 관심은 학생 필자가 맥락과 상호작용하는 활동을 어떻게 기획할 것인지 에 모아져야 한다. 예컨대, 주제와 관련된 선행 텍스트 읽고 토의하기, 주제와 관련 된 쟁점 토론하기, 동료 작품 비평하기, 특정 독자의 반응 예상하기 등과 같은 활동 을 통해 맥락에 대한 감수성과 민감성이 길러지고, 이러한 감수성과 민감성이 회귀 적 활동을 추동하는 힘이 될 것이다.

2. 작문 교과서의 단원 조직 방식

단원 조직 방식에 대한 논의는 무엇을 기준으로 단원을 조직할 것인가에 대한 것으로 단원 간의 관계에 주목한다. 단원 조직 방식은 단원명, 학습 목표, 교수·학습 활동, 평가 활동 등 교과서 구성 전반을 규정한다. 따라서 작문 교육에 대한 다양한 관점의 차이가 매우 노골적으로 표출되는 자리가 바로 단원 조직 방식에 대한 논의의 장이다. 그럼에도 불구하고 단원 조직 방식에 대한 논의는 교과서 개발 과정에서 연구진, 집필진에 의해 치열하지만, 산발적으로 이루어져왔을 뿐, 학문적 논의의 대상이 되지는 못하였다. 몇 가지 주목할 논의로는 최현섭(1996), 한국교육과정평가원(1998), 이재승(2002)을 들 수 있다. 다음에서는 이재승(2002)이 분류한 단원 조직 유형을 중심으로, 각 유형별 단원 조직 방식의 구체적인 모습과 장단점을 살펴보고자 한다.

1) 목표 중심형

목표 중심형은, 어떤 하나의 지식, 기능이나 전략에 초점을 맞추어 단원을 조직하는 방식이다. 예컨대, 쓰기의 본질, 독자 고려하기, 원인과 결과를 중심으로 조직하기, 다양한 표현 전략 사용하기, 문단 나누기 등과 같은 세부적인 지식, 기능, 전략이 각 단원을 구성하는 중심축이 된다. 그리고 선택된 지식, 기능, 전략이 그 단원의 목표로서 설정된다. 작문의 각 단계에서 요구되는 지식과 전략을 중심으로 성취기준이 설정되었던 5, 6, 7차 교육과정기의 교과서는 대체로 이러한 목표 중심형으로 단원을 조직하였다. 즉, 교육과정의 내용(성취기준)이 곧 각 단원의 학습 목표로 그대로 또는 재진술되어 기술되었다.

목표 중심형 단원 조직 방식은 하나의 독립적이고, 자율적인 지식, 전략을 목표로 명시하고, 그 목표를 교사나 학생이 분명하게 인식하면서 교수·학습 활동을 할 수 있다는 장점이 있다. "단원명에서부터 학습 목표 진술, 학습 활동 조직, 학습 활동 정리면 등에서 특정한 목표에 초점을 맞춤으로써 수업의 효율성 높일 수 있다"

(이재승 2002 : 200). 또한 개별적인 지식을 충실히 습득하고, 주요 작문 기능과 전략을 체계적으로 익힐 수 있는 장점이 있다.

그러나 목표 중심형 단원 조직 방식은 각각의 지식, 전략에만 초점을 맞춤으로써, 이들 지식, 전략을 통합하여 한 편의 글을 쓰는 기회를 제공하지 못한다는 단점이 있다. 예컨대, 1단원에서는 쓰기의 본질을, 2단원에서는 계획하기 전략을, 3단원에서는 조직하기 전략을, 4단원에서는 고쳐쓰기 전략을 다룸으로써, 이들이 서로 만나 통합될 계기는 차단되고 만다. 그러나 실제 쓰기 장면에서는 절대 이러한 일이 발생하지 않는다. 지식과 전략이 만나고, 전략과 전략들이 만나 한편의 글쓰기가 완성되는 것이다.

2) 주제 중심형

주제 중심 단원 조직은 "단원을 응집성 있게 만드는 기제와 단원 간의 구분을 가능하게 하는 기준이 주제가 되는 방식"을 의미한다(최미숙 외, 2011 : 66). 따라서 통상 단원명은 선정된 주제를 드러내는 방식으로 진술된다. 예컨대, '이별을 대하는 자세', '자유와 윤리', '생의 이면', '개인과 공동체' 등과 같이 단원명을 붙인다. 그리고 학습 목표, 도입되는 장르, 학습 활동도 이러한 주제의 규정을 받는다.

주제 중심형은 여러 장점을 가지고 있다. 먼저, 학습자의 흥미를 끌 수 있다. 주제는 학습자에게 살갑고, 부드럽게 스며들 수 있다. 물론, 이를 위해서는 학습자의 경험 세계를 충실히 반영한 매력적인 주제가 선정될 필요가 있다. 목표 중심형의 단점으로 지적되었던 지식과 전략의 분리, 전략들 간의 분리 문제를 극복할 수 있다. 주제와 관련된 한 편의 글을 쓰는 과정에서 이들 지식과 기능, 기능과 기능이 다양한 국면에서 만날 수 있기 때문이다. 또한, 가치 교육에도 기여할 수 있다. 모든 쓰기는 어떤 주제에 대한 사고 활동이며, 주제에 대한 사고는 직접적이든, 간접적이든 윤리적 측면을 포함하고 있기 때문이다.

주제 중심 단원 조직은 자칫 작문 교육의 정체성을 모호하게 만들 가능성이 있다. 주제 중심으로 조직된 단원은 크게 두 가지 경향성을 가질 수 있다. 주제에 대한 이해의 심화(목적으로서 주제), 쓰기 화제로서의 주제(도구로서의 주제)가 그 예이다. 후자는 어떤 주제를 화제로 삼아 글쓰기를 하되, 그 학습 활동의 궁극적인 목표를 학습자의 쓰기 능력 신장에 두고 있다는 점에서 작문 교육의 목표에 충실히 부합한다. 그러나 전자는 주제에 대한 학습이라는 점에서 타 교과와의 경계가 허물어지면서 작문 교육의 목표를 상실할 수도 있다. 앞에서 언급한 '자유와 윤리'를 주제로 한 단원이 '윤리는 개인의 자유를 전제로 한다'는 것에 초점을 맞추어 학습이 이루어지면 윤리 교과와 구별이 되지 않는다. 한편, 단원명이 '개인과 공동체'인 단원에서 이루어지는 학습 활동이 개인과 공동체의 관계를 이해하는 데 모아진다면, 사회 교과로서의 성격을 지니게 될 것이다. 그러나 실은, 주제에 대한 심화된 이해가그 주제에 대한 좋은 글쓰기로 이어진다는 점에서 둘의 경계를 나누는 것이 어렵기는 하다.

3) 문종 중심형

문종 중심형 단원 조직 방식은, 글의 종류를 기준으로 삼아 단원을 배열하는 방식이다. 이러한 방식으로 구성된 단원에서는 문종의 형식적 특성, 문종에 고유한 글쓰기 방식 등이 주요 학습 내용이 된다. 단원 도입부에서는 문종의 특성 및 자질에 대한 개괄적 설명이 제시되고, 전개부에서는 문종의 전형성을 담지한 글을 선정하여 내용적·형식적 특성을 분석한 다음, 이러한 분석에 근거하여 해당 문종에 해당하는 글을 써보는 활동을 하게 된다. 문종 중심형과 목표 중심형은 학습에 대한 서로 다른 전제를 가지고 있다. 즉, "목표 중심형은 기본적으로 부분을 강조하면 전체에 도달할 수 있다는 가정에 기초하고 있는 데 비해, 문종 중심형 교재는 우선 전체에 초점을 두면서 부분을 고려하는 측면이 강하다"(이재승, 2002 : 204).

문종 중심 단원 조직은, "체계적이고 반복적인 문종 학습이 가능하고", 각 문종의 "장르적 특성에 대한 이해도 높일 수 있다"(최미숙 외, 2011 : 65). 또한 사회적으로 유통되고 있는 다양한 장르의 글을 포괄적으로, 균형 있게 다룰 수 있다는 장점이 있다. 무엇보다 문종 중심은 2015 국어과 교육과정의 성취기준 선정 방식과도 충실히 부합한다. 쓰기(작문) 영역에 제시된 성취기준은 대체로 어떤 특정 장르를 포함하고 있기 때문이다.

여러 장점에도 불구하고, 문종 중심 단원 조직은 몇 가지 위험을 안고 있기도 하다. 먼저, 문종의 특성에 대한 이론적 설명에 치우침으로써, 교사 위주 수업이 될 수 있다. 쓰기 능력 신장을 위해서는 장르 이해도 중요하지만, 그보다는 장르별 글쓰기라는 학습자의 구체적인 쓰기 경험이 우선이다. 이런 측면에서 문종 중심 학습은 이론 과잉과 경험 결핍으로 도리어 쓰기 능력 신장에 방해가 될 수 있다. 한편, 특정 장르에 대한 반복 학습을 우려하는 목소리가 있다. 이재승(2002 : 204)은 "각각의 글이 가지고 있는 공통적인 부분을 반복적으로 가르침으로써, 수업의 효율성이 떨어질 수 있다"고 말하며, 최미숙(2011 : 66)은 하나의 문종이 한 학기 교과서에 한 번씩 등장한다고 할 때, "학습자는 동일한 문종을 초등학교 1학년 1학기부터 고등학교 3학년 2학기까지 모두 24번 학습하게 되는 셈"이라고 우려하고 있다. 그러나 이러한 반복 학습은 다양한 세부 장르가 발굴, 개발된다면 기우가 될 수 있다. 예컨대, 설명문에도 매우 다채로운 하위 장르가 존재하고, 이는 논설문도 마찬가지다. 이러한 하위 장르를 중심으로 단원을 조직한다면, 이러한 반복 학습의 가능성은 약화될 것이다.

4) 목적 중심형

목적 중심형은,[3] 언어활동의 목적을 중심으로 단원을 조직하는 방식이다. 이때 언어활동의 목적이란, 교육과정 용어로 말하면, '정보 전달', '설득', '친교 및 정서 표현'이 된다. 따라서 목적을 중심으로 단원을 구성하게 되면, 구체적인 단원명은 '정보 전달을 위한 글쓰기', '설득을 위한 글쓰기', '친교 및 정서 표현을 위한 글쓰기'가 될 것이다.

목적이 없는 글쓰기는 없다. 목적은 글쓰기의 수사적 상황을 구성하는 핵심 요소 중의 하나이다. 목적을 중심으로 주제, 상황, 독자가 분포하고 배열되기 때문이다. 따라서 목적 중심 단원 조직은 글쓰기의 '실제' 맥락을 가장 잘 구현하는 방식이라

[3] 이재승(2002 : 205)은 이 유형을 '상황 중심형'이라고 분류하였는데, '목적 중심형'이란 이름이 그 의도나 강조점을 더 잘 드러낼 수 있다고 생각한다.

고 볼 수 있다. 글쓰기에 대한 뚜렷한 목적을 설정하고 글쓰기를 학습하고, 실제 글을 쓴다는 점에서 학습자의 동기와 흥미를 높일 수 있다. 또한 주제, 독자, 상황이라는 수사적 맥락에 대한 민감성을 높임으로써 글쓰기 능력 신장에 기여할 수 있다. 목적 중심형은 2015년 개정 국어과 교육과정의 '내용 체계'에도 충실히 부합한다. 교육과정의 내용 체계는 2007 개정 교육과정, 2009 개정 교육과정과 마찬가지로 '실제'를 강조하고 있으며, 실제의 하위 범주는 언어활동 목적을 중심으로 구성되어 있기 때문이다.

목적 중심형은 세부적이고, 개별적인 지식, 기능, 전략을 특정하여 가르치지 않는다는 점에서 목표 중심형에 비하여 학습의 초점이 불분명할 수 있다. 또한 실제로 단원을 조직할 때, 현실적인 어려움에 봉착할 수 있다. 예컨대 교과서는 수십 개의 단원을 설정해야 하는데, 국어과 교육과정에 따르면, 언어활동의 목적은 고작 3개로 한정되어 있기 때문이다. 제7차 교육과정에 따른 초등학교 국어 교과서가 이러한 목적 중심형으로 단원을 조직하였는데, 현장 교사로부터 반복 학습이라는 비판을 강하게 받은 적이 있다.

앞에서 살펴보았듯이 네 가지 유형의 단원 조직 방식은 각기 나름의 장단점을 가지고 있다. 그리고 이들은 각자의 고유한 개성을 지니고 있고, 서로 상충되는 지점이 있어서 실제 단원을 조직할 때는 무엇을 선택하고, 무엇을 배제할 수밖에 없다. 그러나 이들을 다른 층위에 놓게 되면, 각각의 장점은 살리되, 모순을 약화시킬 수는 있다. 예컨대 대단원 조직은 목적 중심형 또는 주제 중심형으로, 소단원 조직은 문종 중심으로 하고, 목표 중심은 학습 활동 구성 측면에서 반영하는 방식을 생각해 볼 수 있다.

3. 작문 교과서의 단원 전개 방식

앞에서는 단원 간의 관계를 고려하면서 단원 조직 방식에 대하여 살펴보았다. 여기서는 한 단원 내에서 어떻게 학습 활동을 구성하고, 학습 활동 간의 관계를 설정할 것인지에 대해 살펴보고자 한다. 만일, 대단원이나 중단원 체제가 있고, 그 밑에 소단원을 두는 체제라면 소단원 간의 관계, 특히 소단원 내에서의 전개 방식에 초점을 맞추어 논의하고자 한다.

1) 과정 중심의 원리

2015년 개정 국어과 교육과정의 성취 기준에 비추어 볼 때, 단원은 하나의 문종 즉 장르를 중심으로 구성하는 것이 바람직하다. 그리고 어떤 단원이 A장르를 할당 받았다면, 그 단원에서는 A장르 글쓰기를 총체적으로 경험할 수 있도록 활동을 구성해야 한다. 여기서 총체적 경험이라 함은 쓰기 전, 중, 후라고 하는 일련의 과정을 모두 경험하는 것을 의미한다. 이는 일상의 모든 필자가 경험하는 것이며, 모든 글쓰기의 생애사이기도 하다. 따라서 하나의 단원을 과정을 중심으로 구성한다는 의미는 글쓰기의 생태학에 충실히 부합하게 단원을 구성한다는 의의를 지닌다.[4]

쓰기의 각 과정 또는 단계는 여러 가지 세부적인 쓰기 전략을 포함하고 있다. 예컨대, 계획하기 과정에서 요구되는 전략에는 읽기, 명상하기, 독자 분석하기, 주제 분석하기, 형태 고려하기, 조사하기 등이 있다. 이후 과정에서도 매우 다채로운 전략이 포함되어 있다. 중요한 것은 모든 장르의 글쓰기를 할 때마다 이들 전략들을 모두 학습할 필요는 없다는 것이다. 이는 반복 학습의 문제가 있을 뿐만 아니라, 모든 장르의 글쓰기가 동일한 전략을 요구하는 것은 아니기 때문이다. 따라서 각 장르의 글쓰기에 비교적 잘 부합하는 전략을 선택하여 활동을 구성할 필요가 있다. 예컨대, 감상문 쓰기라면 '읽기 전략'이, 기사문 쓰기라면 '조사하기 전략'이, 수필 쓰기라면 '명상하기 전략'이 계획하기 과정에서 선택할 수 있는 전략이 되는 것이다.

한편, 전략이 활동의 진술문에서만 등장하고, 정작 그 전략에 대한 설명이 없는 방식은 피해야 한다. 이렇게 되면, 활동은 있되, 학습이 없는 활동이 될 수 있기 때문이다. 예컨대, ' ~을 조사하여 보자.', '~이란 주제를 다루고 있는 다른 글을 읽어 보자.', '~와 관련된 경험을 떠올려 보자.' 등의 활동만 있고, 계획하기의 하위 전략으로서의 조사하기 전략, 읽기 전략, 명상하기 전략에 대한 충실한 설명과 시범

[4] 5차 교육과정기부터 2009 개정 교육과정기에 이르기까지 교과서의 쓰기 영역은 과정을 중심으로 단원을 구성하였다. 언뜻 보면, 과정 중심 교과서라고 볼 수 있다. 그러나 각 단원이 하나의 과정만을 선택적으로 다룸으로써, 일련의 과정을 총체적으로 경험할 수 있는 기회를 앗아가고 있다는 점에서 반(反)과정 중심이라고 말할 수 있다. 예컨대, 어떤 단원에서는 계획하기만을, 어떤 단원에서는 고쳐쓰기 과정만을 다룸으로써, 이들이 만나고 연결되는 지점을 빼앗아 버린 것이다. 과정 중심 원리를 충실하게 구현하기 위해서는 이들 일련의 쓰기 과정을 모두 경험할 수 있도록 단원을 구성해야 한다.

보이기가 없다면, 전략 학습은 매우 부분적인 성취만을 이룰 뿐이다. 해당 전략이 갖는 특성과 의의에 대한 이론적 설명, 해당 전략을 사용하는 방식에 대한 시범 보이기, 해당 전략의 구체적이고 실질적인 사용 경험 등이 함께 있어야 과정 중심, 전략 중심의 원리가 적용되었다고 볼 수 있다.

2) 통합의 원리

여기서 통합은 다양한 층위를 갖는다. 국어과 교육과정에 제시된 영역 간(말하기·듣기, 읽기, 쓰기, 문학, 문법)의 통합, 성취 기준 간의 통합(영역 간 성취 기준, 쓰기 영역 내 성취 기준의 통합), 언어활동 간(듣기, 말하기, 읽기, 쓰기)의 통합, 텍스트와 맥락 또는 맥락 간의 통합, 지식과 기능, 기능과 기능 간의 통합 등 다양한 통합의 모습을 생각할 수 있다.

근래에 교육과정 개발 과정에서는 물론 교과서 개발 및 평가 도구 제작 과정에서도 통합이 강조되고 있는데, 통합 그 자체가 목적이 되어서는 안 된다. 예컨대, 쓰기 교과서 단원 구성 방식 장면에서의 통합 논의는 해당 단원에서 다루고 있는 성취기준(단원 학습 목표) 달성에 통합이 어느 정도로, 어떤 방식으로 기여하느냐에 모아져야 한다. 즉, 학습 목표 달성과 무관한 통합은 그 의의를 상실하는 것이다.

현행 국어과 교육과정의 많은 성취 기준은 특정 장르를 염두에 두고 있고, 영역별, 학년군별 성취 기준에 진술된 장르는 많은 부분 겹치도록 배열되어 있으므로, 현행 교육과정 안에서 영역 간, 성취 기준 간 통합은 상당히 용이한 편이다. 예컨대, 설명문 읽기, 설명문 쓰기, 보고하기가 대단원 내에서 소단원으로, 소단원 내에서 차시 활동으로 통합할 수 있다. 수필 읽기, 수필 쓰기, 경험 말하기가 같은 맥락에서 통합될 수 있다.

언어활동 간 통합 역시 가능하고, 필요하다. 말하기와 듣기가 서로를 전제하듯이 모든 활동은 본질적으로, 본래적으로 서로를 전제하고 있다. 즉, 이들은 깊은 상호 관련성을 맺고 있으며, 항상 대화적, 교섭적 관계를 형성하고 있다. 따라서 쓰기를 중심으로 여러 언어활동이 통합되도록 단원을 구성하는 것은 일상의 자연스런 쓰기 모습에 부합하며, 일상의 자연스런 언어활동을 쓰기 학습 활동을 통해 경험하는 과정에서 쓰기 능력은 신장된다.

3) 초인지의 원리

작문 과정에서 필자가 자신의 쓰기 활동을 점검하고, 조정할 수 있는 다양한 장치를 마련할 필요가 있다. 이는 작문 과정에서 '조정하기'를 강조하고 있는 인지주의 작문 모형의 교과서 차원의 수용이라고 말할 수 있다. 한편, 이재승(2002 : 193)은 "작문 과정에 대한 점검 및 조정은 과정 중심 접근이 범할 수 있는 오류 중에서 특히 인지 전략 자체에 만족할 오류를 줄이는 데" 기여한다고 말한다. 과정 중심 접근에서는 작문의 각 과정을 나누고, 각 작문 과정에서 적용할 만한 작문 전략을 강조하는데, 자칫 개개의 작문 전략에만 매몰되어 각 작문 전략의 쓰임에 대한 성찰, 특히 작문 맥락에 부합하는 작문 전략의 사용에 대한 성찰의 부족을 염려한 것으로 보인다.

어떤 맥락에서나 두루 통용될 수 있는 작문 전략이란 없다. 어떤 작문 전략은 어떤 작문 맥락을 만나 효용성이 증대하거나 감소한다. 또한 어떤 작문 전략은 어떤 작문 맥락을 만나 변형, 조정될 필요가 있다. 각 전략이 효용성이 있는지 없는지, 각 전략은 어떻게 변형 또는 조정되어야 하는지를 판단하기 위해서는 필자의 지속적인 '자기 조정'이 있어야 한다. 이재승(2002 : 130-133)은 '작문 과정별 자기 조정 요소'를 ① 자기평가 전략, ② 자기기록 전략, ③ 자기질문 전략, ④ 자기교수 전략, ⑤ 자기강화 전략으로 범주화하여 매우 상세하게 제시하고 있다. 동시에 단원 구성 장면에서 자기 조정 요소를 반영하는 방법을 제안하고 있다. 전략을 강조하는 단원과 차시에서는 "그 전략의 효용성과 한계를 인식하고, 그 전략의 활용도를 높이는 것과 관련된 자기 조정 요소"를 반영하고, 일련의 쓰기 과정을 경험하는 것에 초점을 둔 단원과 차시에서는 "일련의 쓰기 과정 각각에 필요한 자기 조정 요소"를 고려하여 반영해야 한다고 말한다.

4) 상호작용의 원리

작문 교과서는 교사와 학생, 학생과 학생의 상호작용을 지속적으로 강조하고 격려할 필요가 있다. 이를 위해서는 상호작용이 실질적으로 이루어질 수 있도록 교과서에 명시적이고, 구체적인 장치를 마련해야 한다. 학생들 간의 상호작용이란 학생들 간의 협의하기를 의미한다고 볼 수 있는데, 쓰기 전 활동, 쓰기 활동, 쓰기 후 활동 모두에서 협의하기가 이루어질 수 있도록 단원, 차시를 구성할 필요가 있다. 근래에 작문 워크숍, 협동 작문, 동료 평가 활동 등이 강조되고 있는데, 이들은 모두 '협의하기'를 주요 학습 활동으로 삼고 있다는 점에서 동일한 접근법이라고 볼 수 있다.

전문 필자의 삶을 가만히 들여다보면, 타자와 지속적인 상호작용을 하면서 글을 쓴다. 그리고 쓰기는 필자 개인의 고독한 행위가 아니라, 수많은 사회적 관계망 속에서 이루어지는 지극히 사회적인 행위이다. 쓰기에 대한 이러한 사회문화적 접근은 사회구성주의 작문 이론, 대화주의 이론 등에 의해 이론적으로 체계화되고, 실천적인 작문 교수 방법론으로 구체화되고 있다. 학생 간 대화, 교섭, 협상의 강조는 이러한 작문에 대한 사회문화적 접근법을 구현하는 중요한 방법론이라고 볼 수 있다. 그리고 학생 필자는 교사나 동료와의 상호작용을 통해서 쓰기에 대한 실질적인 도움을 받을 수 있다.

4. 작문 교과서 평가 및 선정

현행 국어 교과서 발행 체제는 초등학교는 국정 교과서 체제이고, 중학교와 고등학교는 검정 교과서 체제이다. 따라서 중등학교의 경우, 교과서가 개발되면, 교육부 장관의 승인을 받은 많은 교과서 중에서 어떤 하나의 교과서를 선정해야 하는 현실적인 문제를 마주하게 된다. 이때 교과서를 평가하고, 선정하는 기준이 필요한데, 일차적으로는 앞에서 기술한, 작문 교과서 개발 방향, 단원 조직 방식, 단원 전개 방식 등이 교과서 평가 및 선정 기준으로 작용할 수 있을 것이다. 그런데 이러한 내용은 다소 추상적이고, 포괄적이어서 한 단계 낮은 수준에서의 구체적이고 세부적인 기준이 필요한 것이 사실이다. 이때 참조할 수 있는 것이 교육부에서 고시한 '편찬상의 유의점'과 '검정 기준'이 될 것이다. 2015년 개정 국어과 교육과정에 따라 교육부에서 고시한 '편찬상의 유의점'과 '검정 기준'은 각각 [표 1]과 [표 2]와 같다.

[표 1] 교과서 편찬상의 유의점

[편찬상의 유의점]

1. 교과서의 개발 방향

가. 공통 방향

(1) 국어과의 교과 역량을 함양할 수 있는 유의미한 학습 활동을 구성하여 개발한다.

(가) 다양한 실제 삶의 맥락과 관련된 의미 있는 경험을 통하여 학습이 일어나도록 개발한다.

(나) 학습자들이 협력적으로 상호 작용하며 문제 해결 과정에 주체적으로 참여할 수 있는 경험을 통하여 학습이 일어나도록 개발한다.

(2) 국어 교과 내, 국어 교과와 다른 교과 간, 국어 교과와 비교과 활동 및 학교 밖 생활과의 통합이 가능하도록 개발한다.

(가) 균형 있는 언어 발달을 도모하고 창의·융합형의 인재를 기르기 위하여 통합 수업이 가능하도록 개발한다.

(나) 학습 자료 또는 제재, 학습 과제와 활동 측면에서 다른 교과의 내용이나 자료를 적극적으로 활용할 수 있도록 개발한다.

(3) 학습자의 발달 수준과 흥미, 요구에 부합하도록 개발한다.

(가) 학습자의 인지·정서 발달의 수준에 부합하도록 개발한다.

(나) 학습자가 흥미를 느끼거나 관심을 갖는 내용, 학습자가 필요로 하는 내용을 중심으로 학습 자료나 제재를 선정하여 개발한다.

(4) 학습 내용 및 학습 활동의 범위와 수준을 적정화하여 개발한다.

(가) 학습 내용 및 자료의 범위와 수준이 학습자에게 적합하도록 개발한다.

(나) 학습자의 수준과 환경을 고려하여 수행 가능한 실제 중심의 학습 활동을 구성하여 개발한다.

(5) 학습자의 다양한 언어 배경과 문화 배경을 고려하여 개발한다.

(가) 지역, 계층, 국가 등 다양한 언어 배경과 문화 배경을 가진 학습자를 포용할 수 있도록 개발한다.

(나) 학습자의 다양한 언어적·문화적 배경을 고려하여 제재나 학습 자료를 선정하고 학습 활동을 구성함으로써 학습자의 잠재 역량을 발휘할 수 있도록 개발한다.

(6) 학습자가 바람직한 인성을 함양할 수 있도록 개발한다.

(가) 인간 사회의 보편적 가치를 담은 제재나 학습 자료를 바탕으로 탐구하고 활동하는 가운데 학습자가 인성을 함양하도록 개발한다.

(나) 다양한 삶의 가치를 담은 제재나 학습 자료를 바탕으로 자신의 경험과 생각을 성찰하고 학습자 간에 상호 소통하는 가운데 인성을 함양하도록 개발한다.

(7) 학교급 간 계열성이 드러나도록 개발한다.

(가) 공통 과정과 선택 과정의 내용과 활동이 연계되며 심화·확장되도록 개발한다.

나. 과목별 방향

(1) 다양한 유형의 담화와 글을 수용·생산하고 효과적으로 소통하는 능력을 함양할 수 있도록 개발한다.

(2) 화법과 작문의 고유한 교육 내용을 심화하되, 통합 과목의 성격이 구현될 수 있도록 개발한다.

(3) 과목에 대한 학습자의 요구를 고려하여 발표, 면접, 토론, 자기소개, 논술, 에세이 쓰기 등을 실제로 수행해 볼 수 있도록 개발한다.

(4) 화법과 작문의 원리에 대한 학습을 바탕으로 학습자가 실제적 맥락에서 다양한 화법과 작문 활동을 경험할 수 있도록 개발한다.

(5) 사회적 소통 행위로서의 화법과 작문 활동을 경험할 수 있도록 다양한 교과와

분야에서 학습 자료와 제재를 선정하여 개발한다.

2. 교과서의 구성 체제

(1) 국어 교과 내 교과서 간의 계열성이 잘 드러나도록 체계적으로 구성한다.

(2) 교육과정에 제시된 내용 체계와 성취 기준에 근거하여 단원을 구성하되, 화법과 작문 과목이 다른 과목과 연계될 수 있는 내용은 이를 통합하여 교수·학습의 효과를 높일 수 있도록 구성한다.

(3) 단원의 수와 배열, 형식 및 체제는 학습 내용의 성격과 특성, 학습 내용의 수준과 범위, 학습자의 발달 수준 등을 고려하여 창의적으로 구성한다.

(4) 단원의 학습 목표는 교육과정에 제시된 화법과 작문 과목의 목표 및 성취 기준을 충실히 반영하여 명확하게 제시한다.

(5) 학습 내용 및 학습 활동은 학습자의 흥미와 관심, 발달 단계 등을 고려하고, 학습자가 자기 주도적으로 학습할 수 있도록 학습의 과정을 명료화하여 구성한다.

(6) 학습 활동의 수, 배열, 형식 및 구조는 학습 목표, 학습 내용에 부합하도록 구성하되, 학습자가 적극적으로 수업에 참여할 수 있도록 다양한 학습 형태를 적용하여 구성한다.

(7) 교수·학습이 효과적으로 진행되도록 도입, 전개, 정리 단계의 순서를 따르되, 각 단계의 세부 절차는 창의적으로 구성한다.

(8) 학습자의 화법 능력과 작문 능력을 신장할 수 있도록 능동적인 학습 활동 중심으로 구성하되, 학습 목표와 학습 내용을 고려하여 교육 효과를 제고할 수 있는 교수·학습 방법 및 평가 방법을 적용하여 구성한다.

3. 내용의 선정 및 조직

가. 내용의 선정

(1) 교육과정에 제시된 목표와 성취 기준에 적합한 내용을 선정하되, 학생들의 학습 부담이 과도하지 않도록 수준 및 범위를 적정화하여 제시한다.
  ‣ '학습요소' 외의 내용을 추가하지 않도록 한다.

(2) 교육과정의 '내용 체계'와 '학습 요소'를 참고하여 내용의 수준과 범위를 설정하되, 고등학교 국어 과목 교육과정과의 연계성을 고려한다.

(3) 학습자의 흥미와 관심을 유발하며 적극적인 활동 참여를 유도할 수 있는 내용을 선정하되, 학습자의 실제 언어생활을 고려하여 비교과 활동 및 학교 밖 생활 속에서 주제, 소재, 제재 등을 선정한다.

(4) 학습 내용은 특정 지역, 인물, 성, 상품, 기관, 종교 등을 왜곡, 비방, 옹호하거나 집필자 개인의 편견이 들어가지 않도록 선정한다.

(5) 제재는 특정 시대, 지역, 분야, 작가(특정 성 포함) 등에 편중되지 않도록 균형 있게 선정한다.

(6) 내용을 선정할 때는 다음 사항에 유의한다.

(가) 참여자의 특성, 담화의 주제와 목적, 담화 유형의 형식과 특성, 소통의 상황 등에 유의하여 생각과 느낌을 소통하고 공유하는 능력을 신장하는 데 기여할 수 있는 내용을 선정한다.

(나) 화법에 관여하는 지식, 기능, 태도와 관련되는 내용을 과목의 성격에 맞게 다루되, 다양한 유형의 담화를 분석적·추론적·비판적으로 이해하고 효과적·창의적으로 표현하는 능력을 신장시키는 데 적합한 내용을 선정한다.

(다) 글의 주제, 목적, 독자, 유형 등에 유의하여 생각과 느낌을 표현하고 소통하는 능력을 신장시키는 데 기여할 수 있는 내용을 선정한다.

(라) 작문에 관여하는 지식, 기능, 태도와 관련되는 내용을 과목의 성격에 맞게 다루되, 다양한 유형의 글을 효과적·창의적으로 표현하는 능력을 신장시키는 데 적합한 내용을 선정한다.

(마) 다른 사람을 배려하고 말과 글에 대한 사회적 책임을 인식할 수 있는 내용을 선정한다.

(바) 저작권, 표절 등과 관련하여 바람직한 정보 윤리 의식을 함양할 수 있는 내용을 선정한다.

(사) 화법과 작문 활동에 능동적으로 참여하고 바람직한 국어 문화를 창조하려는 태도를 기르는 데 도움이 되는 내용을 선정한다.

(7) 제재를 선정할 때는 다음 사항에 유의한다.

(가) 교육과정의 '학습 요소'를 학습하기에 적합한 제재를 선정한다.

(나) 학습자가 흥미를 느낄 수 있고 학습자의 성장·발달에 도움이 되는, 가치 있는 담화와 글을 선정한다.

(다) 해당 담화나 글 유형의 장르적 특성을 잘 구현하고 있으며 언어 사용의 모범이 될 수 있는 제재를 선정하되, 학습자에게 표현 동기를 부여하는 데 도움을 줄 수 있는 학생의 담화와 글도 선정할 수 있다.

(라) 인문, 사회, 과학, 기술, 예술, 일상생활 등 다양한 분야의 제재가 고루 포함되도록 선정한다.

(마) 학습자의 비판적, 창의적 사고를 활성화하고 풍부한 정서를 함양할 수 있는 제재를 선정한다.

(바) 국가, 민족, 인종, 성, 지역, 계층, 종교, 이념, 인물, 상품, 기관, 신체적·정신적 특성 등의 측면에서 편견을 갖게 할 수 있는 제재는 지양한다.

(사) 화법 능력과 작문 능력을 신장할 수 있는 다양한 매체 자료를 활용한다.

나. 내용의 조직

(1) 교육과정의 시간 배당 기준을 고려해 학습 분량을 적정화하여 내용을 조직한다.

(2) 교육과정의 '목표'에 효과적으로 도달할 수 있도록 내용을 창의적으로 조직한다.

(3) 교육과정에 제시된 '성취기준'에 적합하도록 내용을 조직한다.

(4) 교육과정의 '교수·학습 방법 및 유의사항,' '평가 방법 및 유의 사항'을 참고하여 교수·학습 과정이 잘 드러나도록 내용을 조직한다.

(5) 교육과정의 '교수·학습 및 평가의 방향'을 참고하여 교수·학습과 평가 활동이 연계될 수 있도록 내용을 조직한다.

4. 기타

(1) 학습 내용을 명확하고 쉽게 설명하되, 적절하고 일관성 있는 학습 용어를 사용한다.

(2) 학습 목표, 학습 안내, 학습 활동 등은 간결하고 구체적이며 일관성 있게 진술

한다.

(3) 학습자의 자기 주도 학습을 돕는 도움말, 안내 자료, 참고 자료 등을 학습자의 발달 수준을 고려하여 적정하게 제시한다.

(4) 단원의 끝, 단원과 단원 사이에 넣는 부가 자료는 성취 기준의 범위를 벗어나거나 새로운 학습 부담이 되지 않도록 구성한다.

(5) 교과서의 제재, 학습 자료, 학습 활동 등이 도서관, 박물관 등 학교 및 지역 사회의 문화 자원과 연계될 수 있도록 구성한다.

(6) 다른 교과목과 관련이 있는 교육 내용, 제재 및 문자 자료, 작품, 삽화, 그림, 사진 등의 내용은 해당 교과목의 설명과 어긋남이 없도록 한다.

(7) 문법 오류, 비문, 부적절한 어휘 등 표현상의 오류가 없이 정확하게 기술한다.

(8) 한글, 한자, 로마자, 인명, 지명, 용어, 통계, 도표, 지도, 계량 단위 등을 정확하게 표기하며, 이에 대한 표기는 최신 어문 규정 및 표준국어대사전(국립국어원), 교육부 발행 최신 국어과 편수 자료 및 공신력 있는 기관에서 발행한 자료를 따른다.

(9) 활자의 크기와 배치, 삽화나 사진의 크기와 위치 등은 학습의 효과를 고려하여 구성한다.

(10) 각종 문자 자료, 작품, 삽화, 사진 등 개인의 창작물을 인용, 발췌, 전재한 경우는 저작자와 그 출처를 반드시 명기한다.

(11) 내용 및 제재 선정 등은 국어 교과서 집필기준을 따른다.

[표 2] 교과서 검정 기준

심사영역	심사항목	영역별 배점
I. 교육과정의 준수	1. 교육과정에 제시된 성격, 목표를 충실히 반영하였는가?	15
	2. 교육과정에 제시된 내용 체계, 성취 기준, 교수·학습 및 평가를 충실히 반영하였는가?	
	3. 교과 역량을 함양할 수 있도록 학습 목표, 내용과 활동, 교수·학습 방법, 평가를 유기적으로 연계하여 제시하였는가?	
II. 내용의 선정 및 조직	4. 교육과정 내용 체계와 성취 기준을 고려하여 단원의 수와 각 단원의 학습 분량을 적정하게 구성하였으며, 통합이 가능한 부분은 통합을 지향하여 학습의 효율성을 높이도록 구성하였는가?	35
	5. 학습 목표는 명확하며, 목표에 적합한 내용, 활동, 필요한 주요 지식 및 개념, 용어, 정보와 자료 등을 선정하였고 체계적이며 정확	

	하게 제시하였는가?	
	6. 학습자의 발달 단계를 고려하여 학습 내용과 활동을 선정하였으며, 학습 내용과 활동의 수준과 범위를 적정화하였는가?	
	7. 학습자의 자기 주도적 학습이 가능하도록 구성되었으며, 학습자가 학습 내용을 정확하고 쉽게 이해할 수 있도록 기술하였는가?	
	8. 일상생활과 연계하여 학습자의 흥미와 관심을 유발할 수 있도록 다양한 주제, 제재, 소재 등을 선정하였는가?	
	9. 제재는 융복합적 사고를 촉진할 수 있도록 주제, 장르, 시대 등을 고려하였으며, 특정 시대, 지역, 분야, 작가(특정 성 포함) 등에 편중되지 않도록 균형 있게 선정하였는가?	
	10. 교과서의 집필기준 및 편찬상의 유의점을 준수하였는가?	
III. 내용의 정확성 및 공정성	11. 사실, 개념, 이론, 용어 등은 정확하고 공정하며, 그 의미를 학생이 이해하기 쉽게 기술하였는가?	15
	12. 사진, 삽화, 통계, 도표 및 각종 자료 등은 공신력 있는 최근의 것으로서 출처를 분명히 제시하였으며, 저작권을 위배하지 않는가?	
	13. 한글, 한자, 로마자, 인명, 지명, 용어, 통계, 도표, 지도, 계량 단위 등의 표기는 정확하며, 편찬상의 유의점에 제시된 기준을 따랐는가?	
	14. 문법 오류, 비문, 부적절한 어휘 등 표현상의 오류가 없이 정확하게 기술하였는가?	
IV. 교수·학습 방법 및 평가	15. 학습 목표와 내용에 적합하며 다양하고 효과적인 교수·학습 방법과 평가를 제시하였는가?	35
	16. 학습 내용과 활동, 관련 자료와 매체 등은 실생활 및 다양한 분야와 연계되어 학생의 학습 동기와 흥미를 유발하고 체험 중심의 인성교육이 구현될 수 있도록 구성하였는가?	
	17. 학습자의 참여와 협력을 강화하고 교사와 학생, 학생과 학생 간의 상호작용이 가능하도록 구성하였는가?	
합 계		100

교과서를 평가하고, 선정할 때 '편찬상의 유의점'과 '검정 기준'이 유용한 기준이 되겠지만, 여기에 포함된 모든 내용이 동일한 중요도가 갖는 것은 아니다. 또한 중요한 기준임에도 불구하고 다소 추상적이어서 추가적인 해설이 필요한 것도 있다. 다음에서는 교과서 평가 및 선정 장면에서 중요하게 참조해야 할 기준을 중심으로 어떤 관점에서 이 기준을 적용할 수 있는지에 대해 살펴보고자 한다.

1) 교육과정을 준수하였는가?

교과서 평가 및 선정 장면에서 고려해야 할 가장 중요한 기준이라고 볼 수 있다. 교과서는 "추상적인 교육과정을 교수·학습 자료 수준으로 구체화한 텍스트이기" 때문이다(최미숙 외, 2011 : 50). 즉, 교과서의 존재 이유는 교육과정의 구현에 있다. 교육과정의 성취기준은 교과서라는 공간을 만나 구체화되고, 학습자는 교과서를 만나 교육과정의 내용을 내면화한다. 따라서 교과서가 교육과정의 성격, 목표, 내용 체계, 성취 기준, 교수·학습 방법 및 평가 등을 충실히 반영하고 있는지를 꼼꼼하게 따져보아야 한다.

교과서검정심의회의 승인을 받는 교과서라고 해서 이들 교과서의 교육과정 준수 정도가 동일한 것은 아니다. 그 편차가 상당히 큰 것이 현실이다. 교과서 평가, 선정 장면에서 이러한 편차를 어떻게 점검할 수 있는가? 평가자인 교사가 교육과정을 잘 알고 있어야 각 교과서의 교육과정 준수 정도를 정확하게 평가할 수 있다. 이와 같이 교육과정 준수란 측면에서 좋은 교과서를 선정하기 위해서는 교과서 평가자의 교육과정에 대한 충실한 이해가 선행되어야 한다.

2) 자기 주도적 학습 가능성이 높은가?

어떤 교과서가 자기 주도적 학습 가능성이 높은 교과서인가? 가장 쉬운 방법은 교사의 설명과 지원 없이, 학습자 혼자서 교과서를 통해 학습 목표에 도달할 수 있는지를 가늠하는 것이다. 물론 이런 상상은 현실적이지 않지만, 자기 주도적 학습의 본래적 의미에 가장 가깝게 육박하는 가정이기는 하다.

자기 주도적 학습 가능성이 높은 교과서가 되기 위해서는 첫째로 지식, 개념에 대한 설명이 친절하고, 구체적이어야 한다. 무엇보다 쉬워야 한다. 그리고 용어를 일관성 있게 사용해야 한다. 둘째, 학습 활동의 흐름이 단계적이고 자연스러우며, 잘 계열화되어 있어야 한다. 셋째, 학습 목표 도달에 필요한 연습 활동이 충분해야 한다. 넷째, 학습량이 적절해야 한다. 즉, 지나치게 많거나 적지 않아야 한다.

3) 통합이 적절한가?

최근 국어교육계에서는 통합에 대한 논의가 활발하다. 통합의 층위와 방식에 대해서는 논자마다 다른 목소리를 내고 있기는 하다. 실은 통합 논의는 오랜 전통을 가지고 있다. 중심에는 총체적 언어 교육이 있다. 이런 전통과 최근 논의를 수렴하여, 편찬 상의 유의점, 검정 기준에서도 통합을 강조하고 있다.

교과서 선정 장면에서 관심을 가져야 할 것은, 통합 그 자체보다는 통합의 적절성 또는 효율성이다. 어떤 층위에서 통합이 이루어졌는지, 그러한 통합이 교육과정 성취 기준 도달에 어떤 기여를 하고 있는지를 따져봐야 한다. 통합을 바라보는 관점에는 적극적인 접근과 소극적인 접근이 있다. 적극적인 접근은 가능한 장면 모두에서 통합을 시도하는 것이고, 소극적인 접근은 필요한 장면에서만 통합의 노력을 기울이는 것이다. 평가 장면에서 이 접근법 중 어떤 것을 선택하느냐에 따라 교과서 평가는 상당히 달라질 수 있다. 현행 국어과 교육과정은 대체로 소극적인 접근을 하고 있는 것으로 보인다. 영역별로 따로 성취 기준을 제시하고 있기 때문이다. 이러한 교육과정의 관점을 따른다면, 적극적인 접근보다는 소극적인 접근이 타당하다고 볼 수 있다.

4) 학습자의 발달 단계를 고려하고, 흥미와 관심을 유발하고 있는가?

교과서가 학습자의 인지·정서 발달의 수준에 부합하는지 평가해야 한다. 이와 관련된 하위 평가 항목은, 학습 목표, 학습 내용, 학습 활동, 제재, 조직 및 전개 등이 될 것이다. 학습 목표는 교육과정의 성취 기준에 따라 진술되고, 성취 기준은 교육과정 개발 단계에서 이미 합의와 동의를 거친 것이다. 따라서 교과서 평가·선정 장면에서는 해당 교과서가 선정한 제재, 학습 내용 및 학습 활동, 그리고 내용 및 활동의 조직 및 전개에 관심을 기울여야 한다.

작문 교과서는 한 편의 글을 쓰는 활동이 많은데, 모든 글은 어떤 주제를 다루기 마련이다. 이때 글의 주제가 신중하게 선정되어야 한다. 교과서에 제시된 주제가 학습자의 경험 세계에서 벗어나 있거나, 흥미와 관심을 끌 수 없다면 좋은 교과서라고 보기 어렵다. 비록 학습자의 경험과 정서에 충실히 부합하지만, 매력이 없다면 역시 바람직하지 않다. 매력이 없다는 것은, 그 주제에 대한 논의가 벌써 충분히 소진되어서 새로운 발상을 막고 있는 것을 의미한다.

5) 학습 자료는 적절한가?

교과서에는 교수·학습 활동을 지원하는 다양한 학습 자료가 제시되어 있다. 제재, 삽화, 표 등이 여기에 포함된다. 학습 자료의 적절성은, 학습 목표 도달 및 학습 활동 지원 정도, 학습 활동과 학습 자료의 연계성, 장르의 전형성, 학습자의 흥미와 관심 제고 등의 측면에서 판단될 것이다.

이들 평가 요소가 모두 중요하지만, 특히 장르의 전형성에 주목할 필요가 있다. 쓰기 영역 또는 작문 과목의 많은 성취 기준은 특정한 장르(텍스트)를 지향하고 있다. 예컨대, 설명문, 보고서, 수필, 기행문, 축사문 등과 같은 장르별 글쓰기를 의도하고 있다. 장르별 글쓰기라는 학습 목표에 도달하기 위해서는 해당 장르에 대한 내용적·형식적 특성에 대한 깊은 이해, 그리고 그에 맞는 글쓰기 연습이 필요하다. 따라서 작문 교과서에서 선정한 글은, 해당 성취 기준이 의도하고 있는 장르적 특성을 가장 잘 구현하고 있는 글이어야 한다. 실제 교과서를 보면, 제재의 장르 전형성 정도에 다양한 편차가 존재한다.

6) 교수·학습 방법은 적절한가?

교과서의 모든 단원은 어떤 교수·학습법을 전제하고 있게 마련이다. '도입-전개-정리', '원리 학습-적용 학습'과 같은 매우 일반적인 교수·학습법을 상정하는 경우도 있고, '현시적 교수법', '작문 워크숍', '과정 중심'과 같이 특정한 교수·학습법을 적용하여 단원을 구성한 경우도 있다.

교수·학습 방법의 적절성은 두 가지 차원에서 접근이 가능하다. 먼저, 해당 단원의 학습 목표, 학습 내용에 적합한지를 평가해야 한다. 언제, 어디서나 통용되는 또는 좋은 교수·학습 방법은 없다. 학습 목표 및 학습 내용과의 관련성 속에서 그 적절성 여부가 드러난다. 다음으로는 해당 교수·학습 방법의 기본 정신이 잘 구현되고 있는지를 살펴야 한다. 한 두 개의 세부 단계나 절차가 빠질 수는 있다. 그러나 기본 취지는 살려야 한다. 예컨대, 작문 워크숍을 염두에 두면서 단원을 구성하였다면, 간이 수업(미니 레슨), 협의하기, 공유하기와 관련된 학습 활동으로 학습이 충실하게 구성되어야 한다.

7) 평가 도구 및 방법은 적절한가?

모든 교과서는 정리부에 평가 활동을 제시하고 있다. 평가 활동의 적절성을 판단할 때, 가장 중요한 것은 평가의 본질에 충실하게 구성되어 있는지를 살피는 것이다. 평가의 본질은 학습자에 대한 정보 수집과 그에 따른 피드백이다.

이를 충족하기 위해서는 평가 요소가 해당 단원의 학습 목표와 충실히 부합해야 한다. 즉, 내용 타당도가 높아야 한다. 학습 목표와 관련된 학습자의 장단점에 대한 정보만이 유용하기 때문이다. 그리고 정보는 풍부할수록 좋다. 평가 문항이 학습자의 장단점에 대한 구체적이고, 상세한 정보를 수집하는 데 적합한지를 판단해야 한다. 마지막으로 수집한 정보에 근거하여 피드백할 수 있는 장치가 있는지 확인해야 한다. 예컨대, 평가에 따른 교사, 학습자의 피드백 활동이 제시되어 있는지, 보충과 심화의 방법과 내용이 제시되어 있는지를 확인할 필요가 있다.

▌참고문헌

교육부・한국교육과정평가원(2015), 2015 개정 교육과정에 따른 교과용도서 개발을 위한 편찬상의 유의점 및 검정기준.

김명순・박동진(2011), 장르 중심 통합 단원의 학습활동 전개 양상과 개선 방안 : 8학년 자서전 읽기와 쓰기 단원을 중심으로, 국어교육 136, 389-453.

박영민(2008), 우리나라 중등・대학 글쓰기 교육과정과 글쓰기 교재, 작문연구 7, 235-258.

박영민(2014), 중학교 통합 국어과 교육과정 및 교과서 개발 방안, 청람어문교육 51, 65-80.

서혁(2006), 새로운 국어 교과서 개발의 방향-중학교 '쓰기'를 중심으로, 작문연구 3, 103-137

송정윤・안상희(2012), 교과서 내 쓰기 영역 단원의 학습활동 실태 연구 : 중학교 2학년 국어교과서를 중심으로, 한국어문교육 11, 고려대학교 한국어문교육연구소, 159-185.

신헌재(2011), 국어교육의 발전을 담보할 국어교과서관 : '열린 교과서관'의 국어교육학적 의미와 국어교과서 개발에 주는 시사점, 청람어문교육 44, 7-21.

오택환(2008), 고등학교 "작문" 교과서 개발의 방향 탐색, 국어교육학연구 33, 503-524.

이삼형(2007), 작문 과목 교과서의 개발 방향, 작문연구 4, 33-56.

이성영(1992), 국어과 교재의 특성, 국어교육학연구 2, 71-92

이재기(2005), 문식성 교육 담론과 주체 형성에 관한 연구, 박사학위논문, 한국교원대학교

이재기(2006), 맥락 중심 문식성 교육 방법론 고찰, 청람어문교육 34, 99-128.

이재기(2010), 교수 첨삭 담화의 유형과 양상 분석, 한민족어문학 46, 558-597.

이재기(2011), 학생 필자의 해석 텍스트에 대한 '반응 중심' 작문 평가, 작문연구 13, 169-190.

이재승(2002), 글쓰기 교육의 원리와 실제, 교육과학사.

장은섭(2011), 고등학교 국어교과서에 대한 학생과 교사들의 평가 연구, 국어교육학연구 42, 141-174.

정혜승(2002), 국어과 교육과정 실행 연구, 박이정

정혜승(2004), 국어 교과서 평가 방안 연구, 국어교육학연구 21, 433-476.

정혜승(2006), 좋은 국어 교과서의 요건과 단원 구성의 방향, 어문연구 34(4), 379-400.

주세형・남가영(2014), 국어과 교과서론, 사회평론.

최미숙 외(2011), 국어교육의 이해(초판), 사회평론.

최미숙 외(2016), 국어교육의 이해(2판), 사회평론.

최현섭 외(1996), 국어교육학개론(초판), 삼지원.

한국교육과정평가원(1998), 제7차 초등학교 국어교과서 단원 구성 방안, 교과서 집필진 연수자료.

Flower, L. & Hayes, J. R.(1981). A cognitive process theory of writing, *College Composition and Communication* 32, 365-387.

Hinchman, K. A. & Sheridan-Thomas, H. K.(ed.)(2008), *Best Practices in Adolescent Literacy Instruction*, NY : Guilford Press.

Jetton, J. L. & Dole, J. A.(ed.)(2004), *Adolescent Literacy Research and Practice*, NY : Guilford Press.

제 12 장

작문 평가의 이론과 방법

김 교사 : 최 선생님은 학생들 작문 능력을 어떻게 평가하세요?

최 교사 : 전 주로 수행평가로 하는 편이에요. 김 선생님은 어떻게 하시는데요?

김 교사 : 저는 수행평가로 하는 게 어려워서 주로 선택형 문항으로 평가할 때가 많아요.

최 교사 : 맞아요. 수행평가와 같은 직접 평가 방식으로 평가를 하려면 작문 과제도 개발해야 하고 채점 기준도 상세하게 개발해야 하니 어려움이 많지요.

김 교사 : 저는 무엇보다 채점하는 게 어려워요. 나름대로는 열심히 공정하게 채점을 했다고 생각했는데, 채점 결과를 공개하면 학생들의 이의 신청이 많아요. 그래서 그런지 채점에 저는 자신이 좀 없어요.

김 교사와 최 교사의 대화에서 알 수 있듯이 작문에서 직접 평가를 한다는 것은 쉬운 일이 아니다. 이 때문에 우리나라 작문 교육에서는 실제로 글을 쓰는 수행 능력을 작문 능력의 핵심으로 보고 있음에도 불구하고, 대학수학능력시험이나 학업성취도평가와 같은 국가수준에서 이루어지는 작문 평가는 신뢰도 문제와 경제적 효율성 등의 문제로 인하여 선택형 문항을 사용하고 있다.

그러나 적어도 학교 단위에서 이루어지는 작문 평가는 본래의 취지를 살려서 학생의 작문 능력을 직접적으로 잴 수 있는 직접 평가로 이루어질 필요가 있다. 이 장에서는 작문 평가의 방법을 비롯하여 작문 평가 과정에서 고려해야 할 다양한 측면에 대해서 살펴보고자 한다.

1. 작문 평가의 이론적 측면

1) 작문 평가의 개념과 용어

■ 작문 평가의 개념

작문 평가의 개념을 살펴보기에 앞서, 먼저 교육 평가의 개념을 살펴보고 평가와 유사한 의미로 사용되는 측정, 채점, 평정 등의 용어에 대해서 간략하게 살펴보고자 한다. 교육 평가에 대한 가장 기본적인 개념은 1942년에 Tyler가 제시한 것으로, Tyler는 교육 평가를 '교육 목표의 달성 여부를 판단하는 행위'로 정의하였다. 1940년대 이후로 지금까지는 교육 평가에 대한 이러한 정의가 가장 널리 사용되고 있으나 최근에는 교육 평가를 바라보는 패러다임의 변화가 이루어짐에 따라 교육 평가의 개념 또한 변화하고 있다.

최근의 교육 평가의 패러다임은 '학습 결과의 평가(assessment for outcome of learning)'에서 '학습을 위한 평가(assessment for learning)'와 '학습으로서의 평가(assessment as learning)'로 변화하고 있다. 이러한 교육 평가 패러다임의 변화에 따르면, Tyler가 제시한 평가의 개념은 두 가지 측면에서 한계가 있다. 첫째는 평가의 목적이 학습 결과의 평가에 국한된다는 점, 둘째는 평가 결과의 수혜자와 주체가 교사에 국한된다는 점이다. 그러나 오늘날 교육 평가의 궁극적인 목적은 학습 결과의 평가로 끝나는 것이 아니라, 결국은 학생의 학습을 지원하고 평가를 통해서 가치있는 교육적 경험을 제공하는 데에 있다. 이 때문에 평가 결과에 대한 구체적인 정보를 보고받고 활용해야 하는 대상으로 학생이 중심이 되어야 하고, 평가 주체에 또한 학생이 포함될 수 있다.

이러한 교육 평가의 관점은 작문 평가에도 동일하게 적용된다. '학습 결과의 평가' 관점에서는 학생들이 가진 작문 능력을 객관적으로 평가하고, 그 평가 결과를 선발이나 배치의 목적으로 활용하는 것에 초점을 둔다. 주로 학교의 정기 시험을 통해서 이루어지는 평가를 떠올리면 이해하기 쉽다. 이러한 '학습 결과의 평가' 관점에서는 객관성과 공정성이 중요하기 때문에 작문 영역이라 할지라도 개념이나 지식을 묻는 선택형 문항을 활용한 지필평가 방법을 사용하여 학생들의 작문 능력을 평가하고자 한다(이처럼 선택형 문항을 활용하여 작문 능력을 간접적인 방식으로 평가하는 방식을 '간접 평가' 방식이라고 하는데 간접 평가에 대해서는 이후에 보다 자세하게 살펴보겠다). 이러한 관점에서는 학생의 작문 능력의 평가로 시작하여 평가 결과를 산출하는 것으로 끝난다.

그러나 우리가 학생들의 작문 능력을 평가할 때 초점을 두어야 하는 부분은 학생의 실제적인 작문 능력을 평가함으로써 학생이나 교사가 얻을 수 있는 정보가 무엇인가이다. 이는 학교 교육에서 작문 평가를 왜 해야 하는가라는 질문과도 맞닿아있다. 학교에서 학생들의 작문 능력을 평가할 때에는 일차적으로는 작문 평가를 통하여 학생이 가진 작문 능력을 진단하는 것이 선행되지만 이러한 평가 결과를 교육적으로 해석하여 적절한 피드백을 제공하는 것, 나아가 궁극적으로는 작문 평가를 통하여 학생의 작문 능력을 향상시키는 것에 평가의 초점이 맞춰져야 한다.

즉, 작문 평가라는 것은 학생이 가진 작문 능력을 정확하게 측정하고, 이 측정 결과에 근거하여, 학생의 작문 능력을 향상시키기 위한 적절한 피드백을 제공하는 일련의 절차를 모두 포함해야 하는 것이다. 그러므로 작문 평가를 '글을 쓰는 데에 필요한 능력을 다양한 측면에서 측정하고, 이들 결과에 근거하여 학생의 작문 능력을 교육적으로 해석하고 판단하여 학생에게 적절한 피드백을 제공하는 행위'라고 볼 수 있다.

▌작문 평가 관련 용어

앞서 작문 평가를 '글을 쓰는 데에 필요한 능력을 다양한 측면에서 측정하고, 이들 결과에 근거하여 학생의 작문 능력을 교육적으로 해석하고 판단하여 학생에게 적절한 피드백을 제공하는 행위'라고 정의하였다. 이처럼 작문 평가의 개념에는 단순히 작문과 관련한 특정 측면을 '측정'하거나 '채점' 또는 '평정'하는 행위뿐만 아니라, 평가 결과에 대한 교사의 전문적인 '해석'과 '피드백'이 포함되어야 한다. 그러므로 '측정', '채점', '평정'과 같은 용어는 작문 평가와 동일한 위계의 개념이 아니라, 작문 평가의 한 부분에 해당하는 개념들이다.

작문 평가에서 '측정(measurement)'은 학생이 가진 능력을 '수(數)'로 표현하는 과정이다. 그러나 어떤 대상을 '수'로 표현할 때에는 길이나 무게와 같이 자나 저울을 사용하여 직접적인 측정이 가능한 대상이 있는가 하면, 학생이 가진 작문 능력과 같이 잠재적으로 내재되어 있어서 직접적인 측정이 불가능한 대상도 있다. 후자의 경우에는 잠재적인 능력을 가시화시켜줄 수 있는 도구를 제작하여 측정을 해야 한다. 예를 들어 검사지를 개발하거나 질문, 면접, 관찰 등이 모두 측정을 위한 도구로 사용될 수 있다.

작문 평가에서 '채점'과 '평정'은 둘 다 영어의 'rating'을 번역한 용어이다. 이들 용어는 행동 관찰이나 면접, 기록물 분석, 수행 과정 및 결과 분석 등에서 공통적으로 적용될 수 있는 용어로서 관찰이나 분석이 가능한 대상을 최대한 객관적이고 신뢰롭게 수치화하는 과정이다. 앞서 살펴본 '측정'이 자나 저울과 같은 도구를 개발하여 잠재적인 대상을 수치화하는 일련의 과정을 모두 포함한다면, '채점'이나 '평정'은 이러한 수치화 과정에서 대상을 판단하는 데에 도움을 주기 위한 '평정 척도(rating scale)'를 활용하여 채점자의 '주관적 판단'을 거쳐서 특정 점수나 등급을 부여하는 과정을 의미한다는 점에서 '측정'과 차이가 있다.

예를 들어 학생의 '작문 지식'이 어느 정도인지를 알아보고자 할 때, 교사는 먼저 학생의 작문 지식을 가장 타당하게 측정할 수 있는 시험지를 구성할 것이다. 이렇게 구성한 시험지를 학생으로 하여금 풀게 했을 때 만약 이 시험지가 선택형 문항 또는 단답형 문항으로 구성이 되었다면 이 경우에는 별다른 교사의 판단 과정이 없이도 작문 지식에 대한 점수를 산출할 수 있다. 그러나 학생으로 하여금 한 편의 글을 쓰게 하고 그 글을 평가해야 할 때에는 채점 과정에서 교사의 주관적인 판단이 개입되어야 한다. 이때에는 점수가 바로 산출되는 것이 아니라 기준이 되는 평정척도에 근거하여 채점자가 주관적인 판단을 내려야 하는 채점 과정, 또는 평정 과정이 필요하다.

2) 작문 평가의 유형

▮ 직접 평가와 간접 평가

작문 능력의 핵심이 실제로 글을 쓰는 '작문 수행 능력'이라는 것을 전제로 할 때, 작문 능력을 직접적으로 평가하느냐, 간접적으로 평가하느냐에 따라서 작문 평가의 유형을 '직접 평가'와 '간접 평가'로 나눌 수 있다.

간접 평가는 작문 능력을 평가하기 위해서 글을 직접 쓰게 하는 방식이 아니라, 선다형 문항이나 단답형 문항을 평가 도구로 활용하여 작문 수행 능력을 간접적으로 측정하는 방식이다. 이러한 간접 평가에는 학교에서 이루어지는 지필평가, 학업 성취도 평가, 대학수학능력시험 등에서 선택형 문항을 사용하여 작문 영역을 평가하는 방식들이 해당한다. 예를 들어 '건의문 쓰기'에 대한 능력을 평가하기 위해서 학생에게 건의문을 쓸 때 유의해야 할 사항을 묻는다거나, 주어진 건의문에 대해서 적절하게 수정한 내용이 아닌 것을 찾게 한다거나 하는 방식이다. 즉, 학생이 건의문을 쓸 때 고려할 점에 대해서 잘 알고 있거나, 건의문을 읽고 수정의 적절함을 판단할 수 있다면 실제로 건의하는 글을 잘 쓸 수 있다고 가정하는 관점이다. 현재 우리나라 작문 평가에서는 대부분 이러한 간접 평가 문항을 사용하여 학생들의 작문 능력을 측정하고 있다.

이러한 간접 평가와는 달리, 작문 직접 평가는 말 그대로 학생이 쓰기 수행을 통해 산출한 결과물인 글을 평가하는 방식이다. 평가의 타당도 측면을 기준으로 한다면, 작문 능력을 제대로 평가하기 위해서는 작문 직접 평가가 훨씬 적절하다고 볼 수 있다. 그러나 작문 직접 평가는 간접 평가에 비하여 현실적인 제약이 많다. 작문 직접 평가를 하면 학생들이 한 편의 글을 써야 하기 때문에 반응 시간이 길고, 무엇보다 채점에 많은 시간과 노력이 필요하다. 또한 많은 시간과 노력을 들였다고 해서 채점 결과가 반드시 신뢰성을 가지는 것이 아니다. 특히 이러한 직접 평가에서의 채점 신뢰도 문제는 20세기 중엽부터 끊임없이 이어지고 있는 문제이다. 작문 직접 평가가 평가의 신뢰도 측면에서 결함이 있을 수 있다는 비판이 일어나면서 특히 학생들의 작문 능력이 선발이나 배치와 직결되는 고부담 시험이나 국가수준의 대단위 평가에서 채점자 간의 채점 결과 불일치에 대한 의문이 제기되었다. 이에 따라 1920년대 이후로 작문에 대한 간접 평가 방식이 측정학적으로 훨씬 안정적인 방법으로 인식되었다. 그러나 1950년대 이후로 간접 평가 방식이 타당성이 떨어진다는 비판이 작문 교육자나 작문 연구자를 중심으로 제기되었고, 일부 평가 전문가들 또한 작문 평가에서 사용할 수 있는 방법 중에 유일하게 타당도가 높은 평가는 직접 평가 방법뿐이라는 것에 동의하였다. 이러한 인식에 따라서 이후에는 작문 직접 평가에서 문제가 되었던 신뢰도를 이유로 간접 평가를 주장하기보다는 작문 직접 평가를 하되, 채점의 신뢰도를 향상시키기 위한 노력을 하는 방향으로 전개되었다.

이 때문에 현재 우리나라 작문 교육에서는 이들 간접 평가와 직접 평가의 장단점을 모두 반영하면서 작문 평가의 목적과 상황에 따라서 선택적으로 사용하는 경우가 많다. 그러나 작문 평가의 교육적 목적을 고려한다면 이러한 제약에도 불구하고 직접 평가가 더 유용한 측면이 있다. 작문 평가를 통해서 궁극적으로는 학생의 작문 능력을 신장시키는 것이 목적이라면 작문 간접 평가로는 학생이나 교사에게 도움이 될 만한 정보를 얻는 것이 어렵기 때문이다. 평가의 신뢰성과 타당성의 문제는 작문 평가에서 끊임없이 제기되겠지만 작문 평가의 교육적 환류 측면을 고려한다면 작문 평가는 직접 평가의 형태로 이루어지는 것이 더 적절하다.

■ 과정 평가와 결과 평가

다음으로는 작문 평가의 유형을 과정 평가와 결과 평가로 나누어 살펴보고자 한다. 이 두 가지 유형은 작문 능력을 완성된 글 산출물을 중심으로 평가할 것인가, 아니면 글을 써 나가는 과정을 중심으로 평가할 것인가에 따라서 나뉜다. 그러나 여기에서 한 가지 유의할 부분은 작문 평가라는 측면에서 작문 과정이 작문 능력의 본질이 될 수 있는가에 관한 것이다. 즉, 작문 과정을 평가하는 것이 중요하다고 해서 작문 과정 평가가 작문 능력 평가를 대체할 수 있는 평가는 아니라는 점이다. 그렇다면 작문 과정을 평가하는 것이 왜 중요한 것일까?

이에 대한 답은 앞서 논의한 작문 평가의 필요성에서부터 찾아볼 수 있다. 작문 평가가 결국은 학생의 작문 능력의 향상에 기여해야 한다는 측면을 고려할 때 작문 결과 평가만으로는 이러한 부분을 모두 해결하기 어렵다. 학생이 쓴 글만 평가해서는 학생이 글을 잘 쓰게 하기 위해서 추가로 가르쳐야 할 부분이 무엇인지, 어떤 부분에 대한 개선이 필요한지를 구체적으로 파악하기 어렵기 때문이다. 이럴 때에는 학생이 글을 쓰는 과정을 평가함으로써 글 산출물에 영향을 준 과정 요인을 파악하는 것이 필요하다. 즉, 작문 과정 평가는 작문 결과 평가와 보완적으로 이루어져서 학생의 작문 능력을 정확하게 진단하여 개선 방안을 찾고자 할 때 의의가 있는 것이다. 예를 들어, 설명문을 쓰기 위하여 관련 정보를 수집하고 분류하여 정리하는 과정을 관찰하거나, 글을 다 쓴 다음에 학생이 자신의 글쓰기 과정을 회상하면서 쓰는 반성적 저널을 분석하는 것이 쓰기 과정 평가의 예가 될 수 있다.

[표 1] 작문 과정 평가와 결과 평가의 예

작문 과정 평가	작문 결과 평가
· 작문 단계별 관찰 기록 산출물 분석 · 작문 단계별 산출물 분석 · 학생의 반성적 저널 · 학생의 자기 평가 · 학생과의 면담 · 작문 과정 체크리스트 · 사고구술 프로토콜 분석	[작문 직접 평가] · 총체적 채점 기준이 있는 작문 과제 · 분석적 채점 기준이 있는 작문 과제 [작문 간접 평가] · 작문 지식 표준화 검사지 · 작문 영역에 대한 선다형 평가 문항

■ 총체적 평가와 분석적 평가

총체적 평가와 분석적 평가는 평가의 대상을 어떠한 시각으로 접근할 것인가에 따라 나뉜다. 그러므로 작문 평가에서 이러한 두 가지 평가에 대한 관점은 채점 척도를 마련할 때 영향을 준다. 앞서 살펴본 과정 평가와 결과 평가의 경우 모두 총체적 평가와 분석적 평가 방법이 사용될 수 있다. 그러나 총체적 평가와 분석적 평가는 보통은 결과 평가 상황에서 글(결과물)을 채점하는 채점 방식으로 사용되는 경우가 많다.

총체적 평가(holistic assessment)는 '부분은 합이 전체가 될 수 없다.'는 관점에서 글을 전체적인 관점에서 바라보는 방법이다. 총체적 평가에서는 학생이 쓴 글에 대하여 감점 요인을 요소별로 구별하는 것이 아니라, 학생들이 쓴 글을 신속하게 읽고,

전체적인 관점에서 평가하여 글에 대한 단일한 점수를 부여한다는 점에서 작문 평가에 대한 고도의 전문성이 요구된다. Cooper & Odell(1977)은 총체적 평가 과정의 핵심은 분절적인 측면을 판단하기 위해서 '멈추지 않는' 것으로 설명하고 있다. 예를 들어 총체적 평가를 하기 위해서 분석적 채점 척도를 활용하여 판단의 근거로 삼을 수도 있다. 그러나 분석적 채점 척도를 활용하여 내적인 기준을 세웠더라도 각각의 요소를 나누어 판단하는 것이 아니라, 글을 멈추지 않고 전체적으로 읽고 평가해야 하는 것이다. 따라서 Cooper & Odell(1977)에서는 총체적 평가에서 활용할 수 있는 채점 척도의 종류에 분석적 채점 척도를 제시하고 있기도 하다.

총체적 평가에서 가장 일반적으로 사용하는 채점 척도는 성취수준에 대한 진술문(주로 수준별 글의 특성으로 진술문) 척도이다. 성취수준별 진술문을 활용하는 방식은 주로 총체적 채점 기준표를 활용하는 것이다. 이 때문에 흔히 총체적 평가 방법을 논의할 때 총체적 채점 기준표를 제시한다. [표 2]는 총체적 채점 기준표를 예시한 것이다.

[표 2] 총체적 채점 기준 예시

채점 기준	배점
◦ 글의 중심 내용이 명확하고 구체적이며, 세부 내용이 중심 내용에 부합한다. ◦ 글의 구조가 체계적이고 독자의 이해를 돕는 데에 효과적으로 제시되어 있다. ◦ 내용을 정확하고 효과적으로 전달할 수 있는 단어가 선택되었고, 눈에 띄는 신선한 단어들이 있다. ◦ 맞춤법이나 문법적 오류가 없다.	5
◦ 글의 중심 내용이 명확하고 구체적이나, 세부 내용 중에서 중심 내용에 부합하지 않는 내용이 있다. ◦ 글의 구조가 체계적이고 자연스럽다. ◦ 내용을 자연스럽게 전달할 수 있는 단어가 선택되었다. ◦ 띄어쓰기 정도의 오류가 있으나 내용 전달에 크게 무리를 주지 않는다.	4
◦ 글의 중심 내용이 드러나지만 명확하지 않고, 제시한 세부 내용 중에서 중심 내용에 부합하지 않는 내용이 있다. ◦ 글의 도입이나 결론이 명확하게 드러나지는 않지만, 독자가 이해하는 데에 큰 무리는 없다. ◦ 부적절한 단어들이 포함되어 있으나 내용 전달에 크게 무리를 주지 않는다. ◦ 띄어쓰기 외에 문법적 오류들이 있으나 내용 전달에 크게 무리를 주지 않는다.	3
◦ 글의 중심 내용이 드러나지만 명확하지 않고, 세부 내용 대부분이 중심 내용에 부합하지 않는다. ◦ 문단의 구분은 이루어져 있으나 '서론–본론–결론'의 구조가 거의 드러나지 않는다.	2

◦ 부적절한 단어들로 인하여 독자에게 혼란을 준다. ◦ 맞춤법, 문법적 오류들로 인하여 내용 전달이 어려운 부분들이 있다.	
◦ 글의 중심 내용이 명확하지 않고, 세부 내용이 거의 없다. ◦ 문단의 구분이 이루어져 있지 않아서 독자가 글을 이해하는 데에 혼란을 준다. ◦ 선택한 단어가 매우 제한적이며 오류가 많다. ◦ 맞춤법, 문법적 오류들이 많아서 내용 파악이 어렵다.	1

 이러한 총체적 평가는 학생이 쓴 글을 분절적으로 보지 않고 전체로서 평가하려는 관점이기 때문에 분절적인 평가 요소로는 설명하기 어려운 한 편의 완성된 글이 가지는 가치를 반영하여 쓰기 능력을 평가할 수 있다. 또한 총체적 평가 방식은 다른 평가 방식보다 빠른 속도로 평가할 수 있다는 점에서 효율적이나, 학생이 자신의 글에서 부족한 부분이 무엇인지를 구체적으로 파악하기 위한 정보를 제공하는 데에는 한계가 있다. 그럼에도 불구하고 총체적 평가는 교사가 가르친 작문 수업에 대한 효과를 평가하거나, 교사가 도움을 주어야 하는 학생을 찾아내거나, 또는 결과 평가의 측면에서 최종적인 점수를 부여하고자 할 때에는 충분히 효과적인 평가 방법이다. 총체적 평가 방법에는 '총체적 채점 기준을 사용하는 방법' 외에도 '예시문을 활용하는 방법'이 있다. 이는 각 수준을 대표하는 진술문을 활용하는 것이 아니라, 각 수준을 대표하는 예시문을 선정하여 이를 기준 척도로 활용하는 방법이다. 진술문 척도가 추상적일 수 있음에 비하여 예시문 척도는 글에 나타나는 특성을 구체적인 산출물을 토대로 파악할 수 있다는 장점이 있다.

 분석적 평가(analytic assessment)는 학생이 쓴 글을 여러 가지의 하위 요소로 나누어서 평가하는 것이 교육적으로 더 많은 정보를 제공할 수 있다는 관점에서, 글이 가지는 각각의 요소별로 글을 평가하는 방식이다. 분석적 평가를 할 때, 흔히 글을 한 번 읽고 각각의 평가 요소에 대해서 점수를 부여하는 방식을 사용하는데 이는 분석적 평가에 대한 오해이다. 분석적 평가를 할 때에는 각각의 평가 요소를 평가할 때마다 글을 다시 읽도록 한다. 그렇기 때문에 분석적 평가는 총체적 평가보다 더 많은 시간과 노력이 요구된다. 분석적 평가도 마찬가지로 분석적 채점 기준에 의해서 평가가 이루어진다. [표 3]은 분석적 채점 기준의 예시이다. 이 예시는 박종임·박영민(2012)에서 적용했던 기준을 재구성한 것이다.

[표 3] 분석적 채점 기준 예시

채점 범주	채점 기준
내용	◦ 5점 : 글의 중심 내용이 명확하고 구체적이며, 세부 내용이 중심 내용에 부합한다. 내용이 독창적이고 신선하며 독자에게 흥미롭고 가치 있는 정보를 제공하고 있다. ◦ 3점 : 글의 중심 내용이 드러나지만 효과적으로 초점화되지 않는다. 제시한 세부 내용이 중심 내용에 부합하지만, 독창적이지 않고 독자에게 새로운 정보를 주지 않는다. ◦ 1점 : 글의 중심 내용이 명확하지 않고, 세부 내용이 거의 없거나 중심 내용에 부합하지 않는다. 글을 읽고 독자가 새로운 정보를 얻기 어렵다.
조직	◦ 5점 : 글의 구조가 글의 중심 내용을 더욱 잘 드러내는 역할을 한다. 필자가 제공하는 정보의 순서나 구조가 설명하는 대상의 특성을 고려하여 유기적으로 배열되어 있어서 독자가 자연스럽고 흥미롭게 글을 읽을 수 있다. ◦ 3점 : 글의 중심 내용을 효과적으로 드러낼 수 있는 도입이나 결론이 명확하게 드러나지는 않지만, 독자가 큰 혼란 없이 내용을 이해할 수 있도록 구성되어 있다. ◦ 1점 : 글의 내용을 유기적으로 이어주는 연결 구조가 없어서 독자가 글의 내용을 이해하는 데에 혼란을 가진다.
표현 (어조 및 태도)	◦ 5점 : 독창적이고 흥미로우면서도 독자가 쉽고 정확하게 이해할 수 있도록 표현되었다. 글에서 제공하는 정보의 중요성을 독자가 이해하고 공감할 수 있도록 필자의 주체적인 목소리가 잘 드러나 있어서, 글의 내용에 깊이 몰입할 수 있다. ◦ 3점 : 독자가 쉽게 이해할 수 있도록 표현되었으나 독창성이나 흥미는 다소 떨어진다. 필자의 주체적인 목소리가 잘 드러나지 않아서, 독자는 글의 정보에 대하여 크게 호감을 가지거나 몰입하기는 어렵다. ◦ 1점 : 전반적으로 독자의 이해가 어렵게 표현되어 있고, 어조가 글의 목적 및 유형에 부합하지 않는다.
단어 선택	◦ 5점 : 내용을 정확하고 자연스럽게 전달할 수 있는 단어가 선택되었다. ◦ 3점 : 대체적으로 단어 선택이 내용 전달에 무리가 없으나 부적절한 단어들이 포함되어 있다. ◦ 1점 : 내용을 전달하는 단어가 매우 제한적이며 단어의 선택이 풍부하지 못하다.
형식 및 어법	◦ 5점 : 글쓴이는 표준적인 쓰기 관습(어법, 구두점, 철자, 단락 구분 등)을 잘 이해하고 있으며 독자의 가독성을 고려하여 이러한 관습을 효과적으로 사용하고 있다. ◦ 3점 : 제한된 범위에서만 표준적인 쓰기 관습을 지키고 있다. ◦ 1점 : 어법, 구두점, 철자 등에서 잘못된 것이 많아 내용 파악을 방해한다.

[표 3]에 제시한 분석적 채점 기준표는 Spandel & Culham(1996)이 제시한 6특성에 근거한 기준을 우리나라 설명문 평가에 적합하도록 수정한 것이다. 이 채점 기준표에서 평가 요소는 내용, 조직, 표현, 단어 선택, 형식 및 어법으로 제시되어 있다. 분석적 평가는 이처럼 자세한 채점 기준에 의해서 평가가 이루어져야 하므로 시간과 노력이 많이 소요되고 한 편의 글이 가지는 가치가 각각의 요소에서 받은 점수의

물리적인 총합으로 평가된다는 점에서 많은 비판을 받기도 했다. 그러나 분석적 평가를 활용하면 총체적 평가에서는 발견하기 어려운 각 평가 요소별로 학생들의 강약점을 면밀하게 발견할 수 있다.

분석적 평가를 성공적으로 수행하기 위해서는 평가자가 각각의 평가 요소가 의미하는 바가 무엇인지를 분명하게 파악하고 있어야 한다. 글의 전체적인 맥락에서 특정 요소만 분리해서 평가하는 것은 쉬운 일이 아니기 때문이다(Perkins, 1983). 실제로 학생 글을 채점하는 많은 평가자들은 분리된 평가 요소를 구별하기 어려워하거나 특정 평가 요소를 분석하기 위해서 글에서 어떤 부분에 초점을 맞추어 읽어야 하는지에 대한 어려움을 호소하기도 한다. 이처럼 총체적 평가와 분석적 평가 모두 장단점이 있으며 각각의 평가 상황과 평가 목적에 적합한 방법을 선택하는 것이 가장 중요하다.

▌ 양적 평가와 질적 평가

앞서 작문 평가를 '글을 쓰는 데에 필요한 능력을 다양한 측면에서 측정하고, 이들 결과에 근거하여 학생의 작문 능력을 교육적으로 해석하고 판단하여 학생에게 적절한 피드백을 제공하는 행위'라고 정의하였다. 그렇다면 이때 교육적인 해석과 판단을 위해 수집해야 하는 자료의 특성에 따라서 작문 평가를 양적 평가와 질적 평가로 구분할 수 있다.

평가의 객관성과 신뢰성을 강조하고 주관적 판단의 모호성을 줄이고자 하는 관점에서 강조하는 평가 방법은 양적 평가이다. 몸무게나 키와 같이 계측기로 측정을 하여 가시적인 특성을 수치화할 수 있는 경우 외에 작문 능력과 같은 비가시적인 인간의 잠재적인 특성은 검사 도구를 사용하여 측정해야 한다. 작문 평가에서도 이렇게 검사 도구에 의해서 학생의 작문 능력에 대한 객관적인 자료를 수집하고자 양적 평가를 하기도 한다. 예를 들어 작문 동기, 작문 태도 등의 작문에 대한 정의적 측면에 대한 자료를 객관적으로 수집하고자 할 때 기 개발된 작문 동기 검사지(박영민, 2006 ; 2007a ; 2007b ; 2010 등)를 사용할 수 있고, 작문 지식에 대한 자료를 수집하고자 할 때 작문 지식 검사지(박찬흥, 2014 ; 정미경 2009 등)를 사용할 수 있다.

그러나 작문 평가에서 이러한 양적 평가로 가능한 부분은 작문 능력의 일부일 뿐 그 자체가 작문 능력을 대표하기는 어렵다.

작문 평가가 대상으로 하는 작문 능력은 주로 '실제 글을 쓰는 능력'을 의미하는 것으로 이는 실제로 글을 쓰게 하고 글을 쓰는 과정이나 결과물을 평가하는 직접 평가 방법으로 평가가 가능하다. 이렇게 글을 쓰는 과정을 관찰하거나 다 쓴 글을 채점 기준에 의거하여 판단하는 것은 질적 평가에 해당한다. 이처럼 질적 평가는 작문 능력에서 가장 중요하게 다뤄지는 수행 능력을 가장 타당하게 판단을 내릴 수 있으나 채점자의 주관성이 개입될 소지가 많아서 신뢰도 측면에서는 제한점이 따른다.

그러므로 학교 현장에서 학생들의 작문 능력을 제대로 평가하기 위해서는 양적 평가와 질적 평가를 상호 보완적으로 사용할 수 있을 때 학생들의 작문 능력을 다각도로 판단할 수 있고, 나아가 가장 필요로 하는 피드백을 제공할 수 있다.

■ 능력 평가와 태도 평가

지금까지는 학생의 실제 쓰기 능력을 대상으로 이의 평가 방법에 대해 언급하였다. 그러나 글을 쓰는 데에 필요한 능력 외에 태도와 관련한 측면 또한 평가의 대상이 될 수 있다.

현대 사회에서 작문 능력은 다양한 분야에서 성공적인 삶을 살기 위한 핵심 역량으로서의 중요성이 커지고 있다. 또한 작문 과정은 다양한 문제 상황을 해결하는 데에 요구되는 합리적인 의사결정의 과정이기도 하다. 그러나 많은 학생들이 작문의 중요성에는 공감을 하면서도 작문을 어렵고 힘든 과정으로만 인식하고 작문을 기피한다. 이처럼 학생들이 작문을 기피하게 된 이유에는 그간의 작문 교육이 지나치게 인지적 측면에만 초점을 두고 작문에 대한 지식이나 기능의 학습만을 강조했던 것을 들 수 있다. 작문 수행을 이끄는 원동력이 되는 동기나 효능감, 자신감, 흥미 등과 같은 정의적 측면에 대해서는 관심이 소홀하였기 때문이다.

물론 학생의 작문 능력을 정확하게 평가하는 일은 효과적인 작문 지도에 필수적이다. 학생이 글을 쓰는 과정에서 어떠한 문제가 있는지, 혹은 학생이 쓴 글에서 어떤 부분에 강약점이 있는지를 파악하여 적절한 피드백을 제공해야 하기 때문이다. 그러나 작문의 경우 이러한 능력 요소 외에 정의적 요소가 작문 수행에 많은 영향을 미친다. 작문은 직접적인 수행을 전제로 하는 것이므로, 작문을 하고자 하는 동기, 작문을 잘 할 수 있다고 믿는 효능감 등과 같은 정의적 측면이 뒷받침되지 않는다면 충분한 수행을 이끌어내기 어렵다. 그러므로 작문 평가에서는 작문 과정과 작문 결과를 평가 대상으로 하는 능력 평가 외에도, 학생들의 작문 능력에 영향을 미치는 것으로 알려진 다양한 정의적 요인을 고려하는 태도 평가 또한 중요하다.

작문 동기나 작문 효능감과 같은 정의적인 요인은 단순히 작문 과정에 대한 관찰이나 글 특성으로 드러나는 것이 아니기 때문에 관찰이나 주관적 판단을 통한 측정이 쉽지 않다. 이처럼 겉으로 드러나는 행위에 대한 관찰이나 결과물에 대한 판단이 어려운 정의적 특성은 '검사 도구'를 통해서 양적으로 평가할 수 있다. 예를 들어 박영민(2006, 2007)에서 제시된 작문 동기 검사지나 박영민·최숙기(2008)에서 제시된 쓰기 효능감 검사지 등을 활용할 수 있다. 그러나 최근에는 이러한 양적 평가 방법 외에도 학생으로 하여금 자신이 글을 쓴 전 과정과 느낌을 회상하여 쓰게 하거나 회상적 사고구술을 활용하여 학생의 작문 태도와 관련한 특성에 대한 정보를 수집하고 평가하는 방법들이 제안되기도 하였다(박영민, 2006).

학생의 작문 능력을 개선하기 위해서는 인지적 측면의 평가 외에도 이러한 정의적 측면의 평가가 함께 이루어져야 한다. 정의적 평가 결과를 활용하여 학생의 작문 능력이 낮은 이유를 보다 구체적으로 파악함으로써 작문 능력이 낮은 학생에게 인지적 측면의 지도만을 강요할 것이 아니라, 학생이 작문에 대하여 내적 동기와 긍정적인 효능감을 가질 수 있도록 지도하는 것이 중요하다. 학생의 작문에 대한 긍정적인 태도는 쓰기 수행을 적극적으로 하도록 하고 이는 결국 쓰기 능력 신장에도 긍정적인 영향을 미치기 때문이다.

또한 최근에는 작문 태도 영역에 대한 평가 중에서 '작문 윤리'에 대한 평가의 중요성이 커지고 있다. 작문 윤리는 '필자가 글을 쓰는 과정에서 준수해야 할 윤리적인 규범'이다(박영민, 2009). 오늘날처럼 다양한 정보를 손쉽게 활용할 수 있고, 글이 인터넷과 같은 매체로 널리 소통될 수 있는 정보화 사회에서 작문 윤리에 대한 평가는 아주 중요한 부분이다. 작문 과정에서 준수해야 할 작문 윤리로는 크게 세 가지 측면을 들 수 있다(박영민, 2009).

첫째는 작문의 '적절성'인데 '적절성'은 글을 읽는 독자에게 거부감 없이 수용될 수 있는 언어 표현의 수준을 의미한다. 언어 표현이 과도하거나 미흡하지 않아야 적절성이 있는 글이라고 할 수 있다. 둘째는 작문의 '정직성'이다. '정직성'은 글을 쓸 때 활용하거나 인용한 자료의 출처를 밝히는 일, 글이 다루고 있는 주요 내용의 출처를 밝히는 일, 글이 다루는 정보를 과장하거나 또는 은폐하지 않는 일과 관련된다. 또한 글의 내용과 정보의 진위 여부와 관련된 것 또한 '정직성'에 해당한다. 셋째는 작문의 '공정성'이다. '공정성'은 글의 내용이나 자료의 활용이 객관적이며 편중되지 않은 상태와 관련된 특성으로, 어떤 주장이나 의견을 주요 내용으로 삼았을 때, 반대되는 근거나 자료를 의도적으로 배제한다면 공정성을 어긴 것으로 볼 수 있다. 또한 글의 내용으로 다룰 수 있는 것과 다룰 수 없는 것에 대한 판단과 구분도 작문의 공정성에 속한다. 이와 같은 쓰기 윤리에 대한 평가는 사회적으로 팽배해 있는 윤리 위반과 관련된 문제를 인식하고 이를 해결하는 데 기여할 것으로 생각된다.

2. 작문 평가의 방법과 실제

1) 작문 평가의 세부적인 방법

▌작문 단계별 관찰 기록 및 산출물 분석

앞서 살펴본 총체적 평가와 분석적 평가 방법은 학생이 쓴 글을 전체적인 관점으로 평가할 것인가, 또는 부분적인 관점으로 평가할 것인가에서 차이가 있으나 두 방법 모두 결과적으로 학생이 산출한 글을 평가의 대상으로 한다는 점에서 결과 평가라는 공통점이 있다. 그러나 학생이 어떠한 작문 과정을 거치면서, 어떠한 요인의 영향으로 그러한 글을 썼느냐를 파악하기 위해서는 작문 과정을 평가하는 것이 중요하다. 작문 과정을 평가하는 가장 대표적인 방법은 학생이 글을 쓰는 단계별로 평가하는 것이다. 예를 들어 내용 생성, 조직, 표현, 고쳐쓰기 등의 일련의 작문 단계에 따라서 학생의 수행을 관찰하고 그 내용을 기록하여 분석하는 방법이 있다. 또는 이들 작문 단계별 산출물을 분석하는 방법이 있다. 이러한 단계별 관찰 기록이나 단계별 산출물을 분석함으로써 학생이 작문 단계 중에서도 특히 어떤 단계에서 어려움을 보이는지를 구체적으로 진단할 수 있다. 그러나 이러한 작문 단계별 평가는 학생의 작문 능력을 면밀하게 진단하여 문제점을 처방하고 개선하기 위한 목적으로 사용되어야 한다. 작문 과정을 평가하는 것이 중요한 이유는 작문 과정 그 자체가 작문 능력을 대표할 수 있기 때문이 아니라, 작문 과정 평가를 통해 학생의 작문 능력을 개선시키기 위한 유용한 정보를 얻을 수 있기 때문이다.

▌ 반성적 쓰기를 활용한 평가

반성적 쓰기란 글을 완성한 뒤 필자 자신이 수행해 온 작문 과정을 되돌아보면서 글을 쓰는 것을 말한다(박영민, 2006b). 여기에서 '반성적(reflective)'이라는 것은 자신이 수행한 과정, 즉 작문 과정을 다시 되돌아본다는 의미이다. 학생이 자신의 작문 수행 과정을 되돌아보면서 쓴 글을 '반성적 쓰기 자료' 또는 '반성적 텍스트'라고 부른다. 박영민(2006)에 의하면, 반성적 텍스트에는 학생 필자가 경험한 인지적 과정과 그 과정에서 형성된 필자의 정의적 반응이 반영된다. 구체적으로 인지적 측면에서는 무엇을 중심 내용으로 삼았는지, 누구를 예상독자로 설정했는지, 글을 쓰는 과정에서 어떤 어려움을 겪었는지, 그러한 문제를 해결하기 위하여 어떠한 전략을 어떻게 활용했는지 등이 반영된다. 정의적 측면에서는 작문과 관련된 동기, 흥미, 습관, 가치 등이 반영된다. 이러한 내용이 반영된 반성적 텍스트 예시는 다음과 같다(박영민, 2006).

[중학교 1학년 자료]

　글의 목적은 내가 소중하게 여기는 물건을 알려주고 경험한 일을 얘기해 주기 위해서이다. 예상독자는 학급 친구들과 선생님일 것 같다. 글의 종류는 설명문이며, 구성은 소중한 물건과 갖게 된 계기, 소중하게 여기는 이유, 그 물건 때문에 겪었던 일 등으로 되어 있다. 이 글의 형식은 수필이며, 주제는 내가 가장 소중하게 여기는 물건이다.

　글을 쓰면서 어려웠던 점은 주제에 뒷받침하는 내용으로 무엇을 넣을까 하며 생각하던 것이 어려웠던 것 같다. 그래서 나는 그 점을 해결하기 위해 내가 경험했던 것들을 떠올렸더니 꽤 쉽게 해결이 되었다.

　내가 이 글을 쓰면서 느낀 점은 내가 보기에는 내가 쓴 글에서 어딘가가 부족한 것 같고 막상 쓰려니까 생각나는 것도 없었던 것은 내가 책과 가까이 하지 않았기 때문인 것 같다. 그래서 앞으로는 좀 더 다양하고 좋은 책들과 가까이 해야겠다고 느꼈다.

[중학교 3학년 자료]

　우리는 국어 시간 몇 차례에 걸쳐 반성적 글쓰기를 통해 설명문을 쓰는 방법을 배웠다. 처음에는 '설명문? 그것도 내가 직접 쓴다고? 이런 말도 안 돼.'하며 겁을 먹었다. 그런데 선생님께서는 그때마다 침착하게 부담감 없이 쓰라고 말씀해 주셔서 내가 벌써 재고3까지 다 쓰게 된 것 같다. 진짜 맨 처음에는 이런 걸 왜 하나 하고 생각하기도 했다. 계속 쓰다보니까 내가 마치 작가가 된 듯한 느낌이 들기도 했다. 신이 나서 나의 생각을 마음대로 막 적기도 했는데 친구들이 의견을 쓸 때 주관적이라고 짚어주어서 설명문은 주관적인 것이 아닌 객관적인 글이라는 것을 확실하게 이해하게 되었다. 그리고 선생님께서 의견을 덧붙여주신 걸 읽어보니까 아직 고쳐야 할 게 많구나 하고 느꼈다. 그리고 설명문이 대강 어느 글인지 이제 확실히 이해가 간 것 같다. 전문적이어야 하며 읽는 이에게 믿음을 주어야 하는 글, 그리고 내가 쓰는 글이 모두 사실이어야 하며 이해하기 쉽게 적당히 작성해야 한다는 것도 이제야 알게 된 것 같다. 선생님과 친구들이 뒤에 리플같이 의견을 달아주어서 내가 어느 것이 틀렸고 그걸 어떻게 고쳐야 하나 내가 무엇이 틀렸나 알게 되어서 좋았다.

　이런 과정을 거치면서 내가 쓴 글을 처음부터 다시 읽어 내려가며 다시 읽어보는 버릇이 생겼다. 내가 쓴 글을 반성할 수 있는 기회가 생긴 것 같았다. 이제부터는 힘들다고 글을 그냥 내지 않고 친구한테 읽어보라고 하고 내가 무엇이 틀렸는지 알아낸 다음에 반성해야겠다.

이러한 반성적 쓰기는 학생이 작문 과정에서 겪은 인지적 과정과 정의적 측면을 효율적으로 분석할 수 있다는 장점에도 불구하고 반성적 쓰기의 과정에서 기억에 대한 망각, 왜곡, 수정, 변형 등이 발생할 수 있다는 한계가 있다. 이러한 한계는 다음으로 살펴볼 사고구술법에서도 마찬가지로 발생할 수 있다. 그럼에도 불구하고 반성적 쓰기는 학생이 겪은 작문의 인지적 과정과 정서적 반응을 통합적으로 평가할 수 있다는 점에서 학생의 작문 능력을 신장시키기 위한 평가로서 의의가 크다.

■ 사고구술 프로토콜 분석을 활용한 평가

사고구술(think-aloud)은 필자가 글을 쓰는 동안 자신의 머릿속에서 일어나는 생각을 소리 내어 말로 표현하는 것이다. 이러한 사고구술을 통해서 산출된 자료는 프로토콜(protocol)이라고 한다. 사고구술 프로토콜 분석법은 인지 심리학에서 인간의 사고 행위를 추론하는 방법으로 사용되어 왔는데 작문 영역에서도 작문 과정에서 일어나는 문제 해결 과정을 분석하기 위하여 이러한 프로토콜 분석법이 사용되었다. 필자가 글을 쓰는 동안 필자의 머릿속에서 일어나는 과정을 직접 볼 수는 없기 때문에, 글쓰기를 하는 동안에 머릿속에서 일어나는 것을 모두 말해 보게 한 다음, 그 내용을 전사하고 분석하여 쓰기 수행 과정을 가시화하고 추론하는 것이다. 이를 통해서 사고구술 프로토콜 분석은 작문의 인지적 과정에 대한 모형을 수립하고 수정하는 데에 많은 기여를 하였다. 작문 영역에서 사고구술법은 원래 연구 방법으로 사용되었던 것이지만, 최근에는 작문 지도 방법이나 평가 방법으로도 활용되고 있다.

우리가 학생의 작문 능력을 평가하는 이유는 일차적으로는 학생이 어느 정도의 작문 능력을 가지고 있는지를 판단하기 위해서이나, 궁극적으로는 이러한 평가 결과에 대해서 적절한 피드백을 제공하여 학생의 작문 능력을 신장시키고자 하는 것이 주요한 목적이다. 이러한 관점에서 학생의 머릿속에서 일어나는 작문의 과정을 최대한 구체적으로 파악할 수 있다면 학생에게 가장 적절한 피드백을 제공할 수 있다. 그러므로 작문에서 사고구술 방법이 교사와 학생에게 주는 정보는 작문 교육에 있어서 아주 중요한 정보가 된다.

그런데 지금까지 사고구술은 주로 성인을 대상으로 적용되었던 것으로 작문 교육에서처럼 초등학생들이나 중등학생들에게 사용할 때에는 인지적으로 상당한 부담이 될 수 있다. 글을 쓰면서 동시에 사고구술을 한다는 것 자체가 학생들에게는 작문을 방해하는 요인이 될 수도 있는 것이다. 그러므로 학생들에게 사고구술을 시행할 때에는 충분한 사전 연습을 할 필요가 있고, 글을 쓰는 동시에 사고구술을 하기 보다는 글을 쓴 후에 자신이 쓴 글을 보면서 회상적 사고구술을 하는 방법으로 적용할 수도 있다.

■ 눈동자 움직임 및 키로그 분석을 통한 평가

앞서 작문을 하는 동안 학생의 머릿속에서 일어나는 작문의 과정을 평가하는 방법으로 사고구술 방법을 살펴보았다. 최근에는 과학의 발달에 따라서 머릿속에서 일어나는 인지적 과정을 '눈동자의 움직임'을 통해서 추론하는 눈동자 움직임 추적 연구가 이루어지고 있다. 작문 평가에서도 과정 평가의 일환으로 눈동자 움직임 분석을 활용할 수 있다. 작문을 하는 동안에 이루어지는 학생의 눈동자 움직임을 추적하여 분석하고, 이를 바탕으로 하여 학생의 머릿속에서 일어나는 인지 과정을 평가하는 것이다. 사실 이러한 눈동자 움직임을 추적하는 방법은 글을 쓰는 과정보다 글을 읽는 과정에 더 적합하고, 연구 또한 글을 읽는 과정에 대한 연구가 더욱 활성화되어 있다. 왜냐하면 눈동자의 움직임을 추적하는 방법을 정밀하게 사용하기 위해서는 피험자의 움직임이 최소화되어야 하는데 작문을 하는 과정에서는 계속해서 몸을 움직여야 하기 때문이다.

최근에 작문 연구자들은 이를 기술적으로 해결하기 위하여 눈동자 움직임 추적기를 몸에 부착하고서 컴퓨터에 연결된 태블릿에 글을 쓰는 장치(Eye and Pen)를 개발하여 필자가 작문을 하는 동안의 눈동자의 움직임을 포착하기도 하였다(Alamargot et al., 2007 ; Alamargot et al., 2006). 이러한 눈동자 움직임 추적을 통해서 분석할 수 있는 정보로는 작문을 하는 데에 투입한 총 시간, 작문 이전 단계의 활동에 투입한 시간, 작문을 멈춘 시간 등이 있다. 그러나 이들 정보만으로 학생이 글을 쓸 때 어떠한 과정을 겪었고 어떠한 어려움을 겪었는지를 명확하게 평가하기는 어렵다.

이렇게 작문의 인지적 과정을 눈동자 움직임을 통해서 평가하는 방법 외에도 최근에는 키로그(key logging) 분석 방법을 통해서 작문 과정을 평가하는 방법도 사용되고 있다. 키로그 분석 방법은 키 스트로크 로그(key stroke logging) 분석을 간략하게 부른 것인데, 이는 필자가 개인용 컴퓨터의 워드프로세서를 활용하여 글을 쓸 때 키보드의 글쇠(키)를 누른 기록이나 마우스를 클릭한 기록을 저장하여 분석하는 방법이다(박영민, 2013). 키로그 분석을 활용하여 얻을 수 있는 중요한 정보로는, 하나의 글쇠를 누른 후 다음 글쇠를 누를 때까지의 시간적 간격, 즉 멈춤(pause)에 대한 정보가 있다. 이러한 멈춤이 있는 동안 필자의 머릿속에서 작문과 관련한 인지 활동이 일어나기 때문이다. 멈춤이 어디에서 나타나는지, 얼마나 빈번하게 나타나는지, 얼마나 길게 나타나는지 등을 분석하는 것이다.

그러나 키로그 분석 방법 또한 사고구술 프로토콜 분석 방법과 동일한 한계를 가지고 있다. 키보드와 마우스를 사용한 기록을 통해서 작문 과정에서의 멈춤에 대한 정보를 얻는다 하더라도 멈추어 있는 동안 구체적으로 어떠한 인지 활동이 일어났는지를 알 수는 없다는 것이다. 그래서 최근에는 눈동자 움직임이나 키로그 분석 방법과 회상적 사고구술(retrospective think aloud)을 통합하여 적용하는 방법이 새롭게 도입되어 활용되고 있다. 학생이 작문을 하는 동안의 눈동자 움직임 기록이나 키로그 기록을 보면서, 특징적인 눈동자 움직임이나 멈춤이 있을 때 어떠한 인지 활동을 수행하였는지를 학생으로 하여금 회상하여 구술하게 하는 방법이다.

■ 자기 평가와 동료 평가

작문 평가가 반드시 교사에 의해서만 이루어져야 하는 것은 아니다. 평가를 통해서 성적을 산출해야 하는 것이라면 객관성과 공정성을 위해서 교사가 주도적으로 평가를 하는 것이 효율적이겠지만 평가를 통해서 학생 자신의 작문 능력을 향상시키고자 하는 것이라면 자기 평가나 동료 평가의 방법도 아주 효과적으로 사용할 수 있다.

학생들의 자기 평가는 반성적 사고와 상위인지를 신장하는 데에 도움을 주는 것으로 알려져 있다. 단, 자기 평가를 할 때에는 피상적인 측면에서 평가가 이루어지지 않도록 어떤 측면에 대해서 자기 평가를 해야 하는지, 그러한 자기 평가 결과를 활용하여 어떠한 추후 계획과 노력이 이루어져야 하는지를 지도하는 것이 중요하다. 예를 들어, 자기 평가 질문지나 체크리스트를 제공하거나 학생이 설정한 목표에 대해서 얼마나 달성하였는지를 기록하게 하거나, 자기 평가 결과에 따라서 어떤 부분을 어떻게 수정해야 할지를 구체적으로 계획하게 할 수 있다. 이러한 자기 평가를 통해서 학생이 자신의 작문에 대한 주도적인 참여를 이끌 수 있고, 이는 나아가 작문에 대한 동기와 효능감을 높여줄 수 있다.

자기 평가 외에도 동료 평가 역시 평가를 통하여 작문에 대한 학습을 지원할 수 있는 방법이다. 학생들은 동료의 글을 평가하면서 글을 읽는 독자가 어떠한 점을 기대하는지를 학습할 수 있고, 글을 쓸 때 예상독자의 이해를 고려할 수 있는 능력을 신장시킬 수 있다. 또한 반대로 동료가 평가한 결과를 보면서 학생들은 자신의 글이 다른 사람에게 어떻게 인식되는지를 확인할 수 있고, 본래의 의도와 다르게 전달되었을 경우, 그 원인이 어디에 있는지를 파악할 수 있다.

2) 작문 평가의 절차와 평가 도구 개발

▌작문 평가의 일반적 절차

여기에서는 학교에서 이루어지는 작문 직접 평가를 전제로 하여, 작문 평가가 어떠한 절차로 이루어져야 하는지에 대해서 간략하게 살펴보고자 한다. 작문 평가를 제대로 시행하기 위해서는 평가 방법이나 절차만을 고려하는 것이 아니라 작문 영역에서 설정하고 있는 해당 성취기준과 교수·학습 방법을 함께 고려하여 작문 평가가 수업 외의 시간에 일회적으로 이루어지는 것이 아니라, 수업과 연계되면서 지속적으로 이루어질 수 있도록 계획하는 것이 중요하다. 작문 평가 시행의 일반적인 절차를 제시하면 [그림 1]과 같다.

```
작문 영역의 성취기준 및 성취수준 마련
▼
학기 단위 평가 계획서 작성
▼
수업과 연계한 작문 평가 시행 계획 수립
▼
구체적인 평가 방법 선정 및 평가 과제 작성
▼
작문 평가 과제에 따른 채점 기준표 작성
▼
작문 수업과 연계하여 작문 평가 시행
▼
채점 기준에 근거한 채점 및 평가 결과 보고
▼
작문 평가 결과에 대한 피드백 제공
```

[그림 1] 작문 평가의 절차

[그림 1]과 같이 작문 평가를 시행함에 있어서 가장 먼저 고려해야 할 것은 작문 성취기준과 성취수준을 마련하는 일이다. 즉, 해당 학기에 작문 영역에서 어떤 내용을 가르쳐야 하는지(성취기준), 가르친 내용에 근거하여 해당 학기에 각 성취수준별로 학생이 어떤 수준의 작문 능력을 갖추어야 하는지(성취수준)를 분석하는 것이 중요하다. 이 작업이 선행되지 않는다면 교사는 학생에게 어떠한 작문 교육을 해야 하는지 방향을 잃게 되고, 나아가 어떤 것을 평가해야 하는지에 대한 방향도 모호하게 되기 때문이다. 작문 성취기준과 성취수준을 마련한 다음에는 학기 단위 평가 계획을 수립해야 한다. 보통 학기 단위로 4월과 9월에 평가 계획서를 공시하도록 하고 있는데 이러한 평가 계획서 작문 영역에서 어떠한 성취기준을 평가할지, 해당 성취기준을 어떠한 방법으로 어느 시기에 평가할지에 대한 계획이 포함되어야 하고, 이러한 평가 계획은 학생과 학부모에게 사전 공지되어야 한다.

이렇게 학기 단위 평가 계획을 수립한 다음에는 본격적으로 작문 평가를 하기 위한 구체적인 계획을 짜야 한다. 작문 평가가 직접 평가의 형태로 이루어지는 경우 이는 대부분 수행평가의 한 영역으로 시행된다. 이 경우 작문 평가를 수업이 끝난 후에 일회적으로 시행하는 것이 아니라 작문 수업과 연계하여 시행하는 것이 바람직하다. 수업과 연계하여 시행할 수 있도록 작문 평가 도구를 마련하고, 이에 부합하는 채점 기준을 개발하여야 한다. 작문 평가를 시행한 이후에는 평가 결과에 대해서 학생에게 적절한 피드백을 제공하여 이후에 학생의 작문 능력이 신장될 수 있도록 해야 한다.

▌작문 평가 과제의 구성 요소

작문 평가 도구에는 크게 평가 과제와 채점 기준이 포함될 수 있다. 작문 평가 과제의 질은 그 과제가 본래 의도했던 작문 능력을 평가하는 것에 가장 타당한가에 달려 있다. 작문 평가 과제는 일차적으로 학생으로 하여금 작문 수행이 충분히 일어날 수 있도록 유도해야 한다. 이를 위해서는 학생의 흥미를 반영하여 작문에 대한 동기가 일어날 수 있도록 해야 한다. 이와 관련하여 최근에는 작문 평가에서도 '실제적인 평가(authentic assessment)'의 중요성이 강조되고 있다. 실제적인 평가는 작문 평가의 상황이 가능한 한 실제로 작문이 이루어지는 상황과 유사하게 주어져야 함을 강조하는 것이다. 예컨대 학생의 작문 능력을 평가하기 위해서 가상적인(또는 강요된) 상황에서 평가를 위한 목적으로 글을 쓰게 하는 것이 아니라, 학생이 학교에 실제로 건의할 사항에 대하여 건의문을 쓰게 하고 그 건의문을 평가하는 방식이다.

작문 평가 과제가 어떠한 방식으로 제시되느냐에 따라서 학생들이 과제를 해석하는 방식이 달라지고, 작문 수행을 이끄는 흥미나 동기 또한 달라지며 이러한 특성은 결국 학생이 작문을 수행하는 과정과 결과 모두에 영향을 미치게 된다. 그렇다면 작문 평가 과제에는 어떠한 요소들이 포함되어야 할까? Ruth & Murphy(1988)는 작문 과제를 구성하는 구성 요소를 '주제'와 '지시'로 제안하였다. 주제(subject)는 필자 '무엇'에 관하여 써야 할 것인지에 대한 것이고, 지시(instruction)는 필자가 주제를 가지고 '어떻게' 써야 할 것인가와 관련된 것이다. 그러나 학교 현장에서 사용되는 작문 과제 중에는 '지시'에 해당하는 부분 즉, 필자가 어떻게 써야 할 것인가에 대한 단서가 부족한 작문 과제들이 많이 사용된다. 이러한 작문 과제는 학생으로 하여금 무엇에 초점을 두어 어떻게 작문을 시작해야 할지를 명확하게 제시하지 못함으로써 충분한 수행을 이끌어내지 못하는 경우가 많다. 작문 평가 상황에서 학생들의 작문 과정을 효과적으로 촉진하기 위해서 작문 과제는 최대한 자세하게 제시되어야 한다. 예를 들어 '지난 방학 때 경험한 일에 대해 쓰시오'처럼 화제만 제시해 주고 글을 쓰게 하는 과제보다는, 해당 화제에 대해서 어떤 점에 초점을 두어 어떻게 써나가야 할지에 대한 정보를 제공하는 과제가 친절한 과제이다.

■ 작문 평가 과제 개발의 유의점

앞서 작문 과제에서 중요한 요소가 '주제'와 '지시'라는 것을 살펴보았다. 이 중에서 '지시'에 해당하는 측면을 친절하게 제시하기 위해서는 작문을 할 때 고려해야 하는 '수사적 요소를 구체화'하는 것이 중요하다. 작문 평가에서 글의 주제, 목적, 예상독자 등의 수사적 요인은 작문 수행에 절대적인 영향을 미치는 주요한 측면이다. 그러므로 작문 과제에서 이들 수사적 요소가 얼마나 구체적으로 제공되느냐에 따라서 학생들의 작문 수행이 달라질 수 있다(Ruth & Murphy, 1988).

예를 들어 Brossel(1983)에서는 예상독자의 상세화 정도가 상이한 세 가지 과제를 사용하여 작문 평가를 하였다. 그 결과 세 집단 간에 통계적으로 유의미한 차이를 발견하지는 못했지만 그럼에도 불구하고 예상독자를 중간 수준으로 상세화한 과제를 사용했을 때 학생들이 가장 높은 작문 능력을 보여주었고, 글의 길이 또한 가장 길었다. 또한 Puma(1986)은 예상독자의 구체화 정도보다는, 글을 쓰는 학생과 친근한 대상일수록 작문의 질이 높아진다고 주장하였다(Huot, 1990 재인용). 이처럼 친근한 대상이 예상독자일 때 작문의 질이 높아진다는 것은 작문 평가가 평가를 위한 인위적인 상황으로 제공되기보다는 학생이 접할 수 있는 실제 세계의 활동으로 여길 수 있도록 제시할 필요가 있음을 보여준다.

작문 과제는 수사학적 요소 외에도 해당 평가 과제가 평가하고자 하는 작문 능력이 무엇인지를 보다 명확하게 제시할 수 있어야 한다. 이에 대한 안내가 불충분하거나 불명확하면 쓰기 과제를 읽는 학생마다 작문 과제에서 요구하는 것을 서로 다르게 해석할 수 있고, 이러한 서로 다른 해석은 작문 수행에 영향을 미치기 때문이다. 작문 과제는 학생이 글을 쓰면서 머릿속에 떠올려야 하는 예상독자, 글 유형, 작문 목적, 문체, 어조 등의 특성을 구체화시킬 수 있도록 작성되어야 한다. 또한 작문 평가의 시간이나 작문 평가에서 요구하는 글의 분량을 구체적으로 파악할 수 있어야 하고, '관련 예시를 포함시킬 것'과 같이 학생이 글을 쓰면서 중점을 둬야 하는 글의 구조나 전개 방식을 구체적으로 제시할 수 있어야 한다. 이처럼 작문 평가 과제를 개발할 때에는 해당 과제에 대한 평가자와 피험자 간의 해석의 차이를 최소화하기 위해서 노력해야 한다.

이러한 측면에서 작문 평가 과제를 개발할 때에 [표 4]와 같은 측면들을 점검할 수 있다.

[표 4] 작문 과제 개발에서의 점검 사항

범주	점검 사항	그렇다	그렇지 않다
과제의 구조화 측면	· 작문의 목적과 글의 유형, 예상독자를 분명하게 설정할 수 있는 과제인가?		
	· 필자가 어떤 내용을 중심으로 어떻게 써야 할지를 예측 가능한 과제인가?		
	· 어느 정도의 시간 내에 작문을 해야 하는지를 제시하는 과제인가?		
	· 작문 평가가 기대하는 바를 정확하게 파악할 수 있는 과제인가? (평가 기준 제시)		
동기 유발 측면	· 필자의 발달 수준에 적합한 과제인가?		
	· 필자의 주의와 관심을 유발할 수 있는 과제인가?		
	· 필자 자신과 밀접하게 관련이 있다는 생각이 들게 하는 과제인가?		
학습 경험 측면	· 작문 과제를 수행하는 것이 가치있는 학습 경험으로 작용할 수 있는 과제인가?		
	· 필자가 수행할 수 있는 최대한의 능력을 이끌어 낼 수 있는 과제인가?		
	· 과제 해결에 요구되는 작문 기능이나 전략에 도전하게 하는 과제인가?		

3) 작문 평가의 채점

▌작문 평가의 채점 과정과 유의점

작문 평가를 시행한 후에는 작문 채점 기준에 근거하여 학생들의 글을 신뢰롭게 채점해야 한다. 채점 기준은 평가 도구를 개발하면서 함께 개발하는 것이 일반적이다. 그러나 채점 단계에서 전체가 아닌 표본 학급을 선정하여 가채점을 실시하여 처음에 개발한 채점 기준이 실제 산출된 학생 글을 채점하는 데에 적합한지를 검토하는 과정이 필요하다. 이러한 과정을 통해서 채점 기준이 확정된 후에는 전체 학생 글에 대한 채점을 실시하고, 채점 과정에서 확인된 글 중에서 판단이 어렵거나 논의가 필요한 글을 별도로 정리해 둔다. 최종 수정된 채점 기준을 바탕으로 전체적인 채점 결과를 재검토한 다음에는 학생들에게 채점 결과를 공지하고, 학생들의 이의 신청을 확인하는 과정을 거쳐서 작문 평가의 채점을 마무리한다.

작문 직접 평가에서 작문 채점의 신뢰도를 높이기 위해서는 다음과 같은 점에 유의해야 한다. 첫째, 평가 범주(평가 요소)와 평가 기준이 의미하는 바를 정확하게 파악하고 각각의 평가 범주를 변별하는 것에 유의해야 한다. 예를 들어 작문 평가 범주에서 '내용' 요소와 '표현' 요소 간의 차이를 파악하거나 '표현' 요소와 '단어 선택' 요소 간의 차이를 파악하는 것이 여기에 해당한다. 평가 요소나 평가 기준을 어떻게 해석하느냐에 따라서 특정 평가자가 다른 평가자들과 전혀 다른 채점 결과를 산출할 수도 있고, 한 명의 평가자가 평가 기준을 학생 글마다 다르게 해석하여 내적 일관성을 잃을 수도 있기 때문이다.

둘째, 글에 드러난 특성과 이에 해당하는 평가 요소를 적절하게 연결할 수 있어야 한다. 예를 들어 '내용' 요소를 평가해야 할 때에는 실제 글의 어떤 부분, 어떤 특성에 주목해서 평가를 해야 하는지를 제대로 이해해야 한다. 이 문제는 평가자가 평가 요소나 평가 기준을 명확하게 이해하고 내면화하고 있다고 해서 자동적으로 해결되는 것은 아니다. 평가 요소와 평가 기준을 명확하게 이해하고 있어도, 실제로 글에 드러나는 복잡한 특성이 어떤 평가 요소와 관련된 것인지를 판단하는 것은 단순한 일이 아니기 때문이다.

셋째, 연속 범주의 형태로 이루어져 있는 채점 척도를 정확하게 변별할 수 있어야 한다. 예를 들어 3점과 4점 사이, 4점과 5점 사이에서 어떠한 점수를 부여하는 것이 적절한지를 판단하지 못하면, 지속적으로 중간 점수만을 부여하거나, 최저점과 최고점을 주는 것에 심리적 부담을 느끼게 될 수 있다. 그러므로 평소에 다양한 수준의 학생 글을 자주 접함으로써 점수를 변별하는 경험을 하는 것이 중요하다.

넷째, 채점 결과에 대해서 그러한 점수 부여하게 된 구체적인 근거를 마련할 수 있어야 한다. 많은 평가자들이 점수 변별에서 혼란을 느끼게 되는 이유 중에 하나가 바로 평가자 스스로가 구체적인 근거를 가지고 있지 못하기 때문이다. 또한 채점 결과와 함께 글이 수정되어야 할 방향을 제시하도록 하는 것도 구체적인 근거를 마련하는 데에 도움이 될 것이다.

다섯째, 작문 채점을 여러 명의 교사가 함께 할 때에는 다른 교사들과의 일치도를 높여서 채점자 간 신뢰도를 확보하는 것도 중요하지만, 여러 명의 학생을 채점하는 동안 동일한 엄격성을 유지하여 채점자 내 일관성을 확보하는 것에도 유의해야 한다.

▌작문 평가에서 채점 신뢰도

작문 직접 평가와 같이 학생들의 수행이나 행동 특성을 직접 관찰하고 평가해야 하는 상황에서는 채점자의 주관적 판단이 개입되어야 하는데, 이 때문에 작문 평가에서도 채점자의 신뢰도 문제가 발생할 수 있다. 작문 평가에서는 누가, 언제, 어떤 상황에서 글을 채점하느냐에 따라서 학생들이 받게 될 점수가 달라질 수 있는 것이다. 채점자 신뢰도는 다시 '채점자 내 신뢰도'와 '채점자 간 신뢰도'의 두 가지로 유형으로 나눌 수 있다.

채점자 내 신뢰도는 한 명의 채점자가 시간차를 두고 한 편의 글을 반복적으로 채점했을 때, 이 두 번의 채점 결과가 얼마나 일치하는가를 의미한다. 이와 달리 채점자 간 신뢰도는 한 편의 글을 두 사람 이상의 채점자가 독립적으로 평가했을 때, 이 두 채점자가 산출한 점수 간의 일치도를 의미한다. 이들 두 가지 신뢰도 중에서도 채점자 내 신뢰도가 낮다는 것은 채점자가 일관성이 없이 채점을 하고 있다는 것이다. 그러므로 채점자 내 신뢰도가 낮으면 채점자 간 신뢰도 또한 당연히 낮을 것이라고 예상할 수 있다. 따라서 작문 평가에서 채점자 내 신뢰도는 채점자 간 신뢰도를 추정하기 위한 전제 조건이라고 볼 수 있다. 그러나 채점자 내 신뢰도가 높더라도 채점자 간의 신뢰도는 낮을 수 있다. 채점자 각각이 일관된 잣대를 가지고 채점했다고 해도 이러한 잣대의 수준이 각 채점자마다 다를 수 있기 때문이다.

작문 평가에서 채점자 신뢰도 문제가 아주 중요함에도 불구하고 아직까지 작문 채점자의 신뢰도를 향상시키기 위한 채점자 교육은 널리 활용되지 않고 있다. 작문 평가에서 직접 평가 방법을 권장하면서도 막상 국어교사의 채점 전문성을 신장하기 위한 연구와 지원이 부족함에 따라 작문 평가를 시행하는 국어교사들은 자신들의 채점 신뢰도에 대한 부담을 안고 가야하는 상황이다. 작문 평가에서 국어교사의 채점자로서의 전문성이 갖추어지지 않는다면, 평가 결과에 대한 민원을 최소화하는 데에 급급하여 작문 직접 평가를 꺼리거나, 직접 평가를 하더라도 채점 기준을 지나치게 수량화하여 작문 평가 본래의 취지를 살리지 못할 우려가 크다.

▮ 작문 평가의 채점자 특성

작문 평가에서 나타나는 채점자 특성을 살펴보기에 앞서, 평가자와 채점자 간의 용어를 구별하고자 한다. 작문 평가자와 작문 채점자는 거의 비슷한 의미로 사용되는 경우가 많다. 그러나 작문 평가는 학생의 작문 능력을 측정하기 위한 도구를 개발하고, 측정하며, 측정 결과에 기반하여 작문 능력을 해석하고 나아가 피드백을 제공하는 일련의 과정을 의미한다. 반면에 작문 채점은 작문 평가 과정의 일부분으로서 학생 글에 대해 구체적인 점수를 부여하는 과정에 해당한다. 작문 직접 평가의 신뢰도 문제는 바로 이 채점 과정에서 발생하는 채점자의 주관성에서 발생하는 것이다. 그러므로 최근에는 작문 채점의 신뢰도를 높이기 위한 취지에서 작문 채점자에 관한 관심이 높아지고 있다. 작문 채점을 하는 동안 채점자가 보일 수 있는 특성은 다양하게 나타날 수 있다. 작문 채점자 특성에 주목해야 하는 이유는 이들 특성이 작문 채점의 신뢰도에 밀접한 영향을 미치기 때문이다. 작문 평가에서 중요하게 고려해야 하는 채점자 특성은 채점 엄격성, 채점 일관성, 채점 편향성 등이다.

작문 채점자의 엄격성은 채점자가 가지는 고유한 특성으로, 어떤 채점자는 학생 글을 채점하는 동안 지속적으로 관대한 경향을 보이면서 높은 점수를 주지만 어떤 채점자는 지속적으로 엄격한 경향을 보이면서 낮은 점수를 주는 경향성을 의미한다. 이러한 엄격성 경향은 남학생과 여학생과 같은 특정 학생 집단에 대해서만 나타날 수도 있고, 혹은 '내용' 요소에 대해서는 관대하다가 '조직' 요소에서는 엄격한 것과 같이 특정 평가 요소에 대해서만 나타날 수도 있다. 여러 명의 채점자가 한 학생이 쓴 글을 평가하는 상황에서 각 채점자의 엄격성 정도가 다르면, 이는 나아가 작문 채점의 신뢰도 문제로 이어진다. 이를 해결하기 위해서 가장 널리 사용하는 방법이 복수 채점자를 활용하여 평균치를 산출하는 방법이다. 그러나 작문 채점자들마다 가지고 있는 글에 대한 관점과 기대치가 다르기 때문에 채점자들의 엄격성에 차이가 나타나는 것은 어쩌면 당연한 것일 수 있다. 그럼에도 불구하고 작문 평가에서는 채점 기준이나 평가 예시문을 사용함으로써 평가자들의 엄격성 차이를 최소화하기 위한 노력을 하고 있다.

채점자의 일관성은 일반적으로 '채점자 내 신뢰도'라는 명칭으로 알려져 있다. 이는 채점자가 다수의 학생 글을 채점할 때 동일한 엄격성, 즉 동일한 잣대를 가지고 채점을 수행하는 것을 의미한다. 예를 들어 김 교사가 100편의 학생 글을 채점할 때 100편의 글에 대해서 동일한 엄격성을 유지하면서 채점을 하지 않고 초반에는 엄격한 잣대를 가지고 채점을 하다가 후반에는 관대한 잣대를 가지고 채점을 하는 경우가 있다. 이렇게 되면 초반에 채점을 한 학생들이 상대적으로 불리한 상황이 발생하는 것이다. 최근에는 채점자가 이러한 내적 일관성을 확보만 하고 있다면 채점자 간의 차이는 측정학적으로 보완할 수 있는 방법들이 소개되고 있다. 그러므로 작문 평가를 하는 국어교사나 평가자들이 내적 일관성을 기를 수 있도록 노력하는 것이 중요하다.

4) 작문 평가 결과에 대한 피드백

과거에 평가는 단지 학생이 가진 능력을 객관적으로 측정하고자 하는 결과론적인 접근이 주를 이루었다. 이러한 접근을 학습 결과에 대한 평가(assessment for outcome of learning)라고 할 수 있다. 그러나 최근에 평가는 더 이상 학습 결과를 평가하는 것이 아닌 학습 과정을 평가하는 것, 나아가 학습을 위한 평가(assessment for learning)로 패러다임이 전환되고 있다. 이러한 학습지향적 작문 평가에서는 학생의 현재 작문 능력이나 상태를 정확하게 진단한 다음, 학생의 작문 능력을 보다 개선시키기 위하여 유용한 정보를 제공하는 것을 중요하게 고려한다.

이러한 측면에서 작문 평가 결과를 활용하여 학생에게 피드백을 제공하는 것이 중요하다. 피드백은 성적(총점, 성취도 등)을 알려주고, 문항의 정답 여부를 알려주는 것을 포함하여, 평가 결과로 드러난 학생의 지식, 기능, 능력에 관한 정보를 제공하는 것들을 통틀어 이르는 말이다. 피드백의 일차적인 목표는 작문 평가 결과에 대한 정보를 제공하는 것에 있으므로, 교사가 학생에게 이해하기 쉬운 용어로 피드백을 제공함으로써 학생이 자신의 작문 능력에 대한 정보를 충분히 이해하도록 해야 한다. 이를 통해서 학생이 자신의 작문 능력을 향상시키기 위해서 어떠한 노력을 기울여야 하는지를 파악하고 계획할 수 있도록 해야 한다. 작문 평가에서 피드백을 제공할 때에는 결과 평가에 대한 피드백 외에도 과정 평가에 대한 피드백을 함께 제공하는 것이 중요하다.

이러한 관점에서 작문 평가 결과에 대한 피드백은 크게 작문 과제 수준, 작문 과정 수준, 자기 조절 수준, 자기 평가 수준으로 나누어서 제공할 수 있다. 각 피드백 수준에 따라서 제공할 수 있는 피드백의 내용과 이들 피드백을 위해서 활용할 수 있는 평가 방법, 또는 정보 수집 방법은 [표 5]와 같다.

[표 5] 작문 평가에서 제공할 수 있는 피드백 내용

피드백 수준	피드백 내용	정보 수집 방법
작문 과제(task) 수준	−작문 과제를 얼마나 잘 수행했는가 −글에 대한 강약점이 무엇인가	−학생 수행 결과물을 평가 기준에 따라 채점
작문 과정(process) 수준	−과제 수행을 위한 과정이 적절했는가 −각 과정별로 어떤 점을 개선해야 하는가	−학생 수행 과정을 관찰하여 기록 −계획부터 실행까지의 과정을 지면 응답으로 작성하게 하여 판단 −학생의 반성적 쓰기 −학생 면담
작문 과정에서의 자기조절(self-regulation) 수준	−작문 과정에서 자기 점검 및 조절을 적절하게 하였는가 −목표 설정 및 계획을 적절하게 하였는가	−자기점검 및 자기조절과 관련한 상위인지 검사지
자기 평가 수준	−학생 자신의 수행에 대한 평가와 느낌, 반성	−학생의 반성적 쓰기 −학생 면담

▌참고문헌

박영목(2008), 작문교육론, 역락.

박영민(2006a), 중학생의 쓰기 동기에 영향을 미치는 요인, 국어교육학연구 26, 335-369.

박영민(2006b), 반성적 쓰기를 활용한 작문 평가 방안, 새국어교육 73, 33-59.

박영민(2007a), 인문계 고등학생의 쓰기 동기 구성 요인, 국어교육학연구 30, 291-327.

박영민(2007b), 중학생 읽기 동기와 쓰기 동기의 상관 분석, 작문연구 5, 105-134.

박영민(2009), 중학생의 쓰기 윤리 인식 분석, 작문연구 8, 165-196.

박영민(2010), 쓰기 지식과 쓰기 동기가 중학생의 설명문 쓰기 능력에 미치는 영향, 새국
　　　어교육 84, 127-152.

박영민(2013), 눈동자 움직임 분석과 작문교육 연구, 작문연구 18, 35-61.

박영민·최숙기(2008), 우리나라 학생들의 쓰기 효능감 발달 연구, 새국어교육 82, 95-123.

박종임·박영민(2012), 평가자 일관성에 따른 설명문 평가 예시문 선정의 차이 연구, 작
　　　문연구 14, 301-338.

박찬흥(2014), 쓰기지식 검사 도구 개발 연구, 박사학위논문, 한국교원대학교.

정미경(2009), 쓰기 지식과 쓰기 수행의 상관성 연구, 석사학위논문, 한국교원대학교.

Alamargot, D., Chesnet, D., Dansac, C., & Ros, C.(2006), Eye and pen : A new device for
　　　studying reading during writing, *Behavior Research Methods* 38(2), 287-299.

Alamargot, D., Dansac, C., Chesnet, D., & Fayol, M.(2007), Parallel processing before and after
　　　pauses : A combined analysis of graphomotor and eye movement during procedural
　　　text production, In M. Torrance, L. van Waes, & D. Galbraith(ed), *Writing and
　　　Cognition : Research and Applications*, 13-29, Oxford, UK : Slevier.

Brossel, G.(1983), Rhetorical specification in essay examination topics, *College English* 45(2),
　　　165-173.

Cooper, C. R., & L. Odell. (1977). Evaluating writing : Describing, measuring, judging. Urbana,
　　　IL : National Council of Teachers of English.

Huot, B. A. (1990). The literature of direct writing assessment : Major concerns and prevailing
　　　trends. *Review of Educational Research* 60. 237-263.

Perkins, K.(1983), On the use of composition scoring techniques, objective measures, and
　　　objective tests to evaluate ESL writing ability, *TESOL Quarterly* 17(4), 651-671.

Ruth, L. & Murphy, S. (1988), *Designing Writing Tasks for the Assessment of Writing*, NJ : Ablex
　　　Publishing Corporation.

제 3 부 작문 교육의 미래와 전망

제 13 장

작문 교육 연구의 동향과 전망

현대 사회를 살아가는 사람들은 유행에 민감하게 반응한다. 같은 옷, 같은 머리 모양을 하기도 하고 책, 음악, 영화 등 문화 영역에서 많은 사람들이 유행을 따라 해당 콘텐츠를 접하기도 한다. 유행은 또 다른 유행을 낳는다. 처음 유행했던 대상을 약간 변용하기도 하고 그 유행 때문에 또 다른 유행하는 대상이 나타나기도 한다. 모두가 같은 것만을 추구한다고 해서 비판하는 목소리도 있지만 유행에는 저마다 이유가 있을 것이다.

교육 연구, 특히 작문 교육 연구도 마찬가지이다. 굳이 유행을 따라야할 필요는 없지만 무관심해서도 안 된다. 유행이라는 것은 많은 사람들에게 영향을 미치고 있다는 것이기 때문이다. 이것을 교육 연구에서는 동향이라고 부른다. 최근에 많은 연구자들이 주목하는 연구 주제나 연구 방법은 그렇게 관심을 끄는 이유가 있다. 기존의 연구 주제에 대해 보완할 점이 있거나, 새로운 방법으로 기존의 주제를 새롭게 조명할 수 있게 되었거나, 새롭게 주목해야 할 중요한 변화가 생겼을 수도 있다. 이러한 작문 교육 연구의 흐름은 그대로 작문 교육으로 연결된다. 따라서 작문 교육을 담당하는 사람들은 연구 동향을 항상 살피고 유의할 필요가 있다.

물론 유행이 변하듯 작문 교육 연구도 흐름이 있다. 교육 내용을 뒷받침 하는 이론이 달라지거나, 새로운 이론의 등장, 그리고 교육에 대한 관점, 가치관의 변화 등 다양한 이유가 있다. 교육이 연구의 흐름을 좇아 뒤따라가서는 안 되지만 교육을 둘러싼 많은 연구 주제들에 대해 지속적으로 이해하고 접하는 것도 작문 교육을 위해 필요한 역량일 것이다. 이 장에서는 작문 교육 연구의 동향을 살펴보고 앞으로 이루어질 작문 교육 연구의 전망에 대해서도 살펴보고자 한다.

1. 작문 교육 연구의 주제

1) 작문 교육 연구의 중요성

작문의 본질이 무엇이고 어떠한 특징이 있는지를 알아보기 위해서 작문 연구를 한다면, 작문 교육에서는 어떠한 목표로, 어떠한 내용을 선정하고 배열하여, 어떠한 방법으로 지도하고 평가할 것인지, 그리고 이러한 각각의 단계에 영향을 미치는 변인에는 무엇이 있으며, 그 변인과의 관계는 어떠한지를 밝히기 위해 작문 교육 연구를 수행한다. 작문 연구가 존재하지 않는다면 작문의 본질과 특성을 알 수 없는 것처럼, 작문 교육 연구가 이루어지지 않는다면 작문 교육의 본질적인 원리와 특징을 파악할 수 없다. 물론 이를 잘 몰라도 작문 교육이라는 실천적 행동은 일어날 수 있겠지만 그것의 타당성, 신뢰성, 적절성을 보장할 수 없다.

■ 과학적 연구로 검증한 지도 방법

최근 미국이나 캐나다 등을 위시한 여러 교육 선진국에서는 과학적 연구를 통해 검증된 지도 방법(evidence-based instruction)을 강조하고 있다. 과학적 연구를 통해 검증된 지도 방법이란 실험 연구와 같이 경험적 연구를 통해 확증된 방법을 말하는데, 이러한 방법만을 활용하여 교실에게 학생을 지도해야 한다는 목소리가 높다. 그 이유는 그렇지 않은 지도 방법은 교육적 효과를 보장할 수 없으며, 어떤 경우에는 위험할 수도 있기 때문이다.

과학적 연구로 검증된 지도 방법에 대응하는 것은 경험 의존적 지도 방법이다. 소위 쓰기 교사가 느끼는 '감'으로 효과가 있겠다 싶은 것을 중심으로 하여 구성한 지도 방법이 경험 의존적 지도 방법이다. 과학적으로 검증을 시도해 본 적이 없으므로 효과적인 변인이 포함되었을 수도 있지만, 효과적이지 않거나 오히려 해가 되는 변인이 포함되어 있더라도 알아채기 어렵다. 그래서 작문 교육 전문가들은 과학적 검증을 거치지 않은 지도 방법이 위험할 수도 있다고 말하는 것이다.

과학적 연구로 검증한 지도 방법을 마련하기 위해서는 당연히 과학적 연구가 많이 이루어져야 한다. 과학적 연구가 이루어지지 않으면 과학적으로 검증한 지도 방법을 마련할 길이 애초에 존재하지 않는다. 그러므로 작문 교육 연구는 과학적으로 검증한 작문 지도 방법을 모색하고 마련하는 일과 직결되어 있다. 작문 교육 연구는 학생들의 작문 능력 신장을 효과적으로 돕는 가장 중요하고 가장 전문적인 방법이다. Graham & Perin(2007), Bangert-Drowns(1993), Bangert-Drowns et al.(2004)에서는 경험 연구를 종합하여 효과 크기를 비교하고 있는데, 이러한 연구도 과학적으로 검증한 지도 방법을 소개하는 차원에서 이루어졌다고 할 수 있다.

■ 연구자로서의 교사

산업화 시대의 교사는 다른 사람이 개발하고 검증한 지도 방법으로 학생들을 가르쳐도 문제가 되지 않았다. 선배 교사들이 남겨준 지도 방법을 답습하여 학생들을 지도하더라도 무리가 따르지 않았다. 학교에서는 학생들에게 글을 쓰도록 요구할 일이 거의 없었기 때문이다. 산업화 시대에는 급속한 경제 성장을 따라잡기 위해 많은 노동 인력을 신속하게 공급할 필요가 있었는데 이를 충족하기 위해서는 학생들에게 글을 쓰게 하는 '느린 교육 방법'을 강조할 수 없다. 글을 쓰게 하는 '느린 교육 방법'은 많은 노동 인력을 신속하게 양성하는 데에는 적절한 방법이 아니다. 글을 쓰게 하는 교육 방법은 매우 오랜 시간이 걸릴 수밖에 없다. 산업화 시대에 필요한 많은 인력을 신속하게 양성하는 방법은 산업화 시대에 요구되는 지식을 빨리 습득하도록 돕는 '암기'가 가장 효과적이다. 지난 50년 동안 급속한 산업 발전을 경험한 우리나라는 지식을 암기하는 '빠른 교육 방법'이 군왕처럼 최적의 방법으로 군림해 왔던 것이다.

그러나 과학 기술의 발달과 함께 산업화 사회가 점점 정보화 사회로 변화하면서 작문 능력에 대한 요구가 커지게 되었다. 지식을 단순히 암기하는 방법으로는 수동적이기는 하지만 산업화 시대에 필요한 인력을 신속하게 양성할 수 있었다. 그러나 정보화 사회에서 필요로 하는 창의적 사고, 비판적 사고를 두루 갖춘 인력을 양성할 수 없게 되었다. 학교에서도 정보화 사회에서 필요로 하는 성장하는 것을 돕기 위하여 글 읽기를 넘어 글쓰기까지를 강조하게 되었다.

학교에서만 글쓰기가 강조된 것이 아니다. 정보화 사회로 변화하면서 사회 전반의 요구도 글쓰기의 강조로 이어졌다. 최근 많은 사람들이 첨단의 정보화 기기로 소통하는 모습을 살펴보라. 모두 글쓰기가 기본이지 않은가. 중요한 의사결정, 핵심적인 내용의 의사소통은 여전히 글쓰기라는 방식으로 이루어지고 있다. 뿐만 아니라, 정보화 사회에서는 단순한 업무라 할지라도 이제는 핵심적인 내용을 기록해서 전달하거나 보고하는 능력을 요구하게 되었다. 이에 따라 학생들의 작문 능력을 효과적으로 발달하도록 돕기 위한 교사의 전문적인 능력에 대한 요구도 커지게 되었다.

그러므로 경험적으로 형성되거나 선배 교사가 유물로 남겨준 작문 지도 방법을 그대로 따르는 것은 상당한 부담을 안고 있는 셈이다. 교실에서 학생들을 지도하는 교사 스스로 자신에게 가장 적합한 방법을 찾기 위해서 노력을 기울일 필요가 있다. 다른 사람이 과학적으로 검증한 지도 방법을 적용하거나 응용하는 방법도 시도할 수 있지만, 이것이 최선이 될 수는 없다. 엄격하게 말하자면, 학생의 인지적, 정의적 특성도 다르고, 학생이 속한 가정, 지역 사회, 교실, 학교 등의 환경도 다르고, 학생과 학생의 관계도 다르므로 과학적 연구로 검증했던 그 지도 방법과 상황이 동일하다고 말하기는 어렵다. 그러므로 최선의 방법은 교사 스스로 학생과 환경에 적합한 방법을 찾는 것이라고 볼 수 있다.

이를 위해서는 교사가 작문 교육 연구의 전문가가 되어야 한다. 수동적으로 다른 사람이 만든 쓰기 지도 프로그램을 따르는 것이 아니라, 변인을 찾아 새로운 프로그램을 구성해 보고, 적용해서 효과를 검증해 보고, 더 나은 효과를 얻기 위해 수정하고 보완하는 일을 수행할 수 있는 전문적인 능력을 갖추는 것이 중요하다. 사실, 교실에서 학생들에게 베푸는 쓰기 지도는 연구 계획이나 연구 방법에 대한 체계적인 적용이 없을 뿐 작문 교육 연구의 연속으로 보아도 무방하다. 의도했던 대로 학생 반응이 나타나지 않을 때에 교사는 자신의 지도 전략을 변경하거나, 의도대로 학생들의 반응이 나타났을 때에 이후의 학습 단계로 나아가는 교사의 의사결정과 교수 활동은 모두 작문 교육의 연구 활동도 유사하다. 작문 교육 연구처럼 교사는 변인을 찾고 적용하고 효과를 검토하고 지속하거나 수정하는 일을 작문 수업 내내 시도하기 때문이다.

작문 교육 연구는 교사가 자신에게 맞는 방법, 학생들에게 적합한 방법을 찾는 매우 중요한 장치라고 할 수 있다. 교사에게 대학원 교육을 강조하고 대학원에서 익힌 방법을 적용하도록 권장하는 것은 교사와 학생에게 적합한 지도 방법의 탐색에 꼭 필요하기 때문이다. 앞으로는 점점 더 교사에게 작문 교육 연구자와 같은 역할을 요구하게 될 것이다.

2) 작문 교육 연구 주제 분류 방법

작문 교육 연구의 주제를 체계적으로 분류하여 제시하기 위해서는 일정한 기준이 마련되어야 한다. 작문 교육을 뒷받침하는 이론으로 분류 기준을 삼을 수도 있으며, 작문 교육을 구성하는 요인을 분류 기준으로 삼을 수도 있다. 작문 교육 연구 중에는 하나의 기준으로 연구 주제를 분류하기 어려운 경우도 있지만, 지금까지 이루어진 작문 교육 연구는 대부분 이러한 기준에 따라 분류하는 것이 가능하다.

■ 작문 이론에 따른 분류

작문 교육의 이론적 토대가 되는 작문 이론을 기준으로 삼아 작문 교육 연구의 주제를 분류해 볼 수 있다. 앞의 장에서도 살펴본 바와 같이, 작문 이론은 형식주의, 인지주의, 사회구성주의로 구분할 수 있는데, 이를 바탕으로 하여 작문 교육 연구의 경향을 분류할 수 있다. 다음의 [표 1]은 작문 교육 동향에 대한 작문 이론적 접근으로 형식주의, 인지주의, 구성주의의 세 가지 이론에 따라 구분한 것이다. 이는 각 작문 이론에서 파생된 작문 교육의 구성 요인을 살펴보고 이러한 요인들이 작문 교육 연구의 흐름에서 어떻게 나타나고 변화하고 있는지를 살펴볼 수 있는 기준이 될 수 있다.

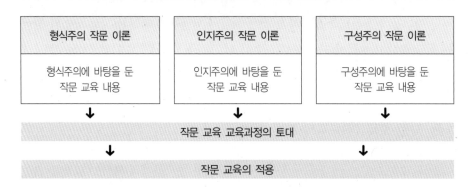

[표 1] 작문 교육 연구 동향의 작문 이론적 접근

작문 이론에 따른 작문 교육 연구 동향 분류		
형식주의 작문 이론	인지주의 작문 이론	구성주의 작문 이론
형식주의에 바탕을 둔 작문 교육 내용	인지주의에 바탕을 둔 작문 교육 내용	구성주의에 바탕을 둔 작문 교육 내용

작문 교육 교육과정의 토대

작문 교육의 적용

[표 1]에서 작문 이론의 층위에서 작문 교육과정을 다루는 것은 작문 이론과 작문 교육의 관계를 고려하면 쉽게 이해할 수 있다. 작문 교육은 작문 이론에 따라 체계화 되어 있으며, 따라서 작문 이론의 구분은 곧 작문 교육의 분류로 이어질 수 있다. 형식주의 이론은 모범문을 강조하는 작문 교육의 체계로 이어지고, 인지주의 이론은 작문 모형과 작문 전략을 중심으로 한 작문 교육의 체계로 이어진다. 반대로 작문 교육의 성과는 작문 이론에도 영향을 미친다. 작문 교육의 성과에 따라 필자의 특성은 끊임없이 변화하므로 궁극적으로는 작문 이론의 변화를 이끌어낸다. 즉, 작문 이론의 변화에는 작문 교육의 성과가 밑바탕에 깔려 있다고 할 수 있다. 그러므로 이를 연동하여 다루는 것은 크게 무리가 따르지 않는다고 볼 수 있다. 따라서 작문 교육이 바탕을 둔 작문 이론에 따라 연구 분야를 나누어 설명하는 것은 작문 이론과 작문 교육의 관계를 이해할 수 있을 뿐 아니라 작문 연구 분야를 체계적으로 검토할 수 있는 기준이 될 수 있다.

■ 탐구 대상에 따른 분류

작문 이론 외에 더 생각해 볼 수 있는 분류의 기준은 작문 교육을 구성하는 요인을 중심으로 삼는 것이다. 작문 교육은 교육 주체인 교사가 학생들에게 작문 능력 발달에 필요한 교육 내용을 적절한 지도 방법으로 안내하는 체계적인 활동이다. 작문 교육은 도달하고자 하는 목표(일반적으로는 학생들의 작문 능력의 신장)가 있으며, 이를 위해 어떤 교육 내용을 지도할 것인가, 그리고 어떠한 방법으로 지도하고 평가할 것인가를 중요한 체계로 삼고 있다. 이를 종합적으로 포함하고 있는 것이 국가 수준의 교육과정이다.

작문 교육을 실천하는 사람은 교사이며, 작문 교육을 받는 사람은 학생이다. 매우 당연한 것이지만 작문 교육 주체인 교사와 작문 교육 객체인 학생이 전제되지 않으면 작문 교육은 일어나지 않는다. 그래서 어떤 교육이든 교사와 학생을 포함하는 '인간' 변인을 매우 중시한다. 작문 교육에서도 교사와 학생이라는 인간 변인은 매우 중요한 의미가 있다.

작문 교육에서는 글을 쓰는 활동을 통해 학습이 일어난다. 어려움이 따르지만 학생들이 글을 쓰는 활동에 참여하지 않으면 작문 능력 발달에 필요한 교육 내용을 익힐 수 없다. 활동에 능동적으로, 많이 참여할수록 작문 능력은 이에 비례하여 발달한다. 그러므로 활동이 중요한 만큼 작문 교육에서는 '활동'을 주요 변인으로 꼽을 수 있다.

한편, 활동을 통해서 얻게 되는 글, 즉 자료도 중요한 의미가 있다. 독서와 같은 언어활동에서는 글이 읽어야 할 자료로 외적으로 주어지지만, 작문에서는 학생들이 활동의 결과로 얻는 실체가 된다. 독서에서 어떤 글을 읽는가가 중요한 것처럼, 작문에서는 어떤 글을 쓰는가가 중요하다. 그래서 글을 포함하는 '자료'도 주요 변인으로 꼽을 수 있다. 이러한 논의를 통해서 작문 교육은 '교육, 인간, 자료, 활동'이 중요 변인으로 구성되어 있음을 알 수 있는데, 이를 토대로 작문 교육 연구의 주제를 다음 [표 2]와 같이 그릴 수 있다.

[표 2] 국어과 교육 탐구 과제 모형에 따른 작문 교육 연구 동향 분류

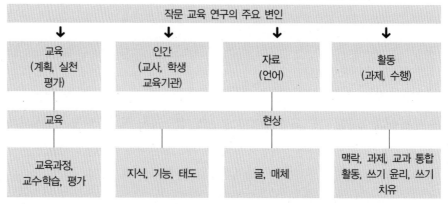

작문 교육 연구에서 '교육' 변인에는 작문 교육과정, 작문 교수・학습, 작문 평가가 포함된다. 국가 수준 교육과정에는 교수・학습과 평가를 포함하고는 있지만, 이는 매우 거대한 영역으로 교육과정과 따로 분리하여 다루는 것이 가능하다. 학생들에게 적합한 교수 학습 방법이나 평가 방법을 찾는 연구가 교육과정의 테두리 안에서만 일어나는 것은 아니기 때문이다. 교육 변인에서는 작문 교육과정을 언제 어떻게 개발하는지, 작문 교육과정의 목표는 무엇이 되어야 하며, 교육 내용을 어떻게 선정하고 배열할 것인지, 교육 내용의 제시 방법으로는 어떤 것이 타당하고 적절한지 등을 주요 연구 주제로 다룬다.

이미 개발된 교육과정을 평가하는 연구도 이 분류로 분류할 수 있다. 가령 2015 작문 교육과정이 개발되었는데, 여기에서 설정한 목표가 타당한지, 목표 달성을 위해 선정한 내용(성취기준)은 타당하고 위계가 적절하고 명료한지를 평가하는 연구가 가능한데, 이러한 연구가 교육과정 변인을 다룬 연구로 분류할 수 있다는 뜻이다.

'인간' 변인에서는 학생을 대상으로 하는 연구와 교사를 대상으로 하는 연구로 구분할 수 있다. 작문 교육 연구에서는 학생을 대상으로 하는 연구가 훨씬 더 많이 이루어지고 있다. 학생들에게 적합한, 학생들에게 효과가 있는 지도 내용 및 지도 방법을 찾으려면 학생을 대상으로 하여 특성을 밝히는 연구가 필요하기 때문이다. 그러나 교육의 주체인 교사를 대상으로 하는 연구도 여기에 분류할 수 있다. 최근

에는 그 중요성을 인식하여 교사를 대상으로 하는 작문 교육 연구가 활발하게 이루어지고 있다.

'자료' 변인은 작문 교육의 또 다른 핵심 변인이다. 작문의 결과가 학생들이 쓴 글 자료로 나타나기 때문이다. 잘 쓴 글이 무엇인지, 글을 어떻게 써야하는지도 글 자료를 통해 제공되므로 자료 변인은 작문 교육의 실제적인 국면에도 영향을 미친다. 최근에는 매체 환경의 변화에 따라 다양한 매체에 적합한 글 자료에 대한 판단과 이해가 요구된다. 이러한 경향으로 인해 '자료'에 대한 작문 교육 연구 분야도 활발히 수행되고 있다.

'활동' 변인은 다른 변인에 비해 그 영역이 좀 넓은데, 작문 교육이나 글쓰기가 이루어지는 맥락에 대한 이해, 학생들의 작문 결과를 유도하기 위한 과제, 그리고 작문 교과를 활용할 수 있는 분야의 탐색이 이 변인을 다루는 연구로 분류할 수 있다. 작문 활동을 다양하게 펼치기 위한 여러 가지 방법이나 전략을 다루는 연구도 여기에 속한다고 볼 수 있으므로, 작문 교육의 쟁점 중 하나인 '통합 논술'을 다룬 연구는 활동 변인을 주제로 삼은 작문 교육 연구라고 할 수 있다.

작문 교육 연구에 대한 동향을 파악하기 위한 기준 설정은 개인마다 다를 수 있다. 비판적 접근법, 표현주의 접근법, 수사적 접근법으로 나누는 분류도 가능하고(이재기, 2008), 작문 교육의 시대별 흐름으로 연구 동향을 파악하는 방법도 가능하다(이재승, 2005). 저마다 기준을 세워 작문교육 연구의 동향을 파악할 수 있지만 작문 교육의 전반적인 내용을 다루고 있는 여기에서는 위의 네 가지 변인을 중심으로 하여 작문 교육 연구의 동향을 살펴보고자 한다.

3) 작문 교육의 교육 변인 연구 주제

▌작문 교육 이론 연구

작문 교육은 작문 이론을 바탕으로 하여 성립된다. 작문 이론에서 밝힌 작문의 본질과 특성을 토대로 작문 교육의 내용과 방법을 구성하기 때문이다. 유능한 필자를 분석하여 얻은 작문 기능과 전략은 작문 교육의 주요 내용을 이루며, 작문 이론에서 규명한 작문의 회귀적 특성 등은 작문 교육의 방법을 이룬다. 이 점에서 작문 교육에서는 작문 이론을 결코 소홀히 할 수 없다.

그러나 본질적으로 작문 이론과 작문 교육은 그 층위가 다르며, 모든 작문 이론이 교육적으로 동등한 중요성을 가지는 것도 아니다. 작문 이론의 목적은 작문 현상을 설명하는 데 있지, 학생들을 어떠한 방법으로 유능한 필자로 성장하도록 도울 것인가에 있지 않다. 학생의 작문 능력 신장에 관심을 두고 있는 것은 작문 이론이 아니라 바로 작문 교육이다. 작문 교육은 교사, 학생, 교육 내용이라는 삼원 요인을 바탕으로 하여 이루어지는 실천적 활동이라고 할 수 있다. 그러나 실천이 중심이라고는 하지만, 이론적인 논의가 불가능한 것은 아니다. 작문 교육의 내용은 무엇이 되어야 하는지, 어떻게 선정하고 조직할 것인지, 어떠한 형식으로 제시할 것인지를 이론적으로 검토하는 것이 가능하다. 이론적인 검토는 교사, 학생 변인에 대해서도 동일하게 이루어질 수 있다. 이렇게 실천적으로 이루어지는 작문 교육을 이론적으로 검토하는 분야로 다룰 수 있는데, 이것이 바로 작문 교육 이론이다. 작문 교육 이론은 작문 교육을 구성하는 요인을 밝히고, 요인 사이의 관계 및 다른 변인과의 관계를 살피는 설명의 체계라고 할 수 있다.

지금까지는 작문 이론 연구와 작문 교육 이론 연구를 잘 구분하지 않았다. 작문 교육 이론 연구를 작문 이론 연구로 오해하는 경우도 있었고, 반대로 작문 이론 연구를 작문 교육 이론 연구로 혼동하는 경우도 있었다. 그러나 두 이론은 지향하는 바가 다르고 관심을 두는 영역이나 분야도 다르다. 글을 쓰는 학생을 바라보는 관점이나 태도도 차이가 있다.

작문 이론의 중요성을 인정하고 작문 이론을 어떻게 수용하여 작문 교육을 계획하고 시행할 것인지를 이론적으로 다루는 연구도 작문 교육 이론의 범주에 속한다. 이에 대한 치밀한 이론적 검토가 있어야 '작문 이론의 수립 → 작문 교육의 실천'으로 이루어지는 구조를 좀 더 체계적으로 만들 수 있다. 이러한 연구는 크게 두 가지 경향으로 구분할 수 있다. 첫째, 작문 이론에 따라 어떤 작문 교육 내용이 선정·배열되었는지를 살펴보는 연구가 있고, 둘째, 여러 작문 이론에 따라 각 이론이 갖는 장단점을 비판적으로 파악하고 교육에 어떻게 적용할 수 있을지를 고민하는 연구가 있다. 현재 작문 교육을 구성하고 있는 작문 교육 내용들이 각각 어떤 작문 이론을 토대로 하고 있는지 그 대응 관계를 살피는 것이 첫 번째 분류에 속하는 연구라고 볼 수 있다(박태호, 1996 ; 원진숙, 2001 ; 가은아, 2013 ; 정희모, 2013).

두 번째 작문 교육 이론 연구는 각 작문 이론에 대한 비판적 접근을 바탕으로 이루어진다(배수찬, 2010 ; 이수진, 2010 ; 양경희 외, 2013). 작문 이론도 하나의 유행처럼 다른 작문 이론을 대체하기도 하고 그 영향력을 잃기도 한다. 작문 이론이 작문 현상을 설명하는 가치가 개입되어 있기 때문에 각 이론을 지지하는 연구자에 따라 중요하게 생각하는 교육 내용이 달라지기도 한다. 이러한 작문 이론은 작문 교육을 구성하는 하나의 패러다임으로 작용하게 된다. 따라서 어떤 이론을 작문 교육에 적용하느냐는 중요한 문제가 된다. 이는 어떤 교육 내용을 다룰 것인가에도 영향을 미치지만 해당 교육 내용을 어떻게 가르치고 어떻게 평가할지에 대한 고민도 달라지기 때문이다.

작문 교육이 단 하나의 작문 이론을 토대로 수립될 수는 없다. 각 작문 이론이 저마다의 장단점이 있기 때문에 이를 체계적으로 구성하는 노력이 요구된다. 따라서 무엇이 옳고 그르냐의 문제가 아니라, 여러 가지 교육 여건을 고려하여 교육자가 판단하여 적용할 수 있는 다양한 내용과 방법을 마련하는 데에 초점을 두어야 한다. 이제 막 글쓰기를 시작한 어린 초등학생에게 담화 공동체가 가지고 있는 문체나 어휘, 형식을 고려하여 글을 쓰도록 지도할 수는 없기 때문이다. 따라서 작문 이론에 대한 연구와 비판은 끊임없이 지속되어야 하며 이론에 대한 연구는 반드시 작문 교육과 연결되어야만 그 실효성을 얻을 수 있을 것이다.

▌교육과정

작문 교육은 학생들의 작문 능력 신장을 목표로 한다. 이러한 작문 이론, 작문 교육 이론, 교육학을 바탕으로 작문 교육을 효과적으로 달성하기 위한 계획과 실천이 바로 작문 교육과정이다. 2015 국어과 교육과정에서 쓰기 영역의 교육 목표는 '국어로 이루어지는 이해·표현 활동 및 문법과 문학의 본질을 이해하고, 의사소통이 이루어지는 맥락의 다양한 요소를 고려하여 품위 있고 개성 있는 국어를 사용하며,

국어문화를 향유하면서 국어의 발전과 국어문화 창조에 이바지하는 능력과 태도를 기르는 것'으로 정의되어 있다. 이러한 목표를 달성하기 위해 작문 교육과정에서는 쓰기의 본질, 목적에 따른 글의 유형, 쓰기와 매체, 쓰기의 구성 요소, 쓰기의 과정, 쓰기 전략, 쓰기 태도를 핵심 개념으로 선정하였으며, 이를 토대로 학생들이 도달해야 할 성취수준을 학년군에 따라 제시하였다.

이러한 작문 교육과정의 편성이 가능한 것은 교육과정을 다루는 작문 교육 연구가 존재하기 때문이다. 작문 교육 연구에서는 작문 교육과정의 변천, 관점, 구성 체계, 내용 체계, 내용 제시 방법, 선정한 교육 내용(성취기준), 타 교과 또는 국어 내용 안에서의 통합, 성취기준을 제시하기 위한 학년군 설정, 성취기준 제시 방법, 선택과목으로서의 작문, 작문 교육이 담아야 하는 교육 내용과 핵심 역량, 수준별 성취 수준 등을 다룬다(서영진 외, 2013 ; 이순영, 2011 ; 이효성·이용환, 2011). 작문 교육 연구의 관점에서 2015 교육과정을 다룸으로써 작문 교육과정에서 담아야 할 작문 핵심 역량의 요인, 핵심 역량의 위계, 핵심 역량을 내용요소로 표현, 핵심 역량에 적합한 글 유형에 대한 판단, 핵심 역량에 적합한 학년군 설정과 성취기준의 적합성, 각 핵심 역량의 학습 수준을 평가하기 위한 방법, 그리고 작문이 가지고 있는 범교과적 특성에 따른 타 교과와의 핵심 역량 연계, 핵심 역량을 지원하기 위한 교수·학습 방법 등에 대한 논의가 이루어지기도 했다(박영민, 2014).

교육과정을 다루는 작문 교육 연구에서는 작문 교육의 목표가 무엇이 되어야 하는지, 목표를 설정할 때 무엇을 기초로 삼아야 하는지에 대해서도 다루며, 작문 교육과정이 학생의 작문 능력 신장에 효과가 있도록 하려면 어떻게 해야 하는지, 작문 교수·학습 방법과 평가가 유기적인 연계가 가능하도록 하려면 어떻게 해야 하는지 등을 다룬다. 또한 교육과정에 제시되어 있는 용어에 혼란은 없는지, 교육과정이 교과서나 학습 교재에 적절히 반영되어 있는지, 교육과정 내용이 교사가 학교 현장에서 활용할 수 있는 지침으로서의 역할을 충실히 하는지 등에 대해서도 관심을 기울인다.

▌교수·학습

작문 교육에서 교수·학습을 선정할 때 고려해야 할 사항으로 이재승(2005)은 과제, 교사, 상황, 학생의 네 가지 요소를 제시하였다. 작문 교수·학습 방법을 선정할 때 이러한 요소를 고려해야 한다는 뜻은 작문 교수·학습이 이러한 요인이 복합적으로 작용한다는 말이기도 하다. 작문 교육 연구에서 교수·학습을 다룰 때에는 이러한 요인을 중시할 필요가 있다.

교수·학습을 다루는 작문 교육 연구에서는 작문 교육 내용의 특성에 가장 잘 부합하는 방법은 어떠한 유형이 있는지, 독서나 문학과 같은 영역과 작문을 통합할 때 적합한 방안은 무엇이 있는지, 작문 학습을 의도하는 교수·학습 방법과 학습 작문을 의도하는 교수·학습 방법은 어떤 차이가 있고 공통점이 있는지, 작문 교수·학습 방법에 영향을 미치는 변인에는 무엇이 있는지 등을 체계적으로 다룬다. 작문 교육과정이 국가 수준에서 확정된다는 점을 고려하면 작문 교육 연구에서 교수·학습 분야는 가장 중요하면서도 가장 긴요하다고 할 수 있다. 가르쳐야 할 내용이 국가 수준에서 정해졌으므로 이제 남는 문제는 어떻게 가르칠 것인가에 집중되기 때문이다.

실제적인 글쓰기 활동을 고려한다면 작문 교육 연구에서는 작문 상황, 작문 목적에 따른 교수·학습의 유형과 단계적 전략, 작문의 과정에 따라 지도하는 교수·학습의 방법, 글 유형에 따른 교수·학습 방안, 학년에 따른 교수·학습 방법 및 단계별 교수 전략, 쓰기 부진 학생이나 다문화 가정 학생, 쓰기 영재 학생을 지원하기 위한 교수·학습 방법 및 전략, 그리고 학생들을 위한 교재 및 자료 등을 포함하여 연구가 이루어질 수 있다. 이러한 주제는 모두 작문 교수·학습 분야에서 관심을 두고 연구해야 할 필요가 있다.

작문 교수·학습 분야의 연구는 작문 교육의 내용에 따라 다양한 교육·학습 모형과 절차를 다루는 것이 일반적이다. 그러나 글 유형과 학생의 수준에 적합한 교수·학습 방법을 찾기 위한 비교 연구, 쓰기 교수·학습 상황에 적용할 수 있는 교재나 자료에 대한 연구 등도 주목해야 한다. 최근 작문 교수·학습 연구의 흐름을 살펴보면 전략 중심의 직접교수법 외에도 협동 학습을 기반으로 한 교수·학습이 강조되고 있다. 협동 작문에 대한 연구가 점증하고 있다는 사실이 이를 뒷받침한다. 전략 중심의 교수·학습 연구에서는 쓰기 과정에 초점을 둔 단계별 쓰기 지도와, 각 단계에 필요한 쓰기 전략의 지도가 주를 이루었다면, 협동 학습을 중시하는 교수·학습 연구에서는 학생들이 협력을 기반으로 하여 글을 완성하는 성공의 경험을 강조하는 지도가 주를 이룬다. 작문에 대한 협동 학습은 성공의 경험을 제공함으로써 정의 요인의 발달도 함께 도모할 수 있다는 점에서 의의가 있는 방법이라고 할 수 있다.

교수·학습은 '방법'에 해당하는 것이므로 절대적으로 옳은 선(善)은 있을 수 없다. 단지 효과의 문제가 있을 뿐이다. 그러므로 교수·학습을 다루는 작문 교육 연구는 교사, 학생, 교육 내용에 가장 적합한, 목표 달성에 가장 효과적인 방법을 찾는 지속적인 탐색 과정이라고 할 수 있다. 어떤 교사에게는 A라는 방법이 더 효과적이지만 다른 교사는 B라는 방법이 더 효과적일 수 있으며, 어떤 학생에게는 C라는 방법이 더 효과적이지만, 다른 학생에게는 D라는 방법이 더 효과적일 수 있다. 사실, '가장 효과적인 방법'은 고정되어 있지 않다. 교사, 학생, 교육 내용의 변인에 따라 끊임없이 유동한다. 작문 교육 연구에는 이를 과학적인 연구 방법을 동원하여 지속적으로 탐색할 따름이다.

▌평가

작문 교육 연구에서 평가는 다른 분야 못지않게 중요성이 크다. 작문은 주관식 평가가 적용되는 영역으로서 교사의 전문성이 크게 요구되기 때문이다. 독서 평가는 선택형 문항으로 구성할 수 있고, 잘 제작된 객관식 검사는 학생의 독서 능력을 측정하는 데 오히려 더 유용한 점이 있다. 그러나 작문은 선택형 문항으로는 학생들의 작문 능력을 절대로 잴 수 없다. 학생들의 작문 능력을 실제적으로 평가하려면 학생들이 작성한 글을 교사가 직접 읽고 평가 기준에 따라 점수를 부여해야 한다. 학생 글을 올바로 평가하려면 학생 글에 나타난 특성의 차이를 세밀하게 읽어낼 수 있어야 하며, 그것을 일관성 있게 유지할 수 있어야 한다. 이러한 능력이 바로 작문 평가 전문성이라고 할 수 있다.

이러한 문제를 직접적으로 다루는 작문 교육 연구는 바로 작문 평가 분야의 연구라고 할 수 있다. 그러므로 작문 평가 분야의 연구는 기본적으로 평가자인 국어교사 전문성 신장을 의도하고 있으며 궁극적으로 작문 교육의 체계적인 실천을 의도하고 있다. 평가 전문성을 갖춘 국어교사는 결국 작문 교육의 체계화에 기여할 것이기 때문이다.

이 분야의 연구에서 우선적으로 꼽을 수 있는 연구로는 작문 평가 자체에 대한 고민을 다룬 연구가 있다. 이러한 연구에서는 작문 평가가 어떠한 특징을 지니고 있으며, 그러한 특징을 고려할 때 어떠한 방향을 지향해야 하는가를 교육적 관점에서 다루고 있다. 작문 평가에 대한 근본적인 고민은 평가 결과를 어떻게 해석하고 활용할 수 있는지에 대한 문제로 확장하는 것이 가능하다. 평가는 학생들의 수준을 측정하는 데 목적이 있지만 평가 결과를 바탕으로 학생들의 능력 향상 정도, 그리고 이를 교육 내용에 반영하기 위한 진단 자료로 활용할 수 있다. 교사에게는 교수·학습의 내용과 방법을 재고할 수 있는 지침이 되며 학생들에게는 쓰기 능력과 특성, 태도의 반성에 반영할 수 있는 근거를 마련해 준다. 따라서 평가 결과 자체를 어떻게 해석하고 이를 교육적으로 적용할 수 있을지에 대한 고민은 의미가 있다(박영목, 2008).

작문 평가 분야의 연구에서는 평가자의 신뢰도에 대한 주제도 폭넓게 연구가 이루어졌다. 주관식 평가가 이루어지는 영역은 어디나 신뢰도의 문제가 쟁점이 된다. 작문 평가 분야도 예외가 아니다. 작문 능력을 교육적 의사결정의 바탕으로 삼는 예가 점점 더 늘면서 신뢰도에 대한 요구도 커지고 있다. 그러므로 작문 교육 연구에는 이 문제를 중요하게 다룰 수밖에 없다. 신뢰도를 높이기 위한 방법으로 예시문의 선정을 제안한 연구, 예시문 선정을 좀 더 체계화한 연구, 선정한 예시문의 특성을 다룬 연구 등이 이에 속한다. 특히 평가자의 신뢰도를 높이기 위한 방안으로서 평가자 협의회, 평가자 교육, 평가에 활용할 수 있는 평가 예시문, 평가 기준표의 세분화와 같은 주제가 다루어 진 바 있다(박영민, 2009 ; 이윤빈, 2015).

과제 제시문 연구 외에도 직접 평가를 적용하기 어려운 대규모 평가를 어떻게 수행할 수 있는지를 다룬 연구가 수행되었다(이영진, 2012a). 대규모 평가는 학생들의 쓰기 능력의 발달 추이를 살피는 데 기여하므로 필요성이 높지만, 작문 평가는 어려움이 커 잘 시행하지 않았다. 이러한 필요와 문제를 극복하기 위해서 대규모 작문 평가의 방안을 모색하고 실증적으로 검증하는 연구가 이루어졌는데 이러한 연구에서 제안한 방법은 작문 평가의 활용성이라는 측면에서 의의가 크다.

평가의 실제적인 국면에서 평가 목적, 평가 방법, 평가 시점, 평가 기준, 평가 척도 등의 문제를 다룬 연구, 작문 평가와 관련이 있는 변인이 작문 평가 결과와 어떠한 관련이 있는지를 살피는 연구, 작문 평가 경험에 따라 엄격성의 일관성이 적정하게 유지되는지를 분석한 연구가 이루어지기도 했다(박영민·최숙기, 2010a ; 박영민·최숙기, 2010b ; 박종임, 2013 ; 장은주, 2015). 이러한 연구들은 실증적인 조사를 기반으로 하고 있는데, 실증적인 자료를 토대로 분석을 시도한 만큼 작문 교육의 실제적 국면을 이해하는 데 도움을 준다.

작문 평가를 바라보는 기본적 흐름은 작문 이론의 관점 변화와 궤를 같이 한다고 볼 수 있다. 초기 작문 평가는 작문의 결과물을 바탕으로 표현이나 맞춤법과 같은 외적인 측면에 초점을 맞추었다. 점차 쓰기 과정에 대한 관심이 증가하면서 필자가 쓰기 과정에서 사용한 전략에 대한 점검과 평가, 고쳐쓰기와 같은 회귀적 과정에 대한 관심이 증가하였다. 또한 쓰기 과정을 지속적으로 점검하여 글을 개선해 갈 수 있도록 하는 상위인지에 대한 관심이 늘어나면서 학생이 작성한 글의 결과보다는 학습 전·후에 얼마나 많은 능력 향상이 나타났는지를 살펴보기 위한 평가 방법 연구가 있다.

쓰기의 과정과 발달을 관찰하기 위한 종합적 방법으로서 포트폴리오 평가에 대해서는 지속적으로 관심을 둘 필요가 있다. 포트폴리오는 학생이 작성한 글과, 글을 쓰기 위해 참조한 자료를 집적하므로 장기간에 걸친 작문 평가가 가능한데, 이를 통해서 단면적인 쓰기 평가, 학생 글 중심의 결과 평가의 한계를 극복할 수 있는 여지를 마련할 수 있다. 그래서 작문 평가에서 포트폴리오에 관심을 두어야 한다. 1990년대 후반 학교에서 수행평가의 폭풍이 몰아치면서 포트폴리오가 크게 주목을 받은 바 있다. 이 무렵에는 이를 다룬 작문 평가 연구가 매우 활발하게 이루어졌다.

현재는 그러한 정도의 관심에 미치지 못하고 있는데, 포트폴리오는 중요한 의의가 있는 만큼 지속적으로 관심을 두고 연구해야 할 것이다.

4) 작문 교육의 인간 변인 연구 주제

■ 교사 대상 연구

작문을 지도하고 평가하는 교사에 대한 연구는 주로 교수·학습 분야와 연계되어 왔다. 교수·학습을 계획하고 시행하는 주체는 교사이므로 교수·학습 분야의 연구는 자연스럽게 교사라는 변인을 다룰 수밖에 없다. 그러나 이는 엄밀한 의미에서 교사를 대상으로 한 연구로 보기 어렵다. 교수·학습은 그 절차와 방법에 대한 개발과 검증을 통해 교육 상황에 적용할 수 있는 교육 수행의 측면이 강하므로 교사가 가지고 있는 내적 특성에 대한 연구로 환원할 수 없기 때문이다. 따라서 교사 대상 연구는 교사를 독립적으로 다루는 연구를 중심으로 경계를 그어야 할 것이다.

동일한 자격이 있는 국어교사라고 해도 쓰기에 대해 가지고 있는 중요성, 신념, 태도, 동기, 관습이 각기 다를 것이다. 그러므로 교사의 작문 교육 전문성을 신장하고 작문 교육에 대한 지식과 태도를 갖추도록 하기 위해서는 이러한 교사의 내적 특성을 살펴보고, 이를 교사 교육, 연수, 자료 제공 등에 활용할 수 있어야 한다. 이러한 맥락에서 교사가 쓰기와 쓰기 능력에 대해 가지고 있는 인식, 교사의 쓰기 지도 효능감, 쓰기 중요성에 대한 인식, 쓰기 교육을 바라보는 태도, 평가에 대한 태도 및 자신감과 효능감 등 작문 교육과 관련된 교사의 특성을 조사한 연구가 이루어졌다(가은아, 2008 ; 조성만, 2015).

교사의 성별, 교사의 경력, 교사가 근무하는 학교 급에 따라서 교사들이 가지고 있는 쓰기에 대한 인식에 대한 연구도 활발히 이루어지고 있다. 교사의 경력에 따라 쓰기 지도의 차이, 쓰기 평가의 차이, 교사 성별과 학생 성별 인식 간의 차이 등을 다루는 연구가 이루어지기도 했다. 국어과 이외의 다른 교과 교사들이 가지고 있는 글쓰기와 글쓰기 능력에 대한 인식을 조사함으로써 쓰기가 가지고 있는 도구 교과적 성격을 강화하고 보완하기 위한 연구도 이루어졌다(박경진, 2012).

최근, 매체 환경의 변화로 인해 교사의 매체 인식 수준에 따라 쓰기 교육이 어떠한 관계를 맺고 있는지를 조사하여 분석한 연구가 이루어지기도 했다. 현재 학생들은 매체에 대한 접근이 쉽고 사용이 익숙하기 때문에 매체를 통한 글쓰기 수행에 어려움이 없는 상황인데, 교사들이 이러한 상황을 어떻게 인지하고 있는가는 작문 교육 활동에 영향을 미칠 수 있다. 이 점을 고려하여 교사들이 매체에 대해 가지고 있는 인식과 학생들의 매체에 대한 인식을 비교하고 매체 활용 쓰기 교육의 방안을 모색하기도 했다(문민정, 2012).

교사를 대상으로 한 연구에서 특히 작문 교육이 관심을 두는 분야는 평가 전문성이다. 이는 쓰기 평가 전반에 대해 교사가 갖추고 있는 지식수준을 점검하고 쓰기 평가에 대한 태도 등을 점검함으로써 교사 교육에 필요한 요인을 탐색하기 위한 연구도 이루어지고 있다. 또한 평가에 대한 실제 수행 능력을 확인하고 평가자 정보를 얻기 위한 연구가 시행되고 있다. 교사의 쓰기 평가 관련 연구는 실제 평가 결과를 바탕으로 엄격성, 신뢰성, 일관성 등에 대한 검토가 이루어진다. 평가자 유형에 따라 어떤 평가 양상을 보이는지를 파악하여 개별 평가자들을 지도하거나 교사 양성 또는 연수에 자료로 활용하기도 한다(박종임, 2013 ; 장은주, 2015). 이처럼 교사가 가지고 있는 쓰기 평가에 대한 지식과 태도, 그리고 실제 수행에 대한 검토와 개선 방법 등을 연구하는 것이 교사 대상 연구의 또 다른 축을 형성하고 있다(박영민, 2010 ; 박영민, 2011 ; 박영민, 2013a).

▌학생 대상 연구

학생을 대상으로 하는 작문 교육 연구는 쓰기 교육의 내용을 마련하기 위한 이론 연구, 수행 양상에 대한 연구, 쓰기에 대한 동기, 효능감, 태도, 신념 등의 조사 연구로 구분할 수 있다. 이는 작문 교육의 유형에 따라 분류하면 각각 지식, 수행, 태도에 대한 연구로 범주화할 수 있다. 학생을 대상으로 한 연구 중에는 지식, 수행, 태도를 종합한 발달 연구도 있다. 작문 교육 내용을 마련하기 위한 학생 연구로는 쓰기 능력 발달 단계의 과정에 속해 있는 학생들의 쓰기 능력 구성 요인, 쓰기에 대한 태도, 인식, 수행 방식 등에 대한 실증적 연구가 많이 이루어졌다. 이는 교육 내용을 마련하기 위한 노력으로 볼 수 있는데, 특히 쓰기 수행에 반영될 수 있는 다양한 변인에 대한 탐색이 이루어졌다(정미경·박영민, 2012).

작문 활동은 학생의 관심이나 배경지식에 따라 영향을 많이 받는다. 학생들은 전문 필자만큼 배경지식이 충분하지도 않을 뿐더러 자료를 활용하여 내용을 생성할 수 있는 다양한 전략을 숙달하지 못한 상태여서 어떤 주제로 글을 쓰게 했는가에 따라 수행의 질적 수준이 크게 달라진다. 그래서 학생들은 쓰기 쉬운 주제(자신이 잘 알고 있는 주제, 잘 모르더라도 내용을 쉽게 채울 수 있는 주제)는 선호하고 쓰기 어려운 주제(자신이 잘 알고 있지 못한 주제, 내용을 쉽게 채울 수 없는 주제)는 회피한다. 학생들이 쓰기 능력의 수준과 성별에 따라 선호하는 주제는 어떻게 다른지, 선호하는 글의 유형은 어떻게 다른지를 조사한 연구가 이러한 예에 속한다(정수현, 2011 ; 이지원, 2014).

학생을 대상으로 하여 글을 쓰는 동안 경험하는 인지 과정을 분석하는 연구는 찾아보기 어렵다. 아마도 연구 방법을 적용하는 데 따른 어려움 때문인 것으로 보인다. 그런데 학생들이 글을 쓸 때 글을 쓰는 행동을 멈추는 특징적인 행동을 보이는데, 이를 분석한 연구가 최근에 시도되고 있다(고신호 2008). 필자가 글을 쓸 때 글을 쓰는 행동을 멈추는 특징적인 행동에 대해서는 1980년대부터 이미 연구가 이루어졌던 것이다. 1980년대의 인지 과학자들은 멈춤(pause)이라는 용어로 개념화하고 이의 분포(위치), 빈도, 길이를 조사하여 필자의 인지 과정을 분석하기 위한 연구를 수행했다. 그런데 최근의 연구는 이러한 특징적 행동을 '멈춤'이 아니나 '막힘'(blocking)으로 개념화하여 다룬다는 특징을 보인다.[1]

학생 대상 연구의 가장 큰 개념으로는 발달 양상을 파악하기 위한 연구가 있다. 이는 동일한 주제, 글 유형에 따라 글을 작성했을 때 학생들의 성숙 또는 발달 단계에서 나타나는 발달의 양상이나 차이점을 발견하기 위한 연구라고 할 수 있다. 이를 통해 해당 수준에서 나타나는 쓰기 능력의 모습과 차이를 비교하고 교육 내용에 반영하기 위한 단서를 탐색할 수 있다. 이러한 쓰기 능력 발달에 대한 연구는 인지 요인과 정의 요인을 동시에 검토하는 방향으로 연구가 이루어졌다. 발달 연구에서는 일반적으로 인지 요인은 글을 쓰는 능력으로, 정의 요인은 쓰기에 대한 태도로

[1] '막힘'은 외부 힘에 의해 글쓰기 행동이 멈추게 되는 의미를 함축하고 있다. 그러나 글을 쓰는 과정에서 나타나는 필자의 '멈춤'은 자발적인 행동이다. 멈춤은 의미 구성을 촉진하는 능동적인 행동과 관련이 있다. 그러므로 '막힘'보다는 '멈춤'을 방법적 개념으로 채택하는 것이 더 타당해 보인다.

한정하여 다룬다(가은아, 2011 ; 김봉순, 2011).

쓰기 발달 연구는 다른 발달 연구보다도 어려움이 크다는 점을 기억해 둘 필요가 있다. 그러나 어려움이 큰 만큼 연구의 의의도 크다. 쓰기 발달 연구가 어려운 이유는 학생이 작성한 글을 동일한 평가 기준으로, 동일한 평가의 관점으로 채점을 해야 하기 때문이다. 이는 연구 설계에서 매우 큰 어려움으로 다가온다. 작문 교육 연구에서 쓰기 발달 연구가 많지 않은 이유는 바로 이러한 어려움이 크게 작용하기 때문이다.

학생을 대상으로 한 작문 교육 연구에서는 정의 요인에 대한 탐색이 활발하게 이루어졌다. 이러한 경향의 연구는 인지 과학의 전통에 가려졌던 정의 요인의 중요성을 부각하면서 작문 교육 연구의 새로운 영역을 개척했다는 점에서 의의를 찾을 수 있다. 작문 교육 연구에서 주로 다루어졌던 정의 요인은 쓰기 동기, 쓰기 효능감, 쓰기 불안, 쓰기 신념, 쓰기 윤리 등이었다. 정의 요인에 대한 연구는 지금도 이어지고 있으므로 조만간 정의 요인은 작문 구성 요인으로서의 전체적인 면모를 확인할 수 있을 것으로 기대된다(박영민 · 최숙기, 2009 ; 윤준채, 2009 ; 가은아, 2010a).

학생을 대상으로 한 작문 교육 연구에서 주목을 끄는 연구 경향은 쓰기 부진 학생을 대상으로 한 것이다. 이러한 연구에 대해서 주목을 해야 하는 이유는 우리나라 학생 중에도 쓰기 부진을 겪는 학생이 많은데, 이러한 연구가 매우 한정적으로 이루어지고 있기 때문이다. 북미 지역의 작문 교육 연구자들은 쓰기 부진아 지도에 대한 관심이 많은 것으로 보인다. 쓰기 부진 학생들을 지도하기 위한 여러 가지 전략도 개발하고 지도 방법도 고안하여 제안하기도 했다. 쓰기 부진은 학생들이 흔히 겪는 증상이라는 점에서 우리나라에서도 쓰기 부진 학생들에 대해서는 좀 더 관심을 기울여야 할 것이다.

쓰기 부진에 대한 연구에 따르면, 쓰기 부진은 기초 글쓰기 능력(신체적)에서부터 부진이 시작되는 경우가 많은 것으로 보인다. 따라서 쓰기 부진에 대해서는 신체 능력에 따른 부진과 쓰기 전략이나 인지 능력에 의한 부진으로 나누어 연구가 이루어졌다. 신체 능력에 의한 부진은 치료나 매체 환경의 변화를 통해 쓰기 수행의 향상을 관찰하는 연구가 나타나며 쓰기 전략이나 인지 능력에 의한 부진은 다양한 교수·학습 프로그램, 내적 동기의 향상, 협동 쓰기, 그리고 읽기와 쓰기의 부진 상관 관계에 관한 연구가 있으며 특히 자기조절 능력과 같은 상위인지 능력의 부족으로 나타나는 쓰기 부진에 대한 관심이 증가하고 있다(홍성란·박현숙, 2009 ; 문향은· 최승숙, 2010 ; 양민화·서유진, 2009).

5) 작문 교육의 자료 변인 연구 주제

▌글 자료

작문 교육은 학생이 글을 완성하는 능력을 기르는 것을 목표로 한다. 그런데 작문 교육을 통해 실현하고자 한 글은 다른 글, 다른 자료를 기반으로 한다는 점에 주목할 필요가 있다. 작문 활동이 새로운 글을 만들어내는 창의적 과정이라고는 하지만 무에서 유를 창조하는 과정이 아니다. 기존의 글이나 자료를 바탕으로 하여 필자가 자신의 생각을 정리한 내용을 작성하는 과정이라고 할 수 있다. 이전에 존재하는 글 없이, 독불장군처럼 존재하는 글은 없다. 그러므로 학생들은 다른 글과의 관계 속에서 자신이 작성하는 글이 존재한다는 본질적 특성을 이해할 필요가 있다.

이러한 작문의 특성은 형식주의 이론에서 잘 드러나는데, 이러한 이론을 받아들인 작문 교육 연구에서는 학생 글이 관련을 맺는 다른 모범적인 글에 대해서 연구를 축적해 왔다. 이러한 연구에서는 학생들이 좋은 글을 쓰기 위해서 읽으면 좋은 모범문에는 무엇이 있는지, 그런 모범문은 어떠한 특징을 지니고 있으며, 그러한 모범문을 교수·학습 과정에서는 어떻게 활용할 수 있는지를 흔히 다룬다.

글을 쓰는 과정은 필자의 머릿속에 저장되어 있는 배경지식을 인출하여 작성하기도 하지만 대부분의 경우 읽기 자료를 바탕으로 글쓰기를 수행한다. 학교에서 제시하는 쓰기 과제 역시 읽기 과제와 결합된 경우가 많이 나타난다. 최근에는 담화 종합이라는 개념을 도입하여 학생들의 통합적인 설명문 쓰기를 분석하는 연구가 이루어지고 있다. 대학생들은 이러한 유형의 글쓰기가 일반적이고 보편적이다. 그래서 담화 종합을 중심으로 한 연구는 대학생을 대상으로 한 연구가 많았는데, 최근에는 중학생을 대상으로 한 연구가 이루어지기도 했다. 글쓰기, 특히 설명문 쓰기는 담화 종합이 밑바탕에 깔려 있는 기본적인 인지 작용이므로 대상이 중학생이든 고등학생이든 대학생이든 담화를 종합해 가는 과정을 분석하는 것은 의의가 있다.

한편, 글이 가지고 있는 장르적 특징을 분석하는 작문 교육 연구도 있다. 이러한 연구는 텍스트학과 관련되어 있다. 이러한 연구는 학교 작문 교육과정에 제시하기 위한 글 유형의 선정과 글 유형이 가지고 있는 고유한 특성을 교육 내용으로 마련하기 위한 기초 연구에 해당한다고 볼 수 있다. 각 글 유형이 가지고 있는 고유한 목적, 조직, 표현상의 특징을 연구하여 교육과정 내용을 마련하고 이를 평가하는 데 필요한 정보를 제공하는 의의가 있다.

마지막으로 교수·학습 및 평가에서 활용하기 위한 글 연구 중에는 예시문 선정을 포함할 수 있다. 예시문은 평가를 위한 예시문과, 학습을 위한 예시문으로 구분할 수 있는데, 어떠한 예시문이든 학생이 작성한 글을 분석하는 연구라는 점에서는 공통점이 있다. 평가 예시문은 평가 기준을 보완하기 위한 것이다. 평가자가 평가 기준을 적용하여 엄밀하게 채점한다고는 하지만 평가 기준에 대한 인식, 그 기준을 글에 적용하던 원칙을 일관성 있게 유지하는 것이 쉽지 않다. 따라서 평가 기준을 잘 반영한 예시문을 선정하여 활용하면 학생 글 평가에서 오는 어려움을 해소하는 데 도움을 얻을 수 있다(박영민·최숙기, 2010a ; 박영민·최숙기, 2010b).

학습 예시문은 학생들의 작문 학습을 돕기 위한 글이다. 학생들에게 수업 목표로 어떤 글을 써야 하는지를 알려주지만, 실제성이 없어 학생들이 도달점을 명확하게 인식하기 어렵다. 추상적인 진술로 목표를 알려주는 것보다는 예시문을 제시하여 이러한 글을 쓸 수 있어야 한다고 하면 훨씬 더 명료하고 구체적이므로 학생들의 학습을 효과적으로 촉진할 수 있다. 예시문 선정에 관한 연구는 이렇게 학생 글 평가와 학습을 돕는다는 데 의의가 있다.

▌매체

매체 환경의 변화를 반영하여 이를 주제로 다룬 작문 교육 연구도 지속적으로 이루어지고 있다. 학생들의 글쓰기 환경은 점점 더 매체에 익숙한 방향으로 변화하고 있고, 이에 따라 작문 교육과정에서도 매체 쓰기를 강조하는 터여서 이러한 경향은 점점 더 심화할 것으로 예상된다. 그러므로 어쩌면 현재 이루어지고 있는 매체 관련 연구는 전초전에 불과할지도 모른다.

최근의 연구에서는 매체가 가지고 있는 각각의 속성을 비교하여 매체에 따라 글쓰기의 내용과 형식이 어떻게 달라지는지를 탐구한 바 있다. 여기에서 밝혀진 정보는 교육 내용과 방법을 개선하는 데 도움을 준다. 학생들은 매체에 익숙한 세대이므로 이러한 특성을 활용하여 작문 활동에 적극적으로 참여할 수 있는 방안을 모색하는 연구도 이루어지고 있다. 인터넷 블로그, 인터넷 카페, 스마트 기기가 지원하는 사회 관계망 서비스 등을 활용하여 작문 활동을 동기화하려는 시도가 이러한 예에 속한다. 실제 매체 환경을 제공하여 학생들에게 글을 쓰게 하면 학생들은 좀 더 적극적이면서도 흥미롭게 작문 활동에 참여하는 경향이 있다. 학생들은 자신의 삶의 경험과 부합하고 기기를 활용함으로써 글을 쓰는 데 따른 부담이 적어 흥미를 느끼는 것으로 보인다. 그러므로 이러한 연구를 발전시키면 학생들의 작문 활동 참여를 촉진하여 작문 능력을 효과적으로 신장시킬 수 있을 것이다.

학생들은 컴퓨터 워드프로세서나 스마트 기기로 글을 쓰는 것에 익숙해져 있지만, 작문의 본질은 여전히 손으로 연필을 잡고 글을 쓰는 손글씨 쓰기에 있다. 매체 환경이 변한 것은 틀림이 없지만, 고부담 검사는 모두 손으로 글씨를 써야 한다. 그러므로 손으로 글씨를 쓰는 훈련을 소홀히 해서는 안 된다. 이와 관련하여 작문 매체와 메타인지 수준이 글의 결과와 쓰기에 대한 태도에 미치는 영향을 파악한 연구가 이루어지기도 했다(김인숙, 2015).

6) 작문 교육의 활동 변인 연구 주제

▌맥락

작문 교육에서 맥락은 필자가 처해 있는 작문 상황을 의미하기도 하며 공동체가 공유하고 있는 사회·문화적 맥락을 의미하기도 한다. 상황의 맥락이든 사회·문화의 맥락이든 필자가 글을 쓰는 데 영향력을 행사한다는 점에서는 동일하다. 의식적이든 무의식적이든 필자가 이러한 맥락을 무시하면 의사소통의 기능을 수행하는 글을 온전히 완성할 수 없다. 따라서 작문 교육 연구에서는 맥락의 의미와 유래를 밝히려는 연구, 맥락이 학생 글에 영향을 미치는 기제가 어떻게 작동하는지를 밝히려는 연구가 시도된 바 있다.

▋ 쓰기 과제

학생의 글쓰기는 쓰기 과제로부터 시작된다. 학생들에게 쓰기 과제가 부여되었을 때 비로소 학생들의 작문 활동이 이루어지기 시작한다. 그러므로 쓰기 과제를 어떻게 구성해야 하는지는 작문 활동의 성패에 영향을 미치는 문제라고 할 수 있다. 쓰기 과제는 작문 활동의 목적이 무엇인가에 따라 달라지며, 어떤 유형의 글을 요구할 것인지에 따라서도 달라진다. 좋은 쓰기 과제라면 반드시 포함되어야 할 요소가 무엇인지도 살펴볼 필요가 있다. 그 요소를 알아야 좋은 쓰기 과제를 학생들에게 제시할 수 있기 때문이다.

▋ 교과 통합 활동

작문 교육의 목적은 글쓰기 능력 신장에 대한 관심과 함께 글쓰기를 통한 내용교과 학습 능력의 신장을 함께 도모하는 것이다. 타 교과와의 통합을 중심으로 작문 교과 지도 방안에 대한 연구를 살펴보면 작문 활동을 통해 타 교과 학습에 도움을 제공하는 교수·학습 방법에 대한 논의가 이루어져 왔음을 알 수 있다. 국어교육 내에서는 화법 교육과 작문 교육이 표현 교육이라는 영역으로 묶여 함께 제시되고 있다. 또한 문법 능력 신장과 작문 능력의 관계, 문학 창작 및 수용 능력과 작문 능력의 관계 등 국어과 내에서도 통합에 대한 논의가 진행되었다.

역사, 사회, 과학 등 각 내용교과에서 요구되는 글의 유형을 조사하고 각 교과목에서 필요한 쓰기 능력을 지도함으로써 해당 교과 학습의 도구로 이용되는 작문 교육에 대한 연구가 이루어지기도 했다. 교과와의 통합은 주로 논술이라는 이름으로 많이 이루어진 바 있다. 국어교과에서 작문과 논술 교육에 대한 연구는 논술 쓰기 지도 방안에 대한 연구, 논술 제시문 활용 양상 연구, 논술 지도를 위한 내용 영역 탐색에 대한 연구, 교사와 학생이 논술에 대해 가지고 있는 인식 조사에 대한 연구,

논술쓰기에 필요한 논리적 사고에 대한 연구와 논리적 오류에 대한 분석 연구, 논술에 대한 교사의 첨삭 반응의 양상과 그에 따른 수행 차이, 교과 통합 논술에 대한 구상 연구, 채점의 객관화 연구 등으로 세분화되어 이루어진 바 있다(원진숙, 1998 ; 민병곤, 2008 ; 이종석, 2009 ; 유주미·임정준, 2014 ; 원만희, 2014 ; 한혜정·원만희, 2015).

2. 작문 교육 연구 동향

작문 교육의 연구 동향을 살펴보기 위한 방법으로는 초기 교육과정부터 현재에 이르기까지의 변화 과정을 살펴봄으로써 주된 흐름을 확인할 수 있다. 작문교육과 정은 작문 교육이 반영되고 당시 교육과정을 구성하는 주된 패러다임과 가치관을 살펴볼 수 있는 기준이 될 수 있다. 따라서 작문 교육 연구가 어떤 흐름으로 변화하고 있는지를 알 수 있는 척도 역할을 해준다. 이러한 시대적 흐름에 따른 동향을 살핀 후 현재 작문 교육 연구 분야에서 주로 다루어지는 핵심 연구 주제들을 따로 선정하여 해당 연구의 현황을 살펴보도록 한다.

1) 작문 교육 연구의 흐름

앞선 6장의 작문 교육과정에 대한 장에서 작문 교육과정의 흐름을 명료하게 살펴보았다. 여기에서는 각 교육과정에서 주로 다루고 있는 목표나 교육내용을 바탕으로 작문 교육 연구가 어떤 흐름으로 이어져 왔는지를 살펴볼 것이다.

■ 교수 요목 시기

교수 요목 시기에 작문은 '쓰기'와 '짓기'로 구분되어 있었다. 쓰기는 글자를 쓰는 행위에 초점을 두고 있고 짓기는 글을 구성하는 것에 지도할 것을 설명하고 있다. 따라서 이 시기의 작문 연구는 주로 어떻게 글을 구성해가는지에 대한 연구보다는 글자를 바르게 쓰고 정확하게 쓰도록 하기 위한 작문 교육이 이루어졌다. 그러나 이 시기에 교육 연구에 대한 저변이 갖춰지지 않았기 때문에 작문 교육을 연구하기에는 어려운 면이 있었다. 따라서 수사학이나 신비평, 형식주의 작문 이론에 입각하여 모범적 글의 학습에 주된 초점이 맞추어져 있었다.

■ 1~3차 교육과정 시기

1~3차 교육과정까지는 쓰기 교육의 목적이 언어 기능의 신장에 있었다. 작문 교육의 주된 이론적 배경으로 등장하게 된 인지주의 작문 이론에 따라 작문을 문제 해결의 대상으로 보았고 문제 해결을 위한 과정과 전략을 지도하는 것에 초점을 두었다. 언어 기능 신장, 즉 작문 능력의 신장을 위해서는 작문 능력을 구성하는 기능이 무엇인지를 판단하고 이 작문 기능을 신장하기 위한 전략, 그리고 작문 과정에 따른 기능과 전략에 대한 지도 방법 등이 주된 연구 분야였다. 작문 평가 역시 작문 과정에서 요구하는 전략들을 얼마나 잘 수행해서 글을 작성할 수 있는지에 주목하였다. 따라서 이 시기의 주된 작문 교육 연구는 작문 과정에 대한 연구, 기능과 전략 지도에 대한 연구가 주를 이루었다.

■ 4~7차 교육과정 시기

4차 교육과정에서는 작문을 '표현·이해' 영역으로 묶고 교육과정 목표는 해당 이론이나 학문의 지식 습득을 강조하였다. 따라서 작문 '지식'을 구성하는 지식 영역에 대한 탐구와 지식을 지도하기 위한 노력이 주를 이루었다. 하지만 여전히 과정 중심의 작문 지도가 강조되었다. 그러나 기존의 과정 중심 작문 지도가 필자 개인의 인지적 활동의 결과로만 보던 경향에서 맥락과 독자에 대한 관심으로 영역을 넓혀가던 시기였다.

5~7차 교육과정은 지식 중심의 교육에서 학생들의 언어 사용 능력 신장에 초점을 맞추고 있다. 따라서 학생들의 활동에 중심을 둔 많은 교육 내용이 마련되었고 교수·학습 방법 역시 활동 위주와 과정 중심으로 변화하였다. 5차까지 표현·이해 영역으로 묶여 있던 작문이 다시 '쓰기'로 독립되어 나타난 것이 특징이다. 1987년

개정된 5차 교육과정 시기부터 작문 현상을 설명하는 주된 이론에서 언어 사용에서의 사회·문화적 맥락을 강조하는 흐름이 나타났다. 이전까지 필자 개인의 인지 처리 과정, 즉 글은 필자의 사고 과정을 통해 독립적으로 구성된다고 보던 관점에서 이제 맥락, 독자, 담화공동체와의 상호작용을 통해 구성되는 것으로 인식하였다. 따라서 작문 교육 연구의 흐름 역시 독자에 대한 연구, 맥락에 대한 연구, 담화공동체에 대한 연구로 확장하게 되었다.

과정을 중시하는 작문 교육의 주된 흐름은 있었지만 작문 과정에 필자의 외적인 요인들이 개입한다는 것을 받아들이고 필자를 둘러싼 상황 요인에 대한 연구가 수행되었다. 따라서 필자의 쓰기 능력의 신장은 필자 개인의 기능과 전략 향상에만 그치는 것이 아니라 필자를 둘러싼 외적인 요인에 대한 고려가 반영되어야 한다는 점에 관심을 두었다. 또한 그동안 중요하게 다루어지지 않았던 필자의 태도와 같은 정의적 요인에 대한 관심이 증가하였다. 글을 쓰는 필자의 동기, 신념, 태도 등이 쓰기 능력에 많은 영향을 미친다는 점을 인식하고 필자의 인지적 능력뿐 아니라 정의적 능력을 함께 신장시키기 위한 방안이 연구되었다.

▌2007~2015 교육과정 시기

2007 개정 교육과정부터 2009 개정 교육과정까지는 '매체', '맥락'이 강조되었으며 학생이 도달해야 하는 수준과 교육 내용을 제시하였다. '맥락'과 '태도' 범주는 교육과정의 내용체계에 수록되느냐의 여부가 나누어지긴 하지만 교육과정에서 내용이 다루어지지 않는 것은 아니었다. 내용체계에 수록되지 않아도 '맥락'이나 '태도' 영역은 교육 내용 속에 포함되어 교육 내용에서 반드시 다루어져야하는 내용으로 자리 잡게 되었다. 또한 학생들이 도달해야 하는 성취수준을 제시하고 글 유형을 제시함으로써 '장르'에 대한 관심이 증가하였다. 기존의 과정 중심의 작문 교육이 가지고 있던 완성된 글쓰기 경험의 부족과 글 유형에 대한 지식과 인식의 부족이 문제점으로 지적되었다. 따라서 쓰기는 과정에 따라 이루어지는 행위임을 인정하되 한 편의 완성된 글을 작성하고 해당 글 유형이 갖는 장르적 특성과 담화공동체의 특성을 이해하는 것을 교육 목표로 하였다.

2015 개정 교육과정은 '핵심 역량'을 제시하고 이를 달성하기 위한 교육 내용과 방법을 제시하였다. 따라서 기존의 다루어오던 교육내용을 모두 이해하고 숙달하여 창의적인 글쓰기 능력과 쓰기에 대한 건전한 가치관을 형성하여 쓰기 활동을 생활할 수 있는 태도 형성에 목표를 두었다. 특히 학년(군)별 성취해야 하는 교육 내용을 위계적으로 제시함으로써 작문 교육 연구는 작문 교육에서 다루는 내용과 글 유형 등에 대한 위계화 연구를 수행하였다. 또한 작문 교과의 핵심 역량이 될 수 있는 핵심 역량 요인을 파악하고 이를 교육 내용으로 마련하기 위한 연구가 이루어졌다. 기존에 과정중심 쓰기, 문제해결 쓰기, 사회적 상호적용 쓰기로 분리해서 바라보던 작문 교육의 관점에서 벗어나 학년(군)별로 이해해야 하는 작문 단계로 설정하였다. 저학년에서는 쓰기가 의미 구성 과정임을 이해하고 중학교 단계에서는 문제 해결 과정으로 쓰기를 접근하며 고1부터는 담화공동체와 같은 의사소통적 쓰기를 강조한 사회적 상호작용 쓰기의 관점으로 위계화하여 제시하였다.

이처럼 교육과정의 흐름에 따라 작문 교육 내용의 큰 흐름을 살펴보면 작문 이론의 변화와 맥을 같이 한다고 볼 수 있다. 초기 작문 교육 연구는 형식주의에 바탕을 둔 글의 형식적인 특성, 글 유형에 대한 지식을 갖추어 모범적 글을 쓸 수 있는 능력 향상에 초점을 두었다면 작문 교육의 중기에는 인지주의 이론을 바탕으로 필자가 겪는 인지 과정, 그리고 과정에서 겪는 문제를 해결하기 위한 전략과 같이 필자 개인의 의미 구성 과정에 주목한 연구가 주를 이루었다. 최근으로 올수록 작문 교육 연구는 필자를 구성하고 있는 외적인 요인에 주목하였다. 따라서 예상독자, 담화 공동체에 대한 이해와 동료와 협동작문 같은 의미 구성의 사회적 역할을 강조한 연구들이 주를 이루었다. 이러한 작문 이론의 흐름에 따라 작문을 바라보는 관점은 학생들을 지도하기 위한 내용뿐 아니라 작문 평가, 교육 내용, 교과서 구성 등 다양한 교육 요인에 영향을 미치는 것을 알 수 있다.

2) 최근 작문 교육 연구의 경향

최근 작문 교육의 연구의 경향은 어느 하나의 작문 이론에 집중되어 있는 모습을 보이지는 않는다. 인지 과학에 토대를 둔 인지주의 이론의 작문 교육 연구가 이루어지고 있는가 하면, 모범문을 강조하는 형식주의 이론의 작문 교육 연구가 이루어지고 있기도 하다. 최근 작문 교육 연구의 경향은 여러 가지 작문 이론을 바탕으로 한 접근으로 이루어지고 있으며 학생, 교사, 글뿐만 아니라 매체나 타 교과목과 연계된 작문 지도까지 다양한 분야에서 연구가 이루어지고 있다.

▌필자의 인지 과정 연구

인지 과학에서는 필자의 인지 과정을 밝히는 데 많은 노력을 기울여 왔다. 이에 힘입어 인지주의 작문 이론 및 이에 토대를 둔 작문 교육 연구에서는 필자의 인지 과정을 분석하기 위한 연구를 지속적으로 도전해 왔다. 인지 과정을 밝히는 것은 사실 지난한 일이어서 연구자들에게는 여전히 도전적인 과제에 해당한다. 최근에는 기술적 한계로 필자의 인지 과정을 간접적으로 접근할 수밖에 없었던 제약에서 벗어나 첨단 과학 기술의 도움을 받아 글을 쓰는 필자의 인지 과정을 관찰하기 위한 노력이 이루어지고 있다.

필자의 인지 과정 연구에 접근하기 위한 접근은 다양한 방식으로 이루어지고 있으나 독서 연구처럼 눈동자 움직임 추적 연구가 필자의 인지 과정을 밝히는 첨병 노릇을 하고 있다(박영민, 2013b). 눈동자 움직임 추적 연구는 글을 쓸 때 필자가 어떤 곳을 얼마만큼의 시간동안 바라보는가를 분석하여 글을 쓰는 과정에서 필자가 경험하는 인지 과정을 분석하고자는 연구 방법이라고 할 수 있다. 이외에도 비디오 녹화 기반의 프로토콜을 분석한 연구(김평원, 2011), 매체를 활용하여 글자를 입력할 때 나타난 멈춤을 분석한 연구(강동훈, 2016), 비디오 녹화와 사고구술 방법을 적용한 연구(고신호, 2008)가 이루어지기도 했다.

필자의 인지 과정은 작문 교육 내용과 방법을 마련하기 위한 근거가 된다. 능숙한 필자가 겪는 인지 과정을 관찰함으로써 능숙한 필자들이 가진 기능과 전략을 지도 내용으로 삼아 미숙한 필자들에게 적용할 수 있기 때문이다. 그러므로 초창기 인지 과학자들의 연구가 그랬던 것처럼 이러한 연구는 이후의 작문 교육에도 많은 파급력을 미치게 될 것이다. 이런 점에서 주목해야 할 연구 성과라고 할 수 있다.

▌ 정의 요인에 대한 연구

앞에서도 지적한 것처럼, 작문 교육에서는 인지적 영역에 대한 관심 못지않게 필자의 정의적 영역에 대해서도 관심이 증가하고 있다. 그동안 작문에 대한 태도, 흥미, 신념, 가치관 등은 쓰기 능력과는 별개의 것으로 다루어져 오거나 그 중요성이 인식되지 못했다. 그러나 정의 요인이 쓰기 능력에도 관련이 있는 것으로 밝혀지면서 필자가 갖추어야 하는 또 다른 요건으로 인정을 받게 되었다. 이에 따라 최근에는 정의 요인을 조사하는 연구가 지속적으로 이루어지고 있다(박영민·최숙기, 2009 ; 가은아, 2010b).

교사들이 작문 지도 및 평가에 대해 가지고 있는 정의 요인도 연구가 축적되어 가고 있다(박영민, 2010 ; 박영민, 2011). 교사들이 소유하고 있는 정의 요인의 수준이 작문 지도 및 작문 평가에 영향을 미친다는 점이 인정을 받으면서 이러한 추세가 이어지고 있다. 작문 지도나 작문 평가는 교사에게도 어려움이 많이 따른다. 어려움이 많을수록 정의 요인의 영향력을 증가하는데, 그래서 교사에게도 작문 지도 효능감이나 작문 평가 효능감과 같은 정의 요인의 중요성이 커지고 있다.

정의 요인에 대한 연구는 크게 세 가지의 경향으로 구분할 수 있다. 첫째, 현재 학생이나 교사가 가지고 있는 수준을 조사하는 연구가 있다. 이러한 경향의 연구에서는 정의 요인의 수준을 조사하기 위한 검사 도구의 개발, 그리고 개발된 검사 도구를 바탕으로 학생과 교사의 정의 요인을 조사하고 현재의 수준이 어떠한지를 정량화하여 보고하는 내용이 포함된다.

둘째, 정의 요인의 수준을 높이기 위한 방안을 모색하고 효과를 검증하는 연구가 있다. 정의 요인은 학생들의 작문 수행이든 교사들의 작문 교수 행동이든 긍정적인 영향을 미치므로 정의 요인의 수준을 높일 수 있는 방안을 다루는 연구가 이루어진 바 있다. 정의 요인은 인지 요인만큼 증진 효과를 보기가 어렵지만, 그래도 증진 방안을 모색하고 시도하는 연구가 이루어지기도 했다.

셋째, 정의 요인의 수준과 작문 수행이나 작문 능력과의 관계를 조사하는 연구가 있다. 정의 요인을 집단 구분의 변인으로 삼고 작문 수행이나 작문 능력을 비교하는 연구, 정의 요인과 작문 수행이나 작문 능력의 상관관계를 분석하는 연구가 여기에 속한다. 이러한 연구는 작문의 정의 요인의 중요성을 알려주는 데 도움을 준다.

▍ 매체 작문 연구

현대 사회는 매체와 뗄 수 없는 관계를 지니고 있다. 작문 행위 역시 손글씨 쓰기에만 머무르지 않고 매체를 통한 작문으로 확장되고 있다. 학생들이 주로 접하는 글은 종이로 된 글만이 아니라 휴대전화, SNS, 인터넷과 같은 다양한 매체 환경에 제시된 글이다. 이제는 종이 글보다도 전자 매체에 수록된 글을 더 많이 접하는지도 모른다.

이러한 점을 고려하여 최근에는 매체 환경에 적합한 쓰기 능력 지도를 위한 연구가 이루어지고 있다. 매체 환경을 고려한 글쓰기는 제7차 국어과 교육과정에서부터 교육 내용의 일부로 자리를 잡았는데, 그 이후로 이와 관련된 쓰기 지도가 활발하게 연구되고 있다.

매체 작문에 요구되는 필자의 능력 요인은 무엇인지, 그러한 요인은 어떤 변인과 관련이 있는지, 어떤 조작을 가했을 때 변화가 있는지를 살피는 연구가 이루어졌으며, 매체 작문을 활용한 교수·학습 방안, 매체 작문에서 나타나는 글이나 필자의 특성 분석 등에 대한 연구가 이루어졌다. 매체 작문의 특징은 글을 쓰는 과정에서 필자가 다양한 정보를 접하고 활용할 수 있다는 점이다. 인터넷에 연결된 환경에서 글을 쓰는 경우에는 이러한 경향이 훨씬 더 짙게 나타난다. 이점을 고려하여 담화 종합의 관점에서 학생들이 자료를 어떻게 종합하면서 글을 쓰는지를 분석한 연구가 시도되기도 했다(나정순, 2001 ; 김정자, 2003 ; 김지연, 2013).

소설가와 같은 전문 문필가들도 이제는 컴퓨터 워드프로세서로 글을 쓰는 시대가 되었다. 컴퓨터 화면과 자판이 전통적인 종이와 연필을 급격하게 대체하고 있다. 컴퓨터 환경의 글쓰기는 수정과 교정이 자유롭다는 장점이 있으며, 손에 힘을 들여 글자를 써내야 하는 어려움도 거의 없다. 글자를 입력하는 속도가 생각의 속도에 근접해 있어서 짧은 시간에도 매우 많은 양의 글을 쓰는 것도 가능하다. 이러한 환경을 고려하면 작문 환경이 점점 매체 환경으로 변화하리라는 것은 매우 자연스럽다. 컴퓨터 응용 프로그램의 개발이나 개선도 지속적으로 이루어질 것이므로 컴퓨터 환경에 의존하는 정도는 점점 더 심화할 것이다. 그러므로 매체 환경에서 이루어지는 작문 연구는 앞으로 더욱 더 활발하게 연구가 이루어져야 할 분야라고 할 수 있다. 학생들의 컴퓨터 환경에서 글을 쓰는 것이 보편적인 상황이 된다면 실험의 조건이든 조사의 조건이든 이러한 보편적인 상황을 반영하는 것이 중요하다.

■ 작문 평가 연구

작문 평가는 단순히 학생 글의 판단을 위한 목적에 그치는 것이 아니라 이를 교육적으로 반영하기 위한 목적에서 이루어진다. 다시 말하면 작문 평가는 작문 교육의 일환으로서 작문 교육을 체계화하기 위해 글쓰기에 관한 학생의 정보를 체계적으로 수집하는 활동이라고 할 수 있다. 작문 평가가 전제되지 않으면 글쓰기에 관한 학생 정보를 파악할 수 없으므로 타당하고 적절한 교수·학습 방법을 마련하는 것이 어렵다.

작문 평가가 가지고 있는 어려움은, 앞에서도 지적한 것처럼 학생 글을 직접 읽고 채점해야 하는 과정에서 발생한다. 평가자인 국어교사의 관점과 태도가 크게 영향을 미친다. 그러므로 어떻게 하면 신뢰도가 확보된 평가가 되도록 할 것인가가 중요한 문제로 다루어져 왔다. 지금까지 이루어진 작문 평가 연구의 대부분은 이 문제에 집중되어 있다고 해도 과언이 아니다. 평가 기준을 보완하기 위하여 제안된 평가 예시문 선정에 관한 연구, 평가자의 엄격성의 일관성이 적정하게 유지되고 있는지를 밝힌 연구, 일관성을 유지하기 위한 방안을 모색한 연구 등이 이러한 예에 속한다.

작문 평가 연구 중에는 글 유형에 따른 평가 방법의 적용에 대한 연구, 수준 판별을 위한 평가 기준 마련에 대한 연구도 이루어졌으며, 교사가 제공할 수 있는 평가 반응의 다양화와 평가 결과를 교육적으로 활용하기 위한 방안에는 무엇이 있는지를 밝힌 연구도 이루어졌다(박영민, 2009 ; 이병승, 2010 ; 장은주·박영민, 2014).

작문 평가는 평가자인 국어교사의 평가 전문성이 크게 요구되는 분야이다. 평가 경험이 많아도 작문 평가가 항상 어려운 것은 작문평가가 지닌 이러한 특성 때문이다. 그러므로 국어교사의 전문성 신장을 위해서 연구해야 할 과제가 매우 많은 영역이기도 하다. 앞으로 작문 평가에 대한 연구가 더욱 더 활발하게 이루어져야 할 것이다.

▌작문 교육 내용 위계화에 대한 연구

작문 교육은 학생들이 작문에 대한 지식, 수행, 태도를 갖추는 데 목적을 두고 있다. 그러나 작문 능력을 구성하는 지식 요인만 보더라도 필자에게 요구되는 지식의 범주가 매우 다양하다. 이를 능력 발달 수준에 맞게 지도하고 수행 능력을 갖추도록 하기 위해서는 해당 학년에서 지도해야 할 적합한 교육 내용의 선정과 배열이 요구된다. 이는 기능이나 전략과 같은 수행 영역, 그리고 태도, 신념과 같은 정의적 영역 역시 마찬가지이다. 교육과정이 개정될 무렵에는 이러한 문제를 다루는 작문 교육 연구가 지속적으로 제출되기도 했다.

최근에는 글 유형을 변인으로 하여 교육과정 내용의 위계화를 다루는 연구가 이루어지도 했다. 학생들이 읽어야 할 글도 어떤 유형인가에 따라 난도가 달라지는 것처럼, 학생들이 써야 하는 글의 유형이 무엇인가에 따라 난도가 달라지므로 이를 토대로 교육 내용의 위계화를 시도할 수 있다는 것이다. 잘 알려져 있는 것처럼, 학생들은 서사문 쓰기를 좀 더 쉬워하고 설명문이나 논설문 쓰기를 좀 더 어려워한다. 논설문으로 써야 할 주제가 추상적이거나 사변적이라면 어렵게 느끼는 정도가 훨씬 더 심하다. 이를 고려하면 작문 교육 내용의 위계화를 시도해 볼 수 있다. 이러한 관점에 따라 글 유형에 대한 위계화 방안을 다룬 연구도 이루어진 바 있고, 공통 교육과정의 쓰기와 심화 과정의 작문의 교육과정 내용을 어떻게 구분(위계화)하여 제시할 것인가를 다룬 연구가 제출되기도 했다(이은미, 2011 ; 권태현, 2015).

작문의 교육 내용은 기능이나 전략처럼 방법 지식에 속하는 것이 많다. 인지 과학에서 강조하는 상위인지, 최근 주목을 끌고 있는 쓰기 동기, 효능감, 신념과 같은 정의 요인 등은 모두 중요한 작문 교육 내용이지만 이를 적절한 난도로 위계화하는 것은 매우 어렵다. 초등학교 1학년 학생에게 요구되는 쓰기 동기와, 고등학교 3학년에게 요구되는 쓰기 동기가 위계로 결정될 것 같지는 않다. 기능이나 전략 중에 복합도에 따라 난도가 정해지는 것도 있지만, 어떤 것이 중학교에서 배우어야 할 전략인지, 어떤 것이 고등학교에서 배워야 할 전략인지를 나누는 것도 쉽지 않다. 이러한 문제는 앞으로 이 분야의 연구에서 도전해 보아야 할 쟁점이라고 할 수 있다. 작문 교육 내용을 어떻게 위계화할 것인가는 여전히 풀리지 않은 중요한 문제이다.

■ 장르 및 글 유형 중심의 작문 연구

장르는 반복적인 수사적 상황에서 형성된 글쓰기 관습의 한 종류를 일컫는다. 담화의 관습은 담화 공동체에서 형성되고 유지되는 것이므로 장르를 강조하는 것은 사회구성주의 이론의 영향 때문이다. 담화 관습을 강조하는 관점에서는 작문 교육을 이러한 담화 관습을 익히는 데 있다고 본다. 그러므로 작문 교육을 위해서는 장르와 같은 담화 관습의 여러 가지 특징을 밝히는 것이 우선적으로 필요하다. 그런데 현재 우리나라 작문 교육과정은 기능적인 관점에 따라 글 유형을 구분하고 있다. 정보전달, 설득, 친교·정서 표현으로 구분한 것이 그것이다. 여기에는 담화 공동체의 담화 관습과 같은 개념이나 관점이 투영되어 있지 않으므로 사회구성주의적 관점에서 볼 때 적합한 방식은 아니다. 이를 인식하는 가운데 장르를 중심으로 하여 작문 교육을 어떻게 실현할 것인가를 다룬 논의가 이루어지기도 했다. 이러한 연구에서는 각각의 장르가 가지고 있는 고유한 특성을 어떻게 지도하고 평가할 것인지에 대한 논의도 포함하고 있다(주재우, 2012).

한편, 기능적 관점에서 글 유형을 다룬다고 해도 실제적인 작문 활동에서는 세밀한 하위 유형을 따르는 것이 일반적이므로 어느 정도의 유형까지를 학교 작문 교육에서 다룰 것인지를 논의할 필요가 있다. 물리적으로 모든 유형의 글을 다 다룰 수도 없거니와 모든 유형의 글을 다 다룬다고 해서 학생들의 작문 능력이 효과적으로 신장된다고 보기는 어렵기 때문이다. 그러므로 글 유형을 어느 정도의 수준까지 반영하여 교육할 것인지를 다루는 논의가 필요하다. 최근에는 이러한 쟁점과 필요성을 반영한 연구가 이루어졌는데, 이러한 연구는 제7차 교육과정 이후로 강조 해온 '실제' 중심의 작문 교육을 실현하는 데 도움을 준다(김혜선, 2012).

▮ 핵심 역량 관련 연구

2015 국어과 교육과정에서 중요하게 다루고 있는 핵심 역량과 관련된 연구는 작문 교육에서 핵심 역량으로 다루어야 하는 요인이 무엇인지에 대한 논의로 시작하고 있다. 핵심 역량은 미래 사회에서 필요로 하는 능력이나 특성에 해당하므로 학생들이 이를 습득하는 것은 매우 중요하다. 이를 다룬 논의는 바로 이 점을 포착하고 있다. 박영민(2014)은 핵심 역량을 이루는 요인의 차원을 나누어 각 차원에 해당하는 핵심 역량을 선정하여 제시하였고, 원진숙·왕옥진(2014)은 초등 국어 쓰기 교육에서 다루어야 할 핵심 역량을 대범주와 하위 역량 요소로 나누어 제시하였다. 이처럼 작문 교육에서 요구하는 핵심 역량에 대한 통일된 인식을 마련할 필요가 있으며, 이렇게 구성된 핵심 역량을 작문 능력 수준과 학년별 위계에 맞게 배열하기 위한 연구도 요구된다.

앞으로 이루어질 연구에서는 핵심 역량을 이끌어 낼 수 있는 적합한 글 유형에 대한 판단과, 핵심 역량을 지도하기 위한 교수·학습 방법, 그리고 핵심 역량에 도달했는지를 판단하기 위한 평가 방법을 집중적으로 다룰 필요가 있다. 국어교육 학계 일부에서는 지금까지 해 온 국어교육도 핵심 역량에 맞닿아 있다는 목소리를 내면서 2015 교육과정에서 강조하는 핵심 역량이 별다른 것은 없다고 주장하기도 한다. 타당한 지적이지만, 2015 교육과정에서 그러한 경향을 명료하게 문서로 정리했다는 점에서 의의를 찾을 수도 있으므로, 이를 좀 더 성공적으로 정착하도록 돕는 후속적인 논의도 더 필요해 보인다.

3. 작문 교육 연구의 전망

▮ 쓰기 발달 연구

쓰기 발달 연구는 그 중요성에 비해 연구 시도가 매우 적은 분야라고 할 수 있다. 연구 설계가 매우 어렵고 연구를 진행하는 데 막대한 비용이 따른다는 점을 고려하면 이러한 경향을 이해할 수도 있지만, 작문 교육의 체계적인 발전을 위해서는 좀 더 많은 관심과 시도가 필요하다. 학생들의 작문 능력이 어떻게 발달하는지에 대해서는 잘 알려져 있지 않다. 어떻게 발달하는지를 알아야 작문 교육의 내용을 선정하고 배열할 때 참조점을 설정할 수 있으며, 학생들이 도달해야 할 성취기준의 지점을 명료하게 할 수 있다.

지금까지 이루어진 국내의 쓰기 발달 연구는 인지 요인과 정의 요인을 동시에 탐구하고 있다는 점에서 큰 장점이 있지만 설명문에 한정하고 있다는 점도 극복의 대상이 된다(가은아, 2010b ; 가은아, 2011). 설명문을 쓸 수 있는 능력은 작문 능력의 일부에 해당하기 때문이다. 그러므로 다른 글의 유형, 다른 장르로까지 확대하면서 쓰기 발달 연구를 시도해 볼 수 있다.

2015 국어과 교육과정에서는 핵심 역량을 연동하고 있으므로 쓰기 발달에 이러한 역량이 어떻게 관련되어 있는지를 밝히는 시도를 해 볼 수도 있다. 학년군에 따라 배열한 성취기준이 학생의 쓰기 발달에 타당하고 적합한지도 쓰기 발달 연구를 통해서 검증할 수 있다. 그리고 쓰기 발달 연구를 통해서 학생들이 어떠한 단계로 쓰기 발달을 이루어 가는지를 밝힐 필요도 있다.

■ 과학적 접근을 통한 작문 연구의 외연적 확장

현재 작문교육 연구에서는 많은 과학적 기법을 적용하는 시도가 이루어지고 있다. 첨단 과학 장비를 활용하는 연구는 주로 독서 영역에 치우쳤지만 최근에는 작문의 인지 과정 및 정의 요인의 영향을 밝히는 데 적용하는 사례가 늘어나고 있다. 학생들에게 효과적으로 작문을 교육하려면 학생들의 인지 과정을 밝히는 연구가 더욱 더 많이 이루어져야 한다. 최근에는 fMRI, EEG 등을 적용할 수 있는 여건이 점점 좋아지고 있으므로 이러한 장치와 방법을 적용하는 연구가 더 활발하게 이루어질 필요가 있다.

과학 장비를 활용한 연구는 작문 교육 연구의 외연을 확장한다는 데 의의가 있다. 이미 완성되어 글을 분석하는 것을 넘어서 글을 완성하는 데 작용한 인지 과정, 정서 경험을 분석하는 것은 인지 과학의 영역에 해당한다. 그러므로 이러한 장비를 활용하는 연구는 작문 교육 연구를 인지 과학의 영역으로 외연을 확장하는 통로가 된다. 학제적으로 다양한 관점의 연구, 특히 인지 과학에서 발견한 여러 가지 성과를 작문 교육 연구에서 활용할 수 있다면 좀 더 체계적인 연구가 가능할 뿐만 아니라, 작문 교육과정이나 작문 교육 활동을 체계화하는 데에도 도움을 얻을 수 있다.

■ 직업 문식성, 쓰기 치유를 통한 작문 교육의 영역 확대

작문 교육의 목표는 학교, 직장, 사회, 그리고 일상생활에서 글쓰기를 자유롭게 수행할 수 있는 평생 필자를 양성하는 데 있다. 이러한 목적을 실현하기 위해서는 직업적 목적에서 작문이 어떠한 기능을 가지고 있으며 어떻게 기여할 수 있는지를 다루는 연구가 이루어져야 한다. 이뿐만 아니라, 작문을 직업적 목적으로 활용하는 방안, 그렇게 할 때 얻을 수 있는 효과 등에 대해서도 연구가 이루어질 필요가 있다. 이는 작문 교육을 가정과 학교라는 틀에 가두지 않고 문화적 도구이자 사회적 도구인 글쓰기의 특성을 올바로 구현하는 일이기도 하다(정옥년, 2014 ; 정희모, 2015).

한편, 작문 활동이 평생에 걸쳐 더욱 활발하게 활용되도록 하려면 필자 개인의 내밀한 목적에 어떻게 기여할 수 있는가도 연구 대상으로 삼아야 한다. 의사소통 목적 중심의 작문 교육에 더하여 필자 개인의 내밀한 목적을 위해서 활용할 수 있도록 하는 작문 교육이 이루어져야 생활과 밀착한 글쓰기가 가능할 것이다. 이를 가능하게 하는 것 중의 하나가 정신 건강을 회복하거나 유지하는 데 필요한 장치로서 작문 활동을 응용하는 것이다. 이러한 글쓰기를 치유적 글쓰기 혹은 치료적 글쓰기라고 부른다. 전통적으로 작문 교육에서는 이러한 쓰기 치료는 작문 교육의 범위로 다루지 않았다. 단지 글쓰기 활동이 그러한 기능을 가지고 있으며 그러한 효과를 낸다는 것에 주목할 따름이었다.

그러나 이후의 작문 교육 연구에서는 글쓰기라는 행위가 갖는 이러한 특성을 포함하여 다룰 필요가 있다. 쓰기 치료처럼 글쓰기를 통해 필자 개인의 고민을 해결하고, 현재의 어려움을 해소하며 극복할 수 있는 작문의 가치를 깨닫고 이를 활용할 수 있는 방안을 다루는 연구가 좀 더 활발하게 이루어질 필요가 있다(박영민, 2015a).

사회생활에 필요한 다양한 글 유형을 지도하고 글쓰기 능력이 학교에서 뿐만 아니라 일상생활에서도 중요한 요인으로 작용한다는 것을 지도하는 일이 작문 교육의 외적 확장에 기여한다면, 쓰기 치료와 같은 작문 활동이 개인의 건강과 일상생활에 도움이 될 수 있다고 보는 것은 작문 교육의 내적 확장에 기여한다고 볼 수 있다. 이후의 작문 교육 연구에서는 이러한 두 가지 방향의 확장에 관심을 기울일 필요가 있다.

■ 타 교과와 연계된 작문 교육

작문이 지니는 특성 중 하나가 학습 작문의 역할이다. 작문을 통해 사회나 과학 같은 다른 교과의 학습을 의도하는 것이 바로 학습 작문이다. 학습 작문은 다른 교과와 연계된 작문 교육의 대표적인 형태라고 할 수 있다. 다른 교과와 연계되는 특성은 독서에서도 동일하지만, 연구 성과로는 독서에 미치지 못한다. 독서 교육에서는 다른 교과와 연계한 활동이 꾸준히 연구되어 오고 있지만, 작문 교육에서는 이에 대한 관심이 상대적으로 소홀하다. 작문 학습 자체도 어려워하는 실정이므로 이를 응용하고 확장한 학습 작문으로까지는 연구의 손길이 미치지 못하고 있는 듯하다.

그러나 작문 학습을 넘어 학습 작문으로 연구 영역을 확대해 가야 한다. 최근에는 대학 작문에 대한 연구가 활발하게 이루어지면서 학습 작문의 한 축을 담당할 수 있게 되었지만, 중학교 및 고등학교에서의 학습 작문도 부흥할 수 있도록 연구의 노력을 기울일 필요가 있다. 이는 작문의 기능을 확장하는 일과 맞물려 있다. 뿐만 아니라, 생활 작문으로 나아가는 징검다리와 같은 역할을 맡고 있으므로 이를 충실히 다루는 것은 의미가 있다.

다른 교과와의 연계를 고려할 할 때 잊지 말아야 할 점은 독서, 문학 등과의 연계를 우선적으로 살펴야 한다는 것이다(김명순, 2004 ; 박영민, 2004 ; 박영민, 2015b). 문학 교육에서는 문학 활동을 강조하고 있는데, 이것이 작문 활동과 근접되어 있다. 독서 교육에서는 독후 활동으로 작문 활동과의 연계를 중시하는데 이것도 작문 활동과 관련이 있다. 특히 독서 교육에서 독서 능력을 점검할 때 흔히 사용하는 요약문, 감상문 등은 작문 활동을 기반으로 삼고 있다고 해도 과언이 아니다. 그러므로 교과 연계를 고려할 때에는 국어과 내에서 작문과의 연계가 어떻게 이루어질 수 있는지를 살피는 것이 우선되어야 한다. 국어교과 내 연계는 다른 교과와 연계되는 활동을 구성할 때 기반이 되기 때문이다.

다른 교과와의 연계에서 파급력이 큰 것은 논술이다. 논술은 통합교과적 성격이 매우 강해서 논술이라는 유형 자체가 교과 연계의 성격을 강하게 보여주는 데에다가 대학 입시의 전형으로도 활용되고 있어 학생들의 관심이 높은 편이기 때문이다. 역설적이게도 학생들은 작문 학습은 싫어하면서도 논술 연습은 참여해야 한다고 생각한다. 이러한 역설이 가능한 이유는 대학 진학이라는 외적 보상 기제가 작동하기 때문인데 그래서 논술은 다른 교과와 연계하는 작문 활동의 전형으로 발전시킬 만 글 유형이라고 할 수 있다(김정권, 2013 ; 김주현, 2015).

따라서 이후의 후속적인 연구에서는 논술을 탐구하는 연구가 더 활발하게 이루어질 필요가 있다. 현재 작문 교육에서는 논술 교육에 필요한 내용과 방법에 대한 연구 성과를 충분히 가지고 있지 못하다. 통합교과적 성격으로 말미암아 오히려 다른 교과에서도 논술을 연구한 성과들이 많은데, 그것을 참조해야 하는 일이 벌어지기도 한다. 이러한 문제적 상황을 극복하고 방법교과로서의 성격을 분명하게 확립하려면 논술을 좀 더 체계적으로 다루는 연구가 이루어질 필요가 있다.

논술 이외에도 각 교과의 특성이 반영된 보고서 쓰기, 논증문 쓰기와 같은 연계 활동을 모색해 보아야 할 것이다. 다른 교과에서 작문 활동을 많이 사용하고 있음에도 불구하고 작문 교육에서는 이에 대한 아이디어를 제공해 주지 못하고 있다. 후속 연구에는 이러한 분야의 주제를 적극적으로 탐구함으로써 작문 교육의 발전에 기여할 수 있기를 기대한다.

▌작문 교사 전문성에 대한 탐색

작문 교육을 담당하는 교사들은 작문 지도와 작문 평가에 대해 어려움을 느끼곤 한다. 단순히 지도 경험이나 평가 경험만으로는 이러한 지도 활동과 평가 활동을 체계화하기 어렵기 때문이다. 그러나 작문 교육 연구 성과를 보더라도 이러한 어려움을 겪는 교사들을 위해 제공할 수 있는 정보가 그리 많은 것도 아니다. 학생들에게 작문을 지도하는 교사를 대상으로 한 연구가 충분하지 못하기 때문이다.

작문 교육 연구는 인간 변인 중에서 주로 학생을 다루어왔다. 학생의 특성을 밝히는 것은 작문 교육의 효과를 높이는 데 필수적이므로 이러한 연구 경향은 매우 자연스러운 점이 있다. 그렇다 보니 어떤 교사가 지도하는가에 대해서는 관심이 상대적으로 적었다. 어떤 작문 프로그램이 효과가 없을 때, 그 이유를 교사 변인에서 찾기보다는 다른 변인에서 찾는 것이 일반적이다. 그러나 교사 변인은 프로그램의 효과에 큰 영향을 미친다. 땀 흘리기를 싫어하는 교사가 지도하는 체육 활동이 효과적일 리는 없지 않겠는가. 작문 교육 프로그램이 효과가 없는 결과를 내는 데에는 이와 동일한 기제가 숨어 있다.

이러한 점을 고려한다면 작문을 지도하는 교사를 대상으로 한 연구가 좀 더 활성화될 필요가 있다. 이를 바탕으로 작문 지도의 전문성과 작문 평가의 전문성을 높일 수 있는 토대가 마련될 수 있다. 교사를 대상으로 하는 연구는 현직 국어교사만으로 한정할 이유는 없다. 예비 국어교사는 미래의 국어교사라고 할 수 있으므로 이들의 현재적 상태를 조사하는 연구, 이들의 능력이나 수준을 증진시키는 방법을 찾는 실험 연구, 예비 국어교사가 국어교사로 성장하고 발달해 가는 과정을 관찰하는 질적 연구 등이 다각도로 이루어질 필요가 있다. 이러한 연구는 작문 교육의 체계화, 나아가 국어교육의 체계화에 크게 기여할 수 있을 것이다.

■ 가정, 학교, 사회 문식성 환경의 구축을 위한 노력

읽기와 쓰기 같은 문식성 활동은 학교 교육을 통해서만 효과를 보기 어렵다. 또한 학교 입학 전, 그리고 학교를 벗어난 상황에서 학생들이 접하는 문식성 환경이 학교에서 접하는 문식성 교육보다 더 중요한 영향을 미칠 수도 있다. 따라서 작문 교육이 가정, 학교, 사회가 긴밀하게 연계된 체계를 갖추기 위해서는 학교 밖 문식성 환경에 대한 연구가 필요하다. 이에 대해서는 지금도 드문드문 연구 성과가 발표되고는 있지만 좀 더 많은 관심을 기울일 필요가 있다.

학교 밖 문식성 환경 구축과 관련하여 학교 밖에서 이루어질 수 있는 문식성 교육의 요인, 그리고 관계, 영향 정도 등을 파악하여 학부모, 정책 입안자, 지역 사회에서 그 중요성을 인식하고 함께 문식성 환경을 구축하기 위한 노력을 이끌어낼 수 있는 연구가 이루어져야 한다. 이는 작문 교육 연구가 학교 안에만 갇혀 있는 모습을 극복하는 방안이 될 수도 있다. 작문 교육의 목적이 학생의 작문 능력 발달을 돕는 데 있다면, 학교 안팎을 가릴 이유는 없을 듯하다. 학교 밖의 문식성 환경이 학생들의 작문 능력 신장에 영향을 짙게 미친다면 그것을 어떻게 조직할 것이고 유지할 것인지를 고민하는 것도 작문 교육 연구에서 다루어야 문제라고 볼 수 있다. 따라서 후속적인 연구에서는 학교에서 달성하기 어려운 다양한 작문 지도 요인이 무엇인지를 밝히는 연구, 학교에서 다루기 어려운 요인을 다룰 수 있는 작문 프로그램의 구성과 효과를 논의하는 연구, 이러한 프로그램을 중심으로 학교와 가정, 지역사회가 어떻게 연계할 수 있는지를 다루는 연구가 이루어질 필요가 있다(류수열, 2013 ; 최숙기, 2013).

▌ 참고문헌

가은아(2008), 국어교사의 쓰기 효능감 및 쓰기 신념이 쓰기 평가에 미치는 영향, 석사학위논문, 한국교원대학교.

가은아(2009), 중·고등학생을 위한 쓰기 윤리 교육의 방향과 지도 방안, 작문연구 8, 231-250.

가은아(2010a), 국어교사의 쓰기윤리의식 및 쓰기 윤리교육에 대한 인식 조사, 한어문교육 22, 415-444.

가은아(2010b), 쓰기 태도 및 쓰기 효능감 발달 연구–6학년에서 10학년 학생을 대상으로, 국어교육학연구 37, 159-183.

가은아(2011), 쓰기 발달의 양상과 특성 연구, 박사학위논문, 한국교원대학교.

가은아(2013), 인지주의 작문이론의 비판적 재검토, 한국작문학회 연구발표회 자료집 19, 36-45.

강동훈(2016), 쓰기 멈춤의 요인 및 발생 양상 분석, 박사학위논문, 한국교원대학교.

고신호(2008), 필자의 쓰기 막힘(Writing Block) 현상과 그 원인에 대한 연구 : 고등학교 1학년 학생 사례를 중심으로, 석사학위논문, 고려대학교.

권태현(2015), 작문교육을 위한 텍스트 유형의 체계화 방안, 작문연구 26, 71-105.

김명순(2004), 독서 작문 통합 지도의 전제와 기본 방향, 독서연구 11, 61-81.

김민정(2014), Rasch 모형을 활용한 논증적 글쓰기 평가 기준 개발 연구, 석사학위논문, 한국교원대학교.

김봉순(2011), 아동기와 청소년기의 문식성 발달, 공주교대논총 46(2), 25-56.

김인숙(2015), 손글씨쓰기 평가와 컴퓨터쓰기 평가의 차이 분석 : 중학생 논설문 평가를 중심으로, 석사학위논문, 한국교원대학교.

김정권(2013), '실용적 글쓰기'의 존재론과 당위론 : 소위 '공학적 글쓰기' 지도 방법과 관련하여, 교양교육연구 7(5), 11-42.

김정자(2003), 제7차 국어과 교육과정과 작문 교과서 내용 분석 연구 : 전자 작문을 중심으로, 국어교육학연구 16, 119-145.

김주현(2015), 미술대학 글쓰기 교육 체계 : 교양 교과 예술 계열의 글쓰기와 전공 교과 글쓰기 연계, 미술교육논총 29(4), 163-186.

김지연(2013), 블로그 필자들의 인터넷 작문 양상, 작문연구 19, 69-100.

김평원(2011), 국어교육 : 프로토콜 분석을 활용한 쓰기 과정 지도 및 평가–논술 텍스트 생산 과정 모형을 중심으로. 새국어교육 87, 5-35.

김혜선(2012), 장르의 작문 교육과정 실행 방안, 작문연구 14, 201-235.

나정순(2001), 매체의 활용과 작문 교육, 국어교육연구 8(1), 143-164.

류수열(2013), 매체 환경의 변화와 독서, 그리고 독서 교육, 독서연구 30, 67-90.

문민정(2012), 인터넷 쓰기에 대한 태도와 인식의 성별 및 학교급별 차이 연구, 석사학위논문, 한국교원대학교.

문향은·최승숙(2010), 자기교정을 활용한 철자쓰기중재가 쓰기부진학생의 철자쓰기능력에 미치는 영향, 학습장애연구 7(3), 123-152.

민병곤(2008), 초등학교 논술 교육 내용 구성 방안, 청람어문교육 38, 107-140.

박경진(2012), 국어교사의 학생 서별 인식에 따른 쓰기 평가 및 논평 차이 분석, 석사학위논문, 한국교원대학교.

박영민(2004), 독서-작문의 통합에서 독서 활동과 작문 활동의 성격, 청람어문교육 28, 23-46.

박영민(2009), 평가 예시문을 활용한 쓰기 평가 개선 방안, 청람어문교육 39, 111-133.

박영민(2010), 예비 국어교사의 쓰기 평가 효능감 분석, 청람어문교육, 181-207.

박영민(2011), 국어교사의 쓰기 평가 효능감 분석, 청람어문교육 44, 121-146.

박영민(2013a), 현직 국어교사와 예비 국어교사의 쓰기 평가 지식 차이 분석, 작문연구 19, 331-352.

박영민(2013b), 눈동자 움직임 분석과 작문교육 연구, 작문연구 18, 35-61.

박영민(2014), 미래 핵심 역량과 중등 작문교육, 작문연구 20, 109-133.

박영민(2015a), 국어 교육 방법의 외연적 확장 : 치유적 글쓰기를 활용한 국어교육 방안, 청람어문교육 53, 37-55.

박영민(2015b), 화법, 독서, 작문 영역의 통합, 국어교육 148, 33-51.

박영민·최숙기(2009), 우리나라 학생들의 쓰기 효능감 발달 연구, 새국어교육 82, 95-125.

박영민·최숙기(2010a), 국어교사의 설명문 평가에 대한 모평균 추정과 평가 예시문 선정, 우리어문연구 36, 293-326.

박영민·최숙기(2010b), 중학생 논설문 평가의 모평균 추정과 평가 예시문 선정, 국어교육 131, 437-461.

박인기(2014), 미래 핵심 역량, 창의인성, 그리고 작문교육 : 글쓰기의 미래적 가치 - 글쓰기의 미래적 효능과 글쓰기 교육의 양태, 작문연구 20, 9-36.

박종임(2013), 국어교사의 쓰기 평가 특성 연구, 박사학위논문, 한국교원대학교.

박태호(1996), 사회구성주의 패러다임에 따른 작문 교육 이론 연구, 석사학위논문, 한국교원대학교.

박찬흥(2014), 쓰기지식 검사 도구 개발 연구, 박사학위논문, 한국교원대학교.

배수찬(2010), 인지주의 작문 교육의 비판적 재검토 : 언어 기능 교육의 철학을 중심으로, 한국작문학회 연구발표회 자료집 19, 47-60.

서영진 외(2013), 미래 사회 대비 국가 수준 교육과정 방향 탐색(국어), 연구보고서 CRC 2013-19, 한국교육과정평가원.

양경희・이수희・이선숙(2013), 쓰기 교육 이론으로서의 형식주의에 대한 재고찰, 국어교육 140, 311-339.

양민화・서유진(2009), 중학교 학습 저성취 학생의 읽기-쓰기 능력 발달 및 상관관계 연구, 학습장애연구 6(2), 1-19.

오세영(2015), 국어교사의 학생글 평가전문성 연구 : 평가자 협의에 따른 전략 차이를 중심으로, 박사학위논문, 고려대학교.

원만희(2014), 고등학교 교양교과로서 '논술'의 정체성과 수업 모형, 교양교육연구 8(4), 397-426.

원진숙(1998), 논술 능력 평가 기준과 논술 교육의 방향, 고려대학교 한국어문교육연구소 학술발표논문집, 93-123.

원진숙(2001), 구성주의와 작문, 한국초등국어교육 18, 81-105.

유주미・임정준(2014), 비판적 사고력 교육 프로그램이 고등학생의 대입 논술 작성에 미치는 효과, 사고개발 10(3), 21-41.

윤준채(2009), 초등학생 필자의 쓰기 태도 발달 연구, 작문연구 8, 277-297.

이경화・강동훈(2015), 필자의 인지 과정 분석을 위한 작문 연구 방법, 청람어문교육 56, 173-199.

이병승(2010), 쓰기 과제 제시 방식이 쓰기 성취도에 미치는 영향 : 평가 기준과 계획하기 시간 제시를 중심으로, 작문연구 10, 337-361.

이수진(2008), 쓰기 평가 결과의 해석과 활용 방안 연구, 작문연구 6, 39-65.

이수진(2010), 형식주의 작문이론의 교육적 재검토, 작문연구 11, 167-199.

이순영(2011), 21세기 국어과 교육과정 개정의 방향 탐색 : 미국의 '공통핵심기준'의 특성과 시사점을 중심으로, 청람어문교육 43, 7-35.

이영진(2012a), 쓰기 평가 방식에 관한 학생들의 인식 차이 분석, 작문연구 14, 239-267.

이영진(2012b), 대단위 작문 평가를 위한 문항 개발과 채점 방법 연구, 박사학위논문, 한국교원대학교.

이윤빈(2015), 쓰기 평가 워크숍이 예비 교수자의 쓰기 평가 전문성 신장에 미치는 효과, 작문연구 27, 83-117.

이은미(2011), 2011 국어과 교육과정에 대한 비판적 검토-작문 영역의 발전적 위계화 방안을 중심으로, 새국어교육 89, 299-327.

이지원(2014), 쓰기 과제의 지시문 유형이 쓰기 수행에 미치는 영향 연구, 석사학위논문, 한국교원대학교.

이재기(2008), 작문 연구의 동향과 과제-작문에 대한 세 가지 가치론적 접근법, 청람어문교육 38, 185-217.

이재승(2005), 작문 교육의 현황과 발전 과제, 작문연구 1, 39-64.

이효성·이용환(2011), 국내외 역량 기반 교육과정 사례 분석 및 시사점, 교육연구 34, 17-35.

장은주(2012), 시간 차에 따른 고쳐쓰기 양상 연구, 석사학위논문, 한국교원대학교.

장은주(2015), 채점의 일관성 유형에 따른 국어교사의 쓰기 평가 특성 분석, 박사학위논문, 한국교원대학교.

장은주·박영민(2014), 쓰기 과제 조건의 부합 여부에 따른 평가 결과 차이 분석, 작문연구 22, 155-178.

정미경·박영민(2012), 쓰기 주제에 따른 쓰기 수행의 성별 차이 연구, 작문연구 15, 189-220.

정수현(2011), 주제에 따른 남녀 중학생 쓰기 수행의 수준 차이 연구, 석사학위논문, 한국교원대학교.

정옥년(2014), 진로교육을 위한 독서, 작문 교육의 방향, 독서연구 33, 9-68.

정해은(2013), 중학교 국어과 매체언어 교육 방안 연구, 국어교과교육연구 22, 247-292.

정희모(2013), 작문 연구의 방향과 전망 : 대학 작문에서 인지적 연구의 필요성과 방향, 작문연구 18, 9-33.

정희모(2015), 활동 이론을 통한 직업 문식성 교육 방안, 작문연구 24, 179-210.

조성만(2015), 국어교사의 쓰기 지도 효능감 수준과 쓰기 지도 성향에 따른 수업 분석 연구, 박사학위논문, 한국교원대학교.

주재우(2012), 장르 중심의 쓰기 교육 연구—"자서전 장르"를 대상으로, 작문연구 14, 137-158.

최숙기(2013), 스마트 교육 환경에 기반한 국어과 교수 학습의 방법적 전환, 청람어문교육 48, 69-96.

한혜정·원만희(2015), 고등학교 교양교과 과목으로서의 '논술' 교육과정의 성격, 목표, 내용체계 고찰, 교육과정평가연구 18(2), 1-28.

홍성란·박현숙(2009), 마인드 맵을 이용한 일기쓰기 지도가 초등 쓰기부진 학생의 작문 능력 및 일기쓰기 태도에 미치는 효과, 통합교육연구 4(2), 23-48.

Bangert-Drowns, R. L.(1993), The word processor as an instructional tool : A meta-analysis of word processing, *Review of Educational Research* 63(1), 69-93.

Bangert-Drowns, R. L., Hurley, M. M., & Wilkinson, B.(2004), The effects of school-based writing-to-learn interventions on academic Achievement : A meta-analysis, *Review of Educational Research* 74(1), 29-58.

Graham, S. & Perin, D.(2007a), Writing Next : Effective Strategies to Improve Writing of Adolescents in Middle and High School, Carnegie Corporation of NewYork

Graham, S. & Perin, D.(2007b), A meta-Analysis of writing instruction for adolescent students, *Journal of Educational Psychology* 99(3), 445-476.

제14장

작문 교육 연구의 방법론

권 교사 : 선생님, 저는 제가 지도한 방식이 정말 학생들에게 효과가 있는지 궁금할 때가 있어요.

박 교사 : 그렇다면 선생님께서 직접 효과를 비교해 보면 되지 않을까요?

권 교사 : 제가요? 너무 어려운 일 아닐까요? 전 교사이지 연구자가 아닌걸요.

박 교사 : 아니에요. 저는 직접 학생을 가르치는 저희 같은 교사들에게 교육 연구는 더 필요하다고 생각해요.

위 대화에서 권 교사는 자신이 가르친 학생들이 얼마나 능력이 향상되고 자신의 지도방법이 효과가 있는 것인지를 고민하고 있다. 권 교사처럼 이를 확인하고 검증하기 위한 시도는 아마 대다수의 교사들에게 어려움과 부담으로 다가올 것이다.

그러나 학생들을 지도하고 평가해야 하는 교사에게 교육 연구 역량은 이제 잘 지도하는 것만큼이나 중요한 능력으로 요구되고 있다. 교사가 학생들을 효과적으로 지도하려면 자신의 지도 방법이나 평가 방식이 효과가 있는지, 개선할 부분이 있는지 연구를 통해서 확인하고 검증해야 하기 때문이다. 자신만의 고유한 방법을 꿈꾼다면 더군다나 연구를 수행할 수 있는 능력은 더욱 더 필요하다.

많은 교사들이 교육 이론과 교육 수행을 별개의 것으로 생각하고 있을 것이다. 그러나 교육 수행은 교육 이론과 교육 연구를 토대로 하고 있다는 점을 기억해야 한다. 효과적인 교육 실천을 위해서는 교사 스스로 학생, 교과서와 같은 지도 자료, 그리고 교사의 능력과 같은 교육 요인을 어떻게 조직하고 검증할 수 있을지를 알고 있어야 한다. 교육 연구는 더 나은 방법으로 개선하고 발전시키기 위한 것이다. 교육 연구와 교육 실천이 함께 이루어진다면 더 효과적으로 교육 목적 달성이 이루어질 것이다.

1. 작문 교육 연구 방법의 구분

작문 교육 연구 방법은 어떻게 구분할 수 있을까? 작문 연구만의 연구 방법이 별도로 수립되어 있는 것일까? 이 장에서는 바로 이러한 문제를 다루어보고자 한다. 작문 교육 연구는 일반적인 연구 방법을 따른다. 작문만의 독특한 연구 방법이 별도로 존재한다기보다는 사회 과학 및 인지 과학에서 적용해 온 여러 가지 연구 방법을 연구 대상, 연구 과제 또는 연구 문제 등을 고려하여 선택한다고 보는 것이 적절하다.

1) 연구 방법의 접근에 따른 구분

▌질적 연구와 양적 연구

작문 교육 연구 방법을 구분하는 가장 일반적인 방법은 질적 연구와 양적 연구로 대별하는 것이다. 연구 방법을 질적 연구와 양적 연구로 대별하고 각각에 대응한 연구 대상을 정리하면 다음 그림처럼 나타낼 수 있다. 다음 그림은 작문 교육 연구 방법의 구분을 개략적으로 표현한 것이다.

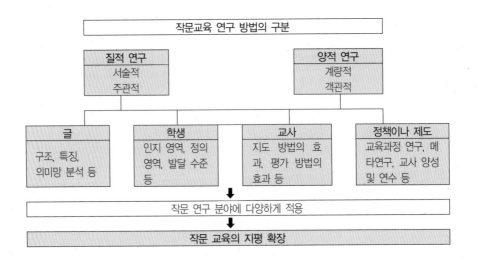

▌두 연구 방법의 특징

연구 방법을 나누는 가장 큰 기준은 질적 연구와 양적 연구로 구분하는 것이다. 질적 연구는 현상학과 해석학에, 양적 연구는 실증주의, 경험주의에 이론적 바탕을 두고 있다. 질적 연구를 강조하는 연구자들은 교육은 인간을 대상으로 하는 행위이므로 객관화할 수 없고 통제할 수 없으므로 연구 대상을 관찰하고 서술해 내는 방법을 취해야 한다고 주장한다. 이와는 반대로 양적 연구를 강조하는 연구자들은 교육과 같은 사회 현상 역시 과학 영역처럼 객관화할 수 있다는 신념을 가지고 계량적인 방법으로 연구를 수행한다. 그래서 질적 연구와 양적 연구에서는 연구를 수행하는 주체인 '연구자'를 지칭하는 용어도 다르다. 질적 연구에서는 교육 현상에 참여하여 단순히 관찰하는 존재로(참여관찰자) 보고, 양적 연구에서는 교육 현상을 조작하고 통제하는 존재(실험자)로 바라본다.

연구 방법적인 측면에 있어서도 질적 연구는 귀납적 추론 방법에, 양적 연구는 연역적 추론 방법에 바탕을 둔다. 따라서 질적 연구는 실험 전에 어떤 가정이나 추론을 미리 예측하지 않으며 연구 참여자 집단(연구 대상)에 연구자 자신이 참여하여 관찰하고 동참하는 과정을 거친다. 참여하고자 하는 집단에 동화하기 위해서는 오랜 시간이 필요하며 인위적으로 상황을 조작해서도 안 된다. 참여자로서 연구자는 집단 구성원들의 행동과 구성원들 간의 관계, 그리고 행동의 결과를 관찰하며 기록하고 필요할 경우 면담과 같은 방법을 사용한다. 반대로 양적 연구에서의 연구자는 실험을 하기 위한 목적을 명확히 설립해야 한다. 검증하고자 하는 인과관계, 현상 등을 가설로 세우고 실험 대상을 조작하고 실험 상황을 통제할 수 있어야 한다. 이를 바탕으로 하여 관찰한 후 계량적으로 수치화하여 일반화하기 위한 분석을 시도한다. 통상적인 방법으로는 통계적 추론의 방법이 쓰인다.

■ 두 연구 방법의 장단점

그러나 질적·양적 연구의 접근은 모두 일장일단을 지니고 있다. 그리고 연구 목적에 따라 선택할 수 있는 연구 방법이므로 무엇이 더 나은 방법이라고 말할 수 없다. 두 연구 방법 사이에는 대상을 바라보는 인식론적 차이가 있다고 하지만 연구 목적에 따른 방법적 선택으로 바라보면 사실 우열을 따진다는 것은 무의미하다. 상황과 목적에 맞는 적절한 연구 방법의 적용만이 있을 뿐이다.

질적 연구에서는 상황을 해석할 때 참여자의 주관적 관점이 중시되므로 연구 결과보다는 과정에 더 주목해야 한다. 연구 과정에서 집단 구성원을 얼마나 더 밀접하게 관찰하고 구성원들과 얼마나 친밀한 관계를 형성했느냐에 따라 연구 결과가 달라질 수 있다. 질적 연구에는 같은 현상을 두고 참여자마다 다른 해석을 내릴 수 있는 주관성의 여지가 남아 있다. 하지만 인간을 대상으로 하는 교육 연구에서 연구 대상의 깊이 있는 내면을 관찰하고 인과관계, 가치관, 신념, 태도, 그리고 구성원 간의 관계를 연구하고자 할 때에는 질적 연구 방법이 더 적합해 보인다.

양적 연구에서는 연구자의 주관을 배제한 실험 통제 상황을 조성하여 확인하고자 하는 변인에 주목하여 실험을 진행하고 결과를 산출한다. 같은 집단, 같은 실험을 하면 누구나 같은 결과를 반복해서 얻을 수 있어야 하는 과학적 검증력을 전제한다. 물론 인간을 대상으로 하므로 완벽한 재현은 불가능하다. 복제 연구를 시행해도 다른 결과가 나오는 것은 교육 연구에서는 바로 인간 변인을 다루기 때문이다. 이 연구 방법은 인간 행위의 이유, 관계, 가치관 등을 깊이 있게 파악하기에는 한계가 있으며 학생이나 교사를 대상으로 하는 연구에서 통제가 강화하면 윤리적 문제가 발생할 수 있다는 점에서도 한계가 있다.

2) 연구 기간에 따른 구분 및 기타 구분

연구 방법적 기준 외에도 연구 기간을 기준으로 나눈 단기 연구, 장기 연구가 있으며 연구 대상 선정에 따라 횡단 연구, 종단 연구로 구분하기도 한다. 또한 해당 분야의 이론적 내용을 연구하는 인문학적 연구와 이론의 실제 현상을 연구하는 사회과학적 연구로 나누기도 한다. 수집된 자료의 가공 여부에 따라 있는 그대로의 자료를 연구하는 일차적 연구와 일차적 자료를 변형한 이차적 연구로도 구분한다. 또한 교육의 경우 교육 현장에 대한 연구와 교육을 지원하는 정책과 제도에 대한 연구로 나누어 구분할 수 있다.

기본적으로 질적·양적 연구의 기본 원리를 바탕으로 국어교육, 특히 작문 교육 연구에 이 두 가지 방법을 적용한다면 연구자의 연구 목적에 맞는 선택이 필요하며 때로는 두 가지 방법이 결합된 혼합 연구 방법이 사용될 수 있다. 작문 교육 연구에서 활용될 수 있는 연구 방법으로는 관찰 연구, 인터뷰, 사고구술, 글에 대한 분석 (text mining), 실험 연구, 사례 연구, 조사 연구, 과학적 도구를 활용한 연구, 메타 연구, 빅데이터 연구 등이 있다. 특히 실험 연구의 경우 실험 결과를 비교, 검증, 관계 파악하기 위한 추가적인 통계 분석 방법이 적용된다. 이러한 연구 방법들은 동일한 주제에 서로 다른 방식으로 적용될 수 있으며 보완적 성격으로 연구 방법 결합이 가능하다.

2. 작문 교육의 질적 연구 방법

질적 연구 방법은 앞서 연구 방법론을 나누는 기준에서 설명했듯이 조작하지 않은 채 있는 그대로의 상태를 관찰하거나 분석하는 방법을 사용한다. 작문교육 연구에서 질적 연구 방법은 다양한 국면에 적용할 수 있다. 학생, 교사, 글 등 작문을 구성하는 모든 요인에 대해서 적용하는 것이 가능하다. 여기에서는 질적 연구를 적용할 수 있는 여러 가지 사례를 간략히 검토해 보고자 한다.

1) 글 및 반응 분석

▌학생이 작성한 글 분석

작문 교육 연구에서 질적 연구는 학생이 작성한 글을 분석하는 연구 주제에 흔히 활용된다. 학생이 작성한 글을 텍스트 언어학적으로 접근하여 글의 내용과 구조를 분석하는 연구들이 초기에 많이 시행되었다. 형식주의 작문 이론과 텍스트 언어학을 바탕으로 글을 분석하는 이 방법은 글에 나타난 결과를 근거로 삼아 학생의 쓰기 과정을 역추적하는 방법으로 쓰이기도 한다. 이러한 접근법은 결과를 통한 과정의 추론이라고 할 수 있는데 정밀성이 떨어지고 과정을 온전히 재구해내기 어렵다는 한계가 있다.

학생 글을 분석하는 이 방법은 글의 평가를 위해 글의 외적인 정보를 분석하는 방법으로 활용되기도 한다. 학생 글을 분석하는 방법에서는 학생 글에 나타난 구조적 관계를 분석하기도 하며 글에 쓰인 단어 수, 어절 수, 문장 수와 같은 계량적 분석 접근법을 적용하기도 한다. 단어 수, 어절 수, 문장 수 등은 쓰기 유창성을 재는 주요 변인이므로 이를 토대로 학생의 쓰기 유창성을 밝히는 것도 가능하다. 이러한 학생 글 분석은 작문에 나타난 문장의 오류 실태를 분석하는 데에도 도움을 주며 이를 바탕으로 하여 작문 지도 방안을 수립하는 데에도 도움을 준다.

학생 글을 분석하는 연구에서는 다음과 같은 작문 교육 연구를 수행하는 것이 가능하다. 예를 들면, 쓰기 능력 발달에 따라 학생 글에 나타나는 문법적 오류의 차이 비교, 컴퓨터 워드 프로세서를 활용한 글쓰기와 손글씨로 쓴 글쓰기의 차이 비교, 모범적인 설명문의 구조와 학생이 작성한 설명문의 구조 비교 등이 가능하다. 학생 글 분석 연구는 다문화 가정 또는 쓰기 부진 학생들의 글에 나타나는 작문 오류 유형을 분석하는 데에도 쓰일 수 있다. 오류를 분석하면 학생들로 하여금 고쳐쓰기를 어떻게 수행하도록 해야 할 것인지를 수립할 때 유용한 점이 있다. 고쳐쓰기는 글을 다듬으면서 오류를 바로잡는 것이 매우 중요하기 때문이다. 학생 글 분석 연구에서는 고쳐쓰기를 하기 전과 후의 차이를 비교함으로써 고쳐쓰기의 효과, 작용 양상 등을 다루는 것도 가능하다.

학생 글 분석 방법은 그동안 연구자가 직접 일일이 학생 글을 읽으면서 분석해야 하는 고된 연구 방법이었다. 연구자가 직접 학생 글을 분석해야 해서 피로도도 높고 여러 가지 제약이 있는 연구 방법이라고 할 수 있다. 그러나 최근 기술 발달 덕분에 학생 글 분석을 컴퓨터 응용 프로그램을 활용하여 비교적 손쉽게 할 수 있게 되었다. 말뭉치 자동 분석 프로그램을 활용한 학생 글 분석 연구, 텍스트 마이닝(text mining) 기법을 통한 학생 글 분석 연구, 글의 의미망을 구성해 주는 프로그램을 활용한 글 분석 연구 등이 그러한 예에 속한다.

한편, 개별적인 학생 글 분석과 함께 포트폴리오에 축적한 글을 분석하는 연구도 할 수 있다. 포트폴리오는 학생들이 일정 기간 동안 자신의 글 전체 자료를 모아놓은 것이다. 따라서 학생이 글을 쓰는 과정에서 남긴 자신의 모든 인지적인 흔적을 확인할 수 있다. 계획하기 단계에서 남긴 자료나 참고한 자료, 글을 작성해 가는 변화 과정, 고쳐 쓴 자료 등을 바탕으로 글을 쓰는 과정을 분석할 수 있으며 그것이 회기에 따라 어떻게 변화하고 발달하는지를 분석할 수 있다. 회기에 따른 변화 또는 발달을 분석할 수 있다는 것이 포트폴리오 분석이 지닌 가장 큰 특장점이다. 글 분석을 쓰기 능력 발달 연구로 확장하면 특정한 주제와 글 유형을 제시하여 학년별 쓰기 양상에 따른 발달 양상을 비교하고 확인할 수 있다. 이러한 연구를 통해 얻는 정보는 작문 교육 연구의 기초적인 자료로 활용할 수 있다.

▌ 교사의 반응 분석

글과 교사 변인을 통합한 연구 주제에서 질적 연구 방법을 적용한 사례로는 교수 첨삭 담화의 유형과 양상을 분석하는 연구를 사례로 꼽을 수 있다. 교사는 학생들에게 쓰기를 지도할 때 학생들이 작성한 글에 대해 반응을 하는데, 이 반응의 유형을 탐구하고 의의를 밝히는 연구가 이에 속한다. 일반적으로 연구가 이루어진 교사의 반응은 학생 글에 대한 첨삭 지도 내용의 분석이다. 첨삭 지도란 학생에게 글을 작성하게 한 후 그 학생이 작성한 글의 오류나 실수를 지적하여 수정하게 하는 방법을 일컫는다. 첨삭 지도는 글을 수정해야 하는 이유, 수정 방향에 대한 안내를 담음으로써 학생들로 하여금 좀 더 모범적인 글을 쓸 수 있도록 돕는다. 첨삭 지도는 일반적으로 지도 내용이 구체적이어서 학생들이 무엇을 수정하거나 보완해야 할지를 쉽게 파악할 수 있다는 점에서 장점이 있다. 그러나 작문의 정의 요인에서도 설명했던 것처럼, 첨삭 지도는 학생이 작성한 글에서 '문제'를 지적함으로써 학생의 쓰기 효능감을 떨어뜨린다는 단점도 있다.

교사의 반응은 일반적인 글쓰기에서도 종종 활용하지만, 가장 일반적으로 활용되는 곳은 논술 쓰기라고 할 수 있다. 논술 지도는 곧 첨삭 지도로 인식될 만큼 첨삭 지도는 논술 지도에서 일반적으로 쓰여 왔다. 논술이라는 글 유형은 내용으로나 형식으로나 학생들이 매우 어려워하므로 학생들의 논술 쓰기 능력의 신장을 돕기 위해서는 구체적이고 세밀한 지도가 필요하다고 보고 첨삭 지도라는 방법이 정착된 것으로 보인다. 최근 연구에 따르면 학생 논술에 대한 교사의 반응은 내용, 조직, 형식의 '화제 요소'와 평가, 지시, 제언, 질문, 표현의 '기능 요소'로 분석할 수 있다.

즉, 교사의 반응은 3×5의 15가지 유형으로 분석할 수 있다.

교사의 반응을 주제로 한 분석에서는 첨삭 지도에 대한 교사 연수가 학생 글에 제공하는 교사의 반응에 어떤 영향을 미치는지를 조사하는 연구도 가능하다. 학생 글에 교사가 반응하면 학생 글에의 오류가 줄어드는 효과가 있을 것으로 기대해 볼 수 있다. 그리고 교사가 학생 글에 대한 반응을 형성할 때 어떠한 변인으로부터 영향을 받는지, 학생 글에 대한 반응의 여부, 형태, 정도를 결정할 때 어떠한 과정을 거치는지를 질적 접근의 방법으로 밝히는 것도 가능하다.

2) 담화 및 행동 분석

▌학생 담화 및 행동 분석

작문 교육 연구에서 학생 담화 및 행동을 분석할 때 질적 접근이 가능하다. 학생 담화 분석은 글을 쓰는 과정에서 학생들에게 협의, 토의, 토론 등의 활동을 하게 했을 때 나타나는 담화의 유형, 구조, 진행 등의 특징을 분석하는 것이다. 학생들은 아직 미숙한 필자이지만 이들의 담화에는 쓰기를 학습하는 과정에서 겪는 여러 가지 특징이 담겨 있고 글을 쓰는 과정에서 겪는 다양한 인지적 문제가 포함되어 있으며 그것에 대한 해결의 여러 가지 양상이 담겨 있다. 그러므로 학생 담화를 분석하는 것은 작문 학습이 이루어지는 세밀한 과정을 살필 수 있다는 점에서 의의가 있다.

작문 학습을 하는 과정에서 보이는 학생들의 행동을 분석하는 것도 가능한데, 이를 통해서 학생들의 행동 유형, 행동 유형의 의미, 교사 담화 및 교사 행동과의 관계 등을 종합적으로 파악할 수 있다. 학생들의 행동은 학생들의 수만큼이나 다양할 수 있고 복합적일 수 있다. 그러므로 학생들을 여러 가지 변인, 예를 들면 쓰기 능력 수준, 쓰기 신념의 유형, 쓰기 동기 또는 쓰기 효능감 수준 등에 따라 작문 학습 과정에서 나타나는 학생의 행동이 어떤 차이가 있으며 어떤 의미가 있는지를 분석하는 것이 가능하다.

학생들은 비전문가일 뿐만 아니라 그 수가 많으므로 모두를 다 관찰하는 것은 비효율적일 수 있다. 모든 학생이 의미 있는 담화나 행동을 보여주는 것도 아니다. 그러므로 학생들의 담화 및 행동을 수집한 다음에는 어떤 담화, 어떤 행동을 분석 대상으로 삼을 것인지, 어떠한 분명한 유형적 특징이 드러나는지를 면밀하게 검토해야 한다. 학생 담화 및 행동을 분석하기 위해서는 이를 모두 녹화하는 방법을 따라야 하는데, 이렇게 하면 자료가 매우 많아진다. 분석해야 할 자료가 많은데 무엇을 어떻게 분석해야 할지를 체계화하지 않으면 학생 담화 및 학생 행동 분석에 의미를 읽어내기 어렵다.

▌교사 수업 담화 분석

교사의 수업 담화는 교사가 학생들에게 수업을 할 때 사용하는 담화를 말하는데 이를 분석할 때 질적 연구 방법을 적용할 수 있다. 교사는 어떠한 수업을 하든 의도적인 목적을 가지고 하는 발화를 통해 학생들을 지도한다. 작문 수업에서도 동일하다. 교사는 학생들에게 글쓰기를 지도하기 위해 발화를 한다. 특정한 목적을 위해 수행되는 발화가 축적되면 담화가 되는데 이러한 담화를 분석하는 것이 바로 교사의 수업 담화 분석이다. 그러므로 수업 담화 분석에는 작문 수업이라는 특정한 시공간에 이루어지는 집적된 교사의 발화를 연구 대상으로 삼는다.

교사와 학생의 상호작용은 교사가 던지는 발화가 원천을 이룬다. 교사가 어떤 교육적 목적을 가지고 발화를 던지면, 학생은 그 발화에 반응하며 답한다. 교사는 그 반응을 평가하여 심화된 수업 내용으로 나아가는 발화를 다시 던지거나, 그 시점의 수업 내용의 이해를 돕는 추가적인 발화를 시도한다. 이처럼 교사가 학생에게 던지는 발화는 독백으로 그치는 것이 아니라 학생의 답변으로 이어지므로 교사의 수업 담화는 일반적으로 대화의 형태로 구성된다. 그래서 수업 담화는 수업 대화로 불리기도 한다. 발화의 집적을 통해 이루어지는 상호작용을 담화로 보는가, 대화로 보는가에 따라 용어가 달라지며, 이에 따라 수업 담화 분석 연구 또는 수업 대화 분석 연구로 불린다.

교사의 수업 담화 분석 연구를 수행하려면 기본적으로 수업 담화를 녹음하거나 녹화하는 방법을 적용해야 한다. 초기 연구에서는 녹음만하는 것이 보편적이었지만, 최근 과학 기술의 발전에 따라 디지털 카메라, 스마트폰 등으로 녹화하는 것이 크게 어렵지 않아 녹화 방법을 쓰는 예도 점점 많아지고 있다. 장면 녹화는 수업 담화의 녹음이 자동적으로 이루어지므로 더 편리한 점이 있다. 다만 디지털 장비를 활용할 경우, 파일 용량이 커져서 다루기가 불편해진다는 단점이 있다.

교사의 수업 담화 분석은 교사가 수행하는 담화가 어떤 유형으로 분류되는지, 각각의 유형은 어떠한 변인과 관련이 있는지, 그 유형은 어떠한 학생 반응을 불러일으키는지, 학습의 효과는 어떠한지 등에 관한 정보를 제공해 준다는 점에서 의의가 크다. 학생의 쓰기 능력은 작문 수업을 통해서 신장이 이루어지는데, 이 장면에 절대적으로 영향을 미치는 기제는 바로 교사의 수업 담화이므로 이의 유형과 기능을 파악해야 쓰기 학습이 이루어지는 국면을 올바로 이해할 수 있기 때문이다. 이러한 정보는 예비 국어교사 및 현직 국어교사의 작문 교육 전문성을 함양하는 데 중요하게 활용할 수 있다.

■ 교사의 수업 행동 분석

교사의 담화만 질적 분석의 대상이 되는 것은 아니다. 작문 수업에서 발화의 집적체인 담화가 교사와 학생의 상호작용에서 가장 중요한 기능을 맡는다는 점에서 분석의 의의가 크지만, 교사의 수업 행동도 이에 못지않게 중요하다. 교사의 수업 행동 분석에서는 작문 수업이라는 특정한 시공간에서 교사가 학생들에게 글쓰기를 지도할 때 보이는 수업 행동의 패턴을 분석하고 그러한 수업 행동의 의미나 기능이 무엇인지를 밝힌다. 교사의 수업 행동을 분석하기 위해서는 교사의 수업 담화가 같이 연동되어야 할 때도 있지만 수업 행동 자체만을 분석 대상으로 삼는 것도 가능하다.

최근에는 국어교사의 쓰기 지도 효능감 수준과 쓰기 지도 성향에 따른 쓰기 수업 분석 연구가 이루어진 바 있는데, 이러한 연구에서 교사의 수업 행동 분석이 적용되었다. 교사의 수업 행동 분석을 위해서는 교사가 수업할 때 보이는 행동을 모두 녹화하고 그것을 의미 단위로 분석하고 의미를 해석하는 과정을 거쳐야 한다. 그래서 이 연구 방법은 연구자의 노고가 많이 따른다. 행동의 빈도를 조사할 때에는 일일이 셀 수 없어 행동 패턴을 분석해 주는 컴퓨터 응용 프로그램을 활용하기도 한다.

교사의 행동을 의미 단위로 분석할 때 교사의 수업 담화를 기준으로 삼아야 할 때도 있다. 그러므로 이러한 분석 방법을 적용할 때에는 행동 녹화만 하는 것보다는 교사의 수업 담화까지를 동시에 녹화하는 것이 바람직하다. 이러한 방법은 실제 수업을 하는 교실 상황을 녹화 장치를 통해 자료를 남기고 수업 진행 동안 나타나는 교사의 행동이나 발화를 일정한 기준에 따라 분류하여 작문 수업에서 나타나는 교사의 수업 행동 양상을 살피는 데 도움을 준다. 이러한 이유에서 교사의 수업 행동 분석 연구가 좀 더 활성화될 필요가 있다.

교사의 수업 행동 분석은 예비 국어교사의 쓰기 지도 능력 함양을 기르는 데 필요한 정보를 제공해 준다. 예비 국어교사는 양성 과정에서 학생들에게 글쓰기를 지도할 수 있는 전문적인 능력을 길러야 하는데, 이때 이러한 정보가 필요하다. 예를 들면 교사가 어떤 수업 행동을 할 때 학습의 효과가 높은지, 신념 수준이나 효능감에 따른 수업 행동은 어떤 차이가 있는지, 변인 사이의 관계는 어떠한지 등에 관한 정보는 쓰기 지도 방안을 수립하고 시행할 때 참조해야 할 주요 정보이므로 예비 교사는 이에 대해서 잘 알고 있어야 한다. 현직 국어교사도 쓰기 수업 전문성이 부족하다면 이러한 정보를 토대로 연수 과정에 참여할 수 있으므로 이러한 연구를 통해서 얻는 정보는 현직 국어교사의 전문성 신장에도 기여한다고 할 수 있다.

▋ 교사의 평가 행동 분석

교사의 행동은 수업 장면에서만 일어나는 것은 아니다. 학생 글을 평가하는 장면에서 교사는 일정한 절차의 행동을 따라야 한다. 가령 학생 글을 읽는 행동, 평가 기준표를 확인하는 행동, 그렇게 한 후 학생 글에 점수를 부여하는 행동 등이 그것이다. 교사의 평가 행동을 분석하려면 교사의 수업 행동처럼 학생 글을 평가하는 교사의 모습을 녹화해야 한다. 겉보기만 단순히 녹화해서는 행동 분석의 의의를 살리기 어렵다. 교사의 표정, 읽고 채점해야 하는 학생 글 등을 다채롭게 녹화하는 것이 바람직하다. 그래서 타당하고 적절한 평가 행동 분석을 하기 위해서는 2~3채널의 녹화 장비를 갖추는 것이 좋다.

교사가 수업 행동을 할 때에는 발화를 수반하므로 음성과 행동을 동시에 녹화하면 수업 행동의 의미를 해석할 수 있다. 그러나 교사의 평가 행동은 침묵 속에서 이루어진다. 학생 글을 읽는 교사가 어떤 발화를 하면서 읽는 행동을 하지는 않으며, 평가 기준표에 따라 학생 글에 점수를 부여하는 교사가 어떤 발화를 하면서 채점하는 행동을 하지는 않는다. 그러므로 평가 행동 분석을 하기 위해서는 단순한 녹화로는 의미 해석을 하기 어렵다.

이러한 이유에서 교사의 평가 행동을 분석할 때에는 사고구술을 병행하곤 한다. 평가 행동을 하면서 머릿속에서 떠오르는 모든 사고 내용을 구술하여 지금 하고 있는 평가 행동의 이유를 드러내도록 해야 한다. 평가를 수행하는 교사는 전문가들이므로 학생들을 대상으로 하는 사고구술보다는 훨씬 더 수월하고 훨씬 더 효과적이다. 학생들과는 달리 교사들은 약간의 훈련과 준비를 거치면 비교적 원활하게 사고구술을 수행할 수 있다.

그러나 평가 행동 중 사고구술이 불가능하거나 불편할 때에는 반성적 사고구술을 적용하는 것도 가능하다. 반성적 사고구술은 활동 중 또는 행동 중에 사고 내용을 구술하는 것이 아니라, 활동 모습이나 행동 모습을 녹화한 후 녹화 기록을 다시 보면서 그때 왜 그러한 활동이나 행동을 했는지를 말하는 것이다. 활동이나 활동을 사고구술과 분리하여 적용하면, 활동이나 행동 중에는 그것에 몰입할 수 있고, 그래서 그 활동, 그 행동이 방해를 적게 받는다는 장점이 있다. 그러나 사고구술은 사후에 해야 하므로 활동이나 행동 중에 있었던 사고 내용을 망각하거나 왜곡하거나 첨가하거나 변형할 가능성이 높아진다는 단점이 있다.

교사의 평가 행동 분석은 교사의 학생 글 평가 모형을 수립하는 데에도 기여하며, 교사의 학생 글 평가 전략을 분석하는 데에도 기여한다. 이러한 기여점은 궁극적으로 예비 국어교사를 양성하는 데 필요한 정보를 제공해 준다는 점에서도 의의가 있다. 예비 교사는 양성 과정에서 학생 글을 타당하고 신뢰성 있게 평가할 수 있는 전문성을 갖추어야 한다. 이를 위해서는 어떤 모형을 따라야 하는지, 어떤 전략을 써야 하는지를 학습해야 하는데, 바로 이러한 연구가 여기에 기여할 수 있다.

학생 글의 평가는 현직 국어교사가 전문성이 부족한 대표적인 영역이다. 이론이나 수행에 대한 체계적인 학습, 훈련이 없이 학생 글을 평가하는 경우가 흔하다. 이러한 문제를 해소하려면 현직 국어교사의 쓰기 평가 전문성을 높이는 연수 프로그램을 마련할 필요가 있는데, 이때 이러한 연구 결과가 활용될 수 있다. 그러므로 이러한 연구는 쓰기 평가 전문성을 신장하는 바탕을 이룬다고 할 수 있다.

3) 학생 인지 과정 분석

■ 사고구술을 활용한 분석

학생을 대상으로 한 작문 교육 질적 연구는 학생의 쓰기 과정에서 나타나는 인지 과정을 사고구술로 분석하는 연구가 대표적이다. 작문의 사고과정을 분석하기 위하여 사고구술이라는 방법을 적용한지 꽤 오랜 시간이 지났다. 그런 만큼 사고구술은 작문 교육 연구에서 매우 중요하면서 역사적 전통을 지닌 연구 방법이라고 할 수 있다.

사고구술은 작문 활동을 하는 도중에 작문 활동을 하면서 경험한 모든 사고 내용을 말로 기술하는 방법이다. 사고를 구술한다는 뜻에서 사고구술로 불린다. 사고구술은 독일의 내성심리학에서 쓰던 방법을 인지 과학에서 체계적으로 발전시킨 방법이다. 어떤 활동이나 행동을 수행하게 하는 인지 작용을 분석하고자 할 때 사고구술을 적용하면 왜 그러한 활동이나 행동을 했는지를 효과적으로 파악할 수 있다. 그 행동이나 활동을 할 때의 사고를 구술하므로 사고구술의 내용을 분석하면 그 행동이나 활동의 원인을 밝혀낼 수 있다. 아직도 인지 과학에서 사고구술을 활용하는 이유는 이 방법이 지닌 이러한 장점 때문일 것이다.

사고구술의 내용은 녹음을 해서 기록해야 한다. 음성언어로 구술하고 나면 바로 사라져버리므로 녹음을 해 두지 않으면 분석하기 어렵다. 사고구술의 내용을 녹음한 후 그것을 종이에 문자로 옮겨 적은 것을 프로토콜이라고 부르는데, 이렇게 프로토콜을 만들면 사고구술의 내용을 분석하는 것이 훨씬 용이하다. 현재 컴퓨터에 녹음 장치를 연동하는 방법으로 연구를 하면 훨씬 더 쉽게 사고구술을 활용한 분석이 가능할 수 있다.

그러나 사고구술을 통한 학생의 인지 과정 분석은 한계도 있다. 가장 큰 한계는 이중 과제의 처리에 따른 부담이 크다는 점이다. 글을 쓸 때 작동하는 인지 과정을 분석하려면 글을 쓰는 과제와 사고를 구술하는 과제를 동시에 수행하도록 요구해야 하는데, 미숙한 필자인 학생들은 이러한 이중 과제를 적절하게 수행하는 것이 매우 어렵다. 학생들은 인지 자원도 충분하지 못하거니와 그것을 효과적으로 배분할 수 있는 상위인지도 부족하기 때문이다. 그래서 학년이 낮은 학생들에게는 이러한 방법을 적용하는 것이 거의 불가능하다. 학년이 높은, 좀 더 성숙한 학생들은 가능하겠지만, 그렇더라도 연습 과정을 꼭 거쳐야 한다.

사고구술은 이중 과제로서 난도가 높은 방법이므로 학년이 낮은 학생뿐만 아니라 쓰기 능력이 부족한 학생들에게도 적합하지 않다. 가령 쓰기 부진 학생들에게는 사고구술을 적용할 수 없다. 쓰기 부진 학생들은 글을 잘 쓰지 못하는 학생들인데 여기에 더해 사고를 구술하도록 하면 인지적으로 과부하 상태에 놓이게 된다. 그러므로 사고구술은 어쩔 수 없이 유능한 필자를 대상으로 하여 연구를 수행할 수밖에 없다.

사고구술은 능숙한 필자를 대상으로 할 수밖에 없다는 방법상의 한계는 이를 통해 얻어낸 연구 결과를 일반화하는 데에 영향을 미친다. 즉, 사고구술을 통해 수립한 여러 가지 작문 모형이나 전략은 유능한 필자의 특성을 반영한 것일 뿐 미숙한 필자, 부진한 필자까지를 포함한 전반적인 모형이 될 수는 없다는 것이다. 그러므로 능숙한 필자의 사고구술을 바탕으로 하여 수립한 작문 모형으로 미숙한 필자인 학생들의 작문 현상을 설명하고자 하는 것은 타당하지 않을 수 있다.

▌ 반성적 쓰기를 활용한 분석

앞에서 지적한 대로 사고구술은 이중 과제의 부담이 있으므로 학생들을 대상으로 하는 연구에서는 이를 해소하는 방법을 적용하는 것이 필요하다. 이를 위해 제안된 방법이 바로 반성적 쓰기이다. 반성적 쓰기는 쓰기 과제를 수행한 후 자신의 글쓰기 과정을 반성적으로 회상하면서 작성하는 글을 일컫는다. 작동하는 기제로 보면, 글을 완성한 후에 작성한다는 점, 그래서 이중 과제가 주는 인지 부담을 덜 수 있다는 점에서 반성적 사고구술과 유사하다.

반성적 사고구술은 첨단 장비를 활용하여 글을 쓰는 동안의 행동이나 활동을 기록한 후 그것을 보면서 그 당시의 사고 내용을 구술하는 방법이지만, 반성적 쓰기는 그러한 기록 없이 글을 쓰는 과정에서 경험했던 인지 활동을 글로 쓰는 방법이다. 사후에 인지 활동을 보고하게 한다는 점에서 망각, 왜곡, 변형, 축소, 과장 등의 오류가 개입할 여지가 있다. 실제로 없었던 인지 활동을 보고할 수도 있으며, 실제로 있었던 인지 활동을 보고하지 못할 수도 있다. 그럼에도 불구하고 학생들에게 사고구술의 인지 부담을 줄이면서도 일부일지언정 인지 활동의 내용을 파악할 수 있다는 점에서 장점이 있다.

반성적 쓰기에 대해서는 최근에 여러 편의 연구가 이루어진 바 있다. 반성적 쓰기를 적용하여 글을 쓰는 과정에서 경험했던 인지 활동을 회상하도록 했을 때 작문 능력이 신장되었다는 보고가 이루어지도 했다. 작문 능력 신장의 효과가 있었다는 보고를 보건대 반성적 쓰기가 인지 활동을 떠올리게 한다는 점은 분명해 보인다. 그러므로 연구 상황에 따라 사고구술을 보완하는 방법으로 반성적 쓰기를 활용하는 것도 가능하다.

4) 문화 기술 연구

▌문화 기술 연구의 특징

교육 연구에서 질적 연구의 대표적인 방법으로는 문화 기술 연구가 꼽히곤 한다. 문화 기술 연구는 민족지학적 연구로 불리기도 하는데 연구 대상으로 삼은 집단을 참여 관찰자로서 있는 그대로 관찰하여 분석하고 의미를 해석해 내는 연구 방법이다. 문화 기술 연구는 인류학에서 사용하는 연구 방법을 원천으로 삼고 있다.

작문 연구에서 문화 기술 연구는 다양한 방면으로 활용하는 것이 가능하다. 가령, 어떤 작문 교수법을 적용할 때 그 적용의 과정이 어떻게 이루어지는지를 참여 관찰하여 분석할 수 있다. 그 교수법이 어떤 집단에서는 효과가 있고, 어떤 집단에서는 효과가 없을 수도 있는데, 그 원인은 그 교수법에 대한 적용이 이루어지는 과정에서 숨어 있을 것이다. 교사가 어떻게 지도하는지, 혹은 학생들이 어떠한 태도로 그 교수법 학습에 임하는지에 따라 효과가 달라질 수도 있기 때문이다. 그러므로 이 차이를 해명하기 위해서는 참여 관찰의 방식으로 교수법 학습이 이루어지는 수업 장면을 세밀하게 관찰해 볼 필요가 있다.

이러한 연구도 가능하다. 즉, 유능한 필자들은 글을 어떻게 쓰는지를 관찰 연구로 밝힐 수 있다. 유능한 필자들은 글을 어떻게 쓰기에 잘 쓰는지 궁금하지 않은가? 유능한 필자들도 학교에서 학생들이 배우는 것처럼, 계획, 생성, 조직, 표현, 고쳐쓰기의 단계를 거치는지를 알아보고자 한다면 참여 관찰의 방법으로 유능한 필자의 행동 패턴을 분석해 내는 문화 기술 연구를 적용할 수 있다.

문화 기술 연구는 비유하자면 작문 현상에 대해 돋보기를 대어보는 것과 같다. 양적 연구를 통해서는 독립 변인의 효과가 있는지의 여부는 밝힐 수 있지만 왜 효과가 있거나 없는지를 말하기는 어렵다. 독립 변인의 투입이 어떠한 조건에서 어떠한 방식으로 이루어졌는지를 세밀하게 파악할 수 없기 때문이다. 문화 기술 연구는 독립 변인의 투입이 어떻게 이루어졌고, 투입이 이루어지는 과정에서 교사의 인식이나 태도, 학생의 인식이나 태도까지를 돋보기로 보듯 세밀하게 관찰하고 해석한다. 이를 통해서 효과 있는 이유나 없는 이유를 세밀하게 읽어낼 수 있다.

▌문화 기술 연구의 신뢰도

작문 교육 연구에 흔히 활동되는 문화 기술 연구는 연구 방법의 특징으로 인해 신뢰도에 대한 새로운 접근이 필요하다. 문화 기술 연구는 참여 관찰자의 관찰과 기록밖에는 없으므로 제3자의 눈으로 신뢰도를 검증할 마땅한 방법이 없다. 예를 들어보자. 연구자는 참여 관찰을 한 후 작문 학습 과정에서 있었던 학생의 행동을 매우 의미 있게 해석했지만, 독자는 정말로 그러한 행동이 있었는지를 확증할 수 있는 방법이 없다. 없었던 일을 있었던 일인 것처럼 기술한다고 해도 그것을 확인할 수 있는 방법이 없다는 뜻이다.

이러한 문제를 해소하기 위해서 문화 기술 연구를 수행하는 연구자는 자신의 참여 관찰을 입증할 자료를 2가지 이상으로 준비하는 방법을 사용해야 한다. 가령, 1차 자료로서 관찰 일지도 작성하고 인터뷰 자료도 작성하면 두 가지의 자료를 통해 관찰 내용의 사실 여부를 입증할 수 있게 된다. 그러므로 문화 기술 연구로 작문 교육 연구를 수행하고자 할 때에는 이러한 다중적인 관찰 자료 확보 방안을 수립할 필요가 있다.

▌문화 기술 연구의 윤리

문화 기술 연구는 참여 관찰이라는 방법을 적용한다. 연구하고자 하는 대상이 있을 때 연구자는 그 대상인 집단에 참여 관찰자로 들어가서 그 집단 내부에서 일어나는 섬세하고 내밀한 과정을 분석하고 해석해 내는 방법을 적용하다 보니 관찰 대상, 즉 연구 참여자의 내밀한 정보를 알게 될 가능성이 매우 크다. 이러한 정보 중에는 사적인 것도 포함되어 있어 개인의 사적 정보를 어떻게 보호할 것인가라는 연구 윤리의 문제가 제기되곤 한다. 특히 그러한 정보가 연구의 의의를 높여준다거나 해석의 중요한 토대가 된다고 할 때 그 내용을 공개해도 되는가가 첨예한 문제로 떠오른다.

작문 수업을 하는 교실에 참여 관찰자로 연구하는 상황을 가정해 보자. 학생 한 명이 설명문 쓰기 활동을 하면서 다른 사람의 글을 무단으로 표절하는 모습을 보게 되었다. 인터넷에서 다른 사람이 쓴 글을 찾아내서 그것을 옮겨 붙인 것임에도 불구하고 자신이 새롭게 작성한 글인 것처럼 행동하는 학생이 있을 때, 이것을 어떻게 처리하는 것이 타당하고 적절한가? 문화 기술 연구에서는 이러한 연구 윤리의 문제가 항상 따라다닌다. 그러므로 문화 기술 연구를 적용하여 작문 교육 연구를 하고자 할 때에는 윤리적인 문제를 어떻게 처리할 것인가를 명확하게 정리해 둘 필요가 있다. 소속 기관이나 관리 기관의 윤리 규정을 준수할 필요가 있으며, 보고하는 절차가 있을 때에는 이를 따라야 한다.

3. 작문 연구 양적 연구 방법

1) 통계적 검증

▐ 작문 평가 분야의 연구

작문 교육 연구의 주된 방법은 양적 연구 방법을 통해 이루어지고 있다. 작문 교육 연구 중에서도 통계적 검증을 적용하는 양적 연구 방법은 작문 평가에서 널리 활용되고 있다. 작문 평가에서 통계적 검증이 많이 쓰이는 이유는 작문 평가라는 주제 자체가 통계적 방법을 원리로 삼고 있기 때문이다. 작문 평가의 타당성, 신뢰성 등을 확인하기 위해서는 통계적 검증의 방법을 사용할 수밖에 없으므로 이 주제에는 내용과 방법이 모두 통계적인 원리가 적용된다고 할 수 있다.

작문 평가와 관련한 양적 연구는 기초 통계를 적용하는 연구로부터 고전 검사 이론을 확장한 일반화 가능도 이론, 문항 반응 이론의 1모수 모형인 다국면 Rasch 모형을 활용하는 연구까지 폭넓게 이루어졌다. 최근에는 다국면 Rasch 모형을 활용하여 평가자의 전문성을 조사하는 연구가 활발하게 이루어진 바 있다. 다국면 Rasch 모형을 적용한 작문 평가 연구에서는 평가자를 예비 국어교사 및 현직 국어교사로 확대하여 이들이 보이는 엄격성의 내적 일관성을 분석하고 작문 평가의 전문성의 정도를 확인하기도 하였다. 이를 토대로 작문 평가의 전문성을 제안하였는데 이러한 연구는 국어교사의 작문 평가 전문성을 함양하는 데 기여할 수 있을 것으로 기대된다.

이외에도 작문 평가의 기준 설정에 관한 연구, 작문 평가 방법에 따른 평가 타당성과 신뢰도 검증 연구, 평가자 신뢰도 개선 방안 연구, 평가 예시문을 제시하기 위한 통계적 접근, 평가 일관성 유형에 따른 교사의 작문 평가 특성 분석, 글씨 정확도와 평가 결과의 상관관계 연구 등에서도 통계적 검증을 적용한 양적 연구가 이루어졌다. 현재 작문 교육 연구가 과학화하면서 이러한 연구 방법을 적용하는 사례가 더욱 폭넓어지고 있다.

■ 작문 지도 분야의 연구

작문 평가 영역만큼이나 양적 연구 방법이 흔히 적용된 영역은 작문 지도 분야의 연구라고 할 수 있다. 사실 통계적 검증이라고 할 때에는 독립 변인의 효과, 즉 작문 지도 방안이나 작문 지도 전략을 학생들에게 실험하고 그것의 효과를 검증을 의도하는 것이므로 통계적 검증이라는 양적 연구 방법은 작문 지도 분야에서 널리 활용되어 왔다고 해도 과언이 아니다. 지금도 독립 변인 실험을 적용하는 많은 경험 연구에서 통계적 검증의 방법을 적용하고 있다.

작문 교육 연구자들은 학생들의 작문 능력 신장을 돕기 위하여 글 유형, 성취 수준, 학년, 성별에 따라 가장 적합한 교수·학습 전략을 찾기 위해 노력을 기울여 왔다. 그러한 노력의 결과로 얻은 독립 변인의 효과를 알아보기 위해 실험 연구를 진행하고 그 효과의 차이를 통계적으로 검증해 왔다. 이때 흔히 활용되는 것이 실험을 하기 전과 실험을 하고 난 후의 평균을 비교하는 방법이다. 두 집단의 평균 비교라는 통계적 검증 방법은 작문 교육 연구에서도 매우 일반적으로 쓰이고 있다.

두 집단 평균 비교를 할 때에는 지도 방법이나 전략의 사전-사후 비교를 흔히 통계적 검증의 방법으로 사용한다. 단일 집단 실험일 때에는 사전-사후의 평균 비교를 진행하고, 실험 집단 및 통제 집단 실험일 때에는 사전의 두 집단 비교, 사후의 두 집단 비교, 실험 집단의 사전-사후 비교의 세 가지 평균 비교를 진행한다. 이를 통해서 실험에 적용한 독립 변인이 효과적인지, 학생들의 작문 능력을 긍정적인 방향으로 변화시키는지를 확인할 수 있다.

■ 작문 정의 요인 분야의 연구

통계적 검증은 작문의 정의 요인을 다루는 분야의 연구에서도 활용할 수 있다. 가령 학생들의 쓰기 효능감을 높이기 위하여 어떤 프로그램을 개발했다고 하면 이 프로그램의 효과를 입증하기 위해서는 실험을 적용한 후 통계적인 검증 과정을 거쳐야 한다. 그러므로 작문 평가, 작문 지도 분야 외에 정의 요인 분야에서도 통계적 검증의 방법은 유효하다.

사전-사후의 변화량을 조사하여 검증하는 방법을 쓰는 통계적 검증은 변화량을 조사할 수 있는 정의 요인이라면 어떤 것이든 적용할 수 있다. 변화량을 양적으로 환산해야 하므로 적어도 등간 척도 이상의 방법을 적용할 수 있는 검사 도구를 개발해서 적용해야 한다. 등간 척도 이상의 방법으로 수집된 자료가 없다면 통계적 검증이라는 방법은 적용할 수 없다.

정의 요인 자체의 변화 정도를 통계적으로 검증하는 양적 연구도 가능하지만 학생이 현재 지니고 있는 정의적 요인의 수준이 쓰기 수행에 미치는 영향 관계를 살피기 위한 연구도 가능하다. 쓰기 태도, 효능감, 인식, 동기 등이 쓰기 수행과 밀접한 관계를 지니고 있음이 밝혀진 바 있으므로 이러한 요인이 쓰기 수행에 어떤 영향을 어느 정도 미치고 있는지를 밝히는 연구가 가능하다. 이러한 연구는 교사의 정의적 요인이나 인식이 쓰기 지도에 미치는 영향을 살피는 연구로 확장할 수도 있다.

통계적 검증을 적용하는 양적 연구는 작문 교육 연구 에서 큰 부분을 차지한다. 작문 교육 연구 방법 중에서도 통계적 검증을 적용한 양적 연구는 좀 더 발전적으로 이루어질 필요가 있다. 통계적 검증에 바탕을 둔 연구는 작문 교육을 체계화하는 데 필요한 정보를 제공해 주므로 이 연구가 폭넓게 이루어져야 작문 교육의 발전을 기약할 수 있기 때문이다.

2) 조사 연구

■ 작문 변인에 대한 인식의 조사

양적 연구 방법에는 통계적 검증을 적용하는 실험 연구와 표본을 통해 모집단의 특성을 추론하는 조사 연구 있다. 조사 연구도 작문 교육 연구에서 널리 활용할 수 있는 양적 연구 방법이라고 할 수 있다. 조사 연구에서는 표본을 설문, 인터뷰 등의 방법으로 조사하여 표본의 평균, 표본의 표준편차를 조사한 다음, 이를 토대로 모집단의 평균과 표준편차를 추정하는 방법을 원리로 삼고 있다. 조사 연구는 정책을 수립하거나 의사결정을 내리는 데 필요한 정보를 제공한다는 점에서 큰 의의가 있다.

작문 교육 연구에서 조사 연구가 폭넓게 적용되어 온 영역은 바로 인식 조사라고 할 수 있다. 작문 교육과 관련된 대상에 대해 학생이나 교사의 인식을 조사는 연구가 일반적인데, 이때의 대상에는 작문 교육과정(목표, 내용, 성취기준 등), 작문 활동, 작문 수업, 작문 평가(방법, 기준 등), 글의 유형이나 주제 등등의 다양한 변인이 모두 포함될 수 있다. 가령, 설명문이나 논설문 쓰기에 대한 학생 인식이나 교사의 인식을 조사하는 연구가 가능하며, 작문 수업에 대한 교사의 인식 및 학생 인식의 조사하는 연구도 가능하다. 특히 인식 연구는 그 대상이 작문 교육과 관련이 있다면 어떤 것이든 무방하므로 연구의 폭이 매우 넓다고 할 수 있다.

그런데 인식 조사를 분석하거나 해석할 때 주의할 점은 이러한 인식이 실제적인 수행을 보장한다거나 실제적인 현상을 반영한다고 볼 수 없다는 것이다. 현재의 작문 교육이 잘 이루어지고 있다고 인식한다고 해서 실제적으로 작문 교육이 잘 이루어지는지는 알 수 없다. 인식 조사는 판단 주제의 인식을 반영할 뿐이다. 그러므로 작문 교육 연구에서 인식 조사를 대할 때에는 이 점을 주의해야 한다.

인식 조사에서 주의해야 할 점이 하나 더 있는데, 그것은 어떤 대상에 인식에는 인식 주체의 자기 평가 능력이 영향을 미친다는 점이다. 인식 조사를 통계적으로 처리하기 위해서는 등간 척도 이상의 방법으로 조사를 해야 한다. 등간 척도를 조사 대상자에게 제시하면 조사 대상자는 자기 자신의 인식을 척도 점수로 환산할 수 있는 능력을 갖추고 있어야 하는데, 여기에 바로 자기 평가 능력이 영향을 미친다. 인식 조사 연구가 학년이 낮을수록, 학업 성취 수준이 낮을수록 어려운 이유는 바로 이 때문이다.

인식 조사 연구는 조사 대상을 학생, 예비 국어교사, 현직 국어교사 등으로 확장하여 적용하는 것이 가능하다. 능력을 드러내도록 하는 것이 아니므로 연구 대상의 폭을 넓게 잡더라도 실험 연구에 비해서 용이한 점이 있다. 최근에는 쓰기 동기에 대한 조사 연구가 중학생 및 고등학생, 예비 국어교사, 현직 국어교사 등을 대상으로 이루어지기도 했는데, 이러한 선행 연구는 조사 연구에서 조사 대상의 폭이 매우 다양할 수 있음을 직접적으로 보여준다.

인식 조사 연구는 설문이나 면접의 방법을 적용하는 것이 일반적이다. 면접은 심층적인 정보를 수집하는 데에는 유리하지만 비용이 많이 드는 단점이 있어 최근 작문 교육 연구에서는 잘 활용되지 않고 있다. 그러나 전문가의 의견을 반드시 필요로 하는 분야, 가령 작문 교육과정 개발이라든가, 작문 관련 미래 핵심 역량의 선정과 같은 주제의 연구일 때에는 면접의 방법을 활용하기도 한다. 반면 설문지를 활용하는 방법은 적은 비용으로 폭넓은 자료를 확보할 수 있어 작문 교육 연구에서 활발하게 활용되고 있다. 그러나 설문 문항을 명료하게 진술해야 할 뿐만 아니라 타당도와 신뢰도를 모두 확보할 수 있도록 작성해야 하므로 꼼꼼한 준비와 진행이 필요하다. 조사 도구에 오류가 있으면 전혀 의도하지 않은 결과에 도달할 수 있고, 이는 잘못된 정책 결정이나 의사 결정에 도달할 수 있으므로 유의해야 한다.

■ 작문의 인지 및 정의 요인 조사

작문 교육 연구에서 인식 조사가 매우 활발하게 이루어지고 있지만, 작문 교육 연구의 본질을 살핀다면 인지 요인 및 정의 요인의 조사 연구를 소홀히 해서는 안된다. 작문의 인지 요인 조사는 쓰기 능력에 대한 조사, 쓰기 전략 및 상위인지에 대한 조사, 쓰기 지식에 대한 조사 등등으로 분류할 수 있는데, 이러한 조사는 그 어느 것 하나가 중요하지 않은 것이 없다. 학생들의 쓰기 능력이 현재 어느 상태에 있는지를 파악하려면 학생들의 쓰기 능력을 직접적으로 조사하는 연구를 수행해야 하며, 학생들의 쓰기 전략이나 쓰기 상위인지와 관련된 현재의 수준이 어떠한지를 알려면 이와 관련된 검사 도구를 제작하여 실제적인 상태를 조사해야 한다. 물론 이러한 조사 연구를 바탕으로 하여 각각의 영향 관계를 분석하는 연구도 가능하다.

조사 연구는 학생들의 인지 영역만을 대상으로 하는 것은 아니다. 학생들의 현재적인 쓰기 동기의 수준은 어떠한지, 효능감은 어떠한 수준에 있는지를 알아보려면 이때에도 조사 연구의 방법을 적용해야 한다. 쓰기 불안을 조사하든 쓰기 태도를 조사하든 조사 연구의 방법을 적용해야 한다는 점은 동일하다. 이러한 요인에 대한 조사는 현재 학생들의 수준이나 상태를 파악하는 데에도 활용할 수 있지만, 요인 사이의 관계, 정의 요인과 쓰기 수행 또는 쓰기 능력과의 관계를 살피는 데에도 활용할 수 있다.

조사 연구에서는 학생들의 인지 요인 및 정의 요인을 조사하는 연구도 가능하지만, 교사를 대상으로 한 조사도 가능하다. 교사가 현재 가지고 있는 쓰기 지식의 수준이라든지, 쓰기 능력 수준에 대한 연구도 가능하며, 이러한 현재의 상태가 학생들의 쓰기 지도에 어떠한 관련이 있는지를 조사하는 것도 가능하다. 쓰기 동기라든지, 쓰기 지도 효능감, 쓰기 평가 효능감과 같은 정의 요인을 현직 국어교사 및 예비 국어교사를 대상으로 조사 연구도 이미 이루어진 바 있다. 이러한 요인의 현재 상태를 파악하기 위해서 조사 연구를 수행할 수도 있지만, 이러한 요인의 상태나 수준이 쓰기 지도, 쓰기 평가와는 어떠한 관련이 있는지를 파악하고자 할 때에도 조사 연구를 수행할 수 있다.

앞에서도 지적한 것처럼, 조사 연구는 정책 수립이나 의사결정을 하는 데 필요한 정보를 제공해 준다는 점에서 의의가 크다. 학생 관련 조사 연구의 결과는 작문 교육의 내용과 방법을 정하는 데 도움을 주고, 교사 관련 조사 연구는 국어교사 양성 및 연수 프로그램을 수립하는 데 도움을 준다. 그러므로 작문 교육의 체계화를 기한다면 조사 연구도 충실하게 이루어질 필요가 있다.

■ 작문 발달 분야의 연구

조사 연구 방법을 적용한 양적 연구는 쓰기 발달 양상을 확인하는 연구에도 활용할 수 있다. 초·중·고 학생들을 대상으로 특정한 쓰기 과제를 부여한 후 글의 평가를 통해 내용, 조직, 표현 등에서 쓰기 발달 양상이 어떠한 차이가 있는지를 양적 방법으로 분석할 수 있다. 발달 연구는 종단 연구를 기본으로 하지만 비용이 많이 들고 시간이 많이 걸려 효율성이 다소 떨어진다. 이를 보완하기 위하여 횡단 연구가 수행되곤 하는데, 이때 조사 연구의 방법을 적용하는 것이 효과적이다. 횡단 연구를 진행하려면 학생 표집부터 시작해야 하는데 표본의 선정은 통계적 검증의 일차적인 출발점과 같기 때문이다. 횡단 연구를 적용해서 작문 발달 연구를 진행하면 보다 더 많은 학생들의 자료를 수집하여 분석할 수 있다는 장점과 발달 정도를 계량화하여 비교할 수 있다는 장점이 있다.

3) 메타 연구

▌개념과 특징

메타 연구는 통계적 연구 방법을 확장한 것으로 볼 수 있지만 실험 연구 결과를 집적하여 종합적인 분석을 시도한다는 점에서 새로운 연구 방법으로 분류할 수 있다. 여러 연구를 집적하여 분석하는, 연구에 대한 연구라는 의미로 메타 연구로 부른다. 메타 연구는 메타 분석 또는 메타 분석 연구로 쓰이기도 하는데, 모두 같은 의미이다.

메타 연구가 가능하기 위해서는 동일한 변인에 대한 실험 연구 성과가 충분하게 축적되어야 한다. 종합해야 할 정도로 연구가 축적되어 있지 않다면 메타 연구의 의의는 반감된다. 메타 연구를 통해서 각 연구가 적용해 온 독립 변인이 효과적인 정도를 알 수 있고, 이를 토대로 독립 변인에 대한 경험적 이론을 확립할 수 있다.

집단 간 평균 비교와 같은 통계 검증을 적용한 교수·학습 전략이나 평가 방법에 대한 작문 교육 연구는 서로 다른 실험 조건을 갖추고 있기 때문에 어떤 전략이나 방법이 더 나은 효과를 보이는지 비교할 수 없다. 어떤 연구는 중학교 1학년을 대상으로 했고 어떤 연구는 고등학교 2학년을 대상으로 했을 때 동일한 실험 변인이라고 하더라도 정말 효과적인 것인지, 어느 연구의 효과가 더 우수한 것인지를 판단하기 어렵다. 이러한 문제를 해소하기 위해 새롭게 제안된 연구 방법이 바로 메타 연구이다.

▌계산 및 해석 방법

메타 연구는 서로 다른 조건에서 시행된 여러 연구들의 효과 크기 비교를 통해 더 나은 전략이 방법이 무엇인지 비교할 수 있도록 제시해 준다는 장점이 있다. 메타 연구는 효과 크기(effect size)를 구한 후 이 효과 크기를 비교하여 실험 변인의 효과 정도를 판단한다. 효과 크기는 표준화한 값에 해당하므로 정상 분포의 z값처럼 해석할 수 있으므로 상대적인 위치를 비교하는 데 유리하다.

효과 크기로 활용할 수 있는 계수는 여러 가지가 있지만 흔히 사용하는 것은

Cohen's d이다. Cohen's d는 두 집단의 평균 차이를 공통 표준편차로 나눈 값이다. Cohen's d는 0.20이면 '작은', 0.50이면 '중간', 0.80이면 '큰'으로 해석한다. Cohen's d 가 0.80이면 78.814%의 비율을 점유한다는 뜻이므로 대략 상위 21%에 위치한다고 할 수 있다.

메타 연구를 수행하는 일반적인 절차는 다음과 같다. 우선, 관심 변인을 독립 변인으로 삼은 경험 연구를 수집한다. 경험 연구를 수집할 때에는 흔히 공신력 있는 데이터베이스를 활용한다. 둘째, 수집한 연구를 코딩한다. 코딩은 평균, 표준편차, p 값 등을 반영하여 넣으며, 연구 대상이 남학생인지 여학생인지, 또는 중학교 1학년 인지, 고등학교 2학년인지, 도시 지역인지 농산어촌 지역인지 등도 코딩으로 처리 한다. 셋째, 효과 크기의 평균을 계산한다. 각각의 경험 연구가 제시한 수치를 바탕 으로 각 연구의 효과 크기를 구할 수 있는데 이를 집적하여 평균을 구한다. 넷째, 그 평균의 통계적 유의성을 확인한다. 그리고 결과를 해석한다. 결과의 해석은 정상 분포의 표준화 값인 z값과 동일하게 한다.

4. 과학적 도구를 활용한 작문 연구

질적 연구와 양적 연구를 기준으로 작문 교육 분야를 살펴보았다. 하지만 최근 과학적 도구와 같은 첨단 기기를 활용한 새로운 연구 방법이 도입되고 있어 기존 연구를 보완하고 확장할 수 있는 기반이 마련되고 있다. 기존의 연구 방법에서 한 계를 보였던 부분에 대해서 새로운 연구 방법을 도입함으로써 작문 교육에서 활용 할 수 있는 근본적이고 깊이 있는 연구가 이루어지고 있다.

1) 결과 관찰을 통한 작문 연구 방법

▌ 반성적 사고구술

반성적 사고구술은 기존에 시행되던 사고구술의 한계를 보완하기 위한 방법이다.

반성적이라는 용어는 'retrospective'를 우리말로 바꾼 것으로 '회고하는, 회상하는'이라는 의미를 가지고 있다. 여기에서는 반성적 사고구술이라는 용어를 사용하였지만, 회상적 사고구술로 불러도 의미는 동일하다. 반성적 사고구술은 기존의 사고구술 방법이 학생이 글을 쓰는 도중에 자신의 내면에 떠오르는 모든 생각을 진술하게 하는 방식에서 행동 후에 진술하게 하는 방식으로 변화를 가한 것이다. 학생이 글을 쓸 때 보인 어떤 특징적인 모습이 있을 때 그것을 기록해(녹화 또는 저장) 둔 다음 글을 다 쓴 후에 그 기록을 같이 보면서 그때 왜 이런 특징적인 행동을 했는지를 인터뷰하는 방법이 바로 반성적 사고구술이다. 이러한 방법으로 사고구술을 진행하면 글을 쓸 때 보였던 그 특징적 행동의 기능과 의미가 무엇인지를 파악할 수 있어 인지 과정을 파악하는 데 도움을 준다.

반성적 사고구술은 키 로그 분석 방법, 눈동자 움직임 추적 방법, fMRI 및 뇌파 분석 방법 등에서 모두 활용할 수 있다. 학생이 글을 때 저장해 둔 키 입력 정보를 바탕으로 하여 멈춤이 해당 지점에서 일어난 이유나 의도를 물을 수 있으며 눈동자 움직임이 멈추거나 도약한 이유를 물을 수도 있다. fMRI나 뇌파의 경우에도 동일하다. 이처럼 반성적 사고구술은 기록할 수 있는 연구 방법과 통합해야 하며 이를 통해서 특징적인 행동의 기능과 의미를 좀 더 효과적으로 파악할 수 있다는 장점이 있다.

기존의 사고구술 방식과 비교해 볼 때에도 반성적 사고구술의 장점이 뚜렷하다. 사고구술은 어떤 행동을 하는 과정 중에 피험자가 자신의 내면에서 이루어지는 인지 과정을 보고해야 하므로 과제 수행의 부담과 사고구술 보고의 부담이 동시에 따른다. 그래서 인지 역량이 뛰어난 학생들을 훈련해서 임하도록 해야 사고구술을 능숙하게 수행할 수 있다. 아무 학생에게나 글을 쓰면서 떠오르는 생각을 말하도록 하면 사고구술을 올바로 하지 못한다. 사고구술은 이중과제에 해당해서 높은 지적 능력을 필요로 한다.

그러나 반성적 사고구술은 그러한 부담이 따르지 않는다. 떠오르는 생각을 동시에 말해야 하는 이중 과제 상황도 아니다. 과제 활동을 모두 마친 후에 자신의 활동 양상을 담을 자료를 다시 검토하면서 글을 쓸 때 보였던 행동의 이유나 의도를 떠올려 답하면 된다. 그러므로 반성적 사고구술은 부담이 상대적으로 적은 방법이라고 할 수 있다. 선행 연구를 보면 반성적 사고구술은 초등학생에게 적용하더라도 크게 무리가 따르지는 않는 것으로 보인다.

■ 의미망 분석(semantic analysis)과 단어구름

의미망 분석은 필자의 인지 과정을 분석하는 방법은 아니다. 글에 나타난 결과를 토대로 필자의 인지 과정을 추정할 수 있는 방법이며 글을 쓸 때 어떤 내용을 주로 생각했는지를 살펴볼 수 있는 방법이다. 의미망 분석의 기본은 학생 글에서 가장 많이 등장하는 개념어(단어)의 수를 계산하는 것이다. 가장 많이 등장하는 개념어가 글의 주제를 표현하기 위해 쓰인 필자의 주된 생각이라고 판단할 수 있다. 이러한 방법으로 가장 많이 나타나는 개념어의 순위를 확인할 수 있다. 이를 바탕으로 개념어 간의 관계를 살피는 것이 의미망 분석이다. 많이 나타나는 개념어끼리 같은 문장 안에서 어떤 개념어가 같이 쓰이고 어떤 관계를 갖는지 확인하여 의미망을 만드는 것이다. 이런 방법으로 글에 나타난 계량적 정보를 확인하여 필자가 글을 쓸 때 고민한 내용을 확인할 수 있으며 필자의 주장이 무엇인지 구조적으로 확인할 수 있다.

이 의미망 분석 방법을 확장하면 성별에 따른 차이, 수준에 따른 차이, 주장하는 글에서 주장하는 내용에 따른 차이 등을 확인하고 비교할 수 있다. 같은 주제의 글을 작성하더라도 남학생과 여학생이 글을 쓸 때 사용하는 주된 표현이 다를 것이고 주장하는 글에서도 각자가 주장하고자 하는 내용에 대한 근거와 강조를 위해 사용하는 표현이 다를 것이다. 따라서 글에서 가장 많이 쓰인 개념어, 그리고 많이 나타나는 개념들 간의 관계를 도식적으로 표현하는 것이 의미망 분석이다. '단어구름'은 이를 응용한 방법으로 가장 많이 나타나는 개념어를 원과 같은 모양의 크기로 비교하는 것이다. 가장 많이 나타나는 개념어는 원이 크게 표시하고 차례대로 원의 크기를 표시하는 것이다. 이러한 원들이 모인 모양이 하늘에 떠 있는 구름 같다 하여 '단어구름'이라고 부른다.

2) 과정 관찰을 통한 작문 연구 방법

▌ 비디오 녹화 분석 방법

쓰기 행위의 인지적 접근을 위해 행동 관찰을 통한 방법이 흔히 사용된다. 가령 필자가 글을 쓰는 장면을 비디오로 녹화하고 학생이 작성하는 글, 그리고 필자의 모습을 분석 대상으로 삼는 연구가 이에 해당한다. 학생이 글을 쓰는 행동을 녹화하여 분석하는 연구는 학생이 작성하는 글에 초점이 있다. 이러한 연구 방법을 확립하는 데에는 Matsuhashi(1987)의 공로가 컸다.

Matsuhashi(1987)는 사고구술의 방법적 한계를 보완하기 위해 필자가 작성하는 글을 녹화하는 연구 방법을 고안했다. 글을 작성하는 전 과정을 녹화한 후 쓰기 과정을 단계별로 나누어 시간 분석을 하고 글이 어떻게 변화해 가는지를 관찰하였다. 예를 들어 수정하기 활동이 일어나면 어떤 부분을 언제 고쳤는지를 확인하였다. 필자의 쓰기 행동을 실시간으로 관찰하면서 기존에 쓰기 과정 모형으로 제시했던 쓰기 모형을 검토하고 실제 쓰기 과정에서 나타는 필자의 행동이 그에 대응하는지를 확인하였다.

비디오 녹화 방식은 사고구술과는 차이가 있다. 사고구술은 글을 쓰는 과정에서 겪는 필자의 인지 과정을 자기 보고로 확인한다면 비디오 녹화 방식은 일단 글을 쓰게 하고 그 행동을 간섭 없이 녹화하는 것이다. 비디오 녹화 분석은 사고구술과 달리 외적 간섭이 작용하지 않는다. 따라서 글을 쓰는 과정에서 필자가 어떤 인지 과정을 거쳤는지를 알려면 필자가 작성한 글을 분석해서 추정해야 한다. 한편, 시간의 흐름에 따라 필자가 작성하는 글이 어떻게 변모하는지를 대조하여 분석하는 것이 가능하다. 이때 녹화 자료를 바탕으로 하여 사후 인터뷰를 실시하여 필자의 인지 과정을 확인할 수도 있다.

이러한 비디오 녹화 방식을 사용하여 쓰기 과정을 탐구하는 방법은 학생들의 쓰기 과정를 파악하여 지도하는 데에도 활용할 수 있다. 쓰기 과정에서 나타나는 학생 글의 변화와 학생의 행동 양상을 파악하여 쓰기 지도 내용을 마련할 수 있고 학생이 어려워하는 지점에 대한 추가적인 지도가 가능하다. 그러나 비디오 녹화 방식은 학생이 글을 작성하는 모든 장면을 빠짐없이 관찰해야 하는 어려움이 따른다. 많은 학생을 대상으로 하여 쓰기 과정을 분석하고 지도하기 어렵다는 한계도 있다. 이러한 한계를 보완하기 위한 방법으로 매체 작문을 통한 쓰기 과정 정보 누적 프로그램을 사용하기도 한다.

■ 키 로그 분석 방법

키 로그(key log) 분석 방법은 필자에게 컴퓨터로 글을 쓰게 하고 그가 컴퓨터 자판을 어떻게 작동했는지를 분석하여 쓰기 과정을 파악하고자 하는 연구 방법이다. 키 로그는 컴퓨터 자판의 키를 누른 기록이라는 의미이며, 키 스트로크 로그(key stroke log)를 줄여서 부른 것이다. 이 방법을 적용하려면 컴퓨터에 필자가 누르는 키를 기록하는 프로그램을 설치해야 한다. 키 로그 프로그램은 필자가 누르는 키뿐만 아니라 마우스, 모니터의 화면 전환과 같은 변화를 모두 실시간으로 기록할 수 있다. 이를 바탕으로 하여 필자의 인지 과정을 분석한다. 키 로그는 단순히 키 입력 시간만을 기록하는 것이 아니라 입력된 글의 내용, 삭제된 내용, 삭제 후 대치한 내용, 글을 쓰지 않고 아무것도 입력하지 않은 멈춤 시간의 길이, 지속 시간, 빈도, 위치 등을 기록하여 제시한다. 필자가 글을 쓰는 과정에서 남긴 모든 입력 정보를 기록하여 보여준다는 것이다.

그러나 이 프로그램을 사용할 때에는 주의해야 할 점이 있다. 모든 입력 기록을 컴퓨터가 수집하여 제공하기 때문에 개인용 컴퓨터에서는 이 프로그램을 해킹 툴로 인식하여 프로그램 작동을 못하게 하거나 설치하는 것을 제한하기 때문이다. 이 프로그램을 설치하거나 작동할 때에는 보안 프로그램의 활성화는 중지시켜야 한다. 물론 이렇게 하면 컴퓨터 시스템은 '치명적인 문제'가 있을 수 있다고 경고한다.

방금 언급한 것처럼, 키 로그를 분석하는 연구 방법은 필자의 '멈춤(pause)'에 초점이 있다. 글을 쓰는 필자는 글을 써 가다가 필연적으로 글을 쓰는 행동을 멈추는데, 키 로그는 그 멈춤이 어떤 위치에, 얼마나 빈번하게, 얼마의 시간 동안 일어나는지를 분석할 수 있는 자료를 제공해 준다. 통상 키 로그 분석에서는 2초 이상의 멈춤을 의미가 있는 것으로 본다. 즉, 내용을 생성해야 한다거나 글의 순서를 바로 잡아야 한다거나 지금까지 쓴 글을 검토하고 수정해야 한다거 하는 인지 처리를 할 때 2초 이상의 멈춤이 일어난다고 보는 것이다. 키 로그는 필자가 입력하는 모든 정보를 기록하기 때문에 어떤 정보가 유의미한 정보인지를 판단하기 매우 어렵다. 따라서 '멈춤'이라는 쓰기 과정에서 나타나는 인지적 고민의 시간을 관찰하기 위해 도입한 연구 방법이다.

키 로그 분석에서는 이러한 멈춤을 관찰하기 위한 기준으로는 멈춤의 위치(distribution), 멈춤의 빈도(frequency), 멈춤의 지속 시간(duration) 이렇게 세 가지를 꼽는다. 미숙한 필자는 글의 시작, 또는 글을 쓰는 중간에도 자주 멈춤이 나타날 것이다. 그러나 능숙한 필자는 머릿속에 있는 내용을 어느 정도 조직화해서 글로 옮기기 때문에 멈추는 위치가 주로 문단의 끝이나 어느 정도 내용을 작성한 후에 나타날 것으로 예측할 수 있다. 또한 수정하기를 위해 멈추는 위치 역시 필자의 수준에 따라 달리 나타날 것이다. 이렇게 주로 멈춤이 나타나는 위치는 필자가 글을 쓰다 어느 지점에서 주로 고민을 하는지에 대한 단서를 확인할 수 있다.

얼마나 자주 멈추는가에 따라 필자의 인지 과정을 추적할 수 있다. 자주 멈춘다는 것은 글을 쓰는 과정에서 내용 생성에 어려움을 겪는다거나 집중하지 못한다는 의미로 해석할 수 있다. 그러므로 능숙한 필자와 미숙한 필자는 전체 멈춤이 나타나는 빈도가 차이를 보일 것이다. 그리고 글을 쓰는 과정에서 멈춤이 일어난 총 시간을 비교하면 필자의 인지적 처리 과정을 추론하는 데 도움을 준다. 멈춤의 시간이 어느 지점에서 더 길었는지를 알아보면 인지 처리가 일어난 지점을 특정할 수 있다. 앞서 설명한 비디오 녹화 분석이 학생이 손글씨로 글을 쓰는 과정에서 나타나는 행동을 분석하는 것이라면 키 로그는 컴퓨터로 글을 쓸 때 나타나는 작문 과정의 현상들을 기록하여 분석하는 방법이라고 할 수 있다.

키 로그를 활용한 연구는 다른 연구 방법과 결합하여 연구를 수행하는 것도 가능하다. 가령 화면 녹화 프로그램과 통합하는 방법을 고려해 볼 수 있다. 글을 쓰는 필자, 또는 글을 평가하는 교사가 컴퓨터 화면에서 어떤 키를 누르는지를 기록하고 여기에 더하여 화면에 제시된 정보에서 어떤 것을 마우스로 클릭하고 어떤 화면을 주로 활용하는지를 동기에 기록할 수 있다. 만약 글을 쓸 때 자료 활용을 위해 다른 정보 제공 창을 살펴보았을 경우, 키 로그만으로는 어떤 정보를 활용했는지 확인할 수 없으므로 화면 녹화 프로그램과 함께 사용한다면 이러한 정보를 효과적으로 얻어낼 수 있다. 또한 교사가 학생 글을 평가하는 상황에서는 학생 글을 읽을 때 어느 부분에 주목하여 마우스로 클릭을 하고 드래그 등을 했는지를 분석하는 것도 가능하다. 키 로그와 화면 녹화 장치를 결합하면 평가자가 얼마나 자주 평가 기준표를 확인했는지, 또는 앞에 평가한 글을 다시 되돌가서 확인하는지 등을 관찰하고 분석할 수 있다. 최근에는 'Eye & Pen'이라는 손글씨 입력 기록 장치를 활용하기도 한다. 이는 전자펜을 활용하여 손으로 글을 쓸 때 멈춤이 일어나는 시간과 위치를 기록할 수 있을 뿐만 아니라 눈동자 움직임 추적을 결합하여 두 가지 정보를 동시에 기록할 수도 있다.

■ 눈동자 움직임 추적 연구

키 로그가 필자의 손으로 표현한 인지 과정의 흔적이라면 눈동자 움직임은 눈동자 움직임으로 표현한 인지 과정의 흔적이다. 필자의 눈동자 움직임 추적 연구는 인지 과정을 더욱 직접적으로 확인할 수 있는 연구 방법이다. 눈은 확장된 뇌라는 이름이 붙어 있을 만큼 인간의 인지 과정을 들여다 볼 수 있는 중요한 단서를 제공한다. 그래서 연구자들은 눈을 인지 과정을 들여다 볼 수 있는 창으로 비유하기도 한다.

글을 쓰는 필자의 눈동자 움직임을 추적하면 글을 쓰는 과정에서 필자가 어디를 얼마나 보는지, 자신이 쓴 글을 되돌아보는 시간과 횟수는 얼마인지, 제시된 글 자료를 바라보는 시간과 횟수는 얼마나 되는지, 그리고 전체적인 글을 훑어보는 방향은 어디인지 에 대한 정보를 얻을 수 있다. 글을 쓰는 과정에서 눈동자 움직임은 필자의 인지 처리 과정을 반영한다고 볼 수 있다. 눈동자의 움직임 여부뿐 아니라 눈동자가 움직이는 방향, 속도, 도약, 회귀, 그리고 다른 자료를 번갈아 보는 상황 등을 통해서 필자의 인지 처리 과정을 추론할 수 있다.

작문 연구에 눈동자 움직임 추적 연구를 도입할 수 있는 근거는 글을 쓸 때 읽기 활동이 개입되기 때문이다. 필자는 자신의 머릿속에 있는 생각을 계속 글로 옮겨 내기만 하는 것이 아니다. 제시된 자료를 읽기도 하고, 다른 참고 자료를 찾기도 하며, 지금까지 자신이 쓴 글을 되돌아보기도 한다. 새로운 내용을 떠올리기 위해 쓰고 있는 글에서 벗어나 허공을 응시하기도 한다. 이때 필자의 눈동자 움직임을 추적하면 글을 쓰는 과정에서 어떤 인지적 처리를 수행하고 있는지를 파악할 수 있다. 필자의 눈동자 움직임은 쓰기 과정에서 필자가 어떤 인지 과정을 수행하고 있는지를 추론할 수 있게 해 준다.

앞에서 설명한 키 로그 분석 방법과 눈동자 움직임 분석을 연결하면 필자가 드러내는 손의 움직임 정보와 눈의 움직임 정보를 결합할 수 있다. 이를 통해서 좀 더 복합적인 방법으로 필자의 인지 과정을 밝힐 수도 있다. 또한 눈동자 움직임을 녹화한 후 반성적 사고구술을 동시에 적용하며 글을 쓰는 과정에서 필자가 겪었던 인지 과정을 좀 더 효과적으로 밝힐 수 있다.

눈동자 움직임 추적을 학생 대상 연구에 적용한다면 글을 쓰는 과정에서 나타나는 학생 필자의 인지 과정을 추적할 수 있는 단서를 마련할 수 있다. 글을 쓸 때 주로 나타나는 눈동자 움직임은 현재 쓰고 있는 글의 내용을 보는 것이 대부분을 차지한다. 손글씨를 쓸 때 현재 작성하고 있는 내용을 본다는 것은 머릿속에서 정돈된 글의 내용을 거의 그대로 전사하고 있는 과정으로 해석할 수 있다. 그러나 눈동자 움직임 추적에서 쓰기 과정의 인지 활동을 추정하기 위한 단서는 그렇지 않은 특수한 눈동자 움직임이 나타나는 지점이다. 글을 쓰다가 멈추는 움직임, 다른 자료를 확인하기 위해 현재 글에서 벗어나는 움직임, 그리고 지금까지 쓴 자신의 글을 읽어보기 위해 되돌아가는 움직임 등 일반적이지 않은 눈동자 움직임이 주요 연구 대상이된다. 앞서 키 로그 분석 방법이 주로 멈춤에 중점을 두었다면 눈동자 움직임 추적은 멈춤 외에도 특수한 움직임까지 관심의 영역으로 확장시킨 것이다. 일반적이지 않은 눈동자 움직임은 글을 쓰는 과정에서 필자의 머릿속에 어떤 변화로 인해 나타났다고 해석할 수 있다. 이렇게 글쓰기 전체 과정에서 특수한 움직임이 나타나는 사례들을 종합적으로 비교해 보면 글 쓰는 과정에서 필자가 겪는 인지 과정에 대한 해석 뿐 아니라, 필자의 능력 수준에 따른 인지 과정 차이도 확인할 수 있다.

최근 읽기-쓰기 연계 교육에서 중요하게 다루어지고 있는 담화 종합의 인지 처리 과정에 대해서도 눈동자 움직임 추적 연구를 적용하는 것이 가능하다. 담화 종합이란 여러 자료를 종합하여 학생이 글을 작성해 내는 것을 말한다. 지금까지 쓰기 연구가 필자의 머릿속에 있는 배경지식을 활용하여 글을 쓰는 연구였다면 담화 종합 연구는 필자가 글을 쓸 때 참고 자료를 어떻게 종합하면서 글을 완성해 가는지를 밝히는 연구라고 할 수 있다. 필자의 눈동자 움직임을 추적하여 분석하면 필자가 어떤 자료를 바탕으로 어떻게 글을 작성해 가는지를 파악할 수 있으며 이를 통해서 담화를 종합하는 필자의 인지적 특성도 파악할 수 있다.

한편, 눈동자 움직임을 활용한 연구는 학생 연구뿐 아니라 교사 연구로 확장하는 것도 가능하다. 가령, 학생 글 평가 상황에서 학생 글과 평가 기준을 어떻게 읽는지를 밝히는 연구를 수행할 수 있다. 내용 영역을 평가할 때의 눈동자 움직임과 조직 영역을 평가할 때 눈동자 움직임을 비교해 보는 것도 가능하다. 국어교사가 학생 글을 평가할 때 어떠한 지점에 주목하는지를 밝히는 데에도 눈동자 움직임을 추적하는 방법이 효과적이다. 현재의 작문 교육 연구에서는 아직 이러한 것을 밝히고 규명하려는 노력이 이루어지지 않았다.

최근 학생 글을 평가하는 교사의 인지 과정을 연구하기 위해 눈동자 움직임 추적 방법이 활용되고 있다. 학생 글 평가는 학생 글을 이해하기 위해 읽는 행위가 아니다. 학생 글의 특성을 평가 기준에 따라 점수로 해석해 내는 고차원적인 인지 과정이다. 그러므로 단순히 글을 읽는 행위와는 차이를 보일 것으로 예상할 수 있다. 교사가 학생 글을 평가할 때 보아야 하는 자료는 크게 세 가지이다. 과제 제시문, 평가 기준표, 학생 글이 그것이다. 교사는 평가 과정에서 이 세 가지 자료를 지속적으로 확인하고 대조하고 비교하고 검토해야 한다. 교사가 평가 상황에서 어떤 인지 과정을 거치는지를 알기 위해서는 교사가 어떤 자료를 얼마만큼의 시간을 들여 읽는지, 그리고 세 가지 자료를 어떤 방식으로 서로 연결시키는지를 확인할 필요가 있다. 또한 평가해야 하는 글의 전사 방식에 따라서도 교사의 읽기 행동에 차이가 나타날 것이다. 이를 확인하는 데 눈동자 움직임을 분석하는 방법을 적용할 수 있다.

학생이 손으로 쓴 글과 컴퓨터로 작성한 글은 가독성에 영향을 미친다. 가독성이 낮으면 글을 읽어야 하는 인지적 부담이 커져 올바른 판단에 어려움을 가져올 수 있다. 따라서 글이 전사된 방식에 따라서도 교사의 학생 글 평가 방식에서 차이가 나타날 것으로 예상해 볼 수 있다. 이러한 차이가 실제로 있는지를 확인하고자 할 때에도 눈동자 움직임을 분석하는 방법을 적용해 볼 수 있다.

▌fMRI 연구 및 뇌파 분석 연구

작문 연구에서 이러한 첨단 도구를 활용하는 목적은 교사, 학생의 작문 교육을 둘러싼 인지 요인과 과정을 효과적으로 탐색하는 데 있다. 하지만 이러한 현상을 완벽히 설명할 수 있는 연구 방법이나 도구는 현재 존재하지 않는다. 어떠한 연구 방법, 어떠한 연구 도구이든 한계를 지니고 있다.

최근 연구 방법 및 연구 도구가 지닌 한계를 좀 더 줄이면서 인지 과정을 과학적으로 연구하고자 하는 시도가 이루어지고 있는데, 그중의 하나가 바로 fMRI(functional Magnetic Resonance Imaging)를 활용하는 것이다. 두뇌 활성화 부위를 추적하는 fMRI 연구는 필자의 의식적인 개입이나 노력 없이도 연구자가 인지 과정을 살필 수 있다는 장점이 있다. fMRI 연구는 인지 과정의 근본인 두뇌에 접근하게 해 줌으로써 더욱 효과적으로 학생의 쓰기 과정, 교사의 평가 과정에 관련된 인지적인 단서를 발견할 수 있도록 돕는다.

fMRI를 활용한 연구 방법은 인간의 두뇌 활동을 직접적으로 관찰하는 기회를 제공한다. 인지 과정은 모두 머릿속, 즉 두뇌에서 이루어지며 모든 외적·내적 행위가 두뇌 활동과 연계되어 나타난다. 단순히 손만 올려도 손을 올리는 행위에 대한 반사적 반응으로 손을 움직이는 것과 연결된 두뇌 영역이 활성화되어 나타난다. 머릿속에서 일어나는 인지 과정은 학생이 숨기려고 해도 필연적으로 두뇌 활성화를 통해서 검출된다. 그래서 사고구술처럼 주관적 보고에 의한 오차가 거의 나타나지 않는다. 두뇌 연구는 인간의 인지 활동을 있는 그대로 관찰하고 거짓이나 누락 없이 측정할 수 있는 장점이 있다.

fMRI는 시간 경과에 따른 인지 활동의 변화 양상을 확인하는 데에도 도움을 준다. 어떤 두뇌 부위가 어떤 과정을 거쳐 활성화되는지를 두뇌 부위 간의 연결 관계를 통해서 파악할 수 있는 것이다. 어떤 특정 활동을 할 때 함께 활성화되는 두뇌 부위를 확인할 수 있다면 그것을 통해서 연결 관계도 파악할 수 있고 순차적인 관계도 파악할 수 있다.

두뇌 연구가 주는 최대의 장점은 인지적 요인 외에 정의적 요인에 대한 관찰이 가능하다는 것이다. 최근 작문 교육에서 강조하고 있는 동기, 효능감, 불안과 같은 정의적 요인은 객관적인 관찰이나 직접적인 관찰이 어렵다는 한계가 있었다. 그러나 fMRI는 정의적 요소에 대한 반응을 포착할 수 있는 단서를 제공해 준다. 글을 쓸 때 학생들이 느끼는 스트레스, 부담감 등의 감정 상태도 두뇌를 촬영한 영상을 통해서 확인하는 것이 가능하다. 쓰기 동기, 쓰기 효능감과 같은 요소와 관련된 두뇌 영역을 fMRI로 접근하면 이러한 정의적 요인의 활성화 정도를 개관화할 수 있다.

한편, 뇌파 분석 연구, 즉 EEG(electroencephalogram)도 fMRI처럼 두뇌 활성화를 통해 인지 과정을 분석하는 연구 방법이라고 할 수 있다. fMRI처럼 두뇌를 관찰 대상으로 삼고 있지만 접근 방법은 다소 차이가 있다. fMRI가 활성화되는 두뇌 부위에 초점을 둔다면 EEG는 활성화되는 뇌에 초점을 두고 있다 fMIR가 활동을 유발하는 두뇌 영역에 대한 관찰이 가능하다면 EEG는 해당 두뇌 영역이 활성화하면서 방출하는 뇌파를 포착하여 측정한다. 뇌파 측정은 인지 활동 결과로 나타나는 주파수의 차이를 측정하는 것이다. 인지 과제에 따른 활동 상태에 따라 평상시의 두뇌 상태보다 뇌파의 주파수가 조밀해지기도 하고 느슨해지기도 한다. 관측할 수 있는 뇌파의 종류로는 주파수에 따라 베타파, 세타파, SMR파 알파파, 감마파 등이 있다.

EEG 연구에서는 이러한 뇌파를 측정함으로써 두뇌에서 일어나고 있는 어떤 인지 과정을 추론하고자 한다. 전두엽이 활성화되더라도 관측되는 뇌파의 종류에 따라 집중하고 있는지, 아니면 편안함을 느끼고 있는지, 고부담의 인지 처리 과정을 겪고 있는지를 파악할 수 있다. 이러한 정보는 fMRI로는 알 수 없다. 이 점에서 보면 fMRI와 EEG는 상호보완의 성격을 지니고 있다.

이러한 두뇌 접근 실험 방법을 작문 교육에 적용한다면 어떤 연구 분야에 적용할 수 있을까? 앞에서도 설명한 것처럼 연구 분야는 학생, 교사, 과제 변인으로 나누어서 살펴볼 수 있다.

먼저 학생 연구에는 글을 쓰는 학생의 인지 과정에 접근하여 관찰할 수 있다. 그동안 글을 쓰는 학생의 인지 과정에 접근하기 위해서 다양한 노력이 있었지만 모두 한계를 지니고 있다. 쓰기는 과정을 통해 완성되는데 이러한 과정이 회귀적으로 이루어지는 특성을 지니고 있다. 따라서 간접적인 관찰을 통해서는 확인하기 어려운 부분이 존재한다.

하지만 fMRI 방법을 적용한다면 글을 쓰는 필자가 겪는 인지 과정을 직접적으로 관찰할 수 있다. 쓰기 과제의 주제에 대한 친숙도에 따라서, 그리고 쓰기 과제에 주어진 시간, 또 필자의 능력에 따라서 나타나는 다양한 필자 반응, 특히 쓰기 과정에서 나타나는 필자의 인지 활동의 변화를 누적할 수 있을 것이다. 배경지식, 필자의 인지적 부담, 그리고 필자의 능력 수준에 따라 어떠한 인지 과정을 거치는지를 확인해 볼 수 있다.

쓰기 활동에서 느끼는 학생 필자들의 정의적 요소를 관찰하는 연구도 수행해 볼 수 있다. 쓰기 동기, 쓰기 효능감과 같은 정의 요인에 대한 학생들의 반응, 쓰기가 이루어지는 과정에서 느끼는 학생들의 집중력과 부담 정도, 쓰기 태도나 신념에 따른 심리 변화 등을 관찰하는 것도 가능하다. 쓰기 부진 학생들의 인지 특징을 확인할 수 있는 수단으로 활용할 수도 있다. 쓰기 부진 학생들은 전사 기능의 숙달이 이루어지지 않은 경우가 많다. 이때 다른 능숙한 필자와 달리 쓰기 부진 학생들은 기초 기능에 인지 자원을 더 활용해야 하므로 일반적인 학생들과는 다른 두뇌 부위의 활성화가 나타날 것을 예상할 수 있다.

성별에 따라 달라지는 쓰기 활동의 양상을 비교할 수도 있다. 그동안 남녀의 차이를 두뇌 구조의 차이로 설명하고자 하는 수많은 노력들이 있어왔다. 최근에 비록 남녀의 차이를 두뇌 구조의 차이로 완벽히 설명할 수 없다는 반대 연구들도 나타나지만, 일반적으로 남녀 각각은 더 우세한 두뇌 영역이 있고 이에 따른 능력의 차이가 나타난다고 보고하는 연구도 많다. 우리가 경험적으로 알고 있는 것처럼, 학교에서 남학생보다는 여학생들이 글을 쓰는 능력이 더 우수하다. 따라서 두뇌 연구를 통해 왜 성별에 따라 쓰기 능력과 쓰기 동기 등에서 차이가 나타나는지를 확인할 수 있다면 이를 성별 차이를 극복하기 위한 쓰기 교육의 내용과 지도 방안으로 활용할 수 있다.

두뇌 과학적 연구는 성별 차이뿐 아니라 글의 유형에 따른 필자의 인지 과정을 비교하는 데에도 적용해 볼 수 있다. 글 유형에 따라 필자가 겪는 인지 처리 과정은 조금씩 다를 것이며 인지 처리에 요구되는 요인도 다를 것이다. 글을 읽는 상황과 비교해 보면 그 차이를 좀 더 쉽게 이해할 수 있다. 이야기를 담고 있는 서사문을 읽을 때와 많은 정보를 담고 있는 설명문을 읽을 때 독자가 처리해야 하는 인지 처리 방식은 서로 차이가 있을 것이다. 이와 마찬가지로 글을 쓰는 필자 역시 글 유형에 따라 서로 다른 인지 처리 방식을 통해 글을 작성해 갈 것으로 예상할 수 있다. 이러한 차이는 fMRI나 뇌파 분석 연구를 통해서 밝혀볼 수도 있을 것이다.

이처럼 그동안 통합적으로 이해해 오던 쓰기 과정을 두뇌 연구를 통해서는 각 변인에 따른 차별화된 연구가 가능하다. 두뇌 부위는 각각 수행하는 기능이 다르기 때문에 행동과 활성화되는 부위가 서로 연결되어 있음을 알 수 있다. 마찬가지로 같은 주제에 대해서도 이를 표현하는 방식에 따라서도 두뇌 활성화의 양상을 달라질 것이다. 묘사의 방법인지, 설명의 방법인지에 따라 필자가 겪는 인지 처리 과정이 다를 것이기 때문이다. 최근 창의·인성을 핵심 역량으로 다루고 있는 국어과 영역에서 창의성을 어떻게 정의하고 이를 측정하기 위한 방안에 고심하고 있다. 창의적인 글 또는 창의적인 학생이라고 판단되는 많은 학생들의 인지 처리 과정을 관찰하면 창의성과 관련된 두뇌 영역을 확인할 수 있을 것이다. 창의성이 기존 지식의 활성화를 통해 이루어지는 것인지, 아니면 서로 관련성이 적은 두뇌 영역의 연계를 통해 나타나는 것인지에 대한 관찰이 가능하다.

교사 연구의 경우 다른 연구 방법과 마찬가지고 쓰기 평가 상황, 쓰기 지도 상황, 그리고 교사의 정의적 영역에 대한 관찰이 가능하다. 교사가 겪는 쓰기 평가 상황에서 여러 변인에 따른 인지 처리 과정의 양상을 살필 수 있다. 평가할 때 평가기준을 보고 평가할 때와 그렇지 않을 때, 그리고 평가 방식에 따른 교사의 평가 양상, 시간의 경과에 따른 교사의 인지 처리의 변화 등을 관찰할 수 있다. 앞서 제시했던 연구 사례처럼 전사 방식에 따른 평가 상황 역시 많은 차이가 나타날 것으로 예상할 수 있다. 또한 인지적 처리를 요구하는 설명문에 대한 평가와 정서적 처리가 동시에 요구되는 서사문에 대한 평가 상황에서 교사가 느끼고 반응하는 인지 양상을 추적함으로써 평가 기준표 작성이나 평가자 훈련에 추가적인 지침으로 활용할 수 있는 실증적 연구 결과를 마련할 수 있다.

▌참고문헌

가은아(2009), 중·고등학생을 위한 쓰기윤리 교육의 방향과 지도 방안, 작문연구 8, 231-250.

가은아(2010a), 국어교사의 쓰기윤리의식 및 쓰기 윤리교육에 대한 인식 조사, 한어문교육 22, 415-444.

가은아(2010b), 쓰기 태도 및 쓰기 효능감 발달 연구-6학년에서 10학년 학생을 대상으로, 국어교육학연구 37, 159-183.

권태현(2013), 쓰기 성취기준에 따른 학생 예시문 선정 방안 연구, 작문연구 18, 209-241.

김경화(2013), 학생 글에 대한 교사의 반응 분석 : '꿀맛닷컴 중학사이버 논술'의 첨삭 자료를 중심으로, 작문연구 17, 101-153.

김양선(2012), 대학 글쓰기에서 첨삭-상담-고쳐쓰기 연계 교육의 효과 연구 : 한림대학교 글쓰기 멘토링 사업의 사례를 중심으로, 교양교육연구 6(4), 337-406.

김정자(2011), 학생의 글에 대한 교사의 반응의 의의, 새국어교육 89, 1-7-128.

김혜연·정희모(2015), 네트워크 분석을 활용한 작문 연구 동향 분석, 작문연구 26, 33-69.

박영민·최숙기(2009), 우리나라 학생들의 쓰기 효능감 발달 연구, 새국어교육 82, 95-125.

박영민·최숙기(2010a), 국어교사의 설명문 평가에 대한 모평균 추정과 평가 예시문 선정, 우리어문연구 36, 293-326.

박영민·최숙기(2010b), 중학생 논설문 평가의 모평균 추정과 평가 예시문 선정, 국어교육 131, 437-461.

박영민(2010), 예비 국어교사의 쓰기 평가 효능감 분석, 청람어문교육 42, 181-207.

박영민(2011), 국어교사의 쓰기 평가 효능감 분석, 청람어문교육 44, 121-146.

박영민(2013a), 현직 국어교사와 예비 국어교사의 쓰기평가 지식 차이 분석, 작문연구 19, 331-352.

박영민(2013b), 눈동자 움직임 분석과 작문교육 연구, 작문연구 18, 35-61.

박영민(2014a), 국어교사의 쓰기 평가 태도에 대한 조사 연구, 작문연구 22, 35-59.

박영민(2014b), 손글씨 설명문과 "워드 설명문" 평가 과정에서 나타나는 국어교사 눈동자 움직임의 차이, 국어교육학연구 49(2), 193-224.

박종임(2012), 사고구술을 활용한 쓰기 평가 특성 분석 연구, 작문연구 16, 199-229.

박종임·박영민(2012), 평가자 일관성에 따른 설명문 평가 예시문 선정의 차이 연구, 작문연구 14, 301-338.

박종임·박영민(2013), 국어교사 쓰기 지도 효능감의 구성 요인과 경력 및 성별에 따른 수준 차이 분석, 새국어교육 94, 164-193.

박종임(2013), 국어교사의 쓰기 평가 특성 연구, 박사학위논문, 한국교원대학교.

박찬흥(2014), 회상적 사고구술을 활용한 쓰기 과정 분석과 쓰기 교육 연구에서의 활용, 한국어교육학회 학술발표회 자료집, 한국어교육학회, 7-26.

신동원 외(1999), 주의력결핍 과잉운동 장애 환아에서 주의력 과제와 관련된 대뇌의 기능적 국소화, 신경정신의학 38(5), 1089-1101.

옥현진(2012), 작문교육 질적 연구 방법의 경향 분석 및 개선 방안 탐색, 작문연구 15, 9-38.

윤준채(2009), 초등학생 필자의 쓰기 태도 발달 연구, 작문연구 8, 277-297.

이경화·강동훈(2015), 필자의 인지 과정 분석을 위한 작문 연구 방법, 청람어문교육 56, 173-199.

이수진(2011), 쓰기 직접 평가를 위한 텍스트 분석 평가의 실행 방안, 작문연구 13, 143-167.

이재기(2010), 교수 첨삭 담화의 유형과 양상 분석, 한민족어문학 57, 557-597.

이재기(2011), 교수 첨삭 담화와 교정의 관계 분석, 국어교육학연구 40, 467-502.

이지원·박영민(2015), 채점 수 누적에 따른 쓰기 평가 과정의 눈동자 움직임 연구, 국어교육학연구 50(4), 396-424

임칠성(2004), 사대 국어교육과 교육과정, 국어학교육연구 19, 91-125.

장은주(2015a), 국어과 교육과정의 성취기준 예시문 선정 연구 - 중학교 1-3학년군 설명문을 중심으로, 학습자중심교과교육연구 15(11), 869-890.

장은주(2015b), 중등 국어교사의 쓰기 채점 특성에 따른 눈동자 움직임 차이, 학습자중심교과교육연구 15(9), 681-700.

조성만(2012), 국어교사의 쓰기 지도 효능감과 쓰기 지도 빈도의 관계 연구, 작문연구 15, 127-158.

조재윤(2012), 작문교육 연구 방법론에 대한 비판적 고찰, 한국작문학회 제16회 연구발표회 자료집, 한국작문학회, 35-54.

한철우 외(2012), 국어교육 연구 방법론, 박이정.

황재웅(2008), 쓰기 워크숍에 의한 작문 교육 방안, 국어교육 127, 한국국어교육학회, 163-193.

Carolin S., Katharina, E., Hanns-Josef, O., Evangelia, K., Christof K., & Martin, L.(2013), Neural correlates of creative writing : An fMRI Study, 34(5), *Human Brain Mapping*, 1088-1101.

Harmony, T., Marosi, E., Becker, J., Rodríguez, M.; Reyes, A., Fernández, T., & Bernal, J.(1995), Longitudinal quantitative EEG study of children with different performances on a reading-writing test, *Electroencephalography and clinical neurophysiology* 95(6), 426-433.

Flower, L. S. & Hayes, J. R.(1980), The dynamics of composing: Making plans and juggling constraints, In L. W. Gregg & E. R. Steinberg(Eds.), *Cognitive processes in writing(31-50)*, Hillsdale, NJ: Lawrence Erlbaum Asscoiates.

Flower, L. S. & Hayes, J. R.(1981), A cognitive process theory of writing, *College Composition and Communication* 32, 365-387.

Flower, L. S. & Hayes, J. R.(1984), Images. plans, and prose: The representation of meaning in writing, *Written Communication* 1, 120-160.

Matsuhashi, A.(Eds.)(1987), *Writing in real time : Modelling production processes*, NY: Ablex Pub.

Richards, T. L., Berninger, V. W., Stock, P., Altemeier, L., Trivedi, P., Maravilla, K. R.(2011). Differences between good and poor child writers on fMRI contrasts for writing newly taught and highly practiced letter forms. *Reading and Writing* 24(5), 493-516.

Viégas, F. B., Wattenberg, M., Feinberg, J.(2009). Participatory visualization with Wordle. *IEEE Transactions on Visualization and Computer Graphics* 15(6), 1137-1144.

찾아보기

●●● ○

| 저자소개 |

박영민 ǀ 한국교원대학교 국어교육과 교수
  『쓰기 지도 방법』(공저), 『작문 교육의 주제와 방법』(공역) 외
  pmin21@naver.com

이재기 ǀ 조선대학교 국어교육과 교수
  『국어교육 연구 방법론』(공저), 「초해석과 글쓰기」(논문) 외
  leejk@chosun.ac.kr

이수진 ǀ 대구교육대학교 국어교육과 교수
  『쓰기 수업 현상의 이해』, 『이데올로기와 대화, 그리고 작문교육의 패러다임』(공역)
  resta99@dnue.ac.kr

박종임 ǀ 한국교육과정평가원 연구원
  『쓰기 지도 방법』(공저), 『작문 교육의 주제와 방법』(공역)
  pji0310@kice.re.kr

박찬흥 ǀ 전주대학교 수퍼스타칼리지 교양학부 교수
  『쓰기 지도 방법』(공저), 『작문 교육의 주제와 방법』(공역), 『글쓰기의 이해와 실제』(공저)
  korheung@jj.ac.kr

역락 국어교육학 총서 ▌6

작문 교육론

초판 1쇄 발행 2016년 5월 20일
초판 2쇄 발행 2016년 9월 27일
초판 3쇄 발행 2017년 3월 20일
초판 4쇄 발행 2017년 8월 20일
초판 5쇄 발행 2019년 8월 6일
초판 6쇄 발행 2022년 2월 10일
초판 7쇄 발행 2023년 8월 25일

지은이 박영민·이재기·이수진·박종임·박찬흥

펴낸이 이대현
편집 이태곤 권분옥 임애정 강윤경
디자인 안혜진 최선주 이경진 | 마케팅 박태훈
펴낸곳 도서출판 역락 | 등록 제303-2002-000014호(등록일 1999년 4월 19일)
주소 서울시 서초구 동광로 46길 6-6 문창빌딩 2F(반포4동 577-25)
전화 02-3409-2058 | 팩시밀리 02-3409-2059 | 전자우편 youkrack@hanmail.net
역락 홈페이지 http://www.youkrackbooks.com
ISBN 979-11-5686-324-3 94370
        978-89-5556-757-1(세트)

정가 28,000원